George Weidenfeld
Von Menschen und Zeiten

Aus dem Englischen von
Charlotte Breuer, Sonja Schumacher,
Rita Seuß und Christine Strüh

GEORGE WEIDENFELD

Von Menschen und Zeiten

DIE AUTOBIOGRAPHIE

EUROPAVERLAG WIEN - MÜNCHEN

Die Deutsche Bibliothek – CIP-Einheitsaufnahme

Weidenfeld, George:
Von Menschen und Zeiten : die Autobiographie / George Weidenfeld.
Aus dem Engl. von Charlotte Breuer ... –
Wien ; München : Europaverl., 1995
Einheitssacht.: Remembering my good friends <dt.>
ISBN 3-203-51256-4

Originalausgabe
Remembering My Good Friends
HarperCollins*Publishers*, London 1995

Lektorat: Mathilde Fischer

Umschlaggestaltung: W + Z, Dortmund

Herstellung: Friedrich Pustet, Regensburg
Printed in Germany
ISBN 3-203-51256-4

Für drei liebenswerte Frauen:

Annabelle, meine Frau,
Laura, meine Tochter,
und Clara, meine jüngste Enkelin

INHALT

DANKSAGUNG

Zunächst möchte ich mich bei all jenen entschuldigen, deren Freundschaft mir viel bedeutet, die ich jedoch in diesen Erinnerungen nicht erwähnen konnte. Manchen dieser Freunde ist es vielleicht sogar lieber so.

Ich möchte all jenen danken, die mich ermuntert haben, dieses Buch zu schreiben, und die mir auf vielfache und wertvolle Weise geholfen haben. Victoria Glendinning zählte zu den ersten, die mir bei meinem Vorhaben mit ihrem Rat zur Seite standen; doch ich unterbrach die Arbeit dann für mehrere Jahre. Als ich sie wieder aufnahm, war es Gina Thomas, die mich unterstützte und mir half, das Material zusammenzutragen, zu recherchieren und zu bearbeiten. Mit ihrer Freundschaft und dank ihrer englisch-deutschen Herkunft, ihren umfassenden Kenntnissen und ihrer Einsicht in viele Bereiche meines Lebens war sie mir eine nützliche und unentbehrliche Hilfe.

Ich danke meinem langjährigen Kollegen Christopher Falkus, der das Manuskript gelesen, zahlreiche Lücken gefüllt und meine Erinnerung an gemeinsame Erfahrungen aufgefrischt hat.

Meine Freunde Kenneth Harris und Kenneth Rose, Verfasser anerkannter Biographien, standen mir mit wertvollen Ratschlägen zur Seite. Bud MacLennan führte freundlicherweise die Verhandlungen mit meinem Verlag HarperCollins. Simon Cobley, dem Archivar von Weidenfeld & Nicolson, bin ich ebenfalls zu Dank verpflichtet; mit seinen geduldigen Recherchen förderte er wertvolle Details zutage. Auch meiner Assistentin Pat Kinsman möchte ich danken; sie war mir bei den Nachforschungen behilflich. Im Verlauf der Arbeit gab sie mir wertvolle Hinweise. Sally Strahan und Helen Benckendorff verdienen besondere Anerkennung für ihre Abschriften der verschiedenen Entwürfe des Manuskripts. Als Verleger möchte ich besonders betonen, wie angenehm die Zusammenarbeit mit meinen Kollegen von HarperCollins war: mit Michael Fishwick, dem verlegerischen Leiter, und mit Juliet Van Oss, der Lektorin meines Buches.

Wichtig war mir, daß meine Tochter Laura die Endfassung der ersten Kapitel las, und es hat mich gefreut, daß mein Text ihre Zustimmung fand.

Nicht zuletzt verdanke ich meiner Frau Annabelle sehr viel. Sie brachte mir ihr Verständnis entgegen und ermahnte mich streng, aber gelassen immer wieder zu Disziplin. Ich habe zwar Hunderte von Autoren gewissermaßen angetrieben, ihre Memoiren zu schreiben, doch die Aufgabe, meine eigenen Erinnerungen schriftlich niederzulegen, entmutigte mich oft und ließ mich zweifeln und verzagen. Bei diesen Autorinnen und Autoren möchte ich mich nachträglich entschuldigen.

Ich achte mich in keinem Stück so glücklich
Als daß mein Sinn der Freunde treu gedenkt

William Shakespeare,
Richard II., Akt II, Szene 4

PROLOG

DIE TRAURIGE STIMME des kenianischen Butlers Fred klang noch eine Oktave tiefer und dunkler als gewöhnlich: »Sir, ich habe schlechte Nachrichten. Er ist tot. Ihr Vater ist gestorben.«

Ich eilte die Treppe des Gebäudes beim Oxford Circus hinunter, wo wir unsere Büroräume hatten, und war zwanzig Minuten später im Haus meiner Eltern am Sloane Square. Das Arbeitszimmer meines Vaters befand sich neben dem Salon im ersten Stock. Die Szene, die sich mir dort bot, erinnerte an akademische Gemälde aus viktorianischer Zeit, auf denen eine Familientragödie dargestellt ist: meine Mutter, untröstlich schluchzend, der dickliche kenianische Butler, gedankenverloren auf meinen Vater blickend, der über den Biedermeierschreibtisch gebeugt dalag – den Kopf auf der Schreibunterlage und den Federhalter in der Hand.

Ein grauer und verregneter Tag in der letzten Woche des Jahres 1967. Der Arzt kam und stellte die Todesursache fest. Es war ein friedlicher und einsamer Tod gewesen, der während der Mittagszeit eingetreten war, als meine Mutter Besorgungen machte. Das irische Dienstmädchen hatte meinen Vater gefunden, als es ihm ein Tablett mit Kalbsgulasch und Gnocchi bringen wollte. Es hatte bei mir zu Hause angerufen und in seiner Verzweiflung Fred gebeten, mir die traurige Nachricht zu überbringen, da meine Frau Sandra verreist war.

Obwohl mir der Arzt eine Beruhigungsspritze gegeben hatte, empfand ich einen stechenden Schmerz – trotz meiner fast schon unnatürlichen Ruhe. Mir war bewußt, daß ich für immer einen Menschen verloren hatte, den ich mehr als jeden anderen auf der Welt geliebt hatte.

In den dreißig Jahren seit der Entlassung meines Vaters aus der Nazi-Haft in Österreich und der Ankunft in seinem Zufluchtsland England war kaum ein Tag vergangen, an dem ich nicht wenigstens einmal täglich mit ihm telefoniert hatte. Er war mir Beschützer, Vertrauter, war Mitverschwörer und Mitwisser meiner Träume und geheimen Hoffnungen gewesen, gleichzeitig aber auch mein Mündel. Er hatte nie den Schmerz verwunden, aller Bürgerrechte beraubt worden zu sein, und er litt an seiner Unfähigkeit, sich in einem fremden Land im Wettbewerb mit anderen zu bewähren und dessen Sprache zu sprechen – ein Instrument, das er in seiner Heimat mit solcher Virtuosität beherrscht hatte.

Ich hatte ihn zum letztenmal eine Woche zuvor gesehen, als wir in meinem und Sandras Haus in Hyde Park Garden zusammen Weihnachten gefeiert hatten. Es war ein fröhliches Familienfest gewesen. Wir hatten uns im Speisesaal versammelt, wo Sandras Impressionisten einträchtig neben meinen italienischen Manieristen hingen, und der Kreis der Gäste war so gemischt wie die Bilder an der Wand. Sandra, die vornehme und elegante Tochter aus patrizischem Haus an der amerikanischen Ostküste; ihr Sohn und ihre Tochter, schlank und eindeutig Long Island zuzuordnen; Laura, meine Tochter aus einer früheren Ehe, lebhaft und von blendendem Aussehen wie ihre anglojüdische Mutter; und meine Eltern, die äußerlich, in ihrem Verhalten und ihrer Redeweise der untergegangenen Welt des k. u. k. Österreich angehörten.

Der Abend war ein großes Fest für uns alle, und Sandra, liebenswert, zurückhaltend und nachdenklich, wie sie war, machte es gewissermaßen zu einem ökumenischen Ereignis. Dem überladenen Weihnachtsbaum hatte sie dezent einen neunarmigen jüdischen Leuchter an die Seite gestellt. Mein Vater, sichtlich gerührt und zufrieden, war nicht wie sonst: Den ganzen Abend war er schweigsam und nachdenklich. Wir hatten uns im vergangenen Jahr große Sorgen um seine Gesundheit gemacht, aber mit dem Schlimmsten rechneten wir nicht. Trotz seiner achtundsiebzig Jahre war er agil und hatte sich seine alles verschlingende Neugier bewahrt. Wie konnte ich ahnen, daß seine Abschiedsgeste, ein dankbares Winken mit dem rechten Arm, das seine Zustimmung ausdrückte, sein letztes Lebenszeichen an mich sein würde?

Bilder dieses letzten gemeinsamen Abends liefen wie Filmszenen in meinem Kopf ab, als ich den Raum, in dem mein Vater gestorben war, verließ, um im Nebenzimmer die notwendigen Telefonate zu erledigen. Innerhalb einer Stunde trafen vier Männer vom jüdischen Bestattungsinstitut in Begleitung des Rabbiners ein und nahmen meinen Vater mit. Ich blickte dem Wagen nach, bis er am Sloane Square abgebogen war. »Ich tausche den Platz mit ihm«, dachte ich, denn sonst hatte mein Vater in einem ganz eigenen Ritual immer mir nachgeblickt, bis ich nicht mehr zu sehen war. Ich brachte meine Mutter in ihr Zimmer und ging dann noch einmal ins Arbeitszimmer meines Vaters. Erst jetzt entdeckte ich das oberste Blatt seines Schreibblocks, auf dem sein Kopf gelegen hatte. Es war ein Brief, an mich adressiert, in deutscher Sprache und in gotischer Schrift geschrieben. Die Sätze lauteten:

> Mein geliebter Sohn,
> was auch immer ich getan oder unterlassen habe, ich habe mich stets bemüht, Dir eine sonnige Jugend zu schenken …

KAPITEL I

Eine sonnige Jugend

Österreicher und Juden haben eins gemeinsam: Sie hegen die Illusion, sie seien der Mittelpunkt der Welt. Als auf dem Territorium ihres Landes der Erste Weltkrieg ausbrach, wurden sie in dieser Überzeugung nur noch bestärkt. Die wirtschaftlichen Krisen Mitteleuropas, erste Anzeichen des Schwarzen Freitags von 1929, das blutige Ende der Demokratie und der Aufstieg rechter Extremisten bestätigten sie in ihrer Vorstellung, Österreich sei die Wiege der Kultur und der Moderne, zugleich aber auch die »Versuchsstation für den Weltuntergang«, wie Karl Kraus es einmal formulierte. Die Juden hatten sich stets als »auserwähltes Volk« betrachtet, als Gewissen, Gradmesser und Impulsgeber der Geschichte. Ich habe beide selbstbezogenen Einstellungen geerbt; sie haben mich mit einem starken Bewußtsein von Schicksal und Zweck erfüllt, das durch die Tatsache, daß ich ein Einzelkind war, noch verstärkt wurde. Als später, veranlaßt durch meine eigenen Erfahrungen, heilsame Zweifel aufkamen, war mein Charakter bereits ausgeprägt.

Ich wurde in der Zeit nach dem Ersten Weltkrieg und dem Zusammenbruch der österreichisch-ungarischen Donaumonarchie in Wien geboren. Die Welt um mich herum war jedoch noch größtenteils von der Vorkriegszeit geprägt: Häuser und Straßenlaternen, Teppiche und Vorhänge, ja selbst die einschlägigen Modezeitschriften in den Wartezimmern der Ärzte trugen den Stempel des Österreichs der k. u. k. Monarchie. Es war eine Zeit der Selbstbeobachtung, der Armut und des Elends; eine starke Inflation erschütterte die Fundamente des sozialen Gefüges; die oberen Klassen mußten feststellen, daß ihr Grund und Boden im Wert gefallen war, die Mittelklasse war durch Arbeitslosigkeit zermürbt. Scharen von Absolventen verließen Jahr für Jahr die Universitäten und technischen Hochschulen; doch ihre Hoffnung auf eine Anstellung war gleich Null, da der riesige bürokratische

Apparat der k. u. k. Monarchie zusehends schrumpfte. Die besseren Schichten und das Proletariat waren also gleichermaßen betroffen und verbittert.

Während die einzelnen Volksgruppen des alten Vielvölkerstaates souveräne Staaten, die sogenannten »Nachfolgestaaten«, gründeten, blieben die deutschsprachigen Österreicher ihrem Schicksal überlassen. Da die strengen Friedensbedingungen der Verträge von Versailles und St. Germain den Anschluß an das republikanische Deutschland untersagten, gründeten die Österreicher widerwillig einen eigenen Staat und suchten nach einer neuen Identität. Die meisten Österreicher, besonders jene, die in die gemäßigte und gut organisierte Sozialdemokratische Partei eintraten, fühlten sich wie im »Wartesaal« der Geschichte und hofften auf eine Vereinigung, einen baldigen Anschluß an Deutschland. Eine nicht unbeträchtliche Minderheit, hinter der die katholische Kirche stand, sehnte sich zurück in die Zeiten des alten monarchischen Vielvölkerstaates und bastelte sich so eine österreichische Identität zurecht.

Die Juden waren unter den vielen ethnischen Gruppen der Monarchie die einzigen, die nirgendwohin paßten. Es gab natürlich Juden, die assimiliert und akzeptiert waren. Die meisten Juden empfanden eine starke Bindung an die k. u. k. Monarchie und deren Symbol, die Habsburgerdynastie, die von der einzigartigen Vaterfigur Kaiser Franz Joseph repräsentiert wurde; seine Regierungszeit hatte in den Wirren der Revolution von 1848 begonnen und im dritten Jahr des Ersten Weltkriegs geendet. Der Krieg hatte das Kerngebiet jüdischer Siedlungen in den Randprovinzen der Monarchie vernichtet, das sich vom österreichischen Teil Polens (Galizien) bis zur Bukowina (später Rumänien zugesprochen) sowie von der gebirgigen Karpatenregion bis zur Adriaküste erstreckt hatte. Die Juden ließen Hab und Gut zurück und strömten schutzsuchend nach Wien, in die Hauptstadt des Habsburgerreichs. Wien war im Ersten Weltkrieg also voll von jüdischen Flüchtlingen, und die sozialen Spannungen in einer Stadt, die im kleinen die Komplexität und Vielfalt des Habsburgerreichs widerspiegelte, wuchsen dadurch noch mehr.

Wien war seit jeher der kulturelle Mittelpunkt der k. u. k. Monarchie gewesen, und für die Juden war es die Stätte der Bildung, der geistigen Anregung und des beruflichen Aufstiegs. Etwa 250 000 der fast zwei Millionen Einwohner waren Juden, von denen ein kleiner Prozentsatz zum Christentum konvertiert war. Doch die jüdische Welt war ein Mikrokosmos von ungeheurer Vielfalt. Die Juden unterschieden sich nicht nur durch ihre geographische Herkunft; sie gehörten auch ganz unterschiedlichen sozialen Schichten an: Neben den alteingesessenen, seit Generationen in Wien lebenden Familien gab es jene, die den Kontakt zu ihrem Ursprungsgebiet aufrechterhalten und in der Hauptstadt studiert oder Geschäfte eröffnet hatten; und schließlich gab es den Strom der Neuankömmlinge, die in Wien gar keine Wurzeln hatten.

Meine Eltern zählten zur zweiten Gruppe. Mein Vater stammte aus einer Familie von Ärzten, Rechtsanwälten und Kaufleuten, die vor Jahrhunderten aus dem Rheinland und aus Franken (Weidenfeld ist der Name eines Dörfchens am Rhein) in den Raum zwischen der Tschechoslowakei, Polen, Rumänien und der Ukraine gekommen waren und sich dort niedergelassen hatten. Mein Großvater väterlicherseits war Landbesitzer in der Bukowina, das heute zur Ukraine gehört, vor dem Zweiten Weltkrieg aber ein Teil Rumäniens war. Die Habsburger hatten dieses Grenzgebiet im Laufe der vergangenen Jahrhunderte mit Bedacht zu einer Enklave gemacht, in der ein Völkergemisch auf engstem Raum zusammenlebte. Die Intellektuellen und die Mittelschicht waren Juden und nichtjüdische Deutsche aus Schwaben, das Proletariat bildeten die Rumänen, und die bettelarmen Bauern waren Ukrainer, die Ruthenen genannt wurden, um sie vor einer allzu starken Identifikation mit ihren im Zarenreich lebenden Landsleuten zu bewahren.

Mein Vater kam in der Kleinstadt Wiesnitz bei Czernowitz zur Welt. Zwei oder drei Generationen lang hatten alle Söhne der Familie in Wien studiert, und meist hatten sie sich nach dem Studium auch dort angesiedelt. Einige brachten es zu großem Erfolg – einer von ihnen, ein Professor für Hautkrankheiten, wurde in den Adelsstand erhoben, da er, wie es hieß, einen Erzherzog von einer unsäglichen Krankheit geheilt hatte. Doch mein Großvater blieb in der Bukowina und führte die Familiengeschäfte. Als mein Vater zehn Jahre alt war, wurde er nach Wien zur Schule geschickt und blieb dort, bis er von den Nazis vertrieben wurde. Sein Leben war geteilt zwischen der Vita activa eines Geschäftsmannes und der Vita contemplativa des Gelehrten. Er war äußerst sprachbegabt und ein ausgezeichneter Altphilologe mit einer Leidenschaft für Archäologie und Numismatik; er hatte den starken Wunsch, eine akademische Laufbahn einzuschlagen. Als junger Mann hatte er zwei Jahre lang in Italien das römische Altertum studiert. Als der Erste Weltkrieg ausbrach, meldete er sich freiwillig bei der österreichischen Armee; er kam an die italienische Front, wurde aber 1916 als dienstuntauglich entlassen. Nach Wien zurückgekehrt, trat er der Akademischen Legion bei, die bei der Brandbekämpfung und ähnlichen Aufgaben nachts im Einsatz war. Tagsüber arbeitete er an der Universität und bemühte sich, in der akademischen Welt Fuß zu fassen; auf diese Weise führte er eine bescheidene Existenz; eine feste Anstellung zu erhalten war nahezu unmöglich, da für neue akademische Stellen kein Geld vorhanden war. Er war neunundzwanzig Jahre alt, als er meine Mutter kennenlernte. Sie war dreiundzwanzig. Sie heirateten in den letzten Monaten des Ersten Weltkriegs.

Zwar hatte mein Vater in Wien seine Ausbildung erhalten, doch die ersten Jahre seines Lebens, die er in der wohlbehüteten jüdischen Welt Osteuropas verbracht hatte, hatten seine Ansichten entscheidend geprägt und ihm schon in frühen Jahren ein Bewußtsein für die besondere Situation der Juden und ihrer spezifischen Probleme vermittelt. Das Städtchen Wiesnitz, Sitz eines legendären chassidischen Rabbiners, war ein Ort, an dem weltliche Aufklärung und strenge Religiosität aufeinanderprallten. Das Studium des Talmud und die strenge Befolgung religiöser Pflichten war für alle Kinder ab vier Jahren oberstes Gebot. Die Talmudschule, der Cheder, war Kindergarten und Religionsschule in einem. Als mein Vater nach Wien ging, glaubte er, das meiste von alldem hinter sich lassen zu können. Er war nie ein streng praktizierender Jude gewesen, doch seine Kindheit, die Erinnerung an die Zeit, als er, noch ein Schüler, im Morgengrauen aufstand und mit den anderen Kindern bei Schnee und Regen im Gänsemarsch hinter dem gebeugten Lehrer hertrottete, der ein flackerndes Öllämpchen in der Hand hielt, hatte sich seinem Gedächtnis unauslöschlich eingeprägt.

Die familiären Verhältnisse, denen mein Vater entstammte, wurden – was das jüdische Selbstbewußtsein betraf – von denen meiner Mutter weit in den Schatten gestellt. Sie entstammte einer der großen rabbinischen »Dynastien« des europäischen Judentums, einer levitischen

Familie, die ihre Abstammung über eine lange Reihe von Theologen und Gelehrten hinweg zurückverfolgen konnte. Die Familie, Benvenisti beziehungsweise Abulaffia genannt, hatte ihre Ursprünge im Spanien des elften Jahrhunderts. Sie lebte in Gerona und Barcelona, verließ jedoch im Zuge der spanischen Inquisition das Land und zog zunächst an den Rhein, bevor sie in Horovice, einer Kleinstadt in der Nähe von Prag, Zuflucht fand und ihren Namen in Horowitz änderte. Sie durfte als Namensvorsilbe das hebräische »Isch« verwenden, was soviel bedeutet wie »Mann« – eine Anerkennung ihrer talmudischen Gelehrsamkeit. Es war ein Clan, der eng zusammenhielt und stolz war auf seine Vorfahren. Aus der Familie waren Oberrabbiner von Prag, Krakau, Lwow, Breslau, Glogau und Liegnitz sowie von vielen anderen kleineren Städten Polens, Böhmens, Mährens und Südrußlands hervorgegangen. Einige hatten sich bis ins vorwiegend sephardische Norditalien vorgewagt. Gemeinden mittel- und osteuropäischer Juden in Mailand und Triest hatten mehrere junge Mitglieder der Familie Horowitz als Rabbiner in ihre Mitte berufen.

Von frühester Jugend an hörte ich ruhmreiche Geschichten, wahre Begebenheiten und Legenden über »die Vorfahren«, zum Beispiel die Geschichte eines Prager Oberrabbiners aus dem sechzehnten Jahrhundert, der im Alter von siebzig Jahren beschloß, nach Jerusalem auszuwandern. Dort erbaute er eine Synagoge, die noch heute existiert. Wie viele berühmte jüdische Religionsgelehrte war auch er nicht unter seinem Familiennamen bekannt, sondern unter den Anfangsbuchstaben der ersten Worte seines wissenschaftlichen Hauptwerks. Die ersten drei Worte seines Hauptwerks waren das hebräische Wort für »Die zwei Tafeln des Bundes«. Die hebräischen Initialen lauteten Sche. Lo. H., also nannte man ihn »Scheloh«. In der jüdischen Gelehrtenwelt besitzt er noch heute einen hohen Rang.

Dieser Scheloh gründete also eine kleine Gemeinde in Jerusalem. Die meisten seiner Nachkommen gehörten wie er selbst einer der beiden großen Hauptgruppen des Judentums an, den sogenannten Misnagdim, was soviel bedeutet wie »die das Gesetz befolgen«. Sie waren sozusagen die Thomisten des Judentums. Sie lehnten jeglichen Mystizismus ab, haßten das Irrationale und Übernatürliche. Engelshäupter oder -flügel zu zählen war ihre Sache nicht, und sie verteidigten mit ganzer Kraft die rationale Seite des Judaismus als Kompendium ethischer Grundsätze und als Lex triumphant. Wenn sie an der Macht waren, schlossen sie häufig Mitglieder aus der Gemeinde aus, die zu mystischen Häresien neigten; im achtzehnten und im frühen neunzehnten Jahrhundert gab es erbitterte Auseinandersetzungen, als sich die Misnagdim gegen die chassidische Sekte erhoben und ihren Platz im Kampf gegen die pseudomessianischen Abweichler einnahmen.

In meiner Jugendzeit befielen mich zuzeiten Zweifel an der Echtheit der Großtaten meiner Vorfahren, wie sie mir von meiner Familie erzählt wurden; ich war jedoch angenehm überrascht, als mir zu einem viel späteren Zeitpunkt jüdische Gelehrte und sogar katholische Theologen in Jerusalem und Leyden die Wahrheit jener Berichte begeistert bestätigten. Der bewegendste Augenblick dieser Art war ein Pessachfest im Haus des ersten Oberrabbiners von Israel, dessen Sohn Chaim Herzog später Staatspräsident wurde. Der Rabbiner zählte eine ganze Reihe von Namen meiner Vorfahren auf und unterhielt eine Gesellschaft gelehrter Männer mit den Obiter dicta dieser Vorfahren.

Die Familie meiner Mutter besaß einen großen Stammbaum, in dem bestimmte Grundmuster über die Jahrhunderte hinweg immer wiederkehrten. Die männlichen Familienmitglieder wurden mit Bedacht mit reichen Kaufmannstöchtern verheiratet, deren großzügige Mitgift es ihnen ermöglichte, während ihrer Rabbinatsausbildung ganztägig zu studieren. Die Töchter wiederum heirateten wohlhabende Geschäftsleute oder Grundbesitzer, Emporkömmlinge, die sich mit diesen Frauen schmückten. Die Mädchen wurden gewöhnlich von Privatlehrern erzogen und erhielten Klavierunterricht. Sie waren durchaus nicht unaufgeklärt; sie erhielten eine, wenn auch dürftige, religiöse Erziehung, bei der jedoch mehr Wert auf die Einhaltung der Riten gelegt wurde als auf die Inhalte. Für die männlichen Familienmitglieder hingegen besaß das Studium des Talmud einen großen Stellenwert. In der Mitte des neunzehnten Jahrhunderts jedoch hatte sich auch hier viel verändert. Immer mehr Juden behielten zwar ihre Religion bei, ergriffen aber akademische und freie Berufe, und auch die Familie meiner Mutter blieb von den Verlockungen der säkularen Welt nicht verschont.

Drei Generationen lang hatte es in der Seitenlinie der Familie meiner Mutter keinen männlichen Erben mehr gegeben; da die Vererbung der Familientradition aber der weiblichen Linie folgt, erwarteten meine Urgroßmutter und meine Großmutter nun von mir deren Fortsetzung. Doch die Verhältnisse hatten sich geändert: Nicht nur, daß der Stammsitz unserer Familie unerreichbar hinter den russischen Grenzlinien lag; meine Mutter hatte außerdem einen entschieden »weltlichen« Juden geheiratet; und so sublimierten diese beiden willensstarken Frauen ihre Hoffnung, daß aus mir ein im theologischen Sinn gelehrter Mann würde, indem sie von mir mit Inbrunst erwarteten, ich würde einmal »eine große Bestimmung« im Dienst des jüdischen Volks erfüllen.

Die legendäre Vergangenheit stand also in krassem Gegensatz zur trüben Wirklichkeit: Das Bewußtsein, einer intellektuellen, spirituellen Elite anzugehören, paßte so gar nicht zu unseren bescheidenen materiellen Verhältnissen. Die Familie, so hatte man mir erzählt, war vor dem Zusammenbruch der Habsburgermonarchie reich gewesen, hatte jedoch auf der Flucht vor den Russen nach Wien alles verloren. Trotzdem hegte sie ein Gefühl aristokratischer Überlegenheit, das sie über ihre mißliche äußere Lage hinaushob. Ich erinnere mich gut an meine Urgroßmutter, eine Frau Ende Sechzig, deren Vater der Oberrabbiner von Krakau gewesen war. Sie war groß, kräftig gebaut und trug Kleider aus der Vorkriegszeit, die sie sich von den elegantesten Modeschneidern hatte anfertigen lassen. Sie hatte mehrere Töchter – einige von ihnen hatten noch Geld, andere waren mittellos – und führte ein behagliches Leben; ihre Juwelen verkaufte sie Stück für Stück, um ihre Geschwister zu unterstützen.

Meine Mutter wuchs in einem Gebiet auf, das heute teils zur Ukraine, teils zu Polen gehört. Ihr Vater war einer der reichsten Männer der Gegend, er besaß riesige Ländereien und kleine Ölquellen, die »nafta« hießen. Meine Großmutter führte ein Leben zwischen Frömmigkeit und Aufklärung. Sie hielt sich zwar streng an die religiösen Vorschriften, war jedoch keineswegs intolerant. Sie liebte mich, ihr einziges Enkelkind, mit großer Hingabe, stand aber meinen Fehlern äußerst kritisch gegenüber. Um meiner Mutter eine gute Ausbildung zu ermöglichen, hatte sie sie in die katholische Klosterschule geschickt, war aber darauf bedacht, sie zu Hause in der jüdischen Religion unterrichten zu lassen. Die Horowitz sprachen zu Hause Deutsch, beherrschten aber auch Jiddisch, das natürlich noch sehr gebräuchlich war. Gegen Ende des Jahrhunderts, als die Bemühungen stark wurden, das Hebräische in eine lebendige Sprache umzuwandeln, standen sie dem Zionismus wohlwollend gegenüber.

Mein Vater war bemüht, in der akademischen Welt Fuß zu fassen, als er meine Mutter heiratete; er arbeitete an einer Dissertation über römische Münzen und gab Privatunterricht in Latein. Ich glaube nicht, daß er ein besonders origineller Kopf war, doch er war ein begnadeter Lehrer. Er besaß die außergewöhnliche Fähigkeit, auch in dem allerphlegmatischsten Schüler ein brennendes Interesse für sein Fach zu wecken. Seine starke Überzeugungskraft, zwischen pädagogischem Geschick und Geschäftstüchtigkeit, sowie gelegentlich eine beinahe magische Fähigkeit, Fakten zu vermitteln und zu erklären, die Grammatik zum Leben zu erwecken, die Achillesferse des Schülers ausfindig zu machen und ihn zu ermutigen, sie zu überwinden – all das machte ihn zum beeindruckendsten Pädagogen, den ich jemals kennengelernt habe. Doch er war auch ein unverbesserlicher Romantiker, der sich selbst betrog und anderen falsche Hoffnungen und unerfüllbare Versprechungen machte.

Unsere erste Wohnung lag in der Gumpendorfer Straße im sechsten Bezirk. Es war ein düsteres Haus aus dem Anfang des neunzehnten Jahrhunderts mit zwei Innenhöfen. Der sechste Bezirk war das Wohnviertel des besseren Kleinbürgertums – der Staatsbeamten, kleinen Geschäftsleute, Pensionisten, die alle von der Inflation besonders schwer betroffen waren. Doch es lag relativ zentral, man war schnell zu Fuß in der Innenstadt, bei der Oper und im Kunsthistorischen Museum. Meine Großmutter mütterlicherseits, die seit einiger Zeit Witwe war, wohnte über uns. Eine Cousine bewohnte ein anderes Stockwerk, und wir selbst lebten in einer Dreizimmerwohnung im Erdgeschoß neben der Pförtnerloge.

Wir hatten so wenig Geld, daß mein Vater einmal im Sommer, als ich drei oder vier Jahre alt war, zum Bahnhof ging, um Besuchern einer internationalen Handelsmesse Logis anzubieten. Meine Eltern räumten ihr Schlafzimmer und schliefen auf dem Eßtisch. Mein Vater versuchte noch eine Zeitlang, sich als Privatgelehrter durchzuschlagen, doch schließlich mußte er dem Druck der Familie nachgeben und eine Arbeit bei seinem Onkel annehmen, der im Versicherungsgeschäft erfolgreich tätig war – Onkel Hauptmann, wie wir ihn nannten: ein großzügiger, überschwenglicher Selfmademan, der einen ungeheuren

Optimismus ausstrahlte. Zusammen mit seinem Geschäftspartner Dr. Berliner, der später in einigen österreichischen Schlüsselromanen der zwanziger Jahre auftauchen sollte, hatte er ein weitverzweigtes Netz von Versicherungsgesellschaften in den »Nachfolgestaaten« der Monarchie gegründet. Die beiden machten sich dabei die Widersprüche der Versicherungsgesetze in den verschiedenen neu gegründeten Staaten zunutze, und, wie ihre Feinde munkelten, sollen sie ganze Zugladungen von Aktienzertifikaten und Kriegsanleihen, die in Österreich wertlos waren, in die Tschechoslowakei transferiert haben, wo sie Gültigkeit besaßen. Ihrem Versicherungsimperium hatten sie den schönen Namen »Phönix« gegeben, und der Hauptsitz war Wien, mit quasi selbständigen Zweigstellen in Prag, Budapest und Triest.

Mein Vater erhielt zunächst eine bescheidene Aufgabe, und Onkel Hauptmann behandelte ihn mit einer Mischung aus patriarchalischer Gönnerhaftigkeit und viktorianischer Strenge. Wenn mein Vater zu ihm zitiert wurde, wußte er nie, wie Onkel Hauptmann sich verhalten würde. Als mein Vater einmal nach Hause kam und von einem besonders demütigenden Vorfall erzählte, wurde ich furchtbar wütend. Bei einer großen Familienfeier in Onkel Hauptmanns Haus am selben Abend fragte mich der Gastgeber freundlich, was ich mir denn zu meinem sechsten Geburtstag wünschte. Ich kochte innerlich immer noch vor Wut und rief laut, so daß es die versammelte Großfamilie deutlich hören konnte: »Von dir, Onkel Hauptmann, möcht' ich einen Schmarrn!« Onkel Hauptmann starrte mich an wie vom Donner gerührt, runzelte die Stirn und blickte erschrocken drein, doch dann verzog sich sein Gesicht zu einem breiten Grinsen: »Das ist mein Neffe – er wird es noch sehr weit bringen.« Alle brachen in erleichtertes Lachen aus.

Nicht lange danach gewann mein Vater an Ansehen in den Augen meines Onkels. Seine Einkünfte schnellten in die Höhe, und als ich die Grundschule verließ und ins Piaristen-Gymnasium eintrat, waren wir bereits in eine elegante Wohnung in der Nähe der Universität umgezogen. Wir konnten uns zwei Hausangestellte leisten, und mein Vater hatte ein Auto und einen Chauffeur. Endlich konnte er seiner Leidenschaft nachgeben und sich teure Erstausgaben lateinischer Klassiker aus dem sechzehnten und siebzehnten Jahrhundert kaufen und sich eine respektable Münzsammlung aufbauen. Er stieg zum Direktor auf und hatte zwei Büros, eines in der Herrengasse in der Nähe des Palais Harrach im Stadtzentrum, ein zweites in der Zieglergasse etwas außerhalb, in dem die gewöhnlicheren Sturm- und Gewitterschäden versicherungstechnisch abgewickelt wurden. Die großen Geschäfte wurden in der Herrengasse getätigt.

Mein Vater war eigentlich kein guter Geschäftsmann. Er kannte sich im Versicherungswesen nicht gut aus, und sein Optimismus und sein selbstbetrügerischer Enthusiasmus führten immer wieder zu schweren Enttäuschungen. Doch er besaß viel Phantasie und hatte ein großes verkäuferisches Geschick. Seine Stärke lag in der Anwerbung von Mitarbeitern aus unerwarteten und bizarren Vierteln, die hauptsächlich der österreichischen Aristokratie entstammten. Die anhaltende Wirtschaftskrise hatte den Wert von Grundbesitz, Wäldern, Kunstschätzen und anderen Vermögenswerten so stark gemindert, daß zahllose Prinzen, Grafen, Barone oder einfache »von« ohne Beschäftigung dastanden – insbesondere aus der Generation der Söhne und Töchter. Aber die hatten gute Beziehungen und konnten die aufstrebende Klasse der Neureichen, amerikanische Touristen und andere Besucher aus Übersee, beeindrucken, die scharenweise die Pferderennen und Polospiele in Mitteleuropa besuchten. Überdies hatten sie Zugang zu jener dünnen wohlhabenden Schicht unter ihren Verwandten und Bekannten, die von den Erschütterungen nicht betroffen war. Auf diese Weise stellte mein Vater eine ganze Schar blaublütiger Versicherungsagenten ein, deren Namen den *Gotha* zieren.

Sein Stellvertreter war ein gewisser Baron Offermann, der auch nach der Flucht meines Vaters vor den Nazis die Geschäfte weiterführte. Graf »Franzi« Vetter von der Lilie eröffnete in einem alten Palast eine Zweigstelle »von Aristos für Aristos«, und bald gelang es ihm, seine Geschäftsbeziehungen auf indische Maharadschas und arabische Scheichs auszudehnen, die ihre Konkubinen zur Behandlung in die Wiener Universitätsklinik brachten, denn deren gynäkologische Abteilung genoß einen guten Ruf. Einige der wohlklingendsten Namen des mitteleuropäischen Adels standen auf der Gehaltsliste von Phönix und waren auf äußerst vielseitige Weise aktiv. Zu den Tätigkeiten gehörten häufige Reisen zu abgelegenen feudalen Burgen und Landsitzen, durch die auch mein Vater mit der monarchistischen Bewegung in Berührung kam. Die treuen Anhänger der Habsburgermonarchie träumten davon, Erzherzog Otto von Habsburg wieder auf den Thron der österreichisch-ungarischen Doppelmonarchie zu heben.

Das Anliegen der Monarchisten oder Legitimisten, wie sie sich nannten, war jedoch durchaus kein dummes Hirngespinst. Ein großer Teil der konservativen Bevölkerung Österreichs – und in Österreich lebten ebenso viele konservative Bauern auf dem Land wie sozialistische Arbeiter in den Städten – sehnte sich zurück nach der guten alten Zeit des Habsburgerreichs. Viele wohlhabende Bauern waren bereit, für die monarchistische Sache finanzielle Opfer zu bringen; deshalb entwarf mein Vater ein spezielles Versicherungsformular, mit dem die Monarchisten, gleich ob reich oder arm, sich mit einer bestimmten Summe zugunsten der verarmten kaiserlichen Familie versichern und auf diese Weise der legitimistischen Bewegung Geld zukommen lassen konnten. Dies machte ihn – einmal abgesehen von seiner jüdischen Herkunft – zu einer Zielscheibe der Nazis und anderer großdeutscher Nationalisten, die ihn haßten und schon früh auf ihre schwarze Liste setzten.

Die rechte Hand meines Vaters im Alpengebiet war Herr Radler, vom Typ her ein gutmütiger Schurke mit Lederhose und Lodenmantel, einem Spazierstock mit Silberknauf und einer überdimensionalen Pfeife im Mund. Radler hatte ein flottes Mundwerk, doch bewegte er sich gefährlich am Rand der Legalität. Als er einmal Tiroler Bauern in einem Bauernhaus auf einem schneebedeckten Berggipfel aufsuchte, schilderte er ihnen in glühenden Farben die Vorzüge der verschiedenen Lebensversicherungen. Als sie ihn fragten, welche nachprüfbaren Sicherheiten er ihnen geben könne, senkte er die Stimme und flüsterte: »Die Tresorräume! Die goldgefüllten Tresorräume der Phönix Versicherungsgesellschaft.« Er erzählte ihnen, in den Kellerräumen des Hauptsitzes in Wien lägen glänzende Goldbarren auf Förderbändern, und Paternoster-Aufzüge würden von bewaffneten Männern bewacht. Dies, so legte er seinen Zuhörern nahe, garantiere für die absolute Sicherheit ihrer Versicherungsprämien.

Eines Tages suchten diese Tiroler Bauern meinen Vater auf. Sie hatten einen Ausflug nach Wien gemacht mit dem Ziel, die mit Gold gefüllten Kellergewölbe zu besichtigen. Meinem Vater gelang es, ihnen ihre Sicherheiten plausibel zu machen, indem er ihnen einen beredten Vortrag über das Wesen des Bankensystems hielt. Obwohl sie beruhigt von dannen zogen, waren sie dennoch tief enttäuscht. Dieser Vorfall wurde Herrn Radler zum Verhängnis und bedeutete das Ende seiner Karriere in der Versicherungsbranche. Ich glaube, er wurde später in Innsbruck Herausgeber eines Informationsblatts für Investoren und starb hochbetagt.

Die Beziehungen, die mein Vater mit den Monarchisten und dem österreichischen Hochadel geknüpft hatte, banden ihn jedoch keineswegs an das konservative Lager. Er pflegte viele andere wertvolle Verbindungen, darunter auch mit der Führung der mächtigen Sozialdemokratischen Partei Österreichs. Im tiefsten Herzen ein Liberaler, sympathisierte er mit dieser Partei, der demokratischsten Kraft im Land, und er wählte stets die Sozialdemokraten, nicht zuletzt deshalb, weil diese Partei gegen Antisemitismus und die Aufhebung religiöser Schranken kämpfte.

Mein Vater hatte keinerlei gesellschaftliche Ambitionen und suchte auch nicht die Nähe des Adels. Zu den wenigen blaublütigen Freunden, die uns zu Hause besuchten und die eine aufrichtige Sympathie für meine Familie empfanden, gehörte die Gräfin Vera Fugger, eine stattliche Frau von außergewöhnlicher Schönheit. Sie führte ein abenteuerliches Leben und verließ später ihren aristokratischen Ehemann, um mit dem letzten österreichischen Kanzler vor dem Zweiten Weltkrieg, dem jungen und verwitweten Dr. Kurt Schuschnigg, der das Land beinahe vier Jahre lang regierte, zusammenzuleben und ihn später zu heiraten. Er war das jüngste Kabinettsmitglied gewesen, als Dollfuß Mitte Juli 1934 bei einem Nazi-Putsch ermordet wurde. Gestützt von Mussolini, der am Brenner Truppen zusammenzog, hatte Schuschnigg daraufhin die Macht übernommen. Die von den Deutschen geführten Aufstände wurden niedergeschlagen – was folgte, war ein wackeliger Frieden. Viele Menschen außerhalb Österreichs ahnten bereits, daß die neue Regierung zum Scheitern verurteilt war, denn der Aufstieg der illegalen Nazi-Partei schien nicht mehr zu bremsen; doch die meisten Österreicher, von Natur aus Optimisten, wiegten sich in einem falschen Gefühl der Sicherheit. Viele ausländische Besucher, Verwandte und Freunde, warnten uns und rieten, unsere Heimat zu verlassen, doch mein Vater baute auf die militärische Stärke und die Entschlußkraft der Westmächte. Obwohl ich mehrere Angebote hatte, ins Ausland zu gehen und mich dort in Ruhe auf meine Zukunft vorzubereiten, stand für meine Familie unumstößlich fest, daß ich in Wien, dem »Mittelpunkt der Welt«, bleiben und studieren sollte.

Die jüdische Welt Wiens war im kleinen ein Abbild der multiethnischen Welt draußen. Diese Welt ließ sich, vereinfacht gesagt, in zwei konzentrische Kreise unterteilen: in jene Juden, die seit Jahrhunderten in Österreich ansässig und sich dessen wohl bewußt waren; und jene, die aus den hintersten rückständigen Provinzen des Habsburgerreichs kamen. Die erste Gruppe war wiederum dreigeteilt: Es gab die »arrivierten« Juden, die die schwindelnden Höhen des »Zutritts zum Hof« erreicht hatten – an der Spitze dieser Gruppe standen die Rothschilds, deren Blutsverwandte und Nebenlinien, die eine hauchdünne Schicht innerhalb der jüdischen Gemeinschaft bildeten; dann gab es die Juden, die in die Großbourgeoisie aufgestiegen waren und ihre Töchter häufig mit Katholiken oder zum Christentum konvertierten Juden verheirateten (ein in diesen Kreisen gängiger Kompromiß bestand darin, zum Protestantismus überzuwechseln, der als Alternative zum radikalen Religionswechsel galt); und schließlich gab es die relativ große Gruppe des jüdischen Bürgertums, zu der gemäßigte praktizierende Juden einerseits und entschiedene Agnostiker andererseits gehörten, innerhalb derer aber auch das starke Bestreben vorherrschte, sich zu assimilieren, wenn nicht sogar sich mit der nichtjüdischen Umgebung zu identifizieren.

Die assimilierten Juden betrachteten sich nicht als Teil einer besonderen Gemeinschaft oder einer ethnischen Minderheit. Ihr einziger Wunsch bestand darin, sich einzugliedern und als gleichwertige Mitglieder der Gesellschaft akzeptiert zu werden. Das schmerzliche Gefühl verschmähter Liebe und die Enttäuschung war enorm, als sie aus ihren Träumen wachgerüttelt wurden und sich gezwungen sahen, der Wirklichkeit des Antisemitismus ins Auge zu sehen. Die Bedrohung wurde zunehmend spürbar: Den lautlosen Gummisohlen der klerikalen und autoritären Christlich-Sozialen Partei mit ihrem latenten Unbehagen gegenüber den Juden folgte der harte Tritt der genagelten Stiefel der militanten Heimwehr, die unter Dollfuß und Schuschnigg zunehmend an Einfluß gewann. Und schließlich kamen die dröhnend einherstampfenden Schaftstiefel der Nazi-Braunhemden.

Ein kleiner Teil der jüdischen Oligarchie, darunter auch die Rothschilds, hielt am jüdischen Glauben fest, hatte seinen festen Platz in der großen Synagoge und spendete für mildtätige jüdische Zwecke, wahrte zugleich aber strikte Distanz zur Masse und zu den mittleren Schichten der jüdischen Gemeinschaft. Man machte damit jene Unterscheidung, die einen der Fürsten Schwarzenberg einmal – gefragt, weshalb er die Rothschilds nicht in seinen Palast einlade – zu der Bemerkung veranlaßte: »Wieso, sie laden doch auch keine Juden zu ihren Festen ein.« Der größere Teil des Wiener Judentums jedoch führte ein nach bestimmten Grundsätzen verlaufendes, durchaus jüdisch geprägtes Leben. Er war sich seines Judentums bewußt und er war stolz darauf. Er hatte seine eigene soziale Hierarchie, in der es Reiche und Arme gab, Gebildete und Ungebildete, Angehörige der freien Berufe und Kaufleute, Arbeitslose und Arbeitsuntaugliche.

Die Einstellungen meiner Eltern zu diesen Grundsätzen waren nicht ganz so strikt. Mein Vater war ein Liberaler und Agnostiker, doch wußte er gut Bescheid über die Religion. Er besaß einen geradezu atavistischen Sinn für Tradition, und deshalb gingen wir an hohen Feiertagen in die Synagoge, hielten uns sonst aber nicht streng an die religiösen Pflichten: Wir aßen zu Hause und im Restaurant Schinken und Schalentiere. Lediglich meine Großmutter mütterlicherseits, die bei uns wohnte, war streng religiös. Als Kind verbrachte ich viel Zeit mit ihr zusammen. Sie liebte Musik und ging gern ins Theater, obwohl sie keineswegs besonders intelligent oder gebildet war. Trotzdem hatte sie einen starken Einfluß auf mich und flößte mir ein Bewußtsein nahezu vollkommener Unfehlbarkeit ein, das mir über die Verwirrungen der Pubertät und die tiefgreifenden Veränderungen meines kulturellen Umfelds hinweghalf, als ich Österreich verließ.

War mein Vater ein Don Quijote, so war meine Mutter eine Art Sancho Pansa. Sie betrachtete die Dinge, wie sie waren, mein Vater dagegen täuschte sich gern selbst, indem er glaubte, alles, was er anfasse, entwickle eine magische Kraft. Wenn er eine Begebenheit von seiner Arbeit erzählte, schmückte er sie zu einer Heldensage aus, und er malte meine Zukunft in glühenden Farben. Vom Charakter her tendierte ich eher in die Don-Quijote-Richtung, denn ich besaß wie mein Vater eine starke Einbildungskraft.

Das Klassensystem der jüdischen Welt entsprach ganz und gar nicht dem der nichtjüdischen Welt. Ein österreichischer oder ein deutscher

Nichtjude beurteilte etwa einen Ostjuden nach seinen äußeren Verhältnissen und nach seiner Lebensweise und ordnete ihn je nachdem dem Mittelstand oder dem unteren Mittelstand zu. In der Welt der frommen Juden waren die Maßstäbe vollkommen andere. Die jüdische rabbinische »Aristokratie« wurde von allen anerkannt, selbst von dem größten Neureichen. Wenn ein solcher die bescheidene Wohnung meiner Großmutter mütterlicherseits betrat, hatte er das Gefühl, er besuche eine große Dame, die äußerlich in beengten Verhältnissen lebte. Sein Verhalten hatte nichts Herablassendes; er fühlte sich bescheiden und klein, auch wenn er ein paar Millionen auf dem Schwarzmarkt verdient hatte.

Meine Eltern führten kein geselliges Leben im herkömmlichen Sinn; sie trafen sich nur mit alten Freunden und Bekannten, die ihnen familiär oder geschäftlich verbunden waren. Zu ihnen gehörte ein treuer Hausfreund, Dr. Wiesinger, der unverheiratete Sohn der bekannten Blumenmalerin Olga Wiesinger, dem die Hofapotheke am Michaelerplatz gehörte. Er verabschiedete mich, als ich Österreich verließ, und blieb auch während des Kriegs mit mir in Verbindung und kümmerte sich um meine Großmutter, bevor sie deportiert wurde. Häufig besuchten uns auch Josef, der Bruder meines Vaters, und Mathilde, die Schwester meines Vaters, eine außergewöhnliche Frau, die mit einem Rechtsanwalt unglücklich verheiratet war. Als Assistentin und enge Freundin von Alfred Adler, des Begründers der Individualpsychologie, nahm sie regen Anteil an dieser Bewegung. Onkel Josef war ein angesehener Augenarzt, ein leidenschaftlicher Wagnerianer und, wie wir glaubten, ein eingefleischter Junggeselle; später heiratete er schließlich doch noch. Er war Freimaurer und verursachte einen Riesenskandal, als er mit der Frau eines anderen Freimaurers durchbrannte. Sie wurden während des Kriegs in Frankreich aufgegriffen und von der Vichy-Polizei ermordet.

Verwandte und Freunde aus der ganzen Welt kamen häufig zu Besuch. Einige baten um Geld, andere um Ratschläge und Hilfe. Ich erinnere mich an einen jungen Rabbiner aus Palästina, der Geld für die Opfer des ersten arabischen Überfalls auf Hebron im Jahr 1926 sammelte. Es hatte ein Pogrom stattgefunden, und die Araber hatten eine Synagoge und Häuser der jüdischen Siedler angezündet. Der Mann beschrieb uns alles bis ins kleinste Detail, er zog seinen Mantel aus und zeigte uns die Spuren, die die Peitschenhiebe und die Messerstiche auf seinem Körper hinterlassen hatten. Nachdem er gegangen war, konnte ich eine Woche lang nicht schlafen.

Ich erinnere mich weiter an einen reichen Onkel aus Chicago, der im Hotel Imperial logierte und mir als Geburtstagsgeschenk zehn Dollar gab, damals eine riesige Summe; an die unglückliche Geschiedene, die von ihrem Mann schlecht behandelt worden war; sie kam aus Brünn oder Budapest und wohnte in unserem Gästezimmer. Ich wich für gewöhnlich nicht von der Stelle, wenn derartiger Besuch da war, und lauschte begierig dem Familienklatsch über Tante Idas bevorstehende Scheidung oder der Geschichte Onkel Adolfs, der mit einer Soubrette aus Mährisch-Ostrau durchgebrannt war. Die Erwachsenen bezogen mich als Überbringer von Botschaften vertrauensvoll in ihre Angelegenheiten mit ein; ich wurde eine Art Schiedsrichter, schlichtete zwischen meiner Großmutter, meinen Eltern und meinen Cousins. Es gefiel mir, mitten im Strudel der Ereignisse zu stehen, und meine Liebe zum Klatsch wurde durch die Vielzahl der familiären Neuigkeiten noch gefördert.

Einsamkeit und Geselligkeit haben im Leben eines Einzelkinds eine ganz besondere Bedeutung. Wenn man allein ist und nur in der Gesellschaft von Erwachsenen aufwächst, ist das Gefühl der Isolation ständig präsent. Zwar betrachteten sich die Erwachsenen meiner unmittelbaren Umgebung als großzügig, aufmunternd und liebevoll, und sie erfüllten auch alle meine materiellen Bedürfnisse, doch mir erschien jede Annäherung gekünstelt und unecht. Es gab in unserer Familie nur selten den typischen Small talk: Man führte entweder abstrakte Debatten oder handfeste Diskussionen über die konkreten Probleme des Alltags oder des Augenblicks.

Bis zum Alter von zwölf Jahren und dem Abschluß der ersten und zweiten Klasse der höheren Schule war ich gewöhnlich allein, und Geselligkeit war die Art Vergnügen, nach der ich mich am meisten sehnte. Ja, ich glaubte leidenschaftlich, daß dies die vollkommene Form des Glücks sei. Ich träumte von Geselligkeit und las gerne darüber. Zu meiner Lieblingslektüre zählten die Erzählungen E. T. A. Hoffmanns, auf denen Offenbachs große Oper beruht. Zu den besten Geschichten gehörten in meinen Augen diejenigen, die von einer Gruppe hochgesinnter Studenten und Freunde handelten, die sich selbst Serapions-Brüder nannten und sich in einer Schenke in Leipzig trafen, wo jeder von ihnen eine Geschichte vortrug. Dazwischen wurde gegessen, getrunken, gescherzt, und es wurden anregende Gespräche geführt. Ich malte mir häufig aus, unter ihnen zu sein. Besonders interessierten mich Texte, in denen von Essen und Trinken die Rede war und Gespräche wiedergegeben wurden; ich las auch gerne die Darstellungen von Hochzeitsfesten, von Leichenschmaus, Banketten und Abendessen in kleinem Kreis, wie sie bei Dickens, Balzac sowie in Immermanns *Baron Münchhausen* dargestellt sind; im *Münchhausen* wird vom Hochzeitsbankett eines reichen westfälischen Bauern erzählt, und die verschiedenen Wurstarten der Region werden ausführlich beschrieben.

Festliche Anlässe, etwa ein Essen im Haus meines Großonkels und meiner Großtante, Onkel Josef Kleinmann und seiner hübschen Frau Helene, genoß ich ganz besonders, da ich das einzige Kind war und sich die Wärme und Aufmerksamkeit der Erwachsenen ganz auf mich konzentrierte. Ich liebte Familientreffen, festlich geschmückte Tische, Kerzenlicht und bekannte und neue Gerichte, die auf bunten Platten aus verschiedenen Epochen und Ländern serviert wurden, die »vor den Russen gerettet« worden waren.

Von der ganzen Familie waren mein Großonkel und meine Großtante die großzügigsten Gastgeber. Onkel Kleinmann war ausgelassen und hedonistisch, etwas ordinär, jedoch ausgesprochen herzlich. Sein Gesicht war rund und pockennarbig, er war leicht zu begeistern und liebte treffsichere Polemiken. Er konnte wunderbar Geschichten erzählen, und er sparte dabei nicht mit ausdrucksvollen Gesten, ja sogar Gesangseinlagen, denn er liebte den Klang seiner eigenen Stimme. Wenn er von seiner Kindheit in der mährischen Hauptstadt Brünn erzählte, beschrieb er in allen Einzelheiten nicht nur, was der Kutscher, der ihn zur Schule fuhr, gesagt, sondern auch, was er gesungen hatte. Oder er versuchte, die verschiedenen Personen bei der Pessachfeier in seinem Elternhaus vorzuführen, indem er jeder einzelnen Stimme, der seiner Schwester, der Eltern, der Gäste oder Geschäftsfreunde einen besonderen Klang verlieh. Ich erinnere mich, daß es eine Art Leitmotiv gab, ein »Hauslied«, das Onkel Kleinmann bei jeder sich bietenden Gelegenheit anstimmte. Es endete auf den Refrain »Ta ra ra bom bom bom bom«. Je nach Anlaß, Laune und Rang der anwesenden

Gäste änderte er diesen Refrain ab und verfeinerte ihn, indem er ihn mit einer hohen Koloraturstimme wiedergab oder seiner Stimme den Hauch einer Kastratenstimme verlieh; manchmal gab er der Melodie auch eine orientalische Note. Bei anderen Gelegenheiten ließ er das »Ta ra ra bom bom bom bom« sehr militärisch erklingen. Die Art und Weise jedenfalls, wie er diesen Refrain ausdrückte, verriet seine Stimmung an dem jeweiligen Abend. Da seine Beziehung zu seiner Frau und seiner Schwägerin Ida, die mit dem Paar zusammenlebte (eine traurige Frau, die von ihrem in Australien verschollenen Mann sitzengelassen worden war), gelegentlich sehr »stürmisch« war, trug er das »Ta ra ra bom bom bom bom« auch manchmal als Versöhnungsständchen für seine Frau oder Schwägerin vor – und er vergaß dabei nicht den flehenden Blick.

Onkel Josef wurde durch einen unerschütterlichen Optimismus am Leben erhalten. Während des Kriegs versteckte er sich in der verlassenen Scheune eines italienischen Bauern, kam nach Kuba und landete schließlich in Amerika, wohin ihm Tante Helene folgte. Die sitzengelassene Tante Ida wartete vergeblich auf ihren Ehemann. Der blieb in Australien, sie wurde von den Nazis ermordet. Die Abende mit Onkel Kleinmann boten auch mir ein Forum für meine schauspielerischen Ambitionen. Zu einem bestimmten Zeitpunkt nach dem Essen rief Onkel Kleinmann mit herrischer Stimme nach mir: »Turli – Turli, jetzt bist du dran.« Mit gespieltem Widerstreben und unter unnachgiebigem Drängen des Publikums stand ich dann vom Tisch auf, stellte mich auf einen Schemel oder setzte mich mit überkreuzten Beinen hin und trug einen Text der klassischen Literatur vor. Eine Ballade von Schiller oder Heine, häufiger aber eine Szene aus dem klassischen Drama, das ich zuletzt gesehen oder gelesen hatte. Am liebsten griff ich auf Goethes *Faust* zurück – Mephistos herausfordernde Auseinandersetzung mit Gott, sein Flohlied, das ich mit einer Kinderlaute begleitete, oder auch Fausts Monolog, an dessen Ende der Teufel erscheint; diese Szene bot den Vorteil, daß ich zugleich Faust und Mephisto spielen konnte – eine Meisterleistung, die die versammelte Familie jedesmal zu Tränen rührte und mir ebenso regelmäßig Bargeld oder Versprechen auf noch zu erwartende Geschenke einbrachte.

Mit Theater und Oper wurde ich vertraut, sobald ich das Laufen gelernt hatte. Meine Leidenschaft für die Oper rührte eher vom

Geruchs- als vom Gehörsinn, denn bei meinem täglichen Gang zur Schule kam ich immer an einer Reklamewand vorbei, auf die Männer in weißen Arbeitsanzügen das tägliche Opernprogramm klebten. Der Geruch des frischen Kleisters in der kalten Winterluft zog mich an und lenkte meinen Blick auf die wunderschöne Frakturschrift, in der die langen Besetzungslisten des breitgefächerten Spielplans der Wiener Oper geschrieben waren. Ich kannte die Namen der Figuren und der Sänger lange bevor ich meine erste Oper hörte und verblüffte meine Familie, indem ich die dramatis personae bekannterer wie entlegenerer Opernwerke nur so herunterratterte.

Meine ersten drei Opern waren Freilichtaufführungen im Burggarten. Die erste war *Hoffmanns Erzählungen* von Jacques Offenbach, es folgte Halévys *La Juive* und schließlich eine billige Inszenierung von Meyerbeers *L'Africaine*. Erst als ich acht war, nahm mich mein Vater zusammen mit einigen Geschäftsfreunden mit in eine Loge in der Oper, wo ich *Don Giovanni* hörte. Von da an wurde ich ein eifriger Opernbesucher.

In dem Sommer, bevor ich im Alter von zehn Jahren ins Piaristen-Gymnasium eintrat, durfte ich mit meinem Vater nach Süddeutschland reisen; wir besuchten München, Augsburg, Regensburg und – als Krönung – Nürnberg. 1929 war ein Jahr, in dem man die deutsche Kultur, Geschichte, Literatur, Volkskunst und Musik noch uneingeschränkt bewundern konnte – Hitler und seine Braunhemden waren noch kaum wahrnehmbare, blasse Stäubchen auf dem bunten Tableau der Weimarer Republik. Wir durcheilten Museen, verweilten in Kirchen, aßen in kuriosen alten Gasthäusern und liefen durch enge Gäßchen, wie sie im zweiten Akt von Wagners *Meistersingern* vorkamen. Ich war überwältigt von der Schönheit der Renaissancestadt Nürnberg, der Stadt Albrecht Dürers und Hans Sachs', des wahren Helden von Wagners Oper *Die Meistersinger von Nürnberg*, die stets zu meinen Lieblingsopern gezählt hat. Hier erfuhr ich, daß Hans Sachs, der erste Dichter des aufstrebenden Bürgertums am Ende der ritterlichen Feudalzeit, Handwerker und Künstler, stolzer Bürger und ein freier Geist, eine historische Persönlichkeit und eine Legende zugleich war. Ich erinnere mich noch genau, wie mir mein Vater die Gedenktafel an seinem Haus zeigte:

Hier wohnte Hans Sachs, Schuhmacher und Poet dazu

Hans Sachs schrieb in einem besonderen Versmaß, dem Knittelvers, den Goethe im ersten Teil seines großartigen *Faust* verwendete. Sachs wurde von den Romantikern verehrt, vom liberalen Bürgertum als erster Dichter des mittleren Standes vereinnahmt, wurde anerkannt von den radikalen Demokraten – und wurde dann plötzlich zusammen mit allen Opernhelden Wagners von Adolf Hitler im Handstreich mit Beschlag belegt.

Ich war die meiste Zeit allein und hatte freien Zugang zur Bibliothek meines Vaters, der eine eindrucksvolle Büchersammlung besaß. Die alten Griechen und Römer waren stark vertreten und verwiesen auf die Faszination, die die Welt der Antike auf meinen Vater ausübte. Als Bibliophiler kaufte er sich Gesamtausgaben der Großen der Weltliteratur, ebenso aber die Werke weniger bekannter deutscher und österreichischer Autoren in gebundenen Ausgaben. In der Bibliothek gab es auch dramatische Werke, und somit hatte ich die wunderbare Möglichkeit, die Dramen von Shakespeare, Goethe, Schiller, Molière, Calderón und Lope de Vega, modernere Tragödien und Komödien von George Bernard Shaw, Arthur Schnitzler, Ibsen oder Tschechow als Einpersonenstück aufzuführen. In der Mitte der Bibliothek stand die Miniaturversion eines viktorianischen Rollpults, das ich zur Bühne umfunktionierte; ich benutzte Dominosteinchen für das Bühnenbild und die Requisiten und Schachfiguren als Darsteller. Ich nahm ein Drama aus dem Regal, etwa Calderóns *Richter von Zalamea*, und las es laut, befolgte die Bühnenanweisungen und bewegte die Figuren auf meiner Bühne. Innerhalb von drei bis vier Jahren habe ich eine nicht unbedeutende Anzahl von Inszenierungen auf die Beine gestellt, und auch wenn ich zahlreiche Feinheiten des jeweiligen Stücks außer acht gelassen habe, so waren meine Spielfreude und die dramatische Spannung doch ganz beträchtlich. Diese einsamen Lesungen und Aufführungen entfachten in mir die Lust, verschiedenartige Milieus und Umgebungen kennenzulernen, die nur durch weitere Lektüre und mehr Reisen gestillt werden konnte.

Zu den Glanzlichtern meiner Kindheit zählten die Abende, die mein Vater regelmäßig dem Tarockspiel widmete, das man zu zweit, dritt oder viert spielt. Mein Vater spielte mindestens zweimal pro Woche, außerdem jedes Wochenende. Es war für ihn mehr als ein bloßer Zeitvertreib; ich vermute, es war eine Art Flucht aus dem Alltagsleben. Er ging dazu entweder in eines seiner Stammcafés, oder es wurde im Anschluß an ein Abendessen zu Hause gespielt. Die Spielerrunde wechselte, doch über die Jahre hinweg war es dennoch eine relativ konstant bleibende Gruppe von Verwandten, Freunden, Geschäftspartnern und jener besonderen Spezies, die man als »Kartenbrüder« bezeichnet. Diese teilten mit meinem Vater keine gemeinsamen Interessen und spielten in seinem Leben keine Rolle, außer daß sie eben mit ihm zusammen am Kartentisch saßen. Die Spielfreude meines Vaters erlahmte nie. Bis zu seinem Tod – da war ich schon fast fünfzig – spielten wir zusammen Strohmandl, die Version des Tarocks für zwei Spieler. Es ist ein sehr beruhigendes Spiel.

Jeden Mittwochabend nach dem Essen setzten sich der jüngere Bruder meines Vaters, Onkel Josef, und zwei gute Freunde – der eine ein Rechtsanwalt, der andere ein angesehener Chirurg – an den Tisch und spielten ein Spiel von ganz besonderer Raffinesse. Keiner von ihnen hätte seine Zeit mit Amateuren vergeudet. Erst als ich älter war, wurde es mir gestattet, die Karten anzurühren, doch ich bemühte mich, keinen dieser Mittwochabende zu verpassen. Zunächst heimlich, dann nur stillschweigend geduldet und schließlich rechtmäßig saß ich auf der Kante meines Stuhls und schaute zu. Das Spiel an sich faszinierte mich weniger, aber die langen und häufig hitzigen Diskussionen, während die Karten gemischt wurden, und die langen Pausen zwischen den einzelnen Spielrunden, wenn die Spieler ihre Erfrischungsgetränke zu sich nahmen, waren für mich interessant. Da debattierten sie über die Unsterblichkeit der Seele oder über Religion kontra Atheismus. Oder darüber, ob das Judentum den Erfordernissen der modernen Welt gerecht wurde. Manchmal spitzte sich das Gespräch auch zu polemischen Debatten über die Bedeutung zweier Persönlichkeiten zu. Wer war das größere Genie – Goethe oder Shakespeare? Kant oder Voltaire? Der gegenwärtige katholische Ministerpräsident Österreichs oder sein sozialistischer Kontrahent? Die häufigsten Gespräche drehten sich allerdings um Verdi und Wagner.

Mein Vater war ein Anhänger Verdis, mein Onkel Josef hingegen ein glühender Wagnerianer. Er kannte alle Wagner-Libretti auswendig und zitierte bei jeder sich bietenden Gelegenheit Wagnerverse, die er geschickt in den Verlauf des Kartenspiels einbrachte; etwa »Immer ist Undank Loges Lohn« – die Klage des Feuergottes in *Rheingold* –, wenn er ein besonders schlechtes Blatt erhalten hatte; »was du bist, bist du nur durch Verträge«, ein weiteres Zitat aus *Rheingold*, wenn es eine freundliche Auseinandersetzung um den Spielstand gab; Lohengrins Ermahnung »Nie sollst du mich befragen«, wenn er schon längst hätte reizen müssen. Onkel Josef entfachte in mir eine unstillbare Neugier, alles zu erfahren, was mit Wagner zu tun hatte. Als ich im Alter von zehn Jahren meine erste Wagneroper sah, die *Meistersinger*, und als sich der Vorhang über der Nürnberger Katharinenkirche zu den triumphalen Klängen der ausklingenden Ouvertüre hob, eröffnete sich mir eine neue und aufregende Welt.

Jeden Sommer verbrachten wir zwei bis drei Wochen in Salzburg. Die Phönix Versicherungsgesellschaft besaß in Parsch auf dem Gaisberg nahe der Stadt eine Art Feriendorf, und für die höheren Angestellten wurden Villen in der Nähe angemietet. Ich liebte es, die Hauptstraßen Salzburgs auf und ab zu bummeln, vorbei am Café Bazar, wo die großen Berühmtheiten, die Primadonnen von Bühne, Oper und Konzertsaal, zu sehen waren. Die Jagd nach Autogrammen war für mich ein großer Sport, und keine Sammlung war vollständig ohne wenigstens einige flüchtig hingeworfene Krakel von Toscanini, Bruno Walter oder einem großen Bühnendarsteller, etwa dem albanisch-italienischen Schauspieler Alexander Moissi, der den Jedermann des gleichnamigen mittelalterlichen Mysterienspiels von Hugo von Hofmannsthal darstellte. Hofmannsthals Verse verkörperten für mich neben Richard Strauss' Musik und Max Reinhardts brillanter Regie den Geist und die Substanz der Salzburger Festspiele.

Einer der populärsten Sänger, für seine Gutmütigkeit und seine Schlagfertigkeit bekannt, war der große Baß Richard Mayr, an den Richard Strauss gedacht haben soll, als er den Part des lebenssprühenden Edelmanns Baron Ochs von Lerchenau schrieb, der Hauptfigur der großen komischen Oper *Der Rosenkavalier*. Ich bat meinen Vater, der mit Richard Mayr bekannt war, mir dessen Autogramm zu verschaffen. Er versprach mir, es zu versuchen, wenn sich eine Gelegenheit ergäbe. Aber Richard Mayr lehnte derartige Pflichtübungen ab, und da er ein Mensch mit beißend scharfem Humor war, schrieb er häufig ein paar beleidigende Zeilen, um zukünftige Bittsteller abzuschrecken.

Eines Abends mußten meine Eltern wegen einer dringenden Verpflichtung ihre Karten für den *Rosenkavalier* abgeben, und statt ihrer wurde ich geschickt, in Begleitung der Köchin und Haushälterin, die wir in Salzburg hatten. Da wir wußten, daß es ein langer Abend werden würde, machte sie ein riesiges, mit Butter bestrichenes Schwarzbrot zurecht, dick belegt mit Schinken und Streichkäse. Damit die üppige Butterunterlage nicht in der Wärme schmolz, packte sie den Proviant kurzerhand in einen knallroten Beutel, und los ging es. Da saß ich also in Matrosenanzug und weißen Strümpfen mit baumelnden Beinen und lauschte meinem Abgott Richard Mayr. In der Pause schlossen wir uns den anderen Zuschauern an, die paarweise, Arm in Arm, im großen Foyer auf und ab gingen – eine Gepflogenheit, die bis heute in manchen deutschen Opernhäusern aufrechterhalten wird. Ich hielt den fürchterlichen roten Beutel in der Hand, der alle Blicke auf sich zog, und sah zu meinem Schrecken, daß die Butter bereits zu schmelzen und der Käse zu riechen begonnen hatte. Panischer Schrekken ergriff mich. Als die Haushälterin kurz verschwand, um sich frisch zu machen, und ich einen Augenblick allein war, beschloß ich, den Beutel unauffällig fallenzulassen und dann einfach weiterzugehen, in der Hoffnung, daß es niemand bemerken würde. Doch kaum hatte ich das getan, spürte ich hinter mir die mißbilligenden Blicke der Leute, die in der Nähe waren. Sie wichen dem Beutel aus, machten einen großen Bogen darum, und ich wäre vor Scham fast vergangen. Den Rest der Vorstellung war ich nervös, und in der Nacht konnte ich kaum schlafen. Am nächsten Morgen gestand ich meiner Mutter, was geschehen war, und nach ein paar zurechtweisenden Worten sprach sie nicht weiter davon. Als ich am Tag darauf beim Frühstück saß, lag das Autogramm von Richard Mayr auf dem Tisch, an mich persönlich adressiert; er wünsche mir, so las ich, viele erfreulichere Besuche des *Rosenkavaliers* in der Zukunft. Irgendwie war es meinem Vater gelungen, ihm diese Zeilen zu entlocken, und seither gehört der *Rosenkavalier* zu meinen liebsten musikalischen Werken.

Die Sommerferien waren wie ein Triptychon, in dem Salzburg den Mittelteil bildete. Den Abschluß der Ferien bildete eine Besichtigungstour, den Anfang eine Reise nach Italien. Gewöhnlich verbrachten wir vierzehn Tage an der Adriaküste. Riccione Mitte der dreißiger Jahre war der bevorzugte Aufenthaltsort der Wiener, und meine Mutter und ich waren häufig dort. Durch den Sohn eines italienischen Kollegen meines Vaters kam ich schnell in Kontakt mit einer munteren Gruppe römischer und Mailänder *Signorini*, die im Rudel auf die Jagd nach hübschen Mädchen ging, Fußball- und Tischtennisspiele organisierte und auf Abenteuersuche bis nach Ravenna im Norden und Ancona im Süden unterwegs war. Die Gruppe war aus sehr unterschiedlichen Typen zusammengesetzt, unter ihnen auch die beiden Söhne Mussolinis, Vittorio und Bruno. Die Familie des Duce war und zeigte sich gern volksnah. Vittorio, der älteste, war ein dicklicher, dennoch flinker und lebhafter Junge, der der vornehmen Ehefrau eines Mailänder Bankiers nachstellte und ihr am Sandstrand Ständchen darbrachte. Aber es war der draufgängerische Sohn eines der besten italienischen Chirurgen, Nicola Pende, der selbst Medizin studierte, der meine Methode, einer Frau den Hof zu machen, maßgeblich beeinflußte. Bei einer endlosen Folge von Espresso und Grappa weihte er mich in die Geheimnisse der weibliche Psyche ein. Seine klinische Objektivität, die als herzlos und abgebrüht zu bezeichnen war, beeindruckte und verwirrte mich gleichermaßen. Es war wie die Fortsetzung von Machiavellis *Il Principe* mit dem Titel *Der Prinz im Bett.* Der junge Pende machte mich mit meiner ersten amourösen Eroberung bekannt; man könnte auch sagen, er bereitete mir den Boden dafür. Sie hieß Maria, war die Frau eines Notars in einer lombardischen Stadt, eine moderne Madame Bovary, die unglücklich war mit ihrem Schicksal und ihrer Umgebung. Die Liebesaffäre überdauerte den Sommer nicht. Sie hatte ein unerfreuliches Nachspiel, denn ein paar Monate später entdeckte ihr Mann ein Bündel Briefe, die sie an mich geschrieben, dann aber nicht abgeschickt hatte. Ein gemeinsamer Freund erzählte mir, sie und ihr Mann hätten sich getrennt, aber ich habe nie wieder etwas von ihr gehört.

In anderen Sommerferien besuchten wir Kurbäder in Böhmen oder in den österreichischen Provinzen. Ich begleitete meine Mutter stets nach Franzensbad, das spezialisiert ist auf Frauenleiden. Im Rückblick vermute ich, daß meine Mutter Schwierigkeiten hatte, schwanger zu werden; doch die Behandlung nützte nichts, und ich blieb das einzige Kind meiner Eltern.

An den Wochenenden kam mein Vater. Meine Eltern führten zwar keine sehr leidenschaftliche Ehe, aber sie mochten einander gerne. Es gab Krach und manchmal heftige Auseinandersetzungen, doch sie hatten ein mitfühlendes Verständnis für die Schwächen des anderen. Mein Vater, so wurde gesagt, hatte ein lang andauerndes Verhältnis mit einer seiner Angestellten, Helene Hoschek aus Ottakring, einem Arbeiterbezirk Wiens. Sie war eine gutaussehende Blondine und meinem Vater treu ergeben; er hatte sie nicht nur entdeckt und gefördert, sondern auch ihrer Familie Arbeit verschafft. Sie verhielt sich uns allen gegenüber loyal und freundlich und im allgemeinen respektvoll gegenüber meiner Mutter. Meine Mutter litt unter dieser Liaison meines Vaters, hielt aber stand und zeigte niemals ihre Gefühle. Auch stimmte sie niemals mit ein, wenn wohlmeinende Familienmitglieder sich auf ihre Seite stellten und sich empörten. In der schwierigen Zeit nach der Machtergreifung der Nazis, als mein Vater im Gefängnis war, setzte Helene Hoschek ihre Arbeitsstelle und ihre Freiheit aufs Spiel und tat alles, um meiner Mutter zu helfen, als ich das Land verlassen hatte. Später folgte sie meinen Eltern nach England und lebte im Schatten meiner Familie, bis meine Eltern starben. Als alte und gebrochene Frau kehrte sie nach Wien zurück, blieb aber in Briefwechsel mit meiner Tochter und meinen Enkelkindern.

Das Piaristen-Gymnasium, das auch mein Vater besucht hatte, war von unserer Wohnung aus zu Fuß zu erreichen. Die Schüler, deren Väter angesehene Berufe hatten oder im Staatsdienst standen, stammten aus Familien, die großdeutsch oder christlich konservativ eingestellt waren, doch gab es bereits zu jener Zeit ein starkes nationalsozialistisches Element. Praktizierende Juden bildeten eine kleine Minderheit. Das Piaristen-Gymnasium war ursprünglich eine Klosterschule gewesen, die von einem 1617 in Rom gegründeten Lehrorden geleitet worden war; die Schule war bekannt für ihren guten Latein- und Griechischunterricht. Ich besuchte sie acht Jahre lang, unterbrochen von längeren Aufenthalten in der Schweiz, in Italien und in Frankreich, wohin man mich schickte, um Fremdsprachen zu lernen; meinem Vater war sehr daran gelegen, daß ich mehrere Sprachen beherrschte. Paradoxerweise legte niemand Wert auf Englisch – England lag außerhalb unseres kulturellen Horizonts. Wir blickten nach Paris und Rom, nach Zürich und Prag, nicht aber nach London und New York.

Mein Vater interessierte sich für alles, was ich lernte und las, aber seine Leidenschaft war Latein. Er glaubte, die lateinische Sprache und Literatur und das alte Rom seien der Schlüssel zum menschlichen Wissen, zur Kultur und zum Weltmännisch-Offenen. Zu seiner Taktik, mir Latein schmackhaft und für mich interessant zu machen, gehörte es, daß er mit mir Reisen nach Italien unternahm und mir aufregende Geschichten über die großen Männer und Frauen Roms erzählte, deren Konterfeis auf den Münzen seiner stetig wachsenden Sammlung zu sehen waren. Er spornte mich an, neue Wörter zu bilden, die lateinische Sprache auf die moderne Welt anzuwenden und sie mit meinen liebsten Freizeitbeschäftigungen in Beziehung zu setzen. Bei einer Gelegenheit versprach er mir eine Aufbesserung meines Taschengelds, wenn ich den kurzen Bericht eines Fußballspiels in lateinischer Sprache schreiben würde. Danach sprachen wir dann über meinen Bericht und debattierten über die geeigneten lateinischen Entsprechungen für Begriffe wie Fußball, Schiedsrichter, Halbzeit und Torwart. Er nutzte mein wachsendes Interesse an Politik, und wir schrieben und entwarfen zusammen Wahlplakate in Latein, auf denen die Wiener »Plebs« aufgefordert wurde, die Sozialdemokraten in den »Senat« der Stadt zu wählen. Er konnte fesselnd über Grammatik sprechen, indem er die Deklination von Substantiven und die Konjugation unregelmäßiger Verben mit anschaulichen Geschichten über die Jugend großer Männer der Geschichte verband und die großen »Erfolgsstories« des menschlichen Geistes erzählte. Im großen und ganzen war er liebenswürdig, anerkennend und sparte nicht mit Lob, wenn es angebracht war, doch Selbstzufriedenheit erstickte er schon im Keim. »Werd nur nicht selbstgefällig. Als Mozart so alt war wie du, hat er seine schönsten Melodien komponiert, Spinoza seinen ersten Traktat geschrieben, und was die Vorfahren deiner Mutter betrifft, der große Rabbi von Breslau ...« Damit gelang es ihm jedesmal, meinen Höhenflug etwas zu bremsen, und ich verkroch mich in mein Zimmer und las gehorsam eine weitere Ode von Horaz oder ein Drama von Marivaux.

Was meinen Vater zu einem so ausgezeichneten Pädagogen machte, war die Tatsache, daß er hauptsächlich Zuckerbrot und nur selten die Peitsche verwendete. Wenn ich etwas gut machte, malte er mir meine Zukunft in so rosigen Farben, daß ich es gar nicht erwarten konnte, den Erfolg endlich ernten zu können. Er spornte mich an, indem er sagte, wenn ich meinen Schulabschluß summa cum laude schaffe, dürfe ich eine große Reise um die Welt machen. Doch dieser Traum sollte sich nicht erfüllen.

Ich war keine große Leuchte in den Naturwissenschaften. Ich stand stets auf Kriegsfuß mit der Welt der Technik und bin bis zum heutigen Tag unfähig, die Welt der Geräte und Apparaturen, ja selbst die einfachsten technischen Vorrichtungen des täglichen Lebens zu durchschauen. Je mehr die technologische Entwicklung voranschreitet, desto weniger davon begreife ich. Ich kann weder Auto fahren noch Kaffee, Tee oder Eier kochen, auch kein Videogerät bedienen, und nur mit Mühe kann ich einen Kassettenrecorder oder einen CD-Player in Gang setzen. In meinen kühnsten Tagträumen denke ich mir eine ideale Vollzeitkraft oder einen Roboter aus, eine Art elektronische Sekretärin.

Meine Lieblingsfächer waren Geschichte, deutsche Literatur und Latein. Mein Vater wandte zwar seine ganze Energie auf, um mir die Welt des alten Rom nahezubringen, doch er förderte auch mein Interesse an historischen Zusammenhängen – ob es sich nun um die Stadtgeschichte Wiens und seiner einzelnen Bezirke, die jüdische Geschichte oder – gefördert durch die Bildungsreisen nach Deutschland und Italien – die europäische Geschichte vom Spätmittelalter bis zur Gegenwart handelte. Als ich jünger war, war die italienische Renaissance meine Leidenschaft, die durch volkstümliche historische, teils unheimliche und lüsterne Romane angefacht wurde. Die Abenteuer der Borgia, das Leben der Herrscher italienischer Stadtstaaten, Geschichten von grausamen Männern, ehebrecherischen Frauen, Blutbädern und Verschwörungen stachelten meine Phantasie an, und ich sehnte mich danach, die Schauplätze des Triumphs und des Verbrechens, der Orgien, des Heldentums und des Verrats aufzusuchen. Nach und nach gab ich die historischen Romane auf zugunsten ernsthafter historischer Berichte. Bald hatte ich mir eine eigene kleine Bibliothek zu den Renaissancestädten Nord- und Mittelitaliens aufgebaut. Später konzentrierte sich mein Interesse auf Geschichte, Politik, die Gedankenwelt und die geistig-kulturellen Umbrüche des darauffolgenden Jahrhunderts, als Spanien die italienische Halbinsel beherrschte und die Gegenreformation den Einfluß der katholischen Kirche auf Süd- und Mitteleuropa verstärkte.

Die Geschichte der katholischen Kirche als weltliche wie als geistliche Macht interessiert mich bis heute. Schließlich wuchs ich in einem katholischen Land auf, wurde in katholischen Schulen erzogen und hatte eine beinahe schon schizophren zu nennende gefühlsmäßige Beziehung zur römisch-katholischen Kirche. Ich betrachtete sie, wie viele Juden damals, als mächtigen und unerbittlichen Gegner. Ihr Anspruch auf Universalität, ihre Verurteilung des Judentums und dessen Rolle im Leben Jesu, die stark antijüdischen Botschaften von katholischen Kanzeln und in katholischen Büchern standen im Widerspruch zu meinem Respekt vor der ausgedehnten und scheinbar unerschütterlichen Struktur des Vatikans – eine Struktur, die beinahe zweitausend Jahre überdauert hat, genau so lange wie das Judentum, das in kleinen und kleinsten Gruppen im Exil überlebt hat.

Schon früh in meinem Leben lernte ich, wie gefährlich es ist, einen komplizierten vielgestalten Organismus, eine politische Bewegung oder eine religiöse Gemeinschaft summarisch abzuhandeln. Ich bemühte mich stets, vertrauensvolle Gesprächspartner und verständnisvolle Freunde zu finden. Unter meinen Lehrern und Bekannten im katholischen Lager gab es glühende Eiferer, die mit einem Ungläubigen wie mir nichts zu tun haben wollten, engstirnige bigotte Geister, die sich auf einfache theologische Debatten mit einem jüdischen Schuljungen niemals eingelassen hätten. Ich begegnete aber auch großartigen aufgeklärten Priestern, wie zum Beispiel dem Jesuitenpater Jochem, mit dem ich ausgedehnte Spaziergänge unternahm und der mir das Wesen des Christentums in einer Weise erläuterte, die sowohl taktvoll als auch beruhigend war, denn er versuchte niemals, mich zu bekehren – beinahe im Gegenteil. Er sprach vom Judentum als dem älteren Bruder der Kirche, eine Formulierung, die ich erst von Kardinal König wieder hörte, der nach dem Krieg Erzbischof von Wien war und den Grundstein legte für eine jüdisch-katholische Verständigung. Kardinal König äußerte sich in jener Weise in einer ergreifenden Rede in einem engen Kreis weltlicher und religiöser Führungskräfte beider Religionen während einer Konferenz, zu der er und auch ich eingeladen waren.

Mein Geschichtslehrer der Oberstufe am Piaristen-Gymnasium, der meine Begeisterung für sein Fach erkannt hatte, schlug vor, ich solle versuchsweise einmal eine Stunde über die Französische Revolution halten. Das war für diese konservative Schule wahrhaftig ein revolutionärer Vorschlag. Ich stürzte mich in diese Aufgabe, las Michelets *Geschichte der Französischen Revolution* in einer deutschen Buchclubausgabe und konsultierte zahlreiche französische und deutsche Quellen. Schließlich hielt ich mehrere rhetorisch effektvolle Referate, die zu meiner Überraschung sehr gelobt wurden.

Im darauffolgenden Schuljahr bat mich der Lehrer, über den Deutsch-Französischen Krieg von 1870/71 zu referieren, doch ehe es dazu kam, wurde der Lehrer krank, und wir bekamen einen Aushilfslehrer vom Land. Der machte keinen Hehl aus seiner Sympathie für die Nazis und mißbilligte die Idee, daß ein Schüler, noch dazu ein jüdischer, über den entscheidenden preußischen Sieg über die Franzosen referieren solle, der den Weg zur deutschen Einheit geebnet hatte. Ich hielt den Vortrag dennoch. Nach einer ziemlich nüchternen Darstellung der wichtigsten Ereignisse schilderte ich unter Berufung auf eine französische Quelle mit anschaulichen, wenn nicht sogar blutrünstigen Worten den Verlauf der Schlacht von Sedan und hob besonders ein Gefecht hervor, bei dem die Preußen brutal zuschlugen und »keine Gefangenen nahmen«. Sofort stürzte sich der Lehrer auf mich und rief mit schneidiger militärischer Stimme: »Wie kannst du es wagen, solche abscheulichen Geschichten zu erzählen? Ich bin froh, daß ich gerade rechtzeitig in diese Klasse gekommen bin, denn hier gilt es, einen falschen Glorienschein herunterzureißen. Setz dich!«

Mir wurde vorgeworfen, die Ehre der deutschen Waffen im Kampf gegen die Franzosen besudelt zu haben, und bekam eine schlechte Note. Als mein Geschichtslehrer wiederkam, wurde eine disziplinarische Untersuchung eingeleitet. Der Aushilfslehrer hatte sich beklagt, daß »tendenziöse, subversive fremde Elemente« über die Ehre der preußischen Armee sprechen durften. Ich sollte mich für meine »unangemessene Darstellung eines minder bedeutenden Ereignisses« im großen Ganzen einer großen militärischen Kampagne schriftlich entschuldigen. Im privaten Gespräch bat mich der Geschichtslehrer nachzugeben, was ich auch tat; und als eine angemessene Zeit vorüber war, fragte er mich, ob ich nicht über die Balkankriege referieren wollte, in dem die Greueltaten der Beteiligten und unsere Antipathien gleichmäßig verteilt waren.

KAPITEL II

Sturmsignale

FÜR UNS IM WIEN Anfang der dreißiger Jahre spielte die Politik eine entscheidende Rolle. Ich war ein leidenschaftlicher Zeitungsleser und lauschte gebannt den endlosen politischen Diskussionen der Erwachsenen am Familientisch. Seit dem großen Bankenkrach in Mitteleuropa im Gefolge des Schwarzen Freitags an der New Yorker Börse 1929 ballten sich düstere Wolken am Horizont zusammen. Für die Juden waren politische Krisen stets von besonderer Bedeutung; denn durch sie wurde der latente und offene Antisemitismus geschürt. Im Unterbewußtsein war man als Jude beinahe schon darauf geeicht, in jedem Artikel und in jeder Schlagzeile Verbindungen und Bezüge zum »jüdischen Problem« zu suchen. Jede politische Äußerung, jede neue Meldung wurde daraufhin untersucht, ob sie »gut für Juden« oder »schlecht für Juden« war; und jeder, der die politische Bühne betrat, wurde nach seiner Einstellung zu den Juden beurteilt. Ich war noch nicht einmal acht Jahre alt, als der Justizpalast von empörten Arbeitern in Brand gesteckt wurde; sie waren verbittert darüber, daß man Mitglieder der faschistischen Heimwehr, die des Mordes an sozialistischen Arbeitern angeklagt waren, vor Gericht freigesprochen hatte. Als dieses altehrwürdige Gebäude in Flammen aufging, war das für viele Österreicher, darunter auch für den großen Mahner und unvergleichlichen Satiriker Karl Kraus und den Milieuschilderer Heimito von Doderer, der Anfang vom Ende der abendländischen Zivilisation. Ein solches Urteil mag auf den ersten Blick übertrieben und arrogant erscheinen und mit der Selbstwahrnehmung Österreichs als Mittelpunkt der Welt in Verbindung gebracht werden – dennoch war diese Einschätzung richtig: Der Brand des Wiener Justizpalasts bedeutete tatsächlich den Anfang vom Ende der parlamentarischen Regierungsform in Österreich. Dieses Ereignis untergrub die politische Kultur und die bürgerliche Moral und schwächte genau jene Kräfte, die ein paar Jahre später, als Österreich weitaus größere Konflikte zu bestehen hatte, für die Wahrung der Freiheit gegenüber der nationalsozialistischen Bedrohung entschiedener hätten eintreten müssen.

Im Wiener Magistrat regierte eine starke sozialistische Mehrheit; ihre großartigen sozialen und bildungspolitischen Errungenschaften in den fünfzehn Jahren von der Entstehung der Republik Österreich bis zum faschistischen Putsch im Februar 1934 sind in der europäischen Geschichte als erfolgreicher Versuch zu werten, einen Wohlfahrtsstaat im kleinen zu schaffen. Die aufblühende österreichische Kultur in der Zeit unmittelbar nach dem Ersten Weltkrieg – trotz Wirtschaftskrise und dem dramatischen Schrumpfen der Größe und Bedeutung Österreichs – war zu einem nicht unbeträchtlichen Teil das Verdienst sozialistischer Politiker in Wien, die die Künste unterstützten und ihnen neue Impulse gaben. Das kulturelle Leben folgte einer Entwicklung, die ins österreichische Fin de siècle zurückführte. Doch es gab auch Neuanfänge. Die österreichischen Sozialisten erwarben sich große Verdienste im Bereich der Erwachsenenbildung und bewirkten die Beteiligung breiter Massen an künstlerischen Aktivitäten; auf diese Weise wurde eine breitere Basis für die Kunst geschaffen. Wir Schüler zogen daraus großen Nutzen. Wir sahen Lehrfilme, besuchten geschlossene Aufführungen in der Oper und im Burgtheater, spielten in Laienvorstellungen mit und besuchten Konzerte, auf die wir durch ausgezeichnete Vorträge vorbereitet wurden.

Im Alter von zwölf Jahren, in meinem zweiten Schuljahr am Piaristen-Gymnasium, schloß ich mich dem Bund Sozialistischer Mittelschüler Österreichs (BSMÖ) an. Ein älterer Mitschüler, der im gleichen Haus wohnte wie ich, ein entschlossener, nachdenklicher Sechzehnjähriger, der in meinen Augen schon »erwachsen« war, führte ernsthafte Diskussionen mit mir, behandelte mich wie seinesgleichen und belehrte mich über die Leiden und Irrtümer der Menschheit. Er begehrte auf gegen seine streng katholischen Eltern aus der Oberschicht, und er war Gruppenleiter im BSMÖ; er nahm mich mit zu Versammlungen, zu Sonntagsausflügen im Wienerwald, ins Kino und zu Diskussionsveranstaltungen. Überall erlebte ich zwanglose Kameradschaftlichkeit und vor allem Vorurteilsfreiheit. Der offizielle Gruß lautete »Freundschaft«, wobei man die geballte Faust in die Höhe streckte. Es war eine klassenlose Gemeinschaft, zusammengesetzt aus

Jungen und Mädchen, deren Eltern der Arbeiterklasse, den freien Berufen oder der Beamtenschaft angehörten. Alle trugen hellblaue Hemden, zu besonderen Gelegenheiten rote Krawatten und, wenn man Vollmitglied war, ein rundes Tuchabzeichen mit drei parallel verlaufenden schwarzen Pfeilen, das in Höhe des Ellbogens am Hemd aufgenäht war. Zweimal in der Woche fand ein geselliger Abend statt, an dem wir die Hymnen der internationalen Brüderlichkeit sangen, die *Internationale* und alte deutsche Balladen über die Bauernkriege, die bedrohlich und melancholisch zugleich waren. Wir hörten Vorträge oder machten Botengänge – Flugblätter mußten verteilt, Plakate an Bretterzäune geklebt werden.

Die große »Erkennungsmelodie« des Bundes begann mit den aufrüttelnden Worten: »Brüder, zur Sonne, zur Freiheit, Brüder, zum Licht empor! Hell aus der dunklen Vergangenheit leuchtet die Zukunft hervor!« Wenn wir am Ersten Mai oder am Jahrestag der Gründung der Österreichischen Republik, dem zwölften November, als Teil einer großen Bewegung, verbunden durch ein Ideal, einen gemeinsamen Glauben und das Gefühl der Brüderlichkeit, marschierten, fühlte ich mich ungeheuer glücklich und stolz. Ich schätzte Solidarität und das Gefühl der Zusammengehörigkeit über alles. Mein Leben lang hat mir Brüderlichkeit, die in Freundschaft, Mitgefühl und aufrichtigem Verständnis der Menschen füreinander zum Ausdruck kommt, mindestens ebensoviel bedeutet wie Freiheit und Gleichheit.

Unser Hausarzt Dr. Friedjung, der dem liberalen Großbürgertum entstammte und gleichzeitig sozialistischer Stadtrat war, hatte einen bedeutenden Einfluß auf meine politische Entwicklung. Als Sohn eines großen österreichischen Historikers der fortschrittlichen Schule war er der klassische »große alte Mann« der Sozialdemokratie. Friedjung trug einen wallenden schwarzen Umhang, eine feine knielange Jacke – ein Kompromiß zwischen dem bürgerlichen Cutaway und einem Künstlerkittel. Der steife Kragen mit der schwarzen Slipfasson und der weißen Perle war sein einziges Zugeständnis an konventionelle Kleidung. Mit seinem schwarzen breitkrempigen Hut, der auf seinem schönen länglichen Kopf saß, dem schneeweißen Spitzbärtchen, dem Spazierstock mit dem Silberknauf und seiner abgenutzten, dennoch eleganten Arzttasche bot er ein außergewöhnliches Erscheinungsbild. Er war ein Freund der Familie, ein behutsamer Ratgeber in prekären

Angelegenheiten. Wenn er zu mir in mein Zimmer kam, verwickelte er mich stets in politische Gespräche. Friedjung war ein Gemäßigter und gehörte zum rechten Flügel der Sozialdemokraten, doch hörte er meinem geschwätzigen Wortschwall und den rebellischen linken Floskeln geduldig zu. Der einzige Zeuge dieser Gespräche war Chippy, der Papagei, der die am häufigsten benutzten Wendungen einer Diskussion nachahmte. Manchmal kreischte er: »Linker Flügel, linker Flügel.« – »Ich verstehe«, meinte dann Dr. Friedjung, »Chippy steht auf deiner Seite. Ihr seid zu zweit gegen einen. Wenn du älter wirst, wirst du auch zum rechten Flügel überwechseln.«

In den drei Jahren zwischen 1930 und 1933, als ich zum erstenmal mit der Politik in Berührung kam, befand sich die österreichische Demokratie in ständigem Wandel. Für mich sind die frühen dreißiger Jahre die Zeit des Knopflochs. Wohin man sich in Wien auch begab – ob auf dem Schulweg, im Foyer der Oper oder bei einem Spaziergang im Stadtzentrum –, wo immer man einem Passanten begegnete, heftete man den Blick nicht auf das Gesicht des Gegenübers, sondern auf dessen Revers. Auf diese Weise konnte man die Person, mit der man es zu tun hatte, sofort taxieren. Am Revers nämlich prangte entweder das Abzeichen der Sozialdemokraten – eine Emailplakette mit drei Pfeilen –, das Kruckenkreuz der Vaterländischen Front oder das Hakenkreuz der Nazi-Bewegung. Manchmal sah man auch den Davidstern der Zionisten oder die stilisierte Pflugschar der Bauernpartei. Das war aber längst nicht alles. Ein geschultes Auge konnte weitere Nuancen unterscheiden. Ein Vollmitglied der Nationalsozialistischen Partei etwa trug ein rot umrandetes Hakenkreuz als Emailplakette, ein Sympathisant oder ein Mitläufer ein einfaches Blechabzeichen mit dem Hakenkreuz, ein Mitglied der SS wiederum die wie Blitze aussehenden SS-Runen. Ähnliche Abstufungen gab es im gesamten Spektrum der österreichischen Parteien – auf Broschen, Spangen, Krawattennadeln, Manschetten- und Jackenknöpfen.

Die politische Zugehörigkeit drückte sich auch in der Kleidung aus. Die Rechten gaben sich zumeist einen alpinen und generell ländlichen Touch – Lederhosen, Lodenmäntel, Filzhüte mit Feder. Weiße Strümpfe waren das Markenzeichen der Nazis, besonders in der Zeit der »Illegalität«. Ein sozialistischer Aktivist hingegen zeichnete sich dadurch aus, daß er weder Hut noch Krawatte trug und den Hemdkragen ordentlich über die Jacke gestülpt hatte. Auf dem Corso zwischen dem Hotel Bristol und dem Grand Hotel entlang der berühmten Ringstraße promenierten am Samstag- und am Sonntagmorgen junge Leute im feinen Sonntagsstaat und stellten ihre politische Gesinnung zur Schau. Falls man nicht kurzsichtig war, konnte man seinen politischen Gegner beziehungsweise Verbündeten schon von weitem erkennen und hatte genügend Zeit, ein freundliches Lächeln oder eine finstere Miene aufzusetzen oder aber den Blick abzuwenden; wenn man einem Mitstreiter aus der eigenen Partei begegnete, begrüßte man ihn, indem man den Arm zum entsprechenden Gruß der politischen Gruppierung erhob.

Die Sozialisten und die Kommunisten reckten die geballte Faust in die Höhe, obwohl es auch hier feine Unterschiede gab, etwa, wie stark der Unterarm abgewinkelt und in welchem Abstand zum Gesicht er gehalten werden sollte. Die katholischen Anhänger von Dollfuß und Schuschnigg erhoben die Hand wie zum Segen, mit abgewinkeltem Daumen und Ringfinger und gestrecktem Zeige- und Mittelfinger. Die faschistische Heimwehr, deren Ideologie zwischen österreichischem Lokalpatriotismus und großdeutschem Nationalismus angesiedelt war, hatte den faschistischen Gruß – bei dem der ausgestreckte Arm im Neunzig-Grad-Winkel vom Körper weggestreckt wurde. Der Nazi-Gruß variierte je nach der Stellung, die einer in der Bewegung innehatte. Der Untergebene mußte den Arm ziemlich weit ausstrecken – im Fünfundvierzig-Grad-Winkel; der Höherstehende hob, wie der »Führer«, nur die Hand und führte die abgewinkelte Hand mit der Innenfläche nach oben leicht über den Kopf. Die Begrüßungsfloskeln waren ebenso unterschiedlich. »Freundschaft« lautete der sozialistische Gruß, »Österreich« der Gruß der Katholiken, »Rotfront« war die kommunistische Formel, und die Nazis brüllten »Heil Hitler!«

Der österreichische Sinn für ausgeklügelte Höflichkeit zeigte sich mir in seinen extremen Auswüchsen eine Woche nach dem Anschluß 1938; da beobachtete ich einen höflichen älteren Herrn, wahrscheinlich ein Staatsbeamter, der einem Bekannten im Vorbeigehen die rechte Hand schüttelte, mit der Linken seinen Hut lüftete und mit einer tiefen Verbeugung »Auf Wiedersehen« sagte: »Und bittschön, übermitteln Sie Ihrer hochverehrten Frau Gemahlin viele Heil-Hitler-Grüße.« Diese Anpassung der Gepflogenheiten des Ancien régime an die neue

Ordnung war ganz nach dem Geschmack einer traditionell höflichen Gesellschaft.

Politische Zugehörigkeit bestimmte nicht nur die Verhaltensweisen, Gesten und Kleidung, sondern auch die Sprache. Die Menschen dachten, sprachen und schrieben in Bildern, die der Terminologie des Kasernenhofs oder dem Schlachtfeld entnommen waren. »Marschieren« war das am häufigsten verwendete Verb der politischen Rhetorik. Wir marschierten in Richtung auf eine bessere oder eine düstere Zukunft. Wir standen am Beginn oder am Ende des Marsches. Das Schlachtfeld, die grauen Kolonnen, die braunen Kolonnen, die roten Kolonnen, der Schaftstiefel, die Uniform, Manöver, Übungen, Bataillone, Divisionen, Bruderbünde – dieses Vokabular von Krieg und Revolution beherrschte die Leitartikel der Zeitungen, die politischen Flugblätter, die Wahlpropaganda, die Stammtischgespräche, die Unterhaltung in den Konzertpausen und die Massenveranstaltungen auf den großen historischen Plätzen. Die Stimmung auf der Straße war häufig hochexplosiv. An emotional aufgeladenen Tagen wie dem Ersten Mai, dem Tag der Arbeit, beherrschten die Sozialdemokraten und, wenn auch in weit weniger großem Umfang, die Kommunisten die Straßen. Von einem vor dem Parlament aufgestellten Podium aus nahmen die staatlichen und städtischen Anführer der großen österreichischen Arbeiterbewegung die Parade der verschiedenen sozialistischen Formationen ab, der Jugendgruppen, Berufsverbände, ja sogar ethnischer Gruppierungen. Wien war nicht nur eine jüdische Stadt, es gab auch viele Tschechen in der Bevölkerung. Die Tschechen, zum größten Teil Arbeiter und kleine Händler, hatten ihre eigene Sportorganisation, »Sokol« genannt, und stimmten allesamt für den Sozialismus.

Die politische Situation in den Jahren vor der nationalsozialistischen Machtergreifung war gespannt, und die Zugehörigkeit bestimmter Bevölkerungsschichten zu bestimmten Parteien war nahezu unverrückbar. Die Städte, in denen die Arbeiter einen hohen Bevölkerungsanteil stellten, waren sozialistisch geprägt, die Landbevölkerung hingegen wählte christlich-konservativ. Die kommunistische Partei war nahezu unbedeutend. Eine Koalition aus Kleinbauern und großdeutschen Nationalisten schloß sich gewöhnlich mit den Konservativen zum bürgerlichen Lager zusammen. Die Zentralregierung stand rechts, die Gemeindeverwaltung der großen Städte, an erster Stelle Wien, wurde von den Linken gestellt. Die Nazis waren eine kleine, aber festgefügte, stetig wachsende Randbewegung. Dann plötzlich änderten sich diese Verhältnisse. In Deutschland gelang es der großen Schwesterpartei, der Nationalsozialistischen Deutschen Arbeiterpartei, bei den schicksalshaften Reichstagswahlen vom September 1930 ihre Sitze von zwölf auf hundertsieben dramatisch zu erhöhen; damit war sie die zweitstärkste Partei nach den Sozialdemokraten. Die Auswirkungen dieser Entwicklung waren bald darauf auch in Wien zu spüren.

Meine erste Begegnung mit dem Geist des Nationalsozialismus werde ich nie vergessen. Es war an einem warmen Frühlingsabend Anfang 1931. Von den Fenstern unserer Wohnung aus, die auf eine von der Stadtmitte in die Außenbezirke führende Hauptstraße hinausgingen, konnten wir jede Demonstration – ob von links, rechts oder der politischen Mitte – gut beobachten; denn die Sammelpunkte befanden sich auf kleinen Plätzen in der Nähe unseres Hauses. An jenem Tag nun hörte ich auf einmal einen ganz ungewohnten stakkatohaften Lärm und gut einstudierte Sprechchöre. Vom Balkon aus sah ich in Reih und Glied stehende Jugendliche im Braunhemd, mit engen schwarzen Hosen und Schaftstiefeln; an der Spitze standen Offiziere. Keine Militärkapelle, nur Sprechchöre: »Deutschland erwache, Juda verrecke.« Die Anführer der Kompanien hielten die Hände trichterförmig vor den Mund und schrien mit gedehnter Stimme: »Heil Adolf«; die anderen ergänzten den Ruf mit einem nachgesetzten »Hitler«. Die Anführer riefen: »Deutschland«, die Menge brüllte: »Erwache«. Auf den Ruf der Anführer: »Juda« antwortete die Menge: »Verrecke«. Und so ging es weiter, eine Parole nach der anderen.

Nachdem etwa die ersten tausend uniformierten und disziplinierten Eliteformationen an unserem Haus vorbeimarschiert waren, kam eine neue, noch erschreckendere Überraschung. Riesige Gruppen von Neulingen der Nazi-Bewegung in weißen Hemden und weißen Strümpfen, die offensichtlich weder das Geld noch den Rang hatten, die entsprechenden Uniformen und Abzeichen zu tragen, marschierten in schier endlosen Reihen, streckten ihre Fäuste den Passanten entgegen, hielten an Straßenecken an, rempelten und schubsten verblüffte Zuschauer und grölten die Lieder der »heroischen Zeit« der Hitler-Bewegung: das Horst-Wessel-Lied, »Volk ans Gewehr« und andere Hymnen. Ihre Darbietung war nicht so perfekt einstudiert wie die der

Braunhemden, doch der Eindruck war um so bedrohlicher und ursprünglicher. Später, im Krieg, als Spezialist für deutsche Propaganda bei der BBC, nahm ich die Musik der Nazis genauer unter die Lupe; aber auch damals schon war mir intuitiv klar, daß es zwei radikal unterschiedliche Musikrichtungen gab, die die beiden Pole der Hitler-Bewegung reflektierten: der nihilistische, destruktive, expressionistische Klang, ähnlich dem metallischen Geräusch von Soldatenstiefeln auf dem städtischen Straßenpflaster, und die romantischen, fröhlichen, volkstümlich-ländlichen Melodien, die melancholische Ballade, die an den grünen Wald, den Wind, den Schnee und das Meer erinnerten.

Indessen waren die letzten paar tausend Männer in weißen Hemden mit ihren Hakenkreuz-Armbinden vorbeimarschiert, die Dämmerung war hereingebrochen, man hatte Fackeln angezündet; die vom Schreien heiseren Stimmen klangen noch unheimlicher; als ich Richtung Außenbezirke blickte, sah ich, daß die Menge sich allmählich verlief. Die Nachhut bildete ein Regiment von wiederum uniformierten und disziplinierten Braunhemden sowie vier Reihen Trommler, die über ihren braunen Hemden schwarze Jacken trugen – dies war die SS, die neugeschaffene Eliteeinheit von Hitlers Leibwache.

Die Nationalsozialisten hatten in Österreich nie Gelegenheit, ihre parlamentarische Stärke in Wahlen zu testen. Bei den Kommunalwahlen jedoch verzeichneten sie einen beträchtlichen Stimmenzuwachs auf Kosten der Christlich-Sozialen und der Sozialisten; und bei einer entscheidenden Wahl des Wiener Gemeinderats zogen dreißig Braunhemden, nahezu ein Drittel der Abgeordneten, in die »Hochburg des demokratischen Sozialismus« ein.

Als Hitler in Deutschland 1933 an die Regierung kam, nahm der Druck der österreichischen Nazis hinsichtlich Anerkennung und Teilnahme an der politischen Macht bedrohliche Ausmaße an. Doch die katholischen Konservativen hielten diesem Druck stand, indem sie sich nach Italien, an Mussolini, um Unterstützung wandten. Zu jenem Zeitpunkt betrachtete der Duce Hitlers Expansionspolitik als die größte Bedrohung seines Landes. Es lag deshalb auch in seinem Interesse, daß Österreich, ein Puffer zwischen Italien und Deutschland, unabhängig blieb, und so versprach er Unterstützung, allerdings um einen bestimmten Preis: Er forderte eine faschistische oder zumindest faschistoide Ausrichtung des politischen Systems Österreichs.

Der Zeitgeist in Mitteleuropa war der liberalen Demokratie und den parlamentarischen Institutionen gegenüber alles andere als aufgeschlossen. Die gemäßigten, demokratisch gesinnten Christlich-Sozialen waren innerhalb ihrer eigenen Bewegung eine Minderheit, die Mehrheit sympathisierte mit autoritären Ideen. Auch der katholische Klerus hatte sich mit den Grundsätzen einer liberalen politischen Ordnung und ihren Auswirkungen – freie Schulen und religiöse Toleranz – nie so richtig anfreunden können, und deshalb fügte sich die katholische Bewegung widerstandslos einer politischen Entwicklung, durch die das parlamentarische Regierungssystem ausgehöhlt, die Gewerkschaften und die Sozialdemokratische Partei geschwächt und die Jugend in militärischem, patriotischem und spezifisch österreichisch-nationalem Geist erzogen wurde. Die Heimwehr, eine paramilitärische Organisation, die Mussolini mit Waffen und Geld unterstützte, wurde in die konservative Bewegung eingegliedert; sie wetteiferte in ihrem Pomp, ihrer Brutalität und ihrem anfänglich versteckten, später offenen Antisemitismus mit den Nazis.

Statt sich gegen die braune Gefahr zusammenzuschließen, standen die katholische Rechte und die Sozialisten in unverhohlenem Haß einander gegenüber. Die Sozialisten waren in der Defensive – sie erhielten wenig Unterstützung von außen. Die deutsche Linke bangte um ihre eigene Zukunft, und die Westmächte zeigten wenig Interesse an Österreichs Schicksal. Nur die Tschechoslowakei mit ihrer liberalen Regierung und ihren demokratischen Institutionen signalisierte Unterstützung.

In diesen Jahren drangen die politischen Auseinandersetzungen selbst bis ins Klassenzimmer. Die rund fünfzig Jungen in meiner Klasse am Piaristen-Gymnasium waren in drei Lager gespalten. Die Zahl der Hitler-Anhänger und der Christlich-Sozialen war ungefähr gleich groß und machte etwa neunzig Prozent aus. Die übrigen waren Sozialisten; doch da meine Mitschüler zum größten Teil aus Familien freier Berufe und aus der oberen Mittelschicht stammten, waren die verbleibenden fünf bis sieben Jungen mit sozialistischen Sympathien Juden. Wir hatten ein Klassenparlament – eine Pflichteinrichtung aller Wiener Schulen –, und ich war der Vertreter der sozialistischen jüdischen Minderheit, die gegenüber den Hitler-Anhängern und den katholischen Patrioten das Zünglein an der Waage spielte. Als Sprecher meiner Gruppe lernte ich schon früh – nicht ohne Lehrgeld zu zahlen –, zwischen zwei Übeln zu agieren. Indem ich die Schwarzen gegen die Braunen ausspielte, erwirkte ich Zugeständnisse für mein Grüppchen. Wir hatten ein Wörtchen mitzureden, wenn es um das Programm der zweimal jährlich stattfindenden Konzerte ging, die ebenfalls politische Bedeutung gewonnen hatten. Nationalistische Märsche und Verdi-Chöre dominierten im Programm, wogegen die *Zauberflöte* von den Nazis als Propaganda der Freimaurer abgelehnt wurde.

Selbst Skifahren und andere Schulexkursionen während der Ferien besaßen eine subtile politische Färbung. Die schulischen Winterausflüge haben mir das Skifahren für immer verleidet. Ich erinnere mich an einen dieser Ausflüge, die mit einer endlos scheinenden Zugfahrt zu einem Tiroler Bergdorf begann. Zu zehnt waren wir in ein Abteil gezwängt: acht Nazis, ein weiterer jüdischer Junge und ich. Dreist und ungeniert spielten unsere acht Mitschüler mit einem kleinen Fußball, der immer wieder in meinem Gesicht landete. Sie sangen Kinderlieder mit improvisiertem Text, von denen einer der harmloseren so lautete: »Jud, Jud, spuck dir in den Hut, und sag, das find' ich gut.« Im weiteren Verlauf der Zugfahrt wurden die Texte immer aggressiver. Es gab Anspielungen auf Messerstecherei, Erschießen, Galgen und die Guillotine. Als wir schließlich an unserem gottverlassenen Bestimmungsort ankamen, verschlangen die Nazi-Anhänger in Windeseile ihr Abendessen, bestehend aus heißem Schweineschmalz, Kartoffeln und grobgeschrotetem Schwarzbrot, und eilten hinaus, um mit Hakenkreuzemblemen herumzustolzieren und Lieder zu grölen. Die katholischen Konservativen versuchten dieses Gehabe nachzuahmen und veranstalteten ein klägliches »patriotisches« Lagerfeuer, sangen alte Regimentslieder und anrüchige Kasernenliedchen aus der k. u. k. Zeit. Unsere kleine Gruppe von Juden und Sozialisten, was praktisch ein und dasselbe war, drängte sich zusammen und betete, daß die Zeit schneller vorbeigehen möge.

Ich erhielt bald Gelegenheit, mich zu rächen, als es darum ging, die Spieler für die Fußballelf in der Schule zusammenzustellen. Der Anführer der Nazi-Gruppe kam zu mir und erklärte: »Dieses Jahr werden keine Juden in der Mannschaft mitspielen.« Gleichzeitig verlangte er, wir sollten uns hüten, für eine katholische Mehrheit zu stimmen, denn, so sagte er warnend: »Sonst bekommt ihr Ärger.«

Ich erwiderte ihm trotzig: »Nicht nur einer, sondern zwei Juden werden in eurer Mannschaft spielen, sonst bekommt *ihr* Ärger.«

»Leck mich am Arsch. Mach, was du willst, aber kein Jude kommt rein!«

»Wie du meinst, aber dann werden wir für eine katholische Mannschaft stimmen und unseren Platz den Regierungstreuen überlassen.«

Schweigen.

»In Ordnung. Also zwei Juden.«

Schließlich kam es zur Bildung einer »großen Koalition« aus Nazis, Katholiken und zwei Juden, von denen einer – nicht ich, das brauche ich wohl nicht eigens zu sagen – im Endspiel das entscheidende Tor schoß.

Ich hatte keine Bedenken, die beiden verfeindeten Gruppen gegeneinander auszuspielen; in der ständigen Auseinandersetzung lernte ich die Sprache und die Denkweise meiner Widersacher gut kennen. Diese frühen Erfahrungen waren Lektionen der lebenslangen Bemühungen, mit dem »Feind« zu leben. Ich wollte über meinen Gegner stets so viel wie möglich herausfinden; es erschien mir wichtig, seine »Geheimsprache« zu lernen, seine Charakterzüge, Verhaltensweisen und Grundsätze genau zu beobachten und die Art, wie ich die »andere Seite« wahrnahm, mit deren Bild von sich selbst zu vergleichen. Ich war stets fasziniert von der Geschichte, der Philosophie und der Soziologie jener Bewegungen, die ich am meisten verabscheue – dem Nationalsozialismus, dem Faschismus und dem Kommunismus –, sowie von den Verhaltensmustern, der Redeweise, der Kleidung und der Denkweise des totalitären Menschen. Aus dem gleichen Grund habe ich ein tiefes Verständnis für die Handlungs- und Verhaltensweisen von Menschen gegenüber totalitären Regimen entwickelt. Ich konnte mich nie für jene manichäisch-naiven Moralapostel erwärmen, die ihr Leben lang in offenen Gesellschaften leben und allzu rasch Urteile über jene abgeben, die nicht in dieser glücklichen Situation sind. Die gedankenlose Verurteilung jeglicher Kollaboration durch Menschen, die selbst nie der Verfolgung ausgesetzt waren und Einschüchterung, Terror und Tod, die andernfalls gedroht hätten, nicht in ihre Überlegungen einbezogen, hat mich oft geärgert, ja angewidert. Großartige Männer und Frauen wurden zu Unrecht der Kollaboration mit dem Feind beschuldigt, wo sie ihn doch im Dienst höherer humanitärer

Ziele beschwichtigten. Man hat mich hin und wieder kritisiert, ich hätte die Bücher solcher Menschen veröffentlicht, zuletzt, als ich die Memoiren des rumänischen Oberrabbiners Rosen herausbrachte. Er hat mehr als hunderttausend Juden das Leben gerettet, indem er sich mit dem entsetzlichen Ceauşescu-Regime gut stellte und ihnen Ausreisevisa nach Israel verschaffte.

Das Jahr 1933 war der Wendepunkt. Am 31. Januar wurde Hitler deutscher Reichskanzler. Die Konsequenzen dieser Entwicklung bekamen auch wir bald zu spüren. Die österreichischen Nationalsozialisten gewannen mehr Selbstvertrauen, die Nazis in meiner Schule witterten bereits den Sieg, und die Lehrer begannen, offener Farbe zu bekennen. Mehr als die Hälfte von ihnen stand auf der Seite Hitlers. Nur wenige, darunter mein Geschichtslehrer, den ich gern mochte, waren erklärte Nazi-Gegner, doch viele schwankten. Es gibt ein typisch österreichisches Verb französischer Herkunft: »lavieren«, was soviel bedeutet wie: sich durchschlängeln, vermeiden, sich festzulegen, sein Fähnchen nach dem Wind richten. Im Lehrerkollegium des Piaristen-Gymnasiums wurde viel laviert. Die Einstellung den Juden gegenüber war jedoch vielschichtig und kompliziert. So war ich bis zum Schluß der Lieblingsschüler eines Nazi-Lehrers, der deutsche Literatur unterrichtete. Andererseits verfolgte mich ein Katholik und Antifaschist wegen meines »fremdartigen« Einflusses auf den Klassengeist. Ich ging in die Falle, als ich ihn einmal, aus einer Laune unbekümmerter Frechheit heraus, vor der ganzen Klasse bloßstellte. Professor H. spielte gerne ein Spiel: Die Schüler sollten ihm berühmte Zitate vorlegen, deren Quelle er dann nannte – und umgekehrt. Als ich an die Reihe kam, zitierte ich einen zweizeiligen Vers im Stil eines klassischen elegischen Distichons:

> Als die rosige Dämm'rung erschien am fernen Gewölk
> griff Xerxes nach seinem glänzenden Becher.

Professor H. zögerte und runzelte die Stirn, unschlüssig, was er antworten sollte. Gespanntes Schweigen in der Klasse. Die Spannung wuchs, bis ein verlegener Professor H. sich geschlagen gab und murmelte: »Ich fürchte, da muß ich passen.«

Ich erklärte gelassen: »Weidenfeld, Gesammelte Werke.«

Sogleich donnerte er los: »Das ist nicht nur eine Unverschämtheit, es ist typisch für deine Rasse. Du wirst sofort das Klassenzimmer verlassen und den Rest des Tages im Karzer verbringen« – das war eine Art Einzelzelle, die sich in einem Nebengebäude der Schule befand.

Später, als ich mich vehementer und bewußter zu meinem Judentum bekannte, legte ich mir ein dickeres Fell zu. Derartige Bemerkungen machten mir dann nichts mehr aus, und ich fühlte mich nicht mehr verschmäht, wenn man mich als Außenseiter behandelte. Ich lernte von den Jesuiten, deren Geist das österreichische Schulsystem so sehr prägte, und ordnete meine Gefühle und mein Handeln dem stets im Mittelpunkt stehenden Kampf »zur größeren Ehre der Kirche« unter – in meinem Fall zur größeren Ehre der jüdischen Sache.

1933 löste die Regierung unter Bundeskanzler Dollfuß das Parlament auf unter Berufung auf eine Panne in der Geschäftsordnung der Nationalversammlung, wobei die Sozialdemokraten Dollfuß in die Hände spielten. Nun waren die demokratischen Institutionen ausgeschaltet, während sich die beiden großen politischen Lager auf einen Machtkampf vorbereiteten. Die österreichischen Sozialisten sammelten Waffen und horteten sie in den festungsähnlichen Mietskasernen der Arbeiter in den Außenbezirken Wiens; die Heimwehr bereitete sich auf einen Bürgerkrieg vor.

Am 12. Februar 1934 marschierten Soldaten in Kampfuniformen, unterstützt von Bataillonen der Heimwehr aus der Provinz, an unseren Fenstern vorbei in Richtung Arbeiterbezirke, um einen sozialdemokratischen Aufstand niederzuschlagen. Die sozialistischen Anführer wurden zusammengetrieben und in Straflager gebracht. Einigen gelang es, ins Ausland zu fliehen, andere versteckten sich. Viele wurden verhaftet und einige hingerichtet, teilweise ohne Prozeß. Die Sozialdemokratische Partei und die Gewerkschaften wurden verboten.

Dr. Friedjung wurde unter Polizeiarrest gestellt, aufgrund seines Alters und seines prekären Gesundheitszustandes aber bald wieder freigelassen. Julian, der Anführer meiner Gruppe, versteckte sich in einem Unterschlupf außerhalb von Wien. Einige meiner Freunde hatten Tote und Verwundete zu beklagen. Eine Welt brach zusammen. Meine Welt brach zusammen. Tagelang starrte ich aus dem Fenster, konnte nichts essen und weinte ständig. Meine Eltern machten sich ernstlich Sorgen.

In der Schule triumphierte die Fraktion der Heimwehr, die Nazis feixten. Das Klassenparlament wurde abgeschafft, und die Anführer der Heimwehr erschienen, kriecherisch umschmeichelt von der Mehrzahl der Lehrer, uniformiert in der Klasse. Ein neuer Geist, eine neue Ära, ein neuer Unterrichtsstil machte sich augenblicklich bemerkbar. Patriotische Hymnen, die den Geist des neuen Ständestaates feierten, wurden in der Schule zur Pflichtübung. Es waren spannungsgeladene Monate.

Im Mai erhielt ich unerwarteten Besuch. Julian tauchte auf, heimlich und voller Angst, erkannt zu werden. Er hatte sich eine neue Identität zugelegt und war Untergrundkämpfer geworden. Ich begleitete ihn zu einem Zellentreffen der neuen illegalen sozialistischen Jugendbewegung. Was ich dort sah und hörte, verwirrte mich sehr, denn da waren einige, die eine gemeinsame Untergrundfront aus Sozialisten und Kommunisten forderten. Ein ziemlich aggressiver Kommunist mit Klumpfuß und dicken Brillengläsern brüllte kommunistische Slogans und rief uns zur Aktion unter kommunistischer Führerschaft auf. Er sprach eine gekünstelte Sprache, benutzte ständig russische Wörter und verfiel in einen typischen Parteijargon. Ich dachte an die Geschichten von Verfolgung, Antisemitismus, Repression und Not, die uns Verwandte berichtet hatten, die aus der Sowjetunion geflohen waren und auf dem Weg nach Amerika in Wien Station gemacht hatten.

Ich scheute nicht die Gefahr – im Gegenteil, ich suchte das Abenteuer –, aber dieses kommunistische Milieu gefiel mir nicht, nicht zuletzt deshalb, weil mich der wilde Fanatismus abschreckte. Und so zögerte ich, mich der Zelle anzuschließen. Statt dessen wurde ich, als Reaktion auf den überall manifesten massiven Antisemitismus und das Erstarken des Nationalsozialismus, ein militanter Zionist und schloß mich einer Gruppe an, die sich Revisionisten nannte. Es waren die Vorläufer der heutigen Likud-Partei Israels. Ich war beeindruckt von deren leidenschaftlichen Glauben an die Rechtmäßigkeit ihrer Sache und von der Verachtung, die sie für ihre Verfolger hegten.

Zu jener Zeit geschah etwas, das mein Leben verändern sollte. Ein mit uns entfernt verwandter Medizinstudent, ein aktiver Zionist, besuchte regelmäßig meine Familie und neckte mich wegen meiner politischen Ansichten. Er zeichnete ein düsteres Bild der Zukunft Österreichs, ja des gesamten ost- und mitteleuropäischen Raums, der von dem unaufhaltsamen Vormarsch der deutschen Nationalsozialisten geprägt war; und er sprach von Palästina als Heimstätte der Juden. Eines Tages nahm er mich mit zu einem zionistischen Treffen in einer Versammlungshalle im zweiten Bezirk, dem jüdischen Viertel.

Der Sprecher dort war Vladimir Jabotinsky, der Führer des harten Flügels der zionistischen Bewegung, der für einen souveränen jüdischen Staat kämpfte. Ihr Gegenstück war der eher gemäßigte Flügel der zionistischen Weltorganisation, repräsentiert durch Chaim Weizmann; er plädierte für eine Zusammenarbeit mit der britischen Regierung, die im Auftrag des Völkerbundes Palästina als Mandat verwaltete. Als wir uns der Versammlungshalle näherten, sahen wir Nazis in weißen Strümpfen, die antisemitische Parolen brüllten und damit drohten, die Fenster und Türen einzuschlagen. Die Halle füllte sich, und auf das Podium trat, flankiert von jungen Männern in khakifarbenen Hemden und kurzen schwarzen Hosen, ein untersetzter Mann mittleren Alters mit einer weißen Mähne, schwarzen Augenbrauen und Hornbrille.

Jabotinsky begann seine Rede. Er sprach von der glorreichen Vergangenheit des jüdischen Volks, von der steten Verbindung mit dem Boden des Heiligen Landes, den heraufziehenden düsteren Wolken und der Notwendigkeit, alle Kräfte zu bündeln, alle Leidenschaft und allen Glauben, um ein Ziel zu erreichen: einen souveränen Staat, eine Heimstätte für die Juden in Palästina. Ein Zwischenrufer fragte: »Weshalb tragen Sie ein braunes Hemd?« Jabotinsky erwiderte: »Khaki ist die Farbe der Wüste. Unsere jungen Männer trugen diese Farbe in der jüdischen Legion, die mit den Alliierten zusammen gegen die Türken Krieg führte, um Palästina zu befreien. Man verspottet uns wegen der Farbe unserer Hemden. Wir sehen keinen Grund, nur deshalb die Farbe zu ändern, weil Hitlers Schlägertrupps die gleiche Farbe tragen. Wir sind keine Nachahmer. Wir sind das Ursprüngliche. Wer ist Hitler? Die Hitlers kommen und gehen, aber das jüdische Volk bleibt ewig.« Die Zuhörer reckten sich stolz und zuversichtlich. Ein anderer Zwischenrufer wollte wissen: »Haben Sie keine Angst, von den Nazis da draußen zu Brei geschlagen zu werden?« Darauf Jabotinsky: »Man mag uns schlagen, aber man wird uns niemals besiegen. Wir sind ein fürstliches Volk.« Zwei schüchterne jüdische Jungen, die vor mir saßen und die Halle ängstlich und zitternd betreten hatten, streckten bei den

Worten Jabotinskys ihre gebeugten Rücken. Jabotinskys Rede erhielt tosenden Beifall. Am Ende verließen die Zuhörer die Halle, in geordneter Formation den Nazis entgegen, die sich eiligst zurückzogen.

Diese Begegnung beeindruckte mich tief. Mein Vetter machte sich dies zunutze und nahm mich mit zur Brit Trumpeldor, einer militanten Organisation der Jabotinsky-Bewegung. Trumpeldor war eine legendäre Gestalt, ein Offizier der zaristischen Armee, der seinen Arm im Russisch-Japanischen Krieg verloren und sich dann bis in den Nahen Osten durchgeschlagen hatte. Dort gründete er die Jüdische Legion. Er fiel im Jahr 1920, als er im Dorf Tel Chai jüdische Siedler gegen arabische Marodeure verteidigte. Der Name dieses Dorfes, Tel Chai, wurde die Grußformel der Mitglieder der Brit Trumpeldor, die auch unter dem Namen »Beitar« bekannt ist. Das Wort hat eine doppelte Bedeutung, denn es enthält nicht nur die Anfangsbuchstaben des Namens der Organisation, sondern ist auch der Name einer Festung im Krieg der Makkabäer gegen die ptolemäischen Nachfolger Alexanders des Großen.

Als »Soldat« der Brit Trumpeldor erhielt ich eine Art paramilitärische Grundausbildung. Ich mußte das moderne Hebräisch erlernen (leider war ich darin keine große Leuchte) und erhielt Unterricht in jüdischer Geschichte und Geopolitik, insbesondere in Geographie, Wirtschaft und den politischen und ethnischen Verhältnissen im Nahen Osten. Auch politische Propaganda, das Verteilen von Flugblättern, und rhetorisches Training standen auf dem Programm. Nach einem Jahr wurde ich Mefaked Gdud – Zugführer.

Mein Vetter Quint hatte nicht nur den Entschluß gefaßt, aus mir einen aktiven Zionisten zu machen, sondern er verfolgte noch andere Pläne. Er führte mich ein in die Welt der Studenten und Studentenvereinigungen, in die ich viel Begeisterung und Zeit investierte. So erhielt mein soziales und geistiges Leben eine neue Richtung, bis zu dem Augenblick, da ich meine Heimat Österreich verließ.

KAPITEL III

Die Zeit der Embleme

Das schwarze, goldne, purpurrote Band
Auf tief smaragdgrünem Grunde
Steht auf, Söhne der Giskala
Und kämpft eine zweite Runde

IN EINEM VERDUNKELTEN, nur von Kerzen erhellten Raum saßen zwanzig Männer mit farbigen Bändern und Mützen um einen Tisch, jeder vor sich einen Krug Bier. Die beiden ranghöchsten Mitglieder standen jeweils an einem Ende des Tisches, mit Säbeln in der Hand, auf dem Tisch lag ein in Silber eingefaßter menschlicher Schädel. Sie sangen die Hymne der zionistischen Jugendverbindung Giskala, benannt nach Jochanan von Giskala, einem Freiheitskämpfer gegen die römische Besatzungsmacht.

Der Text dieser Hymne war ziemlich langweilig und patriotisch, die Melodie war die der Hatiqvah, der Hymne der zionistischen Bewegung, die später zur Nationalhymne des Staates Israel wurde. Die Männer, die um den Tisch saßen, gehörten der Activitas an, das heißt, sie waren aktive junge Mitglieder, die noch zur Schule gingen; es waren aber auch sogenannte »Alte Herren« anwesend, ehemalige Studenten, die früher aktive Mitglieder gewesen waren und jetzt zum größten Teil den behaglichen, ja luxuriösen Stil der Vereinigung finanzierten. Sie waren von Anfang Zwanzig bis über sechzig Jahre alt. Die Giskala war eine Pennalie, das heißt eine Vereinigung von Mittelschülern, die zukünftige Studenten auf ihre Mitgliedschaft in einer richtigen Studentenverbindung und auf ihre Aktivität in der großen jüdischen Gemeinschaft in Wien sowie auf eine Führungsrolle innerhalb der zionistischen Bewegung vorbereitete.

In Deutschland, in Österreich und in einigen Ländern der einstigen

Donaumonarchie waren Studentenverbindungen eine weit verbreitete Institution, und sie spielten gesellschaftlich, politisch und kulturell eine bedeutende Rolle. Seit dem Mittelalter waren die Universitäten im Heiligen Römischen Reich stolz auf ihre Unabhängigkeit und ihre Selbstverwaltung gewesen sowie auf die engen Beziehungen zwischen Studenten und Lehrern. Die Universitäten waren lose miteinander verbundene, aber souveräne Zentren der Gelehrsamkeit, in denen über Jahrhunderte hinweg Latein als gemeinsame Sprache gesprochen wurde. Die Lehrpläne ähnelten einander sehr, und es war üblich, daß Studenten in einer Alma mater mit dem Studium begannen und dann in eine andere wechselten. So war es nichts Ungewöhnliches, daß ein Student in Wien anfing zu studieren, dann nach Leipzig und Heidelberg wechselte, ein Jahr in Prag verbrachte und dann in Wien oder Wittenberg seinen Abschluß machte. Wo er auch hinging, er fand eine Gemeinschaft Gleichgesinnter, sobald er sich einer Verbindung angeschlossen hatte. Dabei hatte er die Auswahl zwischen einer landsmannschaftlichen Studentenverbindung und solchen aus benachbarten oder auch ferneren Ländern. Diese Vereinigungen boten nicht nur Geselligkeit und die Möglichkeit, Freundschaften zu schließen; sie dienten auch als ein Forum für geistigen Austausch, waren Sammelbecken für den politischen Kampf und nicht zuletzt auch das Sprungbrett für eine berufliche Karriere. Auch die jungen Mitglieder der Activitas standen stets unter der wachsamen Fürsorge der Alten Herren, jener einstigen Studenten, die es im »bürgerlichen Leben« zu etwas gebracht hatten und die Ausschau hielten nach klugen und vertrauenswürdigen jungen Leuten, die in den freien Berufen oder den höheren Rängen des öffentlichen Diensts Karriere machen wollten.

Im ausgehenden achtzehnten Jahrhundert gab sich die studentische Bewegung in Deutschland und Österreich eine festere Struktur, und es entstanden zwei genau unterscheidbare Typen von Vereinigungen: die Corps, die ziemlich versnobt waren, und die Burschenschaften. In den Studentencorps waren Eleganz in Benehmen und Kleidung das A und O; die Mitglieder entstammten zumeist dem Adel und dem Großbürgertum, politisch standen sie ziemlich weit rechts. Sie hielten sich für »feudal« – ihre geselligen Versammlungen waren formvollendet und elitär. Der zweite Typus der studentischen Bewegung, die Burschenschaften, waren hingegen radikal, derb, aufsässig gegenüber der etablierten Ordnung; sie forderten gesellschaftliche Reformen und sympathisierten mit rechtem und linkem revolutionären Gedankengut. Ihre Kleidung war bewußt lässig, in der Mitgliedschaft gab es keine Klassenunterschiede. Sie waren nationalistisch, verachteten jedoch alle Formen des, wie sie es nannten, Philistertums. Wer an den althergebrachten Formen von Recht und Ordnung, von Sitte und Moral festhielt, wurde als Philister abgetan.

Die Geschichte dieser beiden Richtungen studentischer Vereinigungen ist kompliziert und wechselvoll. Manche Universitätsstädte betrachteten sich als besonders prägend für den studentischen Geist, insbesondere Leipzig und Jena. Die Namen der Verbindungen leiteten sich meist von den lateinischen Namen der jeweiligen Region ab: Saxo-Borussia (Sachsen-Preußen), Thuringia, Alemannia, Rhaetia (die alte römische Bezeichnung für die Alpenprovinzen), Pannonia (das ist der westliche Teil Ungarns) usw. Ob rechts oder links, ob aristokratisch oder plebejisch gesinnt, hatten sie doch bestimmte Grundprinzipien gemeinsam: Sie duellierten sich, was sonst das Vorrecht der Offiziere und Adeligen war; sie verteidigten einen Ehrenkodex; sie pflegten einen bestimmten Lebensstil; und sie grenzten sich ab von den untersten gesellschaftlichen Schichten. Zahllose berühmte Deutsche aus Politik, Militär, Literatur, Philosophie, Geschichte, Handel und Industrie, Jura, Medizin und Naturwissenschaft waren geprägt von der Disziplin und vom Geist dieser Studentenverbindungen.

Zur Zeit der Napoleonischen Kriege spielten die schlagenden Verbindungen eine bedeutende Rolle. Viele der regionalen Aufstände gegen Napoleon wurden von Studenten angeführt und in der patriotischen Dichtung von Romantikern wie Theodor Körner und Ludwig Uhland gefeiert. Die Blütezeit der Studentenverbindungen und die Ära ihrer größten politischen Bedeutung war die Zeit zwischen dem Wiener Kongreß 1815 und den beiden Revolutionen von 1830 und 1848. In dieser bewegten Epoche wurde Deutschland und das deutschsprachige Österreich durch Studentenkongresse und leidenschaftliche Flugblätter, durch Fackelumzüge und Massendemonstrationen aufgerüttelt; die politische Führung der Heiligen Allianz – Österreich, Preußen und Rußland –, insbesondere aber Metternich, der Kanzler des kaiserlichen Österreich, der als der Inbegriff der politischen Reaktion galt, waren beunruhigt. Die 1819 vom Deutschen Bund erlassenen Karlsbader

Beschlüsse gegen die »demagogischen Umtriebe« an den Universitäten sahen einen staatlichen Bevollmächtigten vor, der die Studenten und Professoren streng überwachen und die Burschenschaften unterbinden sollte. Nach der Einigung Deutschlands schwächte sich der Radikalismus der Studenten ab; die politische Auseinandersetzung verlagerte sich auf andere Ebenen. Man begehrte jetzt nicht mehr auf gegen die Reaktion; die Studentenverbindungen wandten sich von der Politik ab und einem auf persönliche Karriere gerichteten und damit geruhsamen, opportunistischen System organisierter Geselligkeit zu; oder sie wurden aggressiv nationalistisch und rassistisch mit starken antisemitischen Tendenzen. Im österreichischen Kaiserreich standen die deutschsprachigen nationalistischen Studenten der Habsburgermonarchie und deren Grundprinzip eines Vielvölkerstaates zunehmend feindselig gegenüber. Sie verteidigten ihr Deutschtum gegen angebliche Bedrohungen und schlossen all jene aus, die einer alldeutschen Sicht im Weg standen. Zu diesem Zweck vereinigten sich eine Reihe von Studentenverbindungen zu einer Union, die Juden als Mitglieder nicht gestattete und ihnen das Recht auf »Satisfaktion«, also die Möglichkeit, ihre Ehre in einem Duell zu verteidigen, verweigerte.

In dem Städtchen Waidhofen an der Ybbs, gut eine Stunde Zugfahrt von Wien entfernt, hatten die deutschnationalen Studentenverbindungen ihre Treffen, proklamierten ihre rassische Besonderheit und stellten Kontakte mit Juden im beruflichen und gesellschaftlichen Leben unter Strafe. Die andere Gruppe studentischer Verbindungen hielt an einer Politik der Nichtdiskriminierung fest; ihre Mitglieder waren den Idealen von Freiheit, Gleichheit und Brüderlichkeit, wie sie in der Französischen Revolution und der deutschen Aufklärung proklamiert worden waren, weiterhin treu; sie schlossen sich zu einer Union »deutsch-liberaler« Studentenvereinigungen zusammen. Doch der deutsche Liberalismus verlor zunehmend an Einfluß und ging im Laufe der Zeit ganz unter, und damit schwand auch die Bedeutung jener Vereinigungen. Gegen Ende des Jahrhunderts und in meiner Jugend waren die meisten Mitglieder der liberalen Studentenvereinigungen Juden, die nach Assimilation strebten und von ihren Kommilitonen als deutsche Österreicher anerkannt werden wollten. Viele von ihnen waren zum Katholizismus oder zum Protestantismus konvertiert, dem »Mittelweg« zwischen Judentum und Christentum.

Im letzten Viertel des neunzehnten Jahrhunderts wehte der scharfe Wind des Nationalismus durch die Länder der österreichisch-ungarischen Donaumonarchie. Tschechen und Polen, Slowaken, Kroaten und Slowenen erwachten in ihrem Selbstbewußtsein und forderten Anerkennung als ethnische Gemeinschaft. Die jungen Intellektuellen, die Studenten an den Universitäten, gründeten nach dem Vorbild der Deutschen ihre eigenen Studentenverbindungen, gingen aber nicht soweit, auch deren internes Zeremoniell zu übernehmen. Die jüdischen Studenten bildeten da keine Ausnahme. Ein jüdischer Nationalismus machte sich breit, man bekannte sich zu seiner jüdischen Lebensweise, betonte die eigene jüdische Vergangenheit und stärkte das jüdische Selbstbewußtsein. Diese Haltung war besonders unter jenen jungen Akademikern verbreitet, die aus den entlegenen Provinzen des Habsburgerreichs, aus dem österreichischen Polen (Galizien), der Bukowina an der Grenze zu Rumänien, aus Böhmen und Mähren kamen. Diese Gebiete waren zwar nur wenige Zugstunden von Wien entfernt, doch lagen hinsichtlich der gesellschaftlichen Akzeptanz Lichtjahre weit weg.

Im Jahr 1883 beschloß eine Gruppe dieser jungen Juden, die erste nationaljüdische Studentenverbindung, die Kadimah, zu gründen – was auf hebräisch soviel wie »Vorwärts« heißt. Sie verfaßten Artikel und Flugblätter, gewannen Sympathisanten und beschlossen nach hitzigen Diskussionen, sich an den deutschen Studenten ein Beispiel zu nehmen: Sie trugen Uniformen und stellten wie diese einen eigenen Verhaltenskodex auf, sangen die gleichen Lieder und duellierten sich zur Verteidigung der jüdischen Ehre. Hinter alldem stand die feste Überzeugung, den Gegner mit dessen eigenen Waffen schlagen zu müssen, um anerkannt und respektiert zu werden.

Die Kadimah zog begabte junge Schriftsteller, Architekten und andere Freigeister an. Sie alle waren auf der Suche nach einer Leitfigur und einem konkreten Programm, mit dem sie am politischen Kampf ihrer Zeit teilnehmen konnten. Beides fanden sie in der faszinierenden Persönlichkeit Theodor Herzl. Herzl war ein angesehener Wiener Journalist, Essayist und Verfasser von Modedramen, der im Geist der österreichisch-deutschen Kultur aufgewachsen war. Von seiner Herkunft assimilierter Jude, war er Feuilletonredakteur der angesehenen liberalen Zeitung *Neue Freie Presse*; Herzl hatte sich unter dem Eindruck des Prozesses gegen Dreyfus in Paris – jenem berühmten und wahrlich sensationellen Fall eines Justizirrtums, dem der französische jüdische Offizier Dreyfus auf Betreiben seiner antisemitischen Vorgesetzten zum Opfer gefallen war – von einem Saulus zu einem Paulus gewandelt. Mit dem Feuereifer verletzten Gerechtigkeitsgefühls und einem starken persönlichen Charisma, das in der modernen jüdischen Geschichte seinesgleichen sucht, formulierte Herzl ein scharf umrissenes Programm und rief die politische Bewegung des Zionismus ins Leben. Zunächst stand er allein, doch sobald sein historisches Werk *Der Judenstaat* veröffentlicht worden war, strömten Anhänger aus allen Richtungen herbei, die nicht weniger begeistert und nicht weniger entschlossen waren, in den Kampf zu ziehen, als die Studenten der Kadimah. Sie erwählten ihn zu ihrem Sprecher und boten ihm ihre Gefolgschaft an. Gemeinsam mit einer Handvoll neugegründeter jüdischer Studentenverbindungen zählte die Kadimah zu den treuesten Anhängern Herzls. Als dieser im Alter von vierundvierzig Jahren starb, aufgezehrt in einem lebenslangen Kampf kühner, manchmal aussichtslos scheinender, doch in der Summe erstaunlich erfolgreicher Pionierarbeit zur Verbreitung der Idee eines jüdischen Staates in Palästina, waren es die jungen Männer der jüdischen schlagenden Verbindungen Wiens, die seinen Sarg in die Erde senkten.

Nach dem Beispiel der Kadimah entstanden in rascher Folge weitere jüdische Studentenverbindungen: Ivria, Unitas, Hasmonaea, Zefriah, Maccabaea, Jordania, Robur. Jede hatte ihre Besonderheiten im gesellschaftlichen wie im politischen Sinn, und jede war bestrebt, unter der Schuljugend zukünftige Mitglieder anzuwerben. Die Giskala wurde von den Mitgliedern der Maccabaea gegründet, entwickelte sich jedoch bald zu einer unabhängigen Vereinigung, deren Alte Herren auf ihre Unabhängigkeit stolz waren, insbesondere da mehrere von ihnen reich und selbstbewußt geworden waren.

Ich trat also zunächst in den untersten Rang der Activitas ein, wurde Fuchs und mußte für die älteren Mitglieder Aufträge erledigen; nach einem Jahr Probezeit stieg ich in die nächsthöhere Stufe auf und machte die »Burschenprüfung«. Ich glaube, ich war fünfzehn, als ich meine Prüfung als Aktiver ablegte. Politisches Engagement stand an oberster Stelle. Ich mußte bei Jugendtreffen in der jüdischen Gemeinde Ansprachen halten oder von Haus zu Haus gehen und Beiträge und Spenden sammeln, die in blau-weißen Zinnbüchsen verwahrt wurden; die Gelder waren für den zionistischen Fonds der ersten Siedlungen in Palästina bestimmt. Auch mußte ich mich im Säbelfechten üben.

Einmal in der Woche hatten wir eine Mitgliederversammlung, und danach saßen wir zusammen und tranken Bier. Dieses Ereignis, der Höhepunkt jeder Woche, folgte einem genau festgelegten Zeremoniell: einem ersten Teil, »officialis« genannt, folgte der Teil »inofficialis« und schließlich als dritter Teil das sogenannte Saufgelage. Im offiziellen und zeremoniellen Teil sangen wir die Hymne unserer Verbindung und lauschten den Reden. Der inoffizielle Teil war einem Wettstreit von Chor- und Sologesängen gewidmet, die wir dem unerschöpflichen, jahrhundertealten Schatz der deutschen Studentenliederbücher entnahmen. Meist sangen wir dieselben Lieder wie unsere deutschnationalen Gegner, hie und da jedoch ersetzten wir bestimmte Begriffe durch neue, tauschten etwa den Rhein gegen den Jordan aus, deutsch gegen jüdisch oder ein neutraleres Wort. Auch hielten wir an traditionellen deutschen Studentenritualen fest. Ein solches war zum Beispiel der Pappenheim-Ritus, benannt nach dem berühmten kaiserlichen Reitergeneral im Dreißigjährigen Krieg, dessen Soldaten einen bestimmten Trinkspruch auf ihren Kommandanten ausbrachten. Jeweils zu zweit standen wir auf unseren Stühlen, salutierten und verneigten uns, stießen mit den Bierkrügen an, tranken Bruderschaft und sangen:

> General Pappenheim, der soll leben!
> General Pappenheim lebe hoch!
> Bei Wein oder Bier,
> Treue Pappenheimer, die sind wir.
> Bei Bier oder Wein,
> Treue Pappenheimer wollen wir sein.

Aber wir besaßen auch eigene zionistische Texte, die wir zu alten hebräischen Melodien sangen. Ein Schriftsteller aus dem Umkreis Theodor Herzls, Nathan Birnbaum, hatte ein Lied geschrieben, das sich besonderer Beliebtheit erfreute:

Dort, wo die hohe Zeder schlank
Die Wolke küßt
Dort, wo die Stätte meiner Ahnen ist
Dieses schöne Land am fernen Jordanstrand
Ist mein geliebtes teures Heimatland …

Einmal im Jahr veranstalteten wir einen Galaabend, zu dem Freunde, Verwandte und auch Damen eingeladen wurden und an dem wir alle weiße Krawatten trugen. Der Höhepunkt des Abends war die »Bieroper«, eine Minioper – ein Potpourri bekannter Arien, Chöre und Märsche, die mit satirischen Texten unterlegt wurden. Die Handlung war stets voll aktueller Bezüge und vermittelte eine provokative politische Botschaft.

Als ich, sechzehnjährig, an die Reihe kam und aufgefordert wurde, eine solche Bieroper zusammenzustellen, wählte ich eine Parodie der Wagner-Oper *Lohengrin*, in der der Held als Retter eines Mädchens auftritt, sie aus ihrer Not befreit und sie heiratet – unter der Bedingung, daß sie ihn nie nach seinem Namen oder nach seiner Herkunft fragen dürfe. Als die Neugier sie aber dazu treibt, ihr Versprechen in der Hochzeitsnacht zu brechen, verläßt sie der Held, enthüllt zuvor jedoch seine königliche Geburt und die seines Vaters Parsifal, des Gralshüters. Meine Bieroper hatte die Geschichte einer fiktiven Vereinigung liberaler assimilierter österreichischer Juden zum Thema, deren Statuten – unter Androhung eines Fluchs – die Auflösung der Vereinigung vorschrieben, wenn nicht wenigstens ein Mitglied nichtjüdischer Herkunft gefunden würde. Da das letzte »arische« Mitglied vor kurzem verstorben war, saßen die Mitglieder schwermütig um den Tisch und sangen verzweifelte Lieder voller Selbstmitleid zu Melodien von Weber, Verdi und Wagner. Schon ihre Namen zeugten von ihrem Scheitern. Sie hatten alle nordische Vornamen und unverkennbar jüdische Familiennamen:

Horst Rosenbaum, Sven Rubinstein und Carl Maria Singer, Frank Odin Kohn, Thor Mossinson und Baldur Fritjof Springer.

Die Tür ging auf, und herein trat ein stattlicher Mann mit ausgebreiteten Armen, ein Riese von nordischem Aussehen; er war in ein wallendes Gewand gekleidet und verkündete, er habe die Klagen von ferne gehört und sei bereit, sich der Verbindung anzuschließen und sie in die Schlacht zu führen. Es folgte ein langes Duett, danach ein Quartett, das schließlich in einen Chor mündete mit der Beschwörung unverbrüchlicher Treue. Die melancholische Stimmung der Eröffnungsszene wich einem wilden Bacchanal.

Die Dankbarkeit der versammelten liberalen österreichischen Juden – so meine Oper weiter – war so groß, daß sie ihn spontan zu ihrem Anführer ernannten und ihm die unbeschränkte Vollmacht über ihre Bankkonten übertrugen. Da konnte einer der ranghöheren Mitglieder nicht mehr an sich halten und rief: »O Führer, Retter aus fernem Lande, sag uns deinen Namen und deine Herkunft.« Es folgte eisiges Schweigen, dann erwidert der Fremde mit qualvoll verzerrter Miene, die Verse Lohengrins abwandelnd: »Nie sollst du mich befragen, doch da du es nun einmal getan hast, hier also mein Name und meine Herkunft. Ich bin Alois Vollgruber, Verkaufsleiter der berühmten Brauerei Schwechat. Da ihr mir alle Verfügungsgewalt übertragen und eine Blankovollmacht ausgestellt habt, sollt ihr – dies ist meine Gegenleistung – euer Lebtag an Bier keinen Mangel mehr leiden.«

Aufs tiefste gedemütigt von dem Verrat, brachen sie zusammen und starben auf der Stelle, genau wie so oft bei Wagner.

Doch das Leben in meiner Vereinigung bestand nicht nur aus Singen, Zechen und Fechten. Ich knüpfte freundschaftliche Verbindungen mit klugen und aufgeschlossenen jungen Männern, und ich vernachlässigte weder meine Lesegewohnheiten, noch ließ meine Leidenschaft für Theater und Oper nach. Die Zeit zwischen 1933 und 1938, zwischen Hitlers Machtergreifung in Deutschland und seinem Einmarsch in Österreich, war ein besonders aufregendes Kapitel der europäischen Geistesgeschichte auf Wiener Boden. Als ein faschistoider Autoritarismus und eine versteckte Zensur sich breitmachten, suchten liberale und fortschrittliche deutsche Schriftsteller, Schauspieler, Musikschaffende, Philosophen, Historiker – ob jüdischer Herkunft oder entschiedene Gegner des NS-Regimes – Zuflucht in Österreich, wo sie in ihrer Muttersprache arbeiten und denken konnten. Einer von ihnen war der eigentlich aus Österreich stammende Max Reinhardt, einer der einflußreichsten Regisseure und Theaterleiter des Jahrhunderts. Am Theater in der Josefstadt sah ich einige seiner besten Inszenierungen deutscher und internationaler Klassiker und auch Aufführungen von Autoren, die erst kurze Zeit zuvor ins Exil gegangen waren.

Ein kleines Häufchen deutscher Flüchtlinge – Juden und Nichtjuden – besuchte meine Klasse im Piaristen-Gymnasium. Die enge Freundschaft mit einem Jungen aus Hamburg, dessen Vater seine gesicherte Existenz aufgegeben und einer ungewissen Zukunft entgegengegangen war, da er die Barbarei der Nazis nicht ertragen hatte, ließ mich den Zwiespalt eines deutschen Patrioten erkennen: Er mußte sich entscheiden zwischen der Treue zu seinem Land und der Treue zu dessen politischem Anführer. Sommers wie winters unternahmen wir am Wochenende Spaziergänge im Wienerwald, wo wir Gelegenheit hatten, die großen Themen der Politik oder auch die feingeistigen Themen der Literatur und Geschichte zu diskutieren. Wir machten uns gewöhnlich zu dritt auf den Weg, und ich wählte mir unter einem Dutzend Freunden meine jeweiligen Begleiter aus. Am stärksten wurde ich von einem Jungen beeinflußt, der ein wenig älter war als ich; er hieß Erwin Schajowicz und war der Sohn eines prominenten Rechtsanwalts. Belesen und ein origineller und unkonventioneller Kopf, machte er mich mit der zeitgenössischen Philosophie und mit den Werken von Karl Kraus bekannt; ich wiederum bekehrte ihn zu Wagner, wobei ich mich der Argumente und Deutungen bediente, die mir von Onkel Josef geläufig waren. Wir standen während der ganzen Aufführung von *Parsifal* und *Tristan* oben auf der Galerie der Oper, und anschließend diskutierten wir in einem Kaffeehaus, das die ganze Nacht hindurch geöffnet war, über das, was wir gehört und gesehen hatten.

Außerdem traf ich mich regelmäßig mit einer anderen Gruppe dandyhafter Jungen, die auf der Suche nach sentimentalen Liebesabenteuern waren. Gewöhnlich kehrten wir jedoch unverrichteter Dinge zurück, da uns der Mut verließ, wenn wir uns dem Objekt unserer Begierde näherten, das uns mit kühlem Blick musterte. Doch als wir älter wurden, wuchs auch unser Selbstvertrauen. Wir trafen uns zum modischen Thé dansant oder Fünfuhrtee im Stadtpark, wo eine bekannte Kapelle die neuesten Schlager spielte. Die Etikette verlangte, daß bei den ersten Klängen der Musik die jungen Männer aufstanden, sich zu anderen Tischen begaben und junge Damen zum Tanz aufforderten. So manch eine kurzlebige Liaison oder auch eine ernsthaftere Beziehung entstand bei den Klängen eines argentinischen Tangos oder eines langsamen Foxtrotts. Verabredungen wurden flüsternd auf der Tanzfläche besprochen – es wäre keinesfalls angegangen, vor aller Augen mit einer neuen Bekanntschaft den Tanzsaal zu verlassen. Im letzten Schuljahr trat ich in einen sehr feinen Fünfuhrclub ein, den Jungen und Mädchen aus besseren Kreisen besuchten, die von ihren Müttern oder anderen Begleitpersonen hingebracht und später wieder abgeholt wurden.

Last, but not least prägten mich die Reisen, die ich in den Ferien unternahm. Seit ich fünfzehn war, wurde ich oft allein zu befreundeten Familien geschickt und verbrachte die Sommermonate in Italien, Frankreich oder an der dalmatinischen Küste Jugoslawiens. Mein Vater nahm mich auf Kurzreisen zu archäologischen Ausgrabungsstätten mit oder auch auf Einkaufstouren zu den großen Münzhändlern nach Augsburg, Rom oder Toulouse.

Die eindrucksvollste aller meiner Reisen war eine Mittelmeerkreuzfahrt im Sommer 1935, als ich fünfzehn war. Sie begann in Triest und führte über Griechenland und Ägypten nach Palästina. Unser komfortables, altmodisches jugoslawisches Schiff, die Krajica Maria, ging in Alexandria vor Anker; von da aus reisten wir ins Landesinnere nach Kairo, besuchten Moscheen und Museen und nahmen anschließend den Zug nach Tel Aviv. Bei der Ankunft fuhren wir mit dem Taxi zu dem Haus, in dem wir wohnten. Aber unterwegs gerieten wir in einen Stau; vor uns drängte sich eine unübersehbare dichte Menschenmenge, Tausende von Trauernden, von denen viele einen schwarzen Flor als Armbinde trugen. Sie alle folgten dem Begräbniszug des Oberrabbiners von Palästina, Kook, ein fanatischer und gefürchteter Geistlicher, der vor allem von dem unnachgiebigen, militanten Flügel der jüdischen Siedler verehrt wurde. Ich entdeckte ein paar Mitglieder der Brit Trumpeldor, die ich an ihren khakifarbenen Hemden erkannte, und stellte mich ihnen vor. Sie luden mich ein, am Zug teilzunehmen; ich bat meine Mutter um Erlaubnis und versprach, nach einer Stunde nachzukommen. Die Tatsache, daß ich zum erstenmal an einem Prozessionszug von Juden in deren eigenem Land teilnahm, versetzte mich in eine ungeheure Aufregung; mich überkam ein Gefühl von Solidarität und heiterer Ruhe, das ich niemals zuvor empfunden hatte.

Wir wohnten bei einem entfernten Verwandten, einem ehrwürdigen alten Siedler aus Rußland, einem Lehrer der ersten jüdischen Staatsschule, der in den oberen Klassen Geschichte unterrichtete. Er hieß Sofermann und hatte eine hübsche Tochter, eine *Sabra*, das heißt ein in Palästina geborenes jüdisches Mädchen, und einen Sohn in meinem Alter, der als Mittelstürmer in der Fußballmannschaft der Jüdischen Nationaljugend spielte. Der alte Herr beschloß jede Mahlzeit und jede Diskussion mit derselben düsteren Ermahnung: »Nehmt eure Zelte und stellt sie hier in Palästina auf. Dunkle Wolken ballen sich zusammen. Heute ist es Berlin. Morgen wird es Wien sein, dann Prag, dann Warschau ...!« Die Woche in Palästina verging wie im Traum.

Ein Kontrastprogramm zu jener Reise stellte der letzte Ausflug dar, den ich mit meinem Vater vor dem Einmarsch der Nazis in Österreich unternahm – eine Reise, die uns durch Hitlerdeutschland und weiter nach Norwegen führte. Es war im Spätsommer 1937. Im Jahr zuvor hatte mein Vater beruflich einen schweren Rückschlag erlitten: Die von seinem überschwenglichen Onkel Hauptmann und dessen Kompagnon Dr. Berliner – die inzwischen beide verstorben waren – gegründete Phönix Versicherungsgesellschaft wurde liquidiert. Die Weltwirtschaftskrise, neue Versicherungsgesetze in mehreren mitteleuropäischen Staaten und die verwickelte politische Lage aufgrund der wechselnden Regierungen in Österreich waren der Grund dafür, daß die Firma zu bestehen aufhörte und von einer staatlich kontrollierten Gesellschaft übernommen wurde. Kurzzeitig sah es so aus, als ob die berufliche Laufbahn meines Vaters ein jähes Ende finden würde. Seine Beziehung zur Regierung und Machenschaften gegen ihn und andere prominente jüdische Geschäftsleute von seiten nazifreundlicher Elemente machten ihm das Leben schwer. Gelegentlich zwang die Regierung die größeren Unternehmen, darunter auch das meines Vaters, ihre Rücklagen dem Staat zu leihen, der damit den Eisenbahnbediensteten oder den Bergarbeitern ihre Löhne zahlte; denn die Staatskasse war oft leer. Die verbotene Nazi-Partei hatte ihre Spitzel auch im Büro meines Vaters und warf ihm vor, er nutze seinen Einfluß zugunsten der antideutschen Kräfte und stelle für den Kampf gegen Hitler finanzielle Mittel zur Verfügung. Nach dem Zusammenbruch der Firma wurde deshalb eine offizielle Untersuchung gegen zehn oder zwölf jüdische Mitglieder des Direktoriums, unter ihnen auch mein Vater, eingeleitet.

Zu unserer Verwunderung war es ausgerechnet eine deutsche Versicherungsgruppe, die Victoria in Berlin, die anbot, meinen Vater anzustellen. Einer der Direktoren der Victoria in Berlin war ein Konservativer und zugleich ein dezidierter Nazi-Gegner, der sich weigerte, sich dem Nazi-Joch zu beugen; er erklärte, er werde keine Einmischung in die Angelegenheiten seiner ausländischen Zweigstellen dulden und diejenigen als seine Mitarbeiter beschäftigen, die er für fähig halte. Er betonte, daß einige der leitenden Angestellten der Victoria im Ausland »Nichtarier« seien, und so stimmte mein Vater zu. Er hatte einen wichtigen Kunden in Norwegen anzuwerben, einen Reeder, dessen beeindruckende Handelsflotte eine internationale Versicherungspolice benötigte; und so beschloß mein Vater, mit dem Auto nach Norwegen zu fahren und mich und einen meiner alten Freunde von der Giskala mitzunehmen.

Wir fuhren auf der neu erbauten Autobahn nach Berlin. In der Nähe von Dresden gerieten wir in eine Straßenblockade, und riesige Straßenschilder, durch die die Autos umgeleitet wurden, ließen uns ahnen, daß etwas Außergewöhnliches im Gange war. Unser Chauffeur übersah jedoch eines der Schilder und fuhr ein paar Kilometer weiter, bis eine zweite Straßensperre den Weg blockierte. Aus dem Nebel tauchten vier Soldaten auf, angeführt von einem Leutnant mit gezückter Pistole. Sie hielten unseren Wagen an und rissen uns die Pässe aus der Hand; dabei brüllten sie: »Sie befinden sich hier ohne Erlaubnis. Dies ist ein Sperrbezirk. Wissen Sie nicht, daß hier Manöver stattfinden?« Plötzlich wurde uns klar, daß wir in ein Manövergebiet der deutschen Wehrmacht geraten waren. Da Mussolini seinen Staatsbesuch angekündigt hatte, besaßen die Manöver eine ganz besondere Brisanz.

Man brachte uns zu einem militärischen Kommandoposten, wo wir von einem uniformierten Sicherheitsoffizier und einem Gestapo-Offizier in Zivil befragt wurden. Mein Vater erläuterte den Zweck seiner Reise und verwies auf seine Berliner Geschäftskollegen, doch mein Freund aus der Studentenverbindung, »Cis« Hecht, ein schwadronierender Dandy von exzentrischem Aussehen, machte einen weniger guten Eindruck. Mit einem Monokel im linken Auge und einer Haartolle, die ihm über das rechte Auge fiel, sah er aus wie die Varietéversion eines balkanischen Spions. Mit seinen schnippischen, abweisenden und leicht ironischen Antworten weckte er nicht gerade die Sympathie der uns verhörenden Offiziere. In kurzer Zeit verwickelte er sie in eine politische Debatte, seine Befragung verwandelte sich im Handumdrehen in ein heftiges Streitgespräch, und der Mann von der Gestapo empfahl seinen Kollegen von der Wehrmacht, uns ins nächstgelegene Militärgefängnis zu stecken.

Mein Vater bat darum, den Direktor der Victoria Versicherungsgesellschaft in Berlin anrufen zu dürfen; erst da wurde uns klar, daß es ein Wochenende war und wir seine Privatnummer nicht hatten. Also fuhren wir, flankiert von Motorradfahrern, hinter den beiden Untersuchungsoffizieren her zu einem höheren Kommandoposten. Glücklicherweise fand mein Vater in seiner Brieftasche einen Zettel mit der rasch hingekritzelten Adresse und Telefonnummer seines Geschäftspartners in Berlin. Wir durften telefonieren. Ein langes und gereiztes Telefonat zwischen dem Offizier und dem höheren Versicherungsfunktionär folgte, und schließlich ließen uns die Deutschen, sehr widerstrebend, gehen. Cis und der Gestapo-Offizier wechselten noch einen letzten feindseligen Blick, und der Alptraum war zu Ende. Unser österreichischer Paß rettete uns vor den Schikanen und Grobheiten, denen wohl deutsche Juden ausgesetzt gewesen wären; trotzdem war es ein äußerst unangenehmes Erlebnis.

Am späten Samstagabend kamen wir in Berlin an. Man hatte uns gewarnt, daß wir trotz unserer österreichischen Pässe in den besseren Hotels nicht sicher wären und daß es besser wäre, in einer der wenigen »jüdischen« Pensionen im Berliner Ghetto zu wohnen. So verbrachten wir die Nacht im »König von Portugal«, einem düsteren Haus, in dem die Fensterläden auch tagsüber verschlossen waren. Dies war jedoch nur ein schaler Vorgeschmack dessen, was noch kommen sollte. Ein spindeldürrer junger, jüdisch aussehender Portier trug unser Gepäck in die einzigen noch freien Zimmer. Cis und ich teilten uns ein Doppelzimmer, mein Vater bezog das andere. Der »arische« Chauffeur übernachtete in einer Pension in der Nähe. Wir waren völlig ausgehungert und wollten in einem Restaurant oder einem Café im Zentrum etwas essen; doch der Portier und die Concierge rieten uns ab: »Gehen Sie nicht zum Kurfürstendamm oder in die Straße Unter den Linden. Da gibt es viel *rischeß*.« Rischeß ist ein jiddisches Wort und bedeutet soviel wie »Bosheit«, »Schlechtigkeit«, »Feindseligkeit«. Also blieben wir und nahmen ein frugales koscheres Mahl ein, bestehend aus zähem Rindfleisch und nicht weichgekochten Saubohnen, das wir mit lauwarmem Bier hinunterspülten. Wir verbrachten einen düsteren Sonntag mit Spaziergängen in Berlin. Die Hauptstadt des Dritten Reichs war geschmückt mit deutschen und italienischen Fahnen, und die grinsende Fratze Mussolinis mit einem Helm auf dem Kopf neben einem eher nachdenklich dreinblickenden Hitler in grauer Felduniform starrte uns von Reklamewänden und aus Ladenfenstern an. Früh am Montagmorgen erledigte mein Vater seine Geschäfte, und gegen Mittag fuhren in Richtung Grenze weiter, um die Fähre zu erreichen, die uns an unseren Zielort in Norwegen bringen sollte.

Die triste Atmosphäre im »König von Portugal« und die Mienen der skeptisch gestimmten und eingeschüchterten Juden hinterließen bei mir einen tiefen Eindruck. Doch ich wollte den Sommer genießen und meine Abschlußprüfung am Piaristen-Gymnasium feiern und im übrigen die Erinnerung an die Schule weit hinter mir lassen. Ich fühlte mich wie von einer Last befreit; ich hatte mich für ein Studium an der Universität qualifiziert, obwohl ich das erwartete summa cum laude nicht erreicht hatte. Am Tag meiner schriftlichen und mündlichen Mathematikprüfung hatte ich ein Blackout gehabt. Ich konnte mich nicht konzentrieren, geriet in Panik und verließ das Klassenzimmer mitten in der Prüfung. Als die Prüfungsergebnisse im Lehrerrat diskutiert wurden, dessen Vorsitz ein auswärtiger Aufsichtsbeamter innehatte, setzten sich meine Lehrer in Geschichte und in deutscher Literatur sowie – diskret und verhalten, wie es seiner niedrigen Position in der Schulhierarchie entsprach – mein jüdischer Religionslehrer für mich ein und argumentierten, ich hätte in den acht vergangenen Schuljahren stets ausgezeichnete Noten gehabt. Doch dies stieß auf taube Ohren. Da der einzige zweite Kandidat für die höchste Auszeichnung ein gleichfalls jüdischer Schüler ungarischer Herkunft war, hielten sie es für unangebracht, einem zweiten nichtarischen Jungen die gleiche Auszeichnung zuzusprechen. Daß dies der wahre Grund für ihre Entscheidung war, erfuhr ich erst Jahre später durch den Mathematiklehrer Dr. Rieck, einen liebenswerten, erzkatholischen Mann, den ich besuchte, als ich nach dem Krieg als Sonderkorrespondent der BBC nach Wien kam. »Alles war damals hochpolitisch, wirklich hochpolitisch«, war sein lakonischer Kommentar.

Daß es mir nicht gelungen war, in der Abschlußprüfung die beste Note zu erhalten, und die Enttäuschung, die dies für meinen Vater darstellte, quälte mich noch Wochen später in meinen Träumen. Auch in späteren Jahren hatte ich ähnliche Alpträume immer dann, wenn etwas schiefging. In einem Traum sah ich das höhnisch grinsende Gesicht des vorsitzenden Schulinspektors. In einem anderen Traum identifizierte ich mich mit dem Wagnerschen Helden Siegfried, dem furchtlosen Drachentöter, der unbesiegbar war und dennoch von hinten durch den Speer eines Verräters getötet wurde. Das Siegfried-Syndrom, alle Schlachten gewonnen zu haben bis auf die letzte, verfolgte mich mein Leben lang.

Die sechs folgenden Monate bleiben mir auf ewig in Erinnerung; der Anfang meiner Studentenzeit fiel zusammen mit dem Ende Österreichs. Ich immatrikulierte mich im Fach Jura an der Wiener Universität und gleichzeitig an der Konsularakademie, einem diplomatischen Kolleg mit internationalem Renommee. Gegründet von der Kaiserin Maria Theresia Mitte des achtzehnten Jahrhunderts, hieß es zunächst »Akademie der Orientalischen Sprachen«; zugrunde lag die Idee, daß junge Adelige hier eine spezielle Ausbildung für den Dienst in den orientalischen Ländern der Ungläubigen erhalten sollten. Die Schule wurde 1898 in »k. u. k. Konsularakademie« umbenannt und war Pflicht für all jene, die in den österreichischen diplomatischen Dienst treten wollten; doch wurde die Schule auch von einer großen Anzahl in- und ausländischer Studenten anderer Fakultäten besucht, die sich in Bereichen wie internationaler Handel, Bankwesen und Recht Kenntnisse erwerben wollten. Die Ausbildung dauerte zwei Jahre; insgesamt gab es nur etwa siebzig bis achtzig Studenten, und das Lehrpersonal kam entweder aus der Universität oder dem diplomatischen Dienst. Botschafter im Ruhestand und Mitarbeiter des Außenministeriums hielten Vorlesungen, Seminare und Prüfungen; wir hatten die Fächer Geschichte der Diplomatie, Konsularpraxis, öffentliches und privates internationales Recht, Geostrategie und Wirtschaftsgeographie. Vor allem mußten wir drei Sprachen beherrschen. Französisch war Pflicht, Englisch war meine zweite und Italienisch meine dritte Fremdsprache.

Die juristische Fakultät der Universität mit ihren überfüllten Hörsälen und ihrer unpersönlichen Atmosphäre hinterließ bei mir nur einen blassen Eindruck. Hauptsächlich erinnere ich mich an die unterschwellige und ständig wachsende Spannung zwischen der Nazi-Mehrheit unter den Studenten und den anderen Gruppierungen, die ich bereits aus meiner Schulzeit kannte. Die Nazi-Professoren benutzten ihre Vorlesungen mehr und mehr für Verlautbarungen ex cathedra nationalsozialistischer Ideologie oder für antisemitische Äußerungen. Ich erinnere mich an einen bärtigen Großdeutschen, der die Studenten gegen Hans Kelsen aufhetzte, einen anerkannten Gelehrten für internationales Recht, der jüdischer Herkunft war. »Sie werden hin und wieder in ausländischen Artikeln und Büchern Bezüge auf einen berühmten schwedischen Juristen, Dr. Kelsen, finden. Sie sollten nie vergessen, daß Dr. Kelsen, was immer er sein mag, jedenfalls kein Schwede ist.« Hämisches Gelächter von seiten der Nazi-Studenten.

Als ich zu studieren begann, war ich innerhalb der Giskala automatisch von einem Mitglied der Activitas zu einem Alten Herrn geworden. Nun stellte sich die Frage, ob ich in eine der jüdischen Hochschulstudentenverbindungen eintreten sollte, und wenn ja, in welche. Die Kadimah war das Nächstliegende, doch obwohl ich dort viele Freunde hatte, hatte ich auch ein paar Feinde. Bestärkt von Cis Hecht, entschloß ich mich, der Unitas beizutreten, die den Ruf hatte, weltoffen, gesellig und kämpferisch zu sein. Die Unitas hielt auch den Rekord an Duellen. Zu ihren ehemaligen Mitgliedern zählte Arthur Koestler, der zu dem Zeitpunkt meines Beitritts bereits ein erfolgreicher Journalist in Berlin war; über ihn waren zahlreiche Geschichten in Umlauf über Liebesabenteuer, intellektuelle Wortgefechte und seine intensive Lebensweise. Der Tradition gemäß, der zufolge Mitglieder dieser Vereinigungen sich besondere »Kneipnamen« zulegten, wurde Koestler »Perkeo« genannt, nach dem sagenhaften Zwerg aus Tirol, der um 1720 Hofnarr des pfälzischen Kurfürsten in Heidelberg gewesen war und für seine Kleinwüchsigkeit und seinen enormen Durst bekannt war. Ich behielt meinen Kneipnamen von der Giskala bei: D'Abère, die französisierte Version des hebräischen Begriffs für »Sprecher«.

Das soziale Leben der Unitas war durchaus weltlich, und die Beziehungen zwischen den aktiven Studenten und den Alten Herren waren zwanglos und eng. Wir trafen uns in Kaffeehäusern oder im privaten Kreis, häufiger jedoch in den Clubräumen der jüdischnationalen schlagenden Verbindungen in der Stadtmitte. Die politische Arbeit innerhalb des zionistischen Lagers war vielfältig, doch bevor man von dem niedrigsten Rang eines »Fuchses« in den Rang eines »Burschen« aufrücken konnte, mußte man ein Duell hinter sich bringen. Obwohl ich schon seit meinem Eintritt in die Giskala Fechtstunden nahm und wußte, daß ich meine kämpferischen Fähigkeiten eines Tages würde beweisen müssen, war ich über diese Aussicht keineswegs begeistert, denn meine Leistung im Fechten war unter dem Durchschnitt. Cis Hecht, der mir den Ablauf erläuterte, erklärte, ich müsse mir selbst einen Gegner suchen, am besten einen dezidierten Nazi. Also gingen Cis und ich eines Samstagmorgens – zwei Wochen, bevor Hitler in Österreich einmarschierte – zur Universität, wo im großen Hof die Studenten aus den verschiedenen, häufig altehrwürdigen Verbindungen promenierten, den Spazierstock in der Hand, mit Mützen und Couleurs ihrer jeweiligen Verbindung geschmückt sowie mit weißen Handschuhen. Diese wöchentliche Promenade hieß »Bummel«. Cis und ich lehnten uns gegen einen Pfeiler. Mein Freund deutete lässig auf einen riesenhaften Kerl mit einer grünen Mütze und einem Band in den Farben Gold und Silber. »Den solltest du fordern«, meinte er. »Wie soll ich das denn machen?« fragte ich. »Das ist ein Intelligenztest, mein Junge. Streng deinen Kopf an«, erhielt ich zur Antwort.

Die Studenten zogen langsam an uns vorüber. An der Spitze jeder Verbindung ging ein Anführer, ein stellvertretender Anführer und ein »Fuchsmajor« (der für das Fechten zuständig war). Sie drehten, feierlich und wichtigtuerisch ausschreitend, ihre Runden um den Brunnen. Ich rückte meine Krawatte und mein Jackett zurecht und ging auf meinen potentiellen Gegenspieler zu. Mit einer leichten Verbeugung sprach ich ihn an: »Herr Kollege, Ihre Schnürsenkel sind offen.« Er trat aus der Formation heraus, dankte mir, sah an sich hinunter und merkte, daß es ein Streich war. Er wurde wütend und rief: »Unverschämtheit! Meine Sekundanten erwarten die Ihrigen am Montag nachmittag um halb drei im Café Landtmann.« Wir machten eine steife Verbeugung, und ich kehrte zu Cis zurück.

Am Montag trafen sich Cis und ein weiterer Sekundant mit den gegnerischen Sekundanten am verabredeten Ort, genau gegenüber dem Haupteingang der Universität, und sprachen das komplizierte Ritual durch, das die Tradition vorschrieb. Angelegenheiten der Ehre waren durch ein Protokoll geregelt, das im Codex Bolgar und im Codex Barbasetti niedergelegt war, die beide bei den Offizieren der einstigen österreichisch-ungarischen Armee galten. Es gab drei Grade der Beleidigung, die einen »Ehrenhandel« erforderlich machten. Der erste war eine geringfügige Beleidigung durch eine Bemerkung wie »Sie sind ein Schuft, mein Herr« oder einen böswilligen Scherz wie der, den ich mir erlaubt hatte. Eine Beleidigung zweiten Grades war eine arglistige Unterstellung oder der Vorwurf unehrenhaften Verhaltens. Der dritte Grad war gegeben, wenn man den Gegner ungehöriger finanzieller Praktiken oder anderer verbrecherischer Machenschaften bezichtigte; auch ein tätlicher Angriff oder die grobe Beleidigung einer Dame, die dem Gegenspieler nahestand – seiner Schwester, Mutter oder Liebsten – fiel in diese Kategorie. Während Beleidigungen ersten und zweiten Grades durch eine Entschuldigung geregelt werden konnten, mußte ein Affront dritten Grades durch Waffen beigelegt werden. Die kaiserlichen Offiziere früherer Zeiten duellierten sich meist mit der Pistole, doch die Studenten benutzten Kavalleriesäbel, Waffen, mit denen man den Gegner zwar verletzte, aber nicht erstach.

Meine Beleidigung war eindeutig ein Vergehen ersten Grades. Im Café Landtmann bat der ältere der beiden gegnerischen Sekundanten den Kellner feierlich um Feder, Tinte und Schreibpapier und rekapitulierte: »Protokoll einer Ehrenangelegenheit zwischen Herrn Weidenfeld als beleidigender Partei und Herrn von Stieler als beleidigter Partei. Bieten die Herren eine Entschuldigung an?« Cis schüttelte entschieden den Kopf. »In diesem Fall besprechen wir die Vorgehensweise.« Es folgte eine ausführliche Diskussion, bei der das Gewicht der zu benutzenden Waffen, Puls-, Hals- und Augenschutz bestimmt wurden. Wir sollten bis zu den Hüften unbekleidet kämpfen, mit Pulsschutz, jedoch ohne Augenschutz. Zeitpunkt und Ort wurden festgelegt. Als sie gerade gehen wollten, fragte der ältere gegnerische Sekundant beiläufig:

»Noch eine rein formale Frage. Ist Ihr Mandant Arier?«

»Nein.«

»Ich bedaure sehr, aber dann kann diese Transaktion nicht stattfinden. Unsere Verbindung gewährt Nichtariern keine Satisfaktion.«

Selbstverständlich hatte er die ganze Zeit über schon gewußt, daß ich kein »Arier« war, doch um des Rituals willen wurde der Schein gewahrt. Stielers Sekundanten schlugen die Hacken zusammen und gingen davon.

Als meine Sekundanten berichteten, was vorgefallen war, fühlte ich mich beinahe erleichtert, denn ich war der Ansicht, ich hätte meinen Heroismus genügend unter Beweis gestellt; doch dann hieß es, ich müsse Stieler noch einmal herausfordern und ihm eine Beleidigung zweiten Grades zukommen lassen. Zu diesem Zweck empfahl man mir, ich solle zunächst einmal Nachforschungen anstellen, also erkunden, wo er wohnte, und ihn, wenn möglich in Gegenwart von Zeugen, bloßstellen. Ich fand heraus, daß er in einem Studentenheim wohnte, daß er Mitglied der donauschwäbischen Minderheit Rumäniens war und seine Mahlzeiten in der Mensa der Universität, der Mensa Academica, einnahm. Dort spürte ich ihn auf und nannte ihn vor seinen zum Essen versammelten Kommilitonen einen Feigling. Unsere Sekundanten trafen sich wieder am selben Ort, dieselbe Prozedur fand statt, doch als Cis die Sekundanten wissen ließ, daß ich nicht nachlassen würde, Herrn von Stieler in Verlegenheit zu bringen, erklärten sie sich bereit, »Satisfaktion zu geben«; allerdings unter der Bedingung, daß wir uns als Privatmänner und nicht in den Farben unserer Verbindungen duellierten.

Das Duell fand etwa eine Woche vor dem Anschluß statt. Es war ein Samstag Ende Februar während der Ballsaison, dem letzten Karneval des freien Österreich. Wir trafen uns im Gebäude einer nichtschlagenden katholischen Studentenverbindung, das stundenweise für besondere Veranstaltungen gemietet werden konnte. Fünfzehn Minuten vor Beginn des Kampfes teilten meine Sekundanten Stieler mit, daß ich Linkshänder sei – dies war den Vorschriften nach erlaubt. Meine Linkshändigkeit erwies sich als großer Vorteil für mich, denn Stieler war zwar offensichtlich der bessere Fechter, aber er wußte nicht, wie er mit dieser unvorhergesehenen Tatsache umgehen sollte, wogegen ich natürlich große Übung im Kampf gegen Rechtshänder hatte. Cis, ein vollendeter Fechter, hatte mir den Tip gegeben, mich zu ducken und auf den Schlagarm des Gegners zu zielen, was diesen daran hindern würde, seine überlegenen Schläge gegen mich zu führen. Es ging so an die hundert Runden dahin. Eine Runde dauerte zwischen einer halben Sekunde und einer Minute, ehe die Sekundanten über ein bestimmtes Detail in Streit gerieten; es folgte eine kurze Auseinandersetzung, und manchmal kam es zu erbitterten Debatten. In der Tat waren sehr viele Duelle darauf zurückzuführen, daß sich die Sekundanten auf dem Fechtplatz über ein Detail des Duells ihrer Kommilitonen heillos zerstritten.

Nach der hundertsten Runde fingen die Sekundanten an, sich zu langweilen und unruhig zu werden. Sie wollten zum Abendessen nicht zu spät kommen, und deshalb wurde vereinbart, daß wir noch genau fünfundzwanzig Runden zur Verfügung hätten. Falls es bis dahin zu keiner Entscheidung käme, würde das Duell mit »unentschieden« beendet. Und so geschah es auch. Ich hatte ein paar kleine Schnittwunden, die Dr. Tuttnauer, einer unserer Alten Herren, der Facharzt für kosmetische Chirurgie war, behandelte. Dr. Tuttnauer emigrierte später nach London, wurde ein gefragter Spezialist mit einer Niederlassung in der Harley Street und behandelte unter anderem auch den Herzog und die Herzogin von Windsor. Meinen Eltern machte ich weis, ich sei in einen leichten Verkehrsunfall verwickelt worden. Ich war nicht besonders sportlich und auch sonst körperlich nicht sehr aktiv. Von nun an konnte mich endlich auf Tätigkeiten konzentrieren, die mir mehr entsprachen – und ich war erleichtert, daß es mir gelungen war, meine Kameraden der Unitas zufriedenzustellen; ich hatte meine »Waffenprobe mit dem Schwert« bestanden.

Doch die Geschichte sollte noch ein Nachspiel haben. Kurz nachdem ich Österreich verlassen hatte, bekam meine Mutter Besuch von einem Braunhemd. Ein Mann stand an der Tür und fragte schüchtern nach mir. Meine Mutter, die vor Furcht beinahe vergangen wäre, flüsterte, daß ich das Land verlassen hatte. Er atmete erleichtert auf und fragte, ob er etwas für sie tun könne. Noch bevor sie antworten konnte, erklärte er, wer er sei und daß er sich mit mir duelliert habe. Er bat meine Mutter, mich von ihm zu grüßen, wenn sie mir schreibe. Sie erzählte mir von dem Vorfall, als sie und mein Vater nach England gekommen waren.

Zehn Jahre später, als ich nach dem Krieg zum erstenmal nach Wien zurückkehrte, blätterte ich das Telefonbuch im britischen Offiziersclub im Hotel Sacher durch – auf der Suche nach Namen aus meiner Vergangenheit, um zu erfahren, wer von den ehemaligen Studenten noch am Leben sei. Ich sah nach unter »Stieler«. Unter dem

Namen stand der Eintrag »Tierarzt«. Da ich nichts Besseres vorhatte, rief ich ihn an und verabredete mich mit ihm für den nächsten Tag zum Frühstück. Er kam, abgemagert, hinkend und auf einen Krückstock gestützt. Er hatte in Rußland ein Bein verloren und trug eine Prothese. Er schlang mehrere riesige Wurstbrote hinunter. Zwei, drei Jahre später suchte ich im Telefonbuch erneut nach seiner Nummer – doch vergeblich, sie schien nicht mehr auf.

In der Konsularakademie kam ich mit einer bunten kosmopolitischen Welt in Berührung, die mir bis dahin vollkommen unbekannt gewesen war. Ich lernte junge Männer und auch ein paar Frauen kennen, die alle großes Selbstvertrauen besaßen und sich auf ihre zukünftige Stellung innerhalb der herrschenden Klasse Österreichs, Deutschlands, Ungarns und Jugoslawiens vorbereiteten; doch da waren auch exotische höhere Söhne und Töchter aus dem Fernen Osten und vom indischen Subkontinent sowie ein paar eifrige Briten und Amerikaner, die ihr Deutsch hier, an der Topadresse der akademischen Bildung, verbessern wollten.

Die Österreicher, die an der Akademie studierten, entstammten dem Großbürgertum und der Aristokratie. Inhaber altehrwürdiger Namen aus dem *Gotha* und der Donauaristokratie tauschten Erinnerungen an Jagdwochenenden, Landhochzeiten, üppige Leichenschmäuse nach Familienbegräbnissen, an einen einjährigen Kurs bei der berühmten Tanzschule Elmayer oder Erinnerungen an die gleiche Schule aus. Die Mädchen hatten zumeist das Sacre Cœur in Kalksburg besucht, die Bildungseinrichtung für katholische Damen von Adel, die Jungen das Theresianum. Viele der anderen Neulinge aus Mitteleuropa und dem Balkan hatten Schulen in der Schweiz besucht.

Für einige von ihnen war die Konsularakademie nur eine Art Höhere-Töchter-Schule, die Vorbereitung für eine halbherzig betriebene Gutsverwaltung oder auch für eine glanzvolle konventionelle Ehe. Doch es gab einen harten Kern – eine Minderheit – ehrgeiziger, emsiger junger Männer mit bescheidenen finanziellen Mitteln, für die eine Stellung im öffentlichen Dienst das Ziel ihrer Träume war. Ein solcher Mann war Kurt Waldheim. Sein Vater war Funktionär der katholischen Vaterländischen Front, ein Rädchen im Getriebe des Schuschnigg-Systems, ein frommer Katholik und Nazi-Gegner. Kurt wollte Anwalt und Diplomat werden. Er blieb stets für sich, besuchte alle Seminare und war zu allen gleich liebenswürdig. Wir trafen uns manchmal gemeinsam mit einer charmanten holländischen Kommilitonin, Suzanne K., einer unbeugsamen Patriotin, die die Nazis verabscheute. Waldheim war als strammer Anhänger der katholischen Regierung bekannt. Er studierte bereits im zweiten Jahr, als ich anfing, und so begegneten wir uns nie in der Klasse, sondern nur gelegentlich im Seminar. Erst nach dem Anschluß fiel er mir auf, da er zu den wenigen zählte, die ihre Haltung den jüdischen Studenten gegenüber niemals änderten. Ja, er erwies mir beträchtliche kollegiale Dienste.

In den ersten fünf Monaten zwischen dem Anschluß und meiner Abreise aus Wien war es laut einem Kompromiß zwischen dem deutschen Erziehungsministerium und dem Außenministerium jüdischen Studenten der Konsularakademie zwar erlaubt, die Prüfungen abzulegen, sie durften jedoch nicht die Vorlesungen besuchen. Da es kaum Lehrbücher gab, waren Mitschriften der Vorlesungen zur Prüfungsvorbereitung unentbehrlich. All das machte den jüdischen Studenten das Leben schwer. Waldheim brachte mir die Vorlesungsmitschriften nach Hause – was einen gewissen Mut verlangte, um so mehr, da mein Vater Gefangener des Deutschen Reiches war. Während der Waldheim-Affäre gab ich eine Erklärung ab, ich könne zwar nicht wissen, was der österreichische Präsident während seiner Dienstzeit bei der deutschen Wehrmacht getan hatte, doch als ich ihn kennenlernte, sei er meines Wissens kein Nazi gewesen. Jüdische Freunde kritisierten mich, weil ich gesagt hatte, daß auch die kleinen Dienste, die er mir erwiesen hatte, angesichts der allgemeinen Gleichgültigkeit und des Opportunismus jener Zeit Anerkennung verdienten. Doch half er nicht nur mir, er hielt auch den Kontakt zu Suzanne K. im besetzten Holland aufrecht. Sie erzählte später, Waldheim habe sie in Militäruniform besucht. Er habe sie zum Essen eingeladen, und als sie erwiderte, sie könne sich nicht mit einem deutschen Offizier in aller Öffentlichkeit zeigen, habe er dennoch auf der Einladung bestanden – und kam in Zivil, was eindeutig gegen die Vorschriften der Wehrmacht verstieß.

Viele Jahre nach dem Krieg nahm ich wieder Kontakt zu ihm auf, als er Mitglied der österreichischen Regierung und danach UN-Generalsekretär war. Waldheim war kein Held; er war nicht der geborene Widerstandskämpfer. Aber in einer Zeit der Anfechtungen teilte er mit der großen Mehrheit der Österreicher aus dem Mittelstand, die von der unerbittlichen deutschen Kriegsmaschinerie überrannt wurde, den Impuls, das eigene Leben zu retten. Wenn die Angriffe auf Waldheim darauf abzielten, die Weltöffentlichkeit auf das mangelnde Verantwortungsgefühl für und das fehlende Mitgefühl gegenüber den Opfern des Holocaust hinzuweisen, dann war Kurt Waldheim wahrlich nicht das geeignete Angriffsziel. Meine Einschätzung dieser Angelegenheit teilte übrigens auch Simon Wiesenthal, der unermüdliche Nazi-Jäger, der mein Freund und ein Autor meines Verlags wurde.

In diesen letzten Monaten in Wien bewegte ich mich zwischen der schillernden Welt meiner Akademie, dem eng geknüpften Band der Freundschaft in meiner jüdischen Verbindung und einem neuen Freundeskreis im bohemienhaften Wien. Einige dieser Kreise überschnitten sich. Es gab junge Aristokraten, die sich gern mit Schriftstellern, Sängern und Malern »gemein machten«, und es gab unter den »stolzen Juden« der Unitas und der Giskala mondäne und dandyhafte Salonlöwen, die in die Zirkel der Aristokratie Zutritt gefunden hatten und an den Pferderennen in der Freudenau oder sogar an den Wochenendpartys und Musikveranstaltungen der Rothschilds und Ehrenfelds teilnahmen.

Zu meinen älteren Freunden zählte Armand Broch-Rothermann, der unter dem Spitznamen »Piz« bekannt war; er war Anfang Zwanzig und übersetzte später die Werke seines Vaters, des Schriftstellers Hermann Broch, ins Englische. Sein Ruf als Herzensbrecher und Trendsetter erregte die Neugier der Gastgeberinnen und ihrer heiratsfähigen Töchter. Piz, der in die Tochter des Romanschriftstellers Jakob Wassermann heftig verliebt war, schwärmte mir von der wundersamen Modewelt der Engländer vor, dem Glanz der Savile Row in Londons Zentrum, wo die berühmten Herrenschneider ansässig waren, den Stiefelmachern von St. James's, den Hemden- und Krawattenschneidern in der Jermyn Street, den feinen Unterschieden zwischen einem Dutzend Sorten von Eau de Cologne und der Bandbreite ihrer Anwendung, je nach Stimmung und Stadium der Verführung.

Im Winter 1937/1938 spitzte sich die politische Situation dramatisch zu: Hitler verstärkte seinen Nervenkrieg gegen die österreichische Regierung. Kanzler Schuschnigg wurde nach Berchtesgaden bestellt und gezwungen, nationalsozialistische Politiker in seine Regierung zu holen und die Sanktionen gegenüber der verbotenen Nazi-Partei zu lockern. Mitglieder der illegalen NS-Partei zeigten sich in der Öffentlichkeit, stolzierten mit neugewonnenem Selbstvertrauen einher, und der Mut der Nazi-Gegner sank. Die westlichen Demokratien schienen am Schicksal Österreichs nur mäßig interessiert, und so verhielten sich die vielen Unentschlossenen zunächst einmal abwartend. Am bedenklichsten war, daß die einstmals so beherzten Sozialisten, die den tödlichen Schlag durch die halbfaschistische Regierung noch nicht verwunden hatten, nichts unternahmen. Sie waren sowohl den Braunhemden als auch den regierenden Schwarzen gegenüber feindlich gesinnt.

Und doch: Während Österreich dem sicheren Untergang entgegenging, tanzte die Jugend. Der Winter vor dem Anschluß war ganz besonders gesellig und festlich. Die Ballsaison begann Mitte Dezember, setzte sich nach Weihnachten fort und gipfelte im großen Wiener Fasching vor Beginn der Fastenzeit. Es gab eine wahre Lawine von Bällen – der Opernball, der Architektenball, der Juristenball, der Konzerthausball, der Akademikerball, Maskenbälle und Kostümbälle, Bälle für jedes Alter und jede Schicht, öffentliche Bälle für Wohltätigkeitszwecke und private Bälle, die so exklusiv waren, daß der Ausschluß gleichbedeutend war mit sozialer Ächtung.

Der Ball der Konsularakademie war ein ganz besonderes Ereignis, weil bei ihm die Angehörigen des diplomatischen Corps, die wichtigen Mitglieder der Regierung und die Honoratioren der Wiener High-Society gleichermaßen vertreten waren und den Ball zu einem Ereignis von internationalem Rang erhoben. Zwei Dinge machten den 18. Februar 1938 für mich zu einem denkwürdigen Abend. Während wir Walzer, Tango und Rumba tanzten und uns selbstbewußt bei stilisierten Ländlern, Polkas und Gavotten zeigten, verbreitete sich plötzlich das Gerücht, Kanzler Schuschnigg sei in Hitlers Berghof in den Alpen zitiert worden und habe deswegen nicht kommen können. An seiner Stelle erschien zu später Stunde Guido Zernatto, ein ranghoher Minister, in der irgendwie exotischen Uniform der österreichischen Sturmscharen, einer der zahllosen Varianten der faschistoiden Galauniform. Er war gekommen, um uns zu beschwichtigen. Doch die ausländischen Diplomaten tuschelten. Der alte Wachmann vom Ballhausplatz, dem Sitz des österreichischen Außenministeriums, der noch kurz zuvor das anmutige Schauspiel der jungen Paare auf der Tanzfläche bewundert hatte, zog sich jetzt mit langem Gesicht und erschrockener Miene in eine Ecke zurück.

Doch ich tanzte mit unerschütterlicher Hingabe, denn ich war zum erstenmal in meinem Leben und zum letztenmal in Österreich verliebt. Meine Angebetete hieß Maria Felding, war achtzehn Jahre alt und blond. Ich hatte sie eine Stunde zuvor im Gedränge am Büffet kennengelernt, wo sie vor mir in der Schlange stand und mit ihrem Begleiter heftig stritt. Der, ein junger ausländischer Diplomat, war offenbar eifersüchtig und allzu besitzergreifend, und sie hatte ihre Beziehung zu ihm aufgekündigt. Ohne noch weiter zu warten, verließ sie das Gedränge und steuerte auf die Tür zu. Ich folgte ihr und forderte sie zum Tanz auf. Sie zögerte einen Augenblick, bevor sie zusagte, und wir verließen die Tanzfläche den ganzen Abend nicht mehr und waren auch in den nächsten Monaten unzertrennlich.

Es war eine Liebe im Schatten der heraufziehenden politischen Katastrophe. Maria war die Stieftochter eines jüdischen Geschäftsmanns und einer katholischen Mutter. Sie war Kunststudentin, klug und sehr hübsch und hatte viele Freunde und Verehrer in einem Kreis junger Maler und Architekten, von denen die meisten Nazi-Anhänger waren. Als sie von unserer Beziehung erfuhren, wurde Maria unter Druck gesetzt, mich nicht mehr zu treffen. Man spionierte ihr nach, wenn sie sich mit mir traf, gewöhnlich im Haus eines der Alten Herren meiner Verbindung. Anonyme Briefe und Anrufe sowie ausgeschnittene Artikel aus Nazi-Flugblättern drohten den »arischen« Mädchen, die sich der »Blutschande« schuldig machten. Sie lehnte es entschieden ab, sich zu beugen, doch bald erhielt ihr Stiefvater ähnliche und noch weitaus bedrohlichere Briefe. Schweren Herzens hörte ich auf die Argumente meines Mentors Cis Hecht, der sich mit ihr traf und ihr sagte, es sei wohl das Beste für uns beide, wenn wir uns nicht mehr sehen würden – wenigstens so lange, bis die gegenwärtige »Krise« vorüber sei. Nach einem tränenreichen Abschied verließ sie Wien und setzte ihr Studium in einer kleineren Stadt fort; ich habe sie nie mehr wiedergesehen. Ich glaube, sie kehrte wenige Monate nach dem Anschluß nach Hause zurück, wo sie später feststellen mußte, daß ihre Mutter ihren Stiefvater verlassen hatte, der in Treblinka ums Leben kam.

In jenem Monat, zwischen Mitte Februar und den »Iden des März« von 1938, vollzog sich der letzte Akt der Tragödie des unabhängigen

Österreich; aber während man im Ausland immer deutlicher spürte, wie das alles enden würde, waren die meisten Österreicher, ja sogar einige der Hauptakteure auf der politischen Bühne, völlig ahnungslos. Wir glaubten voller Optimismus, daß im Augenblick der größten Gefahr die Großmächte eingreifen würden, um Österreich zu retten. Eine kleine Minderheit von Studenten und Professoren gaben ihrer großen Besorgnis über Österreichs Zukunft Ausdruck und mahnten die Handvoll jüdischer Studenten, an ihre Sicherheit zu denken. Eine dieser mahnenden Stimmen kam von Monsieur Sauvagnargues, einem kettenrauchenden Franzosen, der stets eine Baskenmütze trug und außergewöhnlich gut und akzentfrei Deutsch sprach. Er wurde später Botschafter in Bonn und Moskau, dann Außenminister und schließlich Botschafter in London.

Selbstgefälligkeit, unbeugsamer Optimismus, die blinde Überzeugung, die Welt werde einer Eskalation niemals tatenlos zusehen, lähmte das konstruktive Denken. Es war eine Zeit der Bewährung für Überläufer und Opportunisten, die ihre politische Haltung nach den Morgennachrichten ausrichteten. Trotz warnender Schlagzeilen in den westlichen Medien herrschte im Regierungslager, unter den ranghöheren Nazi-Sympathisanten und selbst unter den aktiven Nazis Ungewißheit darüber, ob, wann, und wenn ja, in welcher Weise und in welchem Tempo die großen Veränderungen stattfinden würden. Nach Jahrhunderten, in denen stets ausgewogene Entscheidungen getroffen werden mußten und die Wahlmöglichkeit durch die nicht beneidenswerte Situation eines zwischen rivalisierenden Mächten eingekeilten Landes bestimmt worden war, hatte man in Österreich gelernt, in einem Zustand des beständigen Wandels zu leben.

Neben dem beinahe unübersetzbaren Verb »lavieren« kannte das Vokabular der österreichischen Bürokratie einen weiteren nicht weniger ausdrucksstarken Begriff: »fortwursteln«. Diese beiden Haltungen spielten in jenen unsicheren Zeiten eine große Rolle. Es gab keinen größeren Lavierer als den Herrn Generalkonsul Hlavac, den Direktor der Konsularakademie. Seinem Namen nach zu urteilen, war er slawischer Herkunft. In Redeweise und Benehmen gab er sich aristokratisch, und zu festlichen Anlässen trug er stets einen anthrazitfarbenen Amtsanzug – einen Gehrock und eine gestreifte Hose, dazu eine taubenblaue Weste. Sein Kneifer saß ihm fest auf der Nase und war so klein, daß er entweder darüber hinweg- oder darunter hindurchsehen mußte und damit Anerkennung oder Mißbilligung zum Ausdruck bringen konnte. Hlavac gab sich nach außen hin als Stütze der katholischen Regierung, doch mit der Zeit wurde immer deutlicher, daß er, wenn auch versteckt, mit den Deutschen sympathisierte. In der Beurteilung der jüdischen Frage war er durchaus fair, doch es gab bei ihm auch Anzeichen des Antisemitismus. Die Ideale der westlichen Demokratie verachtete er zwar nicht gerade, doch zeigte er auch eine gewisse Sympathie für die mystischen Seiten des italienischen Faschismus. Hin und wieder pries er die Werte der parlamentarischen Debatte und der Redefreiheit in einem enthusiastischen Wortschwall, bei anderen Gelegenheiten hingegen sprach er sich gegen vom Volk gewählte Versammlungen aus, die, wie er meinte, schnell zu Quasselbuden verkommen könnten. Diese Vielzüngigkeit des Generalkonsuls Hlavac und die Zwiespältigkeit seiner Ansichten wurden von unserer kleinen Gruppe von Hlavac-Beobachtern analysiert, und auch die vielen von dem werten Direktor in seinem privaten Arbeitszimmer abgehaltenen Gespräche und Diskussionen wurden in kleinen Gruppen bewertet. Er hatte die Angewohnheit, Studenten im Gang anzuhalten und zu einem Gespräch einzuladen. Nach wenigen Minuten höflichen Wortgeplänkels, die dem Gesprächspartner seine Befangenheit nehmen sollten, trat der Sinn und Zweck der Einladung bald deutlich zutage.

Etwa eine Woche vor dem Anschluß war ich an der Reihe. »Herr Weidenfeld«, begann er, »wir sind sehr zufrieden mit Ihren Fortschritten. Wie ich höre, haben Sie die französische und die italienische Dolmetscherprüfung mit Bravour bestanden. Gut, gut. Haben Sie schon konkretere Pläne für Ihre berufliche Zukunft? Könnte es sein, daß – wie sich Philipp von Makedonien gegenüber seinem Sohn Alexander dem Großen äußerte – Makedonien zu klein für Sie ist? Die große weite Welt könnte einem jungen Mann von Ihrer, hmm, intelligenten Rasse doch so viel bieten!« Er beugte sich zu mir herüber und verzog den Mund zu einem raschen Lächeln – sein Lächeln war bekanntermaßen schnell wie der Blitz; ich mußte dabei immer an Max Reinhardts Diktum denken, demzufolge ein Schauspieler, der es verdient, so genannt zu werden, sein Lächeln bewahren sollte, bis er von der Bühne abgetreten und seine Garderobentür hinter sich zugemacht hat, damit nicht etwa ein Zuschauer aus der obersten Galerie oder ein Mitarbeiter hinter der Bühne eine Unaufrichtigkeit entdecken könne. »Ja«, fuhr Hlavac fort, »ich sehe für Sie eine Zukunft im Ausland: Amerika, der Ferne Osten, ja sogar Afrika, Madagaskar, Rhodesien – aber«, fügte er flüsternd hinzu, »bloß nicht Palästina. Sie wissen, daß es dort so viele Araber gibt, und wie sich die Dinge zu entwickeln scheinen, Sie wissen schon ... Tja, das Gespräch hat mich gefreut. Sie können es weit bringen. Man kann nie wissen.« Er erhob sich und verabschiedete mich mit einem blitzartigen Lächeln und einem durchdringenden Blick über seinen Kneifer hinweg.

Ich war verwirrt und nachdenklich. Zwei meiner Kommilitonen, die aus völlig anderen Verhältnissen stammten, hatten am selben Tag ähnlich rätselhafte Ratschläge erhalten. Manfred Ragg, der Sohn eines Hamburger Spediteurs, der mit dem deutschen Militär schwunghafte Geschäfte machte, hatte an der Akademie eine ganz besondere Stellung inne. Er stammte aus einer reichen, einflußreichen Familie, hatte aber gegen seine Familie und das Nazi-Regime rebelliert. Von den Nazi-Spitzeln in der deutschen Botschaft mit Argwohn verfolgt, verkehrte Manfred in linken Kreisen und erzählte vergnügliche, gegen die Nazis gerichtete Witze. An jenem Tag hatte Hlavac ihn ernstlich ermahnt, sein »Nest nicht zu beschmutzen«. Indem er mit seinem Kneifer gegen die linke Hand schlug, sagte der Direktor versonnen: »Man mag über Ihr Vaterland geteilter Meinung sein, aber Deutschland ist ein großes Land und das, hmm, Experiment des großen sozialen Wandels, das dort im Gange ist, verdient, objektiv gesprochen, die Anerkennung, ja die Bewunderung der ganzen Welt.« Kaum hatte der verdutzte deutsche Student das Arbeitszimmer des Direktors verlassen, als Mr. Parry-Jones, der englische Tutor, der in meinem Leben noch eine schicksalhafte Rolle spielen sollte, ins Allerheiligste zitiert wurde. PJ, ein selbstbewußter Waliser, ein unbeschwerter und trinkfreudiger Mensch, erzählte mir von seinem Gespräch und meinte, er sei voller Optimismus angesichts des mutigen Standpunkts des »alten Hlavac«. »Ob Sie es glauben oder nicht, der Bursche hat sein Herz am rechten Fleck. Er haßt die Nazis und bat mich, meinen Einfluß zu nützen – meinen Einfluß, wenn Sie geruhen – bei unserer Gesandtschaft, um dem armen Schuschnigg behilflich zu sein. Tja, es ist gut zu wissen, daß man treue Verbündete hat.«

Dieses Spektrum an politischen Äußerungen, das Generalkonsul

Hlavac zum besten gab, war natürlich eine gezielte Taktik, um sich nach allen Seiten hin abzusichern.

Die letzte Woche des unabhängigen Österreich endete auf höchst dramatische Weise. Völlig überraschend kündigte die Regierung Dr. Schuschniggs für den darauffolgenden Sonntag eine Volksabstimmung an, in der das österreichische Volk sich entweder für oder gegen das Fortbestehen Österreichs als unabhängiger souveräner Staat aussprechen sollte. Dies war ein taktischer Schritt, tapfer und riskant, der die Nazis zwingen würde, Farbe zu bekennen, oder aber eine Blitzreaktion herbeiführen mußte. Die Regierung bot ihre ganze Kraft auf, um die Volksabstimmung für sich zu entscheiden.

Am Freitagmorgen, dem 12. März 1938, wurden alle Studenten der Konsularakademie in die Festhalle gebeten, wo der Direktor einen Dringlichkeitsappell hielt. In den vordersten Reihen saßen die Professoren und Dozenten in ihren eintönigen dunkelgrauen Anzügen, dahinter die Studentenführer der regierungstreuen österreichischen Sturmscharen mit ihren leuchtend violetten Uniformen, unter ihnen der liebenswürdige Helmut Joham.

Generalkonsul Hlavac, geradezu die Karikatur eines österreichischen Staatsbeamten, ergriff das Wort: »Meine Herren, es ist meine feierliche Pflicht, sie zu einem erhabenen Akt der Loyalität und des Treuebekenntnisses aufzurufen! Heute nachmittag sollen Sie die Fackel für Österreichs Unabhängigkeit ergreifen.« Wir sollten uns vor der Akademie versammeln und dann in einer großen Lichterprozession zum Ballhausplatz marschieren, um dem Kanzler auf dem Balkon, auf dem einstmals auch Metternich gestanden hatte, ein Ständchen darzubieten. Am Ende seiner aufstachelnden Rede, die er in patriotischem Pathos vortrug, erhob Hlavac den rechten Arm zum offiziellen Gruß und rief dazu mit gutturalem *R* »Österreich«.

Zu der festgesetzten Stunde hatten sich siebzig bis achtzig von uns vor der Akademie eingefunden. Die meisten trugen Zivil, einige der Studenten erschienen jedoch in ihren erst kürzlich angefertigten Uniformen. Es erschien mir seltsam, daß Schuschniggs Regierung, die ihre Unabhängigkeit bewahren wollte, faschistische und nationalsozialistische Gepflogenheiten nachahmte, indem sie eigene Uniformen einführte – in Malve und Lila, Farben, die von anderen politischen Parteien noch nicht in Beschlag genommen worden waren. Es standen nicht genügend Fackeln für alle zur Verfügung. Unschlüssig, ob wir in dicht geschlossenen Reihen marschieren oder würdevoll einherschreiten sollten, zugleich etwas verlegen angesichts der Damen unter uns, von denen einige ihre elegantesten Ausgehkostüme trugen, zogen wir los, um die vorgeschriebene Strecke zurückzulegen, wofür wir zwanzig Minuten benötigen sollten. Angeführt von einem halben Dutzend Mitgliedern der österreichischen Sturmscharen in dunkelvioletten Hemden und schwarzen Stiefeln, durchzogen wir schweigend das Universitätsviertel Wiens, vorbei an den Gebäuden der medizinischen Fakultät, an düsteren Mietskasernen und an der filigranen neugotischen Votivkirche. Als wir die Hauptverkehrsader, die Ringstraße, erreicht hatten, auf der mehrere Straßen der Wiener Außenbezirke enden, kamen weitere fackeltragende Prozessionszüge in unser Blickfeld. Der Klang patriotischer Lieder, ein spontaner und aufrichtiger Ausdruck des leidenschaftlichen Glaubens an die Freiheit, und Anti-Hitler-Slogans erfüllten die Luft. Plötzlich, wie aus dem Nichts, war eine seltsame Unruhe zu spüren. Aus den Seitenstraßen der breiten und majestätischen Ringstraße, von rechts und links, tauchten Gruppen auf, zunächst zögernd und vorsichtig, dann zunehmend selbstbewußt: junge Männer in weißen Strümpfen und Lederhosen, in grauen und grünen Zweiteilern, viele in weißen Hemden und hie und da einer in braunem Hemd und schwarzen Stiefeln – die Anhänger der verbotenen Nazi-Partei. Und dann, immer lauter, ertönten Stimmen mit dem Ruf: »Volksabstimmung abgesagt. Volksabstimmung abgesagt.« Die Masse in weißen Strümpfen schien zu wachsen – auf das Doppelte, Dreifache, Vierfache. Aus allen Richtungen strömten sie herbei und bewegten sich in Richtung Ballhausplatz, unserem Ziel, mit dem Ruf: »Sieg Heil, Heil Hitler.« Ein donnernder Chor von Stimmen intonierte das Horst-Wessel-Lied und das Lied von Hitlers Leibgarde: »Führer, befiehl, wir folgen dir.«

Da standen wir nun, ein Häuflein der »stolzen Jünger Metternichs«, und fühlten uns eingekreist und verunsichert. Es war, als ob wir Haydns Abschiedssymphonie in Szene setzten: Die verschiedenen Instrumente verstummten allmählich, und die Musiker verließen einer nach dem anderen den Orchestergraben. Man flüsterte: »Gehen wir! Die Volksabstimmung ist abgesagt.« Einer der ersten, die kehrtmachten, war Joham, einer der vorn marschierenden Fackelträger. Die meisten meiner Kommilitonen zogen sich unauffällig zurück, nur wenige von ihnen schlossen sich der Menge der Weißbestrumpften, den Siegern des Tages, an. Für uns, die wenigen wirklichen Verlierer, die bekennenden oder getauften Juden, war diese Möglichkeit ausgeschlossen, und so suchte jeder von uns seinen heimlichen Weg in einen vorläufigen Schutzraum: das Zuhause.

Während wir noch marschierten, hatte sich die vorletzte Etappe der Katastrophe ereignet: Die österreichische Regierung hatte sich Hitlers Ultimatum gebeugt. Schuschnigg hatte den Volksentscheid abgesagt und war zurückgetreten. Als ich nach Hause kam, war meine ganze Familie um das Radio versammelt. Meine Großmutter mütterlicherseits hatte sich entschlossen, zu uns zu ziehen; ein paar Mitarbeiter meines Vaters waren in dieser düsteren Stunde zu uns gekommen, um an unserem Schicksal Anteil zu nehmen. Schuschnigg sprach über den Rundfunk und vertraute in wenigen kurzen Sätzen das Schicksal Österreichs ... Gott an. Er schloß mit dem Gruß: »Gott schütze Österreich«, dann wandte er sich an die wenigen seiner Gefolgsleute im Studio und wiederholte, mit dem Rücken zum Mikrophon gewandt: »Österreich. Meine Herren, viel Glück.« Dann wurde zum letzten Mal die österreichische Nationalhymne gespielt, langsam und träge, genau so, wie sie Haydn komponiert hatte. Dann herrschte Stille – doch nach ein, zwei schier endlos scheinenden Minuten folgte eine andere Version der Hymne in schnellerem Tempo und mit triumphalem Klang, dieselbe Musik, aber mit einem anderen Text unterlegt: »Deutschland, Deutschland, über alles.« Schließlich zum Abschluß des Rituals noch das Horst-Wessel-Lied, die Hymne der Nationalsozialistischen Partei, jene Mischung aus politischem Triumph und volkstümlicher Romantik, die den Beginn einer neuen Ära einläutete: »Das Tausendjährige Reich.«

Finis Austriae.

KAPITEL IV

Abschied und Ankunft

Wir standen im Halbkreis um den hohen Stuhl meines Vaters vor dessen riesigem Schreibtisch, untröstlich und wie betäubt – meine Mutter und meine Großmutter im Morgenmantel, ich in einem langen Nachthemd und das kräftige kroatische Dienstmädchen geradezu lächerlich korrekt gekleidet mit gestärkter Bluse und weißer Schürze. Auf dem Schreibtisch lag die in Leder gebundene Ausgabe eines der Lieblingsbücher meines Vaters, Heinrich Heines *Buch der Lieder*, sowie ein Stapel Kreuzworträtselhefte, daneben der Füllfederhalter, mit dem die letzten Einträge gemacht worden waren. Doch mein Vater war nicht da.

Es war halb sieben Uhr früh am Montag, dem 15. März 1938, zwei Tage nach dem Anschluß. Alles war rasend schnell gegangen. Um sechs Uhr hatte es an der Tür geklopft. Vier Männer – zwei normale Polizeibeamte und zwei Braunhemden als »Hilfskräfte« – waren ins Schlafzimmer meiner Eltern gestürmt und hatten meinen Vater aufgefordert, sich anzukleiden. Sie verlasen eine Anklageschrift und durchsuchten die Wohnung – die Polizisten eher schüchtern, die Braunhemden herrisch und mit neuem Selbstbewußtsein. Mein Vater packte zwei Hemden ein, sein Rasierzeug, die Zahnbürste und eine Ausgabe der *Pickwickier* von Charles Dickens. Während die drei Frauen schluchzten, versuchte er, die Ruhe zu bewahren und sie zu trösten. Er wollte noch mit uns sprechen, aber man ließ ihm keine Zeit dazu; und nun standen wir in seinem Arbeitszimmer um seinen Schreibtisch herum, wie gelähmt vor Unsicherheit – ein Gefühl, das schlimmer ist als Angst.

Es war ein schreckliches Wochenende gewesen, unwirklich und mir dennoch unauslöschlich ins Gedächtnis eingebrannt. Seit ich am Freitagabend, vorbei an den jubelnden Massen vor dem Rathaus und der Universität, nach Hause gekommen war, wo ich die Familie und ein paar Freunde meines Vaters vor dem Radio versammelt vorfand, hatten abgehackte Kommuniqués mit Militärmärschen und »Berichten vor Ort« abgewechselt, in denen von der spontanen Zustimmung der Bevölkerung zum Einmarsch der deutschen Truppen und der Ankunft hohen Besuchs aus dem »Reich« gesprochen wurde. Hitler überschreitet die Grenze! Der Führer trifft in Linz ein! Wenn all das nicht so bedrohlich gewesen wäre, hätte man diese absurden Beifallsbekundungen als bloße Farce abtun können: »Ja, der kleine Adolf war ein Genie, ein Musterschüler schon mit zehn«, rief der alte Lehrer aus Braunau, Hitlers Geburtsort. »Er hatte die Augen eines Propheten.« Im Radio wurden holprige Spottverse gegen Juden, Kommunisten und Geistliche gesendet, wir hörten das rauhe Gelächter der Menge, als Bildnisse und Fahnen der abgesetzten »Vaterländischen« Regierung verbrannt wurden. Wir waren den ganzen Samstag über wie gelähmt, und am Sonntag klingelte das Telefon ununterbrochen: besorgte Freunde und Verwandte – und anonyme Anrufe mit gemeinen Drohungen und ironischen Wünschen für ein langes Leben –, die Anrufer sprachen gänzlich unterschiedliche Dialekte: von der gedehnten Sprechweise der Arbeiter in den Außenbezirken bis zu dem gutturalen *R*, das man im Mädchenpensionat für höhere Töchter hörte.

Unterdessen brodelte die Gerüchteküche. Wir erfuhren, daß Juden am Flughafen abgefangen, aus der Synagoge herausgeholt, in Restaurants, an Bushaltestellen und Taxiständen aufgegriffen wurden, und es hieß, es sei nicht ratsam, sich mit einem Koffer in der Hand draußen blicken zu lassen. Wir erfuhren, daß ein bekannter Chirurg Selbstmord begangen hatte und ein sozialdemokratischer Abgeordneter mit seiner ganzen Familie erschossen aufgefunden worden war.

Himmler war mit zweihundert Mann und einer detaillierten Namensliste für Dachau und Buchenwald eingetroffen. Mein Vater stand auf einer Liste der Gestapo, auf der die Namen prominenter Wiener Juden verzeichnet waren. Doch er wurde nicht deportiert, sondern in ein gewöhnliches Gefängnis gesteckt, das knapp einen Kilometer weit entfernt lag. Die Nazis hatten die Akte der Phönix Versicherungsgesellschaft ausgegraben, mit deren Hilfe sie nun einen Fall konstruierten und behaupteten, das Vermögen der Aktionäre sei für politische Zwecke ausgegeben worden; man habe damit die Dollfuß-Schuschnigg-Regierung unterstützt und die illegale Nazi-Partei bekämpft. Als ehemaliger leitender Angestellter wurde nun mein Vater beschuldigt: Man warf ihm vor, er habe gegen die Interessen des Deutschen Reichs konspiriert. Glücklicherweise bedeutete das, daß er und seine achtzehn Mitinhaftierten einen Gerichtsprozeß nach bürgerlichem Recht zu erwarten hatten. Dadurch blieb meinem Vater das Konzentrationslager erspart. Der alte Rechtsbeistand unserer Familie, der noch vom Geist des k. u. k. Österreich geprägt und ein glühender Anhänger des im Exil lebenden Kaisers war, dennoch aber – typisch österreichisch – sehr gute Beziehungen zur Führungselite der im Untergrund operierenden Nazis unterhalten hatte, kam wenige Stunden nach der Verhaftung meines Vaters zu uns nach Hause. Er beschwichtigte und ermutigte uns, konnte aber ansonsten wenig Konkretes sagen. Niemand wußte, wie schwierig es sein würde, ein rechtmäßiges Gerichtsverfahren durchzusetzen.

Meine Mutter ging zur Bank, wo sie die Auskunft erhielt, alle jüdischen Vermögenswerte seien eingefroren. Kurz entschlossen ging daraufhin meine Großmutter zu einem Pfandleiher und kehrte mit einem Bündel Banknoten zurück. Das Dienstmädchen versicherte, sie stehe zu uns, und bot an, nur für Kost und Logis weiterzuarbeiten. Trotzdem blieb sie nicht mehr lange bei uns, denn bald wurde es Juden verboten, mit »arischen« Bediensteten unter einem Dach zu leben.

Während meine Mutter den Haushalt neu organisierte, bemühte ich mich herauszufinden, wie es mit meinem Studium weiterging. Ich begab mich also an jenem Montagmorgen zur Konsularakademie und erfuhr, daß wir uns alle um die Mittagszeit versammeln sollten, um eine Rede von Generalkonsul Hlavac zu hören. Ich traf meinen Kommilitonen Helmut Joham, den Fackelträger der Jeunesse dorée des österreichischen Ständestaates. Sein Vater war »Staatsrat«, ein renommierter Bankier und Mitglied verschiedener Küchenkabinette rechter Regierungen. Helmut Joham hatte bei der Loyalitätskundgebung am vergangenen Freitag einen maßgeschneiderten Anzug getragen. Jetzt trug er eine nicht minder elegante Uniform, die aussah, als sei sie speziell für ihn angefertigt worden – eine schwarze, zweireihige Jacke, Kniebundhosen und Lederstiefel des Nationalsozialistischen Automobilcorps. War es möglich, daß er eine solche Uniform von der Stange gekauft hatte? Joham, eine extravagante Erscheinung, war stets makellos gekleidet und kannte sich auf diesem Gebiet sehr gut aus. Er sagte Dinge wie: »Ich habe mir eben einen Abendanzug und einen Cutaway bei Knize (dem führenden Schneider) ›gebaut‹«, oder: »Ich erwarte dringend ein Paket aus England: Die Stiefel von Lobb und der Hut von Locke treffen wohl nicht mehr rechtzeitig für Kinskis Wochenendparty ein.« Nur wenige Monate später, kurz nach meiner Ankunft in England, begegnete ich Joham zufällig – wieder in einer anderen Aufmachung. An meinem ersten Sonntag in London ging ich die Piccadilly und die Park Lane entlang spazieren und atmete die Luft der Freiheit ein; am Marble Arch betrat ich das Cumberland Hotel, einen beliebten Treffpunkt für Flüchtlinge. Da sah ich plötzlich Helmut Joham, diesmal in einem tadellosen Sommeranzug. Er begrüßte mich überschwenglich: »Servus, servus! Ich will hier in London die Feinheiten des Bankwesens kennenlernen. Vielleicht werde ich bei Schröder oder bei Lazard arbeiten.« Schließlich blieb er aber in England, und als der Krieg ausbrach, bat er um politisches Asyl, während sein Vater weiterhin eines der führenden, von den Nazis übernommenen Bankhäuser Österreichs leitete. Joham erklärte, er habe ein Arrangement mit seinem Vater getroffen, der wolle, daß er ihm vom Ausland aus Telegramme schickte, die den alten Joham »deckten«. Der Vater drängte seinen Sohn, zurückzukehren und für sein Vaterland zu kämpfen. Der Sohn schrieb mit großer Verzögerung zurück und gab an, er sei an Hepatitis erkrankt. Als dann der Krieg ausbrach, war es nicht mehr so einfach, nach Wien zurückzukehren. Vater und Sohn hatten einen todsicheren Deal abgeschlossen: Sie waren für den Fall eines Siegs und für den Fall einer Niederlage der Nazis abgesichert.

An jenem Tag in Wien jedoch tat Helmut Joham, wie die meisten anderen meiner Kommilitonen so, als kenne er mich nicht. Von den achtzig Studenten waren drei Juden, doch an jenem Morgen konnten noch mehrere andere ihre arische Herkunft nicht unter Beweis stellen. Wir hielten natürlich zusammen und standen in einer Ecke des Saals, als der Direktor die »historische Stunde« Österreichs pries, das »heim ins Reich« gekommen war; in überschwenglichen Worten sprach er vom Führer und von der Mission Österreichs im neuen Europa. Als die Studenten den Saal verließen, blieb nur unsere kleine Gruppe zurück. Der Direktor rief mir zu: »Weidenfeld, erinnern Sie sich an unser Gespräch neulich? Sie gehören einer erfinderischen Rasse an. Versuchen Sie, so schnell wie möglich rauszukommen. Gehen Sie nicht nach Palästina, dort sind zu viele Araber! Ich mache Ihnen zwei Vorschläge: Madagaskar oder Paraguay!«

Innerhalb einer Woche nach der Annexion hatte sich mein Tagesablauf neu strukturiert. Ich blieb fast ständig zu Hause und lernte für meine Prüfungen. Das Telefon war die einzige Verbindung zu Freunden und Verwandten. Im jüdischen Viertel, der Leopoldstadt, spielte sich das Leben draußen in jüdischen Cafés und Restaurants ab, auch wenn es hie und da Übergriffe durch die Polizei gab. Doch war es nicht ratsam, in Gruppen unterwegs zu sein oder öffentliche Plätze aufzusuchen – es bestand immer die Gefahr, angehalten, nach dem Ausweis gefragt oder aufgefordert zu werden, Schmierereien von den Mauern und vom Straßenpflaster zu entfernen.

Zusammen mit ein paar Freunden suchte ich die verschiedenen Konsulate auf, um einen sicheren Zufluchtsort zu finden. Die Vereinigten Staaten hatten ein strenges Quotensystem für Einwanderer, und für Österreich stand nur ein ganz geringer Prozentsatz zur Verfügung. In England Aufnahme zu finden war ebenfalls schwierig, und Palästina war für jüdische Immigranten praktisch unzugänglich. Adolf Eichmann hatte seine Tätigkeit in der Polizeistation Roßauer Lände, dem Wiener Gestapo-Hauptquartier, aufgenommen. Schon bald formierten sich die ersten zionistischen Transporte illegaler Emigranten. Viele meiner Freunde stellten Anträge. Die offizielle zionistische Organisation in Jerusalem hatte Abgesandte geschickt; unter ihnen waren der blonde, blauäugige Teddy Kollek und der dickliche, zuvorkommende Ehud Avriel. Beide waren in Wien geboren und waren Jugendleiter in einem Kibbuz in Palästina; beide wurden später führende Persönlichkeiten im israelischen Staat und waren mit mir eng befreundet. Die revisionistischen Zionisten (zu deren Mitarbeitern im Untergrund auch der junge Menachem Begin zählte) organisierten eigene Transporte. Mit stillschweigender Billigung der Gestapo versammelten sich diese illegalen Emigranten bei Tagesanbruch am Donaukai, fuhren mit dem Schiff donauabwärts bis ans Schwarze Meer und von da aus mit seeuntüchtigen Booten nach Palästina. Meine Mutter ließ nicht zu, daß ich mich einem dieser Transporte anschloß. Ich sollte dableiben, bis mein Vater aus dem Gefängnis entlassen war. Meine Mutter gab bis zuletzt die Hoffnung nicht auf, daß wir das Land alle gemeinsam verlassen könnten – einschließlich dem Onkel und der Großmutter.

Meine Freunde und ich waren unablässig auf der Suche nach einem Land, in das wir emigrieren konnten, beständig tauschten wir Neuigkeiten und Informationen aus. Schanghai war sehr beliebt, da man dafür relativ leicht ein Visum bekam, das gleiche galt für eine Reihe südamerikanischer Länder. Bald jedoch stellte sich heraus, daß einige dieser Visa ungültig waren, und es hieß, daß Emigranten an der Grenze wieder zurückgeschickt wurden.

Ich hatte in London eine entfernte Verwandte – die frisch verheiratete Frau eines Arztes in Battersea. Sie hatte sich bereits dafür eingesetzt, daß ihre engsten Verwandten über den Kanal kommen konnten, und schickte mir etwas widerstrebend einen vorsichtig formulierten Brief, in dem es hieß, wenn ich in England sei, würden sie und ihr Mann sich eine Zeitlang um mich kümmern, damit ich für das Land nicht zu einer Belastung würde. Der Brief war jedoch nicht überzeugend genug, um mir ein Visum für Großbritannien zu verschaffen. Wir brauchten Referenzen von Engländern. Ich hielt es für das Beste, einflußreiche Persönlichkeiten des öffentlichen Lebens zu suchen, und so begab ich mich mit zwei Freunden in den Lesesaal der britischen Gesandtschaft und blätterte das *Who's who* durch. Wir schrieben uns die Adressen jener Leute heraus, von denen wir dachten, sie seien prominente englische Juden. Einigkeit bestand darin, daß es keinen Sinn hatte, an so berühmte Leute wie Rothschild, Montefiori, Bearsted, Reading oder Samuel zu schreiben – sie wurden vermutlich von einer Flut von Bittbriefen überschwemmt; wir suchten also nach weniger spektakulären Kandidaten. Als wir zum Buchstaben G kamen, fiel uns der Name eines Viscount Greenwood auf. Wir waren überzeugt, dies müsse die englische Form des deutschen Namens Grünwald sein, also schrieb ich ihm einen langen Brief und bat um seine Unterstützung. Er antwortete postwendend und teilte mir nüchtern und sachlich mit, er könne mir leider nicht behilflich sein; er sei, nebenbei bemerkt, praktizierender Anglikaner. Ich schrieb auch an Lord Robert Cecil, der für seine humanistischen Ansichten und sein entschiedenes Auftreten gegen die Nazis bekannt war, und erhielt ein liebenswürdiges Antwortschreiben. Darin sicherte er mir Unterstützung zu bei den britischen Paßbehörden und Hilfe bei meinem Studium in England.

Doch auch das war nicht genug. Erst durch Intervention des englischen Tutors der Konsularakademie – jenes exzentrischen Walisers, der das ganze Jahr über Sommeranzüge trug – erhielten meine Mutter und ich einen Termin bei dem Paßbeamten Captain Kendrick. In dem Augenblick, als er das Gespräch mit einer bedauernden Miene und einem Schulterzucken beenden wollte, brach meine Mutter in Tränen aus. Captain Kendrick ließ sich erweichen und erteilte mir das windigste Visum, das man sich vorstellen kann: für einen dreimonatigen Englandaufenthalt – ein Transitvisum, mit dem ich in ein anderes Bestimmungsland weiterreisen sollte.

Mir blieb noch ein Monat Zeit bis zur Abreise. Zunächst schloß ich meine Prüfungen ab, dann trat ich eine Reihe von Abschiedsbesuchen an. Jeder von uns, der vorhatte wegzugehen, stürzte sich in eine geradzu fieberhafte Geselligkeit. Alte Freundschaften und beginnende Romanzen, leidenschaftliche Liebesaffären und altbewährte Flirts – alles war plötzlich von der Trennung bedroht. Aus heiterem Himmel wurden hastig Ehen geschlossen. Man lebte intensiv und gab sich ganz dem Augenblick hin; herkömmliche Hemmungen waren plötzlich verschwunden. Zahllose Partys halfen, das Gefühl der Trauer und Verzweiflung zu verdrängen und die Abenteuerlust und den Reiz des Unbekannten anzuheizen. Das Abschiednehmen war oft gekennzeichnet von Galgenhumor. Wir tanzten zu den neuesten Melodien und sangen, wenn wir uns sicher wähnten, bissige Parodien bekannter Nazi-Lieder. Die Party, die einer meiner Cousins und zwei Studentinnen der Akademie mir zu Ehren gaben, klang aus mit der Melodie des Saisonhits »The Lady is a Tramp«.

Eine Woche vor meiner Abreise durfte ich meinen Vater im Gefängnis besuchen. Er schlurfte schleppenden Schritts zum Besuchergitter; hager und fahl sah er aus, seine Kleider rochen nach Gefängniswaschmittel. Das Gesetz schrieb vor, daß er ein Dokument unterzeichnen sollte, in dem er mich »aus der elterlichen Aufsichtspflicht« entließ und mir die Geschäftsfähigkeit erteilte. Wir sprachen sehr wenig. Beim Abschied hob er seine rechte Hand, winkte und machte eine Geste, als wolle er mich segnen. In jenem Augenblick spürte ich, daß ich nun offiziell mündig geworden war.

Eines Abends – es war ein heißer Tag Ende Juli – begab ich mich zum Westbahnhof, mit einem Koffer in der Hand, einer Postanweisung für sechzehn Shilling und einem Sixpence in englischer Währung, einem Abschlußzeugnis der Konsularakademie, einem Bündel

Lebensläufe weniger vom Glück begünstigter Freunde, die auch nach England wollten, und begleitet von den Segenswünschen meiner Verwandten und Freunde. Meine Mutter und meine Großmutter, Onkel Kleinmann, ein eingefleischter Optimist, dessen Frau und deren Schwester, die Sekretärin meines Vaters und zwei seiner treuen Freunde beim Kartenspiel waren gekommen, um mich zum Zug zu bringen. Selbst diese kleine Versammlung war schon riskant, denn die Gestapo schikanierte besonders gern Juden, die sich verabschiedeten.

Im Morgengrauen passierte der Zug die schweizerische Grenze. Ich kannte Berichte über Flüchtlinge, die aus dem Zug gejagt und in Konzentrationslager geschickt worden waren, doch mein Zug fuhr unbehelligt weiter. Nach den wichtigtuerischen brüllenden Nazi-Schergen war die Behäbigkeit der schweizerischen Grenzpolizei geradezu eine Erleichterung.

Als ich in Zürich angekommen war und gefrühstückt hatte, besuchte ich als erstes das jüdische Flüchtlingszentrum. Ich erinnere mich nur noch an eine endlose Menschenschlange, die sich an allen vier Außenmauern eines Innenhofs entlang erstreckte, und an zwei Sekretärinnen, die Namen und Ausweise überprüften, ehe sie hinter geschlossenen Türen verschwanden. Dann kamen sie wieder und riefen bestimmte Leute auf, die daraufhin aus der Schlange heraustraten und entweder durch die Tür hineingingen oder sich umdrehten und unverrichteter Dinge davoneilten. Sie waren abgewiesen worden. Das alles kam mir äußerst seltsam vor. Nachdem ich etwa eine Stunde lang gewartet hatte, stürzte plötzlich ein bärtiger Herr mit schwarzem Hut aus dem Büro, rief meinen Namen und bat mich höflich zu sich. Diese Bevorzugung verursachte in der Schlange große Unruhe. Jemand hinter mir zischte: »Luxusemigrant.«

Der bärtige Herr stellte mich dem leitenden Beamten des Komitees vor. Er kannte meine Familie. »Sie hat sich bei vielen Anlässen äußerst großzügig gezeigt«, meinte er und entschuldigte sich, daß seine Organisation knapp bei Kasse war und sich nicht auf gleiche Weise revanchieren konnte. Aber er versprach mir, man würde mir Unterkunft und Verpflegung zahlen und etwas Taschengeld geben.

Ich verbrachte den ersten Tag der Freiheit in einem Café am See und lauschte den Klängen einer schweizerischen Militärkapelle. Es klang himmlisch, wenn man die harten, zackigen Melodien der

SS-Lieder und der preußischen Militärmärsche im Ohr hatte, die die österreichischen Kapellen so übereifrig nachspielten.

In Zürich begegnete ich mehreren Bekannten aus Wien, und wir tauschten Nachrichten aus über die letzten Tage in unserer einstigen Heimat. Jeder von uns erzählte seine Geschichte, doch uns allen machte die österreichische Reaktion auf unser Schicksal schwer zu schaffen. Ich habe mich immer wieder gefragt, wie echt der freundliche Empfang war, den das österreichische Volk seinen neuen nationalsozialistischen Beherrschern bereitet hatte. Diese Frage zieht sich wie ein roter Faden durch die innerösterreichischen historischen Debatten der letzten fünfzig Jahre und bestimmt maßgeblich die Einschätzung Österreichs im Ausland. Während seine Verteidiger Österreich als Opfer betrachten, sehen seine Kritiker das Land als stillschweigenden oder sogar begeisterten Verbündeten der Nazis. Jetzt, da ich eine neue Generation von Österreichern kenne und mit meinen österreichischen Zeitgenossen gelassener über die Ereignisse jener Zeit sprechen kann, glaube ich, daß die große Mehrheit der Österreicher dem Anschluß passiv, gleichgültig oder sogar ablehnend gegenüberstand. Eine entschlossene Minderheit, vielleicht ein Viertel oder ein Drittel der Bevölkerung, engagierte sich aktiv, doch auch eine Minderheit kann riesige Arenen füllen und breite Straßen in Besitz nehmen. Die katholische Schuschnigg-Regierung hatte auf katastrophale Weise versagt, als es darum ging, den Sozialdemokraten und Gewerkschaften, die nach Jahren der Verfolgung verbittert und gelähmt waren, wieder das Handeln zu ermöglichen. Was so oft von den Juden gesagt wird, gilt auch für die Österreicher: Sie reagieren vielleicht leidenschaftlicher als andere Menschen. Und als sie die neue Weltanschauung Adolf Hitlers übernahmen, taten sie das mit einem Überschwang, der in jedem anderen Teil »Großdeutschlands« seinesgleichen suchte.

Mir verblieben vierzehn Tage bis zu meiner Überfahrt nach England, und jetzt, da ich der bedrückenden Atmosphäre Wiens entronnen war, fühlte ich mich erst einmal erleichtert und sorgenfrei. Meine nächste Anlaufstelle war Ascona im italienischsprachigen Teil der Schweiz, wo ich einen alten Freund meines Vaters besuchte, Baron Philippe Schey. Er war ein anglophiler Dandy, ein Lebenskünstler und ein barmherziger Samariter mit einer amourösen Vergangenheit. Zusammen mit seiner weißrussischen Frau bewohnte er eine alte Villa; unterstützt wurde er von seiner Tochter, die mit Guy de Rothschild verheiratet war, dem damaligen Dauphin und jetzigen Oberhaupt des französischen Zweigs der Rothschild-Familie. Mein Gastgeber widmete sich der Aufgabe, jungen Flüchtlingen zu helfen. Als ich viele Jahre später Patrick Leigh Fermors eindrucksvolles Buch über seine Reisen durch das Vorkriegseuropa las, amüsierte ich mich köstlich über die Beschreibung seines Besuchs bei »Pipsi« Schey in dessen tschechoslowakischem Landhaus.

Ich blieb eine Woche lang bei Schey. Er war ein sehr aufmerksamer Gastgeber, und wir besuchten die illustren Flüchtlinge in ihren eleganten Villen am See; ich lernte Erich Maria Remarque kennen, den Verfasser des Romans *Im Westen nichts Neues*; wir speisten am Stammtisch einer Gruppe berühmter Berliner Schauspieler und Dramatiker in einer Tessiner Trattoria. Bevor ich abreiste, schrieb Schey für mich ein halbes Dutzend Empfehlungsbriefe an Freunde in Paris und London und empfahl mich für diverse Tätigkeiten. Zwar ergab sich für mich direkt nichts daraus, aber es half mir, neue Kontakte zu knüpfen.

Von der Schweiz aus fuhr ich nach Paris. Mein einwöchiger Aufenthalt dort erweiterte meinen Horizont auf vielfache Weise. In Zürich war die Zahl der deutschen und österreichischen Emigranten relativ gering, und alle lebten in bescheidenem Wohlstand; Paris hingegen war das Zentrum der mittellosen Hitler-Flüchtlinge. Die Wartesäle der Flüchtlingskomitees waren hoffnungslos überfüllt und alle Mittel längst ausgeschöpft; die Polizei auf der Präfektur war unbarmherzig und feindselig. Ich übernachtete in einem miserablen Hotel am Stadtrand, und ich hatte kein Geld mehr. Es war mitten in den Sommerferien, und die Fensterläden der Wohnungen, die ich hätte aufsuchen können, waren fest verschlossen. Ich durchstreifte die Stadt, besuchte Museen, schmökerte in Buchhandlungen und las die »freie Presse«. Im Jardin du Luxembourg lernte ich einen ägyptischen Studenten kennen, der wie ich nach Engand wollte. Er sprudelte nur so vor Einfällen, kannte viele Adressen und führte mich durch das Universitätsviertel; wir besuchten einige exzentrische Studentenvereinigungen, wo wir kostenlos essen konnten, und landeten schließlich in einem Bordell. Bisher hatte ich nur einmal ein derartiges Etablissement aufgesucht – nach einer feuchtfröhlichen Feier einer zionistischen schlagenden Verbindung in Bratislava. Von nun an blieb ich derartigen Vergnügungen fern.

An meinen dritten Tag in Paris erhielt ich einen Brief von meiner

Mutter, in dem sie mir vorschlug, den Zirkel österreichischer Monarchisten im Exil aufzusuchen und nach einem Herrn Martin Fuchs zu fragen, der in der österreichischen Botschaft von Paris arbeitete. Er war ein persönlicher Freund von Erzherzog Otto von Habsburg und der Führer der Habsburger-Treuen in Frankreich. Ich betrat ein schmuddeliges Büro, in dem ein halbes Dutzend Männer hemdsärmelig um einen Tisch saßen und Gesuche von Österreichern durchsahen, die in Frankreich hängengeblieben waren und jetzt im Vorzimmer warteten. Einer dieser legitimistischen Funktionäre war ein mürrischer, zutiefst gelangweilter Mann, dessen Werke ich damals noch nicht kannte, der aber inzwischen einer meiner Lieblingsautoren geworden ist: Joseph Roth, der Verfasser des bedeutenden Romans *Radetzkymarsch*, eines schwermütigen Abgesangs auf das Österreich Kaiser Franz Josephs.

Ich händigte den Botschaftsangestellten ein Schreiben des Anwalts meines Vaters aus. Sie hatten von meinem Vater zwar schon gehört, konnten aber wenig für ihn tun. Ein junger Mann mit Adlernase und dem größten Adamsapfel, den ich je gesehen habe, sah auf meine goldene Armbanduhr. »Sie sind doch reich. Ich kenne den besten Pfandleiher im sechsten Arrondissement.« Er entließ mich mit einem schlaffen Händedruck.

Wie ich so ziellos durch das alte jüdische Viertel im Marais schlenderte, hörte ich plötzlich Schritte hinter mir. Eine heisere Stimme rief meinen Namen, und ein älterer Jude im Kaftan und mit langem Bart, Schläfenlocken und einem riesigen Zylinderhut zupfte mich am Ärmel. Er kannte meine Großmutter und erinnerte sich an mich von einem Besuch bei uns in Wien. »Sie sind doch Lauras Enkel. Lebt sie noch? Sie war so gut zu mir. Sie hat den Krankenhausaufenthalt meiner Frau bezahlt. Ich möchte Ihnen gern helfen. Kommen Sie.«

Neben mir herhumpelnd, führte mich der Fremde durch die engen Straßen des Marais, bis wir zu einem riesigen Haus kamen, das gänzlich unbewohnt schien. Wir gingen die Treppe hinauf in den dritten Stock und betraten eine riesige Eingangshalle, die zu einem Salon mit einem prunkvollen Kamin führte. Die Rolläden waren heruntergelassen, und obwohl es mitten im Sommer war, brannte ein Feuer. Bis auf zwei Louis-XIII-Stühle, ein Metallbett in der Ecke und zwei Koffer war der Raum leer. Der alte Mann erklärte, der *Porez* – das jiddische Wort für Besitzer – sei in Ferien und lasse in seiner Abwesenheit das

Haus renovieren. Der *Porez* sei ein sehr reicher, gottesfürchtiger Jude, der ihm erlaubt habe, die nächsten Wochen hier zu wohnen. Er bot mir etwas zu essen an und packte mir Käse und koscheres kaltes Fleisch ein. Und Brot. Und Obst. Er wurde ganz aufgeregt und euphorisch, da er so freigebig sein konnte. »Möge Gott Ihrer Großmutter vergelten, was sie Gutes getan hat.« Er versuchte, mich zu überreden, in Paris zu bleiben und bis zur Rückkehr seines Wohltäters zu warten, doch ich erklärte ihm, ich wolle weiter nach England und dort ein neues Leben beginnen.

»England«, seufzte er. »England. Aber man sagt, die einzige Arbeit, die ein Fremder dort bekommt, sei die eines Butlers. Wollen Sie das denn?«

Ich hielt ihm möglichst unbekümmert entgegen, ich setze große Hoffnungen darauf, mein Studium fortführen zu können. Dann verabschiedete ich mich. Viele Jahre später rief mich sein Enkel in meinem Londoner Büro an. Er war in Frankreich ein erfolgreicher Literaturagent geworden.

Am Freitag, dem 8. August 1938, nahm ich die Fähre von Calais nach Dover. Am Kai empfing mich eine schlanke, elegante junge Dame mit Strohhut. Es war meine Cousine Eva Golomb. Wir fuhren mit dem Zug nach London, und sie lud mich zum Essen zu sich nach Hause ein. Dort lernte ich ihren Mann kennen, einen praktischen Arzt russischer Abstammung, schon etwas älter und sehr freundlich. Obwohl sie sehr zuvorkommend waren, spürte ich dennoch, daß es ihnen nicht ganz leicht fiel, für einen weiteren entfernten Cousin, noch einen Onkel oder noch eine kleine Nichte die Verantwortung zu übernehmen. Doch sie gaben mir gute Ratschläge für meine ersten Schritte in England und erkundigten sich regelmäßig nach meinem Fortkommen. Ein paar Wochen später, wieder an einem Freitag – dem 13. September –, veranstalteten sie zu meinem Geburtstag eine Überraschungsparty. Meine Mutter und eine ganze Schar von Verwandten riefen aus Wien an und brachten mir ein Geburtstagsständchen.

Nach diesem meinem ersten Londoner Abendessen ging ich zur Victoria Station zurück, um meinen Koffer zu holen. In der Tasche hatte ich einen zerknitterten Zettel meines ägyptischen Freundes in Paris mit der Adresse einer Pension. Ich zeigte ihn einem Polizisten, der in der Nähe stand. »Das heißt vermutlich Belgrave Square«, meinte er, »das ist nicht weit von hier.« So schleppte ich meinen Koffer zu einem palastartigen Gebäude in einem der exklusivsten Wohnviertel Londons und klingelte mehrmals. Nach ein paar Minuten öffnete ein tadellos gekleideter Butler und musterte mich mißtrauisch. Ich versuchte mich mit Gesten zu verständigen, bis schließlich der Butler einen Blick auf meinen zerknitterten Zettel warf und – sichtlich erleichtert – sagte, es hieße Belgrove, nicht Belgrave, und Street, nicht Square. Dann fügte er hinzu: »King's Cross – das ist ganz schön weit.« Viele Jahre später erfuhr ich, daß ich in das Palais des Parlamentsabgeordneten Sir Henry Channon eingedrungen war, einem überzeugten Konservativen, Gastgeber der königlichen Familie und Chronisten seiner Zeit. Ich brachte in meinem Verlag seine Tagebücher, die *Channon Diaries*, heraus, die zu den interessantesten Gesellschaftschroniken des 20. Jahrhunderts zählen.

Nach einer zwanzigminütigen Taxifahrt gelangte ich gewissermaßen von Dantes Paradies in die Hölle: eine ärmliche Pension in der Nähe eines der größten Londoner Bahnhöfe. Ein italienischer Hausverwalter empfing mich gleichgültig und führte mich in ein Dachgeschoßzimmer, vor dem mein Vorgänger sein halbverzehrtes Frühstück hatte stehen lassen, das einen mir vollkommen fremden Geruch nach kaltem Schinken, Schweinefett, Nieren und ranziger Butter verströmte. Der Geruch Londons in der Vorkriegszeit war der erste massive Angriff auf meine empfindliche mitteleuropäische Nase – die Luft war erfüllt von Abgasen, Nebel und eigenartigen Putzmitteln. Bis dahin kannte ich die englische Küche nur aus der deutschen Übersetzung von *David Copperfield* und *Bleak House*; doch bald schon machte ich mir die Gewohnheit zu eigen, Tee mit Milch zu trinken und Brötchen mit Rindfleisch und Schinken, grünem Salat und Tomaten oder Gurken, weiches Weißbrot, indische Gewürze und Pickles zu essen.

Vor mir lag ein leeres Wochenende, das ich damit verbrachte, die Umgebung von King's Cross und Bloomsbury bis nach Piccadilly hinauf zu erkunden. Die Gegend wirkte auf mich wie eine seltsame Mischung aus großstädtischem Glanz und beinahe dörflicher Schlichtheit. Am Montagmorgen kleidete ich mich so, wie ich es für passend hielt, und fuhr mit der U-Bahn nach Bank, um dort einen Mr. Willy Freund von Leadenhall Securities aufzusuchen, einem Ableger der aristokratischen Firma Hambro. Freund war ein Mann mittleren Alters, sudetendeutscher Herkunft, er war ein Verwandter der Weiningers und Weinmanns, bedeutende Industrielle in der Tschechoslowakei. Mein Tutor an der Konsularakademie hatte Freund, der ebenfalls dort studiert hatte, meinen Besuch bereits angekündigt. Seine Firma verwaltete auch ein Konto meiner Familie, das außerhalb Österreichs eröffnet worden war und das für meine Eltern und andere Verwandte als Startkapital im äußersten Notfall gedacht war. Als ich mich im Gefängnis von meinem Vater verabschiedet hatte, hatte er mir zugeflüstert: »Richte unserem Londoner ›Freund‹ einen schönen Gruß aus«, und ich hatte die Anspielung sofort verstanden.

Bei Leadenhall Securities mußte ich über eine Stunde warten, bevor ich in Freunds Büro vorgelassen wurde. Zwei kummervoll dreinblickende Angestellte standen zu beiden Seiten des Schreibtischs, hinter dem Freund saß. »Wann haben Sie Ihren Vater zum letztenmal gesehen?« lautete seine erste Frage. »Vor etwa drei Wochen«, antwortete ich. »Leider ist kein Geld mehr auf dem Konto«, erklärte mir Freund daraufhin. »Ihr Vater hat geschrieben und darum gebeten, es nach Österreich zurückzuschicken, und wir mußten seinen Anweisungen Folge leisten.« Selbstverständlich hatte er den Verdacht, daß dieses Schreiben unter Zwang zustande gekommen war, aber Freund erklärte, seine Bank tätige umfangreiche Geschäfte mit Deutschland, und man könne schließlich nicht jede Unterschrift in Frage stellen. Er sah mich traurig an, zog zwei nagelneue Fünfpfundnoten aus der Tasche und wünschte mir viel Glück. Nach seiner Flucht aus Österreich sagte mir mein Vater, er habe sein im Ausland befindliches Vermögen auf Geheiß seines Anwalts offengelegt. Das Geld von diesem Konto erhielt er nie mehr zurück.

Als nächstes suchte ich Woburn House in Bloomsbury auf, wo sich der Sitz der British Refugee Relief Organization, der jüdischen Flüchtlingshilfe, befand. Diese Organisation bezeugte die Hilfsbereitschaft und Solidarität der britischen Juden gegenüber ihren jüdischen Brüdern und Schwestern in Mitteleuropa. Für die meisten Flüchtlinge war Großbritannien ein Transitland – nur eine sehr geringe Zahl konnte bleiben. Wer keine ausdrückliche Aufenthaltsgenehmigung hatte, mußte sich darum kümmern, einen anderen Bestimmungsort zu finden. Woburn House und seine Filiale, Bloomsbury House, sollte den

Flüchtlingen helfen, sicher an ihr Ziel zu gelangen, wenn möglich ausgestattet mit nützlichen staatsbürgerlichen und beruflichen Qualifikationen. Natürlich wollten sich viele in Großbritannien niederlassen. Durch den Kriegsausbruch, die Knappheit an Schiffsplätzen und den steigenden Bedarf an Dienst- und Hilfspersonal veränderte sich die Lage und bewirkte, daß die Flüchtlinge in England blieben; die meisten von ihnen wurden schließlich eingebürgert.

Woburn House war eine hocheffiziente freiwillige Hilfsorganisation, die den Flüchtlingen mit Rat und Tat zur Seite stand. Die Nachkommen der großen anglo-jüdischen Familien – Rothschild, Bearsted, Montefiore – halfen täglich ein paar Stunden, ebenso die nächstniedrige Stufe der jüdischen Elite Großbritanniens, wie die erst kürzlich zu Reichtum und Ansehen gekommenen Marks und Sieff, Gestetner, Warburg und Schiff, deren Vorfahren aus Deutschland stammten. Im Woburn House arbeiteten sie zusammen mit bescheidenen, sozial engagierten jungen jüdischen Geschäftsleuten und energischen älteren sowie jungen Damen, die alle rund um die Uhr im Schichtdienst versuchten, den vielfältigen persönlichen Problemen gerecht zu werden.

Es gab ein Empfangskomitee, das sich um Privatquartiere für Flüchtlinge kümmerte, und ein Komitee zur Berufsberatung und beruflichen Weiterbildung, das deutsche oder österreichische Buchhalter zu Elektrikern und Kaffeehausbesitzer zu landwirtschaftlichen Fachkräften umschulte, um ihnen einen Neuanfang in Neuseeland zu ermöglichen. Junge Geschäftsleute opferten ihre Mittagspause und kümmerten sich um besondere Härtefälle. Einer von ihnen war Teddy Sieff, der jüngere Bruder des hochverehrten Israel (später Lord) Sieff, der zusammen mit seinem Schwager Simon Marks der Chef der Warenhauskette Marks & Spencer war. Teddy Sieff hörte sich meine Geschichte an – mein Mißgeschick vom Vormittag – und stellte mir meinen ersten wöchentlichen Verpflegungsscheck in Höhe von fünfunddreißig Shilling aus. Dank einer Laune des Schicksals wurde Teddy vierzehn Jahre später mein Schwiegervater.

Im Sommer 1938 jedoch hatte ich keine Ahnung, was die Zukunft für mich bereithielt. Sollte ich mein Studium fortsetzen? Oder einen Beruf erlernen? Sollte ich versuchen, in ein fernes Land zu kommen, während das Schicksal meines Vaters noch im dunkeln lag? Lord Robert Cecils Hilfsbereitschaft erleichterte mir die Entscheidung. Dank seiner Beziehungen zum Internationalen Studentendienst erhielt ich ein Stipendium für das Fach Jura an der Londoner Universität und schrieb mich für das Herbsttrimester ein.

Der Alltag der meisten Flüchtlinge folgte einer bestimmten, genau festgelegten Routine. Auch erkannte man mitteleuropäische Flüchtlinge sofort an ihrer Kleidung: Ihre Mäntel waren stets eine Idee zu lang, die Hüte zu groß und zu lässig aufgesetzt, die Krawatten etwas zu hell und zu breit, die Jacken meist aus Kunstfaser in den Farben Grau, Blau oder Schwarz, und an der Taille waren sie hinten mit einem Gummi zusammengehalten. Die Flüchtlinge hatten ihre Treffpunkte in den Eingangshallen des Cumberland Hotel, des Strand Palace Hotel und des Regent Palace Hotel, Piccadilly. Wohlhabendere Emigranten trafen sich im Foyer des Mount Royal in der Oxford Street. Jedesmal wenn man einem Neuankömmling begegnete und die neuesten Nachrichten aus Wien, Frankfurt oder Berlin erfuhr, gab es große Aufregung und viel Trubel.

Die Hotels waren Informationsbörsen für persönliche und geschäftliche Angelegenheiten; dort erhielt man Auskünfte über Preis und Qualität kleiner Pensionen, über Lebensmittelläden, in denen es Waren vom Kontinent zu kaufen gab, über private Verkaufsstellen für gebrauchte Kleidung, Gemälde und jeden erdenklichen Krimskrams. Vor allem aber erhielt man dort Auskünfte über die Berufsaussichten und Ausreisemöglichkeiten in ferne Länder. Außerdem waren die Hotels Umschlagplätze für Gerüchte aller Art: Ein hübsches Wiener Mädchen hatte einen reichen Verehrer gefunden, eine alternde Schauspielerin hatte eine kleine Rolle bei der BBC bekommen, ein dubioser tschechischer Journalist war als Gestapo-Mann enttarnt worden und so weiter und so fort.

Die Hotelhallen hatten, so könnte man sagen, die Funktion des Wiener Kaffeehauses übernommen. Sie war sogar noch umfassender. Im Regent Palace etwa konnte man von halb drei Uhr nachmittags bis Mitternacht bei einem einzigen Glas heißem Himbeersaft zum Preis von zweieinhalb Pence – einen halben Pence weniger als Tee und ganze zwei Pence billiger als Kaffee – den Klängen der Musiker lauschen, die ungarisch oder russisch kostümiert waren. Man konnte dort geschäftlich konferieren, mit Unbekannten flirten, lesen oder auch schreiben. Die Band spielte leichte Unterhaltungsmusik, von *The*

Teddy Bears' Picknick bis zu Potpourris von Gilbert & Sullivan und gelegentlich ein paar Takte Puccini. Eine Schar einstiger Wiener Journalisten, die jetzt als Verstärkung für die Londoner Klatschspalten tätig waren, holten sich ihr Material, indem sie von Tisch zu Tisch gingen. Willi Frischauer, der sich bereits in Wien einen Namen gemacht hatte und auch in London zu Ruhm kam, beschäftigte mich als seinen Zuarbeiter und zahlte mir einmal sogar ein ganzes Pfund, weil ich für ihn herausfand, wo sich Görings Nichte aufhielt, die beim Einkaufen in der Bond Street gesichtet worden war. Ich ging ins Regent Palace, um dort für mein Studium zu lernen oder auch um kurze Artikel für deutschsprachige Zeitungen in London, Prag oder Amsterdam zu schreiben.

Drei Damen vom Komitee im Woburn House nahmen mein Leben in die Hand: Mrs. Yvonne de Rothschild, die Mutter von Sir Evelyn, des Chefs der Familienbank der Rothschilds, die mir mit ihrer Unterschrift Zugang zu den zionistischen Kreisen verschaffte; Mrs. Ruth Cohen, eine reizende und kluge mütterliche Dame aus dem Londoner Norden, sorgte dafür, daß ich bei »anständigen und seriösen« Familien zum Tee oder zum Sonntagsessen eingeladen wurde; und schließlich die eindrucksvolle Mrs. Schwab, die Gattin eines Rabbiners aus Hampstead und die Großmutter von Julia Neuberger, die heute selbst als Leiterin einer jüdischen Gemeinde tätig und in den britischen Medien immer wieder präsent ist, die meine Lebenssituation grundlegend änderte. Das Leben in der Pension war zermürbend. Das ständige Kommen und Gehen im King's Cross konnte recht gefährlich sein. Betrunkene torkelten nachts in mein Zimmer, und hinter den dünnen Wänden spielten sich Ehekrisen ab. Mrs. Schwab gelang es, mich bei einer Familie der Plymouth Brethren, einer christlichen Bruderschaft, in Parliament Hill Fields, Highgate, unterzubringen.

Seit meiner Ankunft in England waren vier Monate vergangen, als ich meine Koffer den schneebedeckten Hügel hinaufschleppte und die Orgelmusik hörte, die aus dem Doppelhaus drang, meinem neuen Zuhause. Mr. Smythe, ein bescheidener Staatsbeamter im Zollamt Seiner Majestät, war ein freundlicher, tief religiöser Mann. Seine temperamentvolle italienische Frau und seine Familie nahmen mich bei sich auf, als ob ich schon immer zu ihnen gehört hätte. Man gab mir ein gemütliches Zimmer, und ich nahm alle Mahlzeiten mit der Familie ein. Die Smythes waren überzeugte Christen, die trotz ihres Bekehrungseifers bald merkten, daß ich nicht zu gewinnen war. Trotzdem fanden wir Freude daran, daß wir uns mit den Gemeinsamkeiten zwischen Altem und Neuem Testament zu trösten vermochten. Beinahe jeden Sonntag begleitete ich die Familie zum Picknick in den Londoner Norden, zu Mr. Jacob, dem Oberhaupt der Bruderschaft. Mr. Jacob war ein älterer Herr, hager und unverheiratet, von Beruf Buchhalter. Er wohnte bei seiner Schwester, Miss Jacob, die in aufopferungsbereiter Hingabe für fünfzig bis sechzig Gläubige Gurkensandwiches vorbereitete. Wir sangen Choräle, deuteten die Schrift und schwelgten in dem Gefühl interkonfessioneller Verbundenheit. Die Hälfte der Gäste waren Flüchtlinge wie ich, und ein paar von ihnen traten auch tatsächlich zum neuen Glauben über. Sie erhielten Unterstützung bei der Ausübung ihres Berufs und gründeten zumeist kleine Läden oder Büros, oder man bezahlte ihnen die Überfahrt über den Atlantik.

Zu den Mitgliedern der Plymouth Brethren im Norden Londons zählten auch Mr. und Mrs. Crosland, deren Sohn Tony einer der bekanntesten Labour-Politiker im England der Nachkriegszeit war. Er war der Verfasser eines der besten theoretischen Werke über den demokratischen Sozialismus. Immer wenn Tony Crosland und ich uns – Jahrzehnte später – trafen, tauschten wir Erinnerungen aus an die strenge, aber rührend hilfsbereite freikirchliche Sekte des englischen Protestantismus.

Mit Mr. Jacobs Hilfe und mit der Unterstützung meiner Gastgeber gelang es, meinen Vater und meine Mutter aus Wien nach England in Sicherheit zu bringen. Kurz vor Kriegsausbruch kam mein Vater durch eine Reihe glücklicher Umstände frei. Da ihm zusammen mit anderen einflußreichen Wiener Juden, die angeklagt waren, in den Tagen vor dem Anschluß gegen die Interessen der Nazi-Bewegung konspiriert zu haben, ein Schauprozeß gemacht werden sollte, wurde er langen Kreuzverhören unterzogen. Da er den Fragen geschickt auswich und die Namen einiger prominenter österreichischer Politiker und Bankiers nicht preisgab, die im politischen Spiel auf beiden Seiten mitgemischt hatten, gewann er die Dankbarkeit eines Mannes, der mittlerweile in der NS-Hierarchie zu hohem Rang aufgestiegen war. Dieser sorgte dafür, daß mein Vater aus der Haft entlassen wurde und das geplante Gerichtsverfahren nicht stattfand. Am Tag seiner Entlassung im Juni

1939 erhielt mein Vater eine Nachricht aus derselben Quelle: Man riet ihm, seine Koffer zu packen und so schnell wie möglich das Land zu verlassen, denn nun befand er sich außerhalb des ohnehin unzureichenden Gesetzes, und es bestand die Gefahr, daß er in ein Konzentrationslager gebracht wurde. Meine Eltern flohen über den Brenner nach Italien, wo sie auf Visa für England warteten. Mr. Jacob und Mr. Smythe übernahmen die volle finanzielle Garantie für ihren Aufenthalt in England.

Durch einen anderen Kontakt gelang es, das britische Innenministerium zu überzeugen, daß meine Eltern nicht länger als nötig in England bleiben würden. Dieser Kontakt war das Ergebnis einer seltsamen Begegnung im Regent Palace Hotel. Eines Abends sprach mich ein kleiner Mann in einem riesigen Pelzmantel an, begleitet von seiner platinblonden, französisch sprechenden Ehefrau und deren lasziv aussehenden Freundin: »Ich beobachte Sie seit einer Weile. Sie sprechen gut Französisch und Italienisch, Ihrem Akzent nach zu urteilen sind Sie doch sicher Österreicher. Ich hätte eine Arbeit für Sie. Ich benötige einen Übersetzer und Korrespondenten. Hier ist meine Visitenkarte. Rufen Sie mich morgen vormittag an.«

Am nächsten Tag rief ich ihn im honduranischen Konsulat an, wo er Honorarkonsul war. Er hieß Andrej Rubinstein und war der Sohn eines berühmten Bankiers im St. Petersburg der Zarenzeit, der Rasputins Finanzberater gewesen sein soll. Sein Bruder war Sergej Rubinstein, der in einen riesigen amerikanischen Bankskandal verwickelt war und von der Mafia erschossen wurde.

Der Generalkonsul bot mir zwei Pfund die Woche an; dafür sollte ich Geschäftsbriefe übersetzen und in seinem Büro bei Verhandlungen dolmetschen. Er wußte sehr wohl, daß ich keine Arbeitserlaubnis besaß, doch diese geheime Mitwisserschaft knüpfte ein festes Band zwischen uns. Nachdem ich vier oder fünf Wochen für ihn gearbeitet hatte, merkte ich, daß der Inhalt der Korrespondenz äußerst rätselhaft war: Mancher Brief schien eine Aneinanderreihung von bedeutungslosen Codewörtern zu sein. Nach und nach erkannte ich, worin Rubinsteins Geschäfte bestanden. Er kaufte Versorgungslieferungen für die Spanische Republik und informierte dann ein Büro in Genf, wohin diese Lieferungen unterwegs waren und wo sie von der Franco-Seite am besten abgefangen werden konnten. Durch ein Versehen seinerseits entdeckte ich, daß er mit beiden Seiten des Spanischen Bürgerkriegs Waffenhandel betrieb. Da bekam ich Angst und überlegte, wie ich mich am besten aus dieser Affäre ziehen konnte. Ich sagte ihm, mein Studium nehme mehr Zeit in Anspruch, als ich geglaubt hatte, und deutete an, es sei für mich unschicklich, während seiner langen Abwesenheiten so häufig in Begleitung seiner Frau gesehen zu werden. Doch bevor ich mich endgültig verabschiedete, bat ich ihn um einen letzten Gefallen – mir honduranische Visa für meine Eltern zu beschaffen, damit sie als Transmigranten nach England kommen konnten. Rubinstein wandte ein, dies sei sehr schwierig und kostspielig. »Sehen Sie«, meinte er, »ich müßte einem gewissen Señor Gomez und einem gewissen Señor Hernandez und anderen Beamten in Tegucigalpa Geld bezahlen, und zwar nicht wenig: dreißig Pfund.« Natürlich besaß ich keine dreißig Pfund, was ich ihm auch sagte. »Ja«, erwiderte er, »aber Sie haben immer noch den Pelzmantel Ihres Vaters – ich nehme ihn dafür in Zahlung.« Und auf diese Weise kamen meine Eltern zu ihren honduranischen Visa und ihrer Einreiseerlaubnis nach England.

Obwohl ich jetzt ein Zuhause hatte, besuchte ich auch weiterhin regelmäßig das Regent Palace Hotel, schloß Freundschaft mit hübschen skandinavischen Au-pair-Mädchen, die an ihren freien Tagen dorthin kamen, und verliebte mich in eine junge schwedische Studentin. Sie arbeitete halbtags als Kindermädchen für eines der Kinder des schwedischen Botschafters Björn Prytz, der sich später im Krieg mit seinen Bemühungen um einen Frieden zwischen England und Deutschland einen Namen machte. Nur der Ausbruch des Krieges bewahrte mich vor dem gefährlichen Schicksal einer Verlobung und Heirat.

Nachdem mich Mrs. de Rothschild im Flüchtlingskomitee über meine politischen Ansichten befragt und erfahren hatte, daß ich in der zionistischen Jugendbewegung in Wien aktiv gewesen war, schickte sie einen Brief an Arthur Lourie, den damaligen politischen Sekretär von Dr. Weizmann, dem Vorsitzenden der Zionistischen Weltorganisation in der Great Russell Street Nr. 77. Obwohl sie den Zionismus keineswegs befürwortete, erkundigte sie sich dort, ob man nicht eine meinen Fähigkeiten entsprechende Aufgabe hätte.

Arthur Lourie, ein kluger Südafrikaner, stammte aus einer prominenten jüdischen Familie und hatte in Cambridge studiert. Er leitete

Dr. Weizmanns politisches Büro zusammen mit einer eifrigen nichtjüdischen Zionistin, Miss Doris May, die eng mit Dr. Weizmann verbunden war und später völlig überraschend eine ebenso eifrige Mitarbeiterin David Ben Gurions war. Ich führte ein längeres Gespräch mit Arthur Lourie und Miss May, die meine Ausbildung an der Konsularakademie interessant fanden. »Wenn Sie doch nur Arabisch könnten«, sagten sie, »dann hätten wir eine Aufgabe für Sie.« Das war die diplomatischste Abfuhr, die ich bis dahin erhalten hatte. Zum Glück betrat in diesem Augenblick Louries Bruder Norman den Raum. Er war Filmregisseur, Geschäftsmann und ein einflußreicher Zionist. Er meinte: »Ich brauche einen jungen Mann, der mir halbtags hilft; es geht um eine Werbekampagne zur Gründung einer unabhängigen jüdischen Brigade in der britischen Armee. Es wird bald Krieg geben, und wir müssen uns darauf vorbereiten.« Ich mußte Artikel schreiben und für die Schweiz englische Aufsätze ins Französische und ins Deutsche übersetzen; zwar wurde ich praktisch nicht dafür bezahlt, doch nahm Norman mich ständig mit zu opulenten Abendessen. Bei solchen Anlässen lernte ich auch die zionistische Führungsschicht kennen.

Norman Lourie blieb mein Freund bis zu seinem Tod. Im Jahr 1950 heiratete er die Tschechin Alena, die er bei Filmarbeiten in einem israelischen Einwandererlager kennengelernt hatte. Sie und ihre Zwillingssschwester waren mit der Familie aus Prag gekommen; einen Teil des Krieges hatten sie in Auschwitz und Theresienstadt verbracht. Es waren außergewöhnliche, hochintelligente Mädchen; ich schloß mit beiden eine lebenslange Freundschaft. Alena Lourie lebt heute in Genf. Irena fand ihr Glück in einer Ehe mit Lane Kirkland, dem langjährigen Chef der American Federation of Labour und des Congress of Industrial Organization, der amerikanischen Gewerkschaft. Seine unermüdliche Tätigkeit im Kampf gegen den Kommunismus in Osteuropa sowie seine moralische und materielle Unterstützung für die polnische Gewerkschaft Solidarnosć haben ihm großen Respekt eingebracht.

Great Russell Street Nr. 77 war in der Zeit vor dem Münchener Abkommen und dem Ausbruch des Kriegs ein Zentrum politischer Aktivität. Der düsteren Zukunft des europäischen Judentums nach dem Aufstieg Hitlers war man sich nirgendwo schmerzlicher bewußt als in jenem Eckhaus in Bloomsbury. Wenn man dort bekannt war, hatte man Zugang zu den Büros der leitenden Mitarbeiter – bis auf eines, das von Weizmann. In Bloomsbury lernte ich den Historiker Lewis Namier kennen. Er war ein eifriger Zionist und hätte der erste Außenminister des neugegründeten Staates Israel werden können, wäre er nicht durch seine Ehe mit einer Griechisch-Orthodoxen zum Christentum konvertiert. Er entzweite sich mit Weizmann und wurde zum »gefallenen Engel« des Zionismus.

Selig Brodetzky, Mathematikprofessor an der Universität Leeds, war ebenfalls in Weizmanns politischem Büro tätig. Er war ein überzeugter Anhänger Weizmanns und verlor den Machtkampf gegen Ben Gurion nach Kriegsende. Meine erste Begegnung mit zwei anderen großen Persönlichkeiten des Zionismus, dem Organisationstalent Berl Locker und dem großen Theoretiker der zionistischen Arbeiterbewegung, Berl Katzenelson, kam auf höchst unkonventionelle Weise zustande. Ich stürmte ins Zimmer, die Druckfahnen eines leidenschaftlichen Artikels über den Negev in der Hand, und sah, wie sie auf dem Boden kauerten und versuchten, im Kamin ein Feuer zu entfachen. »Wußten Sie eigentlich, daß wir gelernte Klempner sind, Weidenfeld?« rief Locker. »Lügner«, konterte Katzenelson boshaft, »du hast noch keinen einzigen Tag deine Hände zum Arbeiten gebraucht. Du bist ein Schreibtischmensch, ein *Luftmensch.*« Was als liebenswerte Neckerei begann, endete als handfester Streit zwischen den beiden Berls, und ich schlich mich auf Zehenspitzen aus dem Zimmer.

Zwei weitere Männer, die ich in dieser Zeit kennenlernte, beeindruckten mich auf andere Weise. Der eine war Orde Wingate, Hauptmann der britischen Armee, der sich mit Feuereifer dem Zionismus verschrieben hatte. Er war einer der Hauptverantwortlichen für das Gesamtkonzept und für die Organisation der jüdischen Selbstverteidigung in Palästina. In seinen »Nachteinheiten« wurden junge jüdische Siedler ausgebildet – unter anderem Moshe Dayan und Yigal Allon –, die während der ersten großen Araberunruhen gegen irreguläre arabische Truppen kämpften; bis zu seinem Tod im burmesischen Dschungel, wo er als Anführer der berühmten Chindits im Einsatz war, glaubte Wingate unerschütterlich an die jüdische Sache. Noch vor dem Krieg warb er für eine jüdische Brigade; dabei stieß er auf den entschiedenen Widerstand sowohl des britischen Kriegsministeriums als auch des Kolonialministeriums, die beide eindeutige Sympathien für die arabische Mehrheit in Palästina hatten.

Der zweite, den ich in der zionistischen Bewegung kennenlernte, war Theodore Zissiu, der Sohn eines reichen rumänischen Geschäftsmanns. Er hatte die Cambridge University besucht und widmete sein Privatvermögen, seine Zeit und Energie einem Anliegen, dem er sich voll und ganz verschrieben hatte: dem Negev, jenem großen Wüstenstreifen im Süden Palästinas, der heute beinahe vierzig Prozent des Territoriums von Israel ausmacht, jedoch nur von zehn Prozent der Bevölkerung bewohnt wird. Zionistische Führer hatten jenem größtenteils menschenleeren Landstrich nie viel Aufmerksamkeit gewidmet, da sie sich nicht vorstellen konnten, daß es in fruchtbares Land verwandelt werden und für mehr als eine Million Siedler Lebensraum und Wohlstand bieten könnte. Stragetisch betrachtet war der Negev die Landverbindung zwischen Ägypten und dem nördlichen Teil der arabischen Welt; im Negev siedelte außerdem keine große arabische Bevölkerungsgruppe. Zissiu investierte Tausende von Pfund und beauftragte Kartographen, Geologen und Ökonomen mit Untersuchungen im Negev; er trug Gründe dafür zusammen, daß man dem zionistischen Programm eines zukünftigen souveränen Staates einen Zusatz hinzufügen müsse, in dem ein Anspruch auf dieses Gebiet erhoben wird. Seine Begeisterung steckte mich an, und ich verbrachte viel Zeit damit, ihm behilflich zu sein. Ich verfaßte Reden und Memoranden, in denen die jüdische Führerschaft aufgefordert wurde, die britischen Behörden zu überzeugen, im Negev Konzessionen zu vergeben. Leider fiel Zissiu schon zu Anfang des Kriegs, in dem er auf der Seite der Armee des Freien Frankreichs kämpfte. Hätte er den Krieg überlebt, wäre ihm eine bedeutende Rolle im Staat Israel zugefallen. Sein Name ist heute fast vergessen, aber immer wenn ich mich in Beersheva aufhalte, der blühenden und wachsenden Hauptstadt des Negev, versuche ich die Stadtväter zu überzeugen, diesem außergewöhnlichen Mann, einem der ersten in London, mit dem ich Freundschaft schloß und der seine Träume mit mir teilte, ein Denkmal zu errichten oder eine Straße nach ihm zu benennen.

So übte ich verschiedene freiberufliche Tätigkeiten aus und engagierte mich im zionistischen Lager, aber gleichzeitig suchte ich eine dauerhaftere und solidere Beschäftigung. Einen geradezu absurden Vorschlag machte mir ein etwas mürrischer, aber wohlmeinender einflußreicher Banker, Eric Waley, der mit den Rothschilds verwandt war und gute Beziehungen zu Österreich hatte: Ich sollte, so schlug er vor, Börsenmakler werden und mich dabei besonders um die wohlhabenderen Flüchtlinge kümmern, die ich überzeugen sollte, in britische Aktien zu investieren. Er schickte mich zu Bob Maurice, einem vornehmen Mitarbeiter der Firma Schweder & Company, der am Königshof ein und aus ging und zu dessen Klientel unter anderem vornehme ältere Damen zählten sowie ein ältliches unverheiratetes Mitglied des britischen Königshauses, Prinzessin Helen Victoria, und deren jüngere Schwester, Prinzessin Marie Louise.

Er stellte mich als Praktikant ein. Wie man es von mir erwartete, ließ ich mir einen teuren Dreiteiler mit zweireihiger Weste schneidern und kaufte mir einen dunkelgrauen Filzhut sowie einen Regenschirm. Im Büro saß ich auf einem hohen Stuhl zwischen einem jungen Angestellten, dessen Cockney-Englisch für mein ungeübtes Ohr eher wie Baskisch oder eine Berbersprache klang, und einem leichtlebigen, an der Arbeit gänzlich uninteressierten Sprößling einer der großen Bankdynastien Englands, der in eine fremde Firma geschickt worden war, um das Bankgeschäft von der Pike auf zu lernen. Sechs Wochen lang wurde ich in die Prozent- und Promillewerte des Kommissionsgeschäfts und in die Grundelemente des Wertpapiermarkts eingeweiht. Mr. Maurice, der Chef, kümmerte sich ganz besonders um mich und gestattete mir sogar, mit ihm durch die City zu gehen. Wenn er seinen Zylinder antippte, um Kollegen aus der Branche zu grüßen, konnte man an seinem Verhalten und dem Klang seiner Stimme erkennen, wie er sein Gegenüber einschätzte. Mr. Maurice nahm mich auch zum Essen mit seinen älteren Kundinnen mit. Einmal wurde ich sogar zu einem Abendessen mit Prinzessin Marie Louise aus dem englischen Königshaus und ihrer Hofdame in dem ungarischen Restaurant in der Lower Regent Street eingeladen.

Allmählich wurde ich mir der gesellschaftlichen Nuancen innerhalb der englischen jüdischen Gemeinde und unter den Flüchtlingen bewußt. Durch Mrs. Ruth Cohen erhielt ich Zutritt zu den Teepartys der Beamtenaristokratie von Hampstead. Im Haus von Sir Leon Simon, dem Postdirektor, der ein großer hebräischer Gelehrter war, fiel ich in Ungnade, weil ich einen vergoldeten Stuhl zerbrach, und Lady Simon verbannte mich aus ihrem Salon. Der Historiker Cecil Roth lud mich zum Essen im Familienkreis ein, und anschließend machten wir lange

Spaziergänge in Hampstead Heath. Der letzte Gesandte des freien Österreich in Großbritannien, Baron Frankenstein, bei dem ich besonders herzlich durch »Pipsi« Schey eingeführt worden war, sagte ganz unverblümt zu mir: »In gewisser Weise ist Ihre Lage typisch österreichisch: hoffnungslos, aber nicht ernst. Ich kann Ihnen zwar keine Arbeit verschaffen, aber dafür Einladungen. Sie sind doch musikalisch, nicht wahr? Nun, es besteht ein Bedarf an Gästen für private Kammermusikkonzerte, und anschließend gibt es immer ein gutes Essen.« So nahm ich an zahllosen Dinners teil und kam in den Genuß von eindrucksvollen Konzerten, die jeweils vor oder nach dem Essen stattfanden.

Die Crème der mitteleuropäischen Flüchtlinge stellten jene, die bereits mindestens zehn Jahre früher in weiser Voraussicht einen Großteil ihres Geldes nach England gebracht, Landgüter oder Häuser in der Stadt gekauft und sich mit dem Landadel, der die Jagd liebte, oder dem Patriziat von Kensington und Mayfair zusammengetan hatten. Zwar wurden sie von den anderen Adeligen als Flüchtlinge betrachtet, sie selbst aber blickten verächtlich auf die Neuankömmlinge herab. Sie pflegten den Umgang mit englischen Prominenten, und einige von ihnen duzten sie. Sie beurteilten Referenzen, Redeweise und Kleidung anderer Leute kühl und argwöhnisch. »Vergeude mit dem bloß nicht deine Zeit, der ist ein Emigrant«, flüsterte die vornehme Bankiersgattin, Frau E., ihrer Tochter ins Ohr, als sie sich nach mir erkundigte.

Am freundlichsten aus diesem Kreis war Vera Reiss, eine feine Dame, die mit einem Wiener Arzt verheiratet war – dem ersten Nichtadeligen nach drei aristokratischen Ehen. Sie war keine Jüdin, die Familie ihres Vaters zählte vielmehr zu den Mitbegründern des mächtigen deutschen I.G.-Farben-Konzerns, doch sie war ihrem jüdischen Gatten ins Exil gefolgt. Vera erwies sich als großzügige Gastgeberin. Sie lud englische Honoratioren und bedeutende ausländische Persönlichkeiten ein, aber auch Mittellose und Flüchtlinge jeden Alters und jeden Standes. Sie stiftete gern Ehen und hatte auf diesem Gebiet beachtliche Erfolge zu verzeichnen: Sie fand passende Ehemänner für ihre bunt zusammengewürfelte Gruppe von jungen Wiener Damen, raffinierten Abenteurerinnen oder angehenden Künstlerinnen. Eine dieser jungen Damen, eine vollschlanke Blondine aus Wien, wurde von Vera zu einem Wohltätigkeitsball im Dorchester geschickt, um

Fähnchen und Programmzettel zu verkaufen. Ein Kunde kaufte ein Fähnchen und einen Programmzettel – und heiratete die hübsche Verkäuferin. Es war der Sultan von Johor, einer der reichsten Männer der Welt; als Sultanin verbrachte Marcella Mendel den Krieg auf ihrem exotischen Thron mehr oder weniger als Gefangene der Japaner.

Die tragischste aller von Vera gestifteten Ehen war die der jungen Schauspielerin Gerd Marburg, die mit Veras Ehemann eine Affäre begann, während sie noch in deren Haus lebte. Als Vera erkannte, daß die Gefühle der beiden echt und intensiv waren, beging sie Selbstmord. In ihrem Abschiedsbrief wünschte sie ihnen alles Gute. Der zutiefst erschütterte Arzt, der mehr als dreißig Jahre lang mein Hausarzt war, fand nicht das Glück, das er sich erhofft hatte, und seine letzte Ehe endete tragisch.

Das Leben eines jungen Exilanten, der ständig dem Reiz des Neuen ausgesetzt war und enttäuschte Hoffnungen und heimliche Abenteuer zu bestehen hatte, vollzog sich natürlich vor dem Hintergrund der sich zuspitzenden Lage in Europa. Österreicher, Deutsche und Tschechen wünschten nichts sehnlicher als das Ende des Nationalsozialismus in Deutschland, und wir erhofften von den Westmächten, daß sie Hitler aufhielten, wenn nötig mit Gewalt. Doch gleichzeitig lebten wir in Angst und sorgten uns um unsere Verwandten und Freunde. Jeder von uns hatte einen Angehörigen, einen Bruder, eine Geliebte, die sich noch im Machtbereich Hitlers befanden und auf deren Befreiung wir hofften. Ich erinnere mich, daß ich in den Tagen vor dem Münchener Abkommen in meinem Zimmer am Boden kniete und inständig darum betete, daß meine Eltern überlebten und Hitler von Gott bestraft und vernichtet werde. Jeden Tag lasen wir den *Evening Standard*, in dem immer wieder von einem neuen Nazi-Putsch berichtet wurde. Im August 1938 gingen ein paar befreundete Flüchtlinge und ich zur Speakers' Corner, fasziniert von der geradezu exzessiven Redefreiheit. Da kam eine Gruppe der Faschistischen Union von Oswald Mosley auf uns zu. Wir waren eindeutig als Flüchtlinge zu erkennen, und bald umzingelten sie uns. Höhnische Bemerkungen, Beschimpfungen, drohend erhobene Fäuste. Da tauchten plötzlich wie aus dem Nichts zwei britische Bobbys auf, einsachtzig groß, die Arme auf dem Rücken verschränkt. Sie blieben einfach nur stehen, und die bedrohliche Truppe verschwand. Wir gingen weiter, erschrocken und erleichtert, doch vor allem tief beeindruckt. Eine halbe Stunde später saßen wir, immer noch schweigend, im nahegelegenen Lyons Corner House vor unseren Kaffeetassen – wir waren damals noch keine Teetrinker.

Als Hitler im März 1939 in Prag einmarschierte und Neville Chamberlain allmählich erkannte, was vor sich ging, schlug die Stimmung im Land beinahe über Nacht um. Der Krieg erschien unvermeidlich, und es begannen fieberhafte Vorbereitungen für den nationalen Notstand. In der letzten Phase der Tschechoslowakei-Krise schlug mein Gastgeber eines Tages beim Frühstück die *Times* auf. Er las stets zuerst das Bibelzitat und dann die Rubrik »Stellenangebote«. An jenem Tag entdeckte er eine riesige Anzeige. Die BBC suchte sprachbegabte Ausländer für den Aufbau eines Abhördienstes. »Turli, das ist Ihre Chance«, rief Mr. Smythe begeistert aus. Ich war mir sicher, daß ich für diese Tätigkeit nicht in Frage kam, angesichts meines Alters und meiner mangelnden Erfahrung, und daß es unter den Flüchtlingen ein Heer von hervorragenden Experten aller Art gab. Doch Mr. Smythe bestand darauf, daß ich mich bewerben sollte. »Das heutige Bibelzitat ist sehr verheißungsvoll.«

Am gleichen Nachmittag ging ich ins Regent Palace Hotel, da ich gehört hatte, daß es im ersten Stock einen Schreibdienst für ausländische Geschäftsleute gab. Eine Frau mit glattem dunklem Haar, dichten Wimpern und langen Fingernägeln saß an einem Schreibtisch. Für zweieinhalb Schilling setzte sie Briefe für Kunden auf, die ihr in einem seltsamen Kauderwelsch erklärten, was darin stehen sollte. Ich zeigte ihr die Annonce und nannte meine Qualifikationen. Nach diesen Angaben verfaßte sie einen tadellosen Brief. Innerhalb von zwei Wochen erhielt ich ein Antwortschreiben der Personalabteilung der BBC, die mich zu einer Französischprüfung einlud. Bei diesem Test fühlte ich mich, als sollte ich der Fremdenlegion beitreten. Neben mir auf den langen Bänken saßen ein weißrussischer Prinz, ein portugiesischer Kolonialarzt, ein maltesischer Zirkusimpresario und eine Schar bebrillter mitteleuropäischer Intellektueller, manche mit Wörterbüchern unter dem Arm. Wir schrieben auf englisch die Zusammenfassung eines langatmigen französischen Rundfunkvortrags über Militärmanöver in den Alpen und danach das Resümee einer kurzen Nachrichtensendung von Radio Paris mit Pressekommentaren zu Hitlers Überfall auf die Tschechoslowakei.

Drei Wochen später erhielt ich einen zweiten Brief, in dem ich aufgefordert wurde, zu einem persönlichen Gespräch ins Rundfunkhaus zu kommen. Ein untersetzter Beamter und ein behäbiger, lässig gekleideter Redakteur stellten mir eindringliche Fragen: Hatte ich jemals einer extremistischen Organisation angehört – den Nazis oder den Kommunisten? Was waren meine Hobbys? Was dachte ich über die Engländer? War ich emotional stabil? Was empfand ich für mein Heimatland? Ich antwortete, so gut ich konnte. Dann sagte man mir, man werde mich über das Ergebnis schriftlich benachrichtigen. Mitte Juni erhielt ich einen Brief, daß die BBC mich für drei Monaten beziehungsweise für die Dauer des nationalen Notstands, das heißt also möglicherweise auch kürzer als drei Monate, einstellen wolle.

Als meine Eltern Ende Juni schließlich in England eintrafen, konnte ich also bereits mit der guten Nachricht aufwarten, daß ich bald eine Arbeit bei der BBC bekommen würde. Als ich an der Victoria Station auf den Zug wartete, war ich doppelt aufgeregt: Ich freute mich, meine Eltern wiederzusehen, und hatte den dringenden Wunsch, ihnen London in seiner ganzen Herrlichkeit zu zeigen. Obwohl sie nach ihrer langen Reise nichts sehnlicher wünschten, als so schnell wie möglich nach Parliament Hill Fields zu kommen, waren sie zu liebenswürdig, um meinen Enthusiasmus zu dämpfen. Und so schleppte ich sie den ganzen Weg vom Bahnhof nach Highgate zu Fuß hinter mir her. Sie hatten auf der Reise eine ganze Reihe von Abenteuern erlebt. In Italien waren sie von dem Führer ausgeraubt worden, der sie über die Grenze gebracht hatte, und als sie schließlich in Paris angekommen waren, hatten sie ihre Ersparnisse aufgebraucht. Mr. Smythe mußte ihnen für die letzte Wegstrecke nach London das nötige Geld schicken.

Meine Eltern wohnten ein paar Monate bei Mr. und Mrs. Smythe, und als ich schließlich meine Stelle bei der BBC antrat, mietete ich für sie Zimmer in einem Bauernhaus bei Stroud, etwa eine Stunde von meinem Arbeitsplatz im West Country entfernt. Für meine Mutter mit ihrem Asthma und meinen Vater mit seinen angespannten Nerven wäre ein Leben in London in der Kriegszeit schwierig gewesen. Obwohl mein Vater mit seinen fünfzig Jahren ein verhältnismäßig junger Mann war, ist er nie wieder in seinen Beruf zurückgekehrt. Statt dessen wandte er sich seiner früheren Leidenschaft zu und unterrichtete Griechisch und Latein an humanistischen Gymnasien und privaten

Lehrinstituten, wo er sich einen guten Ruf erwarb. Lange Jahre war er ein gefragter Nachhilfelehrer für Oxford-Aspiranten; er hatte Privatschüler und genoß es sehr, lesen und lehren zu können. Doch England war und blieb für ihn eine kuriose und seltsame Welt, die er zwar bewunderte, aber nicht verstand. Unmerklich hatten wir einen Rollentausch vollzogen: Zwar gaben mir meine Eltern weiterhin gute Ratschläge und ihre uneingeschränkte Liebe, doch jetzt waren sie die unwissenden Kinder, und ich wurde ihr Hüter und Pfleger – eine Rolle, die ich übernahm, solange sie lebten.

Meine Mutter starb 1983 im Alter von neunundachtzig Jahren. Mein Vater, der meine berufliche Laufbahn mit blindem Vertrauen verfolgte und mein Versagen und meine Schwächen zu gegebener Zeit scharf verurteilte, starb 1967 als enttäuschter, jedoch durchaus nicht unglücklicher Mann. Von großen inneren Kraftquellen gestärkt, hatte er seine gesamte emotionale Energie der Sorge um seinen einzigen geliebten Sohn geopfert.

KAPITEL V

Krieg und Propaganda

ENDE JULI ERHIELT ich eine Vorladung der BBC, und zehn Tage vor Ausbruch des Krieges bestieg ich gemeinsam mit fünfundzwanzig anderen einen Bus vor dem Sendehaus. Keiner von uns kannte das Ziel. Im BBC-Jargon nannte man diesen Bus Mayflower-Bus in Anlehnung an die Pilgerväter, denn die kleine Gruppe vom Abhördienst wuchs im Laufe der Zeit auf insgesamt 184 Mitarbeiter an. Wir gehörten zu der neugegründeten Abteilung BBC mit dem Namen »Overseas Intelligence Department«, und unser Arbeitsplatz war Wood Norton, ein weitläufiges Herrenhaus bei Evesham in Worcestershire, das einst die Residenz des französischen Königs Louis Philippe von Orleans gewesen war, der Mitte des 19. Jahrhunderts hier im Exil gelebt hatte. Die Lilie, das Emblem des französischen Königswappens, schmückte beinahe jeden Raum. Wir wurden in Evesham einquartiert, einem freundlichen, am Avon gelegenen Marktflecken mit vielen Gärten. Mir wurde ein Zimmer bei einem älteren Ehepaar zugewiesen, und ich erinnere mich, daß der Mann Tag für Tag seine Verwunderung über den Zustrom der vielen mehrsprachigen Besucher zum Ausdruck brachte und die Frau mich mit ihren zahlreichen komischen Wortverdrehungen immer wieder verblüffte. Sie sagte beispielsweise, ich sei »morose« (mürrisch), wenn sie »thoughtful« (nachdenklich) meinte, benutzte »resilient« (voller Spannkraft) für »responsive« (aufgeschlossen) und »cataract« (Katarakt) für »catastrophe« (Katastrophe).

An den Wochenenden lud gewöhnlich eine bekannte Familie mit ausgedehnten Besitztümern auf dem Land und einer führenden Stellung in der Londoner Bankenwelt die ausländischen BBC-Mitarbeiter des Abhördienstes zum Tee ein. Bei einer solchen Gelegenheit wandte sich die Gastgeberin, die aussah wie eine Patrizierin aus der viktorianischen Zeit, an mich und meinte: »Wie ich höre, kommen Sie aus Deutschland. Kannten Sie die Görings?« Es gelang mir angesichts dieser unfaßbaren Mischung von Ignoranz und Naivität nur mit Mühe, meine Verblüffung zu verbergen. Ich stotterte, ich hätte in Wien gelebt, während die Görings sich doch in Berlin befänden.

Wir arbeiteten in drei Schichten und hörten täglich jeweils acht Stunden feindliche Rundfunksendungen ab. Nach jeder Sendung mußten wir das Wesentliche an zwei Kontrollbeamte weitergeben, von denen der eine für die allgemeinen Nachrichten und der andere, der intern »Blitz«-Beamter hieß, für überraschende Zwischenmeldungen zuständig war. Dann begaben wir uns in kleine Kabinen und diktierten »handverlesenen« Sekretärinnen eine Zusammenfassung des Gehörten. Wie es der strengen Rekrutierungspolitik der BBC entsprach, wurden keine Sekretärinnen eingestellt, die intern CTs (commercial types) genannt wurden, also aus den großen Schreibbüros stammten. Ich verdanke der unbekannten Sekretärin von Wood Norton sehr viel, denn sie war Redakteurin und Sprachlehrerin in einem. Alle waren geduldig, einsatzfreudig und arbeiteten höchst effizient. Unsere Zusammenfassungen der ausländischen Rundfunksendungen wurden im sogenannten »Daily Digest« gesammelt und anschließend den Produktionsstellen der BBC sowie Regierungs- und Militärstellen zugänglich gemacht.

Wood Norton wurde jedoch bald zu klein, und nur die ranghöheren Mitarbeiter in der Verwaltung behielten ihre Büros im Hauptgebäude; wir wurden in Holzbaracken untergebracht. Wenige hundert Meter von dem Arbeitsbereich meiner Gruppe entfernt lagen weitere Baracken, die durch Stacheldraht abgeschirmt waren. Dies war die geheimnisvolle Einheit »Y«, die ebenfalls im Abhördienst tätig war, über ihre Arbeit jedoch Stillschweigen bewahren mußte; allerdings kursierten zahlreiche Gerüchte. Ihre Aufgabe bestand darin, unverständliches Rauschen, Notsignale von Schiffen und Flugzeugen, verdächtige Geräusche in der Luft sowie Codesignale aufzuspüren, aufzuzeichnen und zu transkribieren. Doch im Clubhaus von Evesham, in den einheimischen Hotels und Pubs trafen sich Mitarbeiter des Abhördienstes und Kontrollbeamte und bildeten eine fröhliche Gemeinschaft. Nach und nach zogen immer mehr BBC-Programmabteilungen hierher, und bald hatten wir mehrere Orchester, die Hörspielabteilung der BBC und einen Großteil der Musikabteilung in unmittelbarer Nachbarschaft. Mit ihnen kamen interessante und begabte Männer und

Frauen, darunter Gilbert Harding, ein ehemaliger Lehrer, der nach dem Krieg eine steile Fernsehkarriere machte, Archie Gordon, der spätere Marquis von Aberdeen, der bei der BBC für politische Berichterstattung zuständig war, sowie Leonard Schapiro, der sich später als Kreml-Spezialist und Professor an der London School of Economics einen internationalen Namen machte.

Mit den britischen Kriegsvorbereitungen wuchs auch die Zahl der fremdsprachigen BBC-Sendungen, und die Auslandsabteilungen zogen in unsere Nähe: der BBC-Nahostdienst mit seinen leitenden Beamten, allesamt Absolventen von Cambridge und London, Araber und Türken sowie der gesamte Lateinamerikadienst mit seinen zahlreichen Unterabteilungen. Meine Einheit war eine bunt gemischte Gruppe. Zu meinen österreichischen Kollegen zählten der später weltberühmte Kunsthistoriker Ernst Gombrich sowie Ilse Barea. Sie war die Tochter eines bekannten Wiener Gymnasiallehrers und Lehrbuchautors, Dr. Pollak. Als glühende Sozialistin war sie beim Februaraufstand 1934 aktiv beteiligt gewesen. Sie war die Lebensgefährtin des von Dollfuß hingerichteten Arbeiterführers Koloman Wallisch. Nach Spanien emigriert, heiratete sie den berühmten republikanischen Schriftsteller Arturo Barea. Ernst Buschbeck war auch dabei. Er wurde nach dem Krieg Direktor des Kunsthistorischen Museums in Wien. Buschbeck war ein wunderbarer und hochgebildeter Konversationsvirtuose, doch er hatte ein Geheimnis: Er selbst war kein Jude, er hatte aber seine Familie in Österreich zurückgelassen und war seiner Geliebten, einer Wiener Jüdin, ins Exil gefolgt; zwei seiner Söhne dienten in der deutschen Armee. Neben Akademikern und Journalisten aus Osteuropa gab es unter meinen Kollegen auch Börsenmakler und Geschäftsleute sowie eine große Zahl von Unbekannten wie mich.

Mir machte die Arbeit Spaß, und ich stürzte mich mit Feuereifer darauf; ich wollte meinen Job gut machen und gleichzeitig mein Englisch verbessern, indem ich viel las. Ganz besonders interessierte ich mich für die rhetorische Prosa des achtzehnten Jahrhunderts und für den hochgestochenen Stil von Historikern des neunzehnten Jahrhunderts wie Macaulay und Trevelyan, Roscoe und John Addington Symonds. Die beiden letzteren kamen sowohl meinem Interesse an der Sprache als auch meiner Faszination für die italienische Renaissance entgegen. Ausflüge auf das Land und Radtouren, Geburtstagsfeiern mit Gästen aus aller Herren Länder und Laienspielgruppen ließen die Zeit wie im Flug vergehen. Ich entwickelte eine Leidenschaft dafür, andere nachzuahmen, und imitierte nicht nur meine unmittelbaren Kollegen und Vorgesetzten, sondern auch die Helden und Schurken aus dem Krieg in Europa, mit deren Stimmen wir von Berufs wegen zu tun hatten. Meine Lieblingsobjekte waren Hitler und Mussolini, und gewissermaßen als Pièce de Résistance spielte ich häufig deren Unterredung vor, die Dr. Schmidt, der bekannte Dolmetscher des »Führers«, leitete. Mein fiktiver Dialog basierte auf einem Bericht der ersten Begegnung Hitlers mit Mussolini in Venedig an einem regnerischen Tag im Jahr 1934. Bekanntermaßen war es ein Desaster gewesen. Damals wurde Mussolini noch von den Westmächten umworben, und Hitler versuchte, die diplomatische Isolation zu durchbrechen und die Sympathie des Duce zu gewinnen. Mussolinis Deutschkenntnisse waren weitaus schlechter, als er selbst zugab, und Hitler sprach kein Wort Italienisch. Sie wurden beide im Laufe des Gesprächs zunehmend mißtrauischer und schlecht gelaunt, und der arme Schmidt versuchte, sie durch absichtlich falsche Übersetzungen zu beschwichtigen. In meiner Version dieser Begegnung schrie Mussolini:

»Schmidt, sagen Sie dem Führer, daß zu der Zeit, als die alten Teutonen noch ordinäre Kannibalen waren, Rom schon die Welt regierte.«

Hitler: »Was hat der Duce gesagt? Deutsche … Kannibalen?«

Schmidt: »Nicht Kannibalen, mein Führer, Hannibal, Hannibal! Sie müssen sich klarmachen, daß der Duce aus einem Teil Italiens kommt, wo das K wie H ausgesprochen wird. Hannibal, Hannibal.«

Im Clubhaus wurde ich oft gebeten, eine Hitler-Rede zu improvisieren – oft zu einem reichlich grotesken Thema. Da ich viele Reden kannte, die Hitler vor und nach seiner Machtergreifung gehalten hatte, war das für mich ein Kinderspiel. Diese Darbietungen hatten eine unerwartete Konsequenz. Eine der populärsten Rundfunksendungen, die wöchentlich zur Hauptsendezeit nach den Abendnachrichten lief, trug den Titel *The Shadow of the Swastika* (*Im Schatten des Hakenkreuzes*) und zeichnete die dramatischen Stationen der Entwicklung des Dritten Reichs nach; dabei wurden Aufnahmen von Hitlers Reden vorgespielt, zu denen Schauspieler eine englische Übersetzung sprachen. Die für Hörspiele zuständige Abteilung war in Räumlichkeiten ganz in der Nähe umgezogen, und die Bänder mit den Hitler-Reden wurden vom Hauptgebäude in London eigens hergebracht. Einmal verhinderten schwere Luftangriffe, daß die Aufnahme rechtzeitig geliefert wurde. Die Sendung konnte ohne diese Aufnahme nicht stattfinden, und der Sendeleiter Laurence Gilliam war mit seiner Weisheit am Ende – bis ihn einer seiner Mitarbeiter darauf aufmerksam machte, daß da doch dieser junge Österreicher sei, der die Stimme des Führers gelegentlich ziemlich gut imitieren konnte. Gilliam ließ mich holen und meinte dann widerstrebend: »Ich denke, wir müssen es riskieren.« Und somit wurde ich dreißig Sekunden lang zum obersten Kriegsherr Deutschlands und brüllte etwa ein Dutzend Standardsätze aus Hitlers Rede, die er nach der Mordaktion nach dem Röhm-Putsch 1934 vor einem Millionenpublikum gehalten hatte. Das war mein Debüt als Rundfunksprecher.

Der Vorfall verschaffte mir ein gewisses Ansehen bei den Programmgestaltern und den Redakteuren der Nachrichtenkommentare, deren Sendungen aus dem nahegelegenen Abbey Manor bis nach Nordamerika und in die Commonwealth-Staaten gelangten. Sie benötigten blitzschnelle Kommentare zu den neuesten Ereignissen und hatten wegen des Krieges häufig Schwierigkeiten, Sprecher aus London herbeizuschaffen. Man holte mich daher immer häufiger als Kommentator zu Personen und Ereignissen in Nazi-Deutschland. Doch die meiste Zeit war ich weiterhin im Abhördienst beschäftigt – für Deutsch, Italienisch und Französisch. Als ich mehr Routine gewonnen hatte, wurde ich in das kleinere Team berufen, das wichtige Kurzmeldungen abhörte, die sehr schnell übersetzt werden mußten – etwa ein außerordentliches Kommuniqué aus dem Führerhauptquartier oder eine Hitler-Rede; die mußte dann per Fernschreiber eiligst nach London übermittelt werden, so daß die Militärbehörden oder das Auswärtige Amt binnen weniger Minuten informiert waren.

Nach etwa einem Jahr begann ich mich für die Nutzung dieser Informationen zu interessieren. Anfang 1941 legte ich meinen Vorgesetzten einen Plan vor: Man müsse sich Teile des deutschen Propagandamaterials zunutze machen und noch am gleichen Tag in Sendungen nach Deutschland darauf reagieren. Ich kritisierte den ziemlich hölzernen Stil unserer Deutschlandsendungen und gab zu bedenken, daß sich die deutsche Sprache im Laufe des Kriegs bereits verändert hatte und der deutsche Dienst der BBC auf dieses neue Idiom nicht angemessen reagierte. Ich wies darauf hin, daß die Stimmung und die Kampfmoral auch aus unverdächtigen Quellen zu entnehmen seien, beispielsweise aus den Briefen deutscher Soldaten an ihre Ehefrauen, aus der Musikauswahl der täglichen Wunschkonzerte und der innerhalb der Wehrmacht sich zunehmend ausbreitenden Niedergeschlagenheit und Melancholie. Mein Vorschlag wurde angenommen, und ich wurde der Leiter einer speziellen deutschen Abteilung, die täglich einen Nachrichtenüberblick namens *Deutschlandspiegel – Germany Day by Day* herausgab. Dabei wurde ich immer ambitionierter, und indem ich unterschiedliche Nachrichten nebeneinanderstellte, versuchte ich, Argumente zu vermitteln, die man Propagandaäußerungen entgegenhalten konnte und die Ideen für Rundfunkdiskussionen, Kommentare und Features lieferten.

Der *Deutschlandspiegel* erwies sich als ausgesprochener Erfolg; und der Oxford-Philosoph und Labour-Politiker Richard Crossman wurde auf mich aufmerksam. Er war der Chef der britischen »schwarzen« und »weißen« Propaganda für Deutschland. Als weiße Propaganda galten jene Sendungen, die über die offiziellen Kanäle der BBC übertragen wurden. Mit schwarzer Propaganda waren jene Rundfunkstationen gemeint, die sich als Geheimsender im besetzten Europa ausgaben, in Wirklichkeit aber von britischen Sonderabteilungen in England geleitet wurden. Sie wurden von verdeckten Abteilungen geleitet, in denen Flüchtlinge, kooperationsbereite Kriegsgefangene und abgefallene Nazis arbeiteten. Crossman lud mich zu einem Gespräch nach London ein und bot mir an, an den regelmäßigen Redaktionssitzungen in der BBC-Europazentrale im Bush House teilzunehmen, wo ich die führenden Mitglieder dieses außergewöhnlichen Stabs kennenlernte. Zu ihnen gehörten Lindley Fraser, ein lebenslustiger Universitätsdozent aus Aberdeen, und Alan Bullock, ein eifriger junger Historiker aus Yorkshire, der auch schon in Oxford gelehrt hatte. Bullock gründete nach dem Krieg ein neues College und wurde später Rektor der Oxford University. Er schrieb neben Joachim Fest eine der besten Hitler-Biographien. Der Schauspieler Marius Goring betreute eine Sendung für die deutsche Wehrmacht und Patrick Gordon Walker, ebenfalls ein Labour-Politiker aus Oxford, eine Sendung für deutsche Arbeiter. Da man der Meinung war, die deutschen Arbeiter würden vor Beginn der Morgenschicht heimlich Radio hören, war der Arme zum ständigen Nachtdienst verurteilt.

Richard Crossman war eine starke Persönlichkeit mit wachem Verstand, dem es fast immer gelang, seine Argumente unmittelbar einleuchtend zu vermitteln. Doch gleichzeitig besaß er ein sprunghaftes Temperament, das daran schuld war, daß sich seine Anhänger urplötzlich in Gegner verwandelten. Er konnte sich für etwas hellauf begeistern – etwa für ein bestimmtes Propagandathema –, und in den Sitzungen, die stets nach einem bestimmten Grundmuster abliefen, rief er plötzlich: »Vergeßt die deutschen Junker, die Aristokraten, die Wehrmachtsgeneräle! Wir müssen uns auf das deutsche Proletariat konzentrieren! Patrick [Gordon Walker], du mußt eine neue Programmserie vorbereiten, so zündend, wie es nur geht. Ich brauche ein Exposé für alle Abteilungen, bis nächsten Montag.« Der arme Gordon Walker hängte an seine Nachtschicht sechs schlaflose Tage an und verfaßte ein ausgefeiltes und fundiertes Exposé. Doch inzwischen hatte Crossman seine Meinung längst geändert: »Den deutschen Arbeitern kann man nicht trauen! Neueste Geheimdienstberichte zeigen, daß sie immer noch hinter der Partei stehen. Wir brauchen eine gut durchdachte Strategie, um an das protestantische Gewissen der Führungsschicht der Wehrmacht zu appellieren. Wer von euch hat gute Kontakte zu den Kirchen? Wir brauchen ein paar deutschsprachige Militärkapläne. Marius [Goring], du mußt sofort loslegen. Wir brauchen eine brandneue Serie von Predigten, damit wir gleich nächsten Sonntag starten können.«

Crossman und Gordon Walker wurden später Kabinettsmitglieder, und es ist nicht ausgeschlossen, daß die politischen Animositäten zwischen ihnen, die in der Labour-Regierung zum Vorschein kamen, auf jene Redaktionssitzungen im Bush House zurückgingen.

In Evesham wurde unterdessen meine deutsche Abteilung zum Vorbild für einen ähnlichen Propaganda-Digest auf italienisch (*Specchio d'Italia: Italy Day by Day*) und französisch (*France à L'Ecoute: France Day by Day*). Mein engster Mitarbeiter war Otto Giles. Er war deutscher Herkunft und ehemaliger Juradozent an der London University. Als ausgezeichneter Organisator verschaffte er mir Freiraum für neue Ideen zur Nutzung von Propagandamaterial und Nachrichten. Mein Arbeitspensum wurde noch umfangreicher. Neben der täglichen Auswahl trat ich immer häufiger auch als Sprecher auf, schrieb Kommentare und Hörspiele für die BBC und die englische Presse.

1942 wurde ich nach London versetzt, und ich übernahm eine Aufgabe, die Tony Rendell, der stellvertretende Leiter des Überseedienstes, eigens für mich geschaffen hatte: eine Art Ein-Mann-Produktionsfirma für Kommentare und Features über das besetzte Europa. Nach einigem Hin und Her zwischen den verschiedenen Abteilungen wurde ich aus dem Abhördienst entlassen und kam zur Nachrichtenabteilung in die Oxford Street Nr. 200, in jenes alte Kaufhaus Peter Robinson, das die BBC für die Dauer des Kriegs gemietet hatte, und hier befand sich auch *Radio Newsreel*, die bedeutende und beliebte Tagesschau der BBC, die lange Jahre gesendet hat und erst kürzlich in den BBC World Service integriert worden ist. In der Oxford Street arbeiteten so bedeutende Schriftsteller wie George Orwell, Edmund Blunden, William Empson und Norman Collins, die alle im Überseedienst im Bereich der Kriegspropaganda tätig waren. In den Studios, den Empfangsräumen und der Kantine der Oxford Street gingen die obersten Kriegsherren, Politiker und Staatsmänner der Alliierten ständig ein und aus.

Mir wurde ein geräumiges Büro zugewiesen, mit einem Schreibtisch für mich und einem für eine Sekretärin. An einem riesigen Tisch am anderen Ende des Zimmers saßen zwei Kollegen, James Fergusson, ein schottischer Gutsherr, dessen Stimmung zwischen mürrisch und sentimental schwankte, und Edgar Lustgarten, zu dem ich eine sehr zwiespältige Beziehung hatte. Fergusson betreute eine Sendung namens *Listening Post*, die die Widersprüche und Verlogenheit der Nazi-Propaganda enthüllte und sich an die Hörer in den britischen Commonwealth-Staaten wandte. Eine meiner zahlreichen Aufgaben bestand darin, ihn mit geeigneten Themen und Materialien zu versorgen. Er war ein großzügiger Mensch, und obwohl er mich anfangs als Eindringling betrachtete, taute er mit der Zeit auf und stellte mich seiner Familie und seiner Schwiegermutter vor, Mrs. »Baffy« Dugdale, einer Nichte von Lord Balfour und engen Freundin von Chaim Weizmann. Sein Bruder war General Bernard Fergusson, der stellvertretende Kommandant von Orde Wingate, dem legendären Helden in den Dschungelschlachten von Burma.

Man kann sich keine widersprüchlichere Erscheinung vorstellen als den eleganten, umtriebigen Edgar Lustgarten; er war ein begabter, theaterbesessener Anwalt aus Manchester, Rundfunkredakteur und Krimiautor zugleich. Nach dem Krieg machte er als Fernsehstar Karriere und trat in auf wahren Begebenheiten beruhenden Kriminalfilmen auf. Sein Telefon klingelte ununterbrochen, und er redete die Stars von Bühne, Film und Varieté ausnahmslos mit »Darling«, »Schätzchen« und »Liebste« an. Er hielt Hof in der Kantine und machte sich mit Freikarten für Premierenabende beliebt. Einmal empfing er sogar den großen und gefürchteten James Agate, den Theaterkritiker des *Daily Express*. Lustgarten konnte mich nicht ausstehen. Er sprach kaum ein Wort mit mir, geschweige denn, daß er mich eines Blicks würdigte. Doch einmal konnte er nicht umhin, mich nach dem Namen eines NS-Dramatikers zu fragen und sich nach der Schreibweise zu erkundigen. Meine prompte Auskunft verschaffte mir wenigstens vorübergehend eine gewisse Akzeptanz.

Die drei Jahre, die ich in dem komplizierten, prekären und doch typisch englischen Gefüge der BBC arbeitete, zeigten bereits ihre Spuren. Jeder, der wie ich von draußen kam, identifizierte die BBC sogleich voll und ganz mit Großbritannien. Ich hatte das Gefühl, die Welt draußen sei nur ein vergrößertes Abbild der BBC. In der BBC vor dem Krieg hatte es gewiß ebenso hierarchische Strukturen, Spuren byzantinischer Despotie und eklatante Klassenunterschiede gegeben, doch waren die Verhältnisse merklich anders als in der Welt draußen. In manchem war es geradezu die Umkehr der etablierten Ordnung.

Die Rundfunkanstalt trug den Stempel ihres Gründers, Sir John (später Lord) Reith. Zu dessen Erfolgsgeheimnissen gehörte es, das Gefühl zu vermitteln, man sei Mitglied einer Elite, müsse sich aber nicht den Gesetzen der traditionellen gesellschaftlichen Elite Englands unterwerfen. Die BBC war eine Welt für sich, eine Art Klostergemeinschaft mit eigenen Regeln und Maßstäben. Eine der großen Leistungen Reiths war es, die Kluft zwischen dem technischen Personal und den Programmachern zu schließen, die meist Intellektuelle und Absolventen der großen Privatschulen und der Universitäten Oxford und Cambridge waren. Reith stellte diese beiden Gruppen als gleichwertig nebeneinander. Die technische Abteilung war eine eigene Elitegruppe, eine Kaste selbstbewußter, stolzer Technokraten. Als ich frühmorgens auf meinem Fahrrad in Evesham eintraf, begegnete ich meist einem Trupp ernsthafter, Pfeife rauchender Männer, die von der Nachtschicht kamen und in ihre Busse einstiegen. Sie trugen ihre Erschöpfung und Zufriedenheit nach getaner Arbeit beinahe hochmütig zur Schau. Man hätte meinen können, sie hielten sich für die Herren eines kleinen Universums, ohne die der Äther schweigen würde. Die Techniker mußten sich nicht nach den Programmachern richten oder umgekehrt. Dies war einer der Gründe für die besondere Atmosphäre, die in der BBC herrschte.

Wie jede mächtige Institution ihre deutlichsten Spuren eher in der Peripherie als in der Metropole selbst hinterläßt, war auch die herrschaftliche Atmosphäre der BBC im provinziellen Evesham stärker zu spüren als in London, wohin ich jetzt umgesiedelt war. Ich war inzwischen zweiundzwanzig Jahre alt und zum diplomatischen Nachrichtenkommentator avanciert. Unter dem Namen »unser Europakorrespondent« sendete ich für den englischsprachigen Raum in Nordamerika, in Afrika und im Pazifik. Ich produzierte etwa zwanzig Sendungen in der Woche, zumeist Nachrichtenkommentare von nicht mehr als fünf Minuten Länge, aber auch längere Beiträge und Dramatisierungen mit fiktionalen Dialogen um authentische Ereignissse oder wirkliche Personen. Obwohl mein richtiger Name Arthur Weidenfeld ist, sagte mir der Programmchef unumwunden, mein Familienname sei zu lang und mein Vorname wegen des Doppelkonsonanten für die Kurzwellenübertragung nicht geeignet. Er erkundigte sich, ob ich nicht einen zweiten Vornamen hätte, und als ich antwortete: »George«, meinte er: »Lassen Sie ›Arthur‹ und ›Feld‹ einfach weg.« So trat ich im Rundfunk unter dem Namen George Weiden auf. Als ich ins »bürgerliche« Leben zurückkehrte, nahm ich meinen richtigen Familiennamen wieder an; aber inzwischen war ich unter dem Vornamen George so bekannt geworden, daß ich ihn beibehielt.

Neben einer Vollzeitsekretärin hatte ich einen Mitarbeiter, der mir bei den Recherchen half, sowie ein Spesenkonto, das es mir erlaubte, meine »Informanten« hin und wieder zum Essen einzuladen. Aufgrund der Kriegsgesetzordnung lagen die Preise einheitlich bei etwa fünf Shilling pro Person. Jedoch die Getränke waren unterschiedlich teuer – im Ritz, im Coq d'Or und im Les Ambassadeurs, die im feinen Bezirk Mayfair lagen, waren sie weitaus teurer als bei Bertorelli, Kettner oder im White Tower in Soho. Da ich selbst keinen Alkohol trinke, bevorzugte ich es, im Ritz und im Claridge zu essen, wo ich die kosmopolitische Atmosphäre genießen, den Duft der Tabakwölkchen der verschiedenen Mitglieder des Atlantischen Bündnisses einatmen und die bunte Welt der Londoner Alliierten vorbeidefilieren sehen konnte. Hier blieb es mir erspart, in der Schlange vor der Bar zu warten, wie es in den übervollen Pubs in Fitzrovia der Fall war. Meine Vorliebe für das Sitzen war nicht immer so ausgeprägt gewesen, aber ich verabscheue Cocktailpartys und lasse mir absichtlich Zeit, wenn ich zu Veranstaltungen eingeladen bin, bei denen es gewissermaßen zum Ritual gehört, mit dem Glas in der Hand herumzustehen.

Eine meiner Lieblingsaufgaben bei der BBC war *The Axis Conversation*, eine Sendung, die einmal wöchentlich für die italienischen Streitkräfte lief. Wir starteten damit im Frühjahr 1941. Es ging dabei um eine erfundene Figur namens Signor Mancini, dargestellt von Uberto Limentani, und einen widerlichen, großmäuligen deutschen Industriellen namens Herr Bacher – den ich mimte. Als Herr Bacher mußte ich mit einem starken deutschen Akzent Italienisch sprechen und mich beim italienischen Publikum so verhaßt machen wie nur irgend möglich. Wir trafen uns einmal in der Woche bei einem guten Essen und besprachen die jeweils aktuellen Themen für unsere Sendung. Dabei bedienten wir uns der aktuellen Informationen des Geheimdienstes über die Stimmung der Italiener, über die Lebensmittelknappheit, die Begebenheiten zwischen deutschen Soldaten und italienischen Mädchen. Wir machten uns all das zunutze, was uns geeignet schien, um aus dem Mund eines arroganten Deutschen den Stolz der Italiener zu verletzen. In der inhaltlichen Gestaltung der Sendung waren wir völlig frei. Ich summte etwa eine Verdi-Arie und machte ihre musikalischen Qualitäten nieder, nur um anschließend ein paar triumphale Wagnerklänge ertönen zu lassen. Als Herr Bacher stellte ich die überragenden Kampfqualitäten der Wehrmacht der Unzulänglichkeit der Bersaglieri gegenüber. Oder ich stritt mit Signor Mancini darüber, ob das italienische oder das deutsche Essen besser sei.

Beim Start der Sendung war Mancini unterwürfig und Bacher anmaßend und arrogant. Aber mit zunehmendem Wandel des Kriegsglücks fand Mancini zu immer größerem Selbstvertrauen, während Bacher immer kleinlauter und unsicherer wurde. Gegen Ende des Kriegs hatten sich die Rollen ins Gegenteil verkehrt; Bacher zerfloß vor

Selbstmitleid und war dem Selbstmord nahe. In einer der letzten Sendungen versprach der großmütige Mancini, sich um ein gutes Führungszeugnis für Herrn Bacher zu bemühen, und sollte ihm das mißlingen, würde er ihm Essenspakete ins Gefangenenlager schicken. Laut Hörerumfragen der BBC in neutralen Ländern erfreute sich *The Axis Conversation* in Italien großer Beliebtheit. Wann immer ich nach dem Krieg vor einem Italiener meine Identität als Herr Bacher zu erkennen gab, mußte ich feststellen, daß ich eine durchaus nicht unbekannte Persönlichkeit war.

Als sich ein Sieg der Alliierten abzeichnete und sich die Bemühungen um den Aufbau einer zweiten Front verstärkten, expandierte das Programm der BBC. Eine größere Anzahl von Kriegsschauplätzen führte zwangsläufig zu einem größeren Umfang an Nachrichten, zu größerer Aktivität in den Nachrichtenabteilungen und zu einem größeren Bedarf an Experten. Zwischen 1942 und 1944 wuchs mein journalistisches Produktionsvolumen beträchtlich. Neben den täglichen Kommentaren und Hörspielen erweiterte ich mein Tätigkeitsfeld auch auf den Zeitungsjournalismus. Etwa achtzehn Monate lang schrieb ich eine wöchentliche Kolumne für die liberale Tageszeitung *News Chronicle*, die von Gerald Barry herausgegeben wurde, mit dem ich damals befreundet war. Er bat mich, Entwicklungen zu kommentieren, die sich im besetzten Europa langfristig abzeichneten. Die Kolumne trug den Titel »Subject Europe«, als Verfasser zeichnete George Weiden.

Mit Hilfe von Derek Sington, einem schüchternen, äußerst zurückhaltenden Nachrichtenredakteur der BBC, der früher beim *Manchester Guardian* gearbeitet hatte, schrieb ich ein Buch mit dem Titel *The Goebbels Experiment*. Darin versuchte ich, Substanz und Organisation der nationalsozialistischen Propagandamaschinerie zu erläutern und zu analysieren. Zwar bildeten die zahlreichen Verlautbarungen der Nazi-Propagandastelle die Grundlage meiner Untersuchungen – Zeitungsausschnitte, Filme und die Rundfunkmitschnitte des Abhördienstes der BBC –, aber ich hatte das Glück, zwei Flüchtlinge kennenzulernen, die mit Goebbels ihre ganz persönlichen Erfahrungen gemacht hatten: Dr. Weiss und Alfred Kerr.

Dr. Ignaz Weiss war unter dem sozialdemokratischen Ministerpräsidenten Otto Braun und Innenminister Severing Berliner Polizeipräsident gewesen. Der *Angriff*, die Berliner Tageszeitung der Nazis, in der regelmäßig Karikaturen von »Isidor« Weiss veröffentlicht wurden, hatte es besonders auf ihn abgesehen. Karikiert mit langer Knollennase, Stirnlocke und riesiger Hornbrille, wurde er zum Zentrum der Verunglimpfungskampagne, die die Nazis gegen Juden, Sozialisten und Demokraten entfachten. Dr. Weiss lebte zurückgezogen in London, und ich besuchte ihn in seiner Wohnung. Er sprach mit monotoner Stimme, doch er vermittelte mir ein sehr präzises Bild von den Schikanen, denen sich die Repräsentanten der untergehenden Weimarer Republik durch die Nazis ausgesetzt sahen. Der berühmte Berliner Theater- und Literaturkritiker Alfred Kerr war durch seine Aphorismen und scharfsichtigen Betrachtungen über das deutsche Kulturleben zu einem hochgeschätzten Weimarer Kulturrichter geworden. Er war stets makellos gekleidet, mit hohem Kragen und Fliege; er besaß einen beißenden Humor, mit dem er auch den Literaturbetrieb im London der Kriegszeit kommentierte – doch leider wurde keine dieser Betrachtungen je gedruckt.

The Goebbels Experiment erschien im Herbst 1943 bei John Murray. Das Buch wurde ins Schwedische übersetzt und in die Yale University Press übernommen. Durch diese Veröffentlichung erwarb ich mir den Ruf eines Propagandaexperten, und während der Nürnberger Prozesse wurde ich häufig um Aussagen und um meine Meinung über Mitglieder des NS-Propagandaministeriums gebeten. So auch im Fall eines führenden Beamten, der sich für nicht schuldig bekannte, obwohl seine Abteilung innerhalb kurzer Zeit für eine bestimmte deutsche Region antisemitisches Propagandamaterial übelster Sorte produziert hatte. Es gelang mir nachzuweisen, daß diese Konzentration von Propagandamaterial ganz typisch war für eine Operation mit dem Geheimnamen »Propagandawelle«. Damit hatten die Nazis gewöhnlich die Bevölkerung eines bestimmen Gebiets auf Massendeportationen von Juden vorbereitet.

Als ich in die Oxford Street wechselte, gehörte es zu meinen ersten Aufgaben, mir meine Informationsquellen zu sichern. Natürlich stand bei der BBC Tag für Tag eine Menge Abhörmaterial zur Verfügung, es gab eine Zusammenstellung der deutschen und europäischen Pressestimmen, vertrauliche Kurzmitteilungen und Positionspapiere. Durch Richard Crossman erhielt ich Einblick in die Berichte von Kriegsgefangenen, die über die Kampfmoral der Soldaten Auskunft gaben;

die wertvollsten Informationen darüber, was jenseits des Kanals vor sich ging, lieferten allerdings die alliierten Exilregierungen in London sowie die verschiedenen Freiheitsbewegungen in einzelnen Ländern, die wiederum auf ihre eigenen Informationsquellen im Untergrund zurückgreifen konnten. Ich pflegte Kontakte zu den Exilregierungen und zu den Nachrichtenbeamten im diplomatischen Dienst; ich nippte an jugoslawischem Sliwowitz, tschechischem Weinbrand, norwegischem Aquavit, holländischem Kümmelschnaps und einer Vielzahl französischer Weine. Binnen kurzer Zeit war ich auf dem laufenden über verschiedene Intrigen, beispielsweise den Machtkampf zwischen Mihailović und Tito.

Die Alliierten waren bestrebt, ihre Sicht der politischen Verhältnisse über die BBC zu verbreiten. Bald schon hatte ich Dutzende neuer Bekanntschaften geknüpft, doch das Freie Frankreich und die Tschechen waren eindeutig meine Favoriten. Das Freie Frankreich war ein interessanter, höchst kultivierter Kreis. General de Gaulle hatte eine Anzahl hervorragender Männer um sich versammelt, zu denen unter anderem Jacques Soustelle und Raymond Aron gehörten, der weitaus brillanteste Kopf unter den Exilanten in London und durchaus kein unkritischer Anhänger de Gaulles. Er arbeitete bei *La France Libre* mit André Labarthe, der vor dem Krieg mit André Malraux am Musée de L'Homme in Paris zusammengearbeitet hatte. Labarthe war bereits sehr früh ein enger Mitarbeiter de Gaulles gewesen, hatte sich aber mit ihm zerstritten, da er sich den autoritären Tendenzen des Generals widersetzt hatte. Die Freundschaft dieser Männer war für mich von unschätzbarem Wert, denn sie öffneten mir die Augen für die komplizierte Stellung de Gaulles nicht nur unter den Alliierten, sondern auch in seinem eigenen Umfeld. Der französische Dienst der BBC wurde geleitet von Michel St. Denis, einem Pionier des modernen französischen Theaters und dem Leiter der Sendung *Les Français parlent aux Français*; er ermutigte mich später, Verleger zu werden. Maurice Schumann, der spätere französische Außenminister, war zuständig für die Nachrichten aus dem französischen Untergrund, doch er erfreute uns auch mit Kostproben seines grandiosen schwarzen Humors. Zu diesem Kreis stieß hin und wieder auch der Schriftsteller Romain Gary, ein Luftwaffenoffizier des Freien Frankreichs. Er machte mich mit dem polnischen Maler und Graphiker Feliks Topolski bekannt.

Zwanzig Jahre lang war Feliks, ein unverbesserlicher Casanova und wie ich Abstinenzler, einer meiner besten Freunde. Wir lachten über die gleichen Witze und grübelten über die gleichen Kränkungen und Rückschläge. Er war großzügig, ein harter Bursche, er konnte überraschend freundlich und im nächsten Augenblick kalt und abweisend sein. Als Künstler litt Feliks an der mangelnden Anerkennung durch jene, auf deren Urteil er Wert legte, während er von denen, die er nicht besonders schätzte, mit Lob überschüttet wurde. Seine Kriegsberichte und seine umfassenden Skizzen des Londoner Gesellschaftslebens werden sicher zu einem späteren Zeitpunkt von der Kritik positiver bewertet werden, als es damals der Fall war.

Jede alliierte Exilregierung hatte in London ein eigenes Viertel. Die Norweger und die Niederländer waren in Kensington, das Freie Frankreich in Carlton Terrace und St. James's, die Polen zwischen Knightsbridge und Kensington und die Tschechen westlich von Marble Arch in Bayswater. Sie benutzten alle ihre Botschaftsgebäude, die sie schon vor dem Krieg besessen hatten. Aber einige ihrer politischen Führer wohnten lieber in Hotelsuiten – das Rembrandt und das Rubens in der Buckingham Palace Road waren für die Franzosen reserviert, Hampstead und Putney wurden aufgrund ihrer vorstädtischen Behaglichkeit von den bürgerlicheren mittel- und osteuropäischen Alliierten bevorzugt. Einigen der im Exil lebenden Monarchen waren Landhäuser zur Verfügung gestellt worden. Jedes Stadtviertel und jede Regierung hatte bestimmte Pubs und Restaurants, ja zuweilen sogar exklusive Dining Clubs. Gerüchten zufolge hatten die Franzosen einen Dining Club in St. James's, in dessen Untergeschoß Oberst Passy und seine gefürchtete Gegenspionage Neuankömmlinge aus Frankreich abhörte – mit Methoden, die ihre Kollegen im Osten vierzig Jahre später wenig schockiert hätten. Ich liebte das tschechische Essen und die Schilderungen der Debatten, die es innerhalb der tschechischen Exilregierung gab und von denen ich durch den Informationsminister Hubert Ripka oder durch Beneš' Pressesekretär, Botschafter Kraus, erfuhr. Kraus sprach im Stil eines Staatsbeamten der Habsburgermonarchie. Ich traf auch häufig Außenminister Jan Masaryk, den liebenswürdigen und stets humorvollen Sohn des Gründers der modernen Tschechoslowakei. Masaryk bewegte sich am liebsten in jüdischen Kreisen und war ein enger Freund der Familien Marks und Sieff.

Die Polen besuchten bestimmte Restaurants in Kensington – einer ihrer politischen Führer, der bärtige und behäbige Mr. Grabski, der innerhalb der Exilkoalition eine traditionell antisemitische Partei vertrat, hatte eine Vorliebe für koscheres Essen und speiste häufig in einem Restaurant in Maida Vale, in dem *gefilte* Fisch, kleingehackte Eier und Gänseleber in traditioneller Weise serviert wurden.

Der Nachtclub Milroy und Les Ambassadeurs in Mayfair galten als die elegantesten abendlichen Treffpunkte. Die hohe Qualität des Essens war nicht zuletzt dem einstigen Küchenchef des Hotels Polonia in Warschau zu verdanken. Beide Lokale befanden sich in der Stratton Street, das Restaurant im Erdgeschoß, der Nachtclub im ersten Stock. Der Inhaber war ein gewisser John Mills, der aussah wie ein Pirat und von vielen auch dafür gehalten wurde; er war groß, hatte einen Schnurrbart und eine tiefe, dröhnende Stimme. Mills beschaffte Essen und Getränke, die einem Fünfsternehotel auch zu Friedenszeiten alle Ehre gemacht hätten. Böse Zungen behaupteten, er habe die stillschweigende Unterstützung der Geheimdienste der Londoner Exilregierungen und einen besonders heißen Draht zum britischen Geheimdienst. In der Stratton Street konnte man zuhören, was ein Alliierter einem anderen Alliierten bei einem Gläschen Wein anvertraute, und es hieß, es seien auch einige Mata Haris unter den uniformierten jungen Damen, die dort speisten oder tanzten.

Ich wurde häufig von Politikern und Journalisten der Alliierten eingeladen, und im Les Ambassadeurs oder im Milroy Club begegnete ich schönen und gebildeten Diplomatinnen und Mitarbeiterinnen der Exilregierungen. Die Alliierten waren begierig zu erfahren, was die Briten über die Nachkriegszeit und die zukünftigen Grenzen Europas dachten. Sie waren nicht frei von Eifersüchteleien, und jeder hatte seine eigenen Vorstellungen von der zukünftigen Struktur des europäischen Kontinents. Die Tschechen waren besonders hellhörig, wenn es im britischen Auswärtigen Amt oder in der britischen Presse Andeutungen gab, man müsse den Deutschen auch einen kleinen Teil des nach 1937 annektierten Landes lassen. Sie plädierten dafür, daß Österreich neu gebildet werden müsse, und vertraten vehement den Standpunkt, daß den Deutschen kein Stückchen des Sudetenlands gelassen werden dürfe. Die Polen hatten noch ehrgeizigere Pläne. Der Gedanke der Oder-Neisse-Linie als Westgrenze Polens wurde schon sehr bald nach Kriegsbeginn diskutiert. Zunächst gab es dafür wenig Beifall, doch als Stalin deutlich machte, er wolle seine Eroberungen im östlichen Polen behalten, akzeptierte man – wenn auch widerstrebend –, daß Polen mit einem Gebiet an der Ostgrenze Deutschlands für diesen Verlust entschädigt werden mußte.

Die heftigen Debatten über die politische Zukunft Europas waren jedoch durchaus nicht auf Journalisten und Vertreter der Exilregierungen beschränkt; der Streit war auch im Lager der britischen Universitätsdozenten entbrannt, die vorübergehend Staatsbeamte geworden waren und in den Colleges von Oxford oder in Landhäusern im Umkreis Londons untergebracht waren. Jedes mitteleuropäische Land hatte in Großbritannien seine treue Anhängerschaft, aber auch erbitterte Feinde. Manchmal bekam man den Eindruck, daß sich die Damen ganz besonders engagierten. Shiela Grant Duff beispielsweise trat entschieden für die Tschechen ein. Marjorie Lambert engagierte sich beherzt im Kampf zwischen den königstreuen serbischen Tschetniks und den kroatischen, von Tito angeführten Kommunisten. Claire Hollingworth und ihr Ehemann, Vandelareur Robinson, standen auf der Seite der Albaner, und Professor McCarthy brach eine Lanze für die Ungarn. Der Krieg der Universitätsdozenten reichte bis hinein ins britische Auswärtige Amt und ins Amt für psychologische Kriegsführung, wo die Propagandamaßnahmen koordiniert und Anweisungen und Leitlinien für die BBC ausgegeben wurden. Obwohl nur wenige meiner Texte zensiert wurden, gab es doch oft hitzige Debatten mit weisen Gesprächspartnern unter den Regierungsbeamten.

Hinter jeder ausländischen Gruppierung stand mindestens eine reiche wohltätige Dame aus den Reihen der britischen Aristokratie, die für die politischen Führer und blaublütigen Kämpfer Empfänge gab. Mrs. Phillimore, eine hagere Irin, die der Labour Party nahestand, gab regelmäßige Essen in den Privaträumen des Ritz, wo sie Mitglieder der Regierung mit führenden Europäern bekannt machte. Ich erhielt nur gelegentlich Zutritt zu den großen politischen Salons, doch Mrs. Phillimore lud mich stets ein. Es war bei einer dieser Gelegenheiten, als General de Gaulle auf die Frage, weshalb er den Briten gegenüber so hypersensibel sei, den denkwürdigen Satz sprach: »Ah, Madame, ich bewundere Ihr Land, und ich respektiere Ihren Premierminister, aber angesichts der prekären Stellung Frankreichs innerhalb der Allianz muß ich als Waffe meine Philosophie berechnender Überempfindlichkeit einsetzen.« (Dies ist eine ziemlich freie Übertragung des Ausdrucks *la philosophie de la susceptibilité payante.*)

Ein weiterer häufiger Gast war Hugh Dalton, der erfolgreiche Labour-Minister für wirtschaftliche Kriegsführung, der in der Propaganda und im Geheimdienst mitmischte. Er fragte mich, was meiner Meinung nach aus Österreich werde, wenn der Krieg zu Ende sei. »Wenn Hitler weg ist«, erwiderte ich, »sollten die Österreicher über ihr weiteres Schicksal selbst entscheiden dürfen.« – »Ja«, erwiderte Dalton, »aber nur, wenn wir im voraus wissen, wie sie sich entscheiden. Wir dürfen nicht zulassen, daß sie sich mit Deutschland zusammenschließen.« Das war im Jahr 1942 oder 1943 eine ziemlich gewagte Bemerkung, denn sowohl die britische Labour Party als auch die exilierten österreichischen Sozialisten favorisierten zum damaligen Zeitpunkt noch die Idee, daß ein demokratisches Österreich Teil eines politisch bereinigten demokratischen Deutschland werden solle. Dies war eines der umstrittensten Themen, die in den Flüchtlingspensionen von Hampstead und in den Konferenzsälen der alliierten Regierungen gleichermaßen heiß diskutiert wurden. Dalton nahm mit seiner Bemerkung bereits die schicksalhafte Entscheidung auf der Moskauer Konferenz vom Dezember 1943 vorweg, in der Österreich zu einem unabhängigen Land und zum ersten »unschuldigen Opfer« der Nazi-Aggression erklärt wurde. Auf der Grundlage dieses Beschlusses gelang es späteren österreichischen Regierungen, den begeisterten Empfang unter den Teppich zu kehren, den Teile des österreichischen Volkes Hitler bereitet hatten. Es löste unter den Juden auf der ganzen Welt große Verbitterung aus, daß Österreich nicht bereit war, sein Mitgefühl mit den jüdischen Opfern auszudrücken und Entschädigung zu leisten. Dieser Umstand hat meiner Einschätzung nach mehr als vierzig Jahre später zu der Entrüstung über den Fall Waldheim geführt. Durch die offizielle Entschuldigung des sozialdemokratischen Kanzlers Vranitzky im Frühjahr 1991 wurde dieses Versagen Österreichs nun zum großen Teil wiedergutgemacht.

Ich hatte Mrs. Phillimore durch Tangye Lean kennengelernt, den Bruder des Filmregisseurs David Lean. Vor dem Krieg war Tangye stellvertretender Literaturredakteur der *News Chronicle* gewesen, und während des Kriegs arbeitete er im Bush House der BBC als Fremdsprachenredakteur. Später machte er Karriere als Chef des Überseedienstes. Er war eine komplizierte Persönlichkeit und hielt mich für unberechenbar und leicht verrückt. Während der ganzen Zeit unserer Freundschaft schwankte er zwischen zögernder Billigung und vagem Mißtrauen, was meine Fähigkeiten betraf. Obwohl er ein wenig Angst vor mir hatte, war er sehr herzlich zu mir und gehörte zu den Leuten, die mich in die Feinheiten der englischen Höflichkeit einweihten. So brachte er mir etwa bei, daß man niemals pünktlich zu einem Essen erscheinen sollte: »Komm lieber drei Minuten zu spät. Die Gastgeber möchten vielleicht noch einen Blick auf die neueste Ausgabe der Abendzeitung werfen.« Tanguys Lob war stets indirekt und geteilt, seine Kritik hingegen offen und unverblümt. Er war ein begabter Mensch, doch obwohl er in der BBC nach dem Krieg Karriere machte, erfüllte er nie seinen eigenen Anspruch, Schriftsteller zu werden. Er war ein Perfektionist, der nur widerstrebend aus der Hand gab, was gedruckt werden sollte. Tangye machte mich mit den Werken von Trollope und Proust bekannt, die ich in den langen Bombennächten regelrecht verschlang. Er führte mich auch in die einschlägigen literarischen und intellektuellen Zirkel der Fleet Street ein, wo die Zeitungshäuser ihren Sitz haben – ein erlesener Kreis, der jeden Kontakt mit den aus gröberem Holz geschnitzten Reportern und trinkfreudigen Journalisten tunlichst vermied.

Tangyes Freunde kamen im Café Royal zusammen, und zwar entweder im unteren Stock oder auf der Galerie. Literatur- und Theaterkritiker trafen sich hier mit jenen, die sich als echte Künstler betrachteten. Die Crème der Auslandskorrespondenten, die neben den Sensationsmeldungen auch Wert auf guten Stil legte, war ebenfalls zugelassen. Alan Morehead, Alexander Clifford und einige der exklusiven amerikanischen Auslandskorrespondenten waren überall herzlich willkommen, sogar in der Downing Street. Der eindrucksvolle Ed Murrow, sein jüngerer Partner Howard K. Smith, Quentin Reynolds, dessen Kommentare am Sonntagabend nach den Nachrichten die Briten selbst in den schwärzesten Stunden aufmunterten, William Shirer und Raymond Gram Swing waren geradezu Helden der Nation, und wenn sie im Café Royal auftauchten, wurden sie wie Toreros nach dem Stierkampf begrüßt.

Durch Tangye lernte ich auch Alastair Forbes kennen. Er war damals

Mitte Zwanzig und bereits der »golden boy«, der Liebling der High-Society. Er stammte aus Boston und hatte enge Beziehungen zu Europa; bei Kriegsausbruch kam er als leidenschaftlicher und einflußreicher Beobachter nach England. Er war mit der Churchill-Familie befreundet – besonders eng mit Mary Churchill – und wurde in seiner Eigenschaft als Vertreter der jüngeren Generation vom Premierminister häufig um seine Meinung gebeten. Er hatte einen kühlen Verstand und ein frappierendes Selbstbewußtsein; er konnte aggressiv, aber auch liebenswürdig und verbindlich sein. Bei unserem ersten Essen, an dem neben Alastair Forbes auch Tangye Lean teilnahm, sprach er kein Wort mit mir, doch mit der Zeit wurden wir Freunde: Das Schicksal brachte uns einander näher.

Ali Forbes hat sein früher gesellschaftlicher Erfolg sicherlich mehr geschadet als genützt. Durch seine Freundschaft mit den Großen und Mächtigen verlor er den Sinn für die angemessene Perspektive. Randolph Churchill war eng mit ihm befreundet, und er wurde eine tragende Säule des White's Club. Lady Rothermere (die spätere Mrs. Ian Fleming) schloß ihn ins Herz, und Ali war gefragt bei allen, auch bei den ausgefallensten Anlässen. Er schrieb eine wöchentliche politische Kolumne in der *Sunday Dispatch*, die Rothermere gehörte; seine Kommentare waren sachlich korrekt, doch wurden sie im Laufe der Zeit immer verworrener, und schließlich verstanden sie nur noch die Eingeweihten, die mit den verschlüsselten Anspielungen auf Menschen und Ereignisse etwas anzufangen wußten. Die Redakteure in der Fleet Street, die die Sache ausbaden mußten, nahmen ihm seine einflußreichen Kontakte übel. Er schickte sein Manuskript mit dem Taxi in die Redaktion und setzte nie einen Fuß ins Carmelite House. Es wundert daher kaum, daß bald darauf, als sich die Rothermeres zerstritten und Ann den Schriftsteller Ian Fleming heiratete – den Schöpfer von James Bond –, Alis Kolumne ersatzlos gestrichen wurde. Doch durch Mary Churchill und andere treue Anhänger konnte Ali Forbes viele Begabungen fördern und auf verdienstvolle Personen aufmerksam machen.

Außer der Welt der »legitimen Verbündeten« mit ihren Regierungsbüros, ihren geselligen Treffpunkten und politischen Salons gab es einen weiteren Bereich politischer Lobbys, Intrigen und Richtungskämpfe: die unabhängigen Freiheitsbewegungen. Die staatlichen

Beamten in Whitehall nahmen diese Gruppierungen kaum zur Kenntnis, und auch von anderen offiziellen Stellen wurden sie sträflich vernachlässigt. Allerdings wurden sie umhegt und gehätschelt von Kingsley Martin, dem Herausgeber des *New Statesman*, und seiner Lebensgefährtin Dorothy Woodman. Kingsley und Dorothy bildeten ein auf unkonventionelle Weise konventionelles Paar. Er, der wohl wußte, welchen Einfluß sein wöchentlicher Leitartikel auf die linken Intellektuellen ausübte, schlug sich mit ideologischen Dilemmas herum. Sie, sein radikales Gegenstück, war entschieden prorussisch eingestellt und interessierte sich vor allem für die Dritte Welt. Mit ihrem bestickten Mantel, ihrem Pelzhut und den rosigen Wangen sah sie aus wie eine zu groß geratene russische Puppe. In ihrer gemeinsamen Wohnung am Buckingham Gate hatten sie afrikanische und asiatische Freiheitskämpfer zu Gast: Es gab Kämpfer für ein freies Burma und ein freies Indonesien; auch Kwame Nkrumah von der Goldküste, der damals in London studierte, zählte zu den Gästen. Er war der Schüler von Professor »Freddie« Ayer und trug den Spitznamen »der Hegelianer«, da er häufig fragte, was Hegel über diesen oder jenen politischen Gegenstand wohl gedacht hätte. Abdul Karim Kassem, der spätere Anführer einer Revolution gegen den irakischen König, der nach einem Staatsstreich hingerichtet wurde, saß zusammen mit Krishna Menon, der in Bohemienkreisen für Aufsehen sorgte. Er war Mitbegründer der Pelican-Reihe der Penguin Books und machte später in Indien unter Nehru politisch Karriere.

Dorothy Woodman leitete die Union of Democratic Control, eine prokommunistische Organisation, zu der auch zahlreiche linke Labour-Abgeordnete gehörten, beispielsweise Tom Driberg. Tom war ein Hansdampf in allen Gassen. Als Chronist des *Daily Express* und als Freund von Lord Beaverbrook kannte er die verschlungenen Wege durch das Londoner Labyrinth der Cliquen und Clans, er war provokant, faszinierend und irritierend – je nach dem Temperament seines Gegenübers. Er wurde einer meiner umstrittensten Autoren.

Der erste Abgesandte aus Titos Jugoslawien in London war General Velebit, Sohn eines vor dem Ersten Weltkrieg noch österreichischen Generals, der später stellvertretender Außenminister und Wortführer des kommunistischen Jugoslawien wurde. Ich machte mit ihm ein Interview, in dem er von Fitzroy Maclean und Bill Deakin schwärmte, den beiden großen Verteidigern Marschall Titos, die auf Befehl Churchills als erste das Partisanengebiet besuchten. Als ich später meinen Verlag gründete, verschaffte er mir Kontakt zu Tito und ermöglichte es mir, *Tito Speaks* (*Tito. Eine autorisierte Biographie*) zu veröffentlichen – teils Memoiren, teils Biographie, ein Werk, das unter Mitarbeit von Vladimir Dedijer, einem der engsten Mitarbeiter Titos, zustande kam.

Titos Memoiren waren einer meiner ersten Erfolge bei der Suche nach Autoren vom europäischen Festland. Im Jahr 1952 ging ich einem Hinweis des *Life*-Fotografen John Phillips nach, der bemerkenswerte Aufnahmen von den jugoslawischen Partisanen gemacht und mit Dedijer Freundschaft geschlossen hatte. Durch ihn erhielt ich die Rechte für Titos Kriegsmemoiren – seine Erinnerungen, die er seinem Stellvertreter anvertraut hatte. Phillips und ich trafen uns in Venedig, und während eines Dinners bei der Contessa Anna Maria Volpi Cicogna in einem nagelneuen Palazzo auf der Giudecca besprachen wir die Strategie für den Erwerb der weltweiten Veröffentlichungsrechte. Wir setzten einen Vertrag auf und entwarfen ein Konzept für das Buch. Tags darauf fuhren wir nach Belgrad. Ich durfte dem Marschall nur einmal die Hand schütteln. Während unserer kurzen Unterredung war ich erstaunt, wie klein er war. Er trug einen Leinenanzug und eine dunkle Krawatte. Er sagte nur: »Ich hasse dicke Bücher.« Dedijer holte sich Unterstützung bei Milovan Djilas, der bis zu seinem Bruch mit Tito 1954 dessen engster Freund gewesen war. Er verfaßte einen bemerkenswerten Bericht über dessen berühmtes Treffen mit Stalin im Kreml und berichtete über die heftigen Auseinandersetzungen, die dem offiziellen Bruch zwischen den Sowjets und Tito im Jahr 1948 vorausgingen. *Tito Speaks* war der erste Welterfolg von Weidenfeld & Nicolson. Mit diesem Buch eröffnete ich mir das weite Feld der Memoirenliteratur; für mich als Verleger war dieser Bereich stets ein Schwerpunkt meiner Arbeit. Wir besaßen an vielen Titeln die Welt- oder zumindest Teilrechte und konnten so Vorabdrucke in Zeitungen und weitere Nebenrechte in andere Länder verkaufen.

Einer meiner letzten interessanten journalistischen Aufträge während des Krieges war ein Interview mit dem tschechoslowakischen Präsidenten Beneš anläßlich seines sechzigsten Geburtstags im Jahr 1944. Wir aßen in seinem Haus in Putney, einer Londoner Vorstadt.

Zum damaligen Zeitpunkt hatte die Rote Armee in den Waldkarpaten bereits die tschechoslowakische Grenze überschritten, und er war in überschwenglicher Stimmung. »Sie werden sehen«, sagte er, »daß mein Land als erstes auf eigenen Beinen stehen, blühen und gedeihen wird.« Er war überzeugt, daß die Kommunisten in einer großen Parteienkoalition mitarbeiten würden. »Ich weiß, daß meine Partei gewinnen wird, und ich werde alle diejenigen Lügen strafen, die meinen, man könne mit den Kommunisten nicht als loyale Partner in einem parlamentarischen System zusammenarbeiten.« Ich hielt ihm entgegen, daß die Polen in diesem Punkt ganz anders dächten – daß sie Angst hätten, überrannt und unterdrückt zu werden. »Aber es gibt einen Unterschied«, erwiderte Beneš und zwinkerte mir zu. »Marschall Stalin verdankt mir einiges. Ich habe ihm große Dienste erwiesen.«

Beneš, der ein Opfer seiner Selbsttäuschung und seines blinden Vertrauens wurde, mag dabei auf die bizarre Geschichte der Hinrichtung des russischen Marschalls Tuchatschewski und anderer führender Militärs angespielt haben. Tuchatschewksi war mit dem geheimen Einverständnis der Gestapo ermordet worden, und beide Seiten hatten den tschechischen Geheimdienst auf zynische Weise für ihre Zwecke benutzt.

KAPITEL VI

Contact – *Geburt einer Zeitschrift*

TROTZ MEINER WEITREICHENDEN Kontakte und meiner mich zutiefst befriedigenden Arbeit fühlte ich mich, was meine Zukunft als Journalist anging, verunsichert. Mit gelegentlichen Seminaren, meiner Vorlesung am Royal Institute for International Affairs und dem Erfolg meines Buches hatte ich einen gewissen Ruf erlangt, aber ich wußte, daß man mich in einer Welt, die noch immer von kriegsbedingten Restriktionen beherrscht wurde, als einen ausländischen Sonderling betrachtete. Sobald der Nachrichtenverkehr wieder frei fließen konnte, würden Auslandskorrespondenten die Arbeit der Stammtischgelehrten übernehmen: Hunderte von Profis würden aus dem Krieg zurückkehren und die Redakteursposten in allen Abteilungen der BBC besetzen.

Ich wollte unbedingt etwas Eigenes auf die Beine stellen und meinen Status als Ausländer unter Engländern positiv ausnützen. Ich bewunderte die militärischen Erfolge der Briten und den Mut, mit dem sie sich dem mächtigen Feind widersetzt hatten. Denselben Mut haben sie seitdem immer wieder bewiesen: angesichts der Herausforderung durch Stalin, Nasser, gegenüber argentinischen Generälen und Saddam Hussein. Auch wenn die Regierung und das Establishment ihre Bedenken hatten oder uneins waren, so hat das einfache Volk stets einen eindeutigen Standpunkt vertreten, wenn es um eine in seinen Augen wichtige moralische Pflicht ging – den Kampf gegen die Tyrannei. Für mich waren die Briten das gemäßigtste und toleranteste aller Völker, und ich war überzeugt, daß ihr Beispiel dem Nachkriegseuropa helfen könne, den Weg zurück zur Demokratie zu finden.

In kultureller Hinsicht hatte sich während des Krieges auf britischem Boden viel Bewundernswertes und Neues ereignet: der Aufstieg von Ballett und Oper, Neugründungen zahlreicher literarischer Zeitschriften, das enorme Interesse an Lyrik und an Erzählungen sowie der Hunger nach Informationen jeder Art über das, was sich zur gleichen Zeit auf dem besetzten Kontinent abspielte. Franzosen aus den nichtbesetzten Gebieten hatten Texte der Resistance-Literatur nach London gebracht, und auch einige Schriften von deutschen Nazi-Gegnern hatten wir gelesen, die jedoch häufig in verschlüsselter Form oder als Allegorie verfaßt waren. Auch aus Italien war nach der Vertreibung des Duce durch den König und General Badoglio eine Flut hochrangiger und bewegender Literatur nach England gelangt. All das brachte mich auf die Idee, eine Zeitschrift ins Leben zu rufen, die diesen europäischen Geist, der während des Krieges in London herrschte, einfangen und bewahren sollte. Als Titel des Magazins war *Contact* gedacht.

Es war ein überaus ehrgeiziger Plan, aber in meinem Kopf nahm die Zeitschrift bald klare Formen an. Ich träumte von einem aufwendig gestalteten Monatsheft, das aufklärerische, analytische und philosophische Aspekte beinhalten sollte. Es sollte dem Reportagestil des *New Yorker* nacheifern, dazu einen Schuß *Fortune*, es sollte Kommentare und Interpretationen in einem Stil enthalten, den ich damals als die Hohe Schule des Journalismus betrachtete – eine Mischung aus Kingsley Martins *New Statesman* und der *New Republic* unter der Leitung von Freda Kirchway; in einer dritten Sparte sollten sowohl neue Stimmen aus Europa als auch humanistische Denker des Exils mit Essays über die wichtigsten Fragen unserer Tage zu Wort kommen. Darüber hinaus träumte ich davon, *Contact* auf längere Sicht in verschiedenen Sprachen von einheimischen Verlegern in verschiedenen europäischen Hauptstädten herausgeben zu lassen, unter einer koordinierenden Chefredaktion in London.

Bereits 1943 hatte ich begonnen, diese Idee in meinem Kopf zu entwickeln. Ich hatte keine Vorstellung davon, wo ich mit der Verwirklichung meines Plans beginnen sollte, aber ich konnte an nichts anderes mehr denken. Ich sprach mit allen Freunden und Bekannten darüber, stieß auf Verblüffung, höfliches Interesse oder offene Skepsis. Aber ich gab nicht auf. Ich hatte keinerlei Erfahrung als Verleger, und ich brauchte natürlich Geld. Darüber hinaus mußte ich eine Möglichkeit finden, Papier zu bekommen, denn Papier wurde zu jener Zeit streng rationiert, und es bestand ein Verbot für die Gründung neuer Zeitschriften.

Und doch stieß ich hier und da auf positive Reaktionen. Unter den Mitgliedern der tschechischen Exilregierung befand sich ein ehemaliger Drucker und Verleger namens Jiři Firt, ehemaliger Chef der großen Melantrich-Werke in Prag und ein erfahrener Herausgeber von Zeitschriften. Er erkannte als erster die Bedeutung meines Vorhabens, und in der Kantine der BBC unterzeichneten wir ein Abkommen, demzufolge Firt, falls er nach dem Krieg seinen ehemaligen Posten in Prag wieder aufnehmen sollte, dort eine tschechische Ausgabe des *Contact* herausgeben und mein britisches Unternehmen mitfinanzieren würde. Jiři Firt ermächtigte mich, dieses »Abkommen« in zukünftigen Verhandlungen mit britischen Geldgebern als Sicherheit vorzulegen. Die deutsche Armee war noch in Stalingrad, als wir auf den ersten Herausgebervertrag meines Lebens anstießen, aber ich war voll freudiger Erwartung.

Der Zufall wollte es, daß Diana Van Oss, die Bibliothekarin der BBC in der Oxford Street 200, einen ungarischen Freund hatte, der als Vertriebschef im Verlag Nicholson & Watson arbeitete. Sein Name war André Deutsch, und auch er träumte davon, einen eigenen Verlag zu gründen. Sein Arbeitgeber war ein temperamentvoller Waliser, ein Autodidakt namens John Roberts, der Nicholson & Watson zu einem der führenden literarischen Verlage aufbauen wollte. Der Verlag gehörte Mr. Duncan Mackintosh aus Redhill, Surrey, einem wohlhabenden Drucker, der ungeheuer große Papierrationen erhielt. Die Kriegsrationen an Papier wurden nach dem Mittelwert an Papier bemessen, den eine Firma während der letzten zwei, drei Jahre vor dem Krieg verbraucht hatte. Deshalb verfügte ein Drucker, wenn er das Glück hatte, während jener Zeit einen großen Umsatz gemacht zu haben, in diesen Zeiten der Einschränkung über enorme Macht: Es kam dem Besitz von Goldreserven gleich. Drucker und Verleger, die vor dem Krieg magere Zeiten erlebt hatten, waren nun zu einer noch bescheideneren Existenz verdammt.

Als ich André Deutsch meine ehrgeizigen Pläne unterbreitete, stieß ich auf einen interessierten Zuhörer. Er versprach, mir Zugang zu der Geld- und Papierquelle zu verschaffen, wies mich jedoch darauf hin, daß ich nicht bekannt genug war, um größere Mengen Geld lockerzumachen – ich würde Namen brauchen, die das Vertrauen potentieller Geldgeber erweckten. Ich sprach mit zwei Männern, denen ich, wie vielen anderen, meine Pläne anvertraut hatte. Der eine war Tangye Lean, der andere der einflußreiche Gerald Barry, Chefredakteur des *News Chronicle* und eine schillernde Persönlichkeit in der Welt des Journalismus, der Kunst und Politik. Zu jener Zeit befand er sich in einem Machtkampf mit Sir Walter Layton, dem Aufsichtsratsvorsitzenden des *New Chronicle*. Auch Tangye Lean hatte noch keine konkreten Pläne für die Zeit nach dem Krieg, und so kam es den beiden gelegen, ihre Namen für ein solches Projekt zur Verfügung zu stellen, vorausgesetzt, die notwendige Finanzierung war gesichert. Sie erklärten sich bereit, als Mitherausgeber der geplanten Zeitschrift zu fungieren.

Wir hatten alles genauestens vorbereitet: Gerald Barry sollte die allgemeine Leitung übernehmen, Tangye Lean war für den Bereich Kultur und die graphische Gestaltung zuständig, während ich im Bereich europäische und allgemeine Planung tätig werden sollte. Ende 1943 trafen wir drei uns also mit Duncan Mackintosh, John Roberts und André Deutsch zu einem denkwürdigen Lunch bei Claridge's. Das Treffen verlief zu unser aller Zufriedenheit. Duncan Mackintosh hatte bisher in Massen relativ bedeutungslose Taschenbücher verlegt, die inzwischen längst in Vergessenheit geraten sind, und war auf der Suche nach einer prestigeträchtigeren Aufgabe. Er hatte nur eine ungenaue Vorstellung davon, welches Niveau und welche Inhalte das literarische Magazin haben sollte, das wir uns vorstellten, zeigte sich jedoch begeistert von der Vorstellung, daß die Zeitschrift eine Auflage in Millionenhöhe haben und in verschiedenen Sprachen erscheinen sollte. John Roberts witterte die Chance, daß das Magazin quasi als Nebenprodukt herausragenden Büchern zu Ruhm und Ehre verhelfen könnte. André Deutsch betrachtete sich als Katalysator und Verkaufsgenie. Tangye und Gerald glaubten, daß eine Beteiligung an dem neuen Projekt ihnen zumindest eine gute Ausgangsbasis für zukünftige Verhandlungen in der Fleet Street verschaffen könnte, wo die meisten Zeitungsverlage ansässig waren. Ich selbst sah neue Welten vor mir auftauchen und eine Aufgabe, die sich zu einem Lebenswerk entwickeln konnte.

Als Ergebnis dieses Gesprächs wurde Contact Publications im Frühjahr 1944 als Gesellschaft eingetragen. Harold Rubinstein, Mehrheitseigner von Rubinstein & Nash und Begründer einer Dynastie von Literaturagenten und Verlegern, setzte den Vertrag auf. Die drei Herausgeber sollten jeweils zehn Prozent der Aktien halten, Duncan

Mackintosh den Rest. Mit Zustimmung der BBC unterschrieb ich einen Vertrag, der mir gestattete, gleichzeitig meine Arbeit beim Rundfunk weiterzuführen.

Mit dem Erscheinen unserer Monatszeitschrift wollten wir beginnen, sobald der Frieden in Sicht war. Unser natürlicher Optimismus wurde durch den »D-Day«, die Landung der alliierten Truppen in der Normandie, noch verstärkt, und wir gingen davon aus, daß wir bis zum Ende des Jahres startbereit sein müßten. Die erste Ausgabe von *Contact* sollte betitelt werden: »Der erste Frühling im Frieden«, und ich bat Richard Crossman, einen langen Artikel – zwanzig Seiten – über das britische Außenministerium zu schreiben, der informativ und kritisch, gleichzeitig aber aufrüttelnd sein sollte. Sein Bericht, den er nach amerikanischer Art mit Unterstützung durch die Recherchen freier Mitarbeiter verfaßt hatte, erschien in der ersten Ausgabe. Als weiterer Beitrag, dem noch viele dieser Art folgen sollten, war die Aufzeichnung einer Diskussion zwischen einem politischen Berichterstatter aus Großbritannien und einem renommierten Kollegen aus dem Ausland geplant. Wir arrangierten ein solches Treffen zwischen Kingsley Martin und Ed Murrow im Restaurant *White Tower* in Soho, einem berühmten Literatentreffpunkt. Der Titel des Beitrags lautete »Gespräche mit Nachbarn«. Für einen anderen Artikel dieser Serie trafen sich Michel St. Denis und Harold Nicolson zu einem Gespräch über die zukünftigen englisch-französischen Beziehungen. Wir legten einen Vorrat von Artikeln an, um für unseren eigenen D-Day gerüstet zu sein.

Dann, im September 1944, traf mich ein schwerer Schlag. Tangye Lean und Gerald Barry zogen sich ohne Vorwarnung aus dem Projekt zurück. Sie schickten einfach einen Brief an die Herren Mackintosh und Roberts, in dem sie erklärten, sie hätten nunmehr andere Pläne und könnten die Zeit nicht mehr erübrigen – Gerald Barry hatte seinen Vertrag mit dem *News Chronicle* erneuern können, und Tangye Lean war von der BBC erfolgreich abgeworben worden. Also hatten sie mich sitzenlassen. Doch dank der Loyalität von André Deutsch und seines ungebrochenen Vertrauens in mich wurde das Projekt nicht fallengelassen. Er machte seinen Einfluß bei Mackintosh und Roberts geltend und brachte sie dazu, sich weiterhin an die Abmachungen zu halten. Ich wurde jedoch gebeten, neue Mitherausgeber zu finden, um meine Glaubwürdigkeit aufrechtzuerhalten. Inzwischen waren meine Geldgeber davon überzeugt, daß ich ihre Unterstützung verdiente, und sie ließen mir in der Wahl meiner neuen Mitarbeiter freie Hand.

Der erste war H. L. Beales, ein geistreich schelmenhafter Charakter und Anhänger der sozialistischen Fabian Society und ein Freund von Sidney und Beatrice Webb sowie Harold Laski, den ich während des Krieges bei einem Sommerlehrgang der Fabier* kennengelernt hatte. Lance Beales lehrte Wirtschaftsgeschichte an der London School of Economics. Zusammen mit Krishna Menon war er einer der redaktionellen Berater von Allen Lane gewesen, dem Gründer des Penguin-Verlags, und er war eine bekannte Persönlichkeit in den Kreisen der Labour-Intellektuellen aus Hampstead. Beales war auf versonnene Weise zynisch und von großer Gelassenheit. Er konnte sich ausschweifend und langatmig über ein Thema auslassen, während ich ungeduldig darauf brannte weiterzukommen, aber er war voller guter Ideen und erwies sich als nützlicher Partner.

Der andere neue Mitarbeiter spielte eine konstruktivere Rolle. Ich überredete Hubert de Cronin Hastings, den Schwager eines guten Freundes aus meinen BBC-Tagen und Mitbesitzer und Herausgeber der berühmten *Architectural Review*, für mich als Mitherausgeber zu arbeiten. »H. de C.«, wie er allgemein genannt wurde, war auf seinem Gebiet ein exzentrisches Genie. Die von seinem Vater gegründete Zeitschrift, von ihren Bewunderern liebevoll »Archi Rev« genannt, spielte eine Pionierrolle bei der Wiederbelebung des viktorianischen Baustils. John Betjeman, Osbert Lancaster, Hugh Casson, J. M. Richards, Gordon Cullen, Nikolaus Pevsner und eine ganze Reihe weiterer Autoren und Ästheten in Fragen der Architektur zählten zu ihren Mitarbeitern oder wurden von ihr entdeckt. Die »Archi Rev« war nicht nur die Bibel für eine bestimmte Architekturschule, sie war mit ihrer gewagten und charakteristischen Aufmachung auch innovativ in Typographie und Layout. H. de C. war ein sehr zurückhaltender Mensch. Soweit es ging, mied er jede Gesellschaft, scheute sich, anderen in die Augen zu sehen, kleidete sich im edwardianischen Stil und hielt sich so wenig wie möglich in London auf. Man erzählte sich, er verstecke sich in sei-

---

* Fabier: Mitglied einer 1884 in England gegründeten Gesellschaft britischer Sozialisten, der Fabian Society. A. d. Ü.

nem aufwendig ausgestatteten viktorianischen Badezimmer, wenn seine Familie auf dem Land unwillkommenen Besuch erhielt.

Es konnte keine gegensätzlicheren Menschen geben als diesen introvertierten viktorianischen Exzentriker und den reizbaren, extravaganten österreichischen Emigranten, und doch kamen wir vom ersten Tag an gut miteinander aus. H. de C. war ein fürsorglicher, loyaler und großzügiger Partner. Er ließ sich von seiner Zeitschrift für ein Jahr beurlauben, taufte eins seiner Pferde auf den Namen *Contact* und bestand darauf, im Impressum erst an dritter Stelle genannt zu werden. Er betrachtete die Arbeit bei *Contact* als eine Art Forum, das ihm die Möglichkeit bot, die ihm in seinem etablierten Familienunternehmen versagt blieb, nämlich einen innovativen Stil zu entwickeln. Er gestaltete das brillante und außergewöhnliche Layout der ersten Ausgaben.

Die Arbeit an den Vorbereitungen beschleunigte sich zusehends. Die drei Büroräume im obersten Geschoß eines schönen Gebäudes im georgianischen Stil, Manchester Square 26, waren von hektischer Aktivität erfüllt. H. de C. heuerte einige seiner besten Graphiker, Typographen und künstlerischen Gestalter an, während ich freie Hand hatte bei der Erwerbung von literarischen Beiträgen. Da meine Interessen sich auf Politik und auswärtige Angelegenheiten konzentrierten, kam ich zu dem Schluß, daß wir jemanden brauchten, der uns Zugang zur Welt der Kunst und Literatur verschaffte. Über Raymond Klibanski, einen hegelianischen Philosophen der Londoner Universität, der sich mit Kriegspropaganda gegen das faschistische Italien befaßte, lernte ich Stephen Spender kennen. Ich bot ihm den Posten als Redakteur für Literatur an. Er lehnte ab, weil er eine Vortragsreise in die USA plante, schlug jedoch Philip Toynbee vor, der das Angebot annahm.

Die Freundschaft mit Philip entwickelte sich zu einer der fruchtbarsten meines Lebens, denn er füllte nicht nur die große Lücke in der Redaktion unseres Magazins, sondern öffnete mir Türen zu völlig neuen Welten. Er war ein Enkel des liberalen Humanisten Gilbert Murray und Sohn des Historikers Arnold Toynbee. Er rebellierte gegen jede Form von Autorität, war ein brillanter Gesprächspartner und kannte Gott und die Welt. Er war hochgewachsen und ging leicht gebeugt, hatte eine hohe Stirn und eine dröhnende Stimme, er führte mit Begeisterung Streitgespräche, liebte das Paradoxe, war ein starker Trinker und ein leidenschaftlicher Frauenheld. Er war außerordentlich gesellig und ein treuer Freund. Toynbee war der erste kommunistische Vorsitzende des renommierten Debattierclubs *Oxford Union* gewesen, wurde jedoch bald durch den Stalinismus desillusioniert und schloß sich mit Arthur Koestler und Humphrey Slater zusammen, einem ehemaligen Freiwilligen der Internationalen Brigade und Redakteur eines erfolgreichen, jedoch kurzlebigen Intellektuellenmagazins namens *Polemic.* Slater war ein intellektueller Querdenker, extrem ideologisch, jedoch eher rezeptiv als originell in seinem Denken. Er pflegte freundschaftliche Beziehungen zu George Orwell und Freddie Ayer, und er verehrte Koestler. Im Gargoyle-Club, wo er Stammgast war, hielt er seine Mitarbeiter so lange frei, wie ein wohlhabender australischer Verleger und ehemaliger Playboy seine Rechnungen bezahlte, doch muß zu seiner Ehrenrettung gesagt werden, daß seine Zeitschrift *Polemic* einige exzellente Essays enthielt.

Philip hatte eine Gruppe von talentierten, gleichgesinnten Freunden um sich geschart. Zu Anfang meiner Bekanntschaft mit seinem Kreis fiel mir auf, daß die meisten, mit denen er sich umgab, zwar dazu neigten, linke Ansichten zu vertreten, jedoch alle aus gehobenen Kreisen stammten, die renommiertesten Internate besucht und größtenteils in Oxford und teilweise in Cambridge studiert hatten. Und doch rebellierten sie gegen die Geisteshaltung ihrer Herkunft, obschon sie durch ihre Sprache, ihr Auftreten und ihr Zurückgreifen auf ihre ererbten Vorteile und Annehmlichkeiten – Wochenendpartys auf dem Land, vornehme Clubs – wie durch eine Nabelschnur, die kaum einer von ihnen jemals durchtrennte, mit ihr verbunden blieben. Während meiner langen Bekanntschaft mit Philip und seinen Freunden bin ich niemals einem Angehörigen der Arbeiterklasse begegnet und auch niemandem, der sich dazu bekannt hätte, dem Kleinbürgertum zu entstammen – bis auf ein paar zufällige Bettgefährten des homosexuellen Flügels unter ihnen.

Über Philip habe ich die Nicolsons kennengelernt, denn Benedict Nicolson, der ältere Sohn von Harold Nicolson und Vita Sackville-West, war sein bester Freund. Ben besaß den wehmütigen Charme und die melancholische Ausstrahlung der Sackvilles, lebte jedoch deutlich auf, wenn er sich in plötzlich aufwallendem Enthusiasmus für eine gute Sache begeisterte. Er war ein loyaler Freund und seinen Überzeugungen absolut treu. Er arbeitete unter Anthony Blunt als Verwaltungsassistent der königlichen Gemäldesammlung und wurde Kunstkritiker bei *Contact.* Später machte er mich mit seinem jüngeren Bruder Nigel bekannt, der mein Partner werden sollte.

Der Krieg schien kein Ende nehmen zu wollen, und dazu kam das unheilvolle Gerücht auf, die Regierung wolle weder die Papierrationierung nach dem Krieg aufheben noch die Gründung neuer Zeitschriften gestatten. Unsere Drucker wurden nervös. Sie teilten uns mit, sie seien bereit, uns weiterhin zu finanzieren, wenn es uns gelänge, zusätzliche Mittel aus anderen Quellen aufzutreiben. Wir waren also mit doppelten Schwierigkeiten konfrontiert, nämlich der Notwendigkeit, Geld zu beschaffen, und der Frage, wann wir das Erscheinen der ersten Ausgabe ankündigen sollten. Am 8. Mai 1945, am Tag des Sieges, waren wir immer noch mit Vorbereitungen für die erste Ausgabe und der Planung zukünftiger Ausgaben beschäftigt. In einem beunruhigenden Schreiben der Kontrollstelle für die Papierrationierung warnte man uns davor, ohne offizielle Genehmigung ein neues Magazin auf den Markt zu bringen, und wir fragten uns besorgt, ob all unsere Mühe und Arbeit wohl umsonst gewesen sei.

Während wir immer mehr Artikel sammelten und das Netzwerk der Auslandskorrespondenten ausbauten, von denen viele den verschiedensten Exilregierungen angehörten, schienen die Aussichten, eine Lizenz für unsere Zeitschrift zu erhalten, sich eher zu verschlechtern als zu verbessern. Die Attlee-Regierung ließ alle potentiellen Herausgeber neuer Zeitschriften wissen, daß die Umgehung des Gesetzes mit harten Strafen belegt werde. Ich war verzweifelt, und auch Crossman konnte mich nicht trösten, als er sarkastisch bemerkte: »Schließlich kannst du immer zurück zum Rundfunk gehen.«

Die Drucker und die Geldgeber von *Contact* wurden immer unruhiger, je länger der Starttermin sich verzögerte, und als sie erfuhren, daß es noch Jahre dauern konnte, entschlossen sie sich, einen Teil ihrer Aktien zu verkaufen. Trotz der großen Menge an Material, das wir für *Contact* gesammelt hatten, wußten wir nicht, wie wir das Verbot neuer Zeitschriften umgehen sollten, das die Regierung unter Attlee verhängt hatte. Ich beriet mich mit John Foster, einem Juristen und Mitglied des renommierten All-Souls-College in Oxford, der Brigadekommandant im Kriegsministerium und Rechtsberater der britischen Botschaft in Washington gewesen war. Foster sah eine Möglichkeit, dem Dilemma zu entkommen. Er schlug vor, den Titel des Magazins in *Contact Books* umzuändern, es in unregelmäßigen Abständen in gebundener Form erscheinen zu lassen, jede Ausgabe unter ein spezielles Thema zu stellen und statt einer Zeitschrift eine Buchreihe herauszugeben. Um die Kontrollstelle für Papierrationierung noch mehr zu verwirren, sollten wir jährlich drei oder vier »echte« Bücher auf den Markt bringen, um zu beweisen, daß wir nicht einfach eine als Buchreihe getarnte Zeitschrift verlegten.

Und genau das taten wir. Wir planten sechs Ausgaben im Jahr. Natürlich wurde die Finanzierung unseres Projekts durch diesen Trick kompliziert. Die Tatsache, daß wir Werbung druckten, trug nicht gerade dazu bei, den Buchcharakter unseres Projekts zu unterstreichen, während wir gleichzeitig in unserer eigenen Abonnentenwerbung den Zeitschriftenaspekt herunterspielen und betonen mußten, daß wir eine Buchreihe herausgaben.

Auf Fosters Rat hin entschlossen wir uns, außerdem ein paar »normale« Bücher zu aktuellen Themen herauszugeben, in der Hoffnung, *Contact* in eine umfangreichere Zeitschrift umwandeln zu können, sobald die Papierrationierung aufgehoben wurde. Ich bat Lance Beales, Manuskripte von seinen Studenten oder Freunden für eine Buchreihe über die Probleme der Nachkriegszeit zu sammeln. Die Zeit war knapp, denn wir mußten die Bücher so lange gleichzeitig mit *Contact* produzieren, bis wir die Buchtarnung aufgeben konnten. Lance Beales sagte mir, er habe zufällig ein Manuskript über die Zukunft des britischen Kohlebergbaus. Er erklärte mir, es handle sich um den Text eines intelligenten jungen Statistikers aus dem Ministerium für Brennstoff und Energie, der für Ormskirk in Lancashire als Kandidat der Labour Party aufgestellt worden war und deswegen daran interessiert war, das Buch bis zum Wahltag, dem 5. Juli, zu veröffentlichen. Sein Name war Harold Wilson. Beales übergab mir ein abgegriffenes Manuskript, das noch den Ablehnungsbescheid vom Victor Gollancz Verlag aufwies. *New Deal for Coal* von Harold Wilson wurde das erste *Contact*-Buch. Wir zahlten ihm einen Vorschuß von fünfzig Pfund, von denen er die erste Hälfte bei Unterzeichnung des Vertrags und die zweite bei Erscheinen des Buchs erhielt.

Ich erinnere mich noch, wie Harold Wilson an einem heißen Frühlingsnachmittag in Hemdsärmeln die Treppen zu unserem Büro am

Manchester Square heraufgerannt kam, um die Druckfahnen abzuholen. Da das Buch in Windeseile produziert werden mußte, arbeiteten wir alle mit großem Eifer daran. Wir sahen ihn sehr häufig, und in seinem Umgang mit uns zeigte er seine charakteristische Mischung aus belehrender Pedanterie und Abenteuergeist. Er las die Fahnen mit großer Sorgfalt und erzählte uns wortreich von seiner Vergangenheit und seinen Plänen für die Zukunft. Damals war sein nordenglischer Huddersfield-Akzent noch wesentlich stärker ausgeprägt, aber er war selbstsicher und ausnehmend höflich. Das Buch, dessen Umschlag einen Bergmann mit leuchtendem Grubenlicht zeigte, bekam gute Kritiken, die *Times* widmete ihm sogar einen Leitartikel. Es nützte Wilson in vieler Hinsicht und untermauerte seinen Status als aufstrebender Intellektueller der Labour Party.

Der Erfolg des Buchs verhalf ihm zum Wahlsieg. Die überwältigende Stimmenmehrheit für die Labour Party bei den Wahlen im Jahre 1945 kam für die Parteiführung überraschend. Clement Attlee wurde gerade rechtzeitig ins Amt gehoben, um statt des Veteranen Winston Churchill an der Potsdamer Konferenz teilzunehmen. Der neue Premierminister mußte nun eine Regierungsmannschaft aufstellen, aber er wußte nicht, wo er talentierte Politiker finden sollte, um die nachgeordneten Posten zu besetzen – während des Krieges hatte das Kontingent der Labour Party im House of Commons aus nicht mehr als fünfzig Mitgliedern bestanden. Attlee kannte nur wenige der jüngeren Parteimitglieder, denn es war eine sogenannte »Khaki«-Wahl gewesen, bei der die meisten Kandidaten aus den Reihen der Streitkräfte oder aus sonstigen kriegsbedingten Tätigkeiten kamen, so daß er sich auf das Urteil von Transport House* und einer Reihe anderer Talentjäger verlassen mußte.

Einer dieser Männer war George Tomlinson, ein Gewerkschafter und strammer Parteianhänger. Als Clem Attlee George Tomlinson, den er zum Bautenminister ernannt hatte, am Morgen nach dem Wahlsieg fragte, ob er ihm jemanden nennen könne, der über wissenschaftliche Referenzen verfüge, ein verläßlicher Sozialist und erfahrener Verwaltungsmensch sei, hatte Tomlinson, wie er mir später einmal erzählte, eine Antwort parat. Er hatte gerade einen jungen Mann aus Ormskirk

---

* Hauptsitz der TGWU, eine der größten britischen Gewerkschaften. A. d. Ü.

in Lancashire in seinem Wagen mitgenommen, der beim Ministerium für Brennstoff und Energie angestellt war. Er war Statistiker, war bereits für das Kabinett tätig gewesen und hatte erst kürzlich ein Buch über die Zukunft des britischen Bergbaus geschrieben. Attlee bat um ein Treffen mit ihm. Der junge Harold Wilson ließ sich nicht lange bitten. Während des zehnminütigen Gesprächs kritzelte Attlee ununterbrochen etwas auf einen Block. Er blickte kaum von seinem Schreibtisch auf, außer um zu sagen: »Wilson, Sie gehen ins Bautenministerium. Und zwar als parlamentarischer Sekretär. Viel Glück.« Auf diese Weise begann der steile Aufstieg des Harold Wilson zu den Höhen politischer Macht.

Unseren Bemühungen, den März-Termin, den wir uns selbst für das Erscheinen der ersten Ausgabe von *Contact* gesetzt hatten, einzuhalten, wurde ein Strich durch die Rechnung gemacht. Mehr als einmal mußten wir den Erscheinungstermin verschieben. Die erste Version unserer aufwendigen Werbebroschüre wurde durch eine Freudsche Fehlleistung ruiniert. Der Text hätte lauten sollen: »*Contact* fulfills an urgent, widely felt need.« Statt dessen war in der Broschüre zu lesen: »... an urgent Weidenfeld need.« Glücklicherweise erreichte diese Version nicht die vorgesehenen fünfzigtausend Adressaten in England, Europa und Übersee.

Als *Contact Books* 1946 schließlich mit großer Verspätung startete, wurde das stilgerecht mit einem Essen im Savoy gefeiert. Etwa hundert Gäste fanden sich ein, die Hälfte von ihnen Werbekunden, der Rest Autoren und Persönlichkeiten aus der Gesellschaft und Mitglieder des diplomatischen Corps. Ich saß zwischen Harold Nicolson und Lady Violet Bonham-Carter, die ein freundliches Interesse an unserem Projekt zeigte. Harold Nicolson hielt eine ausgewogene Rede, und anschließend stürzte ich mich in meinen ersten öffentlichen Redeauftritt. Der Abend wurde durch einen Verstoß gegen die Etikette leicht verdorben. Den Botschaftern von Brasilien, Chile und Peru waren keine ihrem Rang angemessenen Plätze zugewiesen worden. Nachdem sie den Sitzplan gelesen und den Fauxpas bemerkt hatten, gingen sie zu den ihnen zugedachten Plätzen, drehten die Teller um und verließen den Saal im Gänsemarsch.

Im großen und ganzen wurde das Magazin wohlwollend aufgenommen. Sein Inhalt wurde gelobt, und die »Radikalen« in der Welt der Typographie priesen Layout und Design, die allerdings von den konventionellen Kritikern Verrisse ernteten. H. de C. Hastings hatte alle seine geheimen Wünsche und Ängste ausgelebt. Er hatte das ganze Spektrum von alten und ultramodernen Schrifttypen eingesetzt, mit Vergrößerungen gespielt und verschiedene Filter und Farbabstufungen benutzt. Das Titelblatt zeigte einen stark vergrößerten Ausschnitt aus Ernest Bevins Gesicht, nämlich ein Auge und seine Knollennase.

Die Werbekunden reagierten auf verschiedene Weise. Durch einen starken Zulauf von neuen Kunden, die von innovativ denkenden Werbefachleuten angeworben worden waren, wurde der Verlust traditionellerer Sponsoren wettgemacht, die es vorzogen, ihre Anzeigen bei den erzkonservativen Zeitschriften *Punch* oder *Country Life* unterzubringen. Allerdings verprellte der eher liberale Inhalt unseres Magazins die Hersteller oder Anbieter von Luxusgütern. Trotzdem hätte die Zeitschrift florieren können, wären wir nicht gezwungen gewesen, sie in der teuren Buchform zu produzieren und obendrein den Titel *Contact* herunterzuspielen.

Nachdem wir nun endlich die Produktion gestartet hatten, mußten wir die Redaktion erweitern. Als ich mich eines Tages diesbezüglich Ben Nicolson gegenüber äußerte, schlug er seinen Bruder Nigel als Mitarbeiter vor, der langfristig in die Politik gehen wollte, jedoch für die Zwischenzeit einen Job suchte. Als wir drei uns im Sommer 1946 im White Tower Restaurant trafen, kamen wir auf Anhieb gut miteinander aus. Nigel war im Prinzip bereit, als Mitherausgeber bei *Contact* einzusteigen und auch eine gewisse Summe in das Unternehmen zu investieren. Seiner Zusage, eine Investition zu tätigen, kam er umgehend nach, allerdings erst, nachdem er die Zustimmung seiner Eltern eingeholt hatte, die sie auf höchst unorthodoxe Weise gaben. Harold Nicolson hielt sich zu jener Zeit in Paris auf, um für die BBC über die Friedenskonferenz zu berichten. Nigel hatte seinem Vater geschrieben und ihn gebeten, seine Meinung in seiner Rundfunksendung am folgenden Mittwoch mittels eines verabredeten Codes kundzutun. Je nachdem, wie er die Sache beurteilte, sollte er zu Beginn seines Kommentars entweder das Wort »Zustimmung« oder »Ablehnung« einflechten. Falls er Zweifel habe oder wünsche, die Entscheidung bis zu seiner Rückkehr aufzuschieben, sollte das Wort »ungewiß«

lauten. Vita Sackville-West und ihre beiden Söhne lauschten begierig dem Urteil. Harold begann seinen Kommentar mit den Worten: »Ich habe soeben einen Brief von einer Dame aus Eastbourne erhalten.« Kurz darauf fiel das Wort »Zustimmung«. Auf diese Weise wurde die Partnerschaft Weidenfeld & Nicolson geboren.

Am 1. Januar 1947 nahm Nigel seine Arbeit bei *Contact* mit einem Enthusiasmus auf, an dem deutlich der Nachholbedarf zu spüren war, den er nach seinem Dienst im Königlichen Garderegiment in Italien empfand. Er hatte eine romantische Vorstellung von dem, was eine Zeitschrift bewirken konnte, und war kompromißlos in seinem Bestreben, nur die besten Mitarbeiter zu beschäftigen. Keiner von uns beiden hatte eine kaufmännische Ausbildung. Während ich dies als einen bedauernswerten Mangel empfand, war Nigel insgeheim stolz darauf. Wir hatten vollstes Vertrauen ineinander und in unser Unternehmen, und wir lebten in der Hoffnung, dieses Projekt zu einem mutigen und konstruktiven Forum zu machen, das die Welten der Tat, der Phantasie und des Denkens in einem neuen Zeitalter miteinander verbinden würde.

Unser Unternehmen wurde von finanziellen Sorgen geplagt und schlitterte von einer Krise in die nächste. Aktionäre kamen und gingen; Nigel erhöhte sein Kapital und überredete auch Ben und seine Mutter, mehr Geld in das Unternehmen zu investieren. Sie erhielten beide später ihr Geld zurück, Nigel selbst jedoch verzichtete nobel auf die Rückerstattung, als das Unternehmen 1956 neu strukturiert wurde. Einer unserer ersten Investoren war George Lowther gewesen, ein junger Lebenskünstler mit Interesse an Literatur, der eine Monatszeitschrift für Sir Edward Hulton herausgegeben hatte, der Besitzer der populären *Picture Post* und anderer Talenteschmieden. Lowther war mir während der Planungsphase von *Contact* durch David Astor empfohlen worden, der damals Offizier bei den Royal Marines war und sich darauf vorbereitete, die Leitung des *Observer*, der ältesten britischen Sonntagszeitung, zu übernehmen, der seiner Familie gehörte. Astor lud mich zum Dinner in seine Wohnung ein, und wir unterhielten uns bis in die frühen Morgenstunden über das Europa der Nachkriegszeit.

Unter seiner Leitung wurde der *Observer* zum Flaggschiff des neuen europäischen Geistes. Er besaß die Verwegenheit, nicht nur viele Ausländer, sondern vor allem Ausländer aus »feindlichen Ländern« zu beschäftigen. Die meisten von ihnen hatten sich Pseudonyme zugelegt. »Student of Europe« zum Beispiel war Sebastian Haffner, einer der begabtesten politischen Journalisten dieses Jahrhunderts und ein zurückhaltender, reservierter und schwieriger Mensch, der Gesellschaft mied und jede Art von Selbstbeweihräucherung zutiefst verabscheute. Haffner, der als nichtjüdischer deutscher Flüchtling kurz vor Ausbruch des Krieges nach London gekommen war, veröffentlichte ein Buch mit dem Titel *Germany: Jekyll and Hyde*, das bei der britischen Öffentlichkeit auf Begeisterung stieß. Seine Artikel für den *Observer* hatten einen konservativen Grundton, doch Haffners Konzept war innovativ und revolutionär. Er war eher Kassandra als Optimist. Seine Visionen und seine Ansichten waren keineswegs immer richtig, aber sie waren brillant formuliert. Sein Beitrag zur ersten Ausgabe von *Contact* bestand aus einem unerbittlichen und provokativen Essay mit dem Titel *The End of Europe?* In den fünfziger Jahren kehrte Sebastian Haffner nach Deutschland zurück, wo er eine außergewöhnliche Karriere als Journalist und Schriftsteller durchlief. In den Augen vieler Experten gehört sein prägnantes und unkonventionell strukturiertes Buch *Anmerkungen zu Hitler*, das ich 1979 unter dem Titel *The Memoirs of Hitler* herausbrachte, zu den wichtigsten Beiträgen zur Literatur über das Dritte Reich.

Ein weiterer Mitarbeiter des *Observer* war Isaac Deutscher, der sich hinter dem Pseudonym »Peregrine« verbarg. Er war der Autor einer Trotzki-Biographie – obschon er vom Kommunismus zutiefst enttäuscht war, blieb er im Innern seines Herzens immer ein Trotzkist –, und er und seine Frau Tamar, beide polnische Juden, jedoch antizionistisch eingestellt, luden mich oft zu sich nach Hause ein. »Weißt du was, Tamar«, sagte Isaac einmal, »George ist Enver Hoxha wie aus dem Gesicht geschnitten.« Ich fühlte mich nicht gerade geschmeichelt durch diesen Vergleich mit dem kommunistischen Staatschef Albaniens, vor allem da ich befürchtete, die Bezeichnung könnte mir als Beiname erhalten bleiben. Die Deutschers hatten die Angewohnheit, ihre Freunde mit den merkwürdigsten Mitgliedern der internationalen kommunistischen Führungsschicht zu vergleichen und ihnen heimlich entsprechende Spitznamen zu geben. Koestler zum Beispiel nannten sie »Radek«, nach dem sowjetischen Politiker.

David Astors Fachmann für militärische Angelegenheiten und Strategie war John Kimche, der beim *Observer* das Pseudonym »Liberator« führte. Er schrieb auch für die *Tribune* und den *Evening Standard.* Der erfahrene, verschwiegene und unglaublich gut informierte Kimche war ein Schweizer Jude, der dem Staat Israel sehr eng verbunden war, dessen Lage er sein Leben lang analysierte und den er kritisierte und verteidigte. Sein jüngerer Bruder David arbeitete viele Jahre lang für den Mossad, wo Yitzhak Shamir sein Untergebener war, bevor dieser in die Politik eintrat. Als Shamir schließlich Außenminister wurde, berief er seinen ehemaligen Chef ins Außenministerium.

Schließlich gab es noch »Rix« Loewenthal, ein prominentes Mitglied der deutschen Untergrundbewegung *Neu beginnen.* Er wanderte 1935 nach England aus und veröffentlichte im *Observer* als »unser Auslandskorrespondent«. Nach dem Krieg dozierte er erfolgreich an der FU in Berlin.

David Astor war sehr darauf bedacht, die Anonymität seiner wichtigsten Mitarbeiter zu wahren, teilweise weil er die Tatsache, daß der *Observer*, der unter dem früheren Herausgeber Garvin die Beschwichtigungspolitik der Astor-Familie vertreten hatte, nun in den Händen von ausländischen und größtenteils jüdischen Unruhestiftern war, nicht an die große Glocke hängen wollte, und teilweise, weil er seine Zeitung nicht als Schaukasten für profilierungssüchtige Journalisten betrachtete, sondern als Sammelbecken für nicht namentlich genannte Talente verstand. David Astor hatte stets ein kompliziertes Verhältnis zu seinen Lieblingsautoren. Viele von ihnen, die es zu großer Vertrautheit mit ihm gebracht hatten, fielen plötzlich in Ungnade und wurden fallengelassen oder endeten als seine Feinde. Er konnte von den Menschen, mit denen er arbeitete, völlig fasziniert sein, konnte übertrieben großzügig sein, ihnen bei ihren privaten Problemen zur Seite stehen und sich um ihre Familien kümmern. Und dann konnte das Verhältnis mit einemmal abkühlen oder abrupt enden. Die Liste derer, die diese Erfahrung mit ihm machten, ist lang. Sie schließt Arthur Koestler ein, George Orwell und Sebastian Haffner. Alle erlebten dasselbe Muster von Zuneigung, Bewunderung und Ernüchterung.

David Astor und ich sind nie enge Freunde gewesen. Zu Anfang unterstützte er mich und bot mir die Dienste einiger seiner Starreporter an. Einmal schickte er mich sogar nach Prag, um für den *Observer* über die ersten Nachkriegswahlen zu berichten. Doch dann brach er die Verbindung plötzlich ab. Ich kann nur vermuten, daß dies aufgrund der Tatsache geschah, daß einer meiner Mitarbeiter in einer frühen Ausgabe von *Contact* versehentlich im Impressum die Pseudonyme von Sebastian Haffner und Isaac Deutscher preisgegeben hatte. Durch die liebenswürdige Vermittlung seines Verlegers Terence Kilmartin nahmen wir zwanzig Jahre später wieder Kontakt miteinander auf. Es entwickelte sich sogar eine gewisse freundschaftliche Beziehung, als ich Sandra Whitney Payson heiratete, für die David Astor eine große Zuneigung empfand, denn er schien in ihr eine einsame amerikanische Seele zu sehen, die sich im Labyrinth Englands verirrt hatte.

Der kleine Mitarbeiterstab von *Contact* bestand aus Nigel Nicolson als stellvertretendem Herausgeber, Philip Toynbee als Literaturredakteur und dem jungen Dichter Den Newton, einem Protegé von Lance Beales, als Mädchen für alles und Werbetexter. Wir teilten uns die Büros am Manchester Square mit einem Ableger des Druck- und Verlagsunternehmens von Duncan Mackintosh, einem Verlag namens »Poetry London«, der sowohl Bücher als auch eine Literaturzeitschrift herausgab. Der Verlag wurde von dem singhalesischen Dichter und scharfzüngigen Kritiker Tambimuttu geführt, der wie der Rattenfänger von Hameln eine Gruppe junger Dichter und Kritiker in seiner Gefolgschaft hatte. Außerdem war er eng befreundet mit T. S. Eliot, Day Lewis und anderen führenden Köpfen der literarischen Avantgarde in London. Die Mitwirkenden von *Contact*, hauptsächlich Journalisten, Politiker und Historiker, waren alle sehr davon angetan, auf den Korridoren oder in den Pubs in der näheren Umgebung mit der Welt von Tambimuttu in Berührung zu kommen.

Wir hatten sehr schöne Büroräume. Im Erdgeschoß und im ersten Obergeschoß befanden sich die Büros der Firma Nicholson & Watson. Unsere eigenen Räume lagen im zweiten Obergeschoß, das genug Platz bot, um unseren kleinen Mitarbeiterstab unterzubringen. Wenn Nigel, ich und Peter Dudley Rider, unser Geschäftsführer, uns ungestört unterhalten oder Notfallbesprechungen abhalten wollten, mußten wir uns in ein skandinavisches Café-Restaurant um die Ecke zurückziehen, wo wir fast flüsternd über unsere Überlebensstrategie diskutierten. Im Winter 1946/47, dem kältesten Winter, den London in diesem Jahrhundert erlebt hat, trafen wir uns häufig in diesem Café,

Nigel in seinem Militärmantel und ich auf ähnliche Weise eingemummt. Manchmal gingen wir auch in das nahegelegene Hotel Mandeville, wo der liebenswürdige Besitzer, der das Hotel mit seinen Kriegsgratifikationen gekauft hatte, uns persönlich unsere Drinks servierte. Es war sein erstes, aber keineswegs sein letztes Unternehmen: Maxwell Joseph wurde einer der größten Hoteliers der Welt und gründete die Hotelkette Grand Metropolitan.

Frame Smith Hastings, eine alte Freundin aus BBC-Tagen und die Schwägerin von Hubert de C. Hastings, der während des gesamten Jahres, das er von der *Architectural Review* freigestellt war, als Mitherausgeber für uns tätig war, schloß sich unserem Team als Redakteurin an und wurde für uns alle zu einer Mutterfigur, ganz besonders für Philip Toynbee. Sie war für ihn die dringend benötigte Amme, die ihn in seinen Exzessen zügelte und Ordnung in sein Leben brachte.

Und dann hatten wir noch einen ganzen Stab von Beratern, von denen einige zwei oder drei Tage die Woche in unseren Büros verbrachten. Zu ihnen gehörten Richard Crossman, der sich zu einem äußerst produktiven freischaffenden Journalisten entwickelt hatte, der Volkswirtschaftler Ernst Schumacher, ein Vordenker der ökologischen Bewegung und Autor des berühmten Traktats *Small is Beautiful*, Kenneth Clark, Direktor der Nationalgalerie, und der Zoologe Professor Zukkermann. Benedict Nicolson war verantwortlich für die Abteilung Bildende Kunst und Hugh Casson für Architektur.

Arthur Koestler schrieb einen Artikel, in dem er die jüdische Untergrundbewegung verteidigte, William Sansom verfaßte eine Serie von soziologischen Berichten über die Modewelle des Swing, die der Maler Leonard Rosoman mit farbigen Bildern illustrierte, und ein italienischer Kontaktmann vermittelte mir einen Essay von Benedetto Croce, einen autobiographischen Text, in dem er seine Philosophie erläuterte.

Philip Toynbee überredete seinen Vater, einen Essay zu schreiben mit dem Titel *My View of History*, aus dem hervorging, auf welche Weise der Historiker sein universelles Konzept einer Geschichte der Menschheit entwickelt hatte. Arnold Toynbee diskutierte mit Philip und mir über seinen Aufsatz im White Tower. Bei dieser Gelegenheit erzählte er uns von einer seiner lebhaftesten Erinnerungen, die ihn, wie er sagte, zu der Erkenntnis gebracht habe, wie sehr der Lauf der

Geschichte von persönlichen Dingen beeinflußt wird. Es geschah während seiner frühen Studienjahre am Balliol-College in Oxford, als sein Kommilitone Lewis Namier während der Bosnienkrise von 1908/09 eines Tages aufgeregt in den Gemeinschaftsraum stürzte. Er war gerade von einem Ferienaufenthalt bei seiner Familie im galizischen Grenzgebiet zurückgekehrt, und er erzählte seinen Kommilitonen auf eine, wie es Toynbee schien, wichtigtuerische Weise: »Also, Leute, die österreichische Armee hat mobil gemacht und steht auf dem Landgut meines Vaters, und die russische Armee steht gleich hinter der Grenze, nur eine halbe Stunde entfernt.« Toynbee gab diese Episode in seinem Essay für *Contact* wieder und meinte, Namiers Aussage habe »für uns geklungen wie eine Szene aus *The Chocolate Soldier**. Allerdings war das Unverständnis auf beiden Seiten, denn Namier, ein scharfsichtiger mitteleuropäischer Beobachter internationaler Angelegenheiten, konnte es kaum fassen, daß diese englischen Studenten nicht begriffen, daß in Galizien, nur einen Steinwurf von ihnen entfernt, auch über ihr Schicksal entschieden wurde.« Ein weiterer eindrucksvoller Artikel in dieser Serie stammte von Reinhold Niebuhr, dem bedeutenden amerikanischen Theologen und Philosophen, der einen Essay mit dem Titel *My View of Religion* beisteuerte.

Es mag anmaßend gewesen sein, aber ich lehnte einen Essay von George Orwell über *Politics and the English Language* ab, der später sehr berühmt wurde. Meine Entscheidung hatte nichts damit zu tun, daß ich die hervorragende Qualität des Artikels etwa nicht erkannt hätte; ich hatte einfach das Gefühl, er passe nicht in das ideale Schema, das ich für unsere Zeitschrift entwickelt hatte. Philip Toynbee, der in dieser Frage mit mir übereinstimmte, verfaßte das Ablehnungsschreiben, in welchem er unseren Standpunkt erläuterte. Orwell rächte sich, als *Contact* erschien. In seinem *Brief aus London* für die *Partisan Review* ließ er sich über dieses neue, aufgeblasene Druckwerk aus, dem die Leser mit Mißtrauen begegneten, da niemand sich erklären könne, wessen Geld hinter dem Unternehmen stehe. Man vermute, so schrieb er, daß *Contact* von dem kriminellen Industriemagnaten

---

* *The Chocolate Soldier* ist ein operettenhaftes Musical nach G. B. Shaws *Arms and the Man* (»Helden«) mit einem Soldaten, der gern Schokolade ißt, als Antihelden. A. d. Ü.

Clarence Hatry finanziert werde. Ich hatte jedoch von diesem Mann noch nie gehört, geschweige denn, mit ihm zu tun gehabt.

Eines Tages erschien ein kraushaariger junger Mann in unserem Büro und bot uns seine Dienste als unbezahlter Zeichner an. Er trug Shorts und hatte eine abgehackte Art zu sprechen. Es war Gerhard Hoffnung, ein Flüchtling aus Nazi-Deutschland, der später als Karikaturist und Musiker berühmt werden sollte. Die Zeichnungen, die er uns vorlegte, waren von großer Originalität und erinnerten an Bosch und Breughel, mit einem Schuß George Grosz. Wir stellten ihn ein und druckten einige seiner Arbeiten. Er wurde nur vierunddreißig Jahre alt, aber die Aufnahmen seiner symphonischen Karikaturen moderner Musik, auf verrückten Instrumenten wie Preßlufthämmern und Staubsaugern gespielt, haben neben seinen Radiosendungen überlebt und ihn zu einer Art Kultfigur werden lassen.

Von der Serie *Contact Books* erschien eine Ausgabe nach der anderen, ohne daß wir mit unserer Zeitschriftenlizenz Fortschritte machten. Eines Tages ließ die Regierung auf Betreiben des Informationsministeriums verlautbaren, sie werde eine Zeitschriftenlizenz vergeben unter der Bedingung, daß ein großer Teil der Auflage ins Ausland versandt würde, um dort vom phönixgleichen Aufstieg Englands nach dem Krieg zu künden. Es gab eine öffentliche Ausschreibung, und *Contact* ging zusammen mit anderen Kandidaten ins Rennen. H. de C. Hastings hatte mittlerweile, schockiert über die herbe Kritik an seiner Arbeit, seinen Posten bei *Contact* niedergelegt. Deshalb wandte ich mich an Sir Francis Meynell, den Nestor für neoklassisches Design, der schließlich das Layout für die Blindausgabe machte, die wir bei dem Wettbewerb einreichten. Ich trommelte einen Stab von renommierten Mitarbeitern zusammen, die ein halbes Dutzend Beiträge lieferten, von denen der beste wohl Peter Quennells Darstellung der damaligen literarischen Landschaft in England war, und legte das Produkt vor. Nach Wochen des Schweigens verkündete die Regierung aufgrund einer Anfrage innerhalb des Parlaments, sie nehme wegen der immer noch herrschenden Papierknappheit Abstand von ihrem Plan. Das war ein furchtbarer Schlag, der jedoch geringfügig gelindert wurde durch eine Nachricht von Harold Wilson. Er ließ uns wissen, wir hätten den Wettbewerb gewonnen, wenn das Ministerium nicht kurz vor Verkündigung des Ergebnisses einen Rückzieher gemacht hätte.

Trotz allem weigerte ich mich aufzugeben – aber die letzte List, die wir anwandten, um unser Ziel doch noch zu erreichen, erwies sich als Fehlschlag. Eine Reihe von in England erscheinenden fremdsprachigen Zeitschriften, die großzügige Papierrationen bezogen, wurden eingestellt, als ihre Mitarbeiter nach und nach in ihre Heimat zurückkehren konnten. Eine von ihnen überlebte noch mehrere Jahre lang – *La France Libre*, herausgegeben von André Labarthe unter Mitwirkung von Raymond Aron. In seinem Bestreben, auf zwei Hochzeiten zu tanzen, hatte das britische Informationsministerium Stimmen außerhalb des gaullistischen Lagers unterstützt und *La France Libre* stark gefördert.

Die Rolle, die Zeitschrift bei einflußreichen Kreisen bekannt zu machen, hatte die umtriebige Moura Budberg übernommen, um deren abenteuerliches Leben sich manche Legende rankte. Sie war die Tochter eines ukrainischen Bojaren und zuerst mit dem baltischen Grafen Ioann von Benckendorff verheiratet, der von den Bolschewiken erschossen wurde. Später heiratete sie einen baltischen Baron namens Nicolai Budberg. Sie war mit dem britischen Geheimagenten Robert Bruce-Lockhart liiert und verhalf diesem zur Flucht aus dem Gefängnis von St. Petersburg. Er machte sie später zur Heldin seines Memoirenbandes *The Secret Agent.* Sie war die Geliebte von Maxim Gorki und H. G. Wells, dessen Heiratsantrag sie ablehnte, denn sie wollte lieber in Armut leben, als sich fest an jemanden zu binden.

Nachdem Moura durch Intervention von Gorki dem Schrecken der Russischen Revolution entkommen war, hatte sie eine kurze Zeitlang die Rolle der Gastgeberin für den illustren Kreis des Sowjetischen Schriftstellerverbandes übernommen. Es hieß, sie hätte Lenin, Trotzki und Stalin persönlich gekannt, und sie war die Sekretärin von Maxim Gorki gewesen. In den frühen zwanziger Jahren hatte sie Rußland verlassen und war ins Haus von Gorki und seiner Familie gezogen, die damals in Deutschland lebten. 1924 war die gesamte Familie nach Sorrent umgesiedelt, weil Gorki das dortige Klima besser bekam. In den späten zwanziger Jahren fuhr er wieder regelmäßig nach Rußland und entschloß sich schließlich, endgültig dorthin zurückzukehren. Moura dagegen entschied sich, im Westen zu bleiben. Eine Zeitlang lebte sie in Berlin, bis die Nazis die Macht übernahmen. Sie zog nach London, wo sie das Leben einer weißrussischen Auswanderin führte, regelmäßig zur Kirche ging und mit den großen adeligen Familien aus dem zaristischen Rußland verkehrte. Sie war eine sehr beliebte Persönlichkeit, und besonders die Familie Nicolson hatte sie in ihr Herz geschlossen. Ich erinnere mich noch an scherzhafte Gespräche im Hause Harold Nicolsons, bei denen wir versuchten, die ideale Londoner Gästeliste für eine Dinnerparty zusammenzustellen. Moura stand auf unserer Liste ganz oben.

Moura war ziemlich korpulent und trug meistens weite, schwarze oder blaue Kleider mit großen Blumenmustern. Sie hatte breite Schultern, silberweißes, leicht gewelltes Haar und schöne Hände. Ein Foto aus ihrer Jugendzeit, das sie in Reithosen, schwarzen Stiefeln und Zylinder zeigt, erinnert an die junge Marlene Dietrich. Obschon sie Herzlichkeit und Wärme ausstrahlte, war Moura recht empfindlich und konnte sehr nachtragend sein. Aber sie war eine tapfere Frau. Sie mußte sich um einen kränklichen Sohn kümmern und immer wieder Geld für Verwandte im Baltikum auftreiben, die sie erstaunlicherweise schließlich »aus der Kälte retten« konnte.

Sie bewegte sich in völlig unterschiedlichen Welten gleichzeitig. Sie verkehrte mit den Stars aus Literatur, Film und Theater, und sie zählte Laurence Olivier, Vivien Leigh und Alexander Korda zu ihren engen Freunden. Moura selbst war eine wunderbare Schauspielerin. Mit Hilfe eines improvisierten Schnurrbarts und mit grimmig zusammengezogenen Augenbrauen ahmte sie Peter den Großen verblüffend überzeugend nach. Der junge Peter Ustinov, dessen Vater beim britischen Geheimdienst gewesen war, war Mouras Protegé, und in ihrem Wohnzimmer wurde ich zum erstenmal Zeuge seines unnachahmlichen Imitationstalents. Er war bei einer Privatvorführung von *Ohm Krüger* zugegen gewesen, einem Nazi-Kriegsfilm, in dem der Burenführer, der die üblen britischen Imperialisten bekämpfte, verherrlicht wurde. Ustinov spielte uns eine Szenenfolge vor, in der er zuerst Queen Victoria darstellte, die Gott auf Knien um den Sieg bat, und dann Ohm Krüger, der den Gott seiner niederländisch reformierten Kirche anflehte.

Trotz ihres unkonventionellen Lebensstils war Moura in den elegantesten Salons zu Hause, und das selbst noch, als sie schon alt, krank und arm war. Schneidige Militärs und Geheimdienstoffiziere verkehrten in ihrer Wohnung, die sie mit einer Freundin teilte. Die Crème der englischen Gesellschaft fand sich in Mouras düsterem Wohnzimmer mit seinen niedrigen Sofas und den Ikonen an der Wand zu Tee und Wodka ein. Sie war eine Anlaufstelle für Botschafter aus der Dritten Welt und Schriftsteller und Maler aus Osteuropa, und sie besaß das unglaubliche Talent, das Vertrauen selbst der zugeknöpftesten Besucher zu gewinnen. Sie veranstaltete regelmäßig Abendgesellschaften für zwölf bis fünfzehn Gäste, die meistens bis in die frühen Morgenstunden andauerten. Moura neigte dazu, ihre Freunde bestimmten Wochentagen zuzuordnen – ich wurde gewöhnlich zusammen mit Schriftstellern, Verlegern, Journalisten und Künstlern geladen. Eines Tages jedoch hatte ich den Wochentag verwechselt und geriet in eine kleine Versammlung von grauhaarigen Herren von militärischer Haltung, die meisten mit Schnurrbärten und Monokeln bewehrt. Moura war mein Erscheinen offenbar peinlich, und sie sagte: »Darling, Sie sind einen Tag zu früh gekommen.« Als ich mich am nächsten Tag wieder bei ihr einfand, fand ich eine gänzlich andere Gesellschaft vor, und ich hörte, wie der indische Nationalist Krishna Menon und Feliks Topolski versuchten, sich gegenseitig darin zu überbieten, die britische Regierung und ihre amerikanischen Zahlmeister wegen ihrer Kriegslüsternheit zu beschimpfen.

Moura verstand sich auf beunruhigende Weise auf die Kunst der versteckten Anspielungen, die sie mit einem wegwerfenden Lächeln oder einem amüsierten Kichern überall anwandte. Sie war in alle Geheimnisse Londons eingeweiht, und als der Burgess-Maclean-Skandal ausbrach, hieß es, sie gehöre zu denen, die zuviel wüßten. Man erzählte sich, Moura sei während der stalinistischen Säuberungen nach Rußland zurückgekehrt, um Gorki zu besuchen, und sei noch dort gewesen, als Gorki im Juni 1936 erkrankte. Als kein Zweifel mehr daran bestand, daß er im Sterben lag, sei es Moura gelungen, ihr Visum zu verlängern. Sie soll Gorkis Beerdigung im Gefolge der Familie beigewohnt und dabei die persönlichen Beileidswünsche von Stalin entgegengenommen haben. In einer ausführlicheren Beschreibung dieser Begebenheit wurde sogar behauptet, Mouras Freund Maisky, der sowjetische Botschafter in London, habe sie mit einer schwarzen Limousine in Kensington abholen und zum Flughafen bringen lassen, wo sie ein Flugzeug bestiegen habe, über Helsinki nach Moskau geflogen und von dort direkt zu Gorkis Datscha begleitet worden sei.

Schließlich sei sie auf demselben Weg nach London zurückgekehrt – und zwar ohne einen Vermerk in ihrem Reisepaß zu erhalten.

Als sich während der Chruschtschow-Ära eine Liberalisierung ankündigte, begann sie, außergewöhnlich häufig nach Rußland zu reisen. Sie pflegte im Hause von Gorkis Witwe zu wohnen, das von deren quirliger Schwiegertochter Nadeschda Alexejewa geführt wurde. Dort empfing Moura die Crème der russischen Intellektuellen.

Sie bemühte sich, das Interesse britischer Verleger für russische Schriftsteller zu gewinnen, und im Dezember 1959 unternahm ich unter ihrer Schirmherrschaft meine erste Reise nach Moskau. Während meines zehntägigen Aufenthalts wohnte ich im Hotel Metropol in Moskau, nahm jedoch meine Mahlzeiten im Hause Gorkis ein, was meine Freunde bei der britischen Botschaft und einige zu Besuch in Moskau weilende amerikanische Verleger, die mich in Begleitung einer von Gorkis Enkelinnen im Bolschoi-Theater gesehen hatten, in großes Erstaunen versetzte. Die Gorki-Familie gehörte zur privilegierten Gruppe der »Museumsclique«, Nachkommen der geistigen Helden der Revolution, deren Häuser zu gewissen Zeiten der Öffentlichkeit zugänglich waren. Im Hause der Gorkis fanden sich zu den Öffnungszeiten regelmäßig Soldaten der Roten Armee und Studenten aus der Provinz ein, die ehrfürchtig den Salon und das Arbeitszimmer des großen Schriftstellers besichtigten, während die Familie sich in die Privaträume im ersten Obergeschoß zurückzog. Nach Beendigung der Besuchszeiten wurde dann der Samowar ins Erdgeschoß getragen, wo die Gorkis ihre Gäste großzügig bewirteten. Es gab eine große Tafel, die mit Kaviar, armenischem Brandy und georgischem Wein beladen war. Die ersten Gäste erschienen kurz nach acht, und die letzte Besucherwelle kam nach dem Ende der Theatervorstellungen. Es wurde Klavier gespielt, getanzt, gesungen, und es wurden endlose Diskussionen geführt. Alles war sehr russisch und sehr elitär.

Im Hause von Madame Gorki trafen sich Schriftsteller mit den für kulturelle Angelegenheiten zuständigen Parteibonzen und anderen Mitgliedern der Nomenklatura. Viele der Gäste waren in höchstem Maße um Herzlichkeit bemüht. »Lassen Sie sich einen inoffiziellen Tip geben«, flüsterte ein Wirtschaftsminister mir zu. »Sie sollten Bücher auf litauisch und lettisch verlegen. In Amerika würden Sie eine Menge interessierter Leser finden!« Ein korpulenter Funktionär nahm mich beiseite, befühlte mein Kammgarnjackett und vertraute mir an, er lasse sich alle seine Anzüge in Prag anfertigen, »weil man dort die besten Stoffe bekommt«. Er sagte, einige seiner Vorgesetzten ließen sich über Beziehungen zur sowjetischen Botschaft in Rom ihre Anzüge in Italien maßschneidern. Er selbst war der Meinung, italienische Schneider seien die besten.

Im Haus der Gorkis lernte ich auch Ilja Ehrenburg kennen. Er war herablassend und süffisant. Ich erzählte ihm, ich hätte vor kurzem mit Leonow, einem konformistischen Romanautor, gespeist, und sprach über die Schwierigkeiten, die wir aufgrund des Übersetzungsproblems hatten, seine Werke im Westen zu verlegen.

»Versuchen Sie sich bloß nicht an Leonow«, fauchte Ehrenburg. »Es ist schon schwierig genug, seine Werke in vernünftiges Russisch zu übersetzen.«

Ehrenburg erzählte von seiner Jugend in Paris, wo er Picasso und Aragon begegnet war. Louis Aragon schien der einzige nichtrussische kommunistische Schriftsteller zu sein, der wie ein Russe behandelt wurde, weil seine Frau, Elsa Triolet, die Schwester der Witwe von Majakowski war, und Majakowski, der große Volksdichter der Sowjetunion, war in den Augen der Russen über jede Kritik erhaben.

Er fragte mich, wen ich sonst noch kennenzulernen wünsche. Da ich gehört hatte, daß der Atomphysiker Pjotr Kapitza, der in Cambridge im Labor von Rutherford gearbeitet hatte, jedoch vor dem Krieg aus England fortgeschafft worden war, zur »Museumsclique« gehörte, nannte ich seinen Namen. Mir war die wohl eher reichlich naive Idee gekommen, ich könnte ihn dazu bringen, ein Buch über seine Zeit in England zu schreiben, wo er viele Freunde hatte. Zu meiner Überraschung gestattete man mir, mich außerhalb von Moskau mit ihm zu treffen. Die Begegnung verlief ziemlich ergebnislos, denn Kapitza behauptete, er habe ein zu schlechtes Gedächtnis. Ich erinnere mich jedoch, daß er sich nach dem linken britischen Verleger Victor Gollancz erkundigte.

Moura Budberg war eine russische Patriotin. Für sie waren das Wappen der Romanows, die orthodoxen Ikonen und das Hammer-und-Sichel-Emblem Symbole nationaler Ehre. Wahrscheinlich war das der Grund für ihre ambivalente Haltung und ihr zurückhaltendes Schweigen, wenn in ihrer Gegenwart tragische Neuigkeiten von den

Fronten des Kalten Krieges diskutiert wurden. Ihre Kritiker vermuteten, sie habe für die Sowjets spioniert, was jedoch von ihren Freunden heftig bestritten wurde. Allerdings gab es unter den politisch aufgeschlosseneren Leuten in ihrem Umfeld einige, die, obschon sie ihr wohlgesonnen waren, einräumten, es sei durchaus denkbar, daß sie eine Doppelagentin gewesen sei, wobei es dem persönlichen Urteilsvermögen des Zuhörers überlassen blieb, einzuschätzen, welche Seite Moura bevorzugt haben könnte.

Erst viel später, als unter Gorbatschow die Glasnost-Politik triumphierte, gelangten weitere Informationen über Mouras Vergangenheit ans Tageslicht. Während einer meiner Aufenthalte in Rußland in den späten achtziger Jahren kamen mir aus verschiedenen Quellen übereinstimmende Berichte zu Ohren. Offenbar war Gorki bereits bei seinem letzten Besuch in Sorrent vom Verlauf der Ereignisse aufgeschreckt worden. Er hatte durch die Säuberungen viele Freunde verloren und Briefe von befreundeten Bolschewiken erhalten, die außerhalb der Sowjetunion aufgegeben worden waren und in denen seine Freunde sich über Stalin und seine Henker aus dem Geheimdienst beklagten. Gorki vertraute Moura diese Briefe zur Aufbewahrung an für den Fall, daß ihm etwas zustoßen sollte – und einige dieser Briefe waren kürzlich in den Gorki-Archiven aufgetaucht. Es wird seitdem vermutet, daß Moura diese Dokumente den sowjetischen Behörden übergab und zur Belohnung für diesen Dienst am Vaterland Reisefreiheit erhielt sowie die Möglichkeit, über die Ausreise von Freunden und Verwandten zu verhandeln. Russische Exilliteraten in Amerika haben Moura heftigst attackiert, und doch behalten viele, die sie kannten, sie noch immer in liebevoller Erinnerung. Wie sehr sie auch in diese Machenschaften verstrickt gewesen sein mag, sie war eine warmherzige und fürsorgliche Freundin, überaus großzügig, rührend in ihrem Bemühen, bis zu ihrem Tod im Jahre 1974, kurz nach ihrem achtzigsten Geburtstag, stets auf der Höhe der Zeit zu bleiben. Ich bin davon überzeugt, daß sie weder ihrer ursprünglichen noch ihrer Wahlheimat ernsthaften Schaden zugefügt hat, denn obwohl sie das Vertrauen vieler Menschen genoß, gab es wenig Staatsgefährdendes, das sie hätte verraten können.

Moura war immer in Geldnot. Durch das Übersetzen russischer und französischer Bücher für englische Verlage hatte sie sich eine kleine

Einnahmequelle verschafft, aber die Qualität ihrer Arbeit ließ immer mehr zu wünschen übrig, und schließlich sprach sich herum, daß sie sie zum großen Teil von ihren Nichten und Cousinen aus dem Baltikum erledigen ließ. Moura nahm alle möglichen Jobs an. Als ich sie kurz nach dem Krieg kennenlernte, fungierte sie als offizielle Gastgeberin für die ziemlich klüngelhafte und weltfremde Clique, die sich *La France Libre* nannte. Wir steckten mitten in unseren Schwierigkeiten mit *Contact*, als Moura auf die Idee kam, wir sollten uns mit *La France Libre* zusammenschließen, um so die Papierrationen zu erhalten, die dieser Gruppe zustanden. Da für eine solche Entscheidung die Zustimmung der Aktionäre nötig war, mußten wir verschiedene Leute persönlich aufsuchen, von denen einige zu jenem Zeitpunkt wieder in Frankreich lebten. Ich übernahm diese Mission in Begleitung eines ungewöhnliches Paares: Stanislas (Stas) Szymanczyk und Marthe Lecoutre.

Szymanczyk war für *La France Libre* der Experte im Hintergrund. Laut Ausweis war er Pole, da er jedoch in Teschen geboren und aufgewachsen war, einer Stadt, in der Polen, Tschechen und Österreicher nebeneinander lebten, sprach er drei Sprachen mit einer bemerkenswerten Mischung wechselnder Akzente. An einem Tag sprach er ein rauhes, kehliges Deutsch, am nächsten Tag Englisch mit tschechischem Tonfall, um am darauffolgenden Tag plötzlich irgendeine der drei Sprachen mit einem näselnden polnischen Akzent zu sprechen. Er hatte der Kommunistischen Internationale als Kurier gedient, sich jedoch bald enttäuscht vom Leninismus abgewandt und sich zu einem Konservativen gewandelt. Aber schließlich hatte ihn das Entsetzen über Chamberlains Münchener Abkommen zu einem intellektuellen Zyniker, Anarchisten und Nihilisten werden lassen. Szymanczyk war von einer beinahe morbide zu nennenden Faszination von *Faits divers* besessen, und über Jahrzehnte sammelte er alle möglichen Berichte über Mordfälle, Vergewaltigungen, Banküberfälle, Verbrechen aller Art und Strafprozesse aus aller Herren Länder. Er heftete sie alle sorgfältig in Aktenordnern ab und stapelte sie in einem Zimmer der Wohnung, die er mit seiner Exfrau, einer Polin namens Marthe Lecoutre, teilte, die, obschon sie keineswegs hübsch war, eine starke sexuelle Ausstrahlung hatte. Marthes Vergangenheit stand der seinen in nichts nach: Auch sie hatte für die Kommunisten als Kurier gearbeitet, auch sie war ihrer politischen Überzeugung untreu geworden und legte nun ihren Ehrgeiz ins Geldverdienen. Stas und Marthe pflegten eine *Ménage à trois* mit André Labarthe, den sie vor den Fährnissen der Welt abschirmten, damit er in Ruhe redigieren, schreiben und trinken konnte.

Unsere erste Anlaufstelle war Admiral Muselier, einer der Aktionäre, der in Toulon lebte. Muselier, der einzige französische Marineoffizier vom Rang eines Flaggschiffkommandanten im englischen Exil, hatte den Sturz von de Gaulle als Führer des unbesetzten Frankreich geplant und war mit seinem Vorhaben gescheitert. Die beiden Männer hatten nichts füreinander übrig. Als Befehlshaber auf der Insel St. Pierre de Miquelon hatte Muselier noch einmal gegen General de Gaulle rebelliert, und nun lebte er nach Art eines libanesischen Großgrundbesitzers an einem schattigen Plätzchen. Es war bekannt, daß Muselier Drogen nahm und diversen anderen merkwürdigen Leidenschaften frönte, wobei er anscheinend seine Vertrauten und seine Gefolgsleute dazu angeleitet hatte, ihn mit dem Nötigen für seine verschiedenen Laster zu bedienen. Der Mann sprach in Rätseln, und während der vierundzwanzig Stunden, die wir bei ihm verbrachten, war er stets darauf bedacht, gegen General de Gaulle zu polemisieren. Aber unsere Mission war erfolgreich. Muselier war bereit, gegen eine geringe Beteiligung an dem neuen Unternehmen auf seine Aktien zu verzichten.

Wir suchten zwei weitere Aktionäre in Südfrankreich auf, allerdings wesentlich weniger schillernde Persönlichkeiten, und kehrten mit den nötigen Vollmachten nach London zurück. Beim Informationsministerium, dem wir unsere Pläne vorlegten, hörte man uns mit unterkühlter Zurückhaltung an, und nach etwa einer Woche erhielten wir die förmliche Ablehnung.

Als mit der Glasnost-Politik die KGB-Archive westlichen Forschern zugänglich gemacht wurden, wollte ich unbedingt mehr über das Trio André Labarthe, Marthe Lecoutre und Stas Szymanczyk herausfinden. In seinem vor kurzer Zeit erschienenen Buch *Le Grand Recrutement*, einer Studie über die Infiltration der französischen Intellektuellen und der technokratischen Elite, hatte Thierry Wolton behauptet, Labarthe sei einer der führenden Persönlichkeiten des sogenannten Robinson-Netzwerks gewesen, ein Netzwerk von Agenten, die ein gewisser Henri Robinson rekrutiert hatte, um die Machtzentren Frankreichs zu infiltrieren, und Marthe Lecoutre sei eine seiner besten Agentinnen gewesen. Heute bin ich mir darüber im klaren, daß Labarthe und Lecoutre Moura Budberg benutzt haben, um in die verschiedensten Schichten der britischen Gesellschaft vorzudringen. Auch den leidenschaftlichen Haß des Admirals Muselier auf de Gaulle nutzten sie für ihre Zwecke aus.

Obwohl *Contact* wirtschaftlich nicht überlebensfähig war, hatten wir tatsächlich zu einer bestimmten Zeit an die 3.000 Abonnenten, und unsere Auflagen schwankten zwischen 10.000 und 25.000 verkauften Exemplaren. Trotz der Einschränkungen und unserer finanziellen Misere produzierten wir weiterhin unsere als Buch gebundene Zeitschrift sowie in unregelmäßigen Abständen eine Reihe von »normalen« Büchern, während wir gleichzeitig um den Fortbestand unseres Unternehmens kämpften. Glücklicherweise entdeckte ich schließlich zwei Rettungsmöglichkeiten.

Zu unseren Abonnenten gehörten die beiden Chefs von Lever Brothers und Unilever, Geoffrey Hayworth und Paul Rykens. Rykens war auf der Suche nach jemandem, der dem hauseigenen Magazin von Unilever ein ernsthafteres Image geben und eine breitere Leserschaft gewinnen sollte, wobei der Charakter des Magazins als wichtiges Werbeforum erhalten bleiben sollte. *Contact* wurde mit dieser Aufgabe betraut, und so wurden wir schließlich die Herausgeber des monatlich erscheinenden *Progress*. Auf diese Weise war unsere Büromiete für einige Jahre gesichert, und unsere Verluste waren einigermaßen ausgeglichen. Es folgten weitere Firmenmagazine: Wir verlegten die *Steel Review*, das Monatsheft der British Iron and Steel Federation, bis die Labour-Regierung die Stahlindustrie verstaatlichte, und eine florierende Abteilung für Firmenmagazine und gewerbliche Publikationen für freie Sponsoren deckten einen Großteil unserer Unkosten. Allerdings blieb dies ein vorübergehendes Geschäft, denn uns fehlten die Mittel, um unsere technischen Publikationen landesweit auszubauen, und offen gesagt, auch der nötige Enthusiasmus. Nigel und ich verstanden uns als literarische und politische Verleger.

Der zweite Rettungsanker kam von Israel Sieff, der zusammen mit Simon Marks die mächtige Kaufhauskette Marks & Spencer führte. Ich kannte ihn flüchtig über Flora Solomon, eine bemerkenswerte russisch-jüdische Grande Dame, die die Personalabteilung bei Marks &

Spencer leitete, und natürlich war er aufgrund seines Engagements für den Zionismus und andere philanthropische Ziele für mich eine Legende. Israel Sieff hatte *Contact* kurz vor Weihnachten 1947 entdeckt, und wenig später lud er mich zum Mittagessen in sein Büro ein.

Er hatte ein rundes Gesicht, eine Halbglatze und einen grauen Schnurrbart. Sein Blick schweifte immer wieder ab, als leide er unter Schmerzen oder Angst, um sich dann erneut seinem Gesprächspartner auf liebenswürdige Weise zuzuwenden. Er kam sehr schnell zum Thema. Er benutzte einen hausinternen Ausdruck, um einen besonderen Charakterzug eines Lieferanten zu bezeichnen, und sagte: »Junger Mann, Ihre Handschrift gefällt mir. *Contact* ist originell, aber Geld werden Sie damit niemals verdienen. Sie sollten sich lieber noch anderen Dingen zuwenden. Ich habe da einen Vorschlag für Sie.«

Ohne weitere Erklärung geleitete er mich auf den Korridor. Wir fuhren mit dem Aufzug hinunter, stiegen in seinen Bentley und fuhren zu dem Kaufhaus am Marble Arch, wo es von Menschen nur so wimmelte, die ihre Weihnachtseinkäufe machten. Wir bahnten uns einen Weg durch die Menge, bis wir vor einer Theke standen, die mit grellbunten, massiv bebilderten, aus Amerika importierten Kinderbuchklassikern übersät war. »Die gehen weg wie warme Semmeln«, erklärte Sieff. »Wir können gar nicht genug davon bekommen, aber wir kriegen auch nicht genug Dollars vom Finanzministerium.« Er sah mich an und sagte: »Könnten Sie nicht solche Bücher für uns produzieren?«

Ich war zunächst völlig überrascht und verdutzt, denn wir hatten keinerlei Erfahrung mit Buchproduktionen dieser Art. Am nächsten Tag suchte der Einkäufer, Mr. Ratcliffe, mich auf. Er warf einen herablassenden Blick auf die eher amateurhaft wirkende Umgebung, gab mir jedoch einen Probeauftrag für ein halbes Dutzend dieser »Dauerbrenner«, von denen wir jeweils 50.000 Exemplare produzieren sollten. Die Serie war ein großer Erfolg, und wir bekamen weitere Aufträge. Robert Harling, der Schriftsetzer und Graphiker, der viel zur Revolutionierung des Layouts von Zeitungen und Büchern in England beigetragen hat, konnte einige der besten Illustratoren des Landes dafür gewinnen, bei der Herstellung dieser preiswerten Serie von Kinderbuchklassikern mitzuwirken. Mervyn Peake, Edward Ardizzone, die Schwestern Zinkeisen, Charles Mozley und Philip Gough gehörten zu den Illustratoren von *Treasure Island* (*Die Schatzinsel*), *Grimms Märchen*, *Tausendundeine Nacht*, *Heidi*, *Black Beauty* und vielen anderen Kinderbüchern. Wir wurden immer ehrgeiziger und baten schließlich andere Verleger, uns das Copyright für zeitgenössische Kinderbuchklassiker abzutreten. Jonathan Cape, ein großzügiger Konkurrent und einer der wenigen, der sich Neulingen gegenüber wohlwollend verhielt, gestattete mir, *Bambi* sowie *Emil und die Detektive* in unsere Serie aufzunehmen. Darüber hinaus erweiterten wir unser Programm, indem wir eine ganze Reihe von Jahrbüchern für Kinder produzierten, und wir kauften der BBC für die für damalige Verhältnisse fürstliche Summe von 5.000 Pfund die Rechte an ihrer beliebten Serie *Dick Barton, Special Agent* ab.

All das bedeutete natürlich, daß wir die Buchproduktion nicht länger als Nebensache betrachten konnten, mit der wir unser Magazin am Leben erhielten. Nigel Nicolson und ich kamen zu dem Schluß, daß wir als reiner Buchverlag größere Erfüllung finden würden, da wir auf diese Weise bessere Voraussetzungen zur Verfügung hätten, um unsere Ideale und Ambitionen zu verwirklichen. Deshalb beschlossen wir 1948, unsere Partnerschaft formell zu etablieren, und gründeten den Buchverlag Weidenfeld & Nicolson. Wir nahmen uns vor, unser erstes Programm im darauffolgenden Herbst auf den Markt zu bringen. *Contact* überlebte bis 1951. Danach gaben wir die Zeitschrift auf und wurden Buchverleger.

KAPITEL VII

Rückkehr nach Wien

Als die verschiedenen Exilregierungen und deren Gefolgsleute in ihre Heimatländer zurückkehrten und London sich langsam leerte, standen nicht wenige meiner Freunde vor der Entscheidung, ob sie bleiben oder in ihre Heimat zurückgehen sollten, um dort ein neues Leben aufzubauen.

Manfred Lachs, ein junger polnischer Jurist mit originellen Ideen zu einer neuen Formulierung der Menschenrechte, mit dem ich viele Stunden lang über die Nachkriegswelt diskutiert hatte, unternahm große Anstrengungen, in London eine feste Anstellung zu finden. Nachdem ihm dies nicht gelungen war, kehrte er nach Warschau zurück, wo er mit großem Geschick alle politischen Schwierigkeiten umschiffte. Er war weder Kommunist, noch lehnte er den Kommunismus offen ab, machte jedoch eine glänzende Karriere, zunächst als Universitätsprofessor und Rechtsberater der Regierung, dann als Richter am Internationalen Gerichtshof in den Haag, dessen Präsident er schließlich wurde.

Alle meine tschechischen Freunde kehrten, ermutigt durch den Optimismus von Präsident Beneš, bereitwillig in ihre Heimat zurück. Die Tschechen luden mich nach Prag ein, und 1946 fuhr ich dorthin, um für die BBC und den *Observer* über die ersten demokratischen Wahlen in der Tschechoslowakei zu berichten. Da ich das Fliegen nicht gewohnt war und zudem in einem kleinen tschechischen Regierungsflugzeug reiste, war mir während des ganzen Fluges schlecht. Es dauerte gut zwei Jahre, bis ich mich an das Reisen gewöhnte.

Prag war vom Krieg fast unberührt geblieben. Es gab Lebensmittel im Überfluß, und die Menschen zeigten sich recht gut gekleidet und in bester Stimmung. Es lag Optimismus in der Luft, und jede der vier Parteien, die sich zur Wahl stellten, schien voller Vertrauen in die Zukunft zu blicken. Ich traf noch einmal mit Präsident Beneš zusammen.

Er sagte für die künftige Regierung eine große Koalition voraus, in der auch die Kommunisten ihre Rolle spielen würden. Er wollte der Welt zeigen, daß sein Land trotz vorübergehender Anzeichen von Unruhe zwischen Ost und West ein Beispiel für das friedliche Überleben des Bündnisses der ehemaligen Kriegspartner sein konnte.

In Prag suchte ich auch meinen Freund Jiři Firt auf, der wieder in seinem luxuriösen Büro residierte und den größten Verlag der Tschechoslowakei leitete. Wir kamen überein, gegen Ende des Jahres eine Taschenbuchausgabe mit den besten Artikeln der ersten drei Ausgaben von *Contact* herauszugeben. In einem Restaurant in der Nähe des Schlosses Hradcany veranstaltete er eine Dinnerparty, zu der Schriftsteller, Politiker und schöne Damen aus der Filmwelt geladen waren. Ich hatte eine turbulente Affäre mit einer tschechischen Schauspielerin, die ich bei einem Besuch der Prager Filmstudios kennengelernt hatte. Sie war eine bekannte Tragödiendarstellerin, deren Ehemann im russischen Widerstand gefallen war. Selbst zu diesem frühen Zeitpunkt hegte die tschechische Filmindustrie, die damals noch in den Kinderschuhen steckte, die Hoffnung, zu internationaler Anerkennung zu gelangen, und es gab bereits die Prager Filmfestspiele.

Mitten in dieser Aufbruchstimmung meldeten sich jedoch auch zweifelnde und ängstliche Stimmen. Die Kommunistische Partei hatte ihre Spitzel und Sympathisanten über das ganze Land verteilt und war bereits dabei, ihre Konkurrenten einzuschüchtern. Wie so häufig war ein kleiner Angestellter der britischen Botschaft besser informiert als seine Vorgesetzten, und er berichtete mir von den großen Sorgen, die viele Tschechen sich machten. Sie fürchteten, einmal mehr in der Sklaverei zu versinken, denn diesmal sprachen ihre moskauhörigen Führer dieselbe Sprache wie ihre Verbündeten, und sie kannten alle Tricks des aktiven und passiven Widerstandes.

Als ich die Stranskys besuchte, Vater und Sohn, die beide prowestliche Politiker waren, deuteten sie an, daß ihnen schwere Zeiten bevorstünden. Ich erhielt ein düsteres Bild von Premierminister Zdenek Fierlinger, der zwar eigentlich Sozialdemokrat war, jedoch die kommunistische Linie vertrat, die den Vereinigten Staaten und Großbritannien kritisch gegenüberstand, und der für die Zeit nach den Wahlen drastische Veränderungen ankündigte. Auch die bewegenden und weisen Voraussagen von Professor Bielohlavek, Rektor der Prager

Universität, sind mir im Gedächtnis haften geblieben. Während er mich durch die ehrwürdigen Gebäude der Karls-Universität, der ältesten Universität Mitteleuropas, führte, sagte er zu mir: »Vielleicht werden wir uns früher als Sie glauben in London wiedersehen. Ich fürchte, ich werde schon bald zum zweitenmal ins Exil gehen müssen.« Botschafter Kraus, Beneš' Pressesprecher in London, der mich in die Oper begleitete, raunte mir zu: »Ich bin mir nicht sicher, ob der Alte nicht zu optimistisch ist. Die Russen setzen ihn ziemlich unter Druck.«

Ich besuchte zum letztenmal Clementis, den stellvertretenden Außenminister, der später ein Opfer des stalinistischen Terrors in Prag werden und in einem Schauprozeß zum Tod durch den Strang verurteilt werden sollte. Auch Jan Masaryk, den ich auf einer kleinen Teegesellschaft im Hotel Alcron traf, sah ich zum letztenmal. Er war gekommen, um sich von einem italienischen Diplomaten zu verabschieden. Ich hatte den Eindruck, daß der Galgenhumor, mit dem er über die Sowjets frotzelte, nicht zu ihm paßte. Er bat mich, Lady Jowett, der Ehefrau des Lordkanzlers der Labour Party, und Hector MacNeil vom Außenministerium seine Grüße auszurichten. »Grüßen Sie London von mir. Ich werde wohl nie wieder so glückliche Zeiten erleben wie jene, die ich in Ihrer Stadt verbracht habe.« Nicht ganz zwei Jahre später stürzte er aus einem Fenster des Außenministeriums. Jedoch im Gegensatz zu den Opfern des berühmten Prager Fenstersturzes, der den Dreißigjährigen Krieg auslöste, landete er nicht wohlbehalten auf einem Misthaufen.

Im Januar 1948 kehrte ich nach Wien zurück, das ich vor etwas mehr als zehn Jahren verlassen hatte. Ich war auf der Suche nach Material für *Contact*, und ich wollte eine Kommentarreihe für die BBC zusammenstellen. Da ich immer noch den Status eines Kriegsberichterstatters genoß, wohnte ich im Hotel Sacher, das man in einen britischen Offiziersclub umgewandelt hatte.

Während der zwei Wochen, die ich in Wien verbrachte, durchlebte ich die ganze Skala menschlicher Gefühle. Die Stadt war trist und stark zerstört, und es herrschte eine düstere Stimmung; die Menschen wirkten nervös und geduckt. Man konnte den Kalten Krieg regelrecht spüren, denn obwohl Wien selbst dem Viermächtestatus unterlag, lieferte die am Stadtrand gelegene sowjetische Zone genug Material für die Gerüchteküche sowie Beweise für willkürliche Grausamkeiten.

Manch ein heimgekehrter Flüchtling wurde, solange er die königliche Uniform trug, von opportunistischen Aristokraten oder anderen Größen der Stadt hofiert. Nach der Demobilisierung jedoch zeigte man ihm die kalte Schulter und strafte ihn mit Hohn und Spott und mit sozialer Ächtung.

Meine Freunde aus der Sozialistischen Partei Österreichs übten drastische Kritik an der russischen Besatzungsmacht. Oskar Pollak, Theoretiker und Völkerrechtler der Partei und Herausgeber der *Arbeiter Zeitung*, machte mich mit einigen mutigen jungen Reportern bekannt, die sich in der sowjetischen Zone umgesehen hatten und von Terror, Entführungen und Verfolgungen berichteten, von denen hauptsächlich Sozialisten betroffen waren. Nachdem es den Kommunisten nicht gelungen war, die Wähler für sich zu gewinnen, versuchten sie nun, die Reihen der Arbeiterschaft zu infiltrieren, genau wie in der benachbarten Tschechoslowakei. In Österreich jedoch schlugen alle ihre Versuche fehl.

Ich verbrachte einen langen Nachmittag mit »General« Deutsch, der einer der Führer des sozialisischen Aufstands gegen die Dollfuß-Regierung im Jahre 1934 gewesen war. In wahrer Jakobiner-Tradition verbrachte er sein ganzes Leben mit seiner Lebensgefährtin, lehnte jedoch die Ehe als bürgerliche Institution ab. Er versicherte mir, diesmal würden die Sozialisten eher bis zum letzten Mann sterben, als sich den autoritären Herrschern aus dem Osten zu ergeben. »Vielleicht haben wir bald schon wieder Krieg«, sagte er. »Potsdam hat keine Lösung gebracht.« Seine Wohnung war gefüllt mit Erinnerungsstücken und Fotos der großen Persönlichkeiten der österreichischen Sozialdemokratie.

Eine tiefe Traurigkeit überkam mich, als ich feststellte, daß keiner meiner jüdischen Freunde oder deren Familien mehr in Wien zu finden waren. Ein flüchtiger Blick ins Telefonbuch förderte nur wenige Namen zutage, an die ich mich wenden konnte. Ich suchte den Grafen Vetter von der Lilie auf, den Mann, der mitgeholfen hatte, meinen Vater aus dem Gefängnis zu befreien. Er lebte in einer großen, jedoch halbleeren Wohnung. Er vermietete Zimmer an ausländische Diplomaten, und seine Tische waren übersät mit verblichenen Fotos von großen Festen, von Safaris und Maskenbällen an der Riviera, den Erinnerungen zweier Generationen. Er war hocherfreut, mich wiederzusehen, und noch mehr, als ich ihn und Wolly Seibel, einen aristokratischen Bonvivant, zum Essen ins Hotel Sacher und in die Oper einlud, wo wir *Eine Nacht in Venedig* von Johann Strauß sahen.

Seibel war ein Kosmopolit, ein professioneller Charmeur, der auf die Frage nach seinem Beruf antwortete: »Ich werde sehr viel eingeladen.« Immer noch makellos gekleidet und gepflegt, die Fingernägel unverwechselbar matt poliert, mit einer Blume im Knopfloch und einem Hauch von Eau de Portugal, war er der zeitlose Repräsentant des österreichischen Gentleman. Als großer Kenner der Wiener Gesellschaft ergötzte er mich mit Geschichten von den politischen Verrenkungen und Kniefällen mancher seiner Standesgenossen während des Krieges und nannte mir die ersten Nachkriegsmillionäre, die von der großen »Wende« profitiert hatten.

Ein führender Mitarbeiter meines Vaters aus den Zeiten vor dem Anschluß begrüßte mich äußerst nervös. Er erkundigte sich nach meinem Vater und versicherte mir, er sei während dessen Gefängnisaufenthalts stets loyal geblieben und habe dem Staatsanwalt keinerlei Informationen geliefert. Er erzählte mir jedoch, der Mann, der sich am stärksten darin hervorgetan hatte, meinen Vater bei der Gestapo anzuschwärzen, sei ein Kassierer aus der Ukraine gewesen, ein gewisser Ilczinski, der, so fügte er flüsternd hinzu, während des Krieges als Gestapo-Spitzel tätig gewesen sei und sich immer noch in Wien aufhalte.

Als ich eines Abends durch die schwachbeleuchteten Straßen des Stadtzentrums spazierte, sah ich eine hagere Gestalt, offensichtlich betrunken, den schäbigen Kragen hochgeschlagen, durch die Annagasse humpeln, wo meine Großmutter mütterlicherseits gewohnt hatte. Es war für uns beide ein Schock, als wir uns gegenseitig erkannten. Ilczinsky starrte mich an, als habe er den Leibhaftigen erblickt, aber ich war zu entsetzt, um stehenzubleiben, geschweige denn, ihn zu verfolgen. Wir gingen aneinander vorbei. Einen ganzen Tag lang wanderte ich durch die Straßen meiner Kindheit. Unser Haus in der Alser Straße wies leichte Kriegsschäden auf, allerdings war es bereits vor dem Krieg so umgebaut worden, daß es kaum wiederzuerkennen war. Ich brachte es nicht fertig, an unserer ehemaligen Wohnung zu klingeln. Der Hausbesorger und der Lebensmittelhändler, der Tabakladen und das nahegelegene Café waren alle noch da. Gesichter, die mir vage bekannt vorkamen, schienen mich nicht wiedererkennen zu wollen.

Ich besuchte das Piaristen-Gymnasium an seinem wunderschönen barocken Platz mit der Säule, die an die große Pest erinnert. Im Schulgebäude hing noch immer derselbe Geruch nach Desinfektionsmitteln. Es schien sich nichts verändert zu haben – beim Ertönen der Schulglocke strömten Scharen von Jungen aus den Klassenzimmern, und von unterwürfigen Lieblingsschülern flankierte Studienräte schritten während der Pausen durch die Korridore.

Ich führte ein lehrreiches Gespräch mit dem neuen Direktor der Wiener Oper. Das Operngebäude war bei Luftangriffen stark beschädigt worden, so daß man die Oper vorübergehend im Theater an der Wien untergebracht hatte. Herr Hilbert hatte eine mächtige Position inne – als Opfer der Naziverfolgung konnte er sich politische Freiheiten herausnehmen. Stolz erklärte er mir, die Qualität der Vorstellungen und volle Kassen seien seine einzigen Prioritäten. Um beide Ziele zu erreichen, stellte er die besten Sänger Deutschlands ein, unabhängig von ihrer Nazi-Vergangenheit. Diejenigen, die politisch akzeptabel waren, blieben größtenteils in Wien. Die anderen wurden ins Ausland gesandt, um Dollars und Pfunde für die arg gebeutelte Kasse der Staatlichen Oper zu ersingen. Im Austausch für ihre Dienste erhielten sie einen österreichischen Paß. Ich fragte Hilbert, warum so viele Sängerinnen aus dem Balkan kämen, und er erklärte mir: »Sehen Sie, wir haben ein Problem. Die meisten deutschen jungen Frauen haben sich ihre Stimme beim BDM (Bund deutscher Mädel) verdorben, der Schwesterorganisation der Hitler-Jugend. Aber in Jugoslawien, Bulgarien und so weiter gibt es eine Menge musikalischer Talente.«

Mitten in den Ruinen und der politischen Unsicherheit in Wien blühte das künstlerische Leben auf. Die Kulturbeauftragten der Besatzungsmächte wetteiferten miteinander, jeweils ihre eigene Kultur durchzusetzen, und die Österreicher revanchierten sich, indem sie Theaterstücke und Konzerte aufführten, Ausstellungen veranstalteten und sich große Mühe gaben, sich der intellektuellen Produktivität des Westens anzupassen. Es wimmelte in der Stadt nur so von geflohenen Dirigenten, Solisten, Schauspielern und Produzenten wie Ernst Lothar, der das Theater in der Josefstadt leitete, wo einst Max Reinhardt regiert hatte. Die meisten von ihnen wurden von Zweifeln geplagt, von Erinnerungen an unerwiderte Liebe und tiefe Kränkungen. In Wien begegneten sie einer teils zynischen, teils respektvollen Reserviertheit, und sie fühlten sich abwechselnd geduldet und umjubelt.

Eine der großen Figuren im künstlerischen Leben Wiens war zu jener Zeit Elizabeth Montagu, die Schwester von Lord Montagu von Beaulieu. »Lady Elizabeth« war das Zauberwort, mit dem man in letzter Minute eine Karte für eine Theaterpremiere, einen Restauranttisch oder einen vornehmen Logenplatz ergattern konnte. Sie war eine enge Freundin von Ernst Lothar; ihre Aufgabe in Wien bestand jedoch darin, Sir Alexander Korda zu vertreten, der ein schlafwandlerisches Gespür für gute Ideen hatte, in der Stadt an der Donau einen Film drehen wollte und nun auf der Suche nach einem Drehbuch war. Er hatte ein Erkundungsteam unter der Leitung von Carol Reed losgeschickt, mit Graham Greene als designiertem Drehbuchautor.

Ich war Graham Greene früher schon einmal begegnet. Jetzt traf ich ihn wieder auf einer Cocktailparty bei Charles Beauclerk, dem zukünftigen Herzog von St. Albans und derzeitigen Chefpressesprecher der britischen Armee. Seine Empfänge waren sehr begehrt, denn dort mischten sich alliierte Offiziere mit jungen Gräfinnen, österreichischen Politikern, vereinzelten Künstlern und Stammgästen, die nicht einzuordnen waren, jedoch gut und gerne Geheimagenten oder nützliche Informanten sein konnten.

Greene war die Prominenz des Tages, und die Leute standen Schlange, um ihn kennenzulernen. Einmal beobachtete ich, wie er eine Traube von Bewunderern abwehrte und sich für den Rest des Abends einem blassen, leicht schmuddeligen britischen Major mit gezwirbeltem Schnurrbart und einem leicht befleckten Taschentuch im Ärmel widmete. Das Gespräch schien ihn zunehmend zu faszinieren, und anstatt sich später zu Tisch zu begeben, verdrückte er sich gemeinsam mit dem Major. Am nächsten Tag traf ich ihn wieder. Er erzählte mir, er habe einen Offizier des britischen Geheimdienstes kennengelernt, der ihn in die Kanäle von Wien geführt und ihm von dem blühenden Schmuggelgeschäft zwischen Ost und West berichtet habe, in dem Drogen, Juwelen, Waffen – und Menschen – verschoben wurden. Er hatte Einblick erhalten in diese Welt der Raffgier, der Korruption und der politischen Intrigen, die unter der Stadt florierte. Ich entdeckte ein Leuchten in seinen Augen, das die Geburt einer Drehbuchidee verriet. Tatsächlich war der Schauplatz für den berühmten Film *Der dritte Mann* in diesem Augenblick gefunden.

Eines Tages traf ich zufällig einen kanadischen Kriegsberichterstatter, den ich aus BBC-Tagen kannte. Er lud mich ein, mit ihm seinen Großvater zu besuchen. Er hatte nie viel von seiner Familie erzählt, und ich hatte keine Ahnung, daß er der Enkel von Karl Renner war, dem alten Sozialisten, der zwischen den Kriegen in Österreich eine führende Persönlichkeit gewesen und im Dezember 1945 der erste Nachkriegspräsident geworden war. Wir aßen mit dem Präsidentenehepaar zu Mittag und lauschten einem typisch wienerischen Monolog von ironischem Pessimismus. Renner war von seinen Politikerkollegen nicht gerade begeistert. Als sein verhätschelter Bullterrier sich dem Eßtisch näherte, sah der Präsident mich an und rief aus: »Sehen Sie sich diesen Hund an, er ist genauso rotblond wie mein Bundeskanzler Figl – nur viel scharfsinniger.«

Ein anderer Bekannter aus London, der in seine Geburtsstadt Wien zurückgekehrt war, war der joviale, bärbeißige Harry Peter Smollett – wobei Smollett eine anglizierte Version seines ursprünglichen Namens Smolka war. Er war jetzt Europakorrespondent für die Londoner *Times*, die zu jener Zeit Rußland sehr wohlwollend gegenüberstand. Unter der Ägide von E. H. Carr beschäftigte sie prosowjetische Korrespondenten in Budapest und Moskau, die in ihren Artikeln die Außenpolitik der Sowjets verbissen verteidigten. Während des Krieges war Smollett im Informationsministerium der Leiter der wichtigen Abteilung für anglo-sowjetische Beziehungen gewesen. Er war mit dem Führer der kommunistischen Partei von England, Harry Pollitt, befreundet. Das gab den Anlaß für ein Liedchen, das in den Büroräumen des Ministeriums die Runde machte:

If Smollett can turn into Smolka,
Why can't Pollitt turn into Polka?*

Peter trug mir seine Interpretation der österreichischen Politik vor. Was die Russen betraf, schien er sehr optimistisch zu sein, und er sah die Zukunft Österreichs als politisch neutralem Staat unter der Führung von progressiven Katholiken und fortschrittlichen, auf Versöhnung bedachten Kommunisten vor sich. Er war bereit, in einer Diskussion, die

---

* Wenn aus Smollett Smolka werden kann, warum kann dann nicht Pollitt zu Polka werden? A. d. Ü.

als Teil einer Serie in *Contact* abgedruckt werden sollte, seinen Standpunkt zu vertreten. Es wurde eine Dinnerparty in seinem Haus arrangiert, zu der er Ernst Fischer, den Führer der Kommunistischen Partei Österreichs, ein talentierter Schriftsteller und begabter Redner, und Professor Knoll, einen linken Katholiken, der an der Wiener Universität lehrte, einlud. Professor Knoll war katholisch genug, um von der aufsteigenden konservativen Volkspartei akzeptiert, und links genug, um von den Kommunisten hofiert zu werden. Es entstand eine lebhafte Debatte zwischen diesen beiden Männern und einem auf kluge Weise eingreifenden Gastgeber. Alle drei sollten im Verlauf der Nachkriegsereignisse ihre Ansicht ändern.

Peter Smollett schied später aus den Diensten der *Times* aus, um sein Familienunternehmen wieder zu übernehmen, das er mit großem Erfolg erweiterte. Seine politischen Ansichten wurden moderater, und er wurde schließlich ein Freund und Vertrauter des sozialdemokratischen Kanzlers Bruno Kreisky, diesem scharfsinnigen *Enfant terrible*, für den sein Land, wie für Alexander den Großen von Mazedonien, viel zu klein war.

Ich entdeckte Anzeichen einer jüngeren, optimistischeren Generation von Österreichern, einen Kreis junger Männer und Frauen, die ihr Leben für die Freiheit Österreichs aufs Spiel gesetzt hatten. Mein Schulfreund George Zimmer-Lehman nahm mich mit zu einem Treffen ehemaliger Widerstandskämpfer, unter denen sich auch Georg Fürstenberg befand. Es waren Studenten und junge Akademiker – Wiener Patrioten, die es vermieden hatten, sich einer Ideologie zu verschreiben, und sich nach Jahren der Trennung von der westlichen Welt nach menschlichen Kontakten sehnten. Bei ihnen erlebte ich die Atmosphäre und die Sprache, die damals in Italien, Frankreich und Holland zu finden waren – geprägt von einer hohen Gesinnung und einer eher vagen Vorstellung von einer freiheitlichen Gesellschaft. Es waren durchweg anständige und aufrichtige Menschen, würdevoll in ihrer Haltung gegenüber den Besatzungsmächten, in deren Reihen sich einige fanden, mit denen sie langjährige Freundschaften schlossen und die sie vor viel Ungerechtigkeit und Enttäuschung bewahrten. Die Brüder Otto und Fritz Molden standen im Mittelpunkt dieses Kreises. Sie gründeten ein europäisches Kolleg in Alpbach in Tirol, eine Begegnungsstätte für Intellektuelle und angehende Politiker aus ganz Europa.

Fritz, der später ins Verlagsgeschäft ging, wurde ein guter Kollege und Freund. Er war der einzige österreichische Verleger, der sich eine Zeitlang auf dem wesentlich größeren, dominanten westdeutschen Markt behaupten konnte.

Der letzte Tag meines Aufenthalts in Wien war der düsterste. Ich hatte endlich den alten Rechtsanwalt unserer Familie ausfindig gemacht, und er war von seinem Haus auf dem Land in die Stadt gekommen. Von ihm erfuhr ich von dem Schicksal meiner beiden Großmütter. Meine Großmutter mütterlicherseits, die älteste von drei Schwestern, war in Wien zurückgeblieben. Es war ihr nicht gelungen, rechtzeitig ein Visum zu bekommen; sie wurde Ende 1942 in ein Konzentrationslager in Riga deportiert, wo sie umkam und in ein Massengrab geworfen wurde. Die Mutter meines Vaters hatte auf meinen Onkel Josef, den Wagner-Verehrer, gewartet. Sie wurde nach Theresienstadt verschleppt. Dort überlebte diese starke, gesunde Frau ein Jahr lang, bis sie in ein polnisches Vernichtungslager deportiert und dort ermordet wurde.

Während dieses ersten Aufenthalts in Wien nach dem Krieg empfand ich angesichts des Verhaltens meiner ehemaligen Landsleute während des Dritten Reichs starke Beklemmungen, ja teilweise Abscheu. Ich fühlte mich befangen und zwiespältig, obschon ich mich, wie ich meinte, endgültig von meinen Wurzeln losgesagt hatte. Später, als ich häufiger Reisen nach Wien unternahm, wurden die Erinnerungen weniger bedrückend. Ich kehrte immer wieder in meine Geburtsstadt zurück, und mit der Zeit entwickelte ich mehr Mitgefühl und Verständnis für die Nöte und Handlungsmotive anderer Menschen. In der Zwischenzeit hatte ich durch mein Engagement für den Zionismus neue Kraft geschöpft. Es war, als summten in meinen Ohren die Worte Jabotinskys, als er seine flammende Rede an das Volk hielt, bevor ihn die Zwischenrufer der Nazis hatten verstummen lassen: »Die Hitlers kommen und gehen. Wir sind unzerstörbar. Das jüdische Volk wird überleben.«

KAPITEL VIII

Der englische Lebensstil: ein Lernprozeß

Es war ein langer Prozess, den Lebensstil, die Sitten und die Moralvorstellungen der Engländer kennenzulernen, und es war nicht immer leicht. Der Wechsel vom Leben als Flüchtling im Vorkriegs-London in die abgeschiedene BBC-Enklave in Evesham, gefolgt von der unerwarteten Rückkehr nach London, kam einer Folge von türkischen Wechselbädern gleich. Allerdings hatte ich trotz der verschiedenen Milieus, in denen ich mich bewegt hatte, nur einen Bruchteil des verwirrenden Universums der englischen Gesellschaft kennengelernt.

An meinem ersten Arbeitstag in der Oxford Street 200 hatte sich mir ein ungewöhnlicher Anblick geboten. Es war ein elegant gekleideter Mann, der seine langen Beine auf seinen Schreibtisch gelegt hatte, eine Nelke im Knopfloch trug und einen Telefonhörer in der linken Hand hielt. Er hatte ein auffallend kantiges Profil, und er sprach in schleppendem Tonfall: »Hallo Davidson, bitte richten Sie Ihrer Gnaden aus, daß es mir eine Ehre ist, ihre Einladung zum Essen anzunehmen, und daß ich die Prinzessin Callimachi mitbringen werde.« Es war das erste Mal, daß ich Peter Quennel zu Gesicht bekam, den ich allerdings erst später näher kennenlernte. Quennel war nicht nur der bekannte Biograph von Lord Byron, auch seine Art und sein Lebensstil waren in vielerlei Hinsicht byronscher Natur. Er liebte die Frauen, und er wurde von ihnen geliebt. Er schrieb wunderbare Gedichte und exzellente Prosa. Er konnte sich in Positur werfen und war allem Eintönigen und Geschmacklosen gegenüber arrogant und intolerant, und doch war er hinter der Maske des unnahbaren Gentleman und Lebemannes ein großherziger und sentimentaler Engländer der Mittelschicht. Wir freundeten uns an, und eine Zeitlang teilten wir uns ein kleines Haus am Rande von Londons Regent Park.

Peter neigte dazu, seine Freunde in Kategorien einzuteilen. Er liebte es nicht, sich mit gesellschaftlichen Problemen zu belasten, und er vermied jedes Risiko. In dem Maße jedoch, wie ich in seinen Augen zunehmend gesellschaftsfähig wurde, taute er mir gegenüber auf. Mein Ansehen stieg beträchtlich, als eines Tages der brasilianische Botschafter zu mir nach Hause zum Essen kam. Der Besuch hatte sich eigentlich nur ergeben, weil der Botschafter versuchte, mit einer Frau anzubändeln, mit der ich zu jener Zeit befreundet war, und sie hatte ihn einfach mitgebracht. Peter jedoch erfuhr nichts davon, und nun fühlte er sich sicher genug, mich Personen vorzustellen wie Catherine, der Tochter von Harold Macmillan, die den Parlamentsabgeordneten Julian Amery heiratete, und June Churchill, der zweiten Frau von Randolph. Obschon Randolph in dem Ruf stand, sich gezielt grob zu verhalten, fühlte ich mich in seiner Gegenwart stets sehr wohl. Ich begriff, daß die Leute, je sicherer sie in ihrer gesellschaftlichen Rolle etabliert waren, desto eher bereit waren, Außenseiter zu akzeptieren. Je weniger sie sich in ihrer sozialen Stellung sicher fühlten, desto eher neigten sie dazu, neue Gesichter aus ihren Kreisen auszuschließen.

Peter hatte mich mit einem Großteil seiner Freunde bekannt gemacht. Er hat mich in den Gargoyle Club eingeführt und den Gargoyle Girls vorgestellt, die sich nach dem Gargoyle Club in Soho benannten, einer Gruppe, die ähnliche Ziele und Bräuche hatte wie die »Liberal Girls«, Töchter aus vornehmen Familien, die sich gegen die Konventionen auflehnten. Die Liberal Girls, die Philip Toynbee in seinem Buch *Friends Apart* so treffend charakterisiert, vertraten politisch links gerichtete Ansichten, um gegen die Moralvorstellungen ihrer Altvorderen zu protestieren, und schlossen sich mit jungen Männern ähnlicher Gesinnung zusammen – wie Philip Toynbee und Esmond Romilly, ein Neffe Churchills –, mit denen sie Affären hatten oder die sie später heirateten. Sie waren antifaschistisch in ihrer Gesinnung, gegen eine Politik der Zugeständnisse, und sie vertraten egalitäre Ansichten, und doch waren sie unbewußt snobistisch.

Die Gargoyle Girls waren leicht zu erkennen an ihrer nuschelnden Aussprache, ihren rauhen Stimmen und der besonderen Art, wie sie eine Schnute ziehen konnten. Sie waren launisch, scharfzüngig, zunächst schwer zugänglich und meistens blond. Ihr Typ war eine neue Modeerscheinung, und es dauerte eine Weile, bis ich den Urspung ihrer gekünstelten Umgangsformen entdeckte. Ich führte sie zurück auf Ivan Moffat, den Sohn von Curtis Moffat, ein Bonvivant aus Boston, der viele Jahre in der Londoner Boheme verbracht hatte, und auf Iris Tree, die der großen Theaterfamilie angehörte. Wie Alastair Forbes war Ivan Moffat im London der Kriegszeit ein Star gewesen. Er sah gut aus, war geistreich und ein geborener Schauspieler. Schöne Frauen erlagen seinem Charme und imitierten sowohl seine typische Art zu sprechen als auch sein Auftreten. Er hatte eine sehr manierierte Aussprache und etwas Spöttisches um die Mundwinkel, und er hatte die Angewohnheit, den Kopf leicht in den Nacken zu werfen oder nach einer Seite zu rucken, um einem Argument Nachdruck zu verleihen oder eine kritische Bemerkung zu unterstreichen. Er war sehr belesen, und er reagierte höchst sensibel auf die Launen anderer. Im Gegensatz zu gewissen Rüpeln aus dem White Club, wie Randolph Churchill oder Ed Stanley, die sich, wenn sie bei einem Diskussionsgegner einen Schwachpunkt witterten, gnadenlos darauf stürzten und Salz in die Wunde rieben, pflegte Ivan seine Attacken auf eher katzenartige und indirekte Weise zu führen. Allerdings konnte auch seine Methode tödlich sein. Die schlimmste Kombination dieser beiden Varianten waren in dem oft zitierten Brian Howard vereint, Held oder Schurke vieler Schlüsselromane und tragisches Opfer seines schrecklichen Gefühls von Sinnlosigkeit.

Ich geriet immer mehr in die Welt der Gargoyles. Der Gargoyle Club, dessen Räumlichkeiten sich in der obersten Etage eines vielstöckigen Hauses in der Dean Street befanden, war von Matisse dekoriert und von David Tennant gegründet worden, der zuerst Hermione Baddeley geheiratet hatte und später Virginia Tree, die heutige Marquise von Bath. Diese Mischung aus hoher Geburt, Wohlstand, Talent und Exzentrik bestimmte das Niveau. Der Club stellte Räume für private Partys zur Verfügung, man konnte dort zu Mittag und zu Abend essen, abends traten Bands auf, und man konnte bis in die frühen Morgenstunden bleiben. Die Ausstattung war leicht bizarr, und es herrschte ein entspannte Atmosphäre. Eigentlich war der Gargoyle Club distinguiert genug für ein konventionelles Publikum, ohne daß die Leute um ihr gesellschaftliches Ansehen fürchten mußten, und ausgefallen genug für die Boheme, um sich in der Überzeugung bestätigt zu fühlen, sie seien absolut unkonventionell. Während des Krieges diente dieser Club auch als Treffpunkt für Soldaten auf Fronturlaub. Nach dem Krieg konnte der Club seine gesellschaftliche Rolle noch fünf Jahre lang behaupten, aber in dem Maße, wie das Interesse von David Tennant an dem Club nachließ, änderte sich dessen besonderer Charakter, es gab immer weniger Mitglieder, und schließlich verschwand er von der Bildfläche.

Nigel Nicolson, Philip Toynbee und ich gingen regelmäßig in den Club. Häufig luden wir unsere Autoren dorthin ein oder gaben dort Empfänge. Auch der Zirkel, der unter dem Namen »Ben's Ordinary« bekannt war, ein fester Kreis von Leuten, die sich in regelmäßigen Abständen zu Abendessen zusammenfanden und als deren Gastgeber Ben Nicolson und ich fungierten, traf sich im Gargoyle Club. Zu jener Zeit gab es in London noch weitere Gruppen von solchen »Ordinaries«. Lady Cunard brachte Regierung, Politik und die schönen Künste – wobei ihr Musik am wichtigsten war, denn ihr Geliebter war der Dirigent Sir Thomas Beecham – mit eleganten jungen Frauen und Männern zusammen. Lady Colefax dagegen konzentrierte sich auf Berühmtheiten schlechthin. Sie hatte ein besonderes Talent dafür, berühmte Persönlichkeiten ausfindig zu machen, während sie sich noch auf ihrer Dampferreise über den Atlantik befanden, und bereits im voraus Termine mit ihnen zu vereinbaren. Ihre Vertraute war Cynthia, die tatkräftige Ehefrau von Gladwyn Jebb, zu jener Zeit ein aufgehender Stern am Himmel der britischen Diplomatie. Bei den Gesellschaften von Lady Colefax – die meistens im Hotel Dorchester stattfanden – bezahlte man siebeneinhalb Schilling für das Abendessen und noch einmal die gleiche Summe für einen Gast. Es gab einen harten Kern von Stammgästen und einen größeren Kreis von gelegentlichen Besuchern. Ich gehörte zu diesem äußeren Kreis und blieb bis zum Schluß dabei.

Bens Gesellschaften waren ganz anderer Art. Wir luden jeweils bis zu zwanzig Personen ein, von denen die Hälfte Stammgäste waren, die für ihre Begleiter bezahlten. Das Ritual verlangte, daß ein Gast einen Text vorlas oder eine Streitrede hielt, und anschließend wurde über das Vorgetragene diskutiert. Philip Toynbee war der erste, der einen Text vorlas. Ihm folgten unter anderen Richard Crossman, Howard K. Smith von CBS* und Elizabeth Bowen. Zu den Stammgästen gehörten Frank Pakenham, damals ein Labour-Dozent am Christchurch-College

* Amerikanischer Fernsehsender, A. d. Ü.

in Oxford, Robert Kee, Nicholas Henderson vom Außenministerium, Pater D'Arcy, der legendäre Jesuitenabt aus der Farm Street, mehrere Mitglieder der Familie Nicolson und eine wechselnde Schar von Mitläufern.

Eine dieser Zusammenkünfte wurde von Evelyn Waugh in einem bösen Brief an Penelope Betjeman vom 13. Juni 1947 verewigt.

> Apropos schlechte Gesellschaft. Ausgerechnet der ehrwürdige Pater D'Arcy hat mich genötigt, eine Einladung von Ben Nicolson zu einer intellektuellen Dinnerparty anzunehmen, auf der in einem Keller in Kensington bei afrikanischem Wein über »Religion« diskutiert werden sollte. P. Toynbee hat eine zwanzigminütige Rede gehalten – absoluter Schwachsinn. Ich hatte ihn vorher noch nie nüchtern erlebt & hätte ihn viel lieber in den Schoß von Ann Rothermere kotzen sehen. Er ist ein anmaßendes Arschloch. Dann meldete sich ein schmieriger Geistlicher zu Wort, und ich fragte, wer ist das, und man sagt mir, Pastor Niemöller, und er redete auch nur Schwachsinn, nur nicht in so einer anmaßenden Art – einfach nur blöd & langweilig. Dann war da noch ein junger Jude, der nur verächtlich schnaubte. Man sagt mir, das sei Mr. Ayer, aber D.* Fellowes Tochter habe ihm das Herz gebrochen, und er schnaube nicht aus Verachtung, sondern weil er sich die Tränen verdrücken müsse. Es war noch ein weiterer Geistlicher anwesend, der die ganze Zeit kein Wort von sich gab. Aber als wir pinkeln gingen, sagte er: »Ich bin wohl am besten bekannt als der Vikar von Nottingham (Northampton?), zu dem John Betjeman in die Kirche kommt, um zu predigen.« Zwei widerliche sozialistische Parlamentsabgeordnete, und zwar einer namens Crossman, der allen außer mir bekannt ist, und einer namens Woodrow Williams, der nirgendwo bekannt ist, redeten am meisten. Ich selbst habe kaum geredet. Gott, war das eine Qual.

Ich habe diese Zusammenkünfte in ganz anderer Erinnerung. Wir hörten einen bewegenden Vortrag von Pastor Niemöller, einem Helden der deutschen Widerstandsbewegung, der gemeinsam mit dem charmanten Colonel Stevens, der bei *Contact* als Werbefachmann arbeitete,

---

* Daisy, A. d. R.

in Dachau inhaftiert gewesen war. Stevens war vor dem Krieg beim britischen Geheimdienst gewesen und bei Ausbruch des Krieges ein Opfer der berühmten Venloo-Affäre geworden, als er und sein Kollege Major Best von der Gestapo unter dem Vorwand eines konspirativen Treffens mit deutschen Nazi-Gegnern in eine Falle gelockt und in die Niederlande entführt worden waren. Nachdem er als Geheimagent aufgeflogen war, mußte er sich nach dem Krieg einen neuen Posten suchen, und wir gaben ihm einen. Er war sehr stolz darauf, seinen ehemaligen Mithäftling, Pastor Niemöller, mit zu unseren Abendessen zu bringen, und Evelyn Waughs Kommentar war boshaft und ungerecht. Zu »Ben's Ordinary« kam er einmal und nie wieder.

Auch Arthur Koestler kam hin und wieder zu unseren Treffen, fühlte sich jedoch nicht besonders wohl. Er bevorzugte kleinere Gesprächsrunden von vier bis fünf Personen, wo er sich ungehinderter über ein Thema auslassen konnte. Er liebte auch intellektuelle Streitgespräche mit Menschen, die er als geistig ebenbürtig empfand. Eine Zeitlang waren Koestler und Crossman enge Freunde. Wenn sie nicht gerade zusammen Schach spielten, sahen sie sich an und sagten: »Über was wollen wir uns heute streiten?« Ihre Diskussionsthemen reichten von der Zukunft Rußlands bis zur moralischen Existenzberechtigung der Stern-Bande in Palästina.

Ich selbst war nie wirklich mit Arthur Koestler befreundet. Anfangs war er in gewisser Weise um mich bemüht. Er hatte damals seine zionistische Phase, während ich gerade erst am Anfang meines Engagements für Israel stand. Ich erinnere mich noch, wie er mich aufforderte, *Contact* aufzugeben und mich ganz »unserer Sache« zu widmen, wie er sich ausdrückte. »Wir sollten ein Komitee gründen«, schlug er vor. »Und du solltest die Leitung übernehmen.« Koestler schickte mich zu Victor Gollancz, einem Guru der linken Intellektuellen, der mich mißtrauisch empfing. Er mochte keine jungen Rivalen. Gollancz hatte einen scharfen Verstand und eine schroffe Art, und, wie viele linke Weltverbesserer, die sich leidenschaftlich für das Wohl der Menschheit als abstrakter Größe einsetzen, war er voller Verachtung für den einzelnen.

Zwischen der Welt von Philip Toynbee und Ben Nicolson einerseits und der von Nigel Nicolson andererseits gab es Bereiche, die sich überschnitten, aber auch solche, die sich kaum berührten. Philip verkehrte mit Schriftstellern und Malern im Soho-Viertel. Auch wenn sie dem Gargoyle hier und da Stippvisiten abstatteten, fühlten sie sich eher in der klassenlosen Atmosphäre der Kneipen zu Hause. Einer von Philips Kumpanen war Dylan Thomas, den er manchmal mit in unser Haus in Regent's Park brachte. Maclaren Ross und Ruthven Todd gehörten auch dazu, und wenn die vier manchmal spätabends im Gargoyle auftauchten, waren sie oft in einem so betrunkenen Zustand, daß dem sonst gelassenen Besitzer und den langmütigen Mitarbeitern nichts anderes übrigblieb, als sie von den anderen Gästen abzusondern.

Die Brüder Nicolson wurden zu einem festen Anker in meinem Leben. Harold Nicolson, der früher im Vorstand der BBC gewesen war, kannte ich weniger gut. Wir waren nie enge Freunde, aber er hat mich stets großzügig beraten. Vita Sackville-West kannte ich kaum, allerdings war ich als Nigels Partner häufig Gesprächsthema, wenn die Familie am Wochenende auf Sissinghurst zusammenkam. Vita betrachtete mich als einen fremdländischen Eindringling in das Leben ihres Sohnes. Sie kam höchst selten nach London, und im Laufe von zwölf Jahren wechselten wir nur wenige Male ein paar flüchtige Worte. Bei ihrer Leidenschaft für die hohe Kunst der Gärtnerei war ich für sie eindeutig ein typischer »Stadtmensch«, und in der Tat, auf einen Menschen, der wie sie in enger Verbundenheit mit der Natur lebte, muß ich wohl befremdlich gewirkt haben. Für sie gehörte ich zu dem Kreis von rastlosen Intellektuellen um ihren älteren Sohn Ben.

Ben war der Stellvertreter von Sir Anthony Blunt, dem Verwalter der königlichen Gemäldesammlung, und später der Chefredakteur des berühmten *Burlington Magazine*, einer Bibel für englische Kunstforscher. Die spartanische Einrichtung seiner Dachwohnung in der Nähe der Victoria Station, die zu seiner schlichten Kleidung und zu seiner bescheidenen Lebensweise paßte, stand in eklatantem Gegensatz zu der üppigen Schönheit der italienischen manieristischen Gemälde an den Wänden. Ben gehörte zu dem kleinen Kreis von Liebhabern dieser zu jener Zeit unpopulären Schule italienischer und flämischer Malerei, die in einer Übergangsphase zwischen der späten Renaissance und dem Barock entstanden ist. Neben Anthony Blunt, Denis Mahon und dem Ballettkritiker Richard Buckle war Ben einer der eifrigsten Sammler und Verfechter des Manierismus. Meine eigene Leidenschaft für diese Kunstepoche verdanke ich ihm. Die Bilder wurden damals noch zu sehr niedrigen Preisen gehandelt, so daß ich in der Lage war, 1950 meine eigene Sammlung zu beginnen. Die Arcade Galerie, die von einem älteren österreichischen Kunsthändler namens Paul Wengraf geführt wurde, war meine reichhaltigste Bezugsquelle.

Ben haßte alles, was in seinen Augen nach Snobismus und Intoleranz roch, und er lehnte einen aufwendigen Lebensstil ab. Zu seinem Freundeskreis gehörten die letzten Überlebenden von Bloomsbury sowie die hauptsächlich vom europäischen Festland stammenden Kunstforscher um das Warburg Institut und das Courtauld Institut. Freundschaften bedeuteten ihm sehr viel, und er war absolut loyal. Ben hatte eine unglückliche Affäre mit David Carritt, einem jungen Gelehrten, der ein untrügliches Gespür dafür besaß, wichtige Bilder zu erkennen. Ben brachte ihn mit den Größen aus der Welt der Kunstforschung zusammen, nahm ihn mit nach I Tatti in der Nähe von Florenz, um ihm Bernard Berenson vorzustellen, und ebnete den Weg für seinen späteren außerordentlichen beruflichen Erfolg. Aber David Carritt erwiderte seine leidenschaftliche Liebe nicht, und Ben war tief betroffen. Später heiratete Ben Luisa Vertova, eine Assistentin von Berenson, die Ehe endete jedoch mit einer Scheidung.

Nigel Nicolson mag die Liebe zur Einsamkeit von seiner Mutter geerbt haben – er kaufte sich eine kleine Hebrideninsel, wo er jedes Jahr einen klösterlichen Urlaub verbrachte –, ich glaube jedoch, daß er eher ein Nicolson als ein Sackville war. Während Ben seine Bestimmung darin sah, sich der Kunst zu widmen, empfand Nigel eine Verpflichtung gegenüber einer idealisierten Form des englischen Establishments. Er war wohl loyales Mitglied der Konservativen Partei, im Grunde seines Herzens jedoch ein Liberaler. Trotz seiner romantischen Vorstellung von Männern, die mit Waffengewalt für eine gerechte Sache kämpften, verabscheute er jede Form von Brutalität und Unmäßigkeit. Er mißbilligte rüpelhafte Schüler in den englischen Eliteinternaten, die rauhe Mentalität der Militärs, die elitäre Haltung der Garderegimenter, und doch war er in keiner Weise ein linker Intellektueller. Seine Vorbilder waren eher Männer wie Rupert Brook als Evelyn Waugh. Er bewunderte intellektuelle Leistung, liebte gute Konversation und »gehobenen Klatsch«, fand jedoch offene Gehässigkeit unerträglich. Nicht selten ließ er sich von Freunden ausnutzen, deren

Wertvorstellungen ihm ein Greuel waren. Der bekannte Literaturkritiker James Pope-Hennessy, ein begabter, launischer und skrupelloser Verführer junger Männer, der ein sprichwörtlich zügelloses Leben führte und schließlich von einem rachsüchtigen homosexuellen Schurken ermordet wurde, machte sich Nigels schlechtes Gewissen zunutze. James, der stets auf Nigels Großzügigkeit baute, lieh sich große Summen von ihm und untergrub sein Selbstwertgefühl.

Obschon sie so verschieden waren, liebten die Brüder Nicolson einander sehr. Gemeinsam mit ihrem Vater bewohnten sie ein Haus in Neville Terrace, Kensington. Beim gemeinsamen Frühstück pflegten sie ihre Post zu öffnen und mit bewußt indiskreten Bemerkungen zu kommentieren. Harold Nicolson war ein Mann der Clubs, überaus gesellig während der Woche in London und an den Wochenenden in Kent ein treusorgender Ehemann. Er war eine Mischung aus einem frankophilen Freidenker und einem großbürgerlichen Bürokraten, mit einer heimlichen Vorliebe für einen aufwendigen Lebensstil. Er wollte ein Literat und ein Mann von Welt sein, während er gleichzeitig darauf achtete, seine Brücken zur Welt der linksflügeligen Boheme nicht zu abzubrechen. Eine eher rauhe Seite, die hin und wieder zum Durchbruch kam, verursachte Spannungen und Widersprüchlichkeiten in seiner Persönlichkeit.

Obwohl Nigel eher scheu und melancholisch veranlagt war, hatte er eine zaghafte Vorliebe für die große Welt, und er genoß die Gesellschaft intelligenter Frauen und aufstrebender junger Männer, von denen die meisten mit silbernen Löffeln im Mund geboren waren und am Beginn einer glänzenden Karriere standen. Er konnte voller Stolz verkünden, in einer Woche drei Einladungen ausgeschlagen zu haben, während er gleichzeitig die Welt der glänzenden Dinners genoß, wie auch die Herrenabende im Travellers Club oder im intimeren Beefsteak Club. Am nächsten Morgen schwärmte er mir dann von seinen Erlebnissen vor, pries die Schönheit der Gastgeberinnen, den Glanz und Glitzer der Kleider und den Esprit der schöngeistigen Gespräche nach dem Essen bei Portwein und Brandy. Er hatte ein rührendes Bedürfnis, mich zu informieren und mir neue Welten zu eröffnen. Nach und nach begegnete ich den Leuten persönlich, die ich zuvor nur aus Nigels lebhaften Beschreibungen kannte.

Lady Ravensdale, Tochter des berühmten Lord Curzan, Vizekönig von Indien, führte einen großen musikalischen Salon und nahm mich in ihren Kreis auf. Durch sie wurde ich in die sich neu belebende Welt der Londoner Oper eingeführt. Während der ersten Nachkriegsjahre wurde im Covent Garden unter der Leitung von Karl Rankl ein äußerst spannendes Programm geboten, und sowohl die Oper als auch das Ballett erreichten eine nie dagewesene Popularität. Nach Jahren der Isolation kamen nun Scharen von europäischen, vor allem deutschen, Sängern und Dirigenten nach London. Meine frühere Leidenschaft für die Oper wurde wiedererweckt durch wunderbare Vorstellungen mit Flagstad und Tito Gobbi und den Dirigenten Furtwängler und Klemperer. Vor allem aber war ich fasziniert von den vielen jungen deutschen Gesangstalenten, zu denen Hans Hotter und Elisabeth Schwarzkopf gehörten. Ich erinnere mich noch an den ersten gesellschaftlichen Auftritt von Elisabeth Schwarzkopf, als sie in ihrem Haus im Vale einen Empfang gab. Sie war hübsch, vollschlank und naiv, und mit ihrem kräftigen blonden Haar, das ihr buchstäblich zu Berge stand, glich sie einer Afrikanerin. Etwa ein Jahr später sah ich sie wieder. Sie war gut gepflegt, fit und strahlend. Die Verwandlung war perfekt.

Irene Ravensdales ganze Leidenschaft galt der Musik. Als ich einmal während einer Aufführung von *Tristan und Isolde* neben ihr saß, grub sie während Flagstads Liebestod ihre Fingernägel in meine rechte Hand. Glücklicherweise wurde mein Stöhnen von den Koloraturen der norwegischen Diva übertönt. Hans Hotter, wahrscheinlich der beste Wotan, den ich je gehört habe, war der Star der ersten Aufführung des *Ring* nach dem Krieg. Er und seine attraktive Frau waren häufige Gäste bei Lady Ravensdale, und nach dem formellen Dinner nahmen die jüngeren Gäste die Hotters mit in einen Nachtclub. Hotter war ein großer Charmeur, und seine Frau stand ihm in nichts nach. Wenn Raymond Carr und ich im intimen Halbdunkel des Stork Club oder im *The 400* mit Frau Hotter zusammensaßen, erzählte sie uns unglaubliche Geschichten aus dem Kriegsalltag in Deutschland. Sie berichtete von waghalsigen Abenteuern mit französischen Kriegsgefangenen und grausigen Erlebnissen mit der Gestapo.

Einer von Irene Ravensdales Stammgästen war der Dirigent Malcolm Sargent, der in ihrem Haus häufig auf dem Klavier spielte. Ich empfand ihn als arrogant und eitel, vor allem, weil er sich seinen europäischen Rivalen gegenüber so abfällig äußerte.

Die berühmte englische Tradition des Wochenendes auf dem Land, die während des Krieges nie ganz ausgestorben war, blühte bei den ersten Anzeichen des Friedens wieder auf. Ich erhielt von zwei Seiten Zutritt: durch die Boheme und durch die hohe Aristokratie. Der Freundeskreis zweier Nachbarn, die in Oxfordshire in friedlicher Rivalität nebeneinander lebten, umfaßte ein gesellschaftliches Spektrum, das von überzeugten Sozialisten bis zu gemäßigten Angehörigen des Labour-Establishments und Vertretern der linken Intelligenz reichte, dazu noch ein paar vereinzelte Liberale oder abtrünnige Tories einschloß.

Gavin, der zweite Lord Faringdon, gab formelle und stilvolle Gesellschaften in Buscot Park. Zu seinen Stammgästen gehörten Aneurin Bevan und seine Frau Jennie Lee, die Crossmans, der Earl of Huntingdon und seine Frau Margaret Lane, eine Schriftstellerin, sowie die beiden wirtschaftlichen Vordenker der Labour Party, die gebürtigen Ungarn Thomas Balogh und Nicholas Kaldor. Gavin brachte sie mit Schriftstellern, Schauspielern, Architekten und einem ortsansässigen Wandmaler zusammen, der in der Gegend Wände und Gesimse verschönerte oder auch verunstaltete, wie manche fanden. Es wurden heiße Debatten über die Zukunft des Sozialismus geführt, wenn die Labour Party gerade in der Opposition war, oder über den Verrat am Sozialismus, wenn sie an der Regierung war.

Gavin war ein großzügiger Gastgeber, hatte jedoch einen leicht herablassenden Zug. Obwohl er ein heimlicher Snob war, vertrat er nach außen hin eine egalitäre Gesinnung. Seine Art erinnerte eher an das versnobte Mayfair-Viertel in Michael Arlens* Romanen als an Barrikaden, aber er war gutmütig und einem jungen Neuling wie mir gegenüber freundlich. Eine schwarze Krawatte war Vorschrift – nur den Bevans war es gestattet, ohne Abendkleidung zu erscheinen. Eines Abends, als die Damen sich in den Salon begaben und die Herren ihrem Brandy und ihren Debatten überließen, sah ich, wie Jennie Lee in den strömenden Regen hinausrannte. Nye Bevan und der Gastgeber liefen ihr nach und brachten sie unter heftigem Protest zurück ins Haus. Diese englische Angewohnheit, die Geschlechter nach dem

---

* Englischer Erzähler, der in seinen Werken die aussterbende viktorianische Gesellschaft porträtiert. A. d. Ü.

Essen zu trennen, eine Tradition, die in manchen Londoner Gesellschaftskreisen und an den englischen Botschaften im Ausland bis heute gepflegt wird, verursacht häufig Mißstimmung. Viele Jahre später, bei einem von Lady Ramsbotham ausgerichteten Dinner in der britischen Botschaft in Washington, wurde Kay Graham, die einflußreiche Besitzerin und Herausgeberin der *Washington Post*, aus einer vielversprechenden Diskussion mit ausländischen Gästen und amerikanischen Kabinettsmitgliedern gerissen, um die neu möblierten Gästezimmer auf der obersten Etage zu besichtigen. Das hat sie ihrer Gastgeberin nie verziehen.

Nur wenige Minuten von Buscot Park entfernt lag das ehrwürdige Domizil von Nicholas Davenport, einem Börsenmakler, der ein Fabier und Shaw-Verehrer war. Als Volkswirtschaftler und Bonvivant, der der Labour-Party-Führung nahestand, war er eine der wenigen herausragenden Persönlichkeiten in London, die sich für die Linke einsetzten. Er war außerdem ein Förderer des Theaters und mit vielen Leuten von Bühne und Film befreundet. Olga, seine zweite Frau und gebürtige Südafrikanerin, war eine große Schönheit und eine begabte Schauspielerin. Sie war die Witwe eines Piloten der Royal Airforce und viel jünger als Nicholas, und sie liebte die Gesellschaft von Intellektuellen und intellektuelle Diskussionen. Die Crossmans und die Gaitskells, der Philosoph C. E. M. Joad, ein ziegenbärtiger, faunhafter Mann, berühmt durch Funk und Fernsehen, und Arthur Koestler gehörten zu den Stammgästen der Davenports.

1948 heiratete Shirley Morgan Henry Anglesey. Die Hochzeit gestaltete sich zu einem prächtigen Aufzug von Englands großen Familien, Talenten und Intellektuellen – Henrys Tante, Lady Diana Cooper, und ihr Mann Duff, eine große Anzahl von Shirleys Freunden, Bewunderern und ehemaligen Liebhabern und vor allem Henrys Schwestern, die schönen Paget-Mädchen. Alle drei waren wunderschön und bekannt für ihre Exzentrik oder für ihr leidenschaftliches Interesse an einer der schönen Künste, vor allem am Ballett. Liz stand in dem Ruf, eine der schönsten Frauen Englands zu sein. Liz Paget, die bei der Krönung von George VI. zu den Schleppenträgerinnen gehört hatte und viele berühmte Männer zu ihren Bewunderern zählte, war mit dem Österreicher Raimund von Hofmannsthal verheiratet.

Raimund, ein Hätschelkind großer Damen und schöner Erbinnen, war ein äußerst geistreicher Mensch. Er war der Sohn Hugo von Hofmannsthals, des berühmten Dichters und Librettisten von Richard Strauss, und in seiner Jugend war er selbst eine Art »Rosenkavalier« gewesen. Er verkehrte in den Kreisen um Max Reinhardt, und als dieser mit seinem grandiosen Theaterspektakel *The Miracle* auf Amerikatournee ging, reiste Raimund mit der Truppe. Er war ein Bewunderer und Schützling von Diana Cooper, die die Nonne in dem Stück spielte. Wo immer er auch hinging, erregte Raimund Aufsehen. Alice Astor, die Schwester von Vincent Astor und eine der reichsten Frauen Amerikas, hatte sich in ihn verliebt. Die beiden hatten geheiratet, und Raimund hatte während des Krieges in der amerikanischen Armee gedient.

Raimund und Liz hatten sich im Salzkammergut kennengelernt, wo er und Alice jeden Sommer das Schloß Kammer am Attersee mieteten. Es war der Ort, an dem die *Jeunesse dorée* Europas und Amerikas sich traf. Es gab glänzende Feste auf dem See, Feuerwerk und Maskenbälle. Der junge Bill Paley, der Napoleon der amerikanischen Funk- und Fernsehwelt, war ebenso häufig unter den Gästen wie der legendäre Ehestifter Rudolph Kommer, der sich um Max Reinhardts Affären kümmerte und stets nach heiratsfähigen, blaublütigen jungen Frauen Ausschau hielt, deren Leben er lenken und beeinflussen konnte. Raimund verliebte sich in Liz und ließ sich schließlich scheiden, um sie zu heiraten.

Raimund und Liz von Hofmannsthal spielten nach dem Krieg eine wichtige Rolle im gesellschaftlichen Leben von London. Seine weltmännische Art und ihre Schönheit und adelige Herkunft schufen eine Aura von Eleganz und Weltklugheit. Raimund arbeitete für *Time Life* und fungierte als eine Art Sonderbotschafter für das Verlegerpaar Henry und Clare Luce. Er verdiente sein Leben mit dem Verkauf von Anzeigen, verbarg seine banale Arbeit jedoch unter einer silbernen Haube, die einem Fabergé Ehre gemacht hätte. Zu den Dinnerpartys der Hofmannsthals kamen gräfliche Verwandte, Politiker, Professoren und Künstler. Zwischen all dem Glanz und Glitzer konnte man gelegentlich ein paar zu Besuch in England weilende leitende Manager von *Time Life* entdecken oder einflußreiche Werbekunden, die der Gastgeber seinen anspruchsvollen Gästen als schillernde Persönlichkeiten anpries.

Raimund war fasziniert von seinem Lebensstil, den er im übrigen stark idealisierte. Er bewunderte die englische Aristokratie und betrachtete sich als Vermittler zwischen ihr und dem restlichen Europa. Er führte interessante Leute aus ganz Europa in diese Gesellschaft ein, wobei er jedoch die Nachkommen des europäischen Hochadels ausschloß, denn die arroganten Österreicher betrachteten ihn noch immer als einen Emporkömmling mit jüdischem Blut in den Adern. Umgekehrt unterhielt er sich sehr gern mit Ausländern oder Neulingen wie mir über die Feinheiten des Lebensstils der britischen Nobility. Ganz zu Beginn meiner Laufbahn als Verleger lud er mich einmal zum Essen beim White's Club ein, um mir einige Ratschläge zu erteilen. »Sie müssen mehr Leute kennenlernen, George«, sagte er und legte mir nahe, jemanden einzustellen, der mir dabei behilflich sein sollte, meinen Bekanntenkreis zu erweitern. Ich war ziemlich verblüfft, aber er fuhr fort: »Hören Sie, hier steht jemand an der Bar, der zur Zeit keine Arbeit hat. Er ist genau der Richtige für Sie.« Raimund bedeutete dem hageren Gentleman, sich zu uns zu setzen. Ich erfuhr, daß er gerade von einer reichen Frau geschieden worden war und nach Arbeit suchte. Ich erinnere mich noch, wie er die Erfahrung seiner letzten Jahre zusammenfaßte, indem er das unpersönliche Pronomen auf die effektivste Weise gebrauchte, die ich je gehört hatte: »Tja, ich fürchte, man war ein schlechter Ehemann, aber man hatte Geschmack.«

Es gehörte zur Tradition einer Wochenendparty auf dem Land, mindestens einmal Scharaden zu spielen, diesen berühmten englischen Zeitvertreib, der gewöhnlich einfach »Das Spiel« genannt wurde. Die Partygäste wurden in zwei Gruppen aufgeteilt, die jeweils einen Namen, eine Episode, ein Ereignis oder eine komplizierte Situation gemeinsam pantomimisch darstellen mußten. Die Familienmitglieder und Stammgäste waren darin äußerst versiert, und die Darbietung, die jemand dabei zum besten gab, trug wesentlich zum seinem gesellschaftlichen Ansehen bei. Raimund fungierte als Impresario und Ringrichter in der Welt der Pagets, und er liebte dieses Gefühl der Zugehörigkeit.

Die Worte »grand«, »smart« und »worldly« gehörten zu jener Zeit zu den Modewörtern der englischen Oberschicht. Es gab eine große Kluft (und es gibt sie noch) zwischen jenen, die ihren ererbten Reichtum und das damit verbundene Prestige schamlos genossen, und jenen schlichten, wenn auch nicht weniger klassenbewußten und oft noch reicheren Clans, die strenge Nüchternheit, Schlichtheit und das Fehlen jeglichen Pomps zur Schau trugen. Während die ersteren ihre Privilegien sowohl in England als auch im Ausland bewußt in Anspruch nahmen, und zwar vor allem in den Vereinigten Staaten, wo der Lebensstil der englischen Aristokratie vom alten Geldadel und noch begieriger von den Neureichen nachgeahmt wurde, gaben sich diejenigen, die zur zweiten Kategorie gehörten, häufig demonstrativ schlampig. Die Männer trugen alte Anzüge, und die Frauen ließen bei einfachen Schneiderinnen anfertigen, kauften Abendkleider von der Stange, fuhren alte Autos und verabscheuten die schicke Szene in London. In der Frage des intellektuellen Zeitvertreibs waren sie in zwei Lager gespalten – einige von ihnen waren vollkommen immun gegen jegliche kulturelle Strömung, während andere eine große Leidenschaft für Kunst, Literatur und Musik entwickelten.

Dann gab es noch eine dritte Kategorie, deren Angehörige vielleicht von allen am stolzesten waren auf ihre Lebensart und ihre Sitten. Es handelte sich um jene, die einen mondänen Lebensstil mit einer Verachtung für sichtbare Verschwendung verbanden. Sie lebten in Schlössern oder weitläufigen Villen auf dem Land, umgeben von den schönsten Kunstwerken und reichhaltigsten Bibliotheken der Welt, und legten Wert darauf, keine Restaurateure oder Klempner zu beschäftigen, so daß alte Chippendale-Sessel verschlissene Bezüge aufwiesen und die Badezimmer mit vorsintflutlichen Badewannen ausgestattet waren, und das Essen war, abgesehen von dem üppigen Frühstück, grauenhaft. All das war beabsichtigt.

Zur ersten Kategorie gehörten Männer wie die letzten drei Lebemänner im Stil der Zeit König Eduards, der Herzog von Marlborough (Bert), der Earl of Carnarvon (Porchie) und Eric, der Earl of Dudley. Sie heirateten amerikanische, griechische und jugoslawische Reederei-Erbinnen oder abwechselnd österreichische Tänzerinnen und englische Schönheiten aus alten Familien. Sie trugen ihren Reichtum zur Schau, vergnügten sich an der Riviera, fuhren zur Jagd nach Tallahassee, Florida, und liebten es, sich unter den Glanz und Glitzer von Hollywood zu mischen. Während sie einerseits an ihren Vorurteilen festhielten, waren sie Neureichen gegenüber, die sie in der Tat insgeheim bewunderten, eher aufgeschlossen. Frischgebackene amerikanische Millionäre und englische Baulöwen der Nachkriegsjahre drängten beherzt in diese Kreise vor und richteten in ihren Londoner Stadtvillen und auf ihren nagelneuen Landsitzen üppige Feste aus.

Der gesellschaftliche Aufstieg von Charles Clore, einem jüdischen Selfmademan und Geschäftsmann aus dem East End, wurde sehr stark von den vornehmen und einflußreichen Persönlichkeiten des Landes beeinflußt. Sie mochten »Charlie boy« wegen seines linkischen Auftretens und seiner gesellschaftlichen Fauxpas, und sie fanden ihn noch sympathischer, als seine französische Frau, eine Cousine der Rothschilds mit einem ausgeprägten Drang nach Erfolg, ihn sitzenließ. Ich fand es zugleich faszinierend und belustigend, dieses Wechselspiel zwischen dem neu aufgestiegenen Industriemagnaten und seinen gesellschaftlich unangreifbaren Mentoren zu beobachten. Charlie war ungeschlacht und linkisch und doch warmherzig, und er entwickelte sich zu einem großherzigen Philanthropen. Er liebte die Gesellschaft von schönen Frauen jeder Art, und er verkehrte mit Gräfinnen und Starlets, vollbusigen israelischen oder südamerikanischen geschiedenen Ehefrauen und blauäugigen Backfischen, er redete stets frei von der Leber weg. Bei einer von seinen Dinnerpartys für zwölf Gäste saß ich an einem Platz weit vom Gastgeber entfernt. Er sprach mich mit lauter Stimme an:

»Wie gefällt Ihnen das Dinner, George?«

»Wunderbar, Charles.«

»Wie schmeckt Ihnen das Essen?«

»Köstlich.«

»Und der Wein?«

Da ich keinen Alkohol trinke, täuschte ich meine Anerkennung vor.

»Und die Frauen?«

»Unwiderstehlich.«

»Das ist noch gar nichts – Sie hätten letzten Donnerstag hier sein sollen! Da hätten Sie ein paar wirklich umwerfende Damen sehen können!«

Manchmal nahm Charles mich zur Seite und fragte: »Seien Sie mal ehrlich, was halten Sie von den Leuten, die ich eingeladen habe? Und wie denkt man im West End über mich?«

»Nun Charles«, sagte ich dann vorsichtig, »es gibt zwei verschiedene Richtungen: Es gibt diejenigen, die Sie sehen, wie Sie sind, und die

Sie für das bewundern, was Sie erreicht haben, und es gibt solche, die ihre Vorurteile nicht überwinden können und auf Distanz bleiben.«

»Ach so. Na ja, soll sie der Teufel holen! Wer ist schon auf die angewiesen?« Dann fuhr er mit lauter Stimme fort, so daß Nebenstehende ihn hören konnten: »Ich brauche sie alle nicht. Sie sind eine Bande von Bastarden und Schlampen.«

Die Nicolsons waren eine Klasse für sich. Das Schloß Sissinghurst, wo Vita Sackville-West souverän residierte, war karg möbliert, und Harolds Wohnhaus in Kensington war spartanisch eingerichtet und ungemütlich. Zwischen zwei ungepolsterten Lehnstühlen stand eine wunderschöne Kommode.

Durch Raimund von Hofmannsthal lernte ich Clarissa Churchill* kennen, die ihm freundschaftlich verbunden war. Sie war eine ausgesprochene Schönheit, und sie wurde eine meiner engen Vertrauten, die mein Leben stark beeinflußt hat. Ich bewunderte sie und war heimlich in sie verliebt, obwohl ich mir immer einer unüberwindbaren Distanz zwischen uns bewußt war. Wahrscheinlich war es unsere Gegensätzlichkeit, die unsere Freundschaft zementierte – ihre Reserviertheit und meine Überschwenglichkeit, ihre geheimen Ambitionen und mein offener Enthusiasmus. Clarissa war Rebellin und stillschweigende Konformistin in einer Person. Sie vereinte das Leben der glamourösen Dinnerpartys, der Wochenenden auf dem Land und der Gesellschaft von Berühmtheiten mit Freundschaften zu Musikern, Schauspielern und Schriftstellern. Natürlich begegnete sie häufig Menschen, die die mondäne Lebensart und die Zurückgezogenheit im Elfenbeinturm in sich vereinten, wie zum Beispiel James Pope-Hennessy, der viele seiner Zeitgenossen mit seiner zugleich spontanen und unterhaltsamen wie auch intelligenten und verführerischen Art beeinflußte.

Clarissa war immer berufstätig. Sie schrieb Artikel über kulturelle Themen für *Vogue* und arbeitete später bei London Films, der Firma, die der Renaissance-Figur Sir Alexander Korda gehörte. Als ich sie bat, einen Beitrag für *Contact* zu schreiben, machte sie eine Reportage über das Festival in Edinburgh, und über mehrere Jahre hinweg sahen wir uns häufig. Mich faszinierten ihre lakonischen und präzisen Beschreibungen der Menschen, mit denen sie bekannt war, und auch die

* Winston Churchills Nichte, A .d. R.

menschlichen und sozialen Gegenströmungen innerhalb der verschiedenen Welten, in denen sie verkehrte. Nach und nach brachte sie mich, nicht ohne ein leichtes Zögern und vor allem nicht auf mein Betreiben hin, mit einigen der wichtigsten Menschen in ihrem Leben zusammen. Durch sie lernte ich Cyril Connolly kennen. Philip Toynbee und die Nicolsons müssen diese Begegnung hinausgezögert haben, denn es war bekannt, daß Cyril sich bereits verächtlich über *Contact* geäußert hatte, als wir uns noch in der Planungsphase befanden.

Unsere erste Begegnung verlief nicht gerade erfreulich. Ich hatte den Tag in einer Druckerei in Manchester verbracht und fuhr in meinem doppelreihigen braunen Anzug direkt vom Bahnhof zu Cyrils Haus am Sussex Place. Ich war damals noch nicht mit dem ungeschriebenen Gesetz vertraut, nachdem ein Gentleman Braun nur dann trägt, wenn er auf dem Land weilt, auf keinen Fall jedoch zu einer Dinnerparty in London. Alle anderen waren in Abendanzügen erschienen, und ich kam in dem Augenblick an, als sie sich gerade vom Eßzimmer in den Salon im ersten Stock begaben. Cyril begrüßte mich mit einem schlaffen Händedruck und zog beim Anblick meines braunen Anzugs die Augenbrauen hoch. Sein musternder Blick verunsicherte mich zutiefst, und ich spürte diesen schrecklichen britischen Kälteschauer, der entsteht, wenn ein unwillkommener Gast zu einer gemütlichen Runde stößt. Obwohl ich viele der anwesenden Schriftsteller, Verleger und Damen kannte, ließen sie sich kaum anmerken, daß sie mich schon einmal gesehen hatten. Es war kein Sessel mehr für mich frei, und es war mir zu peinlich, mich auf den Boden zu knien oder zu setzen, um mich mit jemandem zu unterhalten.

Clarissa war das offensichtlich unangenehm. Der einzige, der Erbarmen mit mir hatte, war der Schriftsteller und Rundfunkjournalist Robert Kee. Er verwickelte mich in ein polemisches Gespräch über die Verschlimmerung der Situation in Palästina, und auch wenn wir über Araber und Juden geteilter Meinung waren, erleichterte es mich sehr, nicht mehr allein herumstehen zu müssen.

Ich erinnere mich noch, wie Osbert Lancaster sich mitten unter all den hübschen, literarisch interessierten jungen Frauen mit Doppelnamen, den Professoren und Matronen mit Lady Rothermere und Alan Pryce-Jones, dem eleganten Herausgeber des *Times Literary Supplement*, der mit verschränkten Beinen zu Füßen einer Herzogin saß, unterhielt. Alan, von dem einige Leute unfairerweise behaupteten, er sei oberflächlich, war ein Meister der spontanen Vertrautheit und der kühlen Zurückweisung, ein wandelndes gesellschaftliches Barometer und Opfer eines blasierten Snobismus, der seinen Talenten abträglich war und seine intellektuellen Fähigkeiten schwächte.

Clarissa Churchill ließ sich durch den Vorfall bei Connolly nicht beirren und führte mich in die Welt der Rothermeres ein. Im Warwick House, gegenüber dem St. James Palace, herrschte Ann Rothermere über einen Salon. Als Frau des mächtigsten Zeitungsmagnaten, dem Besitzer der *Daily Mail*, des *Sunday Dispatch* und einer Reihe provinzieller Tageszeitungen, stand sie im Mittelpunkt von Politik und der glanzvollen Welt der Diplomatie. Als Mitglied der Familie Charteris hatte sie Beziehungen zu den großen und berühmten Familien des Landes. Und doch fühlte sie sich am wohlsten in einem kleinen Kreis von Vertrauten. Sie hatte eine Begabung für Freundschaften, und sie genoß es, ihre Lieblingsfreunde zu verwöhnen. Sie mischte sich in ihr Leben ein, inspirierte und vor allem amüsierte sie mit ihrer unglaublichen Energie, ihrem sprühenden Charme und ihrer rührenden Anteilnahme. Da gab es Höflinge wie Peter Quennell, James Pope-Hennessy und Ali Forbes, Protegés wie den Maler Lucian Freud und Robin Ironside; dann gab es die *Monstres sacrés* und jene Sonderlinge und Verwöhnten, die nur sie allein zähmen konnte, wie zum Beispiel den zügellosen Randolph Churchill. Es gab zahllose interessante und extravagante Besucher aus Frankreich und Amerika – Filmmagnaten, Starreporter oder Modedesigner; und dann gab es natürlich auch ein paar Außenseiter, gewöhnlich schwarze Schafe aus aristokratischen Familien. Anns Neugier war leicht zu erregen, und es gab häufig »Probegäste«, die ein- oder zweimal eingeladen wurden und dann nie wieder. Evelyn Waugh gehörte zu denen, die ihr am nächsten standen, und sie war einer der wenigen Menschen, die er nicht nur ertragen konnte, sondern sogar bewunderte. Er sah in ihr die Quintessenz aristokratischer Weiblichkeit, ein Image, das sie wahrscheinlich nur mit der respektgebietenden Lady Diana Cooper teilte.

Mein erster Auftritt im Warwick House fand anläßlich eines Essens zu Ehren von Spiro Skouros, dem Chef von 20th Century Fox, statt. Peter Quennell, der bereits ziemlich vertraut mit der Umgebung schien, schlüpfte unbemerkt in das Eßzimmer, um die Sitzordnung zu begutachten. Er versetzte mich von einem guten Platz zwischen Vivien Leigh und einer italienischen Adeligen auf einen Platz am unteren Ende der Tafel, zwischen einer altjüngferlichen Tante und einer fuchsjagdbegeisterten Matrone. Was mich jedoch noch mehr verblüffte, war der Anblick von Ann Rothermere, die in das Zimmer stürmte und, nachdem sie festgestellt hatte, daß sie einen zusätzlichen männlichen Gast hatte, die Platzkarte ihres Stiefsohns Vere Harmsworth entfernte. »Der arme Vere wird dann eben auf seinem Zimmer essen müssen«, sagte sie. Sie verachtete ihren Stiefsohn, den sie offenbar sehr unterschätzte. Vere, der anscheinend weder Talent noch Ehrgeiz besaß, wurde ständig ins Abseits gedrängt. Seine Ehe mit einer jungen, kapriziösen und zugleich robusten Schauspielerin, die liebenswert und unsicher war, bevor sie zu der exzentrischen Bubbles aufblühte, wurde ihm vom Rothermere-Clan sehr übel genommen.

Vere hat sie alle zum Narren gehalten. Wie der Titelheld von Robert Graves' Roman *Ich, Claudius, Kaiser und Gott* tat er so, als sei er weltfremd, einfältig und bescheiden, als er jedoch die Leitung von *Associated Newspapers*, dem Zeitungsimperium seines Vaters, übernahm, entpuppte er sich als einer der erfolgreichsten Pressezaren Englands. Er war scharfsinnig und klug in seinen Entscheidungen, und er war einer der großzügigsten und loyalsten Arbeitgeber, der den Niedergang der Fleet Street überlebte und sich als Bastion der Stabilität und Kontinuität erwies.

Ann Rothermere lud mich häufig zu Abendunterhaltungen und zu Mittagessen im kleinen Kreis von vier bis sechs Personen ein, aber irgendwie haben wir uns nie enger miteinander angefreundet. Ich erlebte sie als frivol und unruhig, und ich glaube, sie fühlte sich auch von mir verwirrt. Einmal, bei einem Mittagessen kurz nach der Geburt des Staates Israel, schien sie recht beeindruckt davon gewesen zu sein, wie ich den neuen Staat vehement gegen vier überzeugte Gegner verteidigte. Am nächsten Tag rief mich Frank Owen an, der Herausgeber der *Daily Mail*, und fragte mich, ob ich Lust hätte, nach Tel Aviv zu fahren und von dort aus zwei Artikel für ihn zu schreiben. Das war im Frühjahr 1949, und dieser Auftrag erwies sich als wichtig für mich, denn bei dieser Gelegenheit stattete ich Präsident Weizmann einen Besuch ab, der dazu führte, daß er sich wenig später entschied, mich zu seinem Stabschef zu berufen.

Auf der Höhe ihrer gesellschaftlichen Stellung als First Lady der Presse wurde Ann Rothermeres Leben von einer Affäre mit Ian Fleming bestimmt, der damals für die *Sunday Times* arbeitete, die Lord Kemsley, einem Konkurrenten ihres Mannes, gehörte. Sie verliebte sich Hals über Kopf in den Schöpfer der James-Bond-Figur, verlor das Interesse an ihrer Rolle als Gastgeberin und zog sich in den Kreis ihrer engeren Freunde zurück. Als ihre Ehe mit Lord Rothermere zerbrach, nahm sie ihr geselliges Leben wieder auf, wenn auch auf einer anderen, weniger repräsentativen Ebene, die ihren Freunden jedoch wesentlich mehr behagte. Sie umgab sich mit ihren alten Bewunderern und Protegés. Außerdem lud sie einen ausgewählten Kreis für die Wintermonate nach Golden Eye, Jamaika, ein, wo Ian Fleming in strenger Regelmäßigkeit jedes Jahr einen Bond-Roman schrieb.

Ich traf mich ab und zu mit Ian zum Mittagessen, und wir hatten regelmäßigen Kontakt gerade während der Zeit, als er an seiner James-Bond-Serie zu arbeiten begann. Seine beiden besten Freunde waren auch meine Freunde. Ivar Bryce, verheiratet mit der steinreichen Amerikanerin Jo Huntingdon Hartford, war ein Lebenskünstler, extrem wählerisch in seiner Kleidung und ein auf rührende Weise großzügiger Gastgeber, der eine Zeitlang als stiller Teilhaber von Weidenfeld & Nicolson fungierte. Ivars Villa Xanadu in Nassau war ein Ausbund an Luxus und Komfort.

Ein weiterer gemeinsamer Freund von Ian Fleming und mir war Robert Harling, der revolutionäre Schriftsetzer und Graphiker, der mich beim Layout von *Contact* und bei der Gestaltung der Kinderbuchklassiker für Marks & Spencer beraten hatte. Er war ein ehemaliger Marineoffizier, der seinen Feinden gegenüber ebenso gnadenlos war wie den Scharen schöner Frauen, die er verführte. Mindestens zwei von diesen Frauen erzählten mir später im Vertrauen von ihren stürmischen Affären mit ihm. Nach außen hin schroff, schweigsam und kritisch, konnte er doch ein warmherziger und treuer Freund sein.

Ian Fleming arbeitete an seinem ersten James-Bond-Band mit bewundernswerter Konzentration. Er hatte einen Arbeitsplan ausgearbeitet, den er genauestens einhielt. Während der Arbeit für die *Sunday Times* machte er einen ersten Entwurf, den er mit seinem alten Freund William Plomer diskutierte. Während der Wintermonate nahm er dann unbezahlten Urlaub und tippte das Manuskript auf

Jamaika. Bevor er es seinem Verleger sandte, schickte er eine Kopie an Ivar Bryce, der die gesellschaftlichen Details überprüfte, und eine Kopie an Robert Harling, der ihn bei seinen technischen Spielereien oder in Fragen militärischen Drills beriet. Ivar Bryce liebte seine Rolle. Er korrespondierte mit Fleming in jenem knappen Geschäftsstil, den Noel Coward, ein anderer enger Freund der beiden, so treffend wiedergegeben hat. Es gab Formulierungen wie: »Ian, Erzählstil hervorragend, Angaben zum Jahrgang der Witwe (Veuve Clicquot) jedoch nicht korrekt. Ebenso Manschettenknöpfe mit schwarzen Perlen zum Mittagessen – in der Tat höchst vulgär.«

Ivar und Ian hatten eine gemeinsame Vergangenheit beim britischen Geheimdienst und schwelgten gern in Erinnerungen. Der Ruf von Ian Flemings legendären Großtaten im Geheimdienst, wo er einen Posten auf den obersten Etagen bekleidet und die »Ms« und »Cs« persönlich kannte, haftete ihm bis über den Tod hinaus an. Erst kürzlich ist ein bekannter Journalist mit dem Entwurf eines Buches an mich herangetreten, in dem ernsthaft behauptet wird, Ian Fleming habe gemeinsam mit zwei Partnern während der letzten Kämpfe um Berlin Martin Bormann aus seinem Bunker entführt und nach London gebracht, wo er nach einer chirurgischen Gesichtsoperation bis in die siebziger Jahre hinein in einem kleinen Haus in Hampstead gelebt habe.

Ian Fleming gestaltete selbst die Umschläge für seine Bücher, wählte den Schrifttyp aus, schrieb seine eigenen Klappentexte und überwachte jedes Detail der Produktion. Er war wild entschlossen, ein erfolgreicher Autor zu werden und weder als der Bruder des berühmten Reiseberichtverfassers noch als Ehemann der außergewöhnlichen Ann in die Geschichte einzugehen. Was seine weltweite Anerkennung anbelangt, hat er sein Ziel erreicht. Die Party anläßlich der Erstaufführung von *Dr. No*, dem ersten James-Bond-Film, war ein großes gesellschaftliches Ereignis, obschon Ian, der Partys mehr und mehr scheute und sich von Anns Rolle als Gastgeberin argwöhnisch distanzierte, sich zunehmend zurückzog. Er hatte den Eindruck, Anns intellektuelle Freunde betrachteten ihn als rein kommerziellen Schriftsteller, und als sein Erfolg sich zu internationalem Ruhm entwickelte, schürte Ann sein Unbehagen zusätzlich. Sie hatte eine spöttische Art, abfällig über ihn zu reden, und sie machte sowohl seine Arbeit als auch seine Angewohnheiten schlecht. All dies trug dazu bei, daß die beiden sich zunehmend entfremdeten. Ihm kam zu Ohren, daß die Stammgäste von Victoria Square sich offen über ihn als »Der Kommandant« lustig machten. Eine flüchtige Affäre mit einer Amerikanerin aus der Modebranche, von der Ann zufällig durch einen Portier in Ians Club, wo seine Liebesbriefe ankamen, erfuhr, erschütterte die Ehe nachhaltig.

Ann fand ein wenig Trost in ihrer langjährigen Beziehung zu Hugh Gaitskell, über den sie mit den jungen Salonlöwen der Labour Party in Kontakt kam. Aus Hughs Freundeskreis wurden zwei zu ihren engen Vertrauten: Roy Jenkins, den sie wegen seiner kultivierten Sprache und seiner leicht ehrerbietigen Zuneigung mochte, und Tony Crosland, dessen scharfen Verstand und gutes Aussehen sie sehr schätzte. Sie mochte ebenfalls die Ehefrauen der beiden, was eine Seltenheit war.

Hugh Gaitskell verliebte sich unsterblich in Ann und ihre Welt. Obwohl er gewöhnlich reserviert und nicht leicht zu beeindrucken war, bekam er jedesmal leuchtende Augen, wenn er irgendeinen Berührungspunkt mit Ann entdeckte. Einmal war ich zum Mittagessen mit ihm im Ritz, als am anderen Ende des Speisesaals eine Gruppe von Männern und Frauen, die offenbar eben von einer eleganten Hochzeit oder Taufe kamen, ausgelassen feierten. Hugh entdeckte ein paar Stammgäste von Victoria Square unter ihnen und war plötzlich wie gewandelt. Er verlor das Interesse an dem Thema, über das wir gerade diskutierten, das vielleicht die Propaganda der Labour Party oder der Kalte Krieg gewesen war, und begann, sich Notizen zu machen und der schönen Lady Bridget Parsons Küsse zuzuwerfen.

Ohne es zu wollen, verletzte Ann Fleming alle, die sie liebte. Sie hatte stets ein paar leicht boshafte Geschichten über Ians bürgerliche Angewohnheiten parat. Eines Tages hörte ich sie beschreiben, wie sie ihn einmal angerufen hatte, um ihn zu einer Tanzparty einzuladen. Als er kam, brachte er ein paar seiner Lieblingsschallplatten mit. »Ich brachte es nicht übers Herz, ihm zu sagen, daß wir eine Band engagiert hatten.«

Cecil Beaton war auch ein Freund, der durch Clarissa Churchill in mein Leben trat. Über die Jahre haben wir etwa ein Dutzend Fotobände, autobiographische Schriften und die Parodie eines Romans zusammen herausgegeben. Wir sahen uns sehr häufig. Er bewegte sich in äußerst unterschiedlichen Milieus, und er hatte ein großes Talent für Freundschaften. Er war eine seltsame Mischung aus hartgesottenem

Profi, romantischem Liebhaber eleganter Lebensart, wählerischem Snob und gnadenlosem Diagnostiker menschlicher Marotten. Seine Vorurteile waren widersprüchlich: Aus seiner bürgerlichen Herkunft hatte er sich einen gewissen Antisemitismus bewahrt, fühlte sich jedoch gleichzeitig leidenschaftlich zu Farbigen hingezogen. Er hing einerseits an Traditionen, nahm aber begierig jedes Anzeichen von Innovationen auf und hielt ständig Ausschau nach den »großen Namen« von morgen. Er war höchst sensibel, und die Art, wie er Menschen beurteilte, reflektierte häufig die widersprüchlichen Reaktionen, die er in ihnen auszulösen glaubte. Er war leicht beleidigt, ließ es sich jedoch nicht immer anmerken. Er konnte einen scharfen Kritiker seiner Arbeit in Sicherheit wiegen, um ihn dann plötzlich seine scharfe Zunge oder seine schreckliche Rache spüren zu lassen.

Ich kam mir vor wie ein Student der Anthropologie, der verschiedene Stämme und Clans beobachtet, von denen jeder seine eigene Geheimsprache, Gewohnheiten, Riten und Glaubenssätze hatte. Ich habe sie stets mit unbändiger Neugier studiert. Was mich in erster Linie interessierte, war weniger meine Wahrnehmung von ihnen als die Art, wie sie sich gegenseitig wahrnahmen. Ich habe versucht, ihre Verhaltensmuster zu entziffern, um zu verstehen, was sie bedeuteten.

KAPITEL IX

Der Breslauer Kongreß: ein Wendepunkt

IM FRÜHSOMMER 1948 lud Moura Budberg mich zusammen mit Antoni Slonimsky, dem Kulturattaché der polnischen Botschaft in London, zum Essen ein. Er war ein bekannter Dichter und Kritiker, ein Liberaler alter Schule, der sich als Jude und Antifaschist mit dem kommunistischen Regime eingelassen hatte. Später akzeptierte er das Angebot, nach Polen zurückzukehren und Vorsitzender des Schriftstellerverbandes zu werden, einige Jahre darauf jedoch verließ er desillusioniert die Partei und wurde ein wichtiger Mann in der Opposition.

Während des Essens bei Moura erzählte Slonimsky uns von einer »Konferenz zur Verteidigung der Kultur« in der schlesischen Stadt Breslau, zu der die polnische Regierung Intellektuelle aus aller Welt einladen wollte. Er beschrieb das Ereignis großartig als den ersten Weltfriedenskongreß der Intellektuellen. Es sollte der Beginn einer Friedensbewegung werden, in der Schriftsteller, Künstler und Wissenschaftler sich für die Annäherung von Ost und West einsetzen und künftige Kriege vermeiden helfen sollten – und das zu einer Zeit, in der der Kalte Krieg erst an seinem Anfang stand. 1948 war das Jahr der Berliner Luftbrücke und des Prager Fenstersturzes. Und es war das Jahr eines politischen Wendepunktes in meinem eigenen Leben.

Slonimsky präsentierte mir die Teilnehmerliste, die gespickt war mit einer Reihe eindrucksvoller Namen berühmter Männer und Frauen, die bereits lebende Legenden waren. Aus Frankreich kamen Picasso, Léger, Paul Éluard, Vercors, Julien Benda, der betagte Autor des Klassikers *La Trahision des Clercs* (*Der Verrat der Intellektuellen*); aus Italien Alberto Moravia, Renato Guttuso, Elio Vittorini, Natalia Ginzburg und der Dichter und spätere Nobelpreisträger Salvatore Quasimodo; aus England Julian Huxley, damals Vorsitzender der UNESCO, der in das Führungskomitee in Breslau gewählt worden war, J. B. S. Haldane, der kommunistische Wissenschaftler, A. J. P. Taylor, Kingsley Martin,

Ronald Searle, Edward Crankshaw, der Architekt Bernard Lubetkin und Feliks Topolski; dazu zahlreiche Repräsentanten aus so entlegenen Ländern wie Uruguay und Indonesien. Die Russen waren durch die Schriftsteller Ilja Ehrenburg und Alexander Fadejew, den Vorsitzenden des sowjetischen Schriftstellerverbands, vertreten. Auf der Liste standen außerdem die Filmregisseure Eisenstein und Pudowkin, die Komponisten Schostakowitsch und Prokofjew, obgleich, wie ich mich erinnere, nur Pudovkin tatsächlich erschien. Natürlich tauchten auch eingeschworen kommunistische Namen auf wie Hewlett Johnson, bekannt als »roter Dekan« von Canterbury, und der Organisator der Kommunistischen Partei Englands, Ivor Montagu, jedoch bildeten viele Anhänger der gemäßigten Linken dazu ein gesundes Gegengewicht.

Die beiden Länder, die einseitig vertreten zu sein schienen, waren Deutschland und Amerika. Bekannte kommunistische Schriftsteller und Dramatiker wie Anna Seghers, Friedrich Wolf, der Vater des ostdeutschen Meisterspions Markus Wolf und Autor des Anti-Hitler-Stücks *Professor Mamlock*, und Alexander Abusch kamen aus dem sowjetischen Sektor des geteilten Deutschland. Allerdings nahmen der Maler Max Pechstein und der Architekt Hans Scharoun, die beide keine Kommunisten waren, ebenfalls an dem Kongreß teil. Die Amerikaner waren am schwächsten vertreten, vor allem, weil die Linke Repressalien durch die McCarthy-Anhänger befürchtete. Unter den Amerikanern befanden sich Ella Winter, Donald Ogden Stuart, Clifford Odets und ein Rechtsanwalt aus New York, der im selben Jahr den Wahlkampf für Henry Wallace leitete, den Kandidaten der Dritten Partei, der gegen Harry Truman und Thomas Dewey antrat. Mehrere Vertreter der New Yorker School of Social Research waren ebenfalls eingeladen worden. Die junge Flora Lewis, die spätere Nestorin der amerikanischen Journalisten, war zu jener Zeit zufällig in Polen und berichtete für die *New York Times* über die Konferenz.

Als Slonimsky mich aufforderte, meinen Namen auf die Liste dieser illustren Namen zu setzen, traute ich meinen Ohren kaum. Es erschien mir absurd, mich zu diesen berühmten Menschen zu zählen. »Nun ja«, sagte er lächelnd, »wir wollen schließlich auch in die Zukunft investieren.«

Auch wenn der allgemeine Tenor eindeutig linksorientiert war, schienen überzeugte Kommunisten und deren Sympathisanten einer seits und gemäßigte Sozialdemokraten und Liberale andererseits sich die Waage zu halten. Wie ich später erfuhr, war dies bereits die zweite Version der Teilnehmerliste, von der die konservativeren Namen gestrichen worden waren. Ich erinnere mich noch, daß die Namen Graham Greene und T. S. Eliot mit dem Vermerk versehen waren: »werden wahrscheinlich kommen«.

Ich nahm Slonimskys Einladung hocherfreut an und begab mich in der letzten Augustwoche voller Stolz zum Londoner Flughafen, um das Flugzeug zu besteigen, das die britische Delegation nach Breslau bringen sollte. Etwa ein Dutzend Chartermaschinen aus aller Welt ließen gleichzeitig ihre Passagiere auf dem Rollfeld aussteigen, das der letzte deutsche Gauleiter hatte anlegen lassen, als die Stadt bereits unter Belagerung gestanden hatte. Breslau war von Bomben fast dem Erdboden gleichgemacht worden.

Polen war bestrebt, seine Verbindungen mit dem Westen wieder aufzunehmen, und hegte die Hoffnung, eine Brücke zwischen Ost und West werden zu können. Diese Rolle hat so manches Land Mittel- oder Osteuropas vor und nach dem Krieg angestrebt, ohne sich darüber klar zu sein, daß kein Vermittler gebraucht wird, wenn eine Supermacht im Osten ernsthaft mit einer Supermacht im Westen verhandeln will. Die polnische Regierung legte großen Wert darauf, die Ehre für diese Initiative für sich in Anspruch nehmen zu dürfen, obschon sie natürlich in Absprache mit ihren sowjetischen Vorgesetzten handelte. Breslau war als Tagungsort ausgewählt worden, um die Aufmerksamkeit der Welt auf die neue polnische Grenze zu lenken: Die Stadt war ein Symbol für die umstrittene Oder-Neiße-Linie, die neue Grenze zwischen Deutschland und Polen. Und um die Legitimität ihrer Ansprüche zu demonstrieren, hatten die Polen eine Ausstellung über diese neuerworbenen Gebiete zusammengestellt. Die Polen waren dabei, die Stadt wieder zu bevölkern – viele kamen aus der polnischen Ukraine, die zurück an die Sowjetunion gefallen war, und die neue Bevölkerung fühlte sich in dieser ungewohnten Umgebung nicht heimisch. Als wir durch die zerstörte Stadt fuhren, sah ich überall Wellblechbaracken und polnische Arbeiter, die Würste und Knödel aßen. Die Menschen liefen ziellos umher, und eine schaurige Atmosphäre erfüllte die Stadt.

Aber unter den ausländischen Gästen, die dem Ruf nach »Frieden und Kultur« gefolgt waren, herrschte erregte Spannung. Im mittelalterlichen Rathaus, dessen Statuen und grün, rot und golden bemalte Decken restauriert worden waren, begrüßten sich alte Freunde, die sich seit dem Krieg nicht mehr gesehen hatten; Männer und Frauen, die sich nur vom Hörensagen kannten, fielen einander wie alte Freunde in die Arme. Es wurde gelacht und geweint. Allenthalben herrschte große Aufregung über die neu gefundene Kameradschaft, jeder ließ sich von der eindrucksvollen Stimmung anstecken. Man hatte das Gefühl, plötzlich in einer neuen Familie aufgenommen zu werden.

Die britische Delegation wurde in ein Hotel mit bescheidenen, zellenartigen Zimmern und einem gemeinsamen Frühstücksraum gebracht. Ich war überrascht, wie ungewöhnlich höflich und warmherzig die anderen Delegierten mich behandelten, da ich die meisten noch nie gesehen hatte. Die Konferenz fand in den Räumen der Technischen Universität am Ufer der Oder statt, die Abschlußveranstaltung dagegen in der kreisförmigen, 1913 erbauten Jahrhunderthalle, in der auch Hitler eine Rede gehalten hatte. Etwa fünfhundert Teilnehmer nahmen in der Aula der Universität auf Bänken an groben Tischen Platz, die auch in einem Kloster hätten stehen können. Die verschiedenen Nationalitäten saßen in alphabetischer Reihenfolge nebeneinander – Großbritannien folgte also auf Frankreich –, und so hatte ich Gelegenheit, die Reaktionen der französischen Delegierten aus nächster Nähe zu beobachten.

Jerzy Borejsza, der polnische Propagandaminister und Organisator der Konferenz, hielt eine herzliche und weitgehend unpolitische Begrüßungsrede. Kaum hatte er sich gesetzt, trat der Schriftsteller Alexander Fadejew, ein Liebling Stalins, an das Rednerpult und gab eine erbitterte Anklage gegen die Vereinigten Staaten und ihre westlichen Verbündeten zum besten. Es war ein plumper Aufruf im Sinne von »Intellektuelle der Welt, vereinigt euch«, um ein Wiederaufleben des Faschismus zu verhindern. Diese Bedrohung ging, wie er behauptete, vom »imperialistischen« Amerika und von dessen finsteren Plänen aus, gegen die friedliebende Sowjetunion aufzurüsten. Er erklärte, die Sowjetunion habe die Nazis im Alleingang besiegt, und bezeichnete die amerikanische Kultur als trivial und wertlos. In einem triumphalen Schlußsatz verdammte Fadejew die westlichen Schriftsteller, die den rechten Weg nicht erkannten und die Feinde des Friedens durch ihren

Mangel an Engagement unterstützten. Jeder wußte, daß er die politische Haltung von Autoren wie T. S. Eliot, Eugene O'Neill und Jean-Paul Sartre meinte, als er sagte: »Wenn Hyänen maschineschreiben und Schakale einen Füllhalter gebrauchen könnten, würden sie so schreiben wie jene!« Die Reden wurden ziemlich langsam und stockend gedolmetscht, was zur Folge hatte, daß die Zuhörer, wenn ein Redner eine Pause machte oder das Podium verließ, aus Höflichkeit klatschten, ohne zu wissen, was der Redner gesagt hatte. So kam es, daß etwa zehn Sekunden nach Fadejews Rede neben überwältigendem Applaus plötzlich Buhrufe und Zischen zu hören waren.

Die Glocke ertönte, und die Konferenz wurde für das kalte Büffet unterbrochen. Während der Rede hatte ich Vercors beobachtet, den Autor des Romans *Le Silence de la Mer* (*Das Schweigen des Meeres*), ein Buch, das ich für das beste halte, was aus der französischen Résistance hervorgegangen ist. Vercors war derjenige unter den Franzosen, der mir am nächsten saß. Er war zwar damals kein Kommunist, aber ein Sympathisant, doch ich sah, wie er während Fadejews Rede erbleichte, den Kopf schüttelte und fassungslos vor sich hin murmelte. Als der Russe seine Rede beendet hatte, schlug Vercors die Hände vors Gesicht und begann zu schluchzen. Währenddessen bemerkte ich, wie der Kopf des französischen Teams, Laurent Casanova, ein kommunistischer Abgeordneter im französischen Parlament und jahrelang eine der einflußreichsten Persönlichkeiten des französischen Zentralkomitees, seinen unsicheren Kantonisten vom anderen Ende des Tisches aus beobachtete. Sobald die Glocke ertönte, sprang er von seinem Platz auf, stürzte auf Vercors zu und zog ihn in eine Ecke. Während der Mittagspause füllte er ihn mit polnischem Wodka ab und redete wild gestikulierend auf ihn ein. Ich sah, wie Vercors' Depressionen sich verzogen, und als die Glocke erneut ertönte, kehrte er erhobenen Hauptes auf seinen Platz zurück.

Dann waren die sowjetischen Stars an der Reihe, und Ilja Ehrenburg betrat das Podium. Obschon er sich weniger kraß ausdrückte und seine Rede wesentlich geistreicher und sarkastischer war, war sie noch vernichtender antiamerikanisch und prosowjetisch. Als Ehrenburg endete, war Vercors der erste, der sich erhob und den Applaus der französischen Delegation anfeuerte.

Diese beiden Reden gaben den Ton des Kongresses vor – ihnen

folgten zahllose Variationen über dasselbe Thema. Es gab viel Lokalkolorit. Von den Kriegsschauplätzen des griechischen Bürgerkriegs waren Delegierte eingeflogen worden. Bärtige Intellektuelle in Kampfanzügen aus den Reihen der Guerilla übermittelten Nachrichten ihrer kämpfenden Brüder »von den vordersten Fronten gegen den Faschismus«. Die Gäste aus Titos Jugoslawien bewegten sich befangen unter den Delegierten – sie waren vor dem offiziellen Bruch zwischen dem Marschall und Stalin im Juni eingeladen worden und wurden bei der Aufzählung der »friedliebenden Völker« nie erwähnt. Allerdings gab es eine Stimme, die sich laut und deutlich zu ihrer Verteidigung erhob.

A. J. P. Taylor, ein unbeugsamer Freigeist, war der erste und, wie sich später zeigte, der einzige, der auf dem Kongreß von Breslau eine abweichende Meinung vertrat. Er saß mit hochgezogenen Schultern und grimmigem Gesicht neben mir in der britischen Abordnung. Voller Empörung über Fadejews Darstellung von Sowjetrußland als dem alleinigen Befreier Europas von der Kriegsmaschinerie der Nazis, bat Alan Taylor um das Wort. Aus dem Stegreif hielt er eine brillante Rede, in der er den Kongreß heftig kritisierte. Die Delegierten waren nach Breslau gekommen, sagte er, um sich mit Intellektuellen aus aller Welt auszusprechen und nach Wegen der Verständigung zu suchen. Offenbar gebe es jedoch keine gemeinsame Basis. »Dies ist ein Kongreß, der Krieg statt Frieden predigt«, erklärte er. »Auf der Grundlage von Schlagworten und Phrasendrescherei können wir nicht zusammenarbeiten.« Ein Redner nach dem anderen habe die Namen der Nationen aufgezählt, die Hitler Widerstand geleistet hatten, aber Jugoslawien, das zwei Millionen Menschen verloren hatte, sei einfach ausgelassen, die Heldentaten seines Volkes »ausgelöscht« worden, weil es den von den Sowjets angeführten kommunistischen Parteien so ins Konzept paßte. Taylor betonte, daß die Sowjetunion Hitler durchaus nicht im Alleingang besiegt hatte, denn sie hatte ja erst nach dem deutschen Überfall in die Kampfhandlungen eingegriffen, während Großbritannien in den Krieg gezogen war, um Polen zu verteidigen. Er nannte es die Pflicht jedes Intellektuellen, den Supermächten kritisch gegenüberzustehen, und sprach von seinem Haß auf jede Form von absolutem Autoritätsanspruch, sei er amerikanisch oder sowjetisch. Er sei zu der Konferenz gekommen, um nach Möglichkeiten friedlicher Zusammenarbeit zu suchen, doch jetzt sei ihm klargeworden, daß er nicht unter diesem »Banner der Unehrlichkeit« marschieren könne. Wieder sorgte die kurze Verzögerung durch die Simultanübersetzung dafür, daß automatisch Applaus und Jubel ertönten. Nachdem jedoch alle die Bedeutung seiner Worte verstanden hatten, herrschte Totenstille, nur unterbrochen durch vereinzeltes Beifallklatschen und ein paar gedämpfte Buhrufe. Als Taylor sich setzte, hörte ich ihn vor sich hin murmeln: »Jetzt weiß ich, wie Martin Luther sich auf dem Reichstag zu Worms gefühlt haben muß.«

In gewisser Weise markierte Alan Taylors Intervention einen Wendepunkt. Sie spaltete die Reihen der Kommunisten und verwirrte die Organisatoren, die, vielleicht allzu naiv, geglaubt hatten, durch sentimentale Solidaritätsbekundungen den Bruch vermeiden und Einheit demonstrieren zu können. Nicht umsonst war das von Pablo Picasso entworfene Symbol des Treffens eine Friedenstaube. Ich erlebte, wie die unwiderstehliche Anziehungskraft einer Idee Menschen in einen Kokon von Kameradschaft einwickeln kann – solange man sich konform verhält. Aber ich erlebte auch das brutale und kompromißlose Diktat des Konformismus, das plötzliche Aufkommen einer frostigen Stimmung und offener Feindseligkeit. Bei meiner Rückkehr in die britische Unterkunft trat ich leidenschaftlich für Taylors Argumente ein. Innerhalb von Sekunden wurde ich zu einem Ausgestoßenen. Beim Frühstück wurde ich völlig ignoriert. Diejenigen in unserer kleinen Gruppe jedoch, die entweder apolitisch waren, wie Feliks Topolski, oder den Russen gegenüber lediglich wohlwollend neutral gesinnt, wie Kingsley Martin, behandelten mich weiterhin freundlich. Ivor Montagu, der britische Anführer, begriff, daß ich nicht zu beeinflussen war.

Jeden Abend nach dem offiziellen Programm tanzte der Kongreß. In dem geräumigen Café mit angeschlossenem Nachtclub wurde lebhaft diskutiert. Es wurden Pläne für Vorlesungsreisen ausgetauscht, Artikel und Bücher in Auftrag gegeben. Die große Attraktion war Picasso. Ich werde nie vergessen, wie er mit nacktem Oberkörper nacheinander mehrere üppige Polinnen zum Tanzen aufforderte und in seinem Französisch mit baskischem Akzent sang: »Ich will, daß ein Kind von mir in Polen bleibt.«

Und es gibt noch eine unvergeßliche Erinnerung. Der jüdische Versöhnungstag fiel auf den Freitag der Konferenz. Am Tag vorher und auch am Morgen des Feiertags postierten sich mehrere Männer, die nicht zu den Kongreßteilnehmern gehörten, zwischen den Veranstaltungen in der Eingangshalle und suchten anhand der Anwesenheitsliste nach bestimmten Gesichtern. Es waren Mitglieder der kleinen jüdischen Gemeinde von Breslau, Heimkehrer aus sowjetischen Lagern und Überlebende des Holocaust. Ein kleiner buckliger Mann, der sich als Synagogendiener vorstellte, sagte, er suche nach Juden, die am Samstag abend das Ende des Jom-Kippur-Fastens mit ihnen feiern wollten, und lud auch mich dazu ein.

Als ich am verabredeten Ort eintraf, einer geräumigen Arbeiterbaracke, die als Synagoge und Gemeindehaus diente, staunte ich über die Scharen von Intellektuellen aus aller Welt, die zu der Feier erschienen. Der Staat Israel war erst vor drei Monaten gegründet worden. Zu jener Zeit stand die Sowjetunion diesem neuen Staat wohlwollend gegenüber, sie betrachtete den britischen Kolonialismus und seine arabischen Verbündeten, die von reaktionären Monarchen regiert wurden, als ihre Hauptfeinde im Nahen Osten. So kam es, daß Waffen aus sowjetischen, tschechischen und bulgarischen Armeebeständen frei nach Israel flossen und den neuen Staat damit wahrscheinlich davor bewahrten, gleich nach seiner Geburt überrollt zu werden. Aufgrund der bitteren Erfahrungen in Stalins Rußland hegten die überlebenden osteuropäischen Juden wenig Sympathie für die Sowjetunion und den Kommunismus, doch nach offizieller Lesart herrschte zwischen den sowjetischen Befreiern und den Opfern der Nazis ewige Freundschaft.

Diese offizielle Haltung war während der ersten Hälfte der Sabbatnacht vorherrschend. Etwa einhundert jüdische und nichtjüdische Kongreßteilnehmer ließen sich blicken. Einige von ihnen, darunter Zaslavsky, der Herausgeber der *Prawda*, und der allgegenwärtige Ehrenburg, hielten lange Reden. Der bekannte brasilianische Schriftsteller Jorge Amado überbrachte Grüße von den Völkern Lateinamerikas und verglich die Juden mit den Indianern. Die Stars verließen das Fest, nachdem alle Reden gehalten waren, während ein harter Kern mit den Gemeindemitgliedern weiterfeierte. Ein liebenswürdiges altes Mütterchen versorgte mich mit *gefilte* Fisch und Bohneneintopf mit Rindfleisch, wobei sie mir flüsternd erzählte, daß hier alle davon träumten, ihre schreckliche Umgebung zu verlassen und nach Israel auszuwandern.

Die zweite Hälfte des Kongresses wurde vom Streit über das Schlußkommuniqué bestimmt. Die Teilnehmer hatten die Einladung angenommen in der Annahme, es handle sich um einen Kongreß für Frieden und Verständigung. Einige hatten gehofft, er würde jeder Form extremistischer Politik in Ost und West abschwören. Die erste Fassung der Resolution war jedoch einseitig und enthielt die übliche Verdammung des anglo-amerikanischen Imperialismus. Noch nicht einmal die wenigen verbliebenen Henry-Wallace-Anhänger konnten dieser Fassung guten Gewissens zustimmen. Es entstanden erhitzte Debatten in den Couloirs, während man versuchte, die Resolution so zu ändern, daß möglichst viele Unterzeichner gewonnen werden konnten – die Kommunisten wollten eine Spaltung unbedingt verhindern. In einigen Delegationen wurden abweichende Stimmen durch die eiserne Disziplin und die Überredungskünste der »Aufseher« unterdrückt. In vielen Fällen drängte man die Teilnehmer, den Effekt einer einstimmigen Resolution der Intellektuellen der Welt nicht aufgrund von »unbedeutsamen Nuancen« zu verderben. Alberto Moravia, dem ich schon früher begegnet war, vertrat die Überzeugung, daß »grosso modo sowohl der Osten als auch der Westen im Unrecht ist. Aber der Westen ist mehr im Unrecht als der Osten. Deshalb müssen wir unterschreiben.«

Einmal wurde ich zufällig Zeuge einer merkwürdigen Szene im Vorraum. J. B. S. Haldane, ein berühmter kommunistischer Genetiker, der schwerhörig war und Rückenprobleme hatte, lag dort auf einer Bank. Während er die eine Hand an sein Ohr hielt und in der anderen den Text einer Deklaration schwenkte, rief er: »Wir können diese Zauderer und Zweifler nicht in unserer Mitte dulden. Sie sind schlimmer als der Feind.« Eine junge Frau versuchte, auf ihn einzureden: »Aber Professor, das können Sie nicht öffentlich sagen. Das ist eine schlechte Taktik. Damit würden Sie Kingsley (Martin) vergraulen. Er zerbricht sich doch so gern den Kopf. Wir brauchen solche Männer.«

Die Angehörigen der britischen und amerikanischen Botschaft waren diskret auf Distanz zu dem Kongreß geblieben. Man hatte sie nicht ausgeschlossen, weil das den propagandistischen Interessen der Organisatoren zuwidergelaufen wäre – und jetzt nahmen sie Kontakt auf mit einigen ihrer Landsleute, um den westlichen Standpunkt in die richtige Perspektive zu rücken. Edward Crankshaw, Topolski, Denis Saurat, der als Leiter des französischen Kulturinstituts in London zu den britischen Gästen gehörte, und natürlich A. J. P. Taylor saßen ständig zusammen und erarbeiteten eine Gegenresolution, die auch ich unterzeichnete. Nach einer schlaflosen Nacht kam Kingsley Martin zu einer Kompromißlösung. Er unterzeichnete die offizielle Resolution, erklärte sich jedoch bereit, ein Protestschreiben, das im *Manchester Guardian* veröffentlicht werden sollte, ebenfalls zu unterschreiben. Dieser Brief erschien am letzten Tag des Kongresses, und er trug die zusätzlichen Unterschriften von Richard Hughes, dem Autor von *High Wind in Jamaica* (*Sturm in Jamaika*), und Olaf Stapleton. Er hatte folgenden Wortlaut:

> Wir, die Mitglieder der britischen Delegation in Breslau, erklären mit Bedauern, daß wir die durch den Kongreß verabschiedete Resolution nicht als die ganze Wahrheit akzeptieren können. Wir lehnen ihre groben Vereinfachungstendenzen ab. Es ist die oberste Pflicht eines Intellektuellen, intelligent zu sein, und es hätte die Pflicht dieses Kongresses sein müssen, unvoreingenommen die möglichen Auslöser künftiger Kriege zu untersuchen, anstatt die Ursachen des Krieges zu rekapitulieren, der beendet ist. Auf der ganzen Welt herrschen Konflikte zwischen zwei verschiedenen Weltanschauungen, und es sollte die Aufgabe der Intellektuellen sein, diese Konflikte auf friedlichem Wege zu lösen.
>
> In unseren Augen wird mit der Resolution, nach der eine Seite die alleinige Schuld trägt, eine großartige Möglichkeit verschwendet. Auch wenn wir auf dem Kongreß eine Minderheit waren, sind wir davon überzeugt, daß wir für die Mehrheit der Menschen in aller Welt sprechen.

Auf unserem Rückweg nach London, der über Warschau ging, legten wir »Konterrevolutionäre« der britischen Botschaft einen Bericht über den Kongreß vor. Damals ahnte ich noch nicht, daß die Unterzeichnung der Gegenresolution mir später viel Ärger ersparen würde. Als nämlich unter Senator McCarthy die Einreisegesetze in den Vereinigten Staaten verschärft wurden, geriet jeder Visumbewerber, der entweder hinter dem Eisernen Vorhang geboren war oder Reisen dorthin unternommen hatte, in Schwierigkeiten, es sei denn, er konnte mildernde Umstände geltend machen. Zu Anfang mußte ich mich jedesmal rechtfertigen, wenn ich ein Visum beantragte, denn allein durch meine Teilnahme an der Konferenz in Breslau stand ich auf der schwarzen Liste. Um meine Vertrauenswürdigkeit unter Beweis zu stellen, legte ich den Brief aus dem *Manchester Guardian* vor. Außerdem gaben mir zwei Mitglieder der Labour-Regierung, Frank Longford und Woodrow Wyatt, Empfehlungsschreiben an den amerikanischen Botschafter in London.

Lange Zeit ging mir meine Erfahrung mit dem weltweiten Kommunismus nicht mehr aus dem Kopf. Bestimmte Ereignisse hinterließen ihre Spuren: Ich erinnere mich noch, wie Friedrich Wolf mir erzählte, wie enttäuscht er von der Entwicklung in der DDR sei, während Anna Seghers, die hysterisch antiamerikanisch eingestellt war, Leute, die an ihrem Tisch vorbeigingen, beschimpfte. Ich habe nie mit dem Kommunismus sympathisiert, aber während meiner Zeit bei der BBC, als ich Nachrichten aus Europa bearbeitete, geriet ich unvermeidlich in den Sog rivalisierender Gruppen und erlag nicht selten der Versuchung, die Welt in dualistische Kategorien einzuteilen. Kriegspropaganda unterstützt eine solche Sehweise. Ich war also für Tito und gegen Mihailović, und ich stand eher auf der Seite der radikalen französischen Résistance als der konservativen Kräfte, die manchmal kaum vom Vichy-Regime zu unterscheiden waren.

Wir zerbrachen uns den Kopf darüber, zu wem wir in den offenen Feldschlachten zwischen den verfeindeten Gruppen in Albanien und Bulgarien halten sollten. Nicht selten wurde unsere Haltung von einem instinktiven Mißtrauen gegenüber den »anderen« beeinflußt – den Leuten hinter den Direktiven des Außenministeriums und des Kriegspropagandaministers, die alle für das Ausland bestimmten Rundfunksendungen kontrollierten. Wir versuchten, die wahre Haltung der Herren aus dem Außenministerium gegenüber den Exilregierungen und der Nachkriegsordnung zu erraten. Im journalistischen Milieu, in dem ich verkehrte, galten »sie« als snobistisch, fremdenfeindlich und reaktionär. Sie wurden als diejenigen betrachtet, die für Admiral Horthy in Ungarn und gegen die Tschechoslowakei waren, weil sie die Tschechen für schwerfällige Arbeitstiere hielten. Diese neuzeitlichen Snobs betrachteten eine Versetzung nach Prag als Härtefall, während Budapest eher begehrt war – in Ungarn konnte man auf großen Ländereien auf die Jagd gehen, aber in der Tschechoslowakei mußte man sich mit Bridge und gepflegter Konversation begnügen.

Seit dieser Zeit jedoch war ich skeptischer geworden, und Breslau hat mich in meiner ablehnenden Haltung gegenüber intoleranten Menschen und Bewegungen bestätigt. Jahre später, als ich mehr über die Untergrundaktivitäten von Martha Lecoutre und Stas Szymanczyk erfuhr, paßte plötzlich alles zusammen. Sie hatten kommunistische Kanäle in Polen benutzt, um unter britischen Intellektuellen, Schriftstellern und Verlegern geeignete Personen zu rekrutieren. Ich war von der polnischen Botschaft zur Konferenz nach Breslau eingeladen worden. Natürlich hatte ich mich als schreckliche Fehlinvestition erwiesen. In Breslau hatte ich einem farblosen jungen Genetiker gegenüber geäußert, der erste Weltfriedenskongreß scheine eine Art Scharade zu sein. Da haben wahrscheinlich die ersten Alarmglocken geläutet. Als ich die Gegenresolution unterzeichnete, hatten sie mich schließlich als hoffnungslosen Fall erkannt und endgültig fallengelassen.

In den späten sechziger Jahren, während eines Vorfalls, der als »*Encounter*-Affäre« in die Geschichte eingehen sollte, bekam ich eine weitere Kostprobe von der Heuchelei und Intoleranz, deren Zeuge ich bereits in Breslau geworden war. Ein wütender Aufruhr erhob sich, als bekannt wurde, daß das britische Monatsblatt *Encounter* und diverse ähnliche Zeitschriften in Frankreich, Deutschland und anderswo, die defizitär arbeiteten, mit Hilfe von Strohmännern durch die CIA finanziert wurden. Der Verdacht fiel auf den Congress of Cultural Freedom, eine Dachorganisation, die Konferenzen, internationale Vortragsreisen und Künstlerfestivals unterstützte, Bücher subventionierte und Stipendien für Schriftsteller vergab. Man nahm an, daß es sich hierbei um ein weitverzweigtes Netzwerk des amerikanischen Geheimdienstes handelte, was weitgehend der Wahrheit entsprach.

Die Sowjetunion steckte hinter einer Friedensbewegung, die die Unterstützung von progressiven Intellektuellen aus aller Welt gewinnen wollte – die Konferenz in Breslau war nichts anderes gewesen als die große Eröffnung des Kampfes um die moralische Vorherrschaft. Während der Regierungszeit von Truman und Eisenhower waren talentierte junge Männer bei der CIA, wie zum Beispiel Corde Meyer, und politische Aktivisten des amerikanischen Gewerkschaftsbundes, wie Irving Brown, davon überzeugt, dem intellektuellen Vormarsch der Sowjetunion etwas entgegensetzen zu müssen. Die Vorreiter unter ihnen betrachteten ihre Aufgabe als einen Kreuzzug: Ihre Ernsthaftigkeit und ihr Engagement waren selbstverständlich. Mike Josselson, ein gebürtiger Russe und leidenschaftlicher Musikliebhaber, der für den amerikanischen Informationsdienst im besetzten Berlin arbeitete und dessen Aufgabe es war, kulturelle Beziehungen zu den Deutschen aufzubauen, war eine der Leitfiguren des Kongresses. Die schillerndste Gestalt dieser Organisation war jedoch zweifellos Nicolas Nabokov, ein Vetter des bekannten Schriftstellers Vladimir.

Nicolas Nabokov, ein Komponist, Theaterdirektor und charmanter Verführer von Männern und Frauen, hatte eine joviale Baßstimme und eine rabelaissche Begabung zum Erzählen. Er war mit dem intellektuellen Milieu vertraut und hatte ein gutes Gespür für Politik im weiteren Sinne sowie einen feinen Instinkt dafür, was in New York, Paris oder London gerade aktuell war. Als hochrangiger Beamter der Kulturabteilung der amerikanischen Streitkräfte in Berlin hatte er enge Kontakte zu den Russen und bewies ein unglaubliches Talent dafür, Menschen nicht nur auf gesellschaftlicher, sondern auch auf geschäftlicher Ebene zusammenzubringen. Artur Koestler und Ignazio Silone, zwei Verfechter des Antikommunismus, gehörten zu Nabokovs engsten Freunden. Irving Brown und Mike Josselson, einer seiner engsten Mitarbeiter, ernannten Nabokov zum Generalsekretär des Congress of Cultural Freedom und stellten ihm Mittel zur Finanzierung der ersten von einer Reihe von Konferenzen zur Verfügung, die von Melvyn Laski und dem amerikanischen Philosophen Sidney Hook 1955 in Berlin organisiert wurden. Durch Isaiah Berlin lernte Nabokov Stephen Spender kennen, der wenig später Literaturredakteur bei *Encounter* wurde. Der schnelle Erfolg der Zeitschrift ist zum großen Teil das Verdienst von Stephen Spender und das seines Vorgängers, des amerikanischen Journalisten Irving Kristol.

Als Kristol ging, wurde er durch Laski ersetzt, einen Amerikaner, der direkt nach dem Krieg, als die Russen gerade dabei waren, ihre Herrschaft über die Ostzone zu festigen, als Soldat nach Berlin gekommen war. Laski hegte eine tiefe Abneigung gegen den Kommunismus und diese »charakterlosen Schreiberlinge«, die ihre liberalen Ansichten verraten und sich zu Handlangern der Sowjets gemacht hatten.

Als durchsickerte, daß *Encounter* sowie andere Schriften und Aktivitäten direkt von der amerikanischen Regierung finanziert wurden, erhob sich ein Gezeter, das an Hysterie grenzte. Stephen Spender trat zurück. Er und seine Frau Natasha stimmten in die schrillen Schimpftiraden auf Laski und Josselson ein, distanzierten sich von dem Kongreß und fielen in die Arme der linken Intellektuellen, die im Tauziehen zwischen den Supermächten von Anfang an Amerika für den größeren Feind des Friedens gehalten hatten. Der Aufschrei gegen Laski und seine Bande von »kalten Kriegern« war so heftig, daß er in viele verschiedene intellektuelle Kreise drang. Auf Dinnerpartys in New Yorks Village und am Riverside Drive, in Hampstead in London und an den Tafeln in Oxford und Cambridge brach der Krieg aus. Er nahm homerische Ausmaße an und schlug Wunden, die immer noch nicht geheilt sind. Selbst heute noch erschauern wohlwollende Liberale, die sich als reformiert bezeichnen, bei der Erwähnung eines treuen *Encounter*-Anhängers wie zum Beispiel des Kreml-Spezialisten Robert Conquest. Dabei wurde er durch die KGB-Statistik vollkommen rehabilitiert, und man konnte ihm höchstens vorwerfen, die Zahl der Opfer des stalinistischen Terrors unterschätzt zu haben.

Es fällt mir schwer zu glauben, daß Stephen Spender, der in vielerlei Hinsicht naiv und vertrauensselig war, nie der Verdacht gekommen sein soll, die Aktivitäten des Kongresses würden von offizieller Seite finanziert. Ich erinnere mich sogar, daß Malcolm Muggeridge, ein großer Befürworter der Idee, ein intellektuelles Magazin zu gründen, um die antikommunistische Sache zu unterstützen, bereits im Winter 1951/52 bei einer kleinen Dinnerparty, zu der auch Stephen Spender und ich geladen waren, versicherte, daß seine »Freunde im Kriegsministerium« ihre Unterstützung zugesagt hätten, obwohl der Großteil der Mittel aus Amerika käme. Wie Koestler war auch Muggeridge Kommunist, der später eine leidenschaftlich antikommunistische Haltung einnahm. Er hatte während des Krieges für den britischen Geheimdienst gearbeitet und spielte offenbar auf seine dortigen Kontakte an. Ganz ohne Zweifel kannte Laski die Wahrheit. Er wurde am brutalsten angeprangert, nicht zuletzt, weil er ein Einzelgänger und ein kompromißloser Kämpfer war. Josselson dagegen wurde nur von wenigen geächtet. Nicolas Nabokov, der stets leugnete, etwas über die Geldquellen gewußt zu haben, war meiner Meinung nach sehr wohl über die Umstände im Bilde. Aber er beschwichtigte alle, die ihn möglicherweise hätten verdächtigen können, mit seinem entwaffnenden Charme und Humor.

KAPITEL X

»Die Familie«: der Marks-&-Spencer-Clan

VON ALLEN MENTOREN und Mutterfiguren in meinem Leben hat mich niemand so sehr beeinflußt wie Flora Solomon. Sie nannte mich immer Georgek. »Georgek«, verkündete sie, »ich werde Sie unter meine Fittiche nehmen, Sie brauchen jemanden, der sich um Sie kümmert.« Von da an ging es in meinem Leben stetig bergauf. Flora brachte mir die Regeln des Geschäftslebens bei, lenkte meine persönlichen Angelegenheiten und führte mich zurück in den Schoß der jüdischen Gemeinde, indem sie mich mit dem Marks-&-Spencer-Clan und Chaim Weizmann zusammenbrachte. Sie war eine unschätzbare Freundin, mit der ich endlos über meine Probleme reden konnte und die mir stets mit Rat und Tat zur Seite stand.

Flora war eine von drei bemerkenswerten Schwestern, die als privilegierte Jüdinnen in St. Petersburg aufgewachsen waren. Ihr Vater, Grigori Benenson, hatte ein Vermögen auf den Ölfeldern von Baku verdient und im vorrevolutionären Rußland großen Einfluß ausgeübt. Er war der Bankier des Zaren gewesen und hatte Kontakt zu Rasputin gehabt, der sich wegen eines Kredits für die Gründung einer Zeitung an ihn gewandt hatte. Benenson hatte viele Geliebte. Eine von ihnen sprühte ihm Vitriol ins Gesicht, als er sich weigerte, sie zu heiraten, was ihn für immer entstellte. 1915 wanderte die Familie nach England aus. Ein Teil ihres Reichtums überlebte die bolschewistische Revolution, doch Benenson, der später nach New York ging und dort ein neues Imperium gründete, verlor sein gesamtes Vermögen, als die Manufacturers Trust Company eine Zwangsvollstreckung gegen ihn betrieb.

Die drei Töchter Benensons, die auch die Schwestern Karamasow genannt wurden, standen sich sehr nah, waren jedoch äußerst verschieden. Fira, die mittlere, machte in New York Karriere als Modeschöpferin und heiratete Janusz Ilinski, einen polnischen Grafen und

Direktor des Hotels Carlyle in New York. Manya, die jüngste, war mit dem Ästheten Ralph Harari verheiratet, dem Sohn von Sir Victor Harari Pasha, Direktor der Bank von Ägypten. Die Hararis und die mit ihnen verwandten de Menasces waren die beiden großen jüdischen Familien von Alexandria, das ägyptische Pendant zu den Rothschilds. Lawrence Durrell hat ihr Milieu, wenn auch in die Welt der koptischen Christen verlegt, in seinem Romanwerk *Alexandria Quartett* treffend beschrieben. Manya und – ein Jahr nach ihr – auch Floras Sohn Peter Benenson konvertierten zum Katholizismus. Gemeinsam mit Marjorie Villiers, mit der sie während des Krieges in der Abteilung für politische Informationen im Außenministerium gearbeitet hatte, gründete Manya 1947 die anspruchsvolle *Harvill Press*, die von Ralph Harari finanziell unterstützt wurde. Als Harari das Interesse daran verlor, sein Geld in das Unternehmen seiner Frau zu investieren, sprang William Collins an seiner Stelle ein. Im Harvill-Verlag sind einige der größten zeitgenössischen russischen Werke erschienen, darunter *Doktor Schiwago* von Pasternak, an dessen Übersetzung Manya selbst mitgewirkt hatte, *Tauwetter* von Ilja Ehrenburg, *Der erste Kreis der Hölle* von Solschenizyn. Auch Lampedusas *Der Leopard* und Joy Adamsons *Born Free* gehörten zum Verlagsprogramm.

Flora, die älteste, war in einer Schule für jüdische Mädchen in Wiesbaden erzogen worden. 1919 heiratete sie Oberst Harold Solomon, einen assimilierten englischen Juden, der unter Sir Herbert Samuel bei der britischen Verwaltung von Palästina gearbeitet hatte. Als junge, reiche Ehefrau, die großes gesellschaftliches Geschick besaß, führte Flora in Jerulasem ein offenes Haus, wo die Führer der israelischen Kolonie sich mit Arabern und hohen britischen Beamten trafen, unter ihnen der Hochkommissar Herbert Samuel und der Orientalist Ronald Storrs, der damalige Gouverneur von Jerusalem. Vor ihrer Hochzeit war sie mit Chaim und Vera Weizmann befreundet gewesen, und jedesmal, wenn die Weizmanns Palästina besuchten, lud sie ihnen zu Ehren alle örtlichen Würdenträger ein. In Jerusalem wurde sie zu einer noch glühenderen Zionistin, als sie früher schon gewesen war, wenngleich sie sich stets der feinen Unterschiede in den Beziehungen zwischen den britischen Behörden, den untereinander zerstrittenen jüdischen Splittergruppen und den führenden arabischen Familien bewußt war.

Nachdem Harold Solomon durch einen Reitunfall querschnittgelähmt war, mußte er sein Amt niederlegen. Das Ehepaar kehrte nach London zurück und bezog ein Haus in der Hornton Street in Kensington, wo die beiden ein zunehmend getrenntes Leben führten. Flora ging eine dauerhafte Liaison mit Alexander Kerensky ein, dem Helden der russischen Revolution, den sie 1927 in New York kennengelernt hatte.

Die Solomons führten einen aufwendigen Lebensstil – Flora hatte elf Diener. Ihr Sohn Peter wurde von dem jungen Tutor Wystan Auden unterrichtet. Nach seiner Schulzeit in Eton absolvierte er ein Studium der Rechte und gründete Amnesty International. Er kam dem Wunsch seines Großvaters mütterlicherseits nach und nannte sich Benenson, um den Namen nicht aussterben zu lassen. Peter wuchs in einem in gewisser Weise unwirklichen Milieu auf, und trotz all seiner Begabungen gelang es ihm nie, im Leben wirklich Fuß zu fassen. Er wurde ein leidenschaftlicher Katholik, während er sich gleichzeitig stets seines Judentums bewußt blieb. Er wurde das Opfer interner Konflikte bei Amnesty International und verließ die Organisation aus Protest gegen die Führungsansprüche der linken Kommunistischen Gruppe, die versuchte, Amnesty zu politisieren und sich auf Menschenrechtsverletzungen rechter Regime konzentrierte, während sie das Unrecht in der kommunistischen Welt als verzeihlich hinnahm.

Flora Solomons üppiger Lebensstil fand ein jähes Ende, als ihr Vater im Zusammenhang mit dem Wall-Street-Börsenkrach 1929 über Nacht sein gesamtes Vermögen verlor und die Schecks aus New York ausblieben. Inzwischen Witwe und mit einem Sohn, dessen teure Ausbildung finanziert werden mußte, war sie gezwungen zu arbeiten.

Eines Tages saß sie bei einem Abendessen neben Simon Marks, dem Vorstandsvorsitzenden von Marks & Spencer. Sie sprach ihn auf die schlechten Arbeitsbedingungen an, für die seine Firma berüchtigt war. Simon Marks beauftragte sie auf der Stelle damit, der Sache auf den Grund zu gehen. Aus dieser ehrenamtlichen Aufgabe entstand die Sozialabteilung von Marks & Spencer, deren Leitung Flora übernahm. Sie führte in jedem Kaufhaus subventionierte Kantinen für die Angestellten ein sowie einen firmeneigenen Gesundheitsdienst, sie verbesserte die Arbeitsbedingungen der Angestellten. Innerhalb kurzer Zeit trug sie dazu bei, daß bei Marks & Spencer ein vorbildliches Verhältnis zwischen Arbeitgeber und Arbeitnehmern entstand. Als Leiterin der Wohlfahrtsabteilung machte sie sich einen internationalen Namen und sprach auf vielen Konferenzen.

Bei einer solchen Gelegenheit lernten wir uns 1947 kennen. *Contact* hatte einen Firmenberater namens F. S. Button. Er war ein liebenswerter alter Gewerkschaftsführer, der mit Transport House und dem Buckingham Palace zusammenarbeitete, und er verschaffte mir nützliche Kontakte zu Mitarbeitern aus der Gewerkschaftsbewegung und der Labour Party. Button war eng befreundet mit der Freifrau Caroline Haslett, einer herausragenden Figur in der Welt der sozialen Wohlfahrt und der Beziehungen zwischen Arbeitgeber und Arbeitnehmern. Sie führte eine große Organisation von Arbeiterinnen der Elektroindustrie an, und sie war ordentliches Mitglied in vielen öffentlichen Ausschüssen. Als wir um das Überleben von *Contact* kämpften, hatte Caroline Haslett uns unterstützt, indem sie uns mit Werbekunden zusammenbrachte, und auf ihre Empfehlung hin wurde ich von Sir Stafford Cripps, dem Handelsminister, eingeladen, als Mitglied der britischen Delegation an der Stockholmer Konferenz teilzunehmen. Unsere Aufgabe war es, das Wiederaufblühen der britischen Industrie nach dem Krieg zu demonstrieren. Ich war ein merkwürdiger Kandidat, denn ich wußte nichts über Industriemanagement, und die Industriellen und Geschäftsleute, denen ich in meinem Leben begegnet war, konnte ich an einer Hand abzählen.

Unter vielen illustren Namen – Vorstandsvorsitzende und Direktoren von Englands wichtigsten Industriezweigen – war auch Flora Solomon, die einen Vortrag über zwischenmenschliche Beziehungen in der Arbeitswelt halten sollte. Wir waren uns sofort sympathisch. Sie fragte mich über jede Seite meines Lebens aus. Sie wollte genau wissen, wie ich mir meine Zeit einteilte, wie mein Haushalt organisiert war, welche Ambitionen ich hatte. Am Ende der Woche in Stockholm hatte ich den Eindruck, ich hätte einen dritten Elternteil gewonnen.

Flora sah aus wie eine Frau aus Toulouse-Lautrecs *Moulin Rouge*. Sie war damals in ihren späten Vierzigern und hatte eine gedrungene Figur, war einfach und elegant gekleidet. Sie hatte ein unverwechselbares, ziemlich häßliches Gesicht, eine spitze Nase und leuchtend rotes Haar. Sie sprach mit einem starken, leicht lispelnden russischen Akzent und einer sanften Stimme, die eine große Selbstsicherheit ausdrückte. Mit ihrer russischen Seele war sie leicht in Aufruhr zu versetzen, geriet jedoch nie wirklich aus der Fassung.

Flora verteilte ihre Sympathien mit großer Umsicht, aber wenn sie einen einmal in ihren engeren Freundeskreis aufgenommen hatte, fühlte man sich vor allen äußeren Gefahren sicher. Sie verfügte über eine Fähigkeit zur Freundschaft, wie ich ihr seitdem nie wieder begegnet bin. Man konnte ihr jede Kleinigkeit anvertrauen, sei es eine Herzensangelegenheit oder ein geschäftliches Problem. Sie besaß einen scharfen, analytischen Verstand. Zuerst hörte sie sich ein Problem an, dann kam die Diagnose, und schließlich hatte sie jedesmal einen therapeutischen Lösungsvorschlag parat. Ihre Philosophie von Freundschaft basierte auf dem Konzept dauerhafter Anteilnahme. In ihrer Bekanntschaft gab es Legionen von Versagern, für die sie Arbeit, Rentenansprüche, einen Ehemann oder eine Ehefrau besorgte. Sie kümmerte sich unermüdlich um ihre Belange und ließ sich niemals von Mißerfolgen entmutigen. Wenn sie einmal beschlossen hatte, jemanden unter ihre Fittiche zu nehmen, überwachte sie seine Fort- oder Rückschritte. Sie war die Loyalität in Person. Ich schulde ihr mehr als ein paar Gefallen oder Zuneigung: Sie veränderte mein Leben, indem sie mich dazu brachte, meine Ziele zu überdenken.

Die Misere der Juden und ihr Kampf um Palästina waren Leitmotive in Flora Solomons Salon in Mayfair. Sie besaß ein kleines, elegantes Apartment im Carrington House, in der Nähe der Curzon Street, wo sie ein offenes Haus führte. Viele schauten zum Tee herein, zum Essen oder auf einen Drink. Angestellte von Marks & Spencer, Politiker, Persönlichkeiten aus der Gesellschaft und Intellektuelle trafen dort zusammen. Flora missionierte, wo sie konnte, doch hatte sie Freude an Streitgesprächen und eine amüsante Art, auf unterschiedliche Meinungen zu reagieren. Sie führte mich in die gehobenen Kreise britischer Juden und in die höchste Befehlsebene der zionistischen Führerschaft ein. Doch ihr Freundeskreis ging weit über die jüdische Welt hinaus, und zum Teil überschnitt er sich mit dem von Moura Budberg. Peter Ustinow gab seine »Ohm Krüger«-Parodie ebenso locker in Floras Salon wie in Mouras, und es gab noch viele andere, denen man in beiden Salons begegnete. Die beiden Frauen waren Rivalinnen, nicht nur, weil sie gesellschaftlich miteinander wetteiferten, sondern auch, weil sie sich gegenseitig mißtrauten.

Obwohl Flora, als ich sie 1947 kennenlernte, ihre intime Beziehung mit Kerensky abgebrochen hatte, tauchte er häufig in ihrer Wohnung auf. Er war ein zuvorkommender und redseliger, stämmiger Mann mit einem runden Gesicht und sehr kurz geschnittenem Haar. Kettenrauchend mit seiner krummen Zigarettenspitze ging der Held der russischen Revolution im Raum auf und ab und erzählte Geschichten aus der glorreichen alten Zeit. Einmal fragte ich ihn, was er von Lenin halte. Er blieb abrupt stehen und sagte: »Ich bin ihm nie begegnet. Die russische Revolution fand auf einer sehr großen Bühne statt.«

Während des Krieges war Flora eine der Glanzfiguren des Churchill-Clubs gewesen, wo adelige Damen amerikanische Offiziere bewirteten. Zu ihren Freundinnen aus der Londoner Oberschicht zählten Pamela Churchill, die spätere Harriman und heutige Botschafterin Präsident Clintons in Paris, die damals gerade ihren ersten Ehemann, Randolph Churchill, verlassen hatte, und Nancy Lancaster, die Gründerin von Colefax und Fowler, der Innenausstattungsfirma, die die neuen Modetrends bestimmte.

Floras engste Freundin in diesem Kreis war wahrscheinlich Barbie Agar, die hochgewachsene, elegante Tochter des Architekten Edwin Lutyens. Die großzügige Gastgeberin und Menschenfreundin heiratete Herbert Agar nach dem Tod ihres ersten Mannes Euan Wallace, einem Mitglied der Regierung Chamberlain. Herbert Agar war Amerikaner und liberaler Demokrat, Gewinner des Pulitzer-Preises und vielbewundert wegen seiner hervorragenden politischen Kommentare. Er war der Archetyp des Clubmenschen, er neigte zum Trinken, liebte es, auf bedächtige Weise lange Geschichten zu erzählen, und war stolz auf seine weitreichenden Verbindungen. Er spielte eine wichtige Rolle in dem anspruchsvollen, wenn auch kurzlebigen Verlag von Rupert Hart-Davis. Von ihren drei Söhnen und zwei Stiefsöhnen verlor Barbie drei im Krieg, und ein weiterer starb kurz nach der Demobilisierung. Sie überlebte auch ihren jüngsten Sohn, Billy Wallace, ein intimer Freund von Prinzessin Margaret, der während der ersten Nachkriegszeit eine Leitfigur der Jeunesse Dorée war.

Auch Flora unterhielt Verbindungen nach Frankreich. Während eines kurzen gemeinsamen Parisaufenthaltes besuchten wir Misia Sert, die Witwe des katalonischen Ornamentmalers José-Maria Sert, dessen Wandmalereien das Rathaus von Barcelona und das Waldorf-Astoria in New York schmücken. Misia, eine Freundin von Diaghilew, Cocteau und Strawinski, die Begründerin der Chanel-Legende und Modell von Bonnard und Renoir, war sowohl für ihre Schönheit als auch für ihren kultivierten Salon berühmt. Sie hatte Marcel Proust gut gekannt und prahlte regelrecht mit seiner Zuneigung, als sie mir einmal eine Schachtel voller säuberlich sortierter Briefe von ihm zeigte. In Prousts Meisterwerk tritt sie als Prinzessin Yourbeletieff und als Madame Verdurin auf. Prinzessin Marthe Bibesco, eine andere Dame aus Floras Freundeskreis, die ebenfalls einen Salon führte, erzählte mir eine ähnliche Geschichte. Wir haben ein kleines Buch von ihr herausgegeben, *At the Ball with Marcel Proust*, in dem sie erzählt, wie sie während eines großen Festes versuchte, seiner Aufmerksamkeit zu entfliehen.

Da Flora wegen ihrer aufrichtigen Anteilnahme an den privaten Problemen und Hirngespinsten anderer die ideale Vertrauensperson war, war ihr Rat von vielen Leuten gefragt. Unter ihnen befanden sich Richard Crossman und Frank Pakenham, der spätere Lord Longford, mit dem sie während des Krieges in einem Wohlfahrtsprogramm zusammengearbeitet und eine Zeitlang zusammengelebt hatte. Auch Kim Philby gehörte zu ihrem Freundeskreis. Sie war ihm zum erstenmal begegnet, als sein Vater Harry St. John Bridger Philby, der Entdecker, Orientalist und Vertraute von Ibn Abdul Saud, seinen vor Schüchternheit stotternden Jungen mit in ihr Haus in Jerusalem gebracht hatte. Jahre später lernte er seine zweite Frau, Aileen Furse, eine Personalchefin bei Marks & Spencer, in Floras Wohnung kennen.

Kurz bevor Philby 1937 nach Spanien ging, stattete er Flora einen Besuch ab. Obschon er gewöhnlich reserviert war und nicht gern über sich selbst sprach, vertraute er ihr an, er befinde sich in einer ernsten psychischen Krise. Er erzählte ihr, er kämpfe für eine gute Sache und leiste wichtige Friedensarbeit. Zu jener Zeit dachte Flora nicht weiter darüber nach, obschon es sie wunderte, daß der Mann, den sie als Linken kannte, für Francos Seite über den Bürgerkrieg berichtete.

Viel später, während eines Aufenthalts in Israel im Jahre 1962, wurde ich Zeuge eines Ereignisses, das schwerwiegende Konsequenzen nach sich ziehen sollte. Philby, damals Korrespondent für den *Observer* in Beirut, schrieb besonders feindselige Artikel über Israel. Flora reagierte wütend, vor allem, weil sie seine Neurosen und seine politische Wankelmütigkeit kannte. Im Weizmann-Institut in Rehovot traf sie zufällig Victor Rothschild, einen alten Freund, der Philby ebenfalls gut kannte. Sie fragte Victor, wie es möglich sei, daß der *Observer* Philby eingestellt hatte. Wußten sie nicht, daß er Kommunist war? Kurze Zeit später erkundigte Victor sich bei ihr, ob sie bereit wäre, an einem Treffen mit einem Sicherheitsbeamten in seiner Londoner Wohnung teilzunehmen. Flora war gewillt zu sagen, was sie wußte. Ohne es zu wissen, füllte sie eine Lücke, was zu der Konfrontation zwischen Philby und Nicholas Elliott in Beirut führte, woraufhin Philby floh, um kurz darauf in Moskau wieder aufzutauchen.

Während der heroischen Zeit, die der Gründung des Staates Israel im Jahre 1948 vorausging, war Floras Wohnung eine Anlaufstelle für Führungspersönlichkeiten der zionistischen Bewegung aus aller Welt. Jeder, der je eine wichtige Rolle in der zionistischen Sache gespielt hat, war einmal Gast in Floras Salon in Mayfair gewesen. Vor dieser Kulisse wurde fieberhaft darüber diskutiert, welchen Namen der neue Staat haben sollte, Neu-Judäa, Israel oder Jüdische Republik; wer die erste Regierung bilden sollte und die Frage, ob Nahum Goldmann seinen nicaraguanischen Paß abgeben und Israeli werden würde.

Nahum Goldmann war ein häufiger Besucher bei Flora. Er war klein und stämmig, von überschäumendem Temperament und nicht nur der klügste Kopf, sondern auch der gewandteste internationale Vertreter des Zionismus. Als junger Mann war er bereits unter den deutschen Juden eine Führungspersönlichkeit gewesen. Während des ersten Weltkrieges bearbeitete er die kaiserliche Regierung und warb überall in der Wilhelmstraße für die Idee eines jüdischen Palästina, zu einer Zeit, als Chaim Weizmann längst zu der Überzeugung gelangt war, daß ein jüdischer Staat nur mit Hilfe Großbritanniens zu erreichen sei. Aber in Deutschland standen die Zeichen gar nicht schlecht. Berlin war mit den osmanischen Wächtern der Heiligen Stätten verbündet, und die offen antisemitische Haltung der zaristischen Regierung brachte viele amerikanische Juden, vor allem die Nachkommen derjenigen, die vor den russischen Pogromen geflüchtet waren, dazu, die deutsche Sache im Ersten Weltkrieg zu unterstützen. Während die englischen Juden auf der Seite der Alliierten kämpften, folgten die österreichisch-ungarischen und deutschen Juden dem Ruf zu den Fahnen und dienten in den Armeen ihrer Heimatländer. Goldmann schrieb patriotische Artikel und Pamphlete, in denen er gegen das

»perfide Albion« wetterte. Als Hitler die Macht an sich riß, wanderten Goldmann und seine reiche Frau aus. Sie führten auf beiden Seiten des Atlantik ein kosmopolitisches Leben, sammelten impressionistische Kunst und pflegten Freundschaften mit politischen Größen und Industriegiganten aus aller Welt.

Goldmann, ein enger Freund Weizmanns, gründete den Jüdischen Weltkongreß, der die Interessen der Juden in der Diaspora vertrat. Er hätte ohne weiteres ein hohes politisches Amt in Israel anstreben können, wenn er nicht darauf bestanden hätte, seinen nicaraguanischen Paß zu behalten. Aber er zog den Luxus der Avenue Montaigne der Kargheit einer Beamtenwohnung in Israel vor. Tatsächlich besaß er eine der elegantesten Wohnungen in Jerusalem, wo er bis zu seinem Tod im Jahre 1982 europäische Premierminister, amerikanische Senatoren und andere Größen aus Politik und Wirtschaft empfing.

Goldmann, der ein ausschweifender Gesprächspartner war, leistete sowohl Israel als auch dem Weltjudentum große Dienste. Mit seiner gemäßigten Haltung gegenüber den Arabern und dem Sowjetreich war er in der Lage, Türen zu öffnen, die offiziell für Israel verschlossen waren. Nach 1967, als große Teile der Dritten Welt und der gesamte kommunistische Block die Beziehungen zu Israel abbrachen, fungierte der Jüdische Weltkongreß als diskreter Vermittler. Goldmann kämpfte leidenschaftlich gegen die unversöhnliche Haltung von Ben Gurion und Golda Meir an und trug während seiner letzten Lebensjahre wesentlich zur Erleichterung des Schicksals der russischen Juden bei. Es ist größtenteils seinen Anstrengungen zu verdanken, daß Israel Beziehungen zu Deutschland aufnahm und die Anerkennung des jüdischen Staates als Legat jeglichen erbenlosen jüdischen Eigentums in der Bundesrepublik durchsetzte, wodurch der Weg für die enormen Reparationszahlungen geebnet wurde. Er bereitete das geheime Treffen zwischen Konrad Adenauer und Ben Gurion im Waldorf Astoria vor, an dem auch Teddy Kollek als sein Kabinettchef teilnahm.

Der schillerndste unter Floras Freunden, mit dem ich engere Kontakte hatte, war Meyer Weisgal. Er war ein Jude von russisch-polnischer Herkunft, von kleiner Statur und mit schlohweißer Mähne. Er machte Karriere als Presseagent und Theaterdirektor, bevor er begann, Geld für wohltätige Zwecke zu sammeln. Er stammte aus der Lower East Side von New York und sprach ein äußerst vulgäres, mit Schimpfwörtern gespicktes Englisch. Er war energisch und floß gleichzeitig über vor Sentimentalität, er war derb und doch nobel, ein Idealist und zugleich ein hervorragender Unternehmer. Er kam mir vor wie ein Dynamo voller unbändigem Enthusiasmus, und als Geldsammler entwickelte er magische Talente. Weisgal konnte extrem redselig sein, aber er hatte ein großes Herz und war absolut integer. Er war eine Vaterfigur, der mich immer unterstützt hat, besonders in schwierigen Zeiten meines Lebens, zum Beispiel, als meine erste Ehe scheiterte.

Weisgal kümmerte sich nie um seine eigenen Interessen. Er war dafür geboren, sich einer Sache zu verschreiben, und dieser Charakterzug trat besonders deutlich hervor, wenn er sich für einen Menschen einsetzte. Er brauchte jemanden, an den er glaubte, und sein erstes Idol war das Theatergenie Max Reinhardt. Als Reinhardt Nazi-Deutschland verlassen mußte, bot Weisgal ihm an, ihm ein neues Leben in Amerika aufzubauen. Selbst ein talentierter Produzent und Impresario, überredete er Reinhardt, eine Mammut-Show mit dem Titel *The Eternal Road* zu produzieren. Es war eine Kavalkade der gesamten jüdischen Geschichte, die sich von den Patriarchen bis in die Gegenwart erstreckte. Weisgal beschaffte Geld von finanzstarken Sponsoren wie Bill Paley, dem Chef von Columbia Broadcasting, und von Scharen einfacher Leute, die ihr Scherflein beitrugen. Franz Werfel arbeitete mit an dem Skript, das Rollen für Hunderte von Schauspielern vorsah. Das Stück, das im Madison Square Garden Premiere hatte, war ein kompletter Reinfall.

Weisgals erste Begegnung mit Chaim Weizmann veränderte sein ganzes Leben. Auch für sein neues Idol, dessen Vertrauter und hingebungsvoller Gehilfe er werden sollte, bedeutete diese Begegnung einen Wendepunkt. Die beiden Männer unterhielten sich auf Jiddisch, sehr zum Verdruß von Vera Weizmann. Mit seinem Talent für die Beschaffung von Geld verwirklichte Weisgal Pläne zur Erweiterung des wissenschaftlichen Komplexes von Rehovot, dem früheren, 1949 offiziell eingeweihten Daniel Sieff-Institut, so genannt nach dem Sohn von Israel Sieff, der 1933 Selbstmord begangen hatte. Nach Weizmanns Tod wurde Weisgal zum Präsidenten und später zum Kanzler des Instituts ernannt, bei dessen Aufbau er mit soviel Charme und Chuzpe mitgeholfen hatte.

Weisgal verfügte über ein intuitives Verständnis für die Reichen, die er dazu überredete, tief in ihre Taschen zu greifen, indem er an ihr Bedürfnis nach gesellschaftlicher Anerkennung und Prestige appellierte. »Mein Junge«, erklärte er mir einmal, »wenn Sie sich mit einem Selfmademan unterhalten, müssen Sie wissen, daß es drei Phasen in seinem Leben gibt: die Phase der Akquisition, die Phase des Nachdenkens und die Phase des Verteilens. Die Kunst der Geldbeschaffung besteht darin, den Mann genau an dem Punkt zu erwischen, an dem er in die Phase des Nachdenkens eintritt, und zur Stelle zu sein, wenn er die Phase des Verteilens erreicht.«

In der ersten Phase war Weisgal betont zurückhaltend. Er trat an den potentiellen Geldgeber heran, erzählte ihm von einem großartigen neuen Projekt und zeigte ihm eine Liste mit den Namen von etwa einem Dutzend Leuten, von denen jeder vielleicht eine Million spenden würde. Der Name seines neuesten Opfers fehlte natürlich auf der Liste, was darauf hindeutete, daß er nicht imstande war, ein solches Projekt zu finanzieren. Das war beabsichtigt, um die betreffende Person dazu zu bringen, sich zu erkundigen, warum ihr Name auf der Liste fehlte. Weisgal erklärte ihr dann, sie gehöre zu einer anderen Kategorie: »Ich werde zu Ihnen kommen, wenn Sie diese Phase erreicht haben.« – »Wie meinen Sie das?« fragte die Person. »Wollen Sie damit sagen, daß ich nicht so finanzkräftig bin wie Soundso? Dieser Mann ist nicht halb so potent wie ich. Ich werde Ihnen etwas sagen, ich übernehme die gesamte Finanzierung.«

Weisgal wachte eifersüchtig über seine besten Geldgeber, und er war eifrig darum bemüht, den Kontakt zu ihnen aufrechtzuerhalten. Einer seiner Freunde und Kunden war Sir Isaac Wolfson, selbst ein großer Geschäftsmann und Enthusiast, der Great Universal Stores, das größte britische Versandhaus, gegründet hatte. Weisgal machte ihn zu einem der stärksten Finanziers des Instituts. Man erzählt sich, daß Wolfson zu Anfang seines Aufstiegs an Israel Sieff herangetreten sei und sich darüber beschwert habe, die »Familie« zeige ihm die kalte Schulter. Darauf soll Sieff erwidert haben: »Wir sind vielbeschäftigte Leute, Ike. Wir kümmern uns um unsere Verwandten und um die Freunde, die unser Engagement für die Sache der Juden teilen.« Diese Bemerkung löste bei Wolfson eine neue Welle des Enthusiasmus aus und brachte Millionen von Pfund zum Fließen.

Nur einmal mußte Weisgal erleben, daß er übertroffen wurde.

Wolfson hatte sich direkt neben dem Institut eine prächtige Villa im kalifornischen Stil bauen lassen. Eines Tages wurde er dort von einer Delegation orthodoxer Juden besucht. Ihr Anführer war ein hutzliger alter Rabbi, der behauptete, Wolfsons Vater und Großvater gekannt zu haben. Der Rabbi luchste Wolfson das Versprechen ab, den Bau eines Gebäudes in Jerusalem zu finanzieren, in dem Büros für das oberste Rabbinat untergebracht werden sollten. Das Unternehmen kostete Sir Isaac stetig wachsende Summen. Weisgal hat sich nie verziehen, daß er nicht zur gleichen Zeit bei Wolfson vorstellig geworden war.

Weisgal war ein großer Geschichtenerzähler und voller witziger Bemerkungen. Einmal erklärte er mir die feinen Unterschiede zwischen den verschiedenen Typen von Gschaftlhubern. Dabei wies er mich darauf hin, daß nur das ihm vertraute Jiddisch über treffende Definitionen hierfür verfüge. An der Spitze der Pyramide steht der »Macher«, der einsatzfreudigste von allen. Ihm folgt der »Mitmacher«, der ihm stets hilfreich zur Seite steht. Die beiden ersten Typen sind ehrgeizig und zielstrebig, während der »Schwitzer« ein Typ ist, der kein klares Ziel vor Augen hat und dem die diensteifrige Beflissenheit Selbstzweck ist. Sein Gegenteil ist der »Kuhler«, der sich unaufhörlich damit brüstet, viele berühmte Leute zu kennen. Verwandte Archetypen sind der »Nudnik«, ein Langweiler und Nichtsnutz, und der »Phudnik«, der ein »Nudnik« mit einem Doktortitel ist. Nachdem ich einmal diese feinen Unterschiede begriffen hatte, konnte ich Weisgals Personenbeschreibungen folgen, ohne weitere Erläuterungen zu benötigen.

Er beherrschte außerdem die Technik des bei jeder Gelegenheit anwendbaren Witzes. Die Kunst besteht darin, einen der gängigsten jiddischen Witze als Matrix zu benutzen und ihn je nach Gelegenheit an das jeweilige Milieu oder die jeweilige Situation anzupassen. Da gibt es zum Beispiel die Geschichte von dem unbeliebten jüdischen Geizkragen, bei dessen Tod sich niemand im Schtetl findet, der gewillt ist, die Grabrede zu halten. Schließlich erklärt sich ein Weiser von außerhalb bereit, die Aufgabe zu übernehmen. Er beendet seine Lobrede mit den Worten: »Der Verstorbene besaß alle unangenehmen Eigenschaften, die man sich vorstellen kann, aber sein seliger Vater war noch schlimmer.« Weisgal erzählte die gleiche Geschichte über einen amerikanischen College-Präsidenten und dessen Vorgänger, einen französischen Grafen und einen Gewerkschaftsführer aus der Bronx.

Der Marks-&-Spencer-Clan, in der jüdischen Welt einfach als »die Familie« bekannt, gehörte ebenfalls zu Floras engem Freundeskreis. Simon Marks und Israel Sieff, zwei Jugendfreunde aus Manchester, hatten jeweils die Schwester des anderen geheiratet. Die Ehemänner der anderen beiden Marks-Schwestern, wie auch einige ihrer Kinder, gehörten ebenfalls zur Firma. Im Mittelpunkt des Clans standen drei Männer und deren Ehefrauen, nämlich Simon Marks, Israel Sieff und Harry Sacher. Harry Sacher, ein Rechtsanwalt, der in den Tagen von C. P. Scott, dem großen Vorkriegsredakteur, bekannt als »die Donnerstimme aus dem Norden«, Leitartikler beim *Guardian* gewesen war, hatte Simons Schwester Miriam geheiratet. Als enger Mitstreiter von Chaim Weizmann hatte Sacher wesentlich dazu beigetragen, den *Guardian* auf eine prozionistische Linie zu bringen. Er war der Intellektuelle der Familie. Er war sarkastisch, scharfsinnig und extrem vorsichtig, und er saß in seinem mit Büchern vollgestopften Büro in der Baker Street wie ein Schutzwall gegen die revolutionären Geschäftsvorstellungen seiner beiden Schwäger Simon und Israel. Er war aktives Mitglied der Jewish Agency for Palestine.

Elaine, die jüngste der vier Marks-Schwestern, heiratete zunächst Norman Laski aus der berühmten jüdischen Familie aus Manchester, aus der Neville, ein Spitzenanwalt, Harold (Normans Onkel), der Theoretiker der Labour Party, und die Schriftstellerin Marganita hervorgingen. Auch Norman arbeitete für die Firma, Elaines zweiter Mann Neville Blond dagegen nicht. Er war ein Industriemagnat aus der Textilbranche mit einem Bulldoggengesicht, ein Zulieferer von Marks & Spencer und einer der Gründer des Royal Court Theatre. Sein Sohn ist Anthony Blond, ein talentierter Rebell, der sich dem Verlagswesen zuwandte und einen Schlüsselroman über die Familie schrieb, der für großen Verdruß sorgte.

Simon Marks war ein genialer Geschäftsmann. Er war überaus sensibel, unfähig, sich explizit auszudrücken, und handelte ausschließlich intuitiv. Er war ein Meister der Froschperspektive. Wenn er ein Vorstadtkaufhaus betrat und auch nur die geringste Spur von Staub auf der Theke entdeckte, startete er eine Hygienekampagne. Wenn er bei einer Verkäuferin in Leeds ein geringfügiges Zögern bemerkte, kam er zu dem Schluß, daß das ganze Verkaufssystem eine Zeit- und Motivationsstudie nötig hatte.

Israel Sieff war das genaue Gegenteil. Er hatte ein Studium an der Universität von Manchester absolviert, und er dachte in klaren Kategorien und Konzepten. Wie die Marks stammte er aus einer Familie russisch-jüdischer Kaufleute, allerdings bekleideten die Sieffs in der gesellschaftlichen Struktur der Ghetto-Hierarchie eine höhere Position. Israel war ein kultivierter und gütiger Mensch. Er war Mitbegründer von PEP, Political and Economic Planning, einer frühen Denkfabrik, deren politische Ausrichtung leicht links von der Mitte angesiedelt war und die alles Edelmütige in der Welt des Busineß und der Philanthropie vertrat. Als sein Vater, der Gründer des Penny Bazaar, starb, gewann Simon vor dem Obersten Zivilgericht einen Prozeß gegen die Ansprüche von Spencer und überredete Israel, der bereits selbst ein erfolgreicher Geschäftsmann war, sein Partner zu werden. Die Marks-Sieff-Partnerschaft spielte nicht nur eine entscheidende Rolle beim Aufbau des Marks-&-Spencer-Imperiums, sondern trug auch wesentlich zur Gründung des Staates Israel bei. Durch ihre Freundschaft mit Chaim Weizmann, den sie aus der Zeit kannten, als er noch an der Universität von Manchester unterrichtete, waren sie beide überzeugte Zionisten geworden. Sie waren seine Jünger und seine Wohltäter. Seine Ideen zur Anwendung wissenschaftlicher Methoden in der Industrie und die Bedeutung der Wissenschaft für eine zukünftige Besiedlung Palästinas hatten sie tief beeindruckt, und sie waren unermüdlich in ihrem Einsatz für den Zionismus. Während des Ersten Weltkrieges organisierte Simon Marks in London ein zionistisches Büro für Weizmann und begleitete ihn zur Friedenskonferenz von Versailles. Gleichzeitig wurde Israel Sieff in die Palästina-Kommission berufen, die Weizmann nach der Balfour-Deklaration* eingesetzt hatte, um die britischen Behörden bei der Planung eines jüdischen Nationalstaates zu beraten.

Ganz im Sinne von Tawneys *Rise of Capitalism* (*Religion und Frühkapitalismus*) entwickelten Simon Marks und Israel Sieff sich eher zu aufgeklärten Geschäftsleuten als zu engstirnigen Krämerseelen. Weizmanns wissenschaftlicher Beitrag, dem sie sich verpflichtet fühlten,

---

* Arthur James Balfour, britischer konservativer Staatsmann, erließ 1917, um die Juden für die Sache der Alliierten zu gewinnen, die sogenannte Balfour-Deklaration über die Schaffung einer nationalen Heimstätte für das jüdische Volk in Palästina. A. d. Ü.

und ihr Bestreben, ihre Verkaufspolitik mit wissenschaftlichen Erkenntnissen zu kombinieren, waren die Geheimnisse ihres Erfolgs. Simon Marks hat häufig betont, ohne Weizmanns Idee der Verbindung von Politik und Wissenschaft oder, wie er es formulierte, »ohne seine Philosophie in Verbindung mit unserem Geschäftssinn« wären er und Israel Sieff nie etwas anderes geworden als gewöhnliche Geschäftsleute in Manchester.

Die Familie war ein Clan mit eigenen Strukturen und ungeschriebenen Gesetzen. Es gab vier Sonnensysteme: die Marks', die Sieffs, die Sachers und die Blonds. Die einzelnen Linien bildeten ein mächtiges soziales Gerüst, innerhalb dessen das berufliche und gesellschaftliche Leben ihrer Mitglieder florierte. Sie lebten alle am Grosvenor Square oder in dessen näherer Umgebung, nachdem sie in den dreißiger Jahren aus der Gegend um die Addison Road und noch früher aus Hampstead gemeinsam dorthin gezogen waren. Ihre Häuser waren alle in ähnlichem Stil mit englischen Möbeln aus dem achtzehnten Jahrhundert und mit impressionistischen Gemälden eingerichtet. Sie hatten einen ähnlichen Stil in der Bewirtung von Gästen, und sie alle besaßen Landhäuser mit dazugehörigen Farmen, die sie teilweise aus steuerlichen Gründen unterhielten. Sie identifizierten sich alle über den Clan, und sie hatten gemeinsame Freunde, die sie zu Mittagessen, Dinner- und Wochenendpartys auf dem Land einluden. Zu ihrem Freundeskreis gehörten reiche englische Juden, aber auch ihre wichtigen Zulieferer, die Neureichen und einige, die erst kürzlich eingewandert waren. Daneben gab es noch gewisse »Hausfreunde«, wie Robin und Angela Fox, die Eltern der Schauspieler Edward und James Fox, und der Schönheitschirurg Sir Archibald McIndoe und dessen Töchter, die alle sozusagen zur Familie gehörten. Jahre später hörte ich zufällig eine Unterhaltung bei einer Party in Hyde Park Gate, im Hause von Nigel Lawson, der damals mit der Lyons-Erbin Vanessa verheiratet war. In der Schlange am Büffet stand ich hinter Alun Chalfont, der sich mit einer der Töchter von McIndoe unterhielt, die mit Dennis Walters, einem proarabischen Tory, verheiratet war. Alun fragte sie: »Sagen Sie, Vanora, warum haben Sie eine so antiisraelische Einstellung?« Sie erwiderte: »Wenn Sie als Kind jedes Wochenende bei den Marks' in Sunningdale verbracht und die endlosen Diskussionen über die Kibbuzim gehört hätten, würde es Ihnen ebenso ergehen.«

Dann gab es noch eine Gruppe von Schmeichlern, egoistischen Abenteurern und Gefolgsleuten. Einige standen nur für kurze Zeit in der Gunst der Gastgeber und wurden, wenn sie einmal an einem der wichtigen Höfe in Ungnade gefallen waren, automatisch vom gesamten Clan fallengelassen. Andere waren regelmäßig im Gefolge der Familie anzutreffen. Es war eine bunte Mischung, zu der Leute gehörten wie Rechtsanwälte, Vermögensverwalter, ein ehemaliger Tennischampion, ein schottischer Gutsherr, der sich verschuldet hatte und von der Großzügigkeit der Familie lebte, Aristokraten auf der Suche nach Abwechslung, Innenarchitekten und ein Florist. Chaim Weizmann in seiner boshaften Art nannte sie die »L's und D's«, was für Luden und Dirnen stand.

Lajos Lederer, ein schneidiger Ungar, der für den *Observer* arbeitete, gehörte ebenfalls zum Gefolge der Familie. Er war in den zwanziger Jahren mit einer Delegation ungarischer Monarchisten nach England gekommen, die Esmond Harmsworth, dem Sohn von Lord Rothermere, die ungarische Krone anbieten wollten, weil er sich in der *Daily Mail* so leidenschaftlich für ihre Sache eingesetzt hatte. Nach einer Bedenkzeit hatte Rothermere das Angebot abgelehnt. Lederer kehrte nicht nach Ungarn zurück und überredete David Astor, ihn beim *Observer* einzustellen.

Alle älteren Mitglieder des Clans hatten ihre bevorzugten Kreise innerhalb der britischen Gesellschaft und bildeten mit ihren Familien wiederum eigene Clans. Simon und Miriam Marks suchten die Gesellschaft von Politikern, Starjournalisten und Berühmtheiten aus der Geschäftswelt, verkehrten jedoch auch mit gefeierten Architekten, Börsenmaklern und Stars aus der Welt des Sports, des Films und des Theaters. Miriam hatte eine lebhafte, scheinbar verrückte Art, und dennoch war sie klug und großzügig. Israel und Rebecca (Becky) Sieff zogen die Gesellschaft von Intellektuellen der Welt des Glamour vor. Die meisten der »Hausintellektuellen« verbrachten nur einen kurzen Lebensabschnitt mit der Familie. Einige erhielten Büros in der Baker Street, wo man sie damit beauftragte, Berichte oder gar die Geschichte des Marks-&-Spencer-Clans zu verfassen. Simon Marks war nie mit den Resultaten zufrieden. Er begriff nicht, daß die erfolgreiche Entwicklung eines Unternehmens nicht unbedingt der Stoff für eine spannende Geschichte ist. Also wurden die erfolglosen Autoren entlassen.

Simons frostiges Epitaph lautete: »Sie sind eben nicht in der Lage, unsere Geschäftsphilosophie zum Ausdruck zu bringen.«

Neulinge wurden mit gnädiger Neugier empfangen. Wenn sie erst einmal auf Herz und Nieren überprüft worden waren, wurden sie in den Freundeskreis aufgenommen. Als Freund und Protegé von Flora wurde ich von der Familie akzeptiert und verbrachte in den Jahren, bevor ich Jane, die Tochter von Israels jüngerem Bruder Edward (Teddy), heiratete, viele Wochenenden bei den Marks', den Sieffs, den Sachers, Blonds und Laskis. Ich empfand es als sehr abenteuerlich, mich in dieser Welt mit ihrer eigenen Hierarchie, ihrem Verhaltenskodex, ihren Umgangsformen, Interessen und Vorurteilen zu bewegen. Ich war sehr viel mit Marcus Sieff zusammen, Israels Sohn, der innerhalb der Familie mein bester Freund wurde. Er war Rugbyspieler in Cambridge, äußerst gutaussehend und in gewisser Weise ein Frauentyp. Marcus war im Krieg hochdekoriert worden. Er hatte von seinem Vater die Leidenschaft für den Zionismus geerbt, und er trug mehr als jeder andere in diesem Land dazu bei, aus dem Wirrwarr in Palästina einen funktionierenden Staat Israel entstehen zu lassen, indem er mit einem Kreis fähiger Leute eine neue Infrastruktur entwickelte.

Für die jüdische Gemeinde in England war es eine Zeit der Spannung und der Probleme. Die Attlee-Bevin Regierung steuerte einen zusehends proarabischen und antizionistischen Kurs, und prominente Juden fühlten sich hin- und hergerissen zwischen ihren Verpflichtungen gegenüber England einerseits und dem Zionismus andererseits. Männer wie Simon Marks, Israel Sieff, sein Sohn Marcus und Sigmund Gestetner, ein ungeschliffener, aber aufgeschlossener Geschäftsmann und einer von Floras Verehrern, nahmen beträchtliche persönliche Risiken auf sich, indem sie den Kauf und den Transport von Waffen für die Unterstützung der zionistischen Sache finanzierten. Außerdem beteiligten sie sich an der Finanzierung der illegalen Umsiedlung von Juden aus Vertriebenenlagern in ganz Europa nach Israel.

Eine komplette Etage des Marks-&-Spencer-Kaufhauses wurde für die Sache Israels bereitgestellt. Das Hauptquartier in der Baker Street wurde zum Planungszentrum des zukünftigen Judenstaates, zu einer Art Exilregierung. Die Direktoren und höheren Angestellten, die über große Erfahrung in Einzelhandel und Firmenmanagement verfügten, wurden abkommandiert, um Versorgungssysteme zu entwickeln, zukünftige Staatsbeamte auszubilden und eine schlagkräftige politische Lobby in Westminster zu organisieren. Marcus war zuständig für die Öffentlichkeitsarbeit. Er traf sich mit führenden Mitgliedern aller Parteien, um für seine Sache zu werben, und auch ich nutzte alle Kontakte, die ich hatte, um ihn zu unterstützen.

Ein unglaublicher Enthusiasmus beseelte die jüdische Gemeinde in England von November 1947 an, als die Vereinten Nationen beschlossen, Palästina in einen jüdischen und einen arabischen Staat aufzuteilen, über den Unabhängigkeitskrieg hinweg bis zu den Anfängen des neuen Staates. Selbst diejenigen, die bis dahin eine indifferente Haltung eingenommen hatten, wollten nun die Sache unterstützen. Flora unternahm eine wichtige und aufreibende Mission auf Bitten von Golda Meir, damals Arbeitsministerin und verantwortlich für die Eingliederung der Überlebenden aus Hitlers Konzentrationslagern, die aus Europa nach Israel strömten. Die meisten Einwanderer kamen ohne jegliche Habe an und mußten in provisorischen Lagern untergebracht werden. Die Lebensbedingungen waren erschreckend, und die einheimische Bevölkerung wurde mit dem immensen Zustrom von Menschen nicht fertig. Flora war berühmt für ihr Organisationstalent. Während des Zweiten Weltkrieges hatte sie die Reformen, die sie bei Marks & Spencer eingeführt hatte, auf einen weit größeren Rahmen ausgedehnt, hatte Suppenküchen und die medizinische Versorgung für Menschen organisiert, die durch die Luftangriffe auf London obdachlos geworden waren. Nun wandte sie dasselbe System an, um die Versorgung der Einwanderer in Israel zu gewährleisten. Außerdem führte sie in den Camps Heimarbeit ein. Die Einwanderer webten Teppiche und stellten Tontöpfe her, die sie an Leute verkauften, die Flora aus der ganzen Welt nach Israel einlud. Nicht zuletzt durch ihre Anstrengungen schöpften die Menschen neuen Mut.

Etwa um diese Zeit wandte Flora sich eines Tages an mich und sagte: »Georgek, es wird Zeit, daß du deinen Teil beiträgst.«

KAPITEL XI

Ein Staat wird geboren: ein Jahr mit Präsident Weizmann

SEIT MEINER KINDHEIT in Wien, als ich Chaim Weizmann in einer Wochenschau gesehen hatte, war er für mich eine überragende Persönlichkeit gewesen. Der Präsident der Zionistischen Weltorganisation gab den Anlaß für eine lautstarke antisemitische Demonstration vor der Konzerthalle, und meine Eltern und ich fanden es sehr aufregend, ihn auf der Leinwand zu sehen. Ich hielt ihn für den wichtigsten jüdischen Führer des zwanzigsten Jahrhunderts seit dem Tod von Herzl im Jahre 1904, eine Mischung aus dem Propheten Jesaja und Dr. Pasteur. Damals war Weizmann auf dem Höhepunkt seines Lebens. Als ich ihn persönlich kennenlernte, war er ein gebrochener Mann.

Ich sah ihn zum erstenmal Ende 1947 während eines Abendessens im kleinen Kreis bei Flora. Die Weizmanns waren aus New York angereist und hatten sich im Hotel Dorchester einquartiert, wo sie jedesmal wohnten, seit sie ihre Wohnung in Kensington aufgegeben hatten. Weizmann litt noch immer an dem schweren Schlag, der ihn getroffen hatte, als David Ben Gurion ihn fast fünfzig Jahre nach dem ersten zionistischen Kongreß in Basel aus dem Amt als Präsident der Zionistischen Weltorganisation verdrängt hatte. Im Dezember 1946 mußte der Kongreß sich zwischen friedlichem oder bewaffnetem Widerstand gegen die britische Kolonialherrschaft entscheiden. Anlaß dieser leidenschaftlich geführten Debatte war das Weißbuch der britischen Regierung, das der Masseneinwanderung einen endgültigen Riegel vorgeschoben hatte.

Es war die alte Mär von den »Tauben« und den »Falken«. Der »Falke« Ben Gurion setzte sich für die unmißverständliche Forderung nach einem eigenen Staat und Kampfgeist ein und wollte die britische Mandatsverwaltung dazu bewegen, die kriegsbedingten Restriktionen gegen die Einwanderung von Juden aufzuheben. Während des Krieges hatte Ben Gurion verkündet: »Wir müssen Hitler bekämpfen, als gäbe es kein Weißbuch, und gleichzeitig müssen wir das Weißbuch bekämpfen, als gäbe es keinen Hitler.« Er sprach für die erbitterten Massen, die Menschen in den Flüchtlingslagern und auch für die radikaler eingestellte jüdische Bevölkerung innerhalb Palästinas. Er verließ sich mehr und mehr auf die Vereinigten Staaten und die Macht der amerikanischen Juden.

Weizmann dagegen war mit dem Makel seiner Vorliebe für England behaftet. Die zunehmende Feindseligkeit, die Ernest Bevin, unterstützt von Attlee, gegen die zionistische Sache entwickelt hatte, wurde immer deutlicher spürbar. Er war zu sehr Philosoph als Staatsmann, ein altmodischer Liberaler, der den Judenstaat am liebsten als siebtes Dominion und Teil des Britischen Commonwealth gesehen hätte. Weizmann betrachtete den Zionismus als eine organische, kulturelle und gesellschaftliche Bewegung. Er beschäftigte sich mehr mit der Frage, welche Gesellschaftsform die Juden aufbauen könnten, als damit, welche Regierungsform sie wählen sollten.

Weizmanns Vision von Israel war eine Art Schweiz des Nahen Ostens mit allen Komponenten des Alpenstaates: High-Tech, zivilisierte Einteilung in Kantone, Tourismus und Neutralität. Er wollte das Land »Feld für Feld und Ochse für Ochse« aufbauen, während »politische« Zionisten wie Herzl und später Jabotinsky, die den entgegengesetzten Pol des Zionismus vertraten, folgendermaßen argumentierten: »Als erstes brauchen wir eine Verfassung und einen unabhängigen Staat. Und dann können wir die Gesellschaft nach unseren Vorstellungen aufbauen.« Ben Gurion stand in der Mitte. Er war ein Pionier der Kibbuzbewegung, und er wußte, was es bedeutete, den Boden zu pflügen oder einen Sumpf trockenzulegen. Gleichzeitig hatte er eine politische Vision. Weizmann war eher ein Moses als ein Joshua. Er sah das Gelobte Land vor sich und fürchtete, es nie zu erreichen. Im tiefsten Herzen war er ein Vermittler und ein Pazifist. Ben Gurion war ein Kämpfer. Die Auseinandersetzung zwischen Weizmann und Ben Gurion hingegen hatte die Geschichte des Zionismus während der beiden Weltkriege dominiert, und seine Auswirkungen waren auch nach dem Zweiten Weltkrieg noch lange spürbar.

Auf dem Baseler Kongreß 1945 wurde ein Mißtrauensvotum gegen

Weizmann ausgesprochen. Viele seiner Protegés, Anhänger und Helfer ließen ihn im Stich. Es war für ihn ein Trauma, das ihn bis zu seinem Tod verfolgte. Das kühle Schweigen, mit dem die Mehrheit seinen letzten Aufruf zu passivem Widerstand nach dem Vorbild Gandhis quittierte, ließ ihn fast erstarren. Alte Freunde, die sich auf die Seite Ben Gurions gestellt hatten, wie zum Beispiel Reuven Shiloa, später ein Mitbegründer des israelischen Geheimdienstes, und Teddy Kollek, verbannte er endgültig aus seinem Leben. Später, während der Zeit, die ich mit Weizmann in Israel verbrachte, nahm Teddy mich oft in seinem Wagen mit von Tel Aviv zum Haus des Präsidenten in Rehovot, aber er mußte mich immer vor dem Tor aussteigen lassen.

Weizmann kam nach London in dem Glauben, sein politisches Leben sei beendet. Er war Anfang Siebzig und in schlechtem Gesundheitszustand. Ich erlebte ihn niedergeschlagen, jedoch zugleich sehr zugänglich, und es entwickelte sich eine Freundschaft zwischen uns. Wir machten ausgedehnte Spaziergänge im Hyde Park, oder ich besuchte ihn nach der Arbeit im Hotel Dorchester. Dort traf ich ihn allein oder in Gesellschaft von Isaiah Berlin oder dem treuen George Backer an, dem amerikanischen Zeitungsredakteur und charmanten Mann von Welt, einem von Weizmanns engsten Freunden. Hin und wieder war auch der eine oder andere amerikanische Senator zu Besuch oder ein Mitglied des britischen Parlaments, ein Angehöriger des Schattenkabinetts oder die temperamentvolle Blanche Dugdale (»Baffy«), eine Nichte von Balfour und eine von Weizmanns engsten Vertrauten. Sie führte einen zionistischen Salon im Privatzimmer eines Restaurants in Soho, wohin ich häufig zum Mittagessen geladen wurde.

Allmählich fand ich Zugang zum engeren Kreis der Familie. 1942 hatten die Weizmanns den traurigen Verlust ihres jüngsten Sohnes erleiden müssen. Er war von einem Royal-Air-Force-Einsatz über dem Golf von Biscaya nicht zurückgekehrt. Michael war offenbar der Augapfel seiner Eltern gewesen, und sie haben seinen Tod nie verwunden. Benji, ihr anderer Sohn, war eher ein Eigenbrötler. Er war eigensinnig und sarkastisch und hatte ein gespanntes Verhältnis zu seinen Eltern. Seinem Vater gegenüber war er hin- und hergerissen zwischen Bewunderung und Ablehnung, während er seine Mutter regelrecht verachtete. Er war eine verlorene Seele, und es gelang ihm nie, sein Leben in den Griff zu bekommen.

Chaim Weizmanns Selbstmitleid war völlig unangebracht. Er blieb stets eine wichtige Persönlichkeit, und in New York, wohin er nach seinem Aufenthalt in London zurückgekehrt war und wo er nicht zuletzt wegen seines besonderen Verhältnisses zu Präsident Truman geschätzt wurde, stand er im Mittelpunkt der politischen Auseinandersetzungen.

Im November 1947 beschlossen die Vereinten Nationen die Teilung von Palästina in einen jüdischen und einen arabischen Staat. Die Attlee-Bevin-Regierung hatte die Entscheidung angefochten und andere Lösungsvorschläge gemacht, wie zum Beispiel eine Treuhandverwaltung durch die Vereinten Nationen oder eine Art kantonalen Commonwealth mit Jerusalem als internationaler Stadt. Innerhalb des jüdischen Lagers wurden intensive politische Anstrengungen unternommen, um den Status als unabhängige Nation durchzusetzen. Am 15. Mai 1948 rief Ben Gurion von einer improvisierten Tribüne im Mughrabi-Kino in Tel Aviv den Staat Israel aus. An diesem Tag stand ich in London zusammen mit Hunderten von Menschen, Juden und Nichtjuden, auf dem Manchester Square und blickte zu einem Balkon hinauf, wo der erste diplomatische Abgesandte, Dr. Mordechai Eliash, ein angesehener Rechtsanwalt aus Jerusalem, stand, neben ihm Simon Marks, Israel Sieff und Richard Crossman, der Sturmvogel der Labour Party, der sich unermüdlich für die Sache Israels eingesetzt und dabei sogar seine politische Karriere aufs Spiel gesetzt hatte. Ernest Bevin hat Crossman, den er als hochrangiges Mitglied einer anglo-amerikanischen Kommission zur Entscheidung über die Zukunft Palästinas eingesetzt hatte, seine Befürwortung eines jüdischen Staates nie verziehen.

Am nächsten Tag erhielt Weizmann, der die Ereignisse von seiner Suite im Hotel Waldorf Astoria in New York aus gespannt verfolgte, die Nachricht, daß eine provisorische Versammlung ihn zum Präsidenten von Israel gewählt hatte. Während der nächsten Monate überstürzten sich die Ereignisse. Palästinensische Araber schlossen sich mit Ägypten, Syrien, dem Libanon, Irak, Saudi-Arabien und der stärksten Armee von allen, der von britischen Offizieren ausgebildeten Arabischen Liga des Emir und späteren Königs Abdullah von Jordanien, zusammen. Sie griffen jüdische Siedler an und versuchten, sie im wahrsten Sinne des Wortes ins Meer zu treiben. Das schicksalhafte erste Jahr des Staates Israel wurde vom ersten jüdisch-arabischen Krieg, dem sogenannten Unabhängigkeitskrieg, überschattet. Mein bescheidener Beitrag bestand darin, in Radiosendungen und Zeitungsartikeln für die Sache Israels zu werben. Marcus Sieff steuerte dem jungen Staat organisatorische Ratschläge und technisches Know-how bei, und er machte aus dem Büro in der Baker Street, dem Hauptquartier von Marks & Spencer, eine Zentrale für kriegbedingte Maßnahmen, die Beschaffung von Nahrungsmitteln und Geld für das, was am dringendsten gebraucht wurde – Waffen. Die auf dem Rückzug befindlichen britischen Streitkräfte hatten den arabischen Streitkräften einen Großteil ihrer Vorrats- und Nachschublager hinterlassen, während die Juden auf sich selbst gestellt waren. Aus allen Teilen der Welt, vor allem aus der Sowjetunion und Osteuropa, trafen Versorgungsgüter ein. Männer wie Teddy Kollek und Ehud Avriel durchkämmten den Globus auf der Suche nach Kriegsmaterial, wobei Teddy von seinem Hotel Fourteen an der New Yorker Fifth Avenue aus Waffen und Munition organisierte, während Avriel die Depots von Prag, Bukarest und Budapest abklapperte. Einmal war Avriel unter falschem Namen in einem kleinen Prager Vorstadthotel abgestiegen, bis er feststellte, daß sein syrischer Gegenspieler eine Etage über ihm das gleiche Ziel für seine Sache verfolgte.

Zionistische Führer aus dem Ausland, israelische Geldbeschaffer und Waffenhändler fanden sich in London ein, und mitten in der hektischen Betriebsamkeit brachte Meyer Weisgal, treuer Assistent und Faktotum des Präsidenten, die neuesten Nachrichten von den Weizmanns. Sie waren alles andere als beruhigend. Die Weizmanns lebten zurückgezogen in ihrer Bauhaus-Villa in Revohot, der die Israelis den Spitznamen »das Weiße Haus« gegeben hatten. Nachdem Weizmann einmal die Präsidentenwohnung bezogen hatte, wurde er von Ben Gurion ignoriert und in keiner Weise an Entscheidungen beteiligt, was in den Augen des Präsidenten und vor allem in den Augen von Mrs. Weizmann herabsetzend und kränkend war. Da Ben Gurions Amt eine zentrale Schaltstelle war, wurden alle Schlüsselpositionen in der Abteilung des Premierministers und im Außenministerium – die beiden Ministerien, für die Weizmann sich interessierte – mit treuen Anhängern Ben Gurions besetzt, und die alte Garde der Weizmann-Anhänger, die noch vertreten war, distanzierte sich von ihrem ehemaligen Führer. Gleichzeitig waren diejenigen, die Weizmann die Treue hielten, der Meinung, ihm gebühre immer noch eine moralische und politische Führungsrolle, vor allem weil Politiker wie Churchill und Truman ihn sehr schätzten, und sie beklagten, daß der Präsident keine eigene Mannschaft zur Verfügung hatte, die ihn über das, was sich in der Kiryah, der mit Stacheldraht bewehrten Regierungsenklave außerhalb von Tel Aviv, abspielte, auf dem laufenden halten konnte. Der »Chef«, wie Weizmann immer genannt wurde, litt unter der Situation.

Besonders Flora Solomon war äußerst besorgt, und sie war es, die den Vorschlag machte, ein Außenstehender, jemand, der nichts mit der zionistischen Bürokratie zu tun hatte, solle sich für den Präsidenten einsetzen. Sie dachte nicht unbedingt an eine dauerhafte Aufgabe, dem leidenden Präsidenten sollte lediglich aus der Krise geholfen werden. Bei einem ihrer häufigen Besuche in Israel legte sie Weizmann und Moshe Sharett, dem Außenminister, nahe, mich für diese Aufgabe in Betracht zu ziehen.

Sharett hatte Weizmann schon in der Vergangenheit nahegestanden, und er hatte besonders unter dessen Bruch mit Ben Gurion gelitten. Als mein Freund Frank Owen, damals Redakteur bei der *Daily Mail*, mich im Mai 1949 mit dem Auftrag nach Israel schickte, eine Artikelreihe zu schreiben, wohnte ich bei den Weizmanns. Flora begleitete mich, und auch Weisgal und Sharett waren dort. Kurz vor dem Ende meines Aufenthalts bot man mir den Posten als Verbindungsoffizier an. Mein Titel sollte lauten: »*Chef de Cabinet*«. Ich sollte der Leiter des Präsidialamtes sein und gleichzeitig ein politischer Berater im Außenministerium, mit dem Auftrag, Reden zu schreiben, Vertreter ausländischer Regierungen zu empfangen und vor allem Weizmann Informationen über Israels internationale Beziehungen zu geben.

Nach meiner Rückkehr nach London beriet ich mich mit Harold Nicolson. Nigel und ich hatten gerade erst den Verlag Weidenfeld & Nicolson gegründet, und ich war im Zwiespalt, ob ich das junge Unternehmen zu einem so entscheidenden Zeitpunkt verlassen konnte. Als Balfours Sekretär war Harold Nicolson während der schicksalhaften Kabinettssitzung im Oktober 1917 zugegen gewesen, auf der beschlossen worden war, Großbritannien werde die Erklärung billigen, die die Gründung eines Nationalstaats für die jüdische Bevölkerung von Palästina forderte. Während das Kabinett sich beriet, war Weizmann in einem Vorraum auf und ab gegangen; sein angespanntes

Warten endete damit, daß Sir Mark Sykes verkündete: »Dr. Weizmann, es ist ein Junge.« Harold Nicolson verstand viel von Diplomatie und war der Meinung, ich sei nicht gerade zum Beamten geboren, doch er wies mich in weiser Voraussicht darauf hin, daß ich es mir niemals verzeihen und daher stets einen Groll gegen Nigel und ihn hegen würde, wenn ich die Gelegenheit nicht ergriff. Er riet mir also dazu, das Angebot anzunehmen, und nahm mir das Versprechen ab, nach einem Jahr zurückzukehren.

Im Sommer 1949 trat ich inoffiziell in Weizmanns Dienste und pendelte während der Sommermonate zwischen London und dem Hotel Bürgenstock bei Luzern hin und her, in das er sich zur Erholung zurückgezogen hatte. Dort lernte ich noch andere Mitglieder seiner Familie und seines großen Freundeskreises kennen, die ihn pausenlos zu beeinflussen versuchten und ihm sagten, wie er mit der Regierung und Ben Gurion umgehen sollte. Ab und zu reiste ich nach Paris, Genf und Amsterdam, um Kontakte mit israelischen Vertretungen, Politikern des Landes und Unterstützern der zionistischen Bewegung herzustellen. Bei meinen Aufenthalten in London mußte ich jeweils Vorkehrungen für die langen Zeiten meiner Abwesenheit treffen, erledigte jedoch gleichzeitig Aufträge für Weizmann und sammelte Informationen. Israels Verhältnis zur britischen Labour-Regierung war von großer Bedeutung, und obwohl die offiziellen Beziehungen äußerst kühl waren, gab es auch Sympathisanten unter den Kabinettsmitgliedern, wie zum Beispiel Herbert Morrison und Arthur Creech-Jones, und Freunde im Dachverband der Gewerkschaften sowie auf den Hinterbänken des Parlaments.

Bevor ich meinen Posten offiziell antreten konnte, wurde ich auf Herz und Nieren geprüft. Als neu gegründeter Staat verfügte Israel über einen noch unterentwickelten Sicherheitsdienst, der aus der Untergrundbewegung Haganah entstanden war. Einer der führenden Strategen der Haganah war ein außergewöhnlicher Mann, dessen hebräischer Name Reuven Shiloa lautete – Shiloa ist ein biblischer Fluß –, er war jedoch als Sohn eines russischen Rabbi unter dem Namen Zaslany geboren. Er hatte an einer jüdischen Schule in Bagdad Englisch und Hebräisch unterrichtet. Die Schule gehörte der Alliance Israelite, einer französischen Organisation, die für die Ausbildung gutbetuchter jüdischer Familien in der Levante sorgte, er sprach also fließend Arabisch und Russisch. Shiloa hatte sich zu einem leidenschaftlichen Zionisten entwickelt. Während des Krieges trat er in die Dienste Ben Gurions und arbeitete zunächst in Jerusalem und später in Istanbul, wo die Haganah und die Jewish Agency mit den Alliierten zusammenarbeiteten, indem sie Juden hinter die Nazi-Linien schleusten und Kontakt mit den Ghettos in Europa herstellten. Nach dem Krieg baute er den Geheimdienst auf. Er gehörte der Ben-Gurion-Fraktion an, und er reagierte natürlich mißtrauisch darauf, daß ein unbekannter Jude aus England eine so wichtige Position bekleiden sollte, die den Zugang zu geheimen Informationen ermöglichte. In seinen Augen konnte dieser Fremde genausogut »eingeschleust« worden sein. Deswegen bestand Shiloa darauf, mich selbst zu prüfen.

Er verbrachte eine Woche in Lausanne, während ich mich in Bürgenstock aufhielt, und lud mich zum Frühstück ins Hotel Beau Rivage ein. Shiloa erwartete mich bereits. Es war ein sommerlicher Tag, und wir frühstückten auf der Terrasse. Shiloa sah aus wie eine Mischung aus einem schweren Jungen aus einem James-Bond-Film und dem gutmütigen Samuel Pickwick. Er war kahlköpfig und vierschrötig, mit einem vernarbten Gesicht. Er trug eine Nickelbrille und einen zu großen amerikanischen Anzug. Sein Lächeln erinnerte an Peter Lorre, und es hieß, er sei beliebt bei den Frauen. Er war eine wandelnde Enzyklopädie der Namen und Laufbahnen von Mitgliedern des westlichen politischen Establishments. Shiloa nahm mich einen ganzen Tag lang in die Mangel. Gegen Ende der Befragung wurde er entspannter. Er schüttelte mir herzhaft die Hand, und wir wurden Freunde. Während meiner Tätigkeit für Weizmann sahen wir uns häufig.

Nachdem ich meinen Test bestanden hatte, kehrte ich nach Bürgenstock zurück und begleitete Dr. Weizmann später nach Israel. Im Herbst pendelte ich ständig zwischen Israel und England hin und her, hauptsächlich um dem Verlag Weidenfeld & Nicolson bei den Startoperationen zur Seite zu stehen. Die offizielle Gründung des Unternehmens fand im November 1949 bei einer Cocktailparty in Brown's Hotel statt, auf der fünfzig Gäste mehr als hundert Flaschen billigen Sekt leerten, den wir besorgt hatten. Unter den Gästen waren Somerset Maugham, George Orwell, Peter Ustinov und Dick Crossman. Aber in Gedanken war ich bereits bei meinem neuen Job. Im Dezember 1949 reiste ich nach Israel. Zehn Minuten vor der Landung begrüßte mich Major Arnon, der Adjutant des Präsidenten, über Funk mit den aufmunternden Worten: »Willkommen im israelischen Luftraum.«

Sobald ich in Israel angekommen war, wurde meine Stellung zu einem Streitpunkt zwischen verschiedenen Abteilungen der Regierung. Vera Weizmann vertrat die Ansicht, daß mir als Mitarbeiter des Staatsoberhauptes der gleiche Rang zustünde wie dem Leiter des Premierministeramtes, was einige neidische Reaktionen auslöste. Wie viele andere betrachtete Walter Eytan, der leitende Direktor des Außenministeriums, mich als einen Eindringling. Aber er gewöhnte sich an mich. Sein Geburtsname war Ettinghaus; er war Dozent am Magdalen College in Oxford gewesen und hatte während des Zweiten Weltkrieges in Bletchley für den britischen Geheimdienst gearbeitet, bevor er das israelische Außenministerium aufbaute. Später verbrachte er zwölf Jahre als Botschafter in Paris und freundete sich mit de Gaulle an.

In der britischen Botschaft konnte man sich anfangs keinen rechten Reim darauf machen, wer ich war und welche Aufgaben ich hatte. Ich erinnere mich noch, wie ein merkwürdiger Mann namens Balfour, der später griechisch-orthodoxer Mönch wurde, mich mißtrauisch beäugte. In jenen Tagen konnte man eine Position wie die meine noch mit einem britischen Paß bekleiden – das isrealische Staatsbürgerschaftsgesetz trat erst nach meiner Zeit, 1952, in Kraft.

Mein neues Leben spielte sich an drei verschiedenen Orten ab. Ich hatte zwei Zimmer in einem Haus am Boulevard Rothschild in Tel Aviv, das den Eltern von Dan Tolkovsky gehörte, der später Oberbefehlshaber der Luftwaffe wurde. Außerdem war ständig ein Zimmer im Hotel King David in Jerusalem für mich reserviert, und ich hatte ein Wochenendrefugium in Weizmanns Residenz in Rehovot, einer schönen Gartenstadt in einer hügeligen Gegend etwa fünfzehn Minuten von Tel Aviv entfernt. In diesem Haus, das der berühmte Bauhaus-Architekt Eric Mendelsohn gebaut hatte, führten die Weizmanns ein äußerst diszipliniertes Leben in einer Atmosphäre, die den Lebensstil des gehobenen Mittelstandes in Kensington mit einem Hauch von Luxus verband. Dank der Großzügigkeit von Simon Marks und Israel Sieff, die Weizmann Gründeraktien von Marks & Spencer zur Verfügung gestellt hatten, war er recht wohlhabend. Zu Beginn ihres Aufstiegs zu Macht und Reichtum hatten sie scharfsinnig erkannt, daß es vorteilhaft sein würde, wenn der Führer der zionistischen Bewegung den »Großen und Guten« von England auf gleicher Ebene begegnete. Das Ergebnis war, daß Weizmann sich nicht nur aufgrund seines hervorragenden Intellekts von den anderen zionistischen Führern unterschied, sondern daß er sich vor allem unabhängig fühlte. Dank seiner Wohltäter war Weizmann ein Politiker, der ein symbolisches Jahresgehalt bezog, stets seine Kosten selbst beglich und kein Gehalt von der zionistischen Organisation erhielt. Deshalb konnte er es sich leisten, mit seinem Rücktritt zu drohen. Sein Wohlstand erlaubte es ihm, die aristokratische Pose des großen Marquis von Salisbury einzunehmen, der sich auf seinen Landsitz zurückziehen konnte, wenn er mit der offiziellen Politik nicht einverstanden war.

Weizmann war ein berühmter Chemiker, der zwischen den Kriegen für die britische Regierung sowie für private Unternehmen gearbeitet hatte und der sich auch dann noch als Forscher betätigte, als die Politik ihn völlig vereinnahmte. Sein Glaube an die Bedeutung wissenschaftlicher Arbeit für die nationale Erneuerung legte den Grundstein für das Institut für wissenschaftliche Forschung in Rehovot. Es wurde auf seinen Vorschlag hin gegründet und von dem Trio Marks-Sieff-Sacher finanziert. Das Institut, zunächst nach Israel Sieffs Sohn David benannt, später stark erweitert und in Weizmann-Institut umbenannt, wurde eins der führenden wissenschaftlichen Forschungszentren der Welt. Aufgrund seines Engagements für das Institut verbrachte Weizmann während der dreißiger Jahre immer mehr Zeit in Palästina, und »damit alles wie in London« war, hatte seine Frau Mendelsohn beauftragt, das Haus in der Nähe des Instituts zu bauen. Das Haus, heute ein staatliches Museum, ist wahrscheinlich eines der schönsten Beispiele für ein Wohnhaus aus der Bauhaus-Zeit. Es hatte einen prächtigen Garten und einen großen Swimmingpool mit einer wunderbaren Aussicht auf die Ebene von Sharon.

Da alle Berühmtheiten, ob jüdisch oder nicht, den alten Herrn besuchen wollten, waren die Weizmanns gesellschaftlich sehr aktiv. Für israelische Verhältnisse herrschte in Rehovot ein aufwendiger Lebensstil. Die ungelernten Bediensteten waren Einwanderer aus dem Jemen oder aus Ungarn, die nur ihre eigene Muttersprache beherrschten. Es gab auch einen alten englischen Butler, der sich jedoch kaum noch auf den Beinen halten konnte. Wenn der Gesundheitszustand des Chefs es erlaubte, nahmen wir das Mittagessen am Pool ein. Es geschah häufig, daß Abendessen im letzten Moment abgesagt werden mußten.

Weizmann wollte über internationale Politik und über die Haltung anderer Länder gegenüber dem Nahen Osten informiert werden. Ich machte es mir zur Aufgabe, ihn mit interessanten Mitgliedern des diplomatischen Corps bekannt zu machen. Anläßlich von Mittag- oder Abendessen, die ich für ihn organisierte, lud ich Politiker, Persönlichkeiten aus dem kulturellen Leben und berühmte, in Israel weilende Gäste ein, von denen es stets eine ganze Menge gab. Viele ausländische Gäste wohnten während ihres Aufenthalts im Weißen Haus. Jascha Heifetz und Leonard Bernstein waren zu meiner Zeit Gäste des Hauses. Ich fand Bernstein ziemlich wichtigtuerisch. Ich erinnere mich noch, wie er einmal mit Weizmanns Enkel Fußball spielte, und es amüsierte mich, wie provokativ er mit dem Hintern wackelte, als er die israelischen Philharmoniker in einem ärmellosen Hemd dirigierte. Die Dienstmädchen klatschten über Heifetz' despotisches Verhalten gegenüber seiner Frau. Sie erzählten, sie habe sich jedesmal, wenn er das Zimmer betrat, erheben müssen.

Die Weizmanns erhielten Besuch von allen möglichen amerikanischen Politikern, Mitgliedern skandinavischer und anderer europäischer Königshäuser, von den Rothschilds, aber auch von Hollywood-Stars wie zum Beispiel Danny Kaye. Auch Mitglieder der »Familie« schauten regelmäßig vorbei, und ich erlebte ein Wiedersehen mit Richard Crossman, der ein enger Freund der Weizmanns war. Der Präsident war besonders erfreut über den Besuch von Leo Amery, einem ehemaligen Tory-Politiker und Freund von Winston Churchill. Amery hat die zionistische Bewegung sein Leben lang unterstützt. Er brachte seinen Sohn Julian mit, der in meinem Alter war und der eine interessante Karriere in der britischen Politik machen sollte. Mir fiel auf, daß er ziemlich modische, spitze italienische Schuhe trug. Während die beiden Alten über vergangene Zeiten sprachen, stellte Julian mir knappe und gezielte Fragen zur israelischen Innenpolitik und zur gesellschaftlichen Einstellung der Jugend. Mit seinem cartesianischen Denken und seinem leichten Zynismus kam er mir eher wie ein französischer als ein englischer Politiker vor. Er war mir vom ersten Moment an sympathisch.

Auch der geniale Philosoph Isaiah Berlin, mit dem ich in den kommenden Jahren so viel zu tun haben sollte, war ein regelmäßiger Besucher. Weizmann hielt große Stücke auf ihn und versuchte, ihn dazu zu überreden, in den Staatsdienst einzutreten. Während des Zweiten Weltkrieges, als er für die britische Botschaft in Washington arbeitete, hatte Weizmann sich seiner Dienste als Mittelsmann bedient, und die beiden Männer waren enge Freunde. Sie waren sich in vielen Dingen ähnlich. Weizmann ging gern mit ihm in den Gärten von Rehovot spazieren. Isaiah und ich blieben oft lange auf, und wenn die anderen sich für die Nacht zurückzogen, gingen wir noch einmal die Ereignisse des Tages durch. Ich versorgte ihn mit dem neuesten Klatsch, und es machte mir Spaß, das junge Israel mit seinen Augen zu sehen. Ich hatte immer den Eindruck, daß er mich lieber als Jude betrachtete, anstatt sich mit meiner Rolle in der Gesellschaft auseinanderzusetzen. Er versuchte später, mich dazu zu überreden, in Israel zu bleiben.

Kurz nach dem Mittagessen pflegte der Präsident sich zurückzuziehen und nicht vor sechs Uhr wieder zu erscheinen. Die Weizmanns verbrachten viele Abende allein und spielten Gin Rummy. Oder sie empfingen eine nicht enden wollende Schar von Besuchern aus dem Ausland. Vera Weizmann hatte nur wenige Freunde in Israel. Man hatte oft den Eindruck, daß ihr Herz in London war, das sie New York stets vorgezogen hatte. Sie war die Tochter eines Regimentsarztes der zaristischen Armee von Rostov am Don, und auch sie selbst war eine ausgebildete Ärztin. Ihre Familie gehörte zu dem kleinen Kreis russischer Juden, die das Bürgerrecht besaßen. Im zaristischen Rußland hatte es nur eine Handvoll jüdischer Offiziere gegeben, und sie war aufgrund ihrer Herkunft mehr als ein bißchen versnobt. Sie konnte sehr herablassend sein, war jedoch zugleich sentimental und herrisch. Ihrem Verhalten nach zu urteilen, hätte sie gut und gern die Tochter eines englischen Colonels sein können. Sie war energisch und dominant und hatte eine tiefe, durchdringende Stimme. Sie sprach mit einem starken Akzent, war Kettenraucherin und benutzte eine lange, elegante Zigarettenspitze. Durch die russische Angewohnheit, den Artikel wegzulassen, wurden ihre Sätze zu langen Reihen von Substantiven und Verben. Sie trug maßgeschneiderte Kleider, und ihr Verhalten war ausgesprochen förmlich. Sie verabscheute volkstümliche Gemütlichkeit und zuckte zusammen, wenn in ihrer Gegenwart Jiddisch gesprochen wurde – sie betrachtete Jiddisch als Proletensprache –, obwohl Weizmann die Ausdrucksstärke dieser Sprache liebte und berühmte Ansprachen auf jiddisch hielt. Für die englische Oberschicht empfand sie Ehrfurcht, und sie war begierig darauf, den neuesten Klatsch über die Churchills, die Cavendishs und die Ormsby-Gores zu hören. Wie die meisten Juden hatte sie ein besonderes Faible für die Rothschilds, oder die »Rothchildren«, wie Dr. Weizmann sie nannte. Das immer wiederkehrende Leitmotiv waren jedoch die ehelichen und außerehelichen Beziehungen der weitverzweigten »Familie«, wie das Codewort für den Marks-Sieff-Sacher-Laski-und-Blond-Clan lautete, der die Welt der zionistischen Juden Englands dominierte.

Es gab unzählige Geschichten über Mrs. Weizmann, über ihre Vorliebe für alles Vornehme, ihren Mangel an Kenntnis der jüdischen Kultur und darüber, wie sehr sie sich von Nichtjuden beeindrucken ließ. Eines Tages, als der neue sowjetische Gesandte kam, um seine Beglaubigungsschreiben zu überreichen, begleitet von zwölf Diplomaten und ebenso vielen israelischen Mitgliedern des Außenministeriums, richteten die Weizmanns ein Mittagessen am Pool aus, das bis in den Nachmittag andauerte. Mrs. Weizmann war im siebten Himmel, weil sie sich auf »zaristischem« Russisch anstatt auf jüdischem Russisch unterhalten konnte.

Als wir uns zu einer nachträglichen Diskussion zum Tee versammelten, rief sie entzückt aus: »Weißt du, Chaimchik, diese Russen sind wunderbare Menschen. Sie haben sich überhaupt nicht verändert. Ach, ich habe mich mit dem russischen Diplomaten so angeregt über Lermontov und Turgenjew unterhalten. Er ist so ein netter Mann.« Weizmann ließ sie erzählen und forderte sie auf, ihn genauer zu beschreiben. »Oh, du würdest ihn sofort erkennen«, sagte sie. »Er hat wunderschöne Wangenknochen und schmale Augen und eine elegante Haltung. Es war der, der wie ein echter Gentleman einen Nadelstreifanzug trug.« Da wies Weizmann sie darauf hin, daß sie sich mit Mr. Elyashiv, dem Chef der russischen Abteilung im israelischen Außenministerium, unterhalten hatte.

Anderen gegenüber nannte Mrs. Weizmann ihren Mann ausnahmslos »Chef«, mit Chaimchik redete sie ihn selbst an. Sie hatten sich während ihrer Studentenzeit in Genf kennengelernt, wo sie über viele Jahre hinweg ein Liebespaar waren, bis sie sich offiziell verlobten und schließlich heirateten. Da Weizmann von Natur aus ein Bohemien war, weitschweifig erzählte und sich in puncto Kleidung und Pünktlichkeit eher nachlässig zeigte, regelte Vera das Leben ihres Mannes mit eiserner Hand. Sie konnte ihn mit einem strengen Blick oder einem gezischten »Chaimchik« augenblicklich zur Ordnung rufen. In Rehovot bemühte sie sich, ihn vor Parteipolitik und innerparteilichem Zwist abzuschirmen, denn sie fand viel mehr Gefallen daran, Berühmtheiten aus dem Ausland in ihrem Haus zu bewirten, was sie auf würdevolle, wenn auch etwas gestelzte Weise tat. Die zionistischen und jüdischen Führer reagierten jedoch eher verstimmt auf die Aura von Exklusivität, die Vera um Weizmann herum aufbaute.

Auch von seiner Familie hielt sie ihn fern. Weizmann hatte einen älteren Bruder, Chilik, der sich in Haifa niedergelassen hatte. Dessen Sohn, Ezer Weizmann, war der Gründer der israelischen Luftwaffe, ein hervorragender Verteidigungsminister (und seit 1993 Präsident des Staates Israel). Dieser Teil der Familie wurde mehr oder weniger von Vera aus dem Hause verbannt, und der junge Ezer war zu stolz, um sich aufzudrängen, obschon sein Onkel ihn sehr schätzte. Manchmal flog Ezer in einer einmotorigen Maschine im Tiefflug über Rehovot, wobei er fast das Dach abdeckte. Mrs. Weizmann war jedesmal außer sich vor Wut, teilweise aus Eifersucht und teilweise aus Snobismus, aber Weizmann kicherte vergnügt in sich hinein.

Meistens beugte Weizmann sich ihrem strengen Regiment, wenn sie jedoch außer Sichtweite war, fiel er in seine alten Angewohnheiten zurück. Er besaß die sarkastische Selbstironie des russischen Intellektuellen und konnte sowohl nachtragend als auch grausam sein, indem er jemanden mit einer einzigen vernichtenden Bemerkung zurechtwies oder bissige Parodien zum besten gab. Weizmann war zugleich ein Bohemien und Aristokrat, ein russisch-jüdischer Liberaler – patriarchalisch, geistreich und boshaft. Er war, wie Isaiah Berlin es in seinem brillanten Essay so treffend formuliert hat, »der erste vollkommen freie Jude der modernen Welt«. Weizmann, ein Autokrat und eine Führungspersönlichkeit, unterlag heftigen Stimmungsschwankungen. Er konnte in einem Moment höflich und aufmerksam sein, um im nächsten Augenblick intolerant und auf boshafte Weise ironisch zu werden. Er war in den orthodox-jüdischen Traditionen verhaftet, obschon er eigentlich Agnostiker, wenn nicht Atheist war. Er fühlte sich wohl in Gesellschaft von Königen und Premierministern.

Weizmanns Anzüge stammten aus der Savile Row, seine Hemden ließ er bei Hawes und Curtis schneidern, seine Krawatten kaufte er bei Sulka und seine Schuhe bei Lobb. Aber genausogut konnte er in einer alten Strickjacke herumlaufen, und er liebte einfache Leute. Wenn er mit einer dunklen Brille, die er trug, weil er langsam erblindete, in seinem Garten saß, konnte er sich endlos mit seinem Chauffeur oder seinem Gärtner unterhalten. Da er einen Sinn für das Bizarre hatte, umgab er sich auch gern mit Exzentrikern, Menschen aus dem Ghetto, schwatzhaften Abenteurern und mystischen Rabbis mit langen Bärten. Sein Liebling unter den Kabinettsmitgliedern war Rabbi Itze Meier Levin, ein Mann wie eine Figur aus *Anatevka*, der die orthodoxe Aguda-Fraktion vertrat. Er trug einen Kaftan und einen langen Bart und blickte stets würdevoll drein, konnte jedoch plötzlich in ein selbstironisches Kichern ausbrechen. Nach talmudischer Tradition war er es gewohnt, sich in Übertreibungen zu ergehen und sich in versteckten Anspielungen auszudrücken, womit er Weizmann immer wieder zum Lachen brachte. Nach einem Treffen mit seinem Minister für soziale Angelegenheiten war der Chef stets in Hochstimmung. Er sagte zu mir: »Wissen Sie, er ist mir der Liebste von allen, er rasiert sich unter seinem Bart.«

Eines Tages setzte ich mich zu den beiden auf die Bank unter einer Linde. Während wir uns unterhielten, wandte der Chef sich an den Rabbi und fragte ihn spöttisch: »Können Sie sich vorstellen, daß es in naher Zukunft eine Synode geben wird, auf der unsere Rabbis zusammenkommen und unseren Glauben der modernen Zeit anpassen?« Rabbi Meier hob verblüfft Arme und Augenbrauen. »Bevor das passiert, muß dieser Baum erst fliegen lernen«, erwiderte er. Zwei Sekunden später strahlte er Weizmann an und sagte: »Eine Synode, was? Gute Idee. Sie könnte beschließen, die Sabbatgesetze zu verschärfen, und uns dazu bringen, daß wir mehr beten.«

Ich erinnerte mich Jahre später an diese kleine Episode, als ich einen Bericht über die Vorbereitungen des Vatikanischen Konzils von 1963 las. Wie es hieß, waren alle Bischöfe der katholischen Kirche aufgefordert worden, ihre Meinung darüber kundzutun, was das Konzil erreichen solle. Ein ultrakonservativer Bischof schickte eine Postkarte mit vier lapidaren lateinischen Worten: »De Maria nunquam satis.« (Über die Jungfrau Maria kann nie genug gesagt werden.) Weder dem

Bischof noch dem Rabbi Meier würde dieser Vergleich behagen, aber ich glaube, es gibt viele Gemeinsamkeiten innerhalb der hohen Geistlichkeit der zwei ältesten Zweige der monotheistischen Religionen.

Ernst David Bergmann, ein außergewöhnlicher junger deutscher Biochemiker, Weizmanns wichtigster wissenschaftlicher Assistent, der seinem Herrn mit hündischer Treue und dämonischer Energie diente, war ein großer Glücksfall für Weizmann. Bergmann wurde zu einem Vertrauten der Eheleute Weizmann, die ihn als eine Art Ersatzsohn betrachteten. Sein Vater war ein deutscher orthodoxer Rabbi, und Bergmann, obwohl er Atheist war, empfand dem zionistischen Staat gegenüber eine hingebungsvolle Treue und glaubte wie Weizmann an die große Bedeutung der Wissenschaft für das neue Israel. Er war ein kluger Kopf und arbeitete unermüdlich und ohne Rücksicht auf seine Gesundheit, lebte fast nur von Kaffee und Zigaretten, bis er so ausgehungert war, daß man ihn am liebsten zwangsernährt hätte. Frauen fanden ihn äußerst attraktiv, und er hatte unter anderem eine Affäre mit Lorna, der Witwe von Orde Wingate, die die bibeltreue Leidenschaft ihres verstorbenen Gatten für Zion teilte. Bergmanns Schwärmerei für die Ehefrau eines beliebten Schauspielers am Habbima-Theater in Tel Aviv, eine der Assistentinnen am Institut, die er später heiratete, trug zu seinem Bruch mit Weizmann bei.

Der Chef zeigte sich zusehends bekümmert, als sein Protegé begann, für die Regierung zu arbeiten. Er war der Meinung, daß das Institut sich unter Bergmanns Leitung in die falsche Richtung bewegte, und es schmerzte ihn zu sehen, wie er sich von Ben Gurions Plänen verlocken ließ, der ihn zur Mitarbeit an einem atomaren Zentrum in der Wüste Negev bewegen wollte. Diese Krise, die ihren Höhepunkt erreichte, als Bergmann seinen Posten als wissenschaftlicher Direktor niederlegte, begann während meines Jahres in Israel. Sie überschattete Weizmanns Denken und beeinträchtigte seine Gesundheit. Fast jedesmal, wenn er mit mir allein war, kam er auf Bergmanns »Verrat« zu sprechen, unabhängig von unserem jeweiligen Gesprächsthema. Es war ein schwerer Schlag für den alten Mann.

Weizmann überließ die Bearbeitung innenpolitischer Themen einem Sekretär, der die Reden für die verschiedenen offiziellen Anlässe schrieb, bei denen der Präsident sprechen mußte. Sein Interesse galt der Außenpolitik, was auch für mich zutraf. Es war meine Aufgabe,

Kontakte zu ausländischen Diplomaten herzustellen, Reden zu weltpolitischen Themen zu entwerfen und neue Botschafter oder Minister mit Weizmann zusammenzubringen, wenn sie ihre Antrittsbesuche machten. Ich brauchte also einen Stresemann. Im Zentrum von Tel Aviv gab es einen hervorragenden tschechischen Schneider, der in einem der besten Ateliers in Prag Zuschneider gewesen war. Zu den wenigen Gelegenheiten, wo solch förmliche Kleidung nötig ist, trage ich heute noch den Anzug, den er für mich angefertigt hat.

Während der Woche arbeitete ich im Präsidentenbungalow in der Kiryah-Enklave in Tel Aviv, dem eigentlichen Sitz der Regierung. Die Räumlichkeiten waren äußerst primitiv – Jerusalem wurde auf internationaler Ebene immer noch angefochten und besaß nur die nötigsten Regierungsämter. Mit wenigen Ausnahmen wurden die ausländischen Missionen und Botschaften in Tel Aviv akkreditiert. Auch die meisten wichtigen Ministerien hatten dort ihre Amtssitze, entweder in Baracken oder in Häusern, die früher der Kolonie des deutschen Templer-Ordens gehört hatten, einer Gruppe deutscher Siedler, die vor dem Ersten Weltkrieg in der Stadt gelebt hatten. Bei Kriegsausbruch waren sie in ihre Heimatländer zurückgeschickt oder gefangengenommen worden. Ihre Häuser wurden der Grundstock des israelischen Regierungsviertels und waren von Stacheldraht umgeben.

Der demographische und soziologische Aufbau des öffentlichen Dienstes war klar erkennbar. Die Führungsspitze, das heißt die Minister und die Staatssekretäre, waren größtenteils russische Juden; auf mittlerer Ebene und in der Verwaltung saßen deutsche Juden, die System und Disziplin in den Regierungsapparat brachten; die Posten in den unteren Rängen waren mit Polen und Rumänen bekleidet, und auf der untersten Ebene saßen die Sephardim und vor allem die Jemeniten. Obschon sie aus der rückständigsten Region der arabischen Halbinsel stammten, waren die jemenitischen Juden aufgeweckt und lernten schnell. Kleinwüchsig, doch von schöner Gestalt, waren sie gute Soldaten und begabte Handwerker.

Ich arbeitete hauptsächlich in der Kiryah. Einmal in der Woche besuchte ich das förmliche Präsidentenamt in der Jerusalemer Neustadt in der Nähe des Mandelbaumtors, der Grenze zwischen Israel und Jordanien. Ich hatte eine distinguierte, matronenhafte Assistentin namens Aiga Shapira, die sich mit dem Protokoll auskannte und mich in die

Feinheiten und Eigentümlichkeiten der aufkeimenden israelischen Politik einwies – sie ersparte mir manchen Fauxpas. Sie war von russisch-jüdischer Herkunft, und sie verfügte über exzellente Verbindungen zum zionistischen Establishment. Sie war die langjährige Lebensgefährtin des Wissenschaftlers Schmarya Levin gewesen, einem guten Freund der Weizmanns, den sie aus ihrer Studentenzeit in Berlin kannte, ein großer Kenner der hebräischen Sprache und eine der großen Persönlichkeiten in der Geschichte der zionistischen Kultur. Als ich Aiga Shapira kennenlernte, war er bereits gestorben, und sie teilte sich eine Wohnung mit ihrem unverheirateten Bruder, der Vorsitzender der damals noch staatlichen Behörde für Energieversorgung war.

Der Privatsekretär des Präsidenten, der sich auf Innenpolitik spezialisiert hatte, war der lebhafte Yigal Kimhi, ein intelligenter Mann orientalischer Herkunft, der aussah wie ein reicher Händler aus dem Basar. Er ging seinen eigenen Weg, war jedoch stets zur Kooperation bereit, wenn die Sachlage es erforderte. Das Verhältnis zu Major Arnon, dem Adjutanten des Präsidenten, und dessen polnischer Frau und Sekretärin, die den Haushalt in Rehovot führte, war komplizierter. Arnon war höchst unbeliebt, nicht zuletzt aufgrund seiner pfauenhaften Eitelkeit. Aber er genoß die Unterstützung von Mrs. Weizmann. Aus Prestigegründen bestand sie darauf, daß er einen höheren Rang bekleidete als der Militärberater des Ministerpräsidenten. Mir fiel die Aufgabe zu, bei General Yadin, dem mit Recht zaudernden Stabschef, vorstellig zu werden, um die Beförderung Arnons zum Oberstleutnant zu fordern. Bei dieser Gelegenheit begegnete ich zum erstenmal dem Mann, der später gemeinsam mit seinem Vater Eliezer Sukenik, dem in Polen geborenen Archäologen, die Schriftrollen am Toten Meer entdeckte und die Ausgrabungen in Masada leitete, wo sich im Jahre 73 vor Christus 960 Juden gegen eine Übermacht der Römer verteidigt und schließlich Selbstmord begang hatten, um nicht in die Hände ihrer Feinde zu fallen. Yadin führte die Schlachten von 1948 anhand von Landkarten, die sich auf biblische Quellen stützten. Mit Hilfe des Alten Testaments fand er heraus, wo die Philister geschlagen worden waren, und identifizierte ein ausgetrocknetes Flußbett als Ort, der in der Schrift erwähnt wird. Er schrieb eine ganze Reihe von Büchern über seine archäologische Arbeit, von denen ich mehrere verlegte, unter anderem das international anerkannte Werk *Masada.*

Unter den Freunden, die ich im Außenministerium gewann, war ein exzentrischer, alter deutsch-jüdischer Gelehrter namens Leo Kohn, der aus Breslau stammte und einen starken schlesischen Akzent hatte. Nach Art eines chinesischen Gelehrten arbeitete er in einem kleinen Pavillon innerhalb der Häuser der ehemaligen Templer-Kolonie, die sich nun im Besitz des Ministeriums befand. Dort hockte er und starrte stundenlang aus dem Fenster, aber bis zum Tagesende hatte er auf wundersame Weise einen Stapel brillanter Strategiepapiere produziert. Ich hatte das Glück, von ihm unter die Fittiche genommen zu werden.

Freitags fuhr ich regelmäßig zum Mittagessen nach Rehovot, häufig in Begleitung des Außenministers Moshe Sharett, der dem Präsidenten einmal wöchentlich Bericht erstattete. Ich nahm stets an ihren Zusammenkünften teil. Sharett war bemüht, als Vermittler zwischen dem »Weißen Haus« und Ben Gurion aufzutreten. Er war ein Nachkomme russischer Einwanderer und hatte als palästinensischer Jude im ersten Weltkrieg in der türkischen Armee gedient. In den Tagen vor der Unabhängigkeit war er der Leiter der politischen Abteilung der Jewish Agency und bekleidete später eine führende Position in der Labour Party. Sharett hatte dichtes schwarzes Haar und trug einen Schnurrbart wie Chaplin. Er war äußerst sprachbegabt, wirkte aber belehrend, pedantisch und recht humorlos und sprach das Englisch eines kultivierten Levantiners, mit perfektem Tonfall, ohne jemals zu zögern oder einen grammatischen Fehler zu machen. Er liebte es, sich selbst reden zu hören. Sharett zog es vor, seine Mitarbeiter um sich in seinem Büro zu versammeln, wobei häufig einige auf dem Boden hocken mußten, anstatt förmliche Besprechungen um einen Konferenztisch herum einzuberufen. Er war schwer einzuschätzen. Mir gegenüber war er stets freundlich, und ich schätzte ihn sehr.

Sharetts Beziehung zu Weizmann war kompliziert. Obwohl er zu seinen Jüngern gehört hatte, war er in den entscheidenden Fragen, die in Basel zu Weizmanns Sturz als Führer der zionistischen Bewegung geführt hatten, auf seiten Ben Gurions gewesen. Keiner der beiden vertraute Sharett, da jeder annahm, er ziehe den andern vor. Sharett hatte Weizmann gegenüber stets Schuldgefühle. Er bemühte sich, wieder mit ihm ins reine zu kommen, was ihm jedoch nur teilweise gelang. Der Chef hatte ihm gegenüber immer Vorbehalte.

Bei ihren wöchentlichen Zusammenkünften mußte ich häufig dafür sorgen, daß die Stimmung nicht zu angespannt wurde. Weizmann zeigte seine Ambivalenz auf sehr subtile Weise. Wenn er Sharett gerade wohlgesonnen war, nannte er ihn freundschaftlich Moshe. War er gereizt, nannte er ihn Moses. Er war nie offen feindselig, neigte jedoch zum Sarkasmus. Mit der Zeit konnte ich Weizmanns Stimmungslage gut einschätzen, und sobald ich das Codewort Moses vernahm, wußte ich, daß es schwierig werden würde.

»Nun, Moses, erzählen Sie mir, was gibt es Neues in der Welt?«

Weizmann lockte Sharett aus der Reserve, nur um ihn anschließend zurechtzustutzen. Der Außenminister ließ sich immer wieder ködern, was manchmal dazu führte, daß er in Verlegenheit geriet oder gar sprachlos wurde.

»Wissen Sie, Chef«, erklärte er einmal voller Stolz, »letzte Woche haben wir einen großen Triumph erlebt. Zum erstenmal haben die Vereinten Nationen einen israelischen Delegierten in einen Unterausschuß gewählt. Das zeigt doch, daß wir dabei sind, uns in der Welt einen Namen zu machen.«

»Welch ein Triumph«, entgegnete Weizmann mürrisch. »Das erinnert mich an die Geschichte von dem Pagen in einem Hotel in Karlsbad, der an seine Eltern schrieb: ›Liebe Eltern, ich mache große Fortschritte. Es ist mir jetzt gestattet, die Kunden zu bedienen, die nie Trinkgeld geben.‹«

Bei einer anderen Gelegenheit, als der Präsident schlecht aufgelegt war, sagte Sharett zu ihm: »Also, Chef, wir unterhalten inzwischen diplomatische Beziehungen zu dreißig Ländern. Das bringt ein hohes Aufkommen an Korrespondenz mit sich, und wir erhalten jeden Tag 150.000 Wörter in Telegrammen.« Worauf Weizmann sagte: »Ah, Sie erinnern mich an die beiden Heiratsvermittler, die immer geschäftig waren und sich andauernd gegenseitig Telegramme schickten. Am Ende hatten sie jedesmal entweder zwei Bräute oder zwei Bräutigame. So brachten sie nicht ein einziges Paar zusammen.« Trotzdem schien er sich jedesmal auf die wöchentliche *Tour d'Horizon* des Nahen Ostens und der Weltpolitik mit Sharett zu freuen.

Weizmanns Gesundheitszustand wurde immer schlechter, und seine Konzentrationsfähigkeit ließ deutlich nach. Es gab Momente, in denen er einen messerscharfen Verstand bewies, und andere, in denen seine Gedanken abschweiften und seine Aufnahmefähigkeit stark beeinträchtigt war. Er war schon immer wechselhaft in seinen Launen gewesen, aber während seiner letzten Jahre, als er alt und krank war, trat dieser Charakterzug um so deutlicher zutage. Ich mußte ihm dabei helfen, seine Autobiographie *Trial and Error*, die im Frühjahr 1949 erschienen war, zu überarbeiten. Da er häufig bettlägerig und unfähig zu arbeiten war, taten wir nur so, als ob wir uns mit dem Buch beschäftigten. Aber Vera Weizmann war stets bemüht, den Schein aufrechtzuerhalten, und sagte jedesmal zu mir: »Ich bin ja so froh, daß Sie so gut mit dem Chef zusammenarbeiten.«

Weizmann war sich darüber im klaren, daß er keine wirkliche Macht besaß. Seine Krankheit und sein Alter frustrierten ihn, und er ärgerte sich über seine rein repräsentative Rolle. Wenn er besonders gedrückter Stimmung war, sprach er von sich selbst als dem »Gefangenen von Rehovot«. Einige Leute in seiner Umgebung machten die Situation noch schlimmer, indem sie sich bei seiner Frau beklagten, die ihm dann in den Ohren lag mit Vorhaltungen wie »Ben Gurion berät sich überhaupt nicht mit dir.« – »Ben Gurion nimmt dir deinen Stolz.« Oder: »Ben Gurion läßt dich nicht in diplomatischem Auftrag ins Ausland reisen.« – Und das, obschon allen klar war, daß die Ärzte ihm dringend von derartig anstrengenden Unternehmungen abgeraten hätten. Manchmal ignorierte er ihre Nörgelei, aber dann gewann seine Bitterkeit wieder die Oberhand, und er schnauzte Sharett an: »Ich weiß, wie Sie mich gerne hätten: als Schweizer Präsidenten. Genau das hat Ben Gurion gesagt, als ich mein Amt angetreten habe. Aber ich will kein Schweizer Präsident sein. Warum kann ich nicht ein amerikanischer Präsident sein?« Sharett bemühte sich stets, ihn zu beruhigen: »Aber Chef, Sie verfügen über große moralische Autorität. Sie sind und bleiben schließlich, wer Sie sind!«

Ben Gurions Einstellung zu Weizmann war ambivalent. Er achtete ihn als Wissenschaftler und Mann von Welt, gleichzeitig jedoch sah er ihn so, wie viele Männer der Tat Intellektuelle betrachten – er hielt ihn für einen Zuschauer, einen Mann der Kompromisse, dem es in wichtigen Dingen an Entschlußkraft mangelte. Für Weizmann war Ben Gurion ein Autodidakt, ein Zauderer und militanter Aufwiegler. Andererseits bewunderte er seine Zähigkeit und seine Fähigkeit, unpopuläre politische Entscheidungen durchzusetzen. Als wir einmal über Ben Gurion diskutierten, sagte er zu mir: »Wissen Sie, was er während des Unabhängigkeitskrieges getan hat, hätte ich nie tun können. Ich hätte im Krieg keine Nation führen können.« Ich glaube, Weizmann war sich selbst gegenüber zu hart. Er war fast vierundsiebzig Jahre alt und in einem schlechten Gesundheitszustand, als er zum Staatsoberhaupt gewählt wurde. Wäre er 1948 jünger gewesen, hätte er sicherlich auf seine Art ein ebenso dynamischer Führer sein können wie Ben Gurion.

Trotz allem gab es Situationen, in denen Weizmann eine entscheidende Rolle spielte. Seine Korrespondenz mit Churchill trug wesentlich zur Verbesserung der anglo-israelischen Beziehungen bei, und das in einer Zeit, als das britische Außenministerium eine deutlich ablehnende Haltung gegenüber dem neuen Staat an den Tag legte. Er besaß große moralische Autorität, die während des Korea-Krieges zum Tragen kam, als er die israelische Regierung dazu überredete, die Politik des Westens zu unterstützen.

In den ersten zwei Jahren nach der Staatsgründung war Israel neutral gewesen – mit Französisch als zweiter offizieller Sprache, da die Israelis mit der Tradition des britischen Mandats brechen wollten. Außerdem bestand allgemein der Eindruck, die Sympathie der Briten gelte den Arabern, während die Franzosen sich zusehends dem israelischen Standpunkt annäherten, besonders als später, auf dem Höhepunkt der Algerienkrise, Präsident Nasser von Ägypten, der Erzfeind des jüdischen Staates, die Nationale Befreiungsfront unterstützte. Die Sowjetunion, die freundschafliche Beziehungen zu Israel unterhielt, war das erste Land, das den neuen Staat offiziell anerkannte, und zwar sechs Stunden bevor dies durch die Amerikaner bei den Vereinten Nationen erfolgte. In den ersten Jahren galt Moskaus Sympathie Israel, weil die arabische Welt damals aus einer Gruppe von Feudalstaaten bestand, die mit den Briten unter einer Decke steckten, und es gehörte zur sowjetischen Politik, den Briten im Nahen Osten in die Quere zu kommen.

Aber der Korea-Krieg erwies sich als Wendepunkt. Weizmann beeinflußte das Geschehen von seinem Krankenbett in Rehovot aus. Er war außer sich, als er hörte, daß das Kabinett sich bei der entscheidenden UN-Abstimmung neutral verhalten wollte – es ging um ein Prinzip, und der Präsident vertrat die Auffassung, Israel müsse Partei ergreifen. Also beauftragte er mich, eine Kabinettssitzung einzuberufen. Obwohl er stark fieberte, befand er sich im Vollbesitz seiner geistigen Kräfte, und mit krächzender Stimme hielt er den Ministern an seinem Krankenlager eine Art Gettysburg-Rede*. »Ganz besonders unser Volk muß auf der Seite der Opfer von Aggression stehen«, meinte er. »Man wird Israel nach moralischen Maßstäben beurteilen.«

Die israelische Regierung stimmte gemeinsam mit den Amerikanern gegen die Anwesenheit der Chinesen in Korea. Die Beziehungen zwischen Israel und der kommunistischen Welt haben sich davon nie mehr erholt. Aber der Bruch wäre auch ohne diese Entscheidung früher oder später erfolgt. Den Sowjets war inzwischen klargeworden, daß Israel aufgrund der emotionalen und finanziellen Beziehungen zu den amerikanischen Juden mit Amerika sympathisierte und die Neutralität unhaltbar war. Als dann innerhalb der arabischen Welt die großen sozialen Revolutionen ausbrachen, erkannten die Sowjets, daß sie dort eine weit größere Gefolgschaft finden konnten als in einem prowestlichen, kapitalistischen jüdischen Staat. Der berühmte Prager Schauprozeß im Jahre 1952, als Slánsky, der Generalsekretär der Kommunistischen Partei, wegen »zionistischer und titoistischer Intrigen« zum Tode verurteilt wurde, hatte bereits gezeigt, in welche Richtung die Dinge sich entwickelten.

Weizmann setzte sich stark für die Menschenrechte ein. Ich erinnere mich noch an eine Intervention seinerseits in einer Frage, die den Umgang mit Arabern betraf. Philip Toynbee berichtete im *Observer* über die brutale Behandlung einiger arabischer Eindringlinge an der jordanischen Grenze. Daraufhin beorderte Weizmann General Yadin an sein Krankenbett und verlangte von ihm, die israelischen Grenztruppen zu disziplinieren. Er hielt dem Stabschef einen Vortrag darüber, daß gerade die Israelis besonderen Wert auf die Einhaltung der Menschenrechte legen müßten.

Nach einiger Zeit wurde meine Arbeit als Vermittler zwischen Weizmann und der Regierung zur Routine, nicht zuletzt, weil die Beziehungen sich verbesserten. Teddy Kollek, der Amerika-Experte im

---

* Gettysburg: Städtchen bei Harrisburg, Pennsylvania, USA, 1863 Schauplatz einer blutigen Schlacht im Amerikanischen Bürgerkrieg, die einen Wendepunkt zugunsten der Union bedeutete. Berühmt durch eine Ansprache Abraham Lincolns. A. d. Ü.

Außenministerium, und Sharett beschlossen, mich mit einer wichtigen Werbeaktion zu beauftragen, die sie »Operation Jerusalem« nannten.

Als die Vereinten Nationen im November 1947 der Teilung Palästinas zugestimmt hatten, war Jerusalem vom jüdischen Staat ausgeschlossen worden. Während meiner Zeit in Israel war der Status Jerusalems immer noch nicht definiert worden – die Stadt gehörte zur Hälfte zu Israel und zur Hälfte zu Jordanien. Die Juden, die Jerusalem seit den Tagen von David und Salomon als ihre Hauptstadt betrachteten, hatten die Altstadt an die Jordanier verloren und befürchteten nun, auch die Neustadt zu verlieren. Man versuchte, die Vereinten Nationen unter Druck zu setzen und dazu zu bewegen, Jerusalem einen Sonderstatus zu verleihen und die Stadt unter UN-Verwaltung zu stellen. Im Januar 1950 verabschiedete die UN-Versammlung eine von den Stimmen einer Koalition aus arabischen, lateinamerikanischen, katholischen und kommunistischen Delegierten getragene Resolution, Jerusalem zu einer internationalen Stadt zu machen. Israel leistete erbitterten Widerstand gegen eine Trennung des jüdischen Jerusalem vom Staat der Juden, und Weizmann schrieb Protestbriefe an viele führende Politiker in aller Welt. Die Regierung startete die »Operation Jerusalem« als eine weltweite Propagandakampagne zur Erhaltung der Neustadt. Die Kampagne erhielt ein Budget von einer Million Pfund, und ich wurde mit ihrer Organisation betraut.

Ich richtete ein fliegendes Hauptquartier ein und heuerte einen Stab von Spezialisten an, um ein Multimedia-Unternehmen zu starten. Wir lancierten Pressekampagnen, organisierten Vorträge und Austauschprogramme und veröffentlichten einen Bericht, der einundzwanzig Gründe dafür aufzählte, warum die Neustadt ein Teil Israels bleiben sollte. Außerdem gaben wir ein wunderschönes Buch mit dem Titel *Jerusalem the Golden* (*Das goldene Jerusalem*) heraus, das in acht Sprachen erschien. Alle israelischen Botschaften und Konsulate wurden auf die Sache eingeschworen. In New York koordinierte Gideon Rafael, einer der klügsten Köpfe im diplomatischen Dienst, der später, während Harold Wilsons Zeit als Premierminister, Botschafter in London werden sollte, die Arbeit in Nord- und Südamerika. Es war eine beeindruckende Erfahrung, die mich ein halbes Jahr lang voll in Anspruch nahm.

Es gab auch Pläne für ein großes Festival, für das wir leider nie die nötigen Mittel auftreiben konnten, doch einige unserer Ideen wurden Jahre später erfolgreich verwirklicht. Ich brachte Nicolas Nabokov mit Evzerov zusammen, dem israelischen Impresario russischer Herkunft, der voller ehrgeiziger Pläne steckte, von denen einige dank seiner Energie ausgeführt wurden. Er beschaffte das Geld für das Jerusalemer Kongreßzentrum, ein Gebäude, das am Ende der Straße steht, die sich von Tel Aviv bis nach Jerusalem hinauf windet und das den Jerusalem-Besucher schon von weitem willkommen heißt. Es war jahrelang das eindrucksvollste moderne Gebäude dieser Stadt, bis unter Teddy Kollek als Jerusalemer Bürgermeister ein neues und ideenreiches Neubauprogramm ins Leben gerufen wurde. Als wir noch von einem großartigen Programm für das Jerusalem-Festival träumten, reisten Nicolas und ich nach Neapel, um uns mit dem Direktor der San-Carlo-Oper über Opernfestspiele mit biblischen Themen zu unterhalten. Nicolas, der alles dafür gegeben hätte, um ein berühmtes Opernhaus oder ein Musikfestival zu leiten, war voller Enthusiasmus über seine Vorschläge. Wir riefen Evzerov an, und Nicolas spulte ein spannendes, abenteuerliches Programm ab, das vom Naheliegenden bis zum Abwegigen alles enthielt: Verdis *Nabucco*, Rossinis *Moses in Ägypten*, Halévys *La Juive*, *Joseph* von Méhul und *Die Königin von Saba* von Karl Goldmark. Als er noch *Salome* hinzufügte, brüllte Evzerov quer über das Mittelmeer hinweg: »Sie können Richard Strauss in Israel nicht spielen. Das wäre noch schlimmer als Wagner.«

Im Frühjahr 1950 erhielt ich Einblick in die Verhandlungen zwischen den Israelis und Abdullah von Transjordanien. Diese geheimen Gespräche wurden auf denkbar bizarre Weise geführt. Bei Sonnenuntergang überquerte eine Gruppe israelischer Politiker in Beduinenkleidung das Niemandsland und gelangte über einen schmalen Pfad nach Suneh, dem königlichen Winterpalast. Während der ganzen Nacht diskutierten sie mit Abdullah und seinen Beratern Pläne zu einem Separatfrieden zwischen Jordanien und Israel. Auf der Tagesordnung standen eine gemeinsame Währung, eine Zollvereinigung, ein Nichtangriffspakt und ein eineinhalb Kilometer breiter Korridor durch das Westjordanland. Das läßt erkennen, wie nah die beiden Länder dem Frieden kamen.

Die Gruppe der israelischen Unterhändler setzte sich immer wieder unterschiedlich zusammen. Zu ihr gehörten Golda Meir, Reuven

Shiloah, der mich in Lausanne überprüft hatte, und Moshe Dayan. Häufig war auch Eliahu Sasson, ein sephardischer Jude, der die arabische Abteilung in der Jewish Agency geleitet hatte, mit von der Partie. Seine Muttersprache war Türkisch, und zu jener Zeit wurde am jordanischen Hof nicht Arabisch sondern Türkisch gesprochen. Diese Gespräche waren stets informell – es gab kein Protokoll. Manchmal wandte sich der jordanische Monarch während der Diskussion an einen seiner Berater und flüsterte ihm etwas auf Türkisch zu. Möglicherweise wußte er nicht, daß Sasson ihn verstand, aber da beide Seiten versuchten, sich gegenseitig zu bluffen, glaubten einige der Israelis, er tue dies absichtlich, um sie wissen zu lassen, was er dachte. Abdullah zeigte keinerlei Respekt den anderen Arabern gegenüber. Seine Berater waren geteilter Meinung und sagten zu ihm: »Ihre Majestät, Sie gestehen den Juden so vieles zu. Was würden unsere Freunde, die Irakis, dazu sagen?«, woraufhin der Emir eine Reihe von Flüchen über seine arabischen königlichen Vettern ausstieß.

Bei Tagesanbruch kehrte die Delegation zurück. Bevor die Männer nach Hause gingen, mußten sie in einem Haus, das dem Militärgouverneur von Jerusalem gehörte, Bericht erstatten. Sie wurden bereits von Sekretärinnen erwartet, denen sie ihre Berichte diktierten, solange die Erinnerung noch frisch war. Ich war damit beauftragt worden, das Rohmaterial dieser Verhandlungen zu sichten, zu überarbeiten und eine Zusammenfassung in englischer Sprache zu verfassen. Die Gespräche wurden noch fortgeführt, als ich Israel bereits verlassen hatte, wurden dann jedoch abrupt abgebrochen, weil die Briten verhindern wollten, daß die Juden mit Jordanien einen Separatfrieden vereinbarten, aus Furcht, dies könnte die Position König Faruks von Ägypten schwächen. Deshalb war Sir Alec Kirkbride, der britische Botschafter in Jordanien, wenig geneigt, diese Friedensanstrengungen zu unterstützen. Es ist nie zur Unterzeichnung eines Abkommens gekommen, und kurze Zeit später wurde der Emir in der El-Aksa-Moschee in Ostjerusalem von einem Extremisten ermordet.

Durch meine Freundschaft mit Teddy Kollek und Reuven Shiloah erhielt ich auch Zugang zum Gefolge von Ben Gurion, obschon ich natürlich Weizmanns Mann blieb. Teddy hätte mich ohne weiteres als Außenseiter, der noch nicht einmal Hebräisch sprach, ablehnen können, aber er verhielt sich sehr freundlich, ohne jemals gönnerhaft zu sein. Eines Tages bemerkte er, wie ich in einem viel zu warmen Hemd fürchterlich schwitzte. Am nächsten Morgen ließ er mir drei Seidenhemden aus seinem eigenen Kleiderschrank zukommen. Es handelte sich um Geschenke eines seiner amerikanischen Bewunderer, und sie paßten mir, da wir eine ähnliche Figur haben. Ich habe sein grünes Seidenhemd immer noch und trage es mit Stolz.

Teddy nahm mich zu vielen spontanen Besprechungen über die verschiedensten Themen mit und schirmte mich vor byzantinischen Intrigen ab. Er führte mich in den inneren Kreis ein. Die Elite bestand aus einer Gruppe von Personen, von denen die meisten schon im Untergrund gearbeitet hatten. Sie gehörten der Arbeiterpartei an, nicht der Irgun, der radikalen zionistischen Ex-Untergrundorganisation, deren Anführer eine Zeitlang Menachem Begin gewesen war. Zu jener Zeit begegnete ich niemals Männern wie Begin, den »Männern hinter dem Berg«. Sie waren isoliert und in ständiger Opposition, ähnlich wie die Kommunistische Partei in Frankreich. Hätte Teddy die politische Bühne 1964 verlassen, bevor er Bürgermeister von Jerusalem wurde, er hätte trotzdem einen Ehrenplatz in der Geschichte Israels verdient. Er legte den Grundstein für den Fremdenverkehr und trug wesentlich zu dem ehrgeizigen wissenschaftlichen und technischen Hilfsprogramm in Afrika bei, das er in enger Zusammenarbeit mit Shimon Peres und Ehud Avriel erarbeitete.

Der einzige von Ben Gurions engen Mitarbeitern, den ich zum Mittagessen ins »Weiße Haus« schmuggeln konnte, war Ehud Avriel. Er war als erster israelischer Minister nach Bukarest gereist, und Weizmanns Neugier zu erfahren, was sich in Rumänien abspielte, war stärker als sein Groll. Avriel und Teddy Kollek waren wie Castor und Pollux. Sie stammten aus demselben Viertel in Wien und hatten in demselben Kibbuz, Ein Gev, am Tiberiassee gelebt. Beide waren Schlüsselfiguren bei der Organisation illegaler Einwanderung mitteleuropäischer Juden. Ehud hatte Eichmann persönlich gegenüber gesessen und 10.000 jüdische Kinder aus seinen Klauen befreit. Während des ersten arabisch-israelischen Krieges leistete er unschätzbare Dienste als Kriegsgerätbeschaffer und als Scarlet Pimpernel* des Balkan. Als er

---

* Held des gleichnamigen Abenteuerromans von Baronesse Orczy, der die Geschichte eines englischen Aristokraten erzählt, der während der Französi-

Wien als Teenager verließ, um in Palästina in einem Kibbuz zu arbeiten, legte er den Namen Überall ab und nannte sich fortan Avriel. Er war ein äußerst belesener Autodidakt, der Rilke, Goethe und Schiller mühelos aus dem Gedächtnis zitieren konnte, und hätte eine glänzende Karriere machen können, hätte es ihm nicht an Organisationstalent gemangelt. Er war der typische Untergrundkämpfer, und es gelang ihm nie, seine Fähigkeiten mit der Beweglichkeit des Technokraten in Einklang zu bringen, wie etwa Teddy Kollek und Shimon Peres das konnten.

Avriel war davon überzeugt, daß der Schlüssel zur Zukunft Israels in Europa und vor allem in Deutschland lag, genauso wie Reuven Shiloah glaubte, die Zukunft liege in der Zusammenarbeit mit den Vereinigten Staaten. Das mag heute wie eine Binsenwahrheit erscheinen, aber kurz nach Ende des Zweiten Weltkrieges war das amerikanische Außenministerium eindeutig proarabisch eingestellt. General Marshall war gegen den Judenstaat, und Roosevelt hatte Ibn Saud versprochen, daß die Amerikaner ohne die ausdrückliche Zustimmung der Saudis keinen jüdischen Staat einrichten würden. Innerhalb der offiziellen Kreise in Washington waren die Freunde Israels dünn gesät. Avriel baute enge Beziehungen zu konservativen Politikern in Deutschland auf, ganz besonders zu Heinrich von Brentano, dem Außenminister, und Baron Guttenberg, der eine wichtige Rolle beim Zustandekommen der Großen Koalition von 1966 spielte. Ehud Avriel teilte ebenfalls mein Interesse daran, die Unterstützung des katholischen Lagers zu gewinnen. Bedauerlicherweise starb er früh an Krebs.

Auch Moshe Pearlman gehörte zu diesem Kreis. Er war eine schillernde Persönlichkeit, der seine Tätigkeit als englischer Journalist aufgab, um in einen Kibbuz zu gehen, wo er sich der Haganah anschloß. Während des Zweiten Weltkrieges waren er und der Karikaturist Osbert Lancaster als Mitarbeiter des Presseattachés in der britischen Botschaft in Athen tätig gewesen. Das einzige, was die beiden Männer gemein hatten, war ein mächtiger Schnurrbart. Ansonsten verabscheuten sie sich gegenseitig: Jeder hegte dem anderen gegenüber

---

schen Revolution französische Adlige außer Landes schleust, um sie vor dem Revolutionsterror zu bewahren. Sein Erkennungszeichen war ein Siegelring mit der Abbildung einer »Scarlet Pimpernel«, einer roten Blume. A. d. Ü.

alberne Vorurteile. Moshe hielt Osbert für einen eingefleischten Antisemiten, während Osbert in Moshe einen aufdringlichen und verschlagenen »Hebräer« sah. Tatsächlich war Moshe ein liebenswerter Mensch mit einem sonnigen Gemüt. In den Tagen vor der Staatsgründung leistete er von der Kanzlei der britischen Botschaft in Athen aus wertvolle Arbeit für die Haganah als Waffenbeschaffer und Organisator von Transporten illegaler Einwanderer. Als ich ihn kennenlernte, war er Leiter des Pressebüros der israelischen Regierung. In der Öffentlichkeitsarbeit leistete er Hervorragendes, und er war wahrscheinlich der beste Pressesprecher, den die Armee und die Regierung Israels je hatten. Als treuer Gefolgsmann von Ben Gurion und später von Dayan sowie enger Freund von Teddy Kollek wurde er der Eckermann für eine große Anzahl israelischer Politiker, denen er als Ghostwriter für ihre Memoiren zur Seite stand.

In jener frühen Phase des neuen Staates wurde permanent improvisiert. Während meines Jahres in Israel lernte ich, was es bedeutet, ein neues Land aufzubauen. Es herrschte eine Atmosphäre, an die ich erinnert wurde, als ich 1989, nach dem Zusammenbruch des Kommunismus in Osteuropa, mit Tschechen, Ungarn und Polen zusammenkam. Es gab viele Parallelen zwischen beiden Situationen. In der Übergangsphase, kurz nachdem der neue Staat ausgerufen worden war, boten viele Menschen von außerhalb, manche aus Eigennutz, andere aufopferungsvoll, ihre Hilfe an, teilweise auf privater Ebene oder auch unter hochtrabenden Titeln wie »Wirtschaftlicher Berater des Kabinetts« oder »Persönlicher Berater des Premierministers«. Es gab Spezialisten, die praktische Ratschläge beisteuerten, wie auch intellektuelle Geldhaie und Phantasten, die ihre Hilfe anboten. Flora Solomons Arbeit in den Vertriebenenlagern ist eins der positivsten Beispiele.

Gewöhnlich wurden neue Initiativen ohne große Vorplanung durchgeführt. Ich erinnere mich noch, wie mehrere von uns zusammensaßen und zu dem Schluß kamen, wir benötigten so etwas wie das British Council, um die israelische Kultur zu fördern und den Hebräisch-Unterricht im Ausland zu koordinieren. Sechs oder acht von uns trafen sich an jenem Abend in einem vegetarischen Restaurant gegenüber dem Hotel Dan in Tel Aviv, stellten dort bei Käsekuchen, Joghurt und Hering eine neue Mannschaft zusammen und bereiteten ihre Absegnung durch das Kabinett vor. Das System war damals noch sehr offen.

Wir waren voller Abenteuergeist und vom Glauben an das Unmögliche angetrieben.

In jener berauschenden Zeit stiegen viele junge Talente zu neuen Höhen auf. Sie waren die Golden Boys von Israel. Eliahu Elath, der während der Vorbereitungszeit, die schließlich zur Proklamation des neuen Staates geführt hatte, als Leiter des Washingtoner Büros der Jewish Agency beim US-Außenministerium und auf dem Kapitolhügel treue Dienste geleistet hatte, war in seinen Dreißigern, als er Israels erster Botschafter in den USA wurde. Abba Eban, erst Ende Zwanzig, hatte ein solches Geschick darin bewiesen, Israels Anliegen vor den Vereinten Nationen zu vertreten, daß er zum ständigen Vertreter bei den Vereinten Nationen bestimmt wurde, bevor er mit dem Posten eines Botschafters in Washington belohnt wurde. Er war einer der klügsten Köpfe seiner Generation und ein brillanter Redner. Allerdings war er kein guter Zuhörer. Obwohl er im Ausland zu großen Ehren gelangte, schaffte er es nie, in Israel eine ausreichend große Anhängerschaft für sich zu gewinnen, um ins höchste Amt gewählt zu werden.

Yigael Yadin war erst dreißig Jahre alt, als er zum Stabschef ernannt wurde, und Moshe Dayan, den ich später viel besser kennenlernte, war in seinen frühen Dreißigern bereits ein Nationalheld, nachdem er Jerusalem im Unabhängigkeitskrieg gegen die Arabische Legion, die schlagkräftigste und am besten ausgerüstete arabische Armee, verteidigt hatte. Der populärste unter den jungen Generälen war Yigal Allon, der 1948 die berühmte Schlacht um den Faluja-Kessel gegen die Ägypter gewonnen hatte und zum nationalen Idol wurde. Er erzählte, wie er einmal mit zwei kriegsgefangenen ägyptischen Stabsoffizieren am Lagerfeuer saß und über die Schlacht diskutierte, die eben stattgefunden hatte. Allon fragte einen von ihnen: »Warum, glauben Sie, haben Sie den Krieg verloren?« Der Mann erwiderte: »Weil unsere Offiziere zu fett und unsere Soldaten zu dünn sind. Aber eines Tages werden wir Sie schlagen.« Dann wandte er sich an seinen Kameraden, der pfeiferauchend neben ihm saß, und sagte: »Wir werden nach Hause zurückkehren und eine Revolution machen. Wir werden König Faruk stürzen.« Diese beiden Männer waren Nasser und Nagib.

Allon, mit dem ich mich schnell anfreundete, gefiel dem Chef, denn er sah in ihm einen schwärmerischen Zionisten. Er gehörte jener israelischen Kibbuz-Elite an, die von alten Siedlerfamilien abstammte, die

Drei Generationen: mein Vater, meine Mutter und mein Großvater väterlicherseits.

Als Schuljunge, im Kostüm für eine Aufführung des Schultheaters.

Das zauberhafte Venedig: meine Mutter und ich, im Alter von sieben Jahren …

… und meine Tochter Laura im selben Alter.

Ein Familientreffen, Juni 1939. Mein Vater (*Mitte*), kurz zuvor aus der Nazigefangenschaft entlassen, meine Mutter (*rechts von ihm*) und ich, zusammen mit der Familie Smythe, bei der wir Schutz gefunden hatten.

Kurz nach meinem Eintritt in die BBC mit einer Gruppe junger Kollegen.

Rechts: Der letzte Fasching in Wien, Februar 1938.

Unten: Ein Leitstern in meinem Leben: Flora Solomon, zusammen mit Simon Marks.

Moura Budberg: eine geheimnisvolle Mutterfigur.

Oben: Mit Clarissa Churchill (Countess of Avon), die bis zu ihrer Heirat mit Anthony Eden für *Contact* arbeitete, und Mr. Hyman Kreitman.

Unten: Antonia Fraser und Elizabeth Longford, die zwei gefeierten Biographinnen und zwei meiner treuesten Gefährtinnen.

Anläßlich einer Feier zu meinem fünfzigsten Geburtstag in Cleve Lodge mit Nigel Nicolson in der Bibliothek.

Mit Präsident Weizmann in seinem »Weißen Haus«, 1950.

Vladimir Nabokov, der hervorragendste Schriftsteller, den ich je gekannt habe.

Hochzeit mit Jane Sieff, 1952. *Von links nach rechts*: Edward Sieff, mein Schwiegervater; Lady Marks, seine Schwester; Sally Sieff, Janes Schwester; Jane; ich; Nigel Nicolson, mein Trauzeuge; meine Eltern.

1954, mit Laura als Baby.

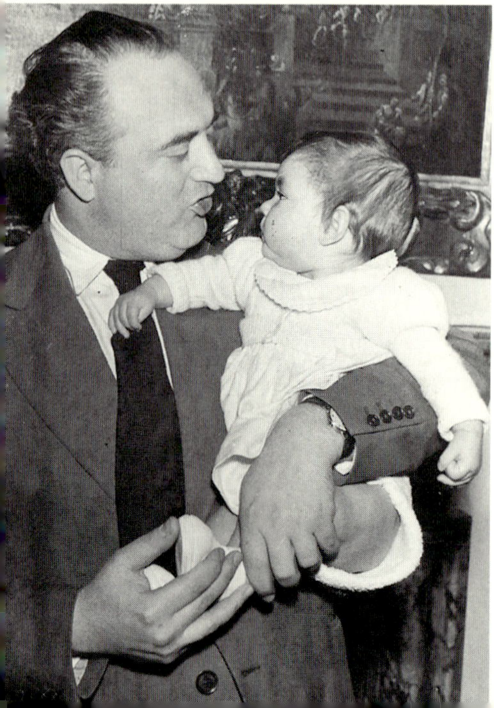

Barbara Skelton in Südfrankreich.

1964. Konrad Adenauer gibt einem Empfang am Comer See. Lady Pamela Berry (*Mitte*) vom *Daily Telegraph*, der gemeinsam mit uns Adenauers Memoiren herausgab.

Unten: Mit Harold Wilson.

Ein Abend in Chelsea (*von links nach rechts*): Diana Phipps, Karl Lagerfeld, Ira von Fürstenberg.

Placido Domingo, der während einer Pause über seine Memoiren diskutiert, die in Kürze erscheinen sollen.

Links: Daniel Barenboim und seine Frau, die Pianistin Elena Bashkirova, nach einer Aufführung der Götterdämmerung in Bayreuth, 1991.

Mit Marella Agnelli und Dr. Hubert Burda, dem Münchner Multimedia-Verleger und Literaturmäzen.

Der Diplomat und die Romanautorin: Henry Kissinger und Edna O'Brien im Chelsea Embankment.

Toskanische Sommer: Evangeline Bruce *(links außen)* und Marietta Tree *(rechts außen)*, die beiden vorbildlichen Gastgeberinnen, mit Lady (Mary) Henderson und mir.

Festliches Hochzeitsessen im Haus von Drue Heinz im Juli 1966. Sandra *(Mitte)* und ihre Mutter Joan Whitney Payson *(rechts außen)*, Lord Ampthill *(links außen)* und mein Vater am Fenster.

Barbara Walters, First Lady des amerikanischen Fernsehens, und der Verleger Malcolm Forbes in New York.

Mit Lally Weymouth, der Kolumnistin, die den besten politischen Salon New Yorks führt.

Präsident L. B. Johnson erinnert sich an den Sechstagekrieg, auf seiner texanischen Ranch, 1969.

Von der Queen in den Ritterstand erhoben. Mit Sandra und meiner Mutter vor dem Buckingham Palace, 1969.

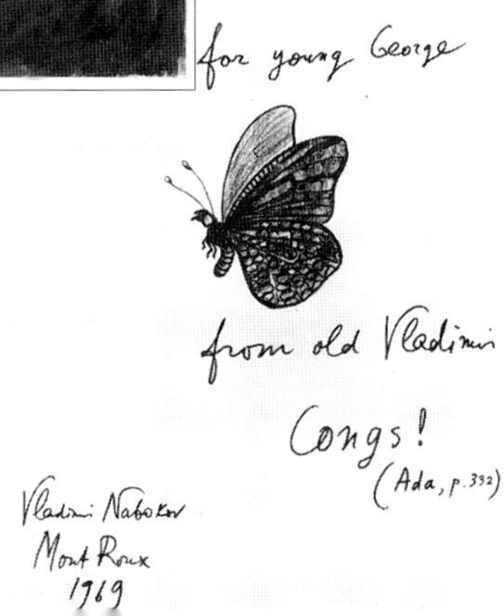

Aus einem Buch zum 50. Geburtstag:

Oben: Ein Gedicht von Paul Johnson
Rechts: Eine Zeichnung von Vladimir Nabokov

Mit Moshe Dayan, Soldat und Autor, in den siebziger Jahren.

Eine unveröffentlichte Geburtstagsskizze von Cecil Beaton.

Mit dem Bürgermeister von Jerusalem, Teddy Kollek, meinem ältesten Freund in Israel.

Mit Shimon Peres, der treibenden Kraft hinter dem arabisch-israelischen Friedenprozeß.

George Bush besucht London: George und Barbara Bush im Dorchester im Dezember 1993 mit Annabelle und mir.

Salzburger Festspiele 1985 (*von links nach rechts*): der Autor, Ann Getty, Sir Isaiah Berlin, Gordon Getty und Lady Berlin.

Mit Papst Johannes Paul II. auf Schloß Gandolfo, 1990. Im Hintergrund Professor Bernard Lewis.

Hochzeit in Jerusalem 1992. Annabelle und ich mit Isaiah Berlin, Teddy Kollek, Professor Michael Sella vom Weizmann-Institut und Shimon Peres.

Der Gründungsrat des Europaeums bei der Einweihung 1992. *(Sitzend v. l. n. r.)*: Maja Oetker; Lord Jenkins of Hillhead, Kanzler der Universität Oxford; Fürst Hans Adam von Liechtenstein; Gräfin Madeleine Douglas. *(Stehend v. l. n. r.)*: der Autor; Professor Sir Richard Southwood (damals Rektor der Universität Oxford); Dr. Gert-Rudolf Flick; Sir Ronald Grierson.

Rothschild, 200-Jahr-Feier in Frankfurt: mit Bundeskanzler Helmut Kohl *(rechts)*, Edmond de Rothschild und Annabelle.

Mit Annabelle beim Wiener Opernball 1993.

Rechts: Mit Annabelle beim Scrabble-Spielen auf unserer Hochzeitsreise auf dem Schiff der Gettys während der Olympischen Spiele in Barcelona 1992.

Unten: Die nächste Generation: meine Tochter Laura und ihr Mann Dr. Christopher Barnett mit meinen Enkelkindern *(v. l. n. r.)*: Clara, Nathaniel, Benjamin und Rowan.

größtenteils russischer Herkunft waren und von denen viele in der Haganah gedient hatten. Eine ganze Reihe von Staatsbediensteten blieben weiterhin Kibbuz-Mitglieder; sie waren von ihrer Arbeit beurlaubt, während ihre Familien weiterhin im Kibbuz lebten. Einige von ihnen hatten zu ihrem Kibbuz ein ähnliches Verhältnis wie der englische Landadel zu seinen Landsitzen. Wenn ihnen nicht gefiel, was sich im Zentrum der Macht abspielte, kehrten sie in ihren Kibbuz zurück und verkauften Apfelsinen oder arbeiteten in der Verwaltung und lebten im Kollektiv. Die Kibbuz- und Haganah-Aristokratie war das beste Element des Landes. Nur die Elite hatte es in die Palmach geschafft, die Schlagtruppe der Haganah, die von Yigal Allon und Yitzhak Rabin als Nummer zwei geführt wurde.

Dann gab es noch die alte zionistische Aristokratie, zu deren führenden Familien die Gurs und die Ruppins gehörten. Hadassah Samuel, die schöne Schwiegertochter von Herbert Samuel, war eine geborene Gur. Ihr Vater gab das erste hebräische Wörterbuch heraus. Die Ruppins waren deutsche Juden. Ihre Tochter heiratete Yigael Yadin. Auch die Familie Schwartz war eine der geachtetsten israelischen Familien, da sie schon seit mehreren Generationen in Palästina lebte. Ruth Schwartz, die Tochter eines Jerusalemer Rechtsanwalts, heiratete Moshe Dayan, und ihre Schwester Ezer Weizmann. 1950 war ich auf Ezers Hochzeit, wo die Gäste südamerikanische Sambas und Rumbas mit neuen hebräischen Texten sangen und viel und ausgelassen tanzten. Es gab zwei Hochzeitsfeste, von denen eins auf dem von Stacheldraht umgebenen Gelände des Verteidigungsministeriums stattfand. Während der Party tauchte plötzlich wie aus dem Nichts eine Gruppe von Leuten auf, die sich unter die Tanzenden mischten. Ich erkannte einige Gesichter aus meiner Jugendzeit in Wien, Gesichter, die ich seitdem nie wieder gesehen hatte. Wir beäugten einander beklommen. Sie waren zweifellos Agenten, die aus der Kälte kamen. Wir nickten und zwinkerten uns verlegen zu, mehr nicht. Das zweite Hochzeitsfest wurde von den Eltern der Braut in deren schönem, alten Jerusalemer Haus ausgerichtet, und *tout Israel* war anwesend.

Auch die Herzogs gehörten zur Elite. Isaac Herzog, der Vater des früheren Präsidenten, Chaim Herzog, war Oberrabbiner von Irland gewesen, bevor er Oberrabbiner von Palästina und später von Israel wurde. Als Isaiah Berlin einmal bei den Weizmanns zu Besuch weilte, lud Rabbi Herzog uns eines Abends zum Passahfest ein. Wenn die Kerzen abgebrannt sind, ist es den Juden nicht gestattet, nach dem Sonnenuntergang neue Kerzen anzuzünden oder das Licht einzuschalten. Es war eine mondlose Nacht, und als das Fest zu Ende war, tapsten wir alle im Dunkeln herum auf der Suche nach unseren Hüten. Jeder erwischte den falschen Hut. Am nächsten Tag mußte ein Fahrer mindesten zwölf Hüte ihren rechtmäßigen Besitzern bringen.

Rabbi Herzog spielte eine entscheidende Rolle als Vermittler zwischen Staat und Synagoge. Es entbehrte nicht einer gewissen Ironie, daß der erste jüdische Staat seit zweitausend Jahren eine agnostische oder teilweise sogar atheistische sozialistische Regierung hatte, aber sie mußte wohl oder übel mit den religiösen Politikern zurechtkommen. Es gab die bizarrsten Kompromisse. Um die Stimmen der klerikalen Parteien zu gewinnen, mußte die Regierung hinsichtlich strengster religiöser Bräuche Konzessionen machen. Im Gegenzug mußte die religiöse Fraktion die Mentalität der sozialistischen Regierung akzeptieren, die in ihren Augen das mosaische Gesetz verletzte. Der alte Rabbi Herzog war eine Art Schiedsrichter zwischen den beiden Lagern. Drei Jahrzehnte später wurde sein Sohn Chaim, von Freunden Vivian genannt, gegen die Stimmen der Begin-Anhänger und mit Hilfe einiger abtrünniger Angehöriger des religiösen Blocks, die sich daran erinnerten, was sein Vater geleistet hatte, zum Präsidenten gewählt, um Frieden zwischen den zerstrittenen Lagern zu stiften.

Vivian war Major bei den Irish Guards gewesen. Er war ein im anglo-irischen Sinne gutaussehender Mann und hatte eine attraktive Frau, die aus einer wohlhabenden russisch-jüdischen Familie stammte, die seit drei Generationen in Alexandria lebte. Ihre hübsche Schwester Suzy war mit Abba Eban verheiratet. Vivian machte eine beachtenswerte Karriere. Nachdem er während des Zweiten Weltkrieges britischer Offizier gewesen war, wurde er in der Anfangsphase des neuen Staates Direktor des militärischen Geheimdienstes und später, direkt nach dem Sechstagekrieg, erster militärischer Gouverneur von Jerusalem. In der ersten Woche nach diesem Krieg besuchte ich ihn zusammen mit Pamela Berry und dem jungen Winston Churchill. Auf der Dachterrasse des Hotels St. George in Ost-Jerusalem diskutierten wir stundenlang über die dramatische Eroberung der Altstadt durch israelische Truppen und über die Zukunftsaussichten der Stadt. Vivian erntete weltweiten Ruhm mit seinen Radio- und Fernsehreportagen über den Yom-Kippur-Krieg von 1973. Sein Buch *The War of Atonement*, das 1975 in unserem Verlag erschien, ist ein hervorragender Bericht über diesen Konflikt, der die israelische Psyche so tief prägte. Als Botschafter der Vereinten Nationen, Mitte der siebziger Jahre, erwies er sich als brillanter Redner. Vivian und seine Frau Aura gaben wunderbare Feste in ihrem Apartment in der Fifth Avenue, das zwischen dem von Jackie Onassis und dem von »Punch« Sulzberger, dem Besitzer der *New York Times*, lag. Bei seinem ersten offiziellen Besuch in England, nachdem er 1983 zum Präsidenten gewählt worden war, machte ich mit Hilfe der genialen Diana Phipps aus meinem Wohnzimmer einen Miniaturbankettsaal und gab ein Festessen für das Präsidentenpaar. Als Herzog auf Staatsbesuch in Bonn war, mobilisierte ich Freunde bei der deutschen Presse. Der Verleger Hubert Burda, ein überzeugter Freund Israels, gab ein Festessen auf Schloß Brühl mit etwa dreißig deutschen Verlegern und Chefredakteuren, wo der Präsident seine Fähigkeiten als Vermittler unter Beweis stellte und unverblümt das heikle Thema der deutsch-israelischen Beziehungen ansprach.

Vivian hatte einen jüngeren Bruder, Jacob, der gute Aussichten gehabt hätte, eines Tages Premierminister zu werden, wäre Golda Meir nicht gewesen. Er war ein überzeugter, jedoch aufgeklärter Jude und geweihter Rabbi, was man ihm allerdings nicht ansah, denn er war glattrasiert und kleidete sich wie ein eleganter Engländer. Er hatte einen charmanten irischen Akzent und einen wunderbaren Sinn für Humor. Jacob war ein Universalgelehrter, der sich in weltlichen Dingen ebenso gut auskannte wie in religiösen. In Jerusalem, wo er lebte, hatte er enge persönliche Kontakte zu den verschiedenen religiösen Gemeinschaften, von den Katholiken über die Abessinier bis zu den Kopten. Ben Gurion ernannte ihn zum Vorsitzenden der interreligiösen Abteilung im Ministerium für religiöse Angelegenheiten und berief ihn in den engsten Kreis seiner Berater in außenpolitischen Fragen. Da er wußte, daß ich Italienisch sprach und mich für die Politik der katholischen Kirche interessierte, lud Jacob mich zu wichtigen Besprechungen mit dem katholischen Klerus ein. Wir waren mehr oder weniger gleichaltrig und wurden enge Freunde. Jacob wurde während des Krieges von 1967 zum Generaldirektor des Ministerpräsidentenamtes unter Eshkol berufen, hatte jedoch unter seiner Nachfolgerin

Golda Meir einen schweren Stand. Sie umgab sich nicht gern mit Intellektuellen und ersetzte ihn schließlich durch Simcha Dinitz, der sich als israelischer Botschafter in Washington während der Nixon-Kissinger-Ära einen Namen machte.

Jacob verschaffte mir ungewöhnliche Einblicke in die Bedeutung Jerusalems als Mikrokosmos der Weltchristenheit und erklärte mir die feinen Unterschiede zwischen den verschiedenen christlichen Glaubensrichtungen sowie zwischen Christen und Moslems, den Juden, Israel und der Welt. Er brachte mir bei, wie man sich mit einem griechisch-orthodoxen Christen unterhält, wie man einen abessinischen Christen beruhigt, wie man mit Lutheranern spricht, und vor allem, welchen Ton man gegenüber dem Vatikan anschlägt. Er unterstützte mich auch bei der »Operation Jerusalem«. Leider starb er früh nach einem kurzen Leiden, aber wir blieben bis zu seinem Tod in Verbindung. Unter dem Titel *A People That Dwells Alone* gab ich posthum eine Sammlung seiner hervorragenden Essays und Artikel heraus.

Meine Freundschaft mit den Herzog-Brüdern brachte mir unschätzbare Vorteile ein, unter anderem den Kontakt zu Professor Gershom Sholem, einem der führenden Experten der Welt in Sachen jüdischer Mystizismus. Er war der typische deutsch-jüdische Intellektuelle Weimarer Prägung. Er war ein Universalgelehrter, manchmal liebenswürdig, manchmal reizbar, manchmal onkelhaft gütig und dann wieder sarkastisch. Er schrieb das Standardwerk über die Kabbala und wurde von Gelehrten aller Fachrichtungen geachtet. Sein Ruf war so hervorragend, daß er bei seinem Tod ein Staatsbegräbnis erhielt, und zum Zeichen der Trauer stand der Verkehr für ein paar Minuten still.

In Israel wurden Intellektuelle hoch geschätzt, aber sie gehörten nicht zu denen, die das Land regierten. In ihrer Anfangszeit arbeitete die Hebräische Universität in ziemlicher Abgeschiedenheit. Weizmann, der bei ihrer Grundsteinlegung 1918 die Hoffnung gehegt hatte, sie würde »eine zentripetale Kraft werden, die das Edelste der jüdischen Welt anzieht«, verlor das Interesse an ihr, nicht zuletzt wegen ihrer sehr gemäßigten Position. Ihre Politik stand nicht im Einklang mit dem vorherrschenden Zionismus. Martin Bubers Vorstellungen von einem binationalen Staat, in dem Juden und Araber in Symbiose zusammenlebten, fielen in der Hebräischen Universität auf fruchtbaren Boden, ebenso die Ansichten des amerikanischen Juristen Louis Brandeis, mit dem Weizmann in der Frage der politischen Ausrichtung der zionistischen Organisation heftig aneinandergeraten war.

Mit meiner fast unstillbaren Neugier faszinierte es mich in proustschem Sinne, die Anfänge einer Gesellschaft zu beobachten und zu sehen, wie allmählich ein kosmopolitischer Snobismus mit dem Piongeist kollidierte. Sehr wenige aristokratische, weltliche Juden ließen sich in Palästina nieder, und das gesellschaftliche Leben war recht dürftig, doch nicht ohne Abenteuer und Frivolität. Britische Juden brachten einen Hauch von Kensington oder Hampstead mit, während reichere sephardische Juden eher frankophile Neigungen hatten und den Geist von Alexandria oder Paris aufleben ließen. Der dominierende Einfluß jedoch kam aus der britischen Kolonialzeit.

Ausländische Diplomaten waren eine gewisse Sensation, und die Gattinnen von Industriellen und Bankiers wetteiferten miteinander, die verschiedenen Würdenträger als Dinnergäste in ihrem Haus zu sehen. Bei solchen Anlässen suchte der *Chef de Protocole* die Gastgeberin vorher auf, um sie über die Feinheiten der Tischordnung und andere Fragen der Etikette zu unterrichten. Wohlstand spielte eine geringere Rolle als Position und Status innerhalb der Regierung. Natürlich gab es eine *Nouvelle Société*, die rauschende Feste veranstaltete, ein ungezügeltes Leben führte, Schweinefleisch und Schalentiere aß und teuren französischen Cognac trank, trotz der strengen Bestimmungen, die die Einfuhr solcher Güter verbot. Ich nannte diese Leute die *»Jeunesse d'Orange«*, weil ihr Geld häufig aus dem Anbau von Zitrusfrüchten stammte. Man sah eher auf sie herab, ähnlich wie im Schweden Gustaf Adolfs oder im Preußen des achtzehnten Jahrhunderts der Staatsbeamte einen höheren Status genoß als der vermögende Mann.

All das änderte sich später, vor allem mit Begin. Reichtum wurde nun unbefangener zur Schau gestellt. Aber während meiner Zeit lebten die meisten noch von recht bescheidenen Gehältern, und Partys waren informelle Zusammenkünfte nach einer Mahlzeit mit vorwiegend nichtalkoholischen Getränken und Canapés, auch wenn sie Wein-und-Käse-Partys genannt wurden. Ich werde die warmen Sommerabende nie vergessen, an denen wir auf den Dächern oder in Wohnungen mit weitgeöffneten Fenstern saßen und türkischen Kaffee oder Tee auf russische Art aus einem Glas tranken und uns endlos über ein und dasselbe Thema unterhielten: die Zukunft Israels.

KAPITEL XII

Spiel mit dem Feuer

Als ich im September 1950 nach London zurückkehrte, war es, als schlüge die Turmuhr Mitternacht auf Aschenputtels Ball. Ich fühlte mich den Nicolsons gegenüber verpflichtet, weil ich ihnen zugesichert hatte, nach einjähriger Pause wieder ins Verlagsgeschäft einzusteigen, aber ich nahm nur ungern Abschied von Israel.

Viele hatten versucht, mich zum Bleiben zu bewegen. Die Weizmanns konnten nicht begreifen, warum ich gehen wollte. Sie hielten meine Tätigkeit nach wie vor für wichtig, obwohl Chaims Gesundheitszustand sich so verschlechtert hatte, daß die repräsentativen Pflichten immer beschwerlicher für ihn wurden. Sharett schätzte meine Arbeit bei der »Operation Jerusalem« und bot mir eine Dauerstellung im Außenministerium an. So verlockend das Angebot war, ich wollte mich doch nicht von meiner Entscheidung abbringen lassen, versprach aber, mich auch weiterhin nach besten Kräften für Israel einzusetzen. Dieses Versprechen habe ich, wie ich meine, auch gehalten.

In England hatte ich einerseits das Gefühl heimzukommen, empfand andererseits aber das Bedürfnis, zu mir zu finden – eine seltsame Mischung. Das Jahr im Kreis der jüdischen Pioniere war eine prägende Erfahrung gewesen. Ich vermißte das intensive, sinnvolle Leben, das ich in Israel geführt hatte, wo wir uns alle geradezu monomanisch mit Problemen des Landes beschäftigt hatten; im Gegensatz dazu erschienen mir die in London geführten Gespräche oberflächlich und irrelevant. Gemessen an dem spartanischen Leben, das die meisten Israelis führten, kam mir das Nachkriegs-London wie ein Babylon des Überflusses und der Frivolität vor. Ideologisch gesehen war ich extreme Positionen gewohnt, deshalb mußte ich erst allmählich wieder lernen, konventionellen Small talk zu betreiben.

In Israel war ich über alle wichtigen Vorgänge in meinem Verlag auf dem laufenden gehalten worden. Wir hatten *Contact* schrittweise auslaufen lassen und ein richtiges Buchprogramm unter dem Verlagsnamen Weidenfeld & Nicolson geschaffen. Natürlich war ich zur Vorstellung unseres ersten Programms im November 1949 in London gewesen. Der Haupttitel, den wir in dieser Saison herausbrachten, waren Mussolinis Memoiren. An das Buch war ich durch Raymond Klibanski herangekommen, einen Akademiker, der während des Kriegs Propaganda gegen das faschistische Italien gemacht hatte. Mussolini hatte seine Erinnerungen 1943 verfaßt, als er von General Badoglio gefangengehalten wurde; sie waren in der Republik von Salò erschienen, aber in Großbritannien unbekannt. Unser Buch war recht erfolgreich.

Außerdem brachten wir die Memoiren von Hitlers Wirtschaftsminister Hjalmar Schacht, *Abrechnung mit Hitler*, heraus. Es war die erste der vielen Dokumentationen, die wir im Lauf der kommenden Jahre über den NS-Staat veröffentlichen sollten. Andere Titel in den ersten Jahren waren eine Neuübersetzung von Goethes *Dichtung und Wahrheit*, *Stalin Means War* von Oberst Tokajew, einem der ersten russischen Überläufer, *I Malavoglia* (*Die Malavoglia*) von Giovanni Verga, *Der kleine Grenzverkehr oder Georg und die Zwischenfälle* von Erich Kästner sowie die Briefe von Gustave Flaubert.

Die Verlagswelt hielt zunächst nicht viel von uns. Als wir unser erstes Programm herausbrachten, wurden unter unseren Rivalen Wetten darüber abgeschlossen, daß sich Weidenfeld & Nicolson nicht länger als ein Jahr halten würden. Victor Gollancz, Frederick Warburg und Hamish Hamilton nahmen eine noch feindseligere Haltung ein als die meisten anderen. Hamish Hamiltons Abneigung gegen mich hatte nicht nur mit Neid zu tun – schließlich war er selbst ein höchst erfolgreicher Verleger. Als gebürtiger Amerikaner hatte er in London als Agent für Harper angefangen, wozu ihm seine Freundschaft mit dem Chef von Harper, Cass Canfield, verholfen hatte, dem großen alten Mann des amerikanischen Verlagswesens. Hamilton war mit einer italienischen Aristokratin verheiratet, der Contessa Yvonne Franchetti. Sie lebten in Hamilton Terrace, St. John's Wood, wo sie im großen Stil ihren ausgedehnten Bekanntenkreis bewirteten. Ich glaube, Hamish Hamilton hegte den Verdacht, daß ich mit ihm auf diesem Gebiet konkurrierte: der Vermischung von Arbeit und gesellschaftlichem Leben – bei ihm wie bei mir sahen die Autoren das Büro ihres Verlegers nicht nur als Kontor, sondern fühlten sich dort heimisch.

Andere brachten mir mehr Wohlwollen entgegen. William Collins war freundlich, ebenso Jonathan Cape, der mich großzügig mit Ratschlägen unterstützte. Eines Tages lud er Nigel und mich zu Claridge's zum Essen ein und erklärte: »Das müssen Sie sich gerahmt über den Schreibtisch hängen – ein Verleger macht nur durch Einsparungen Gewinn.« Auch Sir Stanley Unwin ließ uns am Schatz seiner Erfahrungen teilhaben; er betonte: »Ich will Ihnen einen Rat geben: Bücher über Mary Stuart verkaufen sich immer. Bücher über Südamerika verkaufen sich nie. Darüber hinaus haben Sie freie Hand.« Als Vorsitzender des Verlegerverbands hatte er das Gefühl, neue Mitglieder einführen zu müssen, aber ich war davon überzeugt, daß er genauso freundlich gewesen wäre, wenn ich ihn ohne Nigel aufgesucht hätte. Besonders ermutigende Kommentare kamen von Allen Lane, dem Begründer von Penguin. In einem Brief schrieb er uns, noch nie habe er ein so gutes Programm von einem neugegründeten Verlag gesehen. Wahrscheinlich stand dahinter das tieferliegende Motiv, später günstige Konditionen für Taschenbuchrechte zu bekommen, aber er schien tatsächlich beeindruckt zu sein, obwohl wir zunächst nicht mit spektakulären Erfolgen oder herausragend wichtigen Publikationen prahlen konnten. Das kam erst 1953, unserem *annus mirabilis*. Auch nachdem sich der Verlag etabliert hatte, galt ich weiterhin als Außenseiter. Angesichts der Kälte, die ich erlebte, mied ich Zusammenkünfte mit Kollegen in London. Statt dessen pflegte ich meine Kontakte zu ausländischen Verlegern und baute im Lauf der Jahre ein Netz von Beziehungen zu europäischen und amerikanischen Häusern auf.

Nigel hatte immer die Stellung gehalten, während ich unterwegs war, obwohl er sich bereits als Parlamentskandidat in einem Wahlkreis in Leicester engagierte. Immerhin verbrachte er ein Drittel seiner Zeit im Büro, aber auch mit seiner politischen Arbeit hatte er alle Hände voll zu tun. Er hatte von Anfang an klargestellt, daß Politik für ihn an erster Stelle stehen würde, und als er 1952 in Bournemouth sein Mandat gewann, gab er seine aktive Mitarbeit im Verlag allmählich auf und ermöglichte mir, seine Anteile nach und nach aufzukaufen, so daß ihm nur eine kleine Beteiligung blieb.

Nigel und ich arbeiteten gut zusammen. Er akzeptierte meine Stellung als Verlagsleiter und gab sich mit der Position des Stellvertreters zufrieden. Die Hauptlast der geschäftlichen Seite entfiel auf mich, mit den verlegerischen Aspekten hatten wir beide zu tun. Gelegentlich kam es zu Meinungsverschiedenheiten, aber das tat unserer Freundschaft, die bis heute besteht, keinen Abbruch. Jahrelang war Nigel noch im Verwaltungsrat des Unternehmens tätig, das er mitbegründet hatte, und er war immer zur Stelle, wenn ich ihn brauchte. Auch weiterhin half er uns, eine Reihe wichtiger Titel zu akquirieren, und seine eigenen Bücher kamen bei uns heraus, das bekannteste davon war *Portrait of a Marriage* (*Portrait einer Ehe*), eine bewegende Schilderung der unkonventionellen Ehe seiner Eltern.

In den fünfziger Jahren blieb man im Verlagswesen gern unter sich. Neben den alten Familienunternehmen schossen kleine Verlage wie Pilze aus dem Boden, meist Zusammenschlüsse von Dilettanten, die unter chronischem Kapitalmangel litten. Viele Verlagshäuser beschäftigten Vollzeitredakteure oder Teilzeitlektoren, die finanziell unabhängig waren und für ein Butterbrot arbeiteten. In der Oligarchie des Verlegerverbandes waren Außenseiter nicht willkommen. Wer als Neuling und noch dazu als Ausländer Ambitionen hegte, als Literaturverlag mit einem anspruchsvollen Programm ins Geschäft einzusteigen, galt als mutiger Narr. Und doch zeigten Schriftsteller, Graphiker und hellsichtige Kritiker mitleidiges Wohlwollen gegenüber Pionieren, und so erhielten Nigel und ich viel Zuspruch.

Während des Kriegs und in der unmittelbaren Nachkriegszeit war das Verlangen nach Lesestoff und der Mangel an anderen Konsumgütern so groß, daß es nicht schwierig war, selbst mit kleinen Auflagen über die Runden zu kommen, vorausgesetzt, man hatte ein Papierkontingent. Obwohl reger Wettbewerb herrschte, waren die Risiken im Verlagsgeschäft längst nicht so hoch wie heute.

Anders als die meisten Jungunternehmer hatten wir glücklicherweise mehr als ein Standbein. Der Vertrag für Kinderbücher mit Marks & Spencer, den uns Israel Sieff verschafft hatte, war in der Anfangszeit eine sichere Einnahmequelle für unseren Verlag. Als der Vertrag auslief, ließ ich mich auf einen neuen Verlagszweig ein; dabei half mir der liebenswürdige Professor David Mitrany, ein rumänischer Soziologe, dessen Untersuchung über agrarpolitische Bewegungen, *Marx against the Peasant* (*Marxismus und Bauerntum*), zu den ersten Büchern gehörte, die wir veröffentlichten. Mitranys optimische Prognose der wirtschaftlichen Möglichkeiten nach dem Krieg und seine positive Sicht der multinationalen Konzerne verschafften ihm eine leitende Position als Berater bei Unilever. Ihm hatten wir es zu verdanken, daß Unilever Weidenfeld & Nicolson damit beauftragte, eine aufwendige Zeitschrift namens *Progress* zu betreuen und herauszubringen.

Für die damals noch nicht verstaatlichte Stahlindustrie verlegten wir ein ähnliches Magazin – *Steel*. Dafür engagierte ich den talentierten jungen Illustrator, Autor und Designer Mark Boxer, der kurz zuvor aufgrund eines in der Presse vieldiskutierten »blasphemischen Zwischenfalls« von der Universität Cambridge verwiesen worden war. Ohne die Erträge aus diesen kommerziellen Publikationen wären wir niemals imstande gewesen, unsere intellektuellen Ambitionen auch nur ansatzweise zu verwirklichen. Auf diese Weise konnten wir uns über Wasser halten und eine gesunde finanzielle Basis aufbauen, mit der wir um andere Investoren warben.

Der echte Durchbruch kam für Weidenfeld & Nicolson 1953. In diesem Jahr brachten wir Isaiah Berlins *The Hedgehog and the Fox* heraus, ein geistiger Meilenstein. Titos Memoiren, unter dem Titel *Tito Speaks* (*Tito. Eine autorisierte Biographie*) zusammengestellt von Vladimir Dedijer, war unser erster Bestseller, und auch Rose Macaulays *The Pleasure of the Ruins* (*Zauber der Vergänglichkeit*) wurde ein Klassiker. Lali Horstmanns Memoiren, *Unendlich viel ist uns geblieben*, eine anrührende Schilderung der letzten Kriegsmonate und der russischen Besetzung Berlins, waren ebenfalls recht erfolgreich. Ich glaube nach wie vor, daß es eins der besten Bücher in seiner Art ist.

Lali, die Tochter des berühmten Bankiers Schwabach, war eine außerordentlich sensible, intelligente Frau. Harold Nicolson hatte Freundschaft mit ihr geschlossen, als er Ende der zwanziger Jahre bei der britischen Botschaft in Berlin war. Ihr Mann Freddy Horstmann war Diplomat und Kunstsammler, der mit Immobilien und dem *General-Anzeiger*, einer Frankfurter Zeitung, die seiner Familie gehörte, ein Vermögen gemacht hatte. Kurz nach der Machtergreifung Hitlers mußte er wegen der jüdischen Abstammung seiner Frau seine diplomatische Karriere aufgeben; dennoch traf man sich während der gesamten Nazi-Zeit im kosmopolitischen Salon der Horstmanns in Berlin, sogar noch als die Bomben fielen. Nach dem Zusammenbruch des Dritten Reichs wurde Horstmann verhaftet und verhungerte 1947 in einem sowjetischen Militärlager. Lali zog noch London und hielt sich für verarmt, obwohl sie noch erstklassige Immobilien in Frankfurt besaß. Außerdem hatte sie einiges von den wunderbaren Kunstschätzen ihres Mannes gerettet – Porzellan, Silber und Möbel –, die sie nach und nach an Freunde in Amerika verkaufte. Ich lernte sie über die Nicolsons kennen, und sie begleitete mich auf einer meiner ersten Reisen ins Nachkriegsdeutschland, wo sie mich in ihren großen Freundeskreis einführte.

1953 veröffentlichten wir auch – sehr zum Ärger Hamish Hamiltons – zwei Bücher von Cyril Connolly, einem seiner Starautoren. Das erste war eine Essaysammlung namens *Ideas and Places*, das zweite, *The Golden Horizon*, eine persönliche Auswahl von Beiträgen aus seiner Monatszeitschrift *Horizon*, die inzwischen ein Sammlerstück ist.

Im selben Jahr fand ich zwei wertvolle Mitarbeiter. Nach unsicheren Anfängen expandierte der Verlag, und das bedeutete, wir brauchten mehr Leute. Ich hielt Ausschau nach einem Lektor, der auch vom Geschäft etwas verstand und dem ich einen Teil der Verantwortung für Verwaltung und Finanzen übertragen konnte. Dieser Aspekt der verlegerischen Tätigkeit war nie meine Stärke gewesen – mein Enthusiasmus richtete sich vor allem auf die Suche nach Autoren und Themen für neue Titel. Hugh Trevor-Roper empfahl mir seinen ehemaligen Schüler Nicolas Thompson, den Enkel von Englands großem Dichter Walter de la Mare. Siebzehn Jahre lang war er mein engster Mitarbeiter, bis er uns verließ, um Hauptgeschäftsführer von Pitmans zu werden. Schließlich wurde er Generaldirektor von Heinemann. Ich ließ ihn nur höchst ungern ziehen, denn unsere Zusammenarbeit verlief außergewöhnlich harmonisch, aber bei den Bedingungen, die man ihm bot, konnte ich nicht mithalten.

Als Clarissa Churchill den Verlag verließ, um Anthony Eden zu heiraten, brauchte ich eine neue Lektoratsmitarbeiterin. Ich fragte verschiedene Bekannte, unter anderem auch Elizabeth und Frank Pakenham, ob sie mir vielversprechende Universitätsabsolventen empfehlen könnten. Ohne eine Sekunde zu zögern, erklärte Elizabeth: »Ich habe die ideale Kandidatin für Sie – meine Tochter Antonia; sie hat gerade ihr Studium in Oxford abgeschlossen.« Im ersten Moment war ich entsetzt über diese unverhohlene Vetternwirtschaft. Doch als sich eine hübsche, vollschlanke junge Frau bei mir vorstellte, die mich mit einer

Mischung aus Schüchternheit und Selbstbewußtsein bezauberte, stellte ich sie sofort ein. Mit größter Bescheidenheit schilderte sie ihre hervorragenden Qualifikationen, und ich war verblüfft über ihre Belesenheit und intellektuelle Neugier.

Antonia Pakenham fing im September 1953 bei uns an – am selben Tag wie Nicolas Thompson. Bald wurde sie die Seele des Verlags und kümmerte sich mit Charme und Taktgefühl um die *Jeunes Premiers* und die Primadonnen unter unseren Autoren. Sie besaß eine rasche Auffassungsgabe und war sehr vielseitig. Als wir von Marks & Spencer gebeten wurden, Neufassungen von Kinderbuchklassikern für unsere Serie vorzulegen, schrieb Antonia mehr oder weniger aus dem Stegreif ein Buch über König Arthus und die Ritter von der Tafelrunde. Ein Jahr später folgte *Robin Hood.* Das war die erste Etappe ihrer literarischen Karriere.

Nach ihrer Heirat mit Hugh Fraser, dem forschen Tory-Parlamentarier, schrieb sie ihre erste Biographie über Maria Stuart, die 1969 erschien. Das Buch wurde ein Bestseller und besiegelte ihren Erfolg, um den sie allgemein beneidet wurde. Schon damals gehörte Antonia Pakenham zu den bemerkenswertesten Persönlichkeiten der Londoner Gesellschaft. Ihr leidenschaftlicher Lebenshunger geht mit strenger Selbstdisziplin einher. Mit ihrer subtilen Ironie und ihrem Erzähltalent ist sie die geborene Tagebuchautorin. Zwar will sie einer Veröffentlichung ihrer Tagebücher zu Lebzeiten nicht zustimmen, doch wenn sie erst erschienen sind, werden sie sich zweifellos als Meisterleistung erweisen.

Nicht zuletzt weil ich in Hugh Fraser einen Verbündeten im Engagement für Israel fand, war mir unsere Bekanntschaft höchst willkommen. Hugh freundete sich mit Marcus Sieff und dessen Vater Israel an, mit denen er und sein legendärer Bruder Lord Lovat auch Geschäftsinteressen teilten.

Shimi Lovat galt als der bestaussehende Mann Großbritanniens. Zudem war er ein schneidiger Soldat; er kommandierte eine der ersten Brigaden, die am D-Day in der Normandie landeten, und war dafür berühmt, daß er im Kilt der Dudelsackpfeifer vorneweg in die Schlacht zog. Seine Memoiren, *March Past,* die wir 1978 herausbrachten, verkauften sich hervorragend. Literarischen Ruhm anderer Art erntete Lovat durch Evelyn Waugh, dessen militärischer Vorgesetzter er 1943 wurde. Vom Standpunkt der Armee sah Lovat den Schriftsteller als »Unruhestifter« und »Außenseiter« und verhinderte deshalb dessen Teilnahme an der »Operation Husky«, dem Angriff der Alliierten auf Italien; außerdem trug er maßgeblich zu Waughs Ausscheiden aus dem Oberkommando der Sonderverbände bei. Evelyn Waugh rächte sich, indem er Lovat in dem autobiographischen Roman *Officers and Gentlemen* (*Ohne Furcht und Tadel*) als Friseur porträtierte und als Emporkömmling verunglimpfte.

Hugh Fraser hatte eine romantische Lebenseinstellung, die er mit einer ausgeprägten Geschäftstüchtigkeit zu vereinbaren wußte. Er liebte große Gesten, war ebenso warmherzig wie extravagant und deshalb ein beliebter Gesprächspartner. Seit der gemeinsamen Studienzeit in Oxford war er mit Woodrow Wyatt befreundet, und – ob beim Dinner in London oder im Unterhaus – die beiden übertrafen einander mit rhetorischen Meisterleistungen.

Antonia paßte sich dem aus Tradition konservativen, aristokratischen Lebensstil Hughs an, aber mit ihren Ambitionen und ihrer Neugier konnte und wollte sie sich nicht auf diesen Kreis beschränken. Als eine von acht Geschwistern und Mutter von sechs Kindern stellte sie die Familie selbstverständlich an erste Stelle. Auch als Hugh und Antonia schließlich auseinandergingen, wurde die enge Familienbindung nicht zerrissen, da Harold Pinter, ihr zweiter Mann, die Zuneigung von Antonias Kindern gewann. Ich fühlte mich privilegiert, weil ich zu den ersten gehörte, die Antonia in ihre Heiratspläne einweihte – ebenso wie ich Jahre zuvor als einer der ersten von ihrer Verlobung mit Hugh Fraser erfahren hatte. Bei beiden Anlässen stellte sie mir ihren Zukünftigen vor, und jedesmal wurde ich mit Fragen über Antonia überschüttet. Harold Pinter wurde seinem literarischen Ruf voll und ganz gerecht, als er mich über meine erste Begegnung mit Antonia ins Kreuzverhör nahm. Er wollte alles ganz genau wissen.

»Nun, was hat sie an diesem Tag getragen?« fragte er. »Nein, nein«, beharrte er. »Beschreiben Sie es genauer. Welche Farbe hatte ihr Kostüm? Wie ist sie auf Ihre Fragen eingegangen? War sie selbstbewußt? Wie hat sie sich benommen? War sie nervös? War sie kurz angebunden oder hat sie eher weitschweifig geantwortet?« Und so weiter und so fort.

Antonias Leben änderte sich von Grund auf, als sie Harold heiratete;

sie interessierte sich leidenschaftlich für seine Arbeit, für seinen Freundeskreis und die vielen Zeitfragen, mit denen er sich leidenschaftlich auseinandersetzte. Aber sie ließ ihre alten Freunde nicht fallen, sondern hielt engen Kontakt mit einem kleinen Kreis ehemaliger Kommilitonen, die ihr alle Triumphe und Niederlagen anvertrauten.

In England haben große Schriftstellerfamilien Tradition. Ich hatte das Glück, zwei solche Familien näher kennenzulernen: die Nicolsons und die Pakenhams. Mit ihrer literarischen Produktion hätten sie zeitweise allein das Programm eines kleinen Verlags bestreiten können; Nigel Nicolson, Elizabeth Longford, Antonia Fraser und Thomas Pakenham gehörten jedoch nicht nur zu unseren fruchtbarsten, sondern auch zu unseren besten und erfolgreichsten Autoren.

Ich veröffentlichte die Bücher von Antonias Mutter schon, als sie noch unter dem Namen Elizabeth Pakenham schrieb. Für den *Daily Express* hatte sie eine Artikelserie über Kindererziehung verfaßt, und ich konnte sie überreden, ein Buch daraus zu machen: *Points for Parents*, Ratschläge für Eltern. Ich setzte ihr lange zu, noch mehr zu schreiben, und einige Jahre später legte sie schließlich ein Buch über den Burenkrieg vor. *The Jameson Raid* war ebenso hervorragend wie ihre späteren Werke, verkaufte sich jedoch nicht besonders gut. Daraufhin schlug ich vor, sie sollte sich eines großen biographischen Themas von allgemeinem Interesse annehmen: Königin Viktoria. Zunächst war sie völlig entgeistert über die Vorstellung, ein so ambitioniertes Projekt anzupacken, doch sie stellte sich der Herausforderung. Das Buch war ungeheuer erfolgreich und sicherte ihr einen Platz unter den großen Biographen ihrer Generation.

Auf Antonias Empfehlung fing auch ihre ehemalige Studienkollegin Vanessa Jebb bei Weidenfeld & Nicolson an. Vanessa war schön und auf ihre stille Art geistreich und intelligent. Sie war eine kluge Beobachterin und hatte ein Auge für den menschlichen Charakter, besaß aber zu wenig Selbstvertrauen; wahrscheinlich war dies darauf zurückzuführen, daß ihre Eltern unglaubliches Durchsetzungsvermögen besaßen. In Aussehen und Haltung verkörperte ihr Vater, Gladwyn Jebb, den britischen Diplomaten schlechthin – ein wiederauferstandener Lord Curzon, der beim Dinner ebenso den Ton angab wie am Konferenztisch. Selbstbewußt und nicht frei von Arroganz, duldete er keine Narren um sich, bat selbst nicht um Nachsicht und kannte kein

Pardon. Vanessas Mutter Cynthia war das Inbild der Diplomatengattin, die ihre gesellschaftliche Rolle auskostete. Kultiviert und mit einem unersättlichen Appetit auf alles Weltliche, blieb sie im Kanon der Konventionen verhaftet.

Als Vanessa beschloß, Hugh Thomas zu heiraten, fragte mich Gladwyn, der wußte, daß wir gut bekannt waren, nach Hughs Zukunftsaussichten. Ich hatte Hugh durch Fred Warner kennengelernt, der damals sein Vorgesetzter im Außenministerium war, wo Hugh eine Weile einer »Sonderabteilung« angehörte. Er hatte mich auf den ersten Blick beeindruckt: ein leicht exzentrischer junger Mann in eleganten, bunten Hemden mit auffälliger Fliege. Er wohnte in Rosa Lewis' berühmtem Cavendish Hotel, wo sich seit Generationen die Boheme traf, und war mit Nancy Mitford befreundet. Fred Warner und sein Kollege Nicholas Henderson (später britscher Botschafter in Bonn) lobten Hugh in den höchsten Tönen, aber letztlich gab er seine Karriere im Außenministerium auf und wurde Vollzeitautor und Hochschullehrer.

Hughs bemerkenswerte Laufbahn als Historiker beeindruckte seinen strengen, anspruchsvollen Schwiegervater durchaus. Seine Bücher über den spanischen Bürgerkrieg und Kuba sicherten ihm Weltruhm, und mit seinen Untersuchungen über das moderne Europa leistete er an britischen Universitäten bahnbrechende Arbeit. Ende der sechziger und Anfang der siebziger Jahre sammelte er in seinem Institut für Europastudien an der Universität Reading eine Gruppe hervorragender junger Historiker um sich. Ich veröffentlichte Hughs kleinere Arbeiten über die Suez-Krise und die europäische Einheit und schätze seine Freundschaft über alles. Jeder Verleger trifft einmal Fehlentscheidungen, und eine, die mir heute noch weh tut, ist meine Ablehnung der ersten beiden Romane von Hugh Thomas. Eyre & Spottishwoode akzeptierten sein drittes Buch und wurden reich belohnt mit dem Werk *The Spanish Civil War* (*Der spanische Bürgerkrieg*), der längst als Klassiker der modernen Geschichtsschreibung gilt.

Von Anfang an lag mein Interessenschwerpunkt als Verleger auf den Bereichen Geschichte, Politik, Biographie und Ideen. Manchmal stieß ich zuerst auf eine Idee und suchte dann den passenden Autor dafür. Aber genauso oft hielt ich Ausschau nach einem Thema für einen talentierten Autor. Meine große Leidenschaft gilt den Historikern, vor allem jenen, die ein breites Panorama entwerfen und Verbindungen oder Unterschiede zwischen verschiedenen Kulturen und Zivilisationen herausarbeiten. Es fasziniert mich, wie ein Gelehrter aus einer Kultur sein Pendant in einem anderen Kulturkreis beobachtet; nichts tue ich lieber, als mit einem deutschen Arabisten über den Islam zu diskutieren oder mit einem Franzosen die Feinheiten der österreichungarischen Bürokratie zu erörtern.

Meine Freundschaft mit Victor-Lucien Tapié, dem ehrwürdigen Gelehrten an der Sorbonne, wurde auf diese Weise begründet. Er kannte jede Straße, jede Kirche, jeden Palast in Warschau, Prag und Wien und sang mit seinem bezaubernden französischen Akzent österreichische Liedchen aus dem achtzehnten Jahrhundert. Ich beschäftige mich gern mit den unterschiedlichen Eigenschaften verschiedener Völker. Als Kind teilte ich die Bewunderung meines Vaters für Heinrich Heine und verschlang dessen satirische Schilderungen der deutschen und französischen Psyche. Später zählten Friedrich Sieburgs *Gott in Frankreich*, der den Franzosen einen deutschen Spiegel vorhielt, Salvador de Madariagas *Englishmen, Frenchmen, Spaniards* (*Engländer, Franzosen, Spanier*) und Gustaf Reniers vergnügliche Obduktion der Engländer, *The English – Are They Human?* (*Sind die Engländer Menschen wie wir?*), zu den Meisterwerken dieses Genres.

Ich selbst brachte Jean François Revels *Pour l'Italie* (*Italien, Illusion und Wirklichkeit*) heraus, in dem er sich mit den kleinen Fehlern dieser vielbewunderten Nation auseinandersetzt, und ich überredete Luigi Barzini, den kosmopolitischen italienischen Essayisten und Journalisten, Verfasser von *The Italians* (*Die Italiener*), ein ähnliches Werk mit pointierten Reportagen über die Europäer zu schreiben. Er stellte sich der Herausforderung, durchreiste ein Dutzend Länder und fing die Stimmung in verschiedenen Hauptstädten ein. Es sollte sein letztes Buch werden.

Hingegen brachte ich nicht die idealen Voraussetzungen mit, um das künstlerische Temperament von Romanautoren und Dichtern zu fördern. Ich las zwar Romane, traute aber meinem Urteilsvermögen nicht. In den frühen Jahren von Weidenfeld & Nicolson verließ ich mich weitgehend auf das Urteil von George Orwells Witwe Sonia, die als literarische Beraterin für mich arbeitete. Sonia war hübsch, drall, rotblond, voller Lebensfreude. Sie handelte impulsiv, und bei Auseinandersetzungen ergriff sie rasch Partei für eine Seite. Ihre literarischen Ambitionen und ihre Neigung zur Welt der Boheme gingen Hand in Hand mit einem kumpelhaften Zug, einem Relikt ihrer Erziehung in den Kolonien, unter die sie einen Schlußstrich ziehen wollte. Über ihr Privatleben sprach sie nicht gern. Während ihrer Zeit bei uns hatte sie eine Liebesbeziehung zu John Phillips, dem bekannten *Life*-Fotografen, der sich mit seinen Bildern von Titos Partisanen international einen Namen gemacht hatte; er hatte uns auch geholfen, an die Memoiren des Marschalls heranzukommen. Jahre später platzte Sonia bei einem vertraulichen Gespräch über unsere Vergangenheit mit dem Bekenntnis heraus, daß sie auch mit Yigal Allon eine stürmische Romanze gehabt hatte.

Sonia war Cyril Connollys Assistentin bei *Horizon* gewesen, und die Kontakte, die sie dort geknüpft hatte, waren für uns von unschätzbarem Wert. Sie brachte eine Reihe herausragender Autorinnen zu unserem Verlag, zum Beispiel Mary McCarthy, Sybille Bedford und Elizabeth Hardwick.

Sonia Orwell war es zu verdanken, daß Saul Bellow zu uns kam. 1954 veröffentlichten wir *The Adventures of Augie March* (*Die Abenteuer des Augie March*), einen der wichtigsten amerikanischen Romane der Nachkriegszeit. Von der Kritik hochgelobt, verkaufte er sich gut. Bellow war oft in England, und wir standen uns zeitweise recht nahe, obwohl ich ihn zu egozentrisch fand. Er konnte geistreich und sarkastisch sein, aber auch selbstmitleidig und reizbar, vor allem, wenn jemand seine Eitelkeit verletzte. Immer wenn wir uns sahen, schien er Probleme mit Ehefrauen oder Freundinnen zu haben. Während dieser Anfälle benahm er sich teilweise grauenhaft, glaubte aber mit seiner Verzweiflung alles entschuldigen zu können. Hin und wieder war er jedoch ausgesprochen charmant. Er war ein schwieriger Autor, aber unsere Cheflektorin Barley Alison war ihm sklavisch ergeben, und als sie kündigte, um sich bei Secker & Warburg selbständig zu machen, blieb Saul Bellow ihr treu und ging mit.

Barley war eine allseits beliebte junge Frau, die aus Australien stammte; während des Zweiten Weltkriegs hatte sie bei der Special Operations Executive (SOE) gearbeitet, einer Organisation, die Sabotage, subversive Aktivitäten und illegale Propaganda in deutsch besetzten Gebieten steuerte. Anschließend wurde sie vom Außenministerium übernommen und war unter Duff Cooper in der Pariser Botschaft tätig. Als sie 1951 aus dem diplomatischen Dienst ausschied, schrieb ihr Duff Cooper, er freue sich über ihren Abschied, denn das Außenministerium sei »nicht der richtige Ort für eine hübsche junge Frau«.

Barley hatte ein goldenes Herz. Sie war ein wenig rechthaberisch und neigte dazu, sich weitschweifig auszudrücken. Obwohl nicht unattraktiv, wirkte sie etwas hager. Im Außenministerium war sie außerordentlich beliebt, und im Krieg hatte sie Hervorragendes geleistet, doch bei Prüfungen fiel sie regelmäßig durch, und so konnte sie ihre Stelle im Foreign Office nicht behalten. Mit Romanautoren hatte sie eine gute Hand: Dan Jacobson und Vladimir Nabokov wurden von ihr betreut. Sie entdeckte auch Margaret Drabble, die uns das Manuskript ihres ersten Romans auf gut Glück mit einem frankierten Rückumschlag zuschickte; im Begleitbrief schrieb sie, sie fühle sich zu uns hingezogen, weil wir Saul Bellow herausbrachten, den sie bewunderte. Barley las *A Summer Birdcage* in einer Nacht durch und erklärte, es sei ein Meisterwerk. Der Roman erschien 1963 und fand ganz großen Beifall.

Als Sonia mich mit Mary McCarthy bekannt machte, war diese noch mit dem New Yorker Schriftsteller Bowden Broadwater verheiratet – er stammte aus der privilegierten, weißen protestantischen Oberschicht, benahm sich schulmeisterlich, war äußerst reizbar und betete seine Frau an. Durch ihren früheren Liebhaber Philip Rahv hatte ich schon viel von ihr gehört; der ehemalige Trotzkist war Herausgeber der *Partisan Review*, er trat in Marys Romanen in Erscheinung und war über die Trennung nie ganz hinweggekommen. Mary war schön und flirtete gern. Sie wußte ihre erotische Ausstrahlung zu nutzen, aber sie eroberte die Herzen auch mit ihrem beißenden Humor und ihrer guten Laune. Viele Männer streckten angesichts ihrer kämpferischen Weiblichkeit und ihrer bezaubernden Erscheinung die Waffen. Sie hatte eine Schwäche für spannende Klatschgeschichten und besaß die Gabe, beliebiges Geplauder in brillante, mit Sarkasmus gewürzte, literarische Improvisationen zu verwandeln. In ihrem Urteil konnte Mary gnadenlos sein. Einige Jahre lang verbrachte sie ihre Sommerferien nicht weit von mir in Bocca di Magra, wo sie im Haus des italienischen Journalisten Nicola Chiaromonte wohnte; er war einer ihrer Mentoren und zählte zu den ersten linksgerichteten Moskau-Kritikern. Dort trafen wir uns regelmäßig zu nachträglichen Analysen der verschiedenen Literaturpartys, die an der ligurischen Küste stattfanden.

Ungeachtet ihres Interesses an der vornehmen Gesellschaft war Mary im Grunde ein Blaustrumpf unter Gleichgesinnten, diskutierte leidenschaftlich gern über Politik und engagierte sich für Menschen und aktuelle Fragen. Ihren Freunden gegenüber war sie äußerst loyal und genoß die Rolle der Vertrauten. Bei ihr redete ich mir oft meine Sorgen von der Seele. Eine innige Freundschaft verband Mary mit Hannah Arendt, auf deren zahlreiche Kritiker, vor allem unter den Juden, sie sich wie eine Löwin stürzte – so etwa bei den Kontroversen über Hannah Arendts Berichte zum Eichmann-Prozeß und ihr Konzept von der »Banalität des Bösen«. Marys Aufopferung für die Freundin ging so weit, daß sie Jahre nach Hannah Arendts Tod damit zubrachte, deren Nachlaß zu edieren, und darüber ihre eigene literarische Arbeit vernachlässigte. Ihr Engagement für Hannah Arendt, ihr Protest gegen den Vietnam-Krieg und ein endloser Verleumdungsprozeß, den Lillian Hellman gegen sie angestrengt hatte, weil Mary sie in einem Fernsehinterview als vielfach überschätzte, unaufrichtige Autorin bezeichnet hatte – all das hatte destruktive Folgen für ihre eigene Kreativität. Mit Jim West, ihrem letzten Mann, einem soliden, durch und durch anständigen amerikanischen Diplomaten, den sie 1961 heiratete, ließ sie sich in Paris nieder; in ihrer Wohnung in der Rue de Rennes war ich regelmäßig zu Gast.

Die ersten Bücher Mary McCarthys erschienen in England bei Heinemann. Als sie dort jedoch das Manuskript von *A Charmed Life* (*Der Zauberkreis*) vorlegte, bat sie ihr Lektor, eine Liebesszene zwischen der Heldin und ihrem Exmann abzuschwächen – ein kaum verschleierter Bericht einer solchen Begegnung Marys mit ihrem zweiten Mann Edmund Wilson. Die Toleranzschwelle gegenüber dem Obszönen war damals sehr niedrig, und Heinemann fand das Buch zu gewagt. Mary war zu keinerlei Änderungen bereit, und dank Sonia Orwell kam sie zu uns.

Ähnlichen Umständen hatten wir es zu verdanken, daß wir 1963 *The Group* (*Die Clique*) veröffentlichen konnten. Marys amerikanischer Verleger, Harcourt Brace, war Inhaber von Hart-Davis in England, aber Sir Rupert Hart-Davis lehnte den Roman wegen der erotischen Passagen ab. Er wurde ein Bestseller und eins unserer erfolgreichsten

Bücher überhaupt. Ich erinnere mich, daß ich Dwye Evans, den Chef von Heinemann, vor dem Erscheinen des Romans auf der Buchmesse traf; ziemlich herablassend erklärte er: »Ich habe gehört, daß Sie Marys Buch genommen haben. Ein schwerer Fehler, würde ich sagen. Bestimmt gehen nicht mehr als zweitausend Stück. Zu amerikanisch, zu schmutzig.« Tatsächlich verkauften wir über 200 000.

Einer meiner Schwerpunkte bei Weidenfeld & Nicolson war die Schaffung eines wissenschaftlichen Programms neben der schönen Literatur und dem allgemeinen Programm. Bei meiner Suche nach bekannten Wissenschaftlern spielte ich zwei Trumpfkarten aus. Zum einen bot ich ihnen höhere Honorare als die Universitätsverlage. Zur finanziellen Absicherung machte ich von derselben Technik Gebrauch, die Banken bei öffentlichen Emissionen verwenden. Das heißt, ich bezog meine ausländischen Partner ein, denen ich auf meinen Reisen nach Europa und in die Vereinigten Staaten Themen und Ideen verkaufte.

Der zweite Anreiz, mit dem ich namhafte Autoren gewann, war die Bitte, einen Beitrag für eine wissenschaftliche Reihe zu schreiben. Mir war von vornherein klar, daß ein Halbgott, den ich nach seinem nächsten großen Werk fragte, darauf hinweisen würde, er sei einem anderen Verlag gegenüber bereits langfristige Verpflichtungen eingegangen. Wenn ich ihn aber statt dessen um einen Beitrag zur europäischen Geschichte des zwanzigsten Jahrhundert ersuchte – oder zu einer Reihe über Naturgeschichte, politische Wissenschaften, zu einer Universalgeschichte der Religionen oder einer Reihe über die neu gegründeten Staaten Asiens und Afrikas –, dann hatte er ein Alibi. Seinem Verleger konnte der Autor erklären, daß diese Publikation von den getroffenen Vereinbarungen nicht berührt wurde und er nach Abschluß des Sonderprojekts wieder in den Schoß des Verlags zurückkehren werde. In vielen Fällen führte diese Methode jedoch zu einer dauerhaften Bindung und ermöglichte uns, ein bedeutendes historisches Programm aufzubauen. Damals waren die goldenen Jahre des Optimismus und der Expansion im internationalen Verlagswesen angebrochen, und unser finanzielles Risiko war minimal, weil ich jede Serie auf dem Weltmarkt verkaufte, bevor ich mit dem Autor handelseinig wurde.

Die erste Reihe war *History of Civilisation* (*Kindlers Kulturgeschichte*). Mir schwebte vor, etwa vierzig Titel herauszubringen, beginnend mit den Anfängen der Menschheitsgeschichte bis zur Gegenwart, jeder Beitrag von einem namhaften Historiker verfaßt. Die Bücher sollten wissenschaftlich fundiert, aber auch gut lesbar sein und gleichzeitig die Ansichten eines großen Denkers reflektieren. Als ich das Projekt 1957 in die Wege leitete, wurde ich von Isaiah Berlin, Hugh Trevor-Roper und Sir Ronald Syme, dem Althistoriker, beraten; er wurde einmal als größter Engländer der Gegenwart bezeichnet. In Wirklichkeit war er Neuseeländer.

Isaiah schlug vor, Maurice Bowra solle über die altgriechische Kultur schreiben. Nach kaum einem Jahr reichte Bowra sein Manuskript für *The Greek Experience* (*Griechenland*) ein; das Buch war ein großer Erfolg und ein wunderbarer Start für die Reihe. Es folgte Michael Grants *The World of Rome* (*Rom*). Michael war damals Vizekanzler der Universität Belfast. Die nordirischen Unruhen waren noch nicht aufgeflammt, aber eines Tages sagte Grant, er habe das Gefühl, Irland stünden harte Zeiten bevor, und er sei nicht bereit, sich für den Rest seines Lebens in die irische Frage hineinziehen zu lassen. Michael hegte den Ehrgeiz, Rektor des Trinity College, Cambridge, zu werden. Er war in die engere Wahl gezogen worden, fragte mich aber, ob ich meinte, er könne als freier Schriftsteller sein Brot verdienen, falls aus diesem Plan nichts wurde. Ich schluckte schwer und erklärte, ich sei bereit, ihm ausreichende Einkünfte zu garantieren. Die Folge war, daß er sich ein schönes Bauernhaus bei Lucca kaufte und seither in engem Kontakt zu uns stand. Es war eine der befriedigendsten Beziehungen, die ich je zu einem Autor aufgebaut habe; nur mit Paul Johnson war das Verhältnis ähnlich harmonisch.

Das dritte Buch unserer Reihe war *Mittelalter* des jungen österreichischen Historikers Friedrich Heer. Meine Informanten aus Oxford hatten mir erklärt, es gebe zwei interessante Spezialisten für das Spätmittelalter, die international einen Namen hatten: Sidney Painter in Cornell, der bereits zu alt sei, um ein Buch zu schreiben, und Friedrich Heer, über den die Meinungen diametral auseinandergingen. Einige sagten, er sei zwar nicht gerade ein Scharlatan, aber ein Phantast, dem es an Disziplin fehle. Andere hielten ihn für ein Genie.

Ich fuhr nach Wien, um ihn zu treffen, und nach einer halben Stunde stand fest, daß wir Freundschaft fürs Leben geschlossen hatten. Mit seinem breiten Gesicht und seinen feinen Zügen sah er aus wie der junge Martin Luther. Er hatte leicht hervortretende Augen und einen schweren Körperbau, der seine außerordentliche Größe vergessen ließ. Er war eine Rakete mit Eigenantrieb. Offensichtlich konnten seine Worte mit dem Tempo seiner Gedanken nicht mithalten; er sprach jedenfalls mit halsbrecherischer Geschwindigkeit, ohne seine Sätze zu vollenden. Außerdem hatte er die Angewohnheit, undurchsichtige Formulierungen zu erfinden, so daß man raten mußte, was gemeint war. Häufig wechselte er ins Englische, eine Sprache, die er nur unvollkommen beherrschte. Dies führte zu den merkwürdigsten Wortverwechslungen. So gebrauchte er alle drei Minuten die Redewendung »Don't fence me in«,* ohne zu wissen, was sie eigentlich bedeutete. Aber er war brillant.

Heer litt unter Verfolgungswahn. Während des Kriegs hatte er eine traumatische Erfahrung gemacht, über die er nie Näheres erzählte. Er war zutiefst unglücklich, trank viel und litt unter einer geradezu spenglerschen Zukunftsangst. Zudem erfand er seltsame Vorfälle in seiner Vergangenheit, so wie ich es schon bei André Malraux beobachtet hatte. Nicht daß er bewußt gelogen oder phantasiert hätte, vielmehr lieferte er fehlende Elemente in einem unvollständigen Bild, so wie ein Restaurator, der sich bei einem alten Fresko die Freiheit nimmt, einzelne Linien einzufügen. Als überzeugter Antifaschist und linksgerichteter Katholik war er einer der ersten Brückenbauer zwischen Ost und West. In der dunkelsten Zeit des Kalten Kriegs hielt er Kontakt zu tschechischen, ungarischen und polnischen Intellektuellen, wobei er seine kirchlichen Beziehungen, insbesondere zu Kardinal König, nutzte. Im Wien der fünfziger Jahre hielt er mutige Vorträge über »Die katholischen Wurzeln des österreichischen Antisemiten Hitler«, mit denen er sich den Unmut der Konservativen zuzog. Später veröffentlichte er *Gottes erste Liebe*, eine der besten Darstellungen des tragischen Kampfs zwischen der römisch-katholischen Kirche und dem Judentum. Dieses Buch ist ein Zeugnis seines Wunsches nach einer Versöhnung zwischen den beiden Religionen, um die er sich sein Leben lang bemühte. Unterstützung fand er bei Kardinal König, dem ökumenisch orientierten Erzbischof von Wien, den ich durch Friedrich Heer kennenlernte. Der Bankier Sigmund Warburg war von *Gottes*

---

* »To fence in« heißt »einsperren«, A. d. Ü.

erste Liebe zutiefst beeindruckt und bat mich, ihm den Autor vorzustellen. Warburg war von Heer fasziniert. Ab und zu reservierte er einen Salon im Savoy und lud einige ausgesuchte Geschäftsfreunde ein, um Heers improvisierten Reden zu lauschen, die er mit Begeisterung hielt, während er sich ausgezeichneten französischen Weißwein munden ließ.

Heer hatte Anhänger in Deutschland, aber berühmt wurde er durch das erste Buch, das er für uns schrieb. In einer unsignierten Besprechung im *Times Literary Supplement* pries Arnold Toynbee das Werk in den höchsten Tönen. In Österreich führte die Veröffentlichung von *Mittelalter* dazu, daß die Universität Wien Heer umgehend als ordentlichen Professor berief, um zu verhindern, daß er von einer deutschen Universität abgeworben würde. Wir veröffentlichten etwa ein Dutzend seiner Bücher. Es wurde oft behauptet, daß sie sich auf englisch besser lesen ließen als im Original, weil ein gewandter Übersetzer Heers ausufernden Stil etwas eindämmen konnte. *Mittelalter* war nicht der einzige Beitrag zur *History of Civilisation*, der zum Klassiker wurde. Ebenso bedeutend waren die Bücher von J. H. Parrys, *The Age of Reconnaissance* (*Das Zeitalter der Entdeckungen*), Eric Hobsbawms Trilogie *The Age of Revolution, The Age of Capital* und *The Age of Empire* (*Europäische Revolutionen*) sowie Richard Pipes' *Russia under the Old Regime* (*Rußland vor der Revolution*).

Der Achtungserfolg, den unsere akademisch fundierten, gut geschriebenen Bücher über Geschichte, Religion, Naturgeschichte, Literatur und die bildenden Künste erzielten, ermutigte mich, auch Publikationen aus Spezialgebieten in unser Programm aufzunehmen. Einige dieser Werke gehörten zu den besten Büchern, die wir herausbrachten, aber leider verkauften sie sich nicht kostendeckend. Während die Ausgaben für Herstellung, Gehälter und Werbung eskalierten, vergrößerte sich die Leserschaft nicht entsprechend. Ich bemühte mich nach Kräften, die mit seriöser Literatur eingefahrenen Verluste durch opportunistische Veröffentlichungen auszugleichen. Wissenschaftliche Untersuchungen wurden durch die Bekenntnisse eines Höflings im Königshaus oder das modische Machwerk eines amerikanischen Phrasendreschers finanziert. Für einen unabhängigen Verleger mit dem Anspruch, ein hervorragendes internationales Programm, auch mit Übersetzungen, zu gestalten, wurde das Leben zusehends schwerer.

Dennoch stellte das Jahr 1959 wieder einen Meilenstein in der Geschichte von Weidenfeld & Nicolson dar. Denn in diesem Jahr veröffentlichten wir *Lolita*, den Roman, der den Verlag aus den Literaturseiten britischer Zeitungen in die Schlagzeilen der Weltpresse katapultierte.

Nachdem Graham Greene in der Weihnachtsausgabe der *Sunday Times* Vladimir Nabokovs Roman als eines der drei besten Bücher des Jahres 1955 empfohlen hatte, wurde das Buch in breiteren Kreisen bekannt, und in England entbrannte ein heftiger Literaturstreit. Der empörte John Gordon, Herausgeber des *Sunday Express*, verurteilte *Lolita* daraufhin als »völlig hemmungslose Pornographie«. Greene wiederum machte sich über ihn lustig, indem er eine »John Gordon Gesellschaft« gründete, die unter anderem anregte, Scrabble-Spieler sollten sich verpflichten, nur Wörter zu gebrauchen, die im *Concise Oxford Dictionary* vorkommen.

Nabokov war es nicht gelungen, einen New Yorker Verleger für sein Buch zu finden, und so unterschrieb er einen Vertrag mit Olympia Press in Paris, ein Haus, das von dem schelmenhaft anmutenden Maurice Girodias geführt wurde; er hatte sich auf erotische Literatur spezialisiert, die in Amerika und England verboten war. Der Großteil seiner Bücher war unbedeutend, obwohl er, wie sein Vater Jack Kahane, der Verleger von Cyril Connollys *The Rock Pool*, Lawrence Durrells *The Black Book* (*Die schwarze Chronik*) und Henry Millers *Tropic of Cancer* und *Tropic of Capricorn* (*Wendekreis des Krebses* und *Wendekreis des Steinbocks*), ein Gefühl für Literatur besaß. *Lolita* war sofort zum Kultroman geworden. Die Olympia-Ausgabe war auf dem Schwarzmarkt sehr gefragt, und verschiedene amerikanische Verlage wetteiferten nun um die Rechte, wurden jedoch von der unverhältnismäßig hohen Lizenzgebühr abgeschreckt, die Girodias forderte. Walter Minton von Putnam war der einzige, der sich darauf einließ und die strafrechtlichen Folgen riskierte. Im August 1958 brachte er die amerikanische Ausgabe auf den Markt, die beste Kritiken erntete, aber auch einen Sturm der Entrüstung auslöste. In einigen Staaten wurde das Buch zurückgezogen, aber die amerikanischen Behörden verzichteten auf ein Verbot, und so gelangte es bald in die Bestsellerliste.

Ich hatte den Roman gelesen, als er bei Olympia Press erschien, und begann mit Minton zu verhandeln, noch bevor die Putnam-Edition herauskam. Doch in England, wo es strengere Gesetze gegen die Veröffentlichung unzüchtiger Schriften gab, war die Situation gefährlicher als in den Vereinigten Staaten. Im September 1958 war ein Buchhändler zu einer Geldstrafe von 200 Pfund verurteilt worden, weil er einem Polizisten in Zivil ein Exemplar der Olympia-Ausgabe verkaufen wollte. Verlegern, die von britischen Richtern für unzüchtig erklärte Bücher vertrieben, drohte sogar eine Haftstrafe.

Doch nun wurde im Parlament ein neuer Gesetzesentwurf über unzüchtige Schriften diskutiert. Darin hieß es, ein Buch solle als Ganzes und nicht anhand von aus dem Zusammenhang gerissenen Passagen beurteilt werden, und der Verteidigung wurde zugebilligt, den literarischen Wert des strittigen Werks durch Experten bestätigen zu lassen. Die meisten britischen Verlage zogen es vor abzuwarten, bis die Vorlage Gesetzeskraft hatte, bevor sie sich für *Lolita* engagierten. Unter den Interessierten wurde Bodley Head von Nabokov favorisiert, denn Graham Greene, der sich für das Buch starkgemacht hatte, gehörte dem Verwaltungsrat des Verlags an. Aber Minton setzte sich für uns ein, vor allem weil er fürchtete, daß die Mächtigen im Land Greenes Attacke gegen John Gordon noch nicht vergessen hatten. Der schroffe, zuweilen sprunghafte Minton war ein hochintelligenter Mann, mit dem ich viele Jahre eng zusammenarbeitete, bis er auf dem Höhepunkt seines Erfolgs den Verlag verkaufte und eine Laufbahn als Jurist einschlug.

Den Vertrag für *Lolita* unterschrieben wir im November 1958. Nabokov, der damals an der Universität Cornell lehrte, machte es zur Bedingung, daß wir nichts, nicht einmal ein Komma, ändern durften. Außerdem mußten wir uns schriftlich verpflichten, das Buch im Falle einer Anklage zu verteidigen.

In den Monaten vor der Veröffentlichung war *Lolita* Gegenstand heftiger Auseinandersetzungen. Angesichts der Empörung, die das Buch auslöste, bekundeten eine Reihe von Persönlichkeiten aus dem literarischen Leben ihren Protest gegen ein drohendes Verbot. In der *Times* vom 23. Januar 1959 erschien folgender Brief:

> Sir, wir sind zutiefst beunruhigt von der Vorstellung, daß die Veröffentlichung von Vladimir Nabokovs *Lolita* in Großbritannien immer noch unterbunden werden könnte. Hinsichtlich der Qua-

> lität des Romans sind wir keineswegs einer Meinung, aber wir meinen, daß es bedauerlich wäre, wenn ein Buch von größtem literarischen Interesse, das von namhaften Kritikern günstig aufgenommen und in seriösen, angesehenen Zeitschriften gelobt wurde, in diesem Land nicht erscheinen dürfte. Die Verfolgung echter literarischer Werke schadet dem Ruf der Regierungen und trägt nichts zur Hebung der öffentlichen Moral bei. Wenn wir heute die Anklageschriften gegen *Madame Bovary* oder *Ulysses* lesen – Werke, die auf viele Zeitgenossen tatsächlich schockierend gewirkt haben –, so gilt unsere Bewunderung Flaubert und Joyce und nicht etwa den Staatsanwälten der damaligen Zeit. Der gesunde Menschenverstand könnte uns einen weiteren Fall dieser Art ersparen.

Unterzeichnet war der Protestbrief von J. R. Ackerley, Walter Allen, A. Alvarez, Isaiah Berlin, C. M. Bowra, Storm Jameson, Frank Kermode, Allen Lane, Margaret Lane, Rosamond Lehmann, Compton Mackenzie, Iris Murdoch, William Plomer, V. S. Pritchett, Alan Pryce-Jones, Peter Quennell, Herbert Read, Stephen Spender, Philip Toynbee, Bernard Wall und Angus Wilson.

»Die Schlacht um *Lolita* geht weiter«, berichtete ich Nabokov ein paar Tage später. Allerdings lernte ich ihn erst nach einigen Wochen kennen, und zwar als ich ihn am 1. März im Chelsea Hotel in New York aufsuchte. Es war mein erster Besuch in diesem berühmten, aber ziemlich düsteren Haus. Als ich ankam, bemerkte ich einen Mann in ausgebeulten Hosen und einer weiten Tweedjacke über dem weißen Hemd, der am Lift stand und mich fragend ansah. Die magere, gebeugte Gestalt kam auf mich zu und schüttelte mir die Hand. Ohne ein Wort zu sagen, führte er mich durch einen langen Korridor und brachte mich in sein Privatzimmer, wo eine weißhaarige Frau aufrecht, mit dem Rücken zum Fenster, im Sessel saß; sie erinnerte mich an eine Zeichnung von Giacometti. Sie legte ihr Strickzeug beiseite und warf mir einen feindseligen Blick zu. Es war Vera Nabokov. Aufgrund ihrer erbitterten Auseinandersetzungen mit Maurice Girodias begegneten die Nabokovs Verlegern äußerst mißtrauisch, und es dauerte eine Zeit, bis sie mir gegenüber auftauten. Um das Eis zu brechen, sprach ich über Cambridge, wo Nabokov studiert hatte, und erzählte von gemeinsamen Bekannten. Anschließend besprachen wir die Veröffentlichung von *Lolita*. Ich wollte die Publikation hinauszögern, bis das neue Gesetz über unzüchtige Schriften in Kraft getreten war, und bat um Aufschub. Doch Nabokov wollte das Buch möglichst rasch auf den englischen Markt bringen.

Während der Gesetzesentwurf die verschiedenen Beratungen im Unterhaus durchlief, hing das Damoklesschwert der strafrechtlichen Verfolgung über uns; es gab genügend Leute, die uns davor warnten, *Lolita* zu veröffentlichen. Unsere Entscheidung für den Roman führte zu einer dauerhaften Entfremdung zwischen Harold Nicolson und mir. Harold wandte sich vehement gegen die Publikation von *Lolita*. Er fürchtete, der ihm verhaßte Roman könnte das Ende der politischen Karriere seines Sohns bedeuten, der sich bereits in der Suez-Krise und in der Frage der Todesstrafe gegen die Regierungspolitik gestellt hatte. In einem Brief teilte mir Harold mit, Vita und er hätten nicht das Gefühl, daß die literarischen Verdienste von *Lolita* in irgendeiner Weise die »Obszönität rechtfertigen, die dem gesamten Buch zugrunde« liege. Und weiter heißt es dann: »Nur einer unter einer Million Lesern wird das Buch als Warnung oder moralische Parabel auffassen. Die breite Öffentlichkeit wird das Buch als obszöne Darstellung einer Perversion der schlimmsten Art verstehen, eines Lasters, in dem extreme Lüsternheit mit äußerster Unschuld konfrontiert wird. Man wird das Buch allgemein verurteilen, und euer Unternehmen wird damit den Ruf nicht eines mutigen und ›fortschrittlichen‹, sondern eines auf unzüchtige Schriften spezialisierten Verlags gewinnen.« Er bedrängte mich, auf die Veröffentlichung zu verzichten, die sich als »nahezu tödlicher Schlag« für meinen Ruf erweisen würde.

Ungeachtet seiner Schwierigkeiten und Befürchtungen hielt Nigel mit aufopferungsvoller Loyalität zu uns. Er verteidigte das Buch in einer Rede vor dem Unterhaus und blieb auch standfest, als er in seinem Wahlkreis unter schweren Beschuß geriet. Auch von seiten seiner Partei wurde er unter Druck gesetzt. Edward Heath, der damalige Chief Whip, bat Nigel inständig, im Interesse des politischen Friedens von dem Projekt Abstand zu nehmen. Die großen Namen, die den Brief an die *Times* unterzeichnet hatten, beeindruckten ihn nicht; vielmehr hielt er Nigel vor Augen, daß die Diskussion um den Gesetzesentwurf auf das *Lolita*-Problem reduziert werden könnte: Die Konservativen würden dagegen stimmen, wenn die Vorlage die Publikation von *Lolita* zuließ, und andernfalls würde Labour den Entwurf ablehnen. Allgemeine Wahlen standen vor der Tür, und Heath fürchtete, die Partei könnte Schaden nehmen. Auch der Generalstaatsanwalt, Sir Reginald Manningham-Buller, der spätere Lord Dilhorne, tippte Nigel in der Lobby vor dem Raucherzimmer im Unterhaus an, während er sich mit Harold Macmillan unterhielt, und riet ihm, die Finger von dem Buch zu lassen.

Nigels Probleme mit den eisernen Konservativen seines Wahlkreises in Bournemouth trugen dazu bei, daß *Lolita* in den Schlagzeilen blieb. Die Aufregung war letztlich mitverantwortlich dafür, daß er sein Mandat verlor. Als sich die Sache zur Staatsaffäre entwickelt hatte, schlug Nigel dem damaligen Vorsitzenden der Konservativen, Lord Hailsham, vor, eine Briefabstimmung durchzuführen, bei der er um einundneunzig Stimmen unterlag. Nachdem Nigel in Ungnade gefallen war, schied er bei den Wahlen noch im selben Jahr aus dem Parlament aus.

In den Monaten vor der Publikation tobte der Kampf um *Lolita* unvermindert weiter. Die Mehrzahl der Zeitungen war gegen uns; Nigel und ich wurden in der Presse verunglimpft. Im *Sunday Express* setzte sich John Gordon eingehend mit meinem Privatleben auseinander. Ich wohnte damals in Fred Warners Wohnung in Albany, wo ich wie im Glashaus saß. Die Räume waren von der Straße aus gut zu beobachten, und so waren rund um die Uhr Reporter auf dem Posten, die Beweise für mein Lotterleben suchten. Einer von ihnen holte mich um 7.30 Uhr aus dem Bett – ich wankte in einem pflaumenblauen Morgenmantel zur Tür, eine Erscheinung, die sich der Chronist in allen Einzelheiten einprägte. Aber unsere Kampagne fand noch weitere leidenschaftliche Mitstreiter, die den Brief an die *Times* nicht unterzeichnet hatten. So verfaßte Bernard Levin für den *Spectator* eine aufrüttelnde Verteidigung des Romans, und auch Roy Jenkins und Ian Gilmour bewiesen uns ihre Solidarität.

Der führende Kopf unserer Kampagne neben unserem gewandten Rechtsanwalt Peter Carter-Ruck war Gerald Gardiner, ein namhafter liberaler Jurist, der später Lordkanzler der Regierung Wilson wurde. Gardiner sah aus wie ein altrömischer Senator: groß, kahlköpfig, hager und stets eine Belehrung auf der Zunge. Er trat leidenschaftlich für die

Freiheit der Rede ein und erwies sich als hervorragender Stratege. Seine Taktik bestand darin, den Leiter der Anklagebehörde schachmatt zu setzen, denn wir hatten Grund zu der Annahme, daß er sich unsicher war, wie er sich verhalten sollte. Wir hatten den Termin für die Publikation auf den 6. November gelegt. Am 5. Oktober, drei Wochen, bevor wir die Rezensionsexemplare verschicken mußten, ließen wir ein paar Exemplare drucken. Dem Leiter der Anklagebehörde schickten wir eins davon zu; in dem beigelegten Brief erklärten wir unsere Absicht, das Buch zu veröffentlichen, da wir den Roman für ein bedeutendes literarisches Werk hielten, betonten aber, wir wollten nicht mit dem Gesetz in Konflikt geraten. Die Anklagebehörde sollte Gelegenheit erhalten, den Verlag wegen der Veröffentlichung von *Lolita* zu belangen, bevor der Roman in die Buchhandlungen gelangte. Weiter schrieben wir, wenn wir bis zum 26. Oktober nichts von der Behörde hörten, würden wir das Projekt planmäßig fortführen. Nigel war auf die Idee gekommen, den Testfall anhand einer »symbolischen Publikation« durchzuspielen. Wir hörten nichts von der Behörde und bereiteten folglich das Erscheinen des Romans vor, hielten aber die Bücher bis zur letzten Minute im Lager zurück.

Die Nabokovs kamen ein paar Tage vor dem 6. November nach England. Wir brachten sie im Brown Hotel unter, und Vladimir verbrachte den Großteil seiner Zeit damit, einen handverlesenen Kreis von Journalisten und Freunden in seinem Hotel zu empfangen. Meine Freundin Grace Radziwill unterstützte uns nach besten Kräften und spielte die Hofdame für die Nabokovs. Um die öffentliche Meinung für uns zu gewinnen, hatten wir noch in letzter Minute einen Vortrag Nabokovs in Cambridge arrangiert. Vor seiner Abreise aus New York schrieb er mir, etwas pikiert darüber, daß er auf Einladung der slawistischen Fakultät sprechen sollte: »Ein Vortrag, der von der Fakultät für englische Literatur gefördert wird, könnte Ihrem Zweck hinsichtlich der Veröffentlichung von *Lolita* spürbar nützen. Ich glaube kaum, daß diesem Ziel durch mein Auftreten unter der zweitklassigen Schirmherrschaft einer unbedeutenden Fakultät gedient wäre.« Er drohte, den Vortrag abzusagen, und erklärte, »unter den gegebenen Voraussetzungen würde sich eine Fahrt ins kalte Cambridge kaum lohnen«. Er schloß den Brief mit einer weiteren spitzen Bemerkung: »Nebenbei möchte ich erwähnen, daß ein Vortrag von mir normalerweise sehr teuer ist; diesen Punkt hatte ich jedoch ausnahmsweise zurückgestellt, da ich mein Auftreten in Cambridge als Teil Ihrer Kampagne und nicht als Bildungsvortrag ansah.« Doch am Ende wurde alles gut.

Am 4. November fuhren wir in Graces gemietetem Rolls Royce nach Cambridge, und Nabokov trat ans Rednerpult, um einen Vortrag über »Russische Klassiker, Zensoren und Leser« zu halten. Es war ein amüsanter, kenntnisreicher Rückblick auf den Krieg der russischen Romanautoren des neunzehnten Jahrhunderts gegen die Zensur; der Vortrag gipfelte in der Frage: »Wer kennt heute nicht Namen wie Puschkin, Lermontow, Turgenjew, Tschechow? Wer kennt heute noch den Namen eines einzigen Polizeichefs oder Zensors aus St. Petersburg?« Nabokov erhielt stehende Ovationen. Anschließend gab Noel Annan, der sich von jeher für Meinungsfreiheit eingesetzt hatte, ein großartiges Dinner im King's College, dessen Rektor er war.

Am Vorabend der Publikation gaben Weidenfeld & Nicolson im Londoner Ritz einen Empfang für Nabokov, zu dem die Crème des aufgeklärten literarischen und politischen London geladen war. Unter den Gästen waren auch Igor Strawinsky und seine Frau, die die Berlins mitgebracht hatten, und die Presse war zahlreich vertreten. Wir alle waren ziemlich nervös, weil unser Schicksal nach wie vor auf Messers Schneide stand. Wir rechneten jederzeit mit der Ankündigung, die Regierung beabsichtige, uns wegen der Veröffentlichung unzüchtiger Schriften strafrechtlich zu verfolgen.

Am Tag unseres Empfangs im Ritz stand *Lolita*, wie wir später erfuhren, auf der Tagesordnung der Sitzung eines Kabinettsunterausschusses, an der der Generalstaatsanwalt, Sir Reginald Mannigham-Buller, und der Vorsitzende der Staatsanwaltschaft, Sir Theobald Matthew, teilnahmen. Das Innenministerium war durch den Staatssekretär Sir Jocelyn Simon vertreten, einen liberalen Tory. Während der Party wurde ich ans Telefon gerufen. Am anderen Ende der Leitung sagte die Stimme eines anonymen Regierungsbeamten aus dem Innenministerium: »Es verstößt gegen alle Vorschriften, aber ich bin ein überzeugter Anhänger Ihrer Sache. Sie können weitermachen. Der Staatsanwalt hat beschlossen, keine Strafverfolgung einzuleiten.«

Als ich in den Raum zurückkehrte, in dem die Party stattfand, kletterte Nigel auf einen Tisch, um unter allgemeinem Frohlocken die Neuigkeiten bekanntzugeben. Vera Nabokov trocknete sich eine Träne mit ihrem weißen Battisttaschentuch. Die Schlacht war gewonnen. Ein Jahr vor dem Prozeß um *Lady Chatterly's Lover* war mit *Lolita* ein Durchbruch in der Liberalisierung der britischen Gesetzgebung und im Schicksal von Weidenfeld & Nicolson gelungen. Von dem Buch verkauften wir im Hardcover gut 200 000 Stück, und wir machten uns einen Namen als wagemutiger, unerschrockener Verlag.

Meine Beziehung zu Nabokov vertiefte sich im Lauf der nächsten Jahre, in denen wir fast alle seine Werke veröffentlichten. Er war ein strenger Zuchtmeister, der sich brennend für Werbung, Aufmachung und Umsatz interessierte, aber er war nie unfair. Es dauerte lange, bis ich Vera Nabokovs Vertrauen gewann. Sie war eine bemerkenswerte Frau, die nur für ihren Mann lebte. Sie regelte die geschäftlichen Angelegenheiten, informierte sich über Tantiemen, erörterte die Frage möglicher Übersetzungen und war die erste Kritikerin seiner gesamten literarischen Produktion. Sie war Nabokov bedingungslos ergeben und verteidigte ihn wie eine Löwin.

Zweimal jährlich unternahm ich eine Pilgerfahrt ins Palace Hotel in Montreux, wo er und seine Frau einfach, aber bequem in einer Zimmersuite lebten. Der Besuch verlief immer nach dem gleichen Ritual. Ich kam gegen 12.30 Uhr ins Hotel, nannte an der Rezeption meinen Namen und wartete, bis die Nabokovs herunterkamen. Nach dem Essen machten wir einen Spaziergang im Park oder gingen auf das Zimmer der Nabokovs, um einen Digestif zu trinken. Oft schloß sich uns Ledig-Rowohlt, der deutsche Verleger und Übersetzer von Nabokovs Werken, mit seiner Frau Jane an. Sie lebten in der Nähe und waren mit den Nabokovs befreundet. Wenn mein Besuch zu Ende ging, brachte mich Nabokov stets zum Taxi, mit dem ich zum Flughafen fuhr.

Als wir bei einem meiner Besuche in Montreux unseren Aperitif vor dem Essen nahmen, passierte mir etwas Seltsames. Mein rechtes Auge trat plötzlich aus der Höhle. Nabokov war entsetzt und zugleich amüsiert, während ich unter Schock stand. Er brachte mich mit dem Taxi zu einer weißrussischen Augenärztin, die sah, was passiert war, und mir helfen konnte, aber nur schlecht Französisch sprach. Also sprach Nabokov russisch mit ihr, da sie aber schwerhörig war, mußte Nabokov schreien, um sich verständlich zu machen. Während sie mein Auge behandelte, hörte ich, wie er auf englisch vor sich hinmurmelte: »Blinder Verleger, taube Augenärztin, blinder Verleger, taube Augenärztin«, als wollte er eine Szene für eine Nabokovsche Kurzgeschichte skizzieren. Dasselbe Mißgeschick war mir schon einmal passiert, als ich mit Sir Michael Blundell frühstückte; er war vor der Unabhängigkeit Minister der kenianischen Regierung gewesen, und ich veröffentlichte seine Bücher auf Empfehlung von Hugh Fraser. Die Geschichte machte die Runde und war der Ursprung für den Popeye-Witz in dem satirischen Wochenblatt *Private Eye*.

In Montreux kam Nabokov nicht viel unter die Leute. Er beschränkte seine gesellschaftlichen Beziehungen auf ein absolutes Minimum, um sich ganz auf seine Arbeit konzentrieren zu können. Ich hatte den Eindruck, daß er sich die Frische, Unmittelbarkeit und Langlebigkeit menschlicher Begegnungen erhalten wollte, indem er die Kontakthäufigkeit reduzierte. Wie er mir einmal sagte, wollte er sich nicht den Verstand vollstopfen. Dadurch war sein außerordentliches Gedächtnis zu erklären. In seiner leicht spöttischen Art konnte er detaillierte Beschreibungen der Eigenarten, Redeweise und Erscheinung von Personen liefern, die er nur kurz getroffen hatte. Zwischenfälle und Gespräche, die Jahre zurücklagen, hatte er noch gut in Erinnerung.

Gelegentlich führte ich Begegnungen zwischen den Nabokovs und einigen Nachbarn herbei, wie etwa dem Schauspieler James Mason, der eine Affäre mit meiner Freundin Gräfin Vivi Crespi hatte. Sie stellte Nabokov Charlie Chaplin vor, an dem er jedoch keinen Gefallen fand, wahrscheinlich weil Chaplin mit der Linken sympathisierte. Die Nabokovs waren fanatische Antikommunisten. Ihr Haß ging so tief, daß sie der Sowjetunion jegliche positive Errungenschaft absprachen. Ich erinnere mich, wie Nabokov erstarrte, als meine Frau Sandra erwähnte, wir hätten gerade den russischen Film *Krieg und Frieden* gesehen und fänden ihn ziemlich interessant. Wie könne ihr nur eine Verfilmung eines großen russischen Klassikers gefallen, wandte Nabokov ein, die so von sowjetischer Propaganda und der damit einhergehenden Vulgarität durchdrungen sei. Obwohl Nabokov in Fragen des Antisemitismus, der Homosexualität und der individuellen Freiheit liberal dachte, war er bereit, sich auf die Seite der Ultrarechten zu schlagen, sofern sie sich als waschechte Antikommunisten erwiesen. Seine langjährige Freundschaft mit Jason Epstein, der bei Doubleday war, bevor er die *New York Review of Books* mitbegründete, kühlte spürbar ab, als sich Epstein politisch stärker engagierte. Nabokov mißbilligte die liberale Haltung der *New York Review of Books*-Mitarbeiter, und sie hielten ihn für reaktionär.

Nabokov war von heiterer Gelassenheit, aber etwas reserviert, besaß eine erbarmungslose Beobachtungsgabe und zeigte Vorlieben und Abneigungen überdeutlich. Im Gespräch drückte er sich genauso gewählt aus wie in seinen Werken: eine Sprache voll leiser Ironie, Übertreibungen und anregender Analogien. Wir unterhielten uns oft über die zeitgenössische Literatur, und zwischen den Besuchen ließ mir Nabokov nicht selten sarkastische Kommentare über unser Programm zukommen. Für Saul Bellow nahm er sich keine Zeit, Mary McCarthy las er mit amüsierter Toleranz. Er bewunderte John Updike, der nicht zu meinen Autoren zählte, und mochte Henri de Montherlant, den ich verlegte.

Bei unseren Unterredungen hakten wir immer ein bestimmtes Themenrepertoire ab: angefangen mit Bagatellen über gemeinsame Freunde – würde die Liaison der Gräfin Crespi mit James Mason zur Heirat führen? – bis hin zu Erinnerungen an die *Lolita*-Affäre, die Nabokov immer wieder durchspielte. Er wollte stets über die neuesten Kämpfe zwischen dem Congress of Cultural Freedom, den sein Cousin Nicolas mitbegründet hatte, und den Abtrünnigen dieser Organisation auf dem laufenden gehalten werden. Auch der Bruch mit Edmund Wilson kam häufig zur Sprache. Nach einer über zwei Jahrzehnte währenden, intensiven Freundschaft überwarfen sich die beiden 1965 wegen Wilsons boshafter Besprechung von Nabokovs *Eugen-Onegin*-Übersetzung. Als ich die Nabokovs zum erstenmal sah, meinten sie, ich hätte Ähnlichkeit mit Edmund Wilson – »eine Mischung aus Wilson und Churchill«, erklärte Vera.

Nabokov brachte seine Tage mit Lesen, Schachspielen und dem Studium von Schmetterlingen zu. Meist spielte er gegen sich selbst, da er keinen adäquaten Gegner fand. Seine Lektüre bestand aus polemischer Literatur über die Sowjetunion und immer wieder den großen russischen Klassikern. Er schätzte die aristokratische, konservativ-liberale Literaturtradition, und ich konnte fast erraten, wer seine Lieblingsfeinde waren. Turgenjew, Puschkin und Tschechow liebte er, während er gegen Tolstoi ambivalente Gefühle hegte; zwar leugnete er nicht Tolstois Größe, zweifelte aber an seiner Vernunft. Er haßte

Dostojewski, und auch für Solschenizyn und dessen dostojewskischen Hang zu panslawistischen Ideologien hatte er nicht viel übrig. Er bezeichnete Solschenizyn gern als »barfüßigen Priester«. Doch als letzterer im Februar 1974 die Sowjetunion verließ, schrieb ihm Nabokov sofort nach Köln, wo der Emigrant von Heinrich Böll aufgenommen worden war, gratulierte ihm zu seiner »Reise aus unserer schrecklichen Heimat in die freie Welt« und regte ein Treffen an. Solschenizyn, der anschließend für eine Weile nach Zürich zog, schrieb in seiner Antwort, das Schicksal habe sie beide in die Schweiz geführt. Eine Verabredung wurde getroffen – Solschenizyn und seine Frau sollten die Nabokovs in Montreux besuchen. Beide warteten zur vereinbarten Zeit, aber die Solschenizyns tauchten nicht auf. Tage vergingen ohne ein Wort von ihnen. Nabokov erzählte mir später, er habe gehört, Solschenizyn sei ein wenig früher als verabredet am Palace Hotel erschienen, habe es aber nicht über sich gebracht, hineinzugehen. Die beiden Schriftsteller sind einander nie begegnet.

KAPITEL XIII

Londoner Labyrinth

NACH MEINER RÜCKKEHR aus Israel fiel es mir schwer, mich einzugewöhnen, auch wenn die Verlagsarbeit meine Tage ausfüllte. Flora Solomon half mir, wieder Fuß zu fassen. Sie glättete auch die Wogen in meiner Beziehung zu Präsident Weizmann und insbesondere zu seiner Frau, die meinen Abschied als persönliche Kränkung aufgefaßt hatte. Aber wir begruben den Streit bei einem ihrer Privatbesuche in London und verbrachten einen sehr angenehmen Abend mit Geplauder und gemeinsamen Erinnerungen.

Meine Freundschaft mit dem weitverzweigten Clan der Marks' und Sieffs wurde nach meiner Rückkehr noch enger, und ich tauchte immer mehr in ihre Welt ein. Die Sieffs sah ich oft, besonders Marcus, der damals mit Simon Marks' Schwiegersohn Dr. Alec Lerner um die Position des »Kronprinzen« konkurrierte. Auch mit Israel Sieffs jüngerem Bruder Teddy freundete ich mich an; 1973 verübte ein Terrorist, vermutlich der berüchtigte Carlos, einen Attentatsversuch auf ihn. Er versuchte, seine Schüchternheit mit reserviertem Benehmen zu kaschieren, und wirkte manchmal schroff, war aber ausgesprochen gutmütig und betete seinen älteren Bruder und Simon Marks geradezu an.

Teddy übernahm nach dem Tod der beiden den Vorsitz des Unternehmens. Er war mit einer charmanten, sensiblen Frau verheiratet, die zur Melancholie neigte. Vom Temperament her paßten die beiden nicht zusammen, und die Ehe war nicht glücklich. Teddy war zwar rücksichtsvoll, aber nicht sehr mitteilsam, und die Frustration seiner Frau Maisie wuchs. Aufgrund ihrer schweren Depressionen beging sie im Spätherbst 1951 Selbstmord. Sie hatten zwei Töchter. Die jüngere ging noch zur Schule, Jane, die ältere, studierte bereits an der Sorbonne. Teddy schlug vor, ich sollte mich bei meinem nächsten Paris-Besuch mit ihr treffen.

Bei unserer ersten Verabredung besuchte ich mit ihr *Don Giovanni*. Jane hatte ein auffallend etruskisches Profil ähnlich wie Jacqueline Picasso in den Zeichnungen ihres Mannes. Mit ihren zwanzig Jahren war sie erfrischend unverdorben und zeigte eine ansteckende Begeisterung für alles Französische, insbesondere für moderne Malerei und Literatur. Ich fühlte mich sofort zu ihr hingezogen und führte sie in Paris mehrmals aus. Nach dem Tod ihrer Mutter kehrte sie nach London zurück, um sich um ihren Vater zu kümmern, und wir trafen uns immer häufiger. Die Zeit der Werbung war kurz und intensiv. Anfang Dezember 1951 machte ich ihr nach dem Essen in meinem Haus am Chester Square einen Heiratsantrag. Es folgte eine scheinbar endlose Pause, und in unserer Verlegenheit starrten wir die geschnitzte Statue des heiligen Franz von Assisi an, die ich vor ein paar Tagen in der Arcade Gallery gekauft hatte. Dann fielen wir uns in die Arme.

Es mag sein, daß Janes rasche Einwilligung mit dem Tod ihrer Mutter zu tun hatte – vielleicht hätte sie unter anderen Umständen gezögert, einen so entscheidenden Schritt zu tun. Sie war behütet aufgewachsen und emotional keinesfalls älter als zwanzig, während ich für meine zweiunddreißig schon ziemlich viel erlebt hatte. Darin lag wahrscheinlich eine der Ursachen für unsere spätere Entfremdung.

Ich hielt bei Janes Vater in aller Form um ihre Hand an. Teddy erkundigte sich nach meinen Verhältnissen und nickte schließlich wohlwollend. Janes Tante, Lady Marks, die mir ohnehin freundlich gesonnen war, inspizierte meine Wohnung. Nach wenigen Tagen war das »nihil obstat« des Familienoberhaupts bis zur jüngeren Generation vorgedrungen und löste eine Kettenreaktion aus. Jane und ich wurden von allen gefeiert – beinahe jeden Abend gab es eine Party. Meine Eltern beteiligten sich rege an den Vorbereitungen und bauten eine freundschaftliche Beziehung zu Teddy Sieff auf. Über Weihnachten nahm ich Jane zu Henry und Shirley Anglesey nach Plas Newydd mit, wo sie herzlich aufgenommen wurde und sich wohl zu fühlen schien. Raimund von Hofmannsthal, der Schiedsrichter der Familie in allen außerordentlichen Fragen, signalisierte seine Zustimmung. »Es ist, als hätten Sie sie aus einer ausgezeichneten Klosterschule geholt«, lautete sein erster Kommentar.

Die Hochzeitsvorbereitungen nahmen fast den ganzen Januar in Anspruch. Am letzten Tag dieses Monats wurden wir in der Synagoge am

St Petersburgh Place, Bayswater, getraut. Nigel Nicolson war mein Trauzeuge. Es war eine traditionelle Hochzeit; wir mußten über Glasscherben gehen, bevor wir schließlich zu Mann und Frau erklärt wurden. Fred Warner, der für seine bildhafte Sprache bekannt war, meinte, die Szene hätte ihn an ein Rembrandtgemälde erinnert. Mit ihren gesunden Patriarchengesichtern sahen die Sieffs tatsächlich aus, als wären sie einem Rembrandtbild entsprungen. Die Männer trugen Zylinder und Cutaway, viele der Frauen waren verschleiert. Auf meiner Seite herrschte hingegen ein ziemliches Durcheinander an Kleidungsstilen. Zwei Welten prallten aufeinander: die jüdischen Patrizier, Industriemagnaten und Höflinge aus der Familie, standen einer gemischten Gruppe von Bohemiens, Radikalen, Freunden von der BBC, österreichischen Flüchtlingen, jungen Damen und Dandys gegenüber. Unseren Hochzeitsempfang mit Reden und Musik gaben wir im Dorchester Hotel, dann fuhren wir in die Flitterwochen nach Italien.

An einem windigen, sonnigen Wintertag besuchten wir Bernard Berenson in Florenz. Ich hatte eine Empfehlung von Graf Umberto Morra dabei, dem Kulturattaché an der italienischen Botschaft, der in Junggesellentagen mein Mieter gewesen war. Wir kamen zum Tee in Berensons Villa I Tatti und wurden gebeten, zum Abendessen zu bleiben. Der alte Herr fragte mich über die Londoner Kulturszene aus, und ich mußte boshafte Fragen über Hamish Hamilton parieren, dessen Londoner Verlag damals groß in Mode war. Yvonne Hamilton, mit der Berenson befreundet war, stammte aus Florenz. Sie machte immer wieder den Versuch, eine halbwegs freundschaftliche Beziehung zu mir aufzubauen, aber ihre Anstrengungen scheiterten am erbitterten Widerstand ihres Mannes. Später hörte ich von Hugh Trevor-Roper, daß Berenson Hamish Hamilton von unserer Begegnung berichtet und betont hatte, ich hätte einen sehr günstigen Eindruck auf ihn gemacht – was Hamiltons aufkeimende Rivalitätsgefühle nur bestärkte.

Nicht lange nach unseren Flitterwochen waren Jane und ich bei dem Kunstkritiker und Sammler Douglas Cooper zu Gast. Wir gehörten zu den ersten Besuchern im Château de Castille zwischen Avignon und Nîmes, in dem sich Douglas und sein junger Gefährte John Richardson ein Heim von unvergleichlich dezenter Eleganz eingerichtet hatten. Die Wände waren mit der erlesensten Sammlung kubistischer und surrealistischer Kunst bedeckt.

Douglas Cooper war soeben aus England emigriert, weil er dort nicht die ihm gebührende Anerkennung fand. In seinem Groll zog er allerdings nicht sein beängstigend schwieriges Temperament in Betracht – sein Ruf, mit niemandem auszukommen, führte wahrscheinlich dazu, daß er in der britischen Kunstszene nie die einflußreiche Rolle spielte, die er sich wünschte. Ich habe bei der Eröffnung der Diaghilew-Ausstellung miterlebt, wie Cooper sein bekanntes Mißgeschick mit dem Direktor der Tate Gallery, Sir John Rothenstein, widerfuhr. Das Ganze erinnerte mich an die Spielszene in *La Traviata*, in der ganz Paris zusammenkommt, nur daß in diesem Fall ganz London und dazu noch ganz Paris versammelt war. Cooper folgte Rothenstein auf den Fersen und zischte dabei in deutlich vernehmbarem Bühnengeflüster: »Das ist der Bursche, der bald seinen Posten verliert.« Schließlich drehte sich Rothenstein um und ohrfeigte ihn. Einige Jahre später wurde Cooper durch die Slade-Professur für Schöne Künste in Oxford dafür entschädigt, daß er in England bisher so wenig Anerkennung gefunden hatte.

Douglas Cooper, Kosmopolit und zugleich zutiefst angelsächsisch geprägt, stammte aus einer englischen Familie, die nach Australien emigriert und dort reich geworden war. Er war unglaublich sprachbegabt, und seine Aussprache war beinah zu perfekt. Er sprach das Französisch eines kultivierten Franzosen und das Deutsch eines Kunstforschers. Selbst sein Englisch war ziemlich manieriert. Seine Eltern hatten ihm die beste europäische Erziehung angedeihen lassen, und er verfügte über ein ansehnliches Taschengeld, um seiner Sammlerleidenschaft für moderne Kunst zu frönen. Eine besondere Vorliebe hegte er für den Kubismus, und er förderte Picasso, Juan Gris, Braque und Léger. Als ich mit Jane das Château de Castille besuchte, trafen wir dort Fernand Léger mit seiner russischen Frau; die beiden waren frisch verheiratet. Er war gekommen, um letzte Hand an ein großes Gemälde von Zirkusakrobaten zu legen, das er für Douglas gemalt hatte. Durch das Zusammenspiel von Forschung und persönlichen Kontakten war Douglas zur wandelnden Enzyklopädie der Künstler und ihrer Werke geworden, so daß Maler ihn gelegentlich sogar baten, die Echtheit ihrer eigenen Bilder zu bestätigen. Mehr als einmal konnte er beweisen, daß ein auf einer Auktion verkauftes Gemälde eine Fälschung war.

Douglas war extravagant. Seine Ablehnung der Monarchie war vehement bis zur Peinlichkeit; nicht selten sprach er von der »Hannoverschen Schlampe« oder den »schrecklichen Hunnen auf dem Thron«. Im Krieg erwarb er sich bei der Royal Air Force einen Ruf als gefürchteter Vernehmungsbeamter und wurde an Orte wie Malta oder Kairo geflogen, um die Widerspenstigeren unter den deutschen Piloten zu verhören. Als wir uns kennenlernten, hatte er bereits einen Autounfall hinter sich, der deutliche Spuren auf seinem Gesicht hinterlassen hatte. Früher entstandene Fotos zeigen ihn als gutaussehenden jungen Mann, aber er sollte sich in ein *monstre sacré* verwandeln. Er nahm stark zu und führte sich auf wie der Baron de Charlus in Marcel Prousts Roman. Ganz im Einklang mit dem Zeitgeist schlug er im Gespräch schrille Töne an, gespickt mit Gelehrsamkeit und vernichtend boshaftem Witz. Er war ein leidenschaftlicher, polemischer Kopf, der keine Beleidigung ertrug, dafür aber selbst gern austeilte. Ungeachtet seines geringen Einfühlungsvermögens konnte er auch liebevoll und gütig sein. Wenn man gut mit ihm stand, war er ein großzügiger, aufmerksamer Gastgeber, der einen gegen jede Kritik verteidigte, den man sich aber besser nicht zum Feind machte. Mir gelang es, Streit mit ihm aus dem Weg zu gehen, indem ich seinen überlauten Meinungsbekundungen mit einem höflichen Lächeln lauschte – im Sinne von Gandhis Haltung des passiven Widerstands. Der Umgang mit Douglas war nicht leicht, aber trotz einer kleinen Meinungsverschiedenheit, deren Ursache mir entfallen ist, währte unsere Freundschaft über zwanzig Jahre. Douglas gab mir manch wertvollen Ratschlag für mein Kunstbuchprogramm. Unbeugsam und unbeherrscht in seinen Ansichten, fielen für ihn die einschlägigen Autoren unter zwei Kategorien: große Gelehrte und Scharlatane. Mit Ideen und Einfällen geizte er nicht, und er stellte mir immer wieder Autoren vor. Unter seiner Anleitung entstand eines unserer ambitioniertesten und erfolgreichsten Kunstbücher – *The Great Private Collections* (*Berühmte private Kunstsammlungen*).

Zweimal verbrachte ich bei Douglas und seinem Freund John Richardson im Château de Castille während der Stierkampfsaison die Pfingstferien. Auch Picasso mit seinem farbenprächtigen Gefolge war anwesend. Wie ein orientalischer Herrscher hatte er immer mindestens ein halbes Dutzend Leute im Schlepptau; sie übernachteten im

Hotel Imperator in Nîmes, nahmen ihre Mahlzeiten aber in Coopers Haus ein. Picasso und Douglas überboten sich gegenseitig mit kunstvollen Monologen, während wir übrigen in Louis-quinze-Sesseln saßen und zuhörten. Eines Tages trafen wir uns zu einem frühen Mittagessen in Arles, bevor wir den Stierkampf besuchten. Picasso brachte seine Frau Jacqueline und seinen baskischen Friseur mit, der ihm als Fenster zur Welt diente. Picasso las keine Zeitungen, doch sein Friseur kaufte regelmäßig eine spanische Flüchtlingszeitung und hielt ihn beim Rasieren im Patois seiner Heimat über das Neueste vom Tage auf dem laufenden. Mit von der Partie waren auch die Stierkämpfer Dominguín und Ordonez und jemand von Kahnweiler, Picassos Kunsthändler. Stets hielt sich ein Taxifahrer für den Maler bereit. Im Grunde war er Picassos Chauffeur, doch da sich eine Limousine mit eigenem Chauffeur nicht mit Picassos kommunistischen Neigungen vereinbaren ließ, hielt er sich statt dessen ein Taxi.

Wir speisten im Freien, und damit wir die Arena überblicken konnten, saßen wir alle in einer Reihe am Tisch mit Picasso in der Mitte wie die zwölf Apostel in Leonardos *Letztem Abendmahl.* Beim Essen beobachteten wir, wie zahlreiche Busse hinter der Hecke vorfuhren, die das Restaurant von der Straße trennte, und wie die aus Spanien angereisten Fans scharenweise ausstiegen. Meist waren es junge Männer mit dunklen Hemden und bunten Schals um den Hals. Die Neuigkeit, daß Picasso im Restaurant war, verbreitete sich wie ein Lauffeuer. Offenbar genoß er es, von der wachsenden Menge aus respektvoller Entfernung bestaunt zu werden. Ein besonders charmant aussehender spanischer Student fiel Picasso auf, und er bat den Kellner, ihn herzuführen. Während wir Trauben aßen und Kaffee schlürften, ließ Picasso den jungen Mann neben sich Platz nehmen, und bald hatten sich die beiden in ein angeregtes Gespräch vertieft. Wie wir hörten, stammte der Student aus der Nähe von Picassos Geburtsort. Er studierte Medizin, war aber in einer Notlage, da er seine betagte Mutter und seine tuberkulosekranke Schwester unterstützen mußte. Der junge Mann erzählte von seinen Problemen, aber es klang keineswegs wie ein Hilferuf. Picasso hörte aufmerksam zu, sagte aber nichts, sondern holte sich die übergroße Speisekarte vom Tisch und begann wie wild auf der Rückseite zu zeichnen. Zwanzig Minuten später hatte er eine kühne Stierkampfzeichnung datiert und signiert. Er gab sie dem jungen Mann und sagte: »Gehen Sie damit zu Kahnweiler und verlangen Sie –« Picasso hielt inne und fragte: »Wieviel brauchen Sie bis zum Abschluß Ihres Studiums?« Verdutzt murmelte der Student eine Summe. Picasso legte ihm nahe, nicht weniger als diese Summe zu fordern. »Wenn Ihnen Kahnweiler weniger geben will, verweisen Sie ihn an mich.« Diese Macht, das Leben eines Menschen mit einem Schlag zu ändern, faszinierte mich.

Douglas und John nahmen mich auch zu George Braque mit. Das Pariser Haus des Malers war mit seinen in Ocker gehaltenen Bildern gefüllt, von denen der sepiafarbene Glanz der herbstlichen Abenddämmerung ausging. Wir verfolgten, wie Douglas den Kauf eines großen Ölgemäldes aushandelte. Braque war zwar höflich, aber mürrisch und wortkarg. Mit seinen Knopfaugen wirkte er auf mich wie der gutbürgerliche Franzose schlechthin. Er hatte auch etwas Altmodisches an sich. Unter den Künstlern, die ich durch Douglas kennenlernte, war er der einzige, der politisch rechts stand.

Getrieben von dem Wunsch, mir etwas aufzubauen, stürzte ich Jane in ein hektisches Leben, in dem sich Arbeit und Geselligkeit rasant abwechselten. Außenstehende mögen, wie es oft geschieht, den schönen Schein von Wohlstand und Sicherheit, den ich nach außen hin verbreitete, für echt gehalten haben. Aber ich war entschlossen, von Janes Verwandten unabhängig zu bleiben. Anders als die meisten, die in die Familie einheirateten, widerstand ich dem Druck, in das Unternehmen einzutreten.

Unsere Tochter kam am 2. Juni 1953 zur Welt, an dem Tag, als die Queen gekrönt wurde. Wir nannten sie Laura nach meiner Großmutter mütterlicherseits. Als zweiten und dritten Namen wählten wir Miriam nach ihrer Großtante Miriam Marks und Elizabeth zu Ehren der Königin. Ich war außer mir vor Freude.

Jane hatte das Gefühl, daß ich sie nicht genug an meinem Leben Anteil haben ließ, und zog sich immer mehr zurück. Die Situation verschärfte sich noch durch gelegentliche Seitensprünge meinerseits, von denen sie trotz meiner Geheimhaltungsversuche wußte. Dennoch wollte ich, daß unsere Ehe hielt, und hoffte, daß die Zeit, die Gewohnheit und eine Konsolidierung meines Berufslebens unsere Beziehung verbessern würden. Rückblickend sehe ich, daß ich nicht genug für unsere Ehe getan habe.

An einem Novemberabend 1954 gaben wir eine Party, um das hundertste Buch von Weidenfeld & Nicolson zu feiern. Es war Peter Quennells *Baudelaire and the Symbolists*, eine bearbeitete Neuauflage seines 1929 veröffentlichten Buchs, und Peter war der Ehrengast. Unter den Gästen waren Evelyn Waugh, Randolph Churchill sowie Ian und Ann Fleming; Sonia unterstützte Jane als Gastgeberin. Es herrschte eine fröhliche, ausgelassene Stimmung, nur leicht getrübt durch den betrunkenen Randolph Churchill, der aus einem wertvollen Stuhl Kleinholz machte. Als ich am nächsten Tag aus dem Büro nach Hause kam, war Jane mit Laura ausgezogen. Kurz darauf erhielt ich einen handgeschriebenen Brief von Isaiah Berlin. Er bedauerte unsere Trennung, war aber, wie er mir gestand, nicht überrascht, da unsere Interessen zu weit auseinandergingen.

Ich wollte mich nicht mit dem Unvermeidlichen abfinden und versuchte, das Sorgerecht für Laura zu bekommen. Rückblickend wird klar, daß ich dazu kein Recht hatte, aber ich vermißte sie schrecklich und lehnte es ab, daß Jane sie nach ihrer Heirat mit Cyrille Caën, einem französischen Psychologen, mit nach Paris nahm. Als Kind einer gescheiterten Ehe, dessen Eltern in verschiedenen Ländern lebten, waren Lauras erste Lebensjahre nicht leicht. Von meiner Mutter war sie nach Strich und Faden verwöhnt worden, und sie hing an meinem Vater, der, wie ich meine, maßgeblichen Einfluß auf sie hatte. Die beiden unterhielten sich über alle möglichen Themen. Er brachte Laura Latein und etwas Deutsch bei, und sie entwickelte eine wahre Leidenschaft für die Klassik. Als sie nach Oxford ging, schrieb sie sich für Altphilologie ein.

Laura war ein ernstes Kind, in der Schule unglaublich ehrgeizig und intellektuell reif für ihr Alter, in anderer Hinsicht aber jünger, als es den Anschein hatte. Sie war idealistisch und romantisch und litt offensichtlich unter der Entzweiung ihrer Eltern, obwohl sie von ihrer Mutter und ihrem Stiefvater viel Wärme und Zuneigung bekam.

Mit der Vaterrolle hatte ich meine Schwierigkeiten, und meine Bemühungen wurden durch die räumliche Trennung erschwert. Ich besuchte Laura in Paris, so oft ich konnte. Wir trafen uns zum Mittagessen, am Nachmittag oder gelegentlich auch am Abend –, auf einen Besuch in der Konditorei Rumpelmayer in der Rue de Rivoli, wo die Atmosphäre der Wiener Kaffeehäuser meiner Jugend herrschte, oder zu einem Ausflug in den Jardin d'acclimatation, wo ich Laura einmal in der Menge verlor und zwei Stunden lang in höchster Panik suchte, um sie dann ruhig in einem Gedichtband lesend auf einer Bank am Eingang zu finden. Sie muß damals zwölf gewesen sein, aber sie zeigte bereits eine Gelassenheit, die ich immer bewundert habe und hinter der sich eine nur manchmal zutage tretende Leidenschaft verbirgt.

Als Laura 15 Jahre alt war, versuchten wir ein Experiment. Sie kam auf ein Jahr zu mir nach London und besuchte dort das Lycée Français. Es war keine schöne Zeit für sie. Ich hatte kurz zuvor Sandra Payson geheiratet, deren jüngere Tochter Averil in Lauras Alter war. Wir lebten in einem riesigen Haus, in dem die Stiefschwestern zwei aneinandergrenzende Zimmer bewohnten. Sie freundeten sich rasch an, obwohl sie vollkommen gegensätzlich waren. Die schicke, mondäne Averil war das Produkt der weißen Oberschicht Amerikas. Laura hingegen war schüchtern, ein Büchermensch, ja fast ein Blaustrumpf. Zu der Zeit konnte sich keines der beiden Mädchen für England begeistern. Sandra versuchte zu erreichen, daß sich Laura bei uns wie zu Hause fühlte, doch die Situation muß ihr irreal vorgekommen sein.

Schließlich beschloß Laura, ihr Baccalauréat doch in Frankreich abzulegen, und machte einen glänzenden Abschluß. Laura liebte Musik, und ihre Stimme war so gut, daß mich ihr Gesangslehrer bat, sie nicht auf die Universität zu schicken, sondern ihr eine Ausbildung als Sängerin zu ermöglichen. Aber sie entschied sich für das Studium der klassischen Philologie in Oxford und schrieb sich nach einem Jahr für Altiranisch und Sanskrit ein. Mit großem diplomatischem Geschick hat meine Tochter es zuwege gebracht, ihr Leben selbst in die Hand zu nehmen; meine Pläne für sie fanden keinen Anklang. Resolut, aber stets taktvoll und charmant, ist sie eher eine Nonkonformistin als eine Rebellin.

An ihrem ersten Tag in Oxford kam Laura mit einem Studenten ins Gespräch, während sie vor dem Stadttheater für eine Opernaufführung Schlange stand. Er war ein Jahr älter als sie und studierte Geschichte. Sie gingen auseinander, ohne Adressen auszutauschen, aber er schrieb an alle Frauen-Colleges und bat das junge Mädchen aus der Schlange, mit ihm Kontakt aufzunehmen. Laura meldete sich. Die beiden waren während des ganzen Studiums befreundet und heirateten, nachdem sie ihr Examen abgelegt hatten.

Christopher Barnett hatte ursprünglich vor, die Universitätslaufbahn einzuschlagen, aber die unberechenbaren Wechselfälle des akademischen Lebens in Großbritannien machten das unmöglich. Statt dessen machte er seinen Weg als Lehrer an höheren Schulen. Er fing als Leiter des historischen Fachbereichs am Bradfield School College, Berkshire, an und wurde schließlich Direktor einer angesehenen Privatschule, die 1599 von John Whitgift, dem Erzbischof von Canterbury, gegründet worden war. Laura und er haben drei Söhne, Benjamin, Rowan und Nathaniel, und eine Tochter, Clara.

Zu meinen liebsten Erinnerungen zählen die Reisen, die ich mit Laura und meinen Eltern unternahm. Gemeinsam besuchten wir Wien und Salzburg, wo Laura später einige Zeit in einem exzentrischen Haushalt bei aristokratischen Intellektuellen lebte, Deutsch lernte und Gesangsunterricht nahm. Außerdem machten wir Familienurlaub in Venedig und in Israel; auch dorthin kehrte Laura zurück, um in einem Kibbuz zu arbeiten. Zu meiner Familie faßte sie große Zuneigung; sie besuchte noch überlebende alte Tanten, Cousins und Cousinen und pflegte Verbindungen, die ich hatte einschlafen lassen. Obwohl wir fast immer getrennt waren, habe ich eine enge Beziehung zu meiner Tochter. Sie wußte Distanz zu wahren und steht mir doch nahe; für mein turbulentes Leben hat sie immer Verständnis und Mitgefühl gezeigt.

KAPITEL XIV

Verhängnisvolle Affäre

ALS JANE MICH VERLIESS, ging mein Wunschtraum vom traditionellen Familienleben in die Brüche. Dieser Traum hatte wenig Bezug zur Wirklichkeit, aber das gestand ich mir erst ein, als ich vor den Trümmern stand. In diesem traurigen Winter fand ich Trost bei einigen guten Freunden.

Loelia, die Herzogin von Westminister, die ich durch Grace Radziwill kennengelernt hatte, lud mich ein, sie über Weihnachten nach Russborough zu begleiten: in das luxuriöse Haus des südafrikanischen Finanzmannes und Philanthropen Sir Alfred Beit und seiner Frau Clementine, einer Cousine von Nancy Mitford. Der Freundeskreis des Landadels in Irland, in dem die drei Guinness-Erbinnen den Ton angaben, war zwar nicht gerade Terra incognita für mich, aber auch kein vertrautes Gelände. Die Beits liebten Musik, insbesondere die Oper (sie förderten das Wexford Opera Festival in Irland). Auf ihrem Gut Russborough mit seinen großen Gemälden und wunderschönen Möbeln bewirteten sie ihre Gäste wahrhaft fürstlich. Sie empfanden romantische Ehrerbietung vor traditioneller Förmlichkeit, sorgten aber auch für frisches Blut, scharten alt und jung um sich und brachten Gäste aus aller Welt mit irischen Museumsdirektoren, Akademikern, Schrifstellern und Künstlern zusammen.

Mit ihrem fröhlichen Wesen und ihrem mädchenhaften Enthusiasmus war Loelia Westminster als Gast genauso beliebt wie als Gastgeberin. Sie war die dritte der vier Frauen von »Bend'Or«Westminster, einem ebenso derben und wie anspruchsvollen Exzentriker, der den Ruf genoß, der reichste Mann Englands zu sein. Loelia liebte Luxus und Bequemlichkeit. In der kosmopolitischen Atmosphäre ihres Kreises verband sich Frankophiles mit proamerikanischen Elementen, während Angehörige alter Familien und der Boheme das Rückgrat bildeten. Als Mr. und Mrs. Charles Clore ihren ersten großen Ball gaben, stellte Loelia die Gästeliste zusammen und ermunterte alles, was in der eleganten Welt Rang und Namen hatte, zu kommen. Noel Coward, mit dem sie oft nach Jamaika reiste, war ebenso wie Ian und Ann Fleming eng mit ihr befreundet – die Gestalt der Loelia Moneypenny in den James-Bond-Romanen ist eine scherzhafte Huldigung an sie.

Als meine Ehe scheiterte, erklärte mir Loelia: »Du mußt zwei Dinge tun: neue Freunde finden und umziehen.« Ich behielt mein Haus am Chester Square, ließ mich aber von Loelia in ihre Welt einführen. Meinen Kummer erstickte ich, indem ich mich wieder in die Gesellschaft stürzte, in der ich mich bewegt hatte, bevor ich nach Israel gegangen war. Mein Haus war viel zu groß für mich allein, also vermietete ich die Mansardenwohnung an den Grafen Umberto Morra. Es ging das Gerücht, er sei der illegitime Sohn Victor Emmanuels III. Obwohl er vom Temperament her fast mönchisch wirkte, war er in London sehr beliebt. Er tat viel zur Förderung der italienischen Literatur im Nachkriegsengland, und durch ihn lernte ich viele italienische Schriftsteller kennen.

Alberto Moravia, den ich zum erstenmal in Breslau gesehen hatte, war oft am Chester Square bei Umberto zu Gast. Ich erinnere mich, daß wir bis tief in die Nacht erbitterte Diskussionen über Israel führten, denn obwohl sich Moravia mehr für Frauen als für Gespräche über Literatur und Politik interessierte, war er vehement antizionistisch eingestellt. Ich besuchte ihn in Rom, als er mit Elsa Morante verheiratet war, und später wieder, als er mit Dacia Maraini zusammenlebte, deren Bücher ich verlegte. Moravia war nicht der einzige italienische Schriftsteller, den ich in London traf. Ich kannte auch Natalia Ginzburg, die Ende der fünfziger Jahre in England lebte, während ihr Mann Gabriele Baldini, Professor für englische Literatur, das italienische Kulturinstitut am Belgrave Square leitete. Auch Ignazio Silone besuchte uns oft. Mit seiner irischen Frau Derina hatte ich einen kleinen Flirt. Aber von allen italienischen Intellektuellen, denen ich in London begegnete, kannte ich den Maler Renato Guttuso am besten; ihn hatte ich durch Moura Budberg kennengelernt. Unsere Wege kreuzten sich wieder in Breslau, und ich sah ihn oft in Rom. Er kam immer wieder nach England, um Noel Annans offizielles Porträt für das King's College, Cambridge, zu malen. Auch hatten wir gemeinsame Freunde wie Douglas Cooper und den Philosophen Richard Wollheim, der mir damals nahestand.

Durch Sonia Orwell vertiefte sich während der Chester-Square-Jahre meine Beziehung zu Cyril Connolly. Die Geschichten, die sich um Cyrils Clique der »Horizon«-Mädchen, ihre Vertrauten, Mitarbeiter und Sympathisanten ranken, sind in den Schlüsselromanen von Nancy Mitford, Evelyn Waugh und Anthony Powell verewigt worden. Cyrils Magazin *Horizon*, das zu Anfang des Kriegs gegründet worden war und in den verfeinerten akademischen Zirkeln ebensogern gelesen wurde wie von den Militärs, ist inzwischen fast legendär. Als Literaturpapst hielt er im Gargoyle Club oder im Restaurant White Tower Hof, dem Treffpunkt der eleganten Boheme in Soho, dessen griechischer Wirt sich lebhaft für das Geschick seiner Gäste interessierte.

Zunächst war mir Cyril ziemlich mißtrauisch begegnet. Obwohl Peter Quennell, Freddie Ayer, Clarissa Churchill und Janetta Jackson (eine launische Schönheit, die vielen ungewöhnlichen Männern zum Verhängnis wurde – den einen oder andern heiratete sie auch) zu unseren gemeinsamen Freunden zählten, war mir Cyril aus dem Weg gegangen. Als witziger, launenhafter und doch zuweilen selbstkritischer Herausgeber der angesehensten Literaturzeitschrift des Jahrzehnts hatte er keinen Gefallen an *Contact* gefunden. Zwar hatte er versucht, unser Projekt als Experiment für den geistigen Normalverbraucher abzutun, hatte aber die Konkurrenz gefürchtet. Während der vierziger Jahre hatte er einmal halb scherzhaft zu Philip Toynbee gesagt: »Eines Tages schicke ich meine Jungs rüber, um euren Laden aufzumischen.« Doch unsere Beziehung verbesserte sich spürbar, nachdem er *Horizon* Ende 1949 mit den berühmten Worten einstellte: »In den Gärten des Westens ist Polizeistunde, und von nun an wird man einen Künstler nur noch nach der Resonanz seiner Einsamkeit und der Qualität seiner Verzweiflung beurteilen können.«

Cyril gab sich seinen pessimistischen Neigungen hin, doch ungeachtet seiner Trägheit und Mutlosigkeit war er nach wie vor darauf erpicht, Einfluß auf die literarische Welt zu nehmen. Sonia Orwell konnte ihn davon überzeugen, daß ich ein Verleger sei, der Unterstützung verdiente. Daraufhin wechselte Cyril von Hamish Hamilton zu uns und wurde der Literaturmentor des Verlags. Er war scharfsinnig, aber erbarmungslos; was ihm gefiel, lobte er, andernfalls übte er vernichtende Kritik. Als Frankophiler, der sehr belesen und viel gereist war, billigte Cyril meine Suche nach europäischen Autoren, und eine Weile trafen wir uns häufig. Wir sahen uns ein-, zweimal die Woche, wenn er vom Land nach London kam. Cyril konnte ziemlich herablassend sein, aber insgesamt war er herzlich und hilfsbereit, und er interessierte sich lebhaft für die geselligen Zusammenkünfte in meinem Haus. Liebend gern malte er sich die verschiedenen Aspekte idealer Geselligkeit aus, angefangen mit der Gästeliste bis hin zum kulinarischen Angebot, und mit seinem bösartigen Schauspieltalent improvisierte er Phantasiegespräche am Tisch der Brüder Goncourt oder bei einem Oxforder Festessen im Stil des neunzehnten Jahrhunderts. Unsere Freundschaft wurde nur durch eins getrübt: Mit seiner Frau Barbara Skelton, die er 1950 geheiratet hatte, kam ich nicht aus.

Unsere Beziehung war von Anfang an schwierig. Barbara war 1942 bei der britischen Botschaft in Kairo beschäftigt gewesen, wo König Faruk Gefallen an ihr fand – sehr zum Mißbehagen ihrer Arbeitgeber. Um peinliche Situationen zu vermeiden, wurde sie entlassen. Peter Quennell, mit dem ich damals ein Haus teilte, erklärte eines Tages ziemlich verlegen, eine alte Freundin wolle eine Zeitlang bei ihm wohnen. Sie hatte keine Bleibe, und er nahm sie, um der alten Zeiten willen, bei sich auf. Aufgrund der strikten Abmachung zwischen Peter und mir, nur nach vorheriger Verabredung etwas zusammen zu unternehmen, sah ich Barbara selten. Wenn sie zu später Stunde Tee kochte, trafen wir uns gelegentlich unten in der Küche und wechselten ein paar belanglose Worte. Zu Peter sagte sie immer wieder: »Ich weiß nicht, was du an Weidenfeld findest.« Und auch ich konnte mich nicht für sie erwärmen. Als unsere irische Haushälterin zu kündigen drohte, wenn Barbara bliebe, war es Barbara, die auszog.

Barbara Skelton stammte aus einer Soldatenfamilie. Ihr Vater war als Invalide aus der Armee ausgeschieden, und ihre Mutter war inzwischen verwitwet. Barbara hatte eine Schwäche für Intellektuelle. Sie sah umwerfend aus, hatte einen bräunlichen Teint, rotblonde Haare und leicht schräge Augen. Sie war sehr schlank und trug ihre Kleider mit ungekünstelter Eleganz. Ihre Stimme wird mir unvergeßlich bleiben – sie war sehr melodisch und hatte einen leicht anklagenden, zweifelnden Tonfall, wenn sie eine Frage stellte. Sie besaß Erzähltalent und konnte außerordentlich witzig sein. Barbara war eine Skeptikerin.

Mit ihren Mitmenschen ging sie hart ins Gericht, und ihr Urteil war unvorhersehbar. Vertraute Zweisamkeit schätzte sie mehr als größere Gesellschaften; sie wirkte arrogant, und obwohl sie zu Gefühlsausbrüchen neigte, war sie still und zurückhaltend und oft niedergeschlagen. Sie las viel, liebte Tiere, malte und kochte gern und verachtete alle Konventionen. Sie wollte sich amüsieren, aber es war nicht leicht, ihr Interesse zu wecken, und wenn es einem Mann gelang, gab sie ihm das Gefühl eines Triumphes.

Kurze Zeit nach Barbaras Auszug aus Park Village East begann ihre Beziehung zu Cyril Connolly, die zur Heirat führte. Obwohl er nicht ohne sie leben konnte, verhielt er sich ambivalent, und jeder wußte, daß sie eine unkonventionelle Ehe führten. Sie verbrachten lange Wochenenden in Barbaras Cottage in Kent, doch in London ging jeder seiner Wege. Cyril übernachtete im White's Club oder bei Freunden, während Barbara in Dalmeny Court, einem düsteren Apartmenthaus in St. James, eine Wohnung mit Bedienung gemietet hatte. Barbara verabscheute Cyrils Freunde, und die Abneigung beruhte auf Gegenseitigkeit. Sie hatte eine eigene Clique, und die beiden Gruppen begegneten sich fast nie. Ab und zu kam Barbara mit Cyril zu mir zum Dinner, und gelegentlich trafen wir uns bei anderen Leuten, aber es war offensichtlich, daß sie nichts von mir hielt, und insgesamt begegneten wir uns selten.

Im Sommer 1953, als ich noch mit Jane verheiratet war, stürzten Cyril und ich uns in die europäischen Musikfestivals; wir waren der Einladung von René Podbielski gefolgt, einem unternehmungslustigen Intellektuellen preußisch-polnischer Abstammung, der für die europäischen Festspiel-Vereinigungen der Unesco Pressearbeit leistete. Der Höhepunkt unserer Rundreise war Bayreuth, wo man die Festspiele nach dem Krieg erst kürzlich wiedereröffnet hatte. Cyril hatte noch nie Wagner-Opern gehört und konnte kein Deutsch. Also mußte ich lange Passagen aus dem *Ring des Nibelungen* für ihn übersetzen, obwohl er darauf bestand, den Text zunächst im Original zu lesen. Dabei stellte er sein erstaunliches Talent unter Beweis, die Bedeutung von Klangnuancen in einer fremden Sprache intuitiv zu erfassen.

Als wir uns eines Tages im Schloßpark mit Blick über Bayreuth sonnten und zur Vorbereitung auf die nächste Aufführung das Libretto von *Siegfried* lasen, fing Cyril an, mir von seiner Ehe zu erzählen. Angeregt vom deutschen Wein, sprach er mit entwaffnender Offenheit von seinem Unglück und Barbaras Seitensprüngen. In pseudo-wagnerianischer Sprache deklamierte er: »Warum nur kommt kein Ritter in glänzender Rüstung, kein Siegfried, kein Siegmund, kein Lohengrin und führt sie fort?« Daß ich dieser Ritter nicht sein würde, wußte Cyril, denn es war kein Geheimnis, daß Barbara und ich uns nicht verstanden. Cyril bat mich, ihm schreckliche Geschichten über Barbara zu erzählen, damit er leichter damit fertigwurde, daß sie in Rom bei König Faruk weilte.

Cyrils Gedanken drehten sich unaufhörlich um Barbara. Während der Woche in Bayreuth identifizierte er sich nacheinander mit sämtlichen unglücklichen Gestalten aus dem *Ring*, insbesondere mit Siegmund. Noch einige Zeit danach unterzeichnete er seine Postkarten an mich mit dem Namen »Wehwalt«.

Anfang Mai 1955 lud mich John Sutro, ein reicher Oxforder Kommilitone und lebenslanger Freund Evelyn Waughs, zu einem Theaterbesuch mit ihm und seiner Frau ein. John zählte zu Barbaras Bewunderern. Ich bat Antonia Pakenham, mich zu begleiten, damit wir zu viert waren. Wir trafen uns zu einem Drink im Savoy, wo Sutro erklärte, seine Frau habe abgesagt und an ihrer Stelle käme Barbara Connolly mit. Da er um unser kühles Verhältnis wußte, hatte er das Gefühl, sich entschuldigen zu müssen. Als wir aus dem Theater kamen, regnete es heftig. Barbara hatte keinen Mantel dabei, also machten wir auf dem Weg zum Dinner bei Les Ambassadeurs am Dalmeny Court halt. Ich stieg mit Barbara aus und begleitete sie zum Haus. Als sie an mir vorbei durch den engen Eingang trat, streifte sie mich, und plötzlich fühlte ich mich stark zu ihr hingezogen. Nach dem Essen gingen wir alle in den Milroy Nachtclub. Zufällig war auch Cyril mit einigen Bekannten da. Auf der Tanzfläche herrschte eine heitere, vertrauliche Atmosphäre, und Barbara neckte Cyril, indem sie über mich sagte: »Er tanzt wirklich gut.« Und Cyril antwortete: »Ja, ja, du solltest ihn besser kennenlernen.« Nach einem vergnüglichen Abend brachte ich Antonia zu ihrer Souterrainwohnung in Chelsea und kehrte in mein verlassenes eheliches Heim zurück.

Am nächsten Morgen wurde ich um 7.30 Uhr vom Telefon geweckt. Eine heisere Stimme fragte: »George Weidenfeld?«

»Ja.«

»Haben Sie Ihren Terminkalender zur Hand? Ich vermute, Sie sind mit Geschäftsbesprechungen ganz ausgebucht«, sagte sie verächtlich.

Sie ließ mir keine Zeit zu antworten und fuhr fort: »Was halten Sie von einem Drink, bevor ich wieder zu meinem Cottage fahre?«

»Gern. Wollen wir uns vor dem Lunch im Berkeley Hotel treffen?«

»Nein. Haben Sie zum Frühstück schon eine Verabredung?«

Immer noch etwas verblüfft, gab ich zu, daß ich Zeit hatte.

»Warum kommen Sie nicht gleich vorbei?«

Nach einer halben Stunde war ich in Dalmeny Court, in Barbaras kleiner, dunkler Zweizimmerwohnung. Die Vorhänge vor den bunten, pseudogotischen Fenstern waren zugezogen, und obwohl es ein warmer Tag war, wirkte die Wohnung winterlich. Barbara trug eine pelzbesetzte Jacke über ihrem Pyjama. Sie fragte nach meinen Frühstückswünschen, und ich bat um Tee, den sie bestellte. Als ich einen ersten Annäherungsversuch wagte, sagte sie nur: »Warten Sie auf den Tee.« Ich versuchte, die Zeit mit banalen Bemerkungen zu verkürzen, zum Beispiel »Es ist ganz wie *Unter den Dächern von Paris*«, was sie mit einem verächtlichen Stöhnen quittierte. Kaum hatte der Kellner das Zimmer verlassen, begann unsere Liebesbeziehung. Gegen Mittag verließ ich Barbaras Wohnung. Ich weiß noch, wie mich die Sonne blendete. Als ich die Straße hinunterging, hörte ich einen Leierkastenmann und fühlte mich wie in einer Szene aus *Kinder des Olymp*.

Barbara verbrachte das Wochenende auf dem Land. Wir telefonierten heimlich und verabredeten uns für den nächsten Montag. Von einem Lunch mit Ann und Ian Fleming, ein typisches Essen mit Geistesgrößen und jungen Talenten, verabschiedete ich mich früh. Evelyn Waugh war mit von der Partie und ausnahmsweise gut gelaunt. Als ich ging, rief er mir nach: »Frohes Schaffen!«

Barbara und ich verbrachten den Montagnachmittag in meiner Wohnung. Ich hatte vollkommen vergessen, daß Friedelind Wagner, die rebellische Enkelin des Komponisten, vorbeikommen wollte, um ein Buchprojekt zu besprechen. Während ich mit Friedelind die kürzeste Besprechung meines Lebens hatte, versteckte sich Barbara im oberen Stock. In dieser Woche trafen wir uns fast täglich; unsere Beziehung wurde sehr intensiv, war jedoch immer durch gegenseitige Beschuldigungen und trübe Stimmungen belastet, nur hin und wieder gab es kurze idyllische Augenblicke. Auch war es nicht einfach, miteinander Kontakt aufzunehmen, doch John Sutro, der mit Cyril um Barbaras Gunst konkurriert hatte und von Anfang an gegen ihre Ehe gewesen war, bot seine Dienste als Postillon d'amour an. Feliks Topolski, der ebenfalls zu Barbaras Bewunderern und Vertrauten zählte, begünstigte mein Liebeswerben – auch er hatte keine gute Beziehung zu Cyril. Barbara und ich flüchteten mehrmals ins Ausland. Als wir einmal in Paris waren, versuchte Cyril, Barbara ausfindig zu machen, indem er sämtliche Hotels anrief, doch sie kannte eine kleine Pension unweit der Place de la Concorde, wo wir ungestört blieben. Als Cyril verreist war, verbrachten wir auch einmal ein Wochenende in Barbaras Cottage.

An einem Juliabend, sechs Wochen nach dem Beginn unserer Affäre, machte ich mich gerade für eine späte Party bei Martha Gellhorn und ihrem Mann Tom Matthews zurecht, die ein paar Häuser weiter am Chester Square wohnten, als das Telefon klingelte. Barbara meldete sich: Sie müsse mich unbedingt sehen. Sie rief aus einer Telefonzelle in einem Restaurant in Soho an, wo ihr Cyril beim Abendessen eine Eifersuchtsszene gemacht hatte. Doch Cyril war ihr nachgeschlichen, und sie legte auf. Zwanzig Minuten später kam sie mit einem Taxi und rannte hinauf in mein Schlafzimmer. Schluchzend warf sie sich in meine Arme. Nach weiteren fünf Minuten kam es zur Katastrophe. Die Tür ging auf, und Cyril trat ein. Mein spanisches Dienstmädchen, das kein Englisch verstand, hatte er einfach beiseite gestoßen. Fast eine Minute lang waren wir wie erstarrt, während Cyril im Türrahmen stand. Dann ging er. Cyril erzählte es sofort Ann Fleming, und am nächsten Tag wußte ganz London Bescheid.

Unsere Beziehung war leidenschaftlich, herzzerreißend und hoffnungslos; physische Besessenheit, aufkeimende Hoffnung, tiefe Depression und beiderseitige heftige Schuldgefühle wechselten einander ab. Solange das Verhältnis andauerte, schien das Alltagsleben außer Kraft gesetzt zu sein. Ich konnte an nichts anderes denken. Mir war bewußt, daß aus meiner Beziehung zu Barbara nichts Gutes entstehen konnte, aber es war eine Sucht, vor der alles andere verblaßte. Ich erinnere mich, wie ich in einem Pariser Hotel am Boulevard Haussman mit einem israelischen Freund zu Mittag aß und ihm von meiner Ratlosigkeit erzählte. Schließlich entschuldigte ich mich und suchte ein Telefon. Damals konnte man London noch nicht direkt anwählen, und als mein Freund hörte, daß ich der Telefonistin eine englische Nummer nannte, erriet er, wen ich erreichen wollte. Er eilte herbei, um das Gespräch zu verhindern, und hätte mich bei dem Versuch beinahe niedergeschlagen.

Freunde, zynische Beobachter und mitleidige Unparteiische intrigierten, polemisierten und vermittelten. Einige, die auf Cyrils Seite standen, wie Stephen Spender, Sonia Orwell, Janetta Jackson und Robert Kee, ersannen Strategien, um mich zum Rückzug zu bewegen. Stephen Spender lud mich zum Lunch in die Hungarian Czarda ein und hielt mir vor Augen, ich würde als Verleger schweren Schaden leiden, wenn ich die Affäre nicht beendete. Andere waren weniger streng. Bei einem Essen in Bertorelli's versicherten mir Ben Nicolson, Freddie Ayer, Peter Vansittart und andere immer wieder, daß sie keine Partei ergreifen würden. Das habe ich ihnen nie vergessen.

Der Sommer des Jahres 1955 verlief sehr turbulent. Barbara kehrte zu Cyril zurück, und wir sahen uns wochenlang nicht. Aber es dauerte nicht lange, bis wir wieder zusammenfanden, und es kam erneut zu tränenreichen, schmerzlichen Szenen, auf die Perioden der Trennung und dann wieder Versuche eines sorglosen Neuanfangs folgten. Es gab Zeiten, in denen Barbara den endgültigen Bruch wollte und ich sie beschwor, bei mir zu bleiben, dann wieder bekam ich kalte Füße und bat um eine Atempause. Wenn wir Reißaus nahmen, fand Cyril jedesmal heraus, wo wir steckten; oft reiste er uns nach und bat Barbara, zu ihm zurückzukommen. Wahrscheinlich hatte ihm Barbara in ihrer boshaften, aufreizenden Art irgendwelche Hinweise gegeben. Es war die reinste psychologische Kriegsführung. Dieser unselige dramatische Zustand währte über ein Jahr; in dieser Zeit reichte Cyril die Scheidung ein. Hamish Hamilton ließ es sich nicht nehmen, persönlich in meinem Büro vorzusprechen und zu erklären, daß Cyril ihn beauftragt hatte, unseren Vertrag mit ihm zu lösen. Viele Jahre später führte David Pryce-Jones eine Versöhnung zwischen Cyril und mir herbei, und vor seinem Tod trafen wir uns noch mehrmals. Wir sprachen nie über unseren alten Zwist.

Im Spätfrühling 1956 hatte es den Anschein, daß alles aus war und Barbara ein für allemal zu Cyril zurückkehren würde. Aber wie von einem perversen Zwang getrieben, kamen wir wieder zusammen und heirateten im August. Die Feier war eine trostlose Angelegenheit, die mehr einem Leichenschmaus als einer Hochzeit ähnelte. Wir wurden beide von unheilvollen Vorahnungen geplagt. Meine Eltern waren gegen die Verbindung und erschienen nicht zur Trauung. Selbst auf der Party, die Charles Clore für uns gab, herrschte eine bedrückte Stimmung. Offenbar glaubte niemand, daß die Ehe lange halten würde.

Unsere Flitterwochen verbrachten wir auf Ischia, und wieder hielt sich Cyril in der Nähe auf; er fand am anderen Ende der Insel Trost bei Maurice Bowra und W. H. Auden. Unser Eheleben war von Anfang an eine Katastrophe. Zu meinem Entsetzen brachte Barbara eine Katze in mein Haus und engagierte einen stets leicht betrunkenen Butler, der alle meine Hemden mitnahm, als er ging. Von meinen Bekannten hielt sie nicht viel und machte keinen Hehl aus ihrer Langeweile. Wenn ich eine Abendgesellschaft gab, kam es vor, daß Barbara während des Essens plötzlich verschwand oder in Tennisschuhen auftauchte. Munter wurde sie nur, wenn ihre eigenen Freunde zu Gast waren, zum Beispiel Graham Greene, der den ganzen Abend skurrile Witze über die Kirche erzählte. Barbara hatte eine lähmende Wirkung auf mich. Meine euphorischen Phasen mochte sie nicht, und für meine Luftschlösser wie für meine realistischeren Pläne hatte sie nur sarkastische Kommentare übrig.

Im Herbst 1956 unternahm ich eine längere Geschäftsreise nach Amerika und ließ Barbara zu Hause. Aus dem Käfig dieser bedrückenden Ehe entflohen, empfand ich die Luftveränderung und den herzlichen Empfang, den man mir jenseits des Atlantiks bereitete, als wahre Befreiung. Es war wohltuend, in eine andere Welt versetzt zu sein. Während meines Aufenthalts verriet mir Caroline Blackwood, die damals schon von Lucien Freud geschieden war, unvorsichtigerweise, daß Barbara wieder angefangen hatte, sich mit Cyril zu treffen.

Cyril hatte ein geradezu zwanghaftes Bedürfnis nach Barbaras Nähe. In den ersten Wochen unserer Ehe saß er manchmal in einem Taxi am Chester Square und beobachtete unser Haus. Barbara leugnete nie ihre starke seelische Bindung an Cyril; auch war sie sich bewußt, wieviel sie ihm verdankte und wie sehr er ihren intellektuellen Horizont erweitert hatte. Da sie unter den Unzulänglichkeiten unserer Ehe litt, nahm sie wieder Kontakt zu ihm auf. Als ich in Amerika war, verbrachten die beiden ein Wochenende in ihrem Cottage in Kent.

Kurz nach meiner Rückkehr aus Amerika suchte ich einen Anwalt auf. Mr. Derek Clogg von Theodore Goddard sprach mit dem affektierten Akzent von Noel Coward und war die Karikatur eines englischen Marineoffiziers. Seinem Rat folgend, beauftragte ich einen Detektiv, der beweisen konnte, daß Cyril das Wochenende in Barbaras kleinem Landhaus verbracht hatte. Der Gemüsehändler im Ort, der Briefträger und der Gärtner waren zu einer Aussage bereit. Die Leute aus dem Dorf erklärten, sie wüßten nichts von Barbaras neuer Ehe; sie war dort nach wie vor als Mrs. Connolly bekannt. Nachdem diese Beweise vorlagen, erklärte Mr. Clogg kurz und bündig, ich solle aus der ehelichen Wohnung ausziehen. Ich folgte seinem Rat, und die Scheidung wurde eingeleitet. Barbara wohnte noch kurze Zeit am Chester Square. Dann kehrte sie zu Cyril zurück, doch die Beziehung hielt nicht lange. Anfang der sechziger Jahre sind wir uns in London und New York begegnet, danach haben wir uns aus den Augen verloren. Unsere Beziehung hatte vom Beginn bis zum Trennungswunsch genau zweiundzwanzig Monate gedauert.

KAPITEL XV

Auf den Spuren des Dritten Reichs

ALS ICH 1951 zum erstenmal die Frankfurter Buchmesse besuchte, war die deutsche Verlagswelt im Umbruch. Ich übernachtete in einer kleinen Pension und ging durch ruinengesäumte Straßen zur Messe. Die Stadt war völlig zerbombt, um Verkehrsmittel war es schlecht bestellt, und viele Menschen schliefen auf der Straße. Alle sahen grau, hungrig und müde aus.

Die Buchmesse war seit ein paar Jahren wieder aufgelebt; es ging noch ziemlich primitiv zu, aber Hoffnung und Ehrgeiz lagen in der Luft. Wie alle anderen Berufszweige befanden sich die deutschen Verlage in einem Erneuerungsprozeß. Man mußte erfinderisch sein, um die materiellen Probleme zu überwinden. Da kein gewöhnliches holzfreies Papier zu bekommen war, druckte Rowohlt große Werke der Weltliteratur wie Zeitungen auf Rotationsmaschinen. Andere Verlage brachten Erstausgaben wichtiger europäischer und amerikanischer Autoren heraus, die vom NS-Regime verboten worden waren. Einige der altehrwürdigen Verleger waren wegen ihrer Beziehungen zu den Nazis in Mißkredit geraten, andere saßen hinter dem Eisernen Vorhang fest. Aber es waren eine ganze Reihe von Überlebenden aus den goldenen Tagen der Weimarer Republik gekommen – Jakob Hegner, der alte Ernst Rowohlt und sein Sohn Ledig-Rowohlt, Peter Suhrkamp, Joseph Witsch, ein jovialer Lebemann, der Heinrich Böll verlegte, sowie Gottfried Bermann Fischer. Die Familie Fischer war so reserviert, daß sie schon fast arrogant wirkte. Darin stand ihr auch der Geschäftsführer des Verlags, Dr. Hirsch, nicht nach, der als Nachlaßverwalter Hugo von Hofmannsthals fungierte.

Inzwischen hat sich die Frankfurter Buchmesse zu einem Umschlagplatz des internationalen Verlagswesens entwickelt. Für einen Verleger, der auf internationaler Ebene arbeiten will, laufen dort für eine Woche Anfang Oktober alle Fäden zusammen. Nach meinen Erfahrungen aus fast einem halben Jahrhundert zu urteilen, haben sich in der deutschen Buchbranche einige herausragende Gestalten profiliert, die für Kontinuität und Unverwechselbarkeit stehen. Die vielleicht bemerkenswerteste unter ihnen war Heinrich Maria Ledig-Rowohlt, dessen Leidenschaft für Literatur von jugendlicher Begeisterung, ausgereiftem Geschmack und einer geradezu listigen Geschäftstüchtigkeit durchdrungen war. Obwohl er englische Gedichte in einem Tonfall grölte, daß man sich auf einen Berliner Boulevard der Weimarer Zeit versetzt glaubte, hatte er ein meisterhaftes Sprachgefühl, das in seinen Übersetzungen Nabokovs und anderer zum Tragen kam.

Ledig, wie er für seine Freunde hieß, verblüffte als völlig atypischer Deutscher all jene, die klischeehafte Vorstellungen von den Deutschen hatten. Als Kosmopolit, dem engstirniger Patriotismus, Militarismus und alles Philisterhafte verhaßt war, hegte er eine tiefe Verachtung für die »Krämermentalität«, die viele seiner Kollegen kennzeichnete. Er liebte das Bizarre, unterstützte Rebellen und begegnete sexueller Freizügigkeit bei anderen mit Nachsicht. In meinen Augen war Ledig ein typischer, liebenswerter Vertreter des deutschen protestantischen Humanismus, geistesverwandt mit den Verfechtern der Aufklärung und den hochgesinnten Rabauken des Sturm und Drang. Er hätte ein Zechbruder Büchners oder ein mitfühlender Freund Heines sein können. Als junger Mann arbeitete Ledig für seinen Vater Ernst Rowohlt, den Verleger Tucholskys und Brechts, und gehörte der Boheme des Weimarer Berlin an. Nach dem Krieg, den er ziemlich passiv als Soldat an der russischen Front verbrachte, half er seinem Vater, den Verlag wieder aufzubauen. Er förderte junge deutsche Talente, machte aber die deutsche Öffentlichkeit auch mit den Werken Sartres, Camus' und Hemingways bekannt.

Ledig war mit einer schönen, rothaarigen Engländerin verheiratet. Da sie teilweise in Frankreich aufgewachsen war, wo ihr Vater die Filiale der Großbank Lloyd's International in Dieppe geleitet hatte, sprach sie mit ausgeprägtem französischem Akzent, dem selbst ein Studium in Oxford nichts hatte anhaben können. Jane Rowohlt vereinte elitäre Eleganz mit großer Schüchternheit und gesundem Menschenverstand. Sie besaß ein scharfes Urteilsvermögen und arbeitete diskret, aber effektiv mit ihrem Mann zusammen.

In seinen maßgeschneiderten Anzügen tadellos gekleidet, brach

Ledig die Konventionen mit farbenprächtigen Hemden und Krawatten. Sein Kabinettstückchen war die Vorführung eines Saltos auf Abendgesellschaften oder sogar in Hotellobbys. Mit Nobelpreisträgern verstand er sich ebenso gut wie mit hoffnungsvollen jungen Autoren, und er nahm regelmäßig an Schriftstellerkongressen in aller Welt teil. Jugend und Schönheit betete er an, und es war typisch für ihn, daß er sich bei den Revolten Ende der sechziger Jahre auf die Seite der rebellischen Studenten schlug.

Unvergeßlich ist mir eine Szene an einem Samstagmorgen im Hessischen Hof, dem Hotel am Messegelände, in dem während der Buchmesse viele namhafte Verleger übernachten. Daniel Cohn-Bendit, damals ein radikaler Anführer der Studentenbewegung, erschien zu einem Treffen mit einigen Verlegern, die mit ihm sympathisierten. In einer halb selbstironischen, halb echte Bewunderung bezeugenden Geste verbeugte sich Ledig vor dem jungen Rebellen, die allgegenwärtige Havannazigarre in der einen Hand und eine als Geschenk dargebotene rote Nelke in der anderen.

Bis an sein Lebensende war Ledig im Foyer oder in der Bar des Hessischen Hofs stets der erste, der kam, und der letzte, der ging. Dreiundachtzigjährig starb er 1992, nachdem er sich in einem klimatisierten Eisenbahnwaggon eine Lungenentzündung zugezogen hatte, als er in Indien zu einem internationalen Verlegerkongreß unterwegs war.

Eine weitere herausragende Gestalt unter den deutschen Nachkriegsverlegern ist Wolf Jobst Siedler. Wenn Ledig-Rowohlt den radikalen Geist Weimars repräsentierte, so stand Siedler für den preußischen Humanismus. Er förderte eine ganze Generation deutscher Historiker und ermutigte sie, sich von dem geschraubten professoralen Stil loszusagen, der ein breites Lesepublikum befremdete. Groß, gutaussehend, lebenslustig und gelegentlich verwegen, war Siedler, der unter den Nazis eine kurze Haftstrafe verbüßt hatte, ein deutscher Konservativer, der keine Zeit fand, in die selbstanklägerische Haltung zu verfallen, die unter den Intellektuellen des Nachkriegsdeutschland verbreitet war. Er hatte ein Auge für Kunst und gehörte zu den ersten Kritikern der mißglückten Architektur und Städteplanung des Wiederaufbaus.

Neben den lauten Massenveranstaltungen in den Ballsälen der

großen Hotels gab es auf der Frankfurter Buchmesse an festen Wochentagen auch anspruchsvollere Ereignisse. Sie wurden von Verlegern, Persönlichkeiten aus der Frankfurter Gesellschaft oder auswärtigen Gastgeberinnen veranstaltet; hier trafen sich Schriftsteller, Politiker, Bankiers, gelegentlich auch Mitglieder des rheinischen oder hessischen Adels und der eine oder andere namhafte ausländische Gast, der nach Frankfurt gekommen war, um für ein Buch zu werben. Einladungen zu solchen Gesellschaften waren höchst begehrt. Gabriele Henkel, vielleicht die prominenteste unter den deutschen Gastgeberinnen, kam regelmäßig auf die Frankfurter Messe. Ihr gelang es immer, eine handverlesene Gruppe von bedeutenden Männern und Frauen um sich zu scharen.

In ihren beiden Düsseldorfer Häusern, das eine im Zentrum, das andere am Stadtrand, empfingen Gabriele und ihr Mann Konrad, der langjährige Präsident des bekannten Waschmittelkonzerns, die politische und kulturelle Elite Deutschlands. Gabriele perfektionierte die Kunst der Gastlichkeit; ihr Können auf diesem Gebiet wurde schließlich sogar mit einem Lehrstuhl für dekorative Künste honoriert. Ihre Gesellschaften standen oft unter einem bestimmten Motto. Zu einem Abschiedsessen für den Bundespräsidenten Walter Scheel verwandelte sie ihr Gästehaus außerhalb der Stadt in einen wunderbar dekorierten Bahnhof, wobei die Gäste in Waggons saßen. Das Motto des Abends war »Großer Bahnhof«, eine Anspielung auf die Zeit, als ausländische Potentaten noch mit der Eisenbahn eintrafen und von königlichen Gastgebern empfangen wurden. Bei einem Dinner zu Ehren einer prominenten Persönlichkeit aus dem Nahen Osten war jeder Platz an der Tafel mit einem Miniatursandhügel dekoriert, auf dem eine Fahne mit dem Namen des Gastes prangte. Gabrieles Enthusiasmus für alles Modische und Moderne war unerschöpflich. Zu ihren Mentoren zählte Fritz Raddatz, der aus Ostdeutschland geflohen war und für Rowohlt arbeitete, bevor er Feuilletonchef des Hamburger Wochenblatts *Die Zeit* wurde.

Experimentelle Literatur, Literaturkritik und Dichtung – all jene Genres, vor denen eher pragmatisch eingestellte Verleger zurückschrecken – fanden ihre Heimat im Suhrkamp Verlag unter der Leitung von Siegfried Unseld. Von robuster Gestalt und lauter Stimme, autokratisch in seinem Geschäftsgebaren, hatte er eine besitzergreifende, väterliche Beziehung zu seinen Autoren. Er gehörte zu den wenigen Verlegern, die in bezug auf das literarische Niveau keine Kompromisse machten, was durch einen festen Stamm namhafter Autoren und den Ruf des Verlags aus Vorkriegszeiten erleichtert wurde.

Im Lauf der Jahre hat die Frankfurter Buchmesse zunehmend internationalen Charakter gewonnen. Doch in der Nachkriegszeit hatte man das Gefühl, daß ausländische Verleger nur geduldet wurden. Sie standen am Rande, interessierten sich für günstige Angebote, gelegentlich kam man mit ihnen ins Geschäft. Als ich zum erstenmal dort war, diente die Frankfurter Buchmesse in erster Linie der Begegnung deutscher Buchhändler mit deutschen Verlegern und weniger dem Handel mit ausländischen Rechten. In ihren abgetragenen Vorkriegssachen und billigen neuen Anzügen boten die Buchhändler einen beklagenswerten Anblick. Ich erinnere mich an eine Gruppe, die sich an einem heißen Septembertag im Hof des Messegeländes auf einer roten Decke niedergelassen hatte und Brote mit hartgekochten Eiern verzehrte, die mit Bier hinuntergespült wurden. Ein Restaurant konnten sie sich nicht leisten.

Als Brite österreichischer Herkunft befand ich mich in einer merkwürdigen Lage. Die Crème der deutschen Verleger blickte noch verächtlicher auf mich herab als auf meine britischen Kollegen. Obwohl es in gewisser Hinsicht leichter war, ins Geschäft zu kommen, weil man dieselbe Sprache sprach und die Mentalität verstand, bevorzugten viele die etablierten britischen Verlage – das galt aber nicht für die neuen Verlegerpersönlichkeiten, mit denen ich sehr gut zusammenarbeitete.

Die alten liberalen Verleger der Weimarer Republik teilten mein Interesse an Zeitgeschichte nicht. Sie hätten am liebsten die Uhr zurückgestellt und die Zeit nach 1933 ausgeblendet. Ich hingegen empfand einen unstillbaren Wissensdurst: Ich wollte alles über den Alltag, über jede Nuance im Dasein von Ober- und Unterschicht während der Nazi-Zeit erfahren. Die Protagonisten auf der politischen Bühne und die bescheidenen Zeitzeugen unserer Gegenwart haben mich immer brennend interessiert. Vielleicht ist das die Leidenschaft eines verhinderten Historikers. Während des Kriegs, als BBC-Experte für europäische und insbesondere deutsche Angelegenheiten, wurde ich eine Art wandelnde Kartei des Dritten Reichs. Die Personen, die in jenem gespenstischen Drama mitwirkten, waren in gewisser Weise Teil meines Lebens. Mein gesamtes Wissen bezog ich aus Akten, Rundfunksendungen, Zeitungsausschnitten und Büchern. Doch jetzt, da ich nach Deutschland reisen konnte, fühlte ich mich wie ein Anthropologe, der sein Leben lang verstaubte Abhandlungen über einen fernen afrikanischen Stamm studiert hat und nun plötzlich durch ein Stipendium die Möglichkeit erhält, das Objekt seiner Leidenschaft in dessen natürlichem Umfeld zu beobachten. Ich brannte darauf zu wissen, »wie es eigentlich gewesen« war, und nutzte meinen Beruf, um meine Neugier zu befriedigen – einmal ganz abgesehen von meinem Anliegen, der britischen Öffentlichkeit verständlich zu machen, was in jenen Jahren in Deutschland geschehen war. Meine Tätigkeit als Verleger rechtfertigte es, überall, wo ich mich aufhielt, nach Augenzeugen und Akteuren Ausschau zu halten – ungeachtet der Tatsache, daß Deutschland genauso wie Israel aus verständlichen Gründen im Programm von Weidenfeld & Nicolson stets eine Vorrangstellung hatten.

Als ich zum erstenmal nach Deutschland fuhr, war die Bevölkerung nach der Erfahrung des Nationalsozialismus noch wie betäubt. Es zeigte sich eine allgemeine Apathie, ja, man empfand eine regelrechte Aversion, sich mit der unmittelbaren Vergangenheit auseinanderzusetzen, bis schließlich Joachim Fests monumentale Hitler-Biographie dazu beitrug, die Diskussion über das Dritte Reich in Gang zu bringen. Unmittelbar nach dem Krieg ging das Thema den Betroffenen noch zu sehr unter die Haut; doch wir, die jene Ereignisse von außen verfolgt hatten, empfanden anders. Während meiner Reisen durch das Nachkriegsdeutschland wurde mir bald bewußt, wie unzulänglich die Vorstellung war, die wir uns von diesem Land machten. Das Bild war mit groben Pinselstrichen gezeichnet, Schattierungen von Hell und Dunkel fehlten, während ich durch viele Gespräche und Beobachtungen allmählich einen differenzierteren Eindruck gewann.

Einer der Menschen, die mir zu neuen Einsichten verhalfen, war Jean Rouvier, ein germanophiler Franzose, der die halbdiplomatische Funktion des Kulturattachés der französischen Regierung in München bekleidete. Ungeachtet seines französischen Akzents sprach er perfekt Deutsch, konnte lange deutsche Gedichte rezitieren und betätigte sich als Amateurübersetzer. Ich lernte ihn durch Lali Horstmann kennen.

Rouvier stand im Zentrum eines frankophilen Kreises in München, dem auch Gerhard Heller und Horst Wiemer angehörten, zwei Verleger, die während der deutschen Besatzung in Paris gewesen waren. Die beiden tauchen hin und wieder in Ernst Jüngers Tagebüchern auf. Heller, ein Experte für französische Literatur, arbeitete im Zensurbüro an den Champs-Elysées, wo er zu einem Schindler für gefährdete Schriftsteller wurde und sich in Widerstandskreisen einen guten Ruf erwarb. Horst Wiemer wurde in den französischen Verlag Hachette abkommandiert, den die Deutschen übernommen hatten. Auch er liebte die französische Kultur. Nach dem Krieg heiratete er Gaston Gallimards Sekretärin und kehrte zu Beck-Biederstein zurück, wo er in den dreißiger Jahren Heimito von Doderer entdeckt hatte, während Heller zunächst für Stahlberg, dann für Ullstein arbeitete. Wir trafen uns regelmäßig im Wernicke-Hof in Schwabing unweit von Jean Rouviers Wohnung.

Die Welt von Lali Horstmann war ein Mikrokosmos dessen, was von der alten deutschen Gesellschaft übrig war. Sie erwies sich als ideale Kundschafterin und verstand es, Autoren aufzustöbern. Sie hatte nicht nur einen weitläufigen Bekanntenkreis, sondern besaß auch außerordentliche Überredungskünste. In jenen Tagen erzählten die Deutschen nicht gern vom Krieg. Sie waren vom übrigen Europa abgeschnitten gewesen, und ausländische Besucher zögerten, den Kontakt wiederaufzunehmen, um nicht an jene zu geraten, die eine dunkle Nazi-Vergangenheit hinter sich hatten. Das alles wurde im Lauf der Zeit übertüncht. Die Weizenbecks, bei denen sich die noch verbliebene Münchner Society traf, trugen dazu bei, die Verbindungen zur internationalen Gesellschaft wiederherzustellen. Walter von Weizenbeck, für seine Freunde »Weizi«, arbeitete für die Allianz Versicherung. In München stand er in hohem Ansehen, weil er seine Position in der Partei genutzt hatte, um Juden zu retten, unter anderem seine Frau Mimi, deren Vater das *Prager Tagblatt* gegründet hatte, eine der wichtigsten deutschsprachigen Zeitungen vor der NS-Zeit.

Auch eine Reihe von Widerstandskämpfern wie Ewald von Kleist, bekannt als »Pomorze«, der polnische Ausdruck für seine Heimat Pommern, oder der bayerische Anwalt Josef Müller, auch Ochsensepp genannt, bewegten sich in Lalis Kreis. Müller hatte in Admiral Canaris' militärischem Nachrichtendienst zu Oberst Osters Stab gehört. Als aufrechter Katholik wurde er von der Opposition beauftragt, seine Beziehungen zum Vatikan zu nutzen, um über den Papst persönlich mit der britischen Regierung kommunizieren zu können. Hans-Georg von Studnitz gehörte zum selben Kreis. Als Beamter in der Presse- und Nachrichtenabteilung des Reichsaußenministeriums hatte er den Großteil des Kriegs in Berlin verbracht. Gleich einer deutschen Scheherazade hielt er mich Nacht für Nacht mit farbigen Schilderungen des gesellschaftlichen Lebens in der kriegsbedrohten Stadt wach. Anscheinend war seinem auf Klatsch geeichten Ohr kein Abenteuer entgangen. In seinem charakteristischen Junkerdeutsch lieferte er witzige Schilderungen der Vorgänge in Frau von Dirksens berühmtem Salon, wo Hitler ein und aus gegangen war.

Studnitz hatte ein großes Repertoire an Horstmann-Geschichten auf Lager. Besonders gern erzählte er von einem Streich, den Lalis Mann Freddie seinen Gästen gespielt hatte: Wie ein moderner Professor Higgins hatte er ein ausländisches Mädchen elegant gekleidet, instruiert, mit einem hochtrabenden Titel ausgestattet und in der Gesellschaft vorgestellt. Einer seiner Schützlinge war eine mexikanische Schönheit namens Gloria. Ein deutscher Verehrer fiel auf den Trick herein und heiratete sie. So wurde sie Gräfin Fürstenberg; später spielte sie als Mrs. Loel Guinness eine tonangebende Rolle in der internationalen Gesellschaft. Offensichtlich amüsierte sich Freddie Horstmann auch damit, den weiblichen Gästen auf seinen Partys vorzuschreiben, welche Farbe sie tragen sollten, so daß die Kleidung aufs Porzellan abgestimmt war. Ich beauftragte Studnitz, ein Buch mit dem Titel *Als Berlin brannte* zu schreiben. In den Händen eines wahrhaft begabten Autors hätte es ein Meisterwerk werden können; nichtsdestoweniger vermittelt sein Bericht die Atmosphäre der Berliner Welt von damals.

Bei einem meiner ersten Besuche in München stellte mich Lali Konstantin von Bayern vor. Er war ein charmanter Hedonist, extrovertiert und von blühender Gesichtsfarbe. Wie viele Mitglieder der ehemaligen Herrscherhäuser war er schon bald nach Kriegsbeginn vom Militärdienst befreit worden, weil Hitler es verhindern wollte, daß irgendwelche junge Prinzen unangemessene Popularität erlangten. Als ich Konstantin kennenlernte, arbeitete er als Starreporter für Kindlers *Revue*. Er war ein guter Geschichtenerzähler und schilderte ergreifend Schicksale in der Nachkriegszeit, wie etwa die traurige Geschichte eines österreichischen Flüchtlings, der sich der britischen Armee anschloß und 1944 im Rang eines Majors nach Rom kam. Dort wurde er in die vornehme römische Gesellschaft aufgenommen und wurde Mitglied der Caccia, eines exklusiven Clubs. Doch als die Römer das Gefühl hatten, wieder Herren im eigenen Haus zu sein, wurde er vom Adel fallengelassen und aus der Caccia ausgeschlossen. Unfähig, diese Demütigung zu ertragen, hatte der Major, der mittlerweile Repräsentant von Rolls-Royce in Italien war, in seinem Hotelzimmer Selbstmord begangen. Ich beauftragte Konstantin, diese Geschichten in dem Buch *After the Flood* zusammenzufassen, das ebenso wie eine Reihe anderer ausländischer Titel, die wir herausbrachten, speziell für den britischen Markt konzipiert war. Konstantin und ich trafen uns regelmäßig, bis er 1969 bei einem Flugzeugunglück ums Leben kam. Er war auch am Chester Square bei mir zu Gast, und ich erinnere mich, daß Antonia Pakenham es ihm besonders angetan hatte.

Einmal nahmen Konstantin und ich eine Freundin, Prinzessin Herzeleide Biron, die Tochter des jüngsten Sohns des Kaisers, mit auf die Salzburger Festspiele, die nach dem Krieg wieder aufgenommen worden waren. Wir besuchten eine Aufführung von *Don Giovanni.* Es war Herzeleides erster Opernbesuch. Am nächsten Tag trafen wir uns, nach München zurückgekehrt, mit ihren Angehörigen und anderen blaublütigen Deutschen in einem Biergarten. Unser Ausflug nach Salzburg kam zur Sprache, und einer der Anwesenden rief erstaunt: »Herzeleide, was hast du denn nur in Salzburg gemacht?«

»Ich habe eine Oper gesehen.«

»Eine Oper?«

»Ja.«

»Was wurde gegeben?«

»An den Titel kann ich mich nicht mehr erinnern.«

»Erzähl uns davon.«

»Tja, da war ein Mann auf der Bühne, der scheinbar großen Erfolg bei Frauen hatte. Er hatte schon viele Frauen sitzenlassen, und sie machten ein großes Geschrei.«

Die ganze Gesellschaft brach in schallendes Gelächter aus, aber nicht über Herzeleides rührend schlichte Darstellung der Handlung – die bloße Tatsache, daß jemand eine Oper besucht hatte, wirkte unglaublich erheiternd.

Henriette von Schirach, die Tochter von Hitlers Leibfotografen Heinrich Hoffmann, lebte ebenfalls in München. Ihr Mann Baldur von Schirach, der ehemalige Jugendführer und spätere Gauleiter und Reichsstatthalter von Wien, verbüßte damals eine zwanzigjährige Haftstrafe in Spandau. Ich fand Frau von Schirach, die auf Mitleid und Weiblichkeit machte, ziemlich theatralisch. Sie kam auf mich zu, eine junohafte Gestalt in einem tief ausgeschnittenen schwarzen Kleid, und sagte ganz aufgeregt: »Wie können Sie mit mir sprechen, nach allem, was passiert ist, wie kann ich beweisen, daß ich ein menschliches Wesen bin?« Es war bekannt, daß sie sich gegen die üble Behandlung der Juden ausgesprochen hatte. Bei einem Besuch auf Hitlers Berghof in Obersalzberg hatte sie ihren Mann bei dem Versuch unterstützt, Hitler auf die barbarischen Umstände der Judendeportationen aufmerksam zu machen. Die einzige Folge war die verfrühte Abreise des Ehepaars. Henriette von Schirach bot mir ihre Memoiren an, aber ich nahm sie nicht. Einige Jahre später lehnte ich auch Leni Riefenstahl ab. Der deutsche Verleger begriff nicht, warum ich den Bildband über die Olympischen Spiele von 1936 in Berlin nicht veröffentlichen wollte. »Schließlich«, so argumentierte er, »handelt es sich um meisterhafte Fotografien.« Doch ich hatte das Gefühl, daß selbst ein »meisterhaftes« Buch über eine der größten Veranstaltungen, mit denen sich das Dritte Reich selbst gefeiert hatte, für einen jüdischen Verleger nicht das Richtige war.

Das erste Buch, das ich über das Dritte Reich herausbrachte, waren Hjalmar Schachts Memoiren *Account Settled*; das deutsche Original war ein Jahr zuvor unter dem Titel *Abrechnung mit Hitler* erschienen. Den Autor, dem bei den Nürnberger Prozessen Kriegsverbrechen zur Last gelegt worden waren, traf ich durch einen merkwürdigen Zufall etwa zwei Jahre später. Ich entdeckte ihn in einem Flugzeug, das nach Hamburg unterwegs war, und stellte mich vor. Wir teilten uns ein Taxi in die Stadt und verabredeten uns zum Abendessen. Schacht hatte etwas Altmodisches an sich. Abgesehen von seinem Stehkragen und der Krawattennadel kleidete er sich à l'anglaise: Er trug ein dickes cremefarbenes Seidenhemd und, obwohl es Sommer war, eine Weste.

Aus anderen Quellen wußte ich, daß sich Schacht, als Direktor der Reichsbank, gegen die Judenverfolgungen ausgesprochen hatte, und zwar nicht zuletzt wegen den schädlichen Auswirkungen auf die deutsche Wirtschaft. Beim Essen fragte ich ihn geradeheraus nach seiner

Einstellung zur Judenfrage. Er wußte viel über die Tätigkeit der Jewish Agency in Palästina, die Juden half, ihr Geld ins Ausland zu schaffen. Wie Schacht mir sagte, hatte er Göring beschworen, die Juden mit ihrem beweglichen Eigentum, abzüglich einer Reichssteuer von fünfundzwanzig Prozent, nach Palästina ausreisen zu lassen, denn so hätten die Nazis einen Schlußstrich unter das Thema ziehen können, ohne sich von ihren Rassentheorien loszusagen. Schacht erklärte, er sei für eine Art positive Apartheid eingetreten, nach dem Motto: »Sie kommen nicht mit uns aus, wir kommen nicht mit ihnen aus, aber sie haben etwas für unsere Wirtschaft getan, und wir haben etwas für ihre Ausbildung getan, und da sie intelligente Menschen und gute Kaufleute sind, sollten wir sie im Nahen Osten als Verbündete gewinnen, wo sie zudem die deutsche Kultur verbreiten könnten.« Schacht war voller Reue und unterstrich im Gespräch ebenso wie in seinen Memoiren seinen Widerstand gegen das Regime.

Bei meiner Suche nach dokumentarischem Material über das Dritte Reich unterstützte mich der bekannte britische Historiker Hugh Trevor-Roper, der aus den obskursten Schlupfwinkeln Zeugen ausgegraben hatte, als er für sein Meisterwerk detektivischer Geschichtsschreibung *The Last Days of Hitler* (*Hitlers letzte Tage*) recherchierte. Unter anderem hatte er Kontakt zu François Genoud, einem Anwalt aus der französischen Schweiz, der brennendes historisches Interesse am NS-Regime bezeugte. Er war ein seltsamer Vogel, in den Vierzigern, angespannt und nervös, mit dunklem Haar und leicht mediterranen Zügen. Genoud hatte Beziehungen zu überlebenden Nazis oder Angehörigen von Hitlers Gefolgsleuten aufgebaut, von denen er sämtliche Dokumente kaufte, derer er habhaft werden konnte. Er war ein gerissener Geschäftsmann, eine Art selbsternannter Nachlaßverwalter des Dritten Reichs. Wir führten endlose Gespräche über die Vergangenheit.

Ich begegnete Genoud zum erstenmal zusammen mit Trevor-Roper im Hotel Kléber in Paris. Damals war ich seit kurzem mit Jane verheiratet, ihre Tante Lady Marks spendierte uns ein Wochenende dort, und ich beschloß, das Angenehme mit dem Nützlichen zu verbinden. Über die Verabredung wollte ich mich nicht näher äußern, doch die beiden Frauen entlockten mir schließlich, daß ich einen namhaften Historiker aus Oxford und einen merkwürdigen Mann treffen wollte, der Zugang zu wichtigem NS-Quellenmaterial hatte. Ihre Neugier war geweckt, und sie beschlossen, sich meine Gesprächpartner näher anzusehen. Als ich, Trevor-Roper und Genoud in der Lobby saßen und die Köpfe zusammensteckten, schlenderten Jane und ihre Tante an uns vorbei, taten so, als würden sie uns nicht kennen, warfen aber Trevor-Roper, den sie für den Nazi-Sympathisanten hielten, finstere Blicke zu. Er sah ausgesprochen nordisch aus – im Gegensatz zu dem dunklen Genoud, der als Mitglied einer jüdischen oder arabischen Untergrundorganisation hätte durchgehen können.

Das erste Buch, das wir mit Genoud machten, war *Hitler's Table Talk (Hitlers Tischgespräche)*, herausgegeben von Trevor-Roper, es erschien 1953. Die Vorlage, die wir verwendeten, kam aus Martin Bormanns Familie. Seine Frau Gerda war im März 1946 in Meran, kaum ein Jahr nach dem Verschwinden ihres Mannes, gestorben, aber einige ihrer Dokumente fanden den Weg nach Lausanne. Die Bormann-Fassung ist vollständiger als der Text, den Henry Picker veröffentlichte; er war einer der Stenographen, die damit betraut waren, Hitlers Gedanken festzuhalten. Pickers Ausgabe basiert auf seiner eigenen Abschrift, in der alle privaten Äußerungen Hitlers fehlen.

Auf mein Drängen wurden unsere Veröffentlichungen von NS-Quellenmaterial von Historikern wie Trevor-Roper und Alan Bullock mit einem Vorwort und Anmerkungen versehen, um das Material ins rechte Licht zu rücken. Genoud fügte sich nur widerwillig diesem Prinzip. Er fand, die Texte sollten für sich selbst sprechen, während ich keinesfalls zulassen wollte, daß die Nazi-Führer das letzte Wort behielten. Ich bin oft dafür kritisiert worden, daß ich diese Bücher veröffentlicht habe, aber ich betrachte sie als wichtige historische Dokumente, die den unwiderleglichen Beweis für die Verbrechen des NS-Regimes liefern.

Aufgrund von Alan Bullocks kritischem Vorwort zu *The Ribbentrop Memoirs* (*Zwischen London und Moskau*) strengte Ribbentrops Witwe einen Prozeß gegen uns an, den wir jedoch gewannen, da uns der Richter das Recht zugestand, berichtigende Kommentare zu veröffentlichen. Die Rechte hatte ich von einem obskuren deutschen Verlag gekauft, der von einem ehemaligen Beamten des Propagandaministeriums geleitet wurde. Im Zuge der Verhandlungen sprach ich mit Frau von Ribbentrop in ihrem geräumigen Herrenhaus in Wuppertal. Von ihrer Zeit in der deutschen Botschaft in London sprach sie, als wäre nichts passiert. Unbekümmert erkundigte sie sich nach dem gesellschaftlichen Leben in London. Vor allem wollte sie wissen, wie es den Londonderrys ergangen war, einer deutschfreundlichen Familie, mit denen die Ribbentrops eng befreundet gewesen waren.

Ein weiteres Buch, auf das wir durch Genoud stießen, war der Briefwechsel zwischen Martin Bormann und seiner Frau Gerda, der Personifikation der idealen Nazi-Frau, während der letzten beiden Kriegsjahre. *The Bormann Letters*, ebenfalls mit einer Einführung von Trevor-Roper, sind zwar bruchstückhaft, enthalten aber interessante Einzelheiten über das Leben in Deutschland gegen Ende des Krieges und liefern aufschlußreiche Einsichten über die persönlichen Beziehungen unter den NS-Führern. Bormann, stets der perfekte Bürokrat, schickte nicht nur die Briefe seiner Frau wieder zurück nach Hause, so daß sie sie abheften konnte, sondern legte auch die Liebesbriefe bei, die er von einer Schauspielerin erhielt; über die gelungene Verführung berichtete er Gerda triumphierend.

Genoud war nicht meine einzige Quelle. Durch Hermann Langbein, einen polnischen Juden, der Vorsitzender des Verbands von Auschwitz-Überlebenden in Wien wurde, erhielt ich die Tagebücher des Lagerkommandanten Rudolf Höss. Wir veröffentlichten das Buch *Commandant of Auschwitz* mit einer Einführung von Lord Russell of Liverpool 1959. Außerdem kaufte ich die Erinnerungen von Admiral Dönitz. Diesmal war mein Kontaktmann der U-Boot-Kommandant Wolfgang Frank, der den Roman *Der Seewolf* verfaßte. Er arrangierte ein Treffen mit seinem ehemaligen Oberbefehlshaber in Hamburg, und wir sprachen etwa zwei Stunden lang über das Buch. Ich bat Dönitz, ausführlicher über jene zwanzig Tage nach Hitlers Tod zu schreiben, in denen er Reichspräsident und Oberster Befehlshaber war.

Zwei oder drei Jahre vor Albert Speers Entlassung aus Spandau schrieb ich an seine Frau und bezeugte mein Interesse an Speers Memoiren. Sie empfing mich in Heidelberg, wollte sich aber nicht festlegen. Als die Zeit gekommen war, kaufte ich die Memoiren von Ullstein; dabei unterstützte mich der *Daily Telegraph*, der die Rechte für den Abdruck als Serie erwarb. Zum erstenmal traf ich Speer mit seinem Verleger Wolf Jobst Siedler auf der Frankfurter Buchmesse. Wir sprachen darüber, ob Speer für die englische Ausgabe stärker auf

Großbritannien eingehen könne, und vereinbarten eine weitere Zusammenkunft mit Lady Pamela Berry, der Gattin des *Telegraph*-Eigentümers, um den Vorabdruck zu besprechen.

Keiner von uns legte Wert darauf, beim Essen in einem Restaurant gesehen zu werden, und so bat ich Gabriele Henkel, für Speer, Lady Pamela und den diplomatischen Korrespondenten des *Telegraph* ein kleines Dinner in ihrem Haus in Düsseldorf zu geben. Außerdem waren ihr Mann Konrad und der Schriftsteller Erich Kuby anwesend. Speer wurde mit Fragen bestürmt, die zum Großteil von grundlegender Bedeutung waren und die er in fast perfektem Englisch beantwortete. Doch als er am späten Abend müde wurde, verschlechterte sich auch sein Englisch. Vor kurzem hatte man uns Himmlers Briefe angeboten, die ich abgelehnt hatte, aber ich wollte hören, was Speer über Himmler zu sagen hatte. In einer kurzen Pause, als sich die anderen Gäste untereinander unterhielten, fragte ich ihn leise: »Professor Speer, bitte erklären Sie mir das Phänomen Heinrich Himmler. Wie konnte ein so verschrobener, mittelmäßiger Mensch ein so gewaltiges Unternehmen organisieren, wie er es während der letzten Phase des Krieges tat, als er für die gesamte deutsche Kriegsführung und die Wirtschaft verantwortlich war?«

»O ja«, erwiderte Speer begeistert, »der Mann hatte die Begabung, gute Leute auszuwählen, er war ein großartiger Manager.«

Für einen Augenblick hatte er die Maske fallenlassen. Dann fing er sich wieder und fügte hinzu: »Aber natürlich hatte er auch eine satanische Natur.« In einem Atemzug hatte sich Speer als Technokrat und gleichzeitig als zivilisierter Europäer dargestellt. Das war ein flüchtiger Eindruck von dem Syndrom »Zwei Seelen wohnen, ach, in meiner Brust«, das mir immer wieder bei Menschen begegnet ist, die auf die eine oder andere Weise dem NS-Regime gedient hatten …

Mein Versuch, ein Buch über die Tätigkeit des deutschen Geheimdienstes während des Krieges zu veröffentlichen, hätte den Verlag beinahe ruiniert. Die Geschichte begann in London, als ich durch Moura Budberg einen ihrer Freunde aus Vorkriegstagen in Berlin kennenlernte: Dr. Paul Leverkühn, christdemokratischer Abgeordneter im Bundestag und bekannter Anwalt, der Feldmarschall von Manstein bei seinem Prozeß in Hamburg verteidigt hatte. Leverkühn verbrachte 1952 mehrere Wochen in London, um als Mitglied einer Delegation unter

Führung des Bankiers Hermann Josef Abs an den Verhandlungen über die Regelung der deutschen Auslandsschulden teilzunehmen. Während dieser Zeit besuchte mich Leverkühn oft zum Dinner am Chester Square. Er hatte eine gewinnende Art, besaß Sinn für Ironie, die Diskretion eines Familienanwalts und die englandfreundliche Einstellung eines hanseatischen Patriziers. Die Tage von Rathenau und Balinn waren ihm noch gut in Erinnerung. Ich besuchte ihn einmal in seinem Hamburger Haus, wo wir bei Kerzenlicht dinierten. Der Haushalt wurde mit militärischer Disziplin geführt.

Während der Londoner Verhandlungen brachte Leverkühn eines Abends Abs mit zu einem späten Dinner. Sie erschienen gegen 21 Uhr am Chester Square, und wir saßen bis morgens um 7 Uhr zusammen. Ich war vollkommen gefesselt. Der Weißwein floß reichlich und löste den beiden die Zunge: Abs und Leverkühn fingen an, Erinnerungen an die Kriegszeit auszutauschen; Abs war Vorstandsmitglied der Deutschen Bank mit Sitz im Aufsichtsrat der Reichsbank gewesen, und Leverkühn hatte dem Nachrichtendienst angehört. Von Zeit zu Zeit kam es mir vor, als hätten sie meine Anwesenheit vergessen. Unter anderem schilderte Abs, wie Ribbentrop ihn im Februar 1945 zu sich gerufen hatte, um seine Geldanlagen mit ihm zu besprechen. Er wollte wissen, wie er sein Kapital im Falle einer deutschen Niederlage vor der Beschlagnahmung schützen könne, ob er es lieber in die Schweiz oder nach Schweden transferieren solle. Abs mußte ihm klarmachen, daß es für all diese Schritte zu spät war. Bis zuletzt war Ribbentrop überzeugt, daß ihn seine Beziehungen zur britischen Aristokratie und zu den politischen Eliten retten würden – ein bitteres Beispiel für die erstaunliche Naivität der Nazi-Führung.

Leverkühn hatte in der Abwehr gearbeitet. Er war Leiter des Istanbuler Stützpunkts gewesen, wo er durch Rashid Alis gescheiterten Versuch, den Irak vom britischen Einfluß zu befreien, die Überzeugung gewann, daß die Deutschen ihre Geheimdienstaktivität in diesem Teil der Welt verstärken sollten. Außerdem war er für die Aufklärung im Nahen und Mittleren Osten verantwortlich. Durch die Art, wie er über die Abwehr sprach, wollte er offensichtlich verdeutlichen, daß viele leitende Beamte, die von Admiral Canaris, dem Chef der Abwehr-Abteilung im Reichskriegsministerium, angeworben worden waren, eine kritische Haltung gegenüber dem NS-Regime einnahmen. Insbesondere betonte er die Unterschiede zwischen der Abwehr und der Tätigkeit des Sicherheitsdienstes (SD), des Geheimdienstes der SS. Also bat ich Leverkühn, ein Buch über die Abwehr zu schreiben. Obwohl er als Autor keine Erfahrung hatte, war er bereit, sich auf den Versuch einzulassen. Dazu benötigte er jedoch einige Schlüsselinformationen, die ihm seines Wissens General Lahousen, einer von Admiral Canaris' Stellvertretern bei der Abwehr, liefern konnte. Er war Leiter der Sektion für Sabotage und Sonderaufgaben hinter der russischen Linie gewesen. Leverkühn schlug vor, ihn gemeinsam mit mir aufzusuchen.

Also fuhren wir nach Hall in Tirol, wo Lahousen, ein Österreicher, der nach dem Anschluß vom deutschen Nachrichtendienst übernommen worden war, in bescheidenen Verhältnissen lebte. Als gläubiger Katholik hatte sich Lahousen nie mit ganzem Herzen den Nazis angeschlossen, und bei den Nürnberger Prozessen hatte er als Kronzeuge eine ganze Reihe von Angeklagten belastet. Adenauers Angebot einer leitenden Position im westdeutschen Nachrichtendienst lehnte er ab und zog sich in sein Dorf zurück; er war ein gebrochener Mann, groß, ausgezehrt, von Gewissensqualen über seine Vergangenheit zermartert.

Wir verbrachten einen langen Abend mit ihm; unter anderem fragte ich ihn, wie viele Angehörige der militärischen Führung um die »Endlösung« der Judenfrage gewußt hatten. Lahousens Antwort werde ich nie vergessen. Sichtlich bewegt erklärte er: »Lassen Sie sich von niemandem weismachen, wir hätten es nicht gewußt. Was man Ihnen jetzt auch erzählen mag, alle von uns in leitender Stellung haben es gewußt. Und ich kann Ihnen genau sagen, wie wir es herausgefunden haben.«

Dies ist sein Bericht.

Eines Abends im Winter 1940/41 saß er zu später Stunde in der Bendlerstraße, dem Hauptquartier des Generalstabs in Berlin, und spielte mit zwei Kollegen Karten – Oberst Piekenbrok und Graf Bentivegni, den Leitern der beiden anderen Sektionen. Plötzlich ging die Tür auf, und Admiral Canaris, »der Alte«, wie Lahousen ihn nannte, stürmte herein, aschfahl und bebend vor Zorn. Er warf ein Schriftstück auf den Kartentisch und sagte: »Lesen Sie das, meine Herrn.« Es war die Abschrift eines Memorandums von Heydrich an Himmler, in dem der Plan für eine systematische Vernichtung der Juden in groben Zügen dargestellt war; Canaris hatte das Papier heimlich vom SD erhalten. »Darauf haben wir gewartet«, verkündete er. Seiner Überzeugung nach gab diese Information den Befehlshabern die moralische Berechtigung, den persönlichen Treueschwur zu brechen, den die Wehrmacht Hitler am 2. August 1934, dem Todestag Hindenburgs, geleistet hatte. Die anderen stimmten zu. Gemeinsam beschlossen sie, sofort etwas zu unternehmen. Canaris schlug vor, nach Frankreich zu fliegen und Generalfeldmarschall Keitel aufzusuchen, den Chef des Oberkommandos der Wehrmacht, der sich in ein Schloß an der Loire zurückgezogen hatte, um den Rußlandfeldzug vorzubereiten. Sie trafen unangemeldet dort ein und wurden in eine große prunkvolle Halle geführt.

Was dann geschah, schilderte Lahousen äußerst lebendig. Es war kalt; Keitel, ein Koloß von einem Mann, hockte vor einem offenen Feuer und wärmte sein Gesäß. Der beleibte Bayer zog die Augenbrauen hoch und erkundigte sich, welchem Umstand er den Besuch zu verdanken habe. Canaris sagte: »Feldmarschall, wir sind gekommen, um Ihnen ein Dokument von höchster Wichtigkeit zu zeigen.« Keitel nahm seine Brille aus dem Etui, setzte sie auf und studierte das Dokument langsam und sorgfältig. Für Lahousen und die anderen schien eine Ewigkeit zu vergehen, bis Keitel die Brille wieder abnahm und ins Etui zurücklegte. Sie sahen, daß Keitel zutiefst bewegt war, und tauschten vielsagende Blicke, da sie meinten, ihn auf ihrer Seite zu haben. Doch nach einer Weile richtete er sich auf, strich seine Uniformjacke glatt und sagte: »Meine Herrn, ich hätte gute Lust, Disziplinarmaßnahmen gegen Sie einzuleiten. Sie haben gegen die Führer-Direktive verstoßen, die besagt, daß kein Offizier Informationen über eine Operation außerhalb seines Kompetenzbereichs einziehen darf. Das ist alles, was ich zu sagen habe. Guten Morgen, meine Herrn.«

Immer noch schaudernd beim Gedanken an den Vorfall, sagte Lahousen: »Wir waren erschüttert. Ich erinnere mich, wie sich Canaris an Piekenbrok wandte und sagte: ›Piek, heute haben wir den Krieg verloren.‹« Ihre planlosen Versuche, zwei andere Feldmarschälle, Kluge und Rundstedt, zu gewinnen, scheiterten.

»Also«, schloß Lahousen, »lassen Sie sich von niemandem weismachen, der Generalstab hätte von der Endlösung nichts gewußt.«

Als wir schließlich Leverkühns Projekt besprachen, erklärte Lahousen, er könne uns nicht helfen. Er hatte genug, wollte seine Erinnerungen auslöschen. Zudem hatte er einem Landsmann, mit dem er vor seinem Prozeß in Nürnberg eine Zelle geteilt hatte, die Nutzung seiner Tagebücher zugesichert. Da Lahousen nicht beabsichtigte, seine Memoiren zu schreiben, hatte er die Rechte seinem Mitinsassen Wilhelm Höttl übertragen, einem jungen österreichischen Nachrichtenoffizier, der nach dem Anschluß zum SD gewechselt und für politische Spionage auf dem Balkan und später in Italien zuständig gewesen war. Auch ihm wurde in Nürnberg der Prozeß gemacht. Um an Lahousens Material heranzukommen, sollten wir uns an Höttl wenden.

Also nahmen wir mit Höttl Verbindung auf. Er lebte in Altaussee, einem Erholungsort in den Alpen, wo eine Reihe gesuchter Nazis für kurze Zeit untertauchte, als das Dritte Reich zusammenbrach; auch Eichmanns Frau hatte sich dort aufgehalten, bis sie 1952 ihrem Mann nachreiste, der nach Argentinien geflohen war. Höttl, den wir im Münchner Hotel Vier Jahreszeiten trafen, war ein feister, aalglatter, schlagfertiger Mann, nicht viel älter als ich. Wir fragten ihn, unter welchen Bedingungen er Lahousen von seinen Verpflichtungen befreien wolle. Höttl hatte selbst ein Buch über seine Geheimdiensttätigkeit geschrieben, das einige Jahre zuvor unter dem Pseudonym Walter Hagen bei einem kleinen österreichischen Verlag erschienen war. Wenn wir bereit seien, eine englische Ausgabe zu veröffentlichen, könne Lahousen ohne Vorbehalte mit Leverkühn sprechen. Wir machten einen Vertrag, und im Jahr 1953 brachten wir Höttls Buch *The Secret Front* (Pseudonym Walter Hagen, *Die geheime Front*) heraus. Es enthielt sensationelles Material über NS-Operationen auf dem Balkan, gab Einblick in die Rivalität zwischen verschiedenen SS-Führern und berichtete von der »Operation Bernhard«, dem Versuch des deutschen Geheimdienstes, finanzielle Schwierigkeiten durch die Fälschung britischer Währung zu überwinden. Außerdem lieferte Höttl bislang unbekannte Einzelheiten über die Rettung Mussolinis durch SS-Hauptmann Skorzeny und den Versuch der Deutschen, bessere Kapitulationsbedingungen zu bekommen, indem sie die Westmächte in der letzten Phase des Krieges vom sogenannten Bollwerkmythos zu überzeugen suchten.

In einem Kapitel, das sich mit Höttls Tätigkeit in Budapest befaßte, erwähnte er eine Frau, die, wie er sagte, Kontakte zwischen dem ungarischen Geheimdienst und der ungarischen Widerstandsbewegung hergestellt hatte. Er schilderte Katerina Karady als Brünette mit vollen

Lippen, die davon träumte, ein großer Filmstar zu werden, und es darauf anlegte, in politischen Kreisen eine Rolle zu spielen. Sie hatte in Budapester Nachtclubs gearbeitet und verschiedenen einheimischen Armeeoffizieren ihre Gunst geschenkt, bevor sich General Ujszassi ihrer annahm, der Chef des ungarischen Geheimdienstes. Unter anderem war ihr Foto in einer Montage auf dem Titelbild zu sehen. In England wurde *The Secret Front* ein beachtlicher Erfolg. Das Buch erschien als Serie im *Evening Standard*; die Kritiker bezeichneten es als unterhaltsame, nützliche Dokumentation.

Einige Zeit nach dem Erscheinen des Buchs erhielt ich einen Brief von einer namhaften englischen Anwaltsfirma, die sich im Auftrag ihrer Klientin, einer Mrs. Katerina Vargas, São Paulo, Brasilien, an mich wandte. Sie war, wie es in dem Schreiben hieß, die Frau eines angesehenen Zahnarztes und hatte aufgrund von falschen Behauptungen in *The Secret Front*, sie sei ein leichtes Mädchen und eine Spionin gewesen, erhebliche Nachteile erlitten. Deshalb hatte sie ihre Anwälte beauftragt, uns wegen Verleumdung zu verklagen. Beigelegt waren eine Reihe von Unterlagen, um den Schaden zu dokumentieren, den sie aufgrund von Höttls Behauptungen hatte hinnehmen müssen. Beweisstück A war die Kündigung eines Vertrags mit Metro-Goldwyn-Mayer, Beweisstück B eine Scheidungsklage von Dr. Vargas, Beweisstück C ein Abschiebungsbefehl aus Brasilien und so weiter. Die Anwälte teilten mir ferner mit, ihre Klientin fordere Schadensersatz in Höhe von 100 000 Pfund Sterling. Das zu bezahlen war jenseits unserer Möglichkeiten – es hätte das Ende von Weidenfeld & Nicolson bedeutet. Unsere Versicherung deckte nur Ansprüche bis zu 5000 Pfund. Mit meinem Stellvertreter Nicolas Thompson suchte ich einen blasierten jungen Versicherungsagenten bei Lloyd's auf. Er saß mit den Füßen auf dem Schreibtisch da und erklärte: »Mein lieber Freund, das ist ein klarer Fall. Sie können Ihre 5000 Pfund haben, die restlichen 95 000 müssen Sie selbst auftreiben.«

Ich sah mich schon vor dem Bankrott und beschloß, Francis Mann zu konsultieren, einen Deutschen, der einer der großen Juristen Englands werden sollte. Er war Honorarprofessor an der Universität Bonn und Autor eines Lehrbuchs über die rechtlichen Aspekte von Geldgeschäften; außerdem hatte er dazu beigetragen, das Vermögen von Baron Heini Thyssen zu retten, und sich in der I.G.-Farben-Affäre und anderen Entnazifizierungsprozessen der ersten Nachkriegsjahre engagiert. Francis war ein gewissenhafter, exzentrischer, hochbegabter Mann, dem Honorare wenig und spannende Fälle alles bedeuteten. Mit seinem harten deutschen Akzent beschied er mir: »Dieser Fall interessiert mich.«

Um sicherzugehen, daß Höttl zu seinen Aussagen stand, riefen wir ihn an.

»Hallo, Herr Höttl? Hier spricht Dr. Mann.«

»Jawohl, Dr. Mann.« Man hörte fast, wie Höttl strammstand. Er erklärte, seine Ehre stehe auf dem Spiel, er und seine Kameraden könnten alles glaubhaft machen. Dr. Mann kündigte an, er werde ihm eine Liste seiner Behauptungen über Katerina schicken. Neben jede dieser Aussagen sollte Höttl die Namen von Zeugen schreiben. Innerhalb von vierzehn Tagen lieferte er uns eine ganze Reihe von Namen.

Mann und ich traten nun eine faszinierende Reise an, um die Überlebenden des SD zu befragen, die bereit waren, für einen alten Kameraden auszusagen – nicht wenige von ihnen unter erheblichem Risiko für die eigene Sicherheit, denn sie wurden polizeilich gesucht. Einige kamen aus dem Ausland, aus Spanien oder Nordafrika, wo sie unter falschem Namen lebten, andere wagten sich aus ihren Schlupflöchern in Deutschland hervor, manche waren Geschäftsleute geworden, und wieder andere übten ihren alten Beruf weiter aus, diesmal im Dienste der Bundesregierung oder des amerikanischen oder britischen Geheimdienstes. Höttl hatte es arrangiert, daß wir sie in Gruppen von drei bis vier Leuten an unterschiedlichen Orten treffen konnten, und eine Begegnung war pikaresker als die andere.

Der offizielle Teil war jeweils schnell erledigt. Die Zeugen unterzeichneten ihre eidlichen Aussagen, in denen festgehalten wurde, was sie über Katerina Karady wußten. Sobald das geschehen war, hatten sie allem Anschein nach die Gegenwart vergessen. Wir versorgten unsere Gäste mit Bier, Würstchen und Schnaps, und sie fingen an, von alten Zeiten zu reden. Mann und ich traten in den Hintergrund. Es war wie in *Hoffmanns Erzählungen* – wir saßen einfach da und beobachteten, wie sie in Erinnerungen schwelgten.

Ein Treffen in einem jugoslawischen oder türkischen Vorortrestaurant ist mir noch deutlich in Erinnerung. Es gab dort Perlenvorhänge; wir saßen mit drei oder vier unserer Zeugen im Hinterzimmer und warteten auf einen weiteren wichtigen Zeugen, der zu einer Aussage bereit war. Seine ehemaligen Kameraden wirkten ziemlich nervös. Sobald er eingetroffen war, stellte sich heraus, daß er zu den bekanntesten Männern im SD gehört hatte. Sie hatten ihn seit dem Krieg nicht mehr gesehen und begrüßten ihn begeistert. »Mensch, Delius!«

»Wagner heiße ich. Wagner«, entgegnete er schroff.

Wie zuvor verloren sie sich in ihren Erinnerungen. Einer von ihnen sagte: »Wißt ihr noch, wie wir diese Juden aus dem Konzentrationslager geholt und sie in britische Uniformen gesteckt haben? Sie wurden in Palästina an Land gesetzt und sind alle abgehauen.« Plötzlich fiel ihnen wieder ein, daß sie nicht unter sich waren. Einer, der merkte, daß sie vielleicht zu weit gegangen waren, fügte hinzu: »Das war natürlich nur menschlich. Warum hätten sie zurückkommen sollen?«

Mit all diesen eidesstattlichen Erklärungen bewaffnet, legte Francis Mann den Anwälten der Klägerin unser Material vor und erklärte, daß wir den Klageanspruch bestritten. Abgesehen von einer Forderung, Mrs. Vargas' Unkosten zu bestreiten, die wir an Lloyd's weiterleiteten, hörten wir nichts mehr von der Sache.

Die Episode hatte noch einen Nebeneffekt. Als Höttls Buch erschien, suchte die israelische Regierung immer noch nach Adolf Eichmann. Über seine Schritte nach dem Zusammenbruch Deutschlands war wenig bekannt, aber *Die geheime Front* enthielt eine Passage über Eichmanns Flucht. Höttl zufolge kehrte er kurz nach Altaussee zurück und schlug sich anschließend auf der Flucht ein paar Wochen durch, bis er von einer amerikanischen Patrouille aufgegriffen wurde. Der Sergeant erkannte seinen Gefangenen nicht, obwohl er seinen wahren Namen nannte, der dem Amerikaner jedoch nichts sagte; er notierte ihn als Eckmann. Aus Eichmann wurde Otto Eckmann, Leutnant der SS. Er lebte einige Zeit in einem Kriegsgefangenenlager, unternahm aber keinen Fluchtversuch. Als seine schrecklichen Verbrechen durch Rundfunksendungen über die Nürnberger Prozesse bekannt wurden, fühlte er sich nicht mehr sicher und entkam. Seine Spur verlor sich bis zum Jahr 1959. Ich machte Asher Ben Nathan auf Höttls Bericht aufmerksam. Als Vertreter der Haganah war Ben Nathan gegen Ende des Krieges nach Europa entsandt worden, um Juden bei der Flucht nach Palästina zu helfen; später wurde er israelischer Botschafter in Deutschland und widmete Jahre seines Lebens der Suche nach Eichmann.

Neben der Veröffentlichung von Quellenmaterial war es mir ein Anliegen, deutsche Historiker meiner Generation kennenzulernen. In jenen Tagen boten die Universitäten und insbesondere die Fakultäten für Politik und Geschichte des zwanzigsten Jahrhunderts ein Bild des Jammers. Fruchtbare Arbeit war dort kaum möglich. Die Bibliotheken waren von der Nazi-Inquisition gesäubert worden, und es fehlte an grundlegenden Werken. Die Akademiker schienen durch die traumatische Erfahrung des Dritten Reichs wie gelähmt; entmutigend wirkte auch die Apathie der Öffentlichkeit, die entweder vergessen wollte oder es vorzog, von Historikern und Augenzeugen aus den Siegerländern belehrt zu werden. Ein intellektueller Minderwertigkeitskomplex führte zu einer übertriebenen Fremdenliebe. Ausländische Autoren standen hoch im Kurs, und das ging Hand in Hand mit einer gnadenlosen Herabsetzung der einheimischen Produktion. Wichtige akademische Positionen konnten nicht besetzt werden, da es an geeigneten Kandidaten fehlte. Und doch gab es eine Reihe junger Gelehrter, die im Ausland begonnen hatten zu schreiben und zu forschen und nach ihrer Rückkehr die Grundlage für eine neue Schule deutscher Geschichtsschreibung schufen. In den sechziger und siebziger Jahren erwachten die Deutschen aus ihrer kollektiven Amnesie, und es begann ein Prozeß der Gewissensprüfung und der Auseinandersetzung mit den Ursprüngen und dem Wesen des Dritten Reichs. Mir war es wichtig, der britischen Öffentlichkeit Aspekte dieser Diskussion zu vermitteln. Abgesehen von meinem persönlichen Interesse war dies eines der Hauptmotive für meine Suche nach Historikern und einfallsreichen Publizisten. Ich sicherte mir die Übersetzungsrechte für wichtige Werke, und in einigen Fällen beauftragte ich auch deutsche Autoren, für die Weltöffentlichkeit zu schreiben.

An der Universität Bonn arbeitete unter Leitung von Karl-Dietrich Bracher eine vielversprechende Gruppe von Historikern an Themen des zwanzigsten Jahrhunderts. Wir veröffentlichten Übersetzungen von *Die deutsche Diktatur*, Brachers umfassende Analyse der Umstände, die den Weg Deutschlands in die Katastrophe begünstigt hatten, und der Folgen, die daraus entstanden waren, und *Das deutsche Dilemma*, einer Aufsatzsammlung zum selben Thema. Den Wiener Friedrich Heer habe ich bereits erwähnt; er verfolgte die dunklen katholischen Wurzeln des Nationalsozialismus und trotzte mit großem Mut der vorherrschenden Stimmung in seinem Land. Ein Meisterwerk war auch Sebastian Haffners Synthese *Anmerkungen zu Hitler*.

Der vielleicht bemerkenswerteste Beitrag zu dem Thema kam von Joachim Fest. Sein Buch *Das Gesicht des Dritten Reiches*, ein meisterhaftes Gruppenporträt der Nazi-Führung, war das Vorspiel zu *Hitler*, der Biographie von bleibendem Wert. Als Liberalkonservativer und unbeugsamer Antifaschist gelingt es Joachim Fest nicht nur, Hitlers Leben unvergleichlich scharfsichtig und analytisch darzustellen, sondern er erklärt auch die unheilvolle Faszination, die von dem Mann ausging, und all die theatralischen Feinheiten, mit denen er die Massen manipulierte. Als Mitherausgeber der *Frankfurter Allgemeinen Zeitung*, bei der Fest zwanzig Jahre lang bis zu seinem Ausscheiden 1993 Feuilletonchef war, übte er großen Einfluß auf das geistige Leben in Deutschland. Einladungen zu seiner alljährlichen Party am Sonntagabend auf der Frankfurter Buchmesse waren sehr gefragt, denn er sammelte immer führende Journalisten, Schriftsteller und Politiker um sich. Ich schloß Freundschaft mit Joachim Fest. Uns verband das Interesse an Richard Wagner, und ich respektierte seinen Mut und seine Kenntnisse der europäischen Kulturgeschichte, die er als hochgeschätzter Teilnehmer an vielen von mir organisierten Konferenzen zeigte. Hinter seinen täuschend förmlichen Manieren verbirgt sich ein warmherziger, einfühlsamer Charakter.

Außerdem veröffentlichte ich Ernst Noltes *Der Faschismus in seiner Epoche*; er unternimmt den Versuch, die verschiedenen Ausprägungen des Faschismus – Mussolini, Hitler und ähnliche Strömungen in anderen Ländern – zu vergleichen. Als Professor an der Freien Universität Berlin spielte Nolte später eine zentrale Rolle im »Historikerstreit«, einer Kontroverse um die Einzigartigkeit der Greueltaten des Nationalsozialismus, die 1986 ausbrach und viele Monate lang tobte. Mit politischer und emotionaler Bedeutung befrachtet, führte dieser in aller Öffentlichkeit ausgetragene Konflikt zu bitteren Beschuldigungen, wobei linke Historiker ihren konservativeren Kollegen vorwarfen, Hitlers Verbrechen durch die Gleichsetzung mit Stalins Untaten zu verharmlosen. Nolte und andere wurden angeklagt, die Einzigartigkeit des Holocaust zu leugnen. Ausländische Kritiker sahen den Streit als weiteres Beispiel für die Anstrengungen der Deutschen, ihre Kollektivschuld herunterzuspielen. Auf einer Konferenz, die ich im September

1987 in Leeds Castle veranstaltete, wurden diese Fragen hitzig erörtert. Nolte hat wertvolle historische Vorarbeit geleistet, aber angesichts der erbitterten Angriffe, die er während des Historikerstreits hinnehmen mußte, wurde er zusehends polemischer. Der schneidende professorale Ton, den er anschlug, bot jenen eine Angriffsfläche, die ihn als Revisionisten bezeichneten. Und in der Tat vertrat der »spätere« Nolte Ansichten, die für mich vollkommen unannehmbar waren.

In der akademischen Welt des Nachkriegsdeutschlands war Ralf Dahrendorf eine herausragende Gestalt. Noch in seinen Zwanzigern wurde er in Hamburg zum Professor berufen; er war Vizepräsident des Gründungsausschusses der Universität Konstanz, die 1966 ihre Tore öffnete, wurde dort Soziologieprofessor und erwarb sich einen hervorragenden Ruf durch Schriften, die weit über sein eigenes Fachgebiet hinaus Beifall fanden. Wir veröffentlichten sein *Gesellschaft und Demokratie in Deutschland*, ein Werk von toquevilleschem Schliff. Ende der sechziger Jahre machte er als Mitglied der Freien Demokraten eine steile politische Karriere. Er war parlamentarischer Staatssekretär im Außenministerium und arbeitete für die Kommission der Europäischen Gemeinschaft in Brüssel, nahm jedoch 1974 Abschied von der Politik, um Direktor der Londoner School of Economics zu werden. Nach zehnjähriger Arbeit an der LSE kehrte er noch einmal nach Konstanz zurück, aber nicht für sehr lange. Seit 1987 ist er Rektor des St. Antony's College in Oxford, dessen Gründer William Deakin ebenfalls bei Weidenfeld & Nicolson publizierte. Wir veröffentlichten sein Buch *Brutal Friendship (Die brutale Freundschaft)*, das die Beziehung zwischen dem Führer und dem Duce behandelt. Dahrendorf baute auf Deakins Grundlagen auf, festigte die herausragenden Errungenschaften seines Vorgängers, meines alten Freundes Raymond Carr, gab dem College ein eigenes Gepräge und wurde eine vielgeachtete Gestalt in Oxford. Wahrscheinlich ist er einer der brillantesten Köpfe im heutigen Europa, ein kühler Analytiker und origineller Denker, Eigenschaften, die ihm als Konferenzleiter sehr zugute kommen.

In meinem Verlangen, die deutsche Reaktion auf das Dritte Reich zu verstehen, fühlte ich mich auch zu den Romanautoren hingezogen, die den Krieg zu ihrem Hauptthema machten. Nach dem Ersten Weltkrieg dauerte es ein Jahrzehnt, bis Erich Maria Remarque seinen Roman *Im Westen nichts Neues* schrieb. Diesmal gab es keine Remarques, obwohl

Theodore Pliviers *Stalingrad* meiner Meinung nach ein ähnliches Niveau erreicht. Ich veröffentlichte Hans Hellmut Kirsts Trilogie *Null-acht-fünfzehn*, die authentisch die Atmosphäre in den Baracken und Offiziersmessen der Wehrmacht vermittelt. Willi Heinrichs realistische Kriegsromane gingen mehr unter die Haut. *Das geduldige Fleisch* war das erste seiner Bücher, das wir in unser Programm aufnahmen.

Was zeitgenössische deutsche Literatur betraf, verließ ich mich auf das Urteil meines Freundes Ledig-Rowohlt. Sein vielseitig begabter Lektor Fritz Raddatz machte mich mit Wolfgang Koeppen bekannt, dessen Buch *Tod in Rom*, eine quälende Parabel für die Verdrängung der deutschen NS-Vergangenheit, wir ebenfalls herausbrachten. Auch der Nobelpreisträger Heinrich Böll zählte zu unseren Autoren. Mit Böll führte ich lange Gespräche über die Literatur der Weimarer Zeit, die Haltung der christlichen Kirchen zum Holocaust und den Pazifismus. Für die Festschrift, die mir aus Anlaß meines fünfzigsten Geburtstags überreicht wurde, schrieb er ein Gedicht, das mich tief rührte.

In den sechziger und siebziger Jahren war das Programm von Weidenfeld & Nicolson vor allem von dem Bemühen geprägt, dem angelsächsischen Leser zu vermitteln, was in Deutschland vor sich ging. Mir war es wichtig, das öde oder bestenfalls verschwommene Bild, das man sich in Großbritannien von Deutschland machte, von Spinnweben zu befreien. Der gerechtfertigte Abscheu vor den häßlichen Zügen der deutschen Geschichte sollte zumindest teilweise durch verständnisvolles Mitgefühl und Anerkennung für die neuen, positiven Strömungen in der Bundesrepublik ausgeglichen werden.

Auch mein Glauben an die Bedeutung Deutschlands für Israel zeigt sich in meiner verlegerischen Arbeit. In den frühen sechziger Jahren bot mir ein deutscher Verlag ein Buch des CSU-Politikers Franz Josef Strauß an. Strauß war bereit, in Zusammenarbeit mit einem britischen Journalisten eine allgemeinere Fassung zu erarbeiten, die sich auch in anderen Ländern verkaufen ließ. Unter dem Titel *A Grand Design* legte er seine weltpolitischen Vorstellungen dar. Aufgrund seiner Unterstützung für Israel und seiner Entschlossenheit, bei seiner rechtsgerichteten bayerischen Anhängerschaft antisemitische Regungen zu unterdrücken, hat mir Strauß immer gefallen, also beschloß ich, das Buch zu nehmen. Ich beauftragte Brian Connell, den altgedienten Deutschlandkorrespondenten des *Daily Telegraph*, sich der Sache anzunehmen. Im Zuge der Vorbereitungen besuchte ich Strauß in Bonn und München. Unter anderem erzählte er mir, die Gestalten aus der Bibel hätten ihn von Jugend an fasziniert. Danach traf ich ihn noch bei verschiedenen Empfängen. Unsere Bekanntschaft war nur oberflächlich, doch in der Stunde der Not konnte ich auf ihn zurückgreifen.

Als sich die arabischen Länder im Frühjahr 1967 für den Krieg gegen Israel rüsteten, herrschte große Unruhe und rege Aktivität in der jüdischen Welt. Die Israelis fürchteten, der Herausforderung nicht gewachsen zu sein. Obwohl der Krieg von 1948 ebenso wie der Blitzkrieg des Suezfeldzugs 1956 ein glänzender Erfolg gewesen war, besaß Israel nach wie vor nur eine Bürgerarmee. Würde sie Nassers Streitkräften standhalten, die zahlenmäßig weit überlegen und mit sowjetischen Waffen ausgerüstet waren? Würde die Zivilbevölkerung einen Gaskrieg überleben? Gerüchte kursierten, wir malten uns die entsetzlichsten Möglichkeiten aus und machten uns große Sorgen um die Überlebenschancen des Staats. Scharen einflußreicher Juden aus England, Europa und Amerika versuchten, Unterstützung zu bekommen und ihre Regierungen zu bewegen, das Waffenembargo im Mittleren Osten aufzuheben. Abba Eban besuchte die Hauptstädte Europas und wurde überall mit orakelhaften Antworten abgespeist. De Gaulle gab den Israelis die bekannte Warnung mit auf den Weg: *»Surtout ne soyez pas les premiers à tirer«* – vor allem dürft ihr nicht den ersten Schuß abgeben.

Da ich bekanntermaßen gute Beziehungen zu deutschen Politikern hatte, fragte mich ein Mitglied der israelischen Regierung, ob ich die Bundesregierung nicht überreden könnte, für die israelische Zivilbevölkerung Gasmasken bereitzustellen, die es in Deutschland im Überfluß gab. Die Journalisten Klaus Harpprecht und Werner Höfer, die beide über gute Beziehungen verfügten, machten mich mit verschiedenen Politikern bekannt. Bei den Sozialdemokraten stieß ich mit meinem Anliegen auf taube Ohren, aber Franz Josef Strauß, damals Finanzminister, versprach, alles zu tun, was in seinen Kräften stand, und verhöhnte die mangelnde Hilfsbereitschaft der Sozialdemokraten. »Die Herren von der anderen Fraktion«, spottete er, »verstehen sich nur darauf, tote Juden zu ehren, für die Lebenden wollen sie nichts tun.« Er schlug mit der Faust auf den Tisch und sagte: »Wenn die Gasmasken nicht freigegeben werden, schicke ich meine Bayern nach Bonn.«

Später hörte ich aus israelischen Quellen, daß es am römischen Flughafen ein kleineres Problem gegeben hatte. Offensichtlich hatte der italienische Außenminister Amintore Fanfani versucht, den Transport aufzuhalten, aber Strauß griff ein. Einem schauerlichen Bericht zufolge wurde Strauß ziemlich derb und drohte Fanfani mit allen möglichen Repressalien. Was sich zwischen den beiden auch abgespielt haben mag, die Gasmasken sind in Israel angekommen.

Ein weiterer deutscher Politiker im Programm von Weidenfeld & Nicolson war Kanzler Konrad Adenauer. Bevor wir seine Erinnerungen herausbrachten, besuchte ich ihn mit Lady Pamela Berry und einem Lektor von Plon, wo zeitgleich die französische Ausgabe erschien, in Cernobbio am Comer See, wo er Jahr für Jahr seinen Urlaub verbrachte. Da die anderen nicht Deutsch sprachen, nahm mich der alte Herr beiseite, und wir gingen eine Weile im Garten spazieren. Adenauer hatte die wunderbare Gabe, komplexe politische Fragen zu vereinfachen. Hochtrabende Formulierungen lagen ihm nicht, er zog es vor, auf der Ebene des Kaffeeklatschs über Politik zu diskutieren. Außerdem war er ein unverbesserlicher Spaßvogel; genüßlich erzählte er mir, daß er Witze über sich sammelte. Zum Beispiel den von Nikita Chruschtschow und dem damaligen britischen Erziehungsminister Eccles.

Chruschtschow hatte Eccles gefragt, ob er an den Teufel glaube. Eccles hatte gemurmelt, er glaube nicht buchstäblich an ihn, aber an Gut und Böse. Mit dieser Antwort war Chruschtschow nicht zufrieden und fragte noch einmal: »Glauben Sie an den Teufel?« Diesmal beschied ihm Eccles, nein, er glaube nicht daran, worauf Chruschtschow sagte: »Ich glaube an den Teufel, und was noch besser ist, ich bin ihm schon begegnet – in Gestalt von Dr. Adenauer.«

Jahrelang versuchte ich, Herbert von Karajan dazu zu bewegen, seine Memoiren zu schreiben. Ich kannte seine Frau Eliette, und wir trafen uns auch durch gemeinsame Freunde wie die Agnellis, die in St. Moritz Nachbarn der Karajans waren. Eines Tages war der Dirigent schon drauf und dran, mir seine Zusage zu geben, doch dann entschied er sich für eine autorisierte Biographie, vorausgesetzt, wir präsentierten ihm einen annehmbaren Verfasser. Ich schlug eine Reihe von Namen vor, aber keiner war Karajan genehm. Er war zutiefst mißtrauisch, da, wie er sagte, schon zu viele Bücher über ihn erschienen waren, die dem

Thema entweder intellektuell nicht gewachsen oder boshaft und geschwätzig waren. Eines Tages erhielt ich unverhofft einen Brief von ihm, dem ein Artikel über das Boston Symphony Orchestra von Roger Vaughan beigelegt war – ein Name, von dem ich bislang noch nichts gehört hatte. Karajan hielt den Beitrag für den besten Artikel, den er je über ein Orchester gelesen hatte. Er traf sich mit Vaughan und fand ihn sympathisch. Die beiden waren leidenschaftliche Segler, und Karajan meinte, sie könnten gut zusammenarbeiten. Über seinen amerikanischen Agenten machte ich einen Vertrag mit Vaughan, doch das Projekt erwies sich als sehr kostspielig, da mehrere Reisen über den Atlantik und andere Unkosten finanziert werden mußten.

Als die Arbeit voranschritt, begann der Autor mir zu signalisieren, daß er allmählich eine kritische Haltung zu seinem Gegenstand gewonnen hatte. Je mehr Vaughan über die frühen Jahre von Karajans Karriere und seine Verbindungen zur NSDAP recherchierte, desto weniger konnte ihn die Darstellung des Dirigenten überzeugen, er sei apolitisch gewesen und der Parteibeitritt habe ihm nicht mehr bedeutet als die Unterschrift unter eine Steuererklärung. Als Vaughan das Manuskript etwa zwei Jahre später ablieferte, tobte Karajan vor Zorn. Er versuchte, das Erscheinen des Buchs zu verhindern, und ich mußte das alte Argument vorbringen, die Macht des Verlegers sei begrenzt, wenn es um Meinungsäußerungen und nicht um strittige Tatsachen gehe. In diesem Fall konnte ich auch anführen, daß Karajan den Autor schließlich selbst ausgesucht hatte. Am Ende konnte das Buch erscheinen, doch mein Verhältnis zu Karajan war seither spürbar abgekühlt.

Vor diesem Debakel hatte ich immer wieder Gespräche mit ihm geführt, bei denen er recht zugänglich war. Wir unterhielten uns ausführlich über seine Musik; dabei wurde mir klar, daß er unter den Musikern, die mir begegnet sind, die geringsten intellektuellen Ambitionen hegte: Er war mit Leib und Seele Technokrat, im Grunde beruhte darauf sogar sein Genie. Einmal traf es sich, daß ich außerhalb der Festspielsaison übers Wochenende in Salzburg war, wo Karajan probte und Schallplattenaufnahmen machte. Da seine Frau abwesend war, traf ich mich mehrmals mit ihm zum Essen. Mit großem Enthusiasmus sprach er über die Feinheiten der neuesten Aufnahmetechnik, die ideale Position der Musiker, um die bestmögliche Wirkung zu erzielen, die Auswirkungen von Furnierholz auf den Klang und die im

Bruchteil einer Sekunde vom Dirigenten getroffene Entscheidung, ein Legato oder Rubato hinzuzufügen – selbst wenn es nicht in der Partitur stand –, um einen ausgewogenen Klang zu erzielen. Er ließ sich über die Größe von Opernbühnen aus, über die Akustik verschiedener Konzertsäle und die klanglichen Eigenschaften japanischer und koreanischer Sänger im Unterschied zu europäischen Stimmen. Damals probte Karajan Verdis *Don Carlos.* Ich versuchte, ihn in ein Gespräch über den Inhalt der Oper und die politischen Einflüsse zu verwickeln, denen Verdi ausgesetzt war, während er an der Oper schrieb. Als ich davon sprach, daß Verdi die Österreicher, die damals Norditalien besetzt hatten, durch Spanier ersetzt hatte und die rebellischen Männer und Frauen Flanderns für die italienischen Patrioten seiner Zeit standen, bekam Karajan einen glasigen Blick. Und als ich fortfuhr, über Kirche und Staat und das beeindruckende Duett zwischen dem Großinquisitor und König Philip zu sprechen, konnte Karajan ein Gähnen kaum unterdrücken.

Nach der Premiere von *Don Carlos*, die ich mit Karajans Tochter besuchte, stiegen wir alle in seinen Wagen. Karajan war in Abschiedsstimmung. Auf dem Rücksitz des Mercedes sitzend, bemerkte er: »Das war mein letzter *Don Carlos.*«

KAPITEL XVI

Neue Freunde in Europa

G. M. TRAVELYANS AUSSPRUCH, daß jene, die an den Wendepunkten der Geschichte am tiefsten in die Geschehnisse verwickelt sind, als letzte erkennen, wann eine neue Epoche anbricht, hat für jedes Gebiet Gültigkeit, auch für das Verlagswesen. Doch kann man meiner Meinung nach beim Rückblick auf die letzten fünfzig Jahre vier Perioden unterscheiden. Ich würde sie als das Zeitalter der Neugier, das Zeitalter des kosmopolitischen Überschwangs, das Zeitalter der Introspektion und das Zeitalter des stillen Optimismus bezeichnen.

In der unmittelbaren Nachkriegszeit herrschte ein gewaltiger Wissensdurst, und um ihn zu befriedigen, wurden zahllose Bestseller über Geschichte, Archäologie, Anthropologie, Psychoanalyse, Politik und Religion produziert. Auf allen Gebieten bestimmten der angelsächsische Stil und die empirische Methode den Trend im europäischen Verlagswesen. Das galt auch für die graphische Gestaltung. Der amerikanische Stil der Buchherstellung, das Layout und der Typographie bekamen vorbildhaften Charakter. Ebenso wie *Life*, *Colliers* und die *Saturday Evening Post* die Gestaltung europäischer Zeitschriften beeinflußten, so prägte die kühne, klare Darstellung von Wort und Bild, wie sie von amerikanischen Designern geschätzt wurde, einen internationalen Stil der Buchherstellung.

Umgekehrt wollten Briten, Amerikaner und Australier mehr über Europa erfahren, wo so viele von ihnen im Krieg ihr Leben riskiert hatten. Bücher über europäische Geschichte und spekulative Abhandlungen über die Zukunft der einzelnen Länder waren an der Tagesordnung.

In den besiegten Ländern dauerte es einige Zeit, bis die einheimische Literatur wieder an Bedeutung gewann, nicht zuletzt, weil sie mit den populären Erzähltalenten der englisch- und französischsprachigen Welt konkurrieren mußte. Dennoch stammen die beeindruckendsten

Darstellungen der unmittelbaren Vergangenheit – die faschistische Gewaltherrschaft, das Dilemma der Kollaboration, die Hoffnung auf die Befreiung und die nachfolgende Desillusionierung – von europäischen Schriftstellern wie Moravia, Sartre, Camus, Koestler, nicht zu vergessen die drei Klassiker, die jeder Historiker der Epoche lesen sollte, da sie die expressivsten Zeugnisse der zerrissenen Seele Europas sind: Curzia Malapartes *Kaputt*, Virgil Gheorgius *Vingt-Cinquième Heure (25 Uhr)* und Ernst von Salomons *Der Fragebogen*.

In allen Ländern, ob Sieger oder Besiegte, bauten Verleger ihre Unternehmen neu auf. Bisher unbekannte Strukturen und Konstellationen entstanden, neue Verlegerpersönlichkeiten behaupteten sich mit frischen Ideen. Riesen wie Hachette in Frankreich, Elsevier in Holland, Mondadori in Italien traten auf den Plan. In Deutschland entwickelte sich Bertelsmann vom bescheidenen Familienbetrieb zu einem der größten Verlagskonzerne der Welt. Das Phänomen des Buchclubs, das im Wilhelminischen Deutschland aus der Idee der Arbeiterbildung hervorging, verbreitete sich in der Neuen Welt in Form des America's Book of the Month Club, der von deutschen Emigranten gegründet worden war. Mit Mitgliederzahlen, die in die Millionen gingen, eröffneten sich hier neue Perspektiven und Märkte. Die Taschenbuchrevolution, ausgelöst durch Allen Lanes Penguin Books, war ebenfalls schon im Gange. Dessen ungeachtet florierten Buchverlage nach wie vor hauptsächlich auf lokaler und nationaler Ebene. In den frühen fünfziger Jahren war das Zeitalter der multinationalen Konzerne noch nicht angebrochen.

Aber die Veränderungen wurden im englischsprachigen Verlagswesen bald spürbar, und sie spiegelten in vieler Hinsicht die nachlassende Bedeutung der einstigen Weltmacht Großbritannien. Bis zum Krieg hatten britische Verleger eine dominierende Rolle gespielt. Man braucht nur die Memoiren der führenden britischen und amerikanischen Verleger dieser Zeit zu lesen, um zu erkennen, daß die Beziehung zwischen beiden Ländern einseitig war – die alle ein oder zwei Jahre stattfindende Pilgerfahrt zu Bloomsbury war der Höhepunkt im Terminkalender von Alfred und Blanche Knopf, Horace Liveright, Generationen von Scribners, Macraes und Lippincotts. Diese Ära dauerte bis in die späten vierziger Jahre, doch in den Fünfzigern wurde das Verhältnis eher gleichberechtigt, und die britischen

Verleger übernahmen im Verhältnis zu den Amerikanern eine ähnliche Rolle wie die Griechen gegenüber den Römern. Der amerikanische Inlandsmarkt stellte den des Vereinigten Königreichs zwar bereits in den Schatten, aber die Amerikaner hatten ihr gewaltiges Exportpotential noch nicht entdeckt und neigten dazu, den Rest der Welt ihren britischen Kollegen zu überlassen.

Ende der fünfziger Jahre wurden sich die amerikanischen Häuser allmählich ihrer Macht bewußt und gewannen großen Einfluß. Inzwischen hatte sich Frankfurt als Literaturbörse etabliert, und dort entstand eine internationale Atmosphäre, die die Barrieren des Provinzialismus niederriß. Durch die Frankfurter Buchmesse wuchs das Wissen von Verlegern, Großhändlern und Agenten über ihre Kollegen im Ausland und ihr Verständnis für die Stärken und Schwächen der anderen um ein Vielfaches. Verlage in aller Welt konkurrierten miteinander um den An- und Verkauf von Rechten. Das Zeitalter der Koproduktion war angebrochen.

Umfangreiche Nachschlagewerke und Kunstbücher erfordern große Investitionen in Herstellung, Texte und Illustrationen. Die enge Zusammenarbeit mit anderen Verlagen wurde deshalb unumgänglich. Obwohl Kosteneinsparungen natürlich das Hauptmotiv waren, ging es uns auch darum, kosmopolitisch zu handeln, Wissen zu verbreiten, Gemeinsamkeiten in Geschmack, Stimmung und intellektueller Einstellung zu entdecken. In diesem Geist waren unsere ambitionierten Reihen über Kulturgeschichte konzipiert, die ich bereits beschrieben habe.

Für diese internationalen Projekte war diplomatisches Geschick erforderlich. Wenn beispielsweise ein Buch über große Landschlachten, das in England verfaßt und einem französischen Kollegen angeboten wird, ein Kapitel über Waterloo enthält, dann muß als Gegengewicht die Schilderung einer vernichtenden Niederlage Großbritanniens aufgenommen werden. Nicht wenige vielversprechende Projekte für den Weltmarkt sind durchgefallen, weil die nationalen Gefühle der potentiellen Käufer verletzt wurden. Manche Koproduktionen sind am beschränkten Horizont des Initiators gescheitert, andere erwiesen sich als Fehlschlag, weil die Psychologie und soziologische Strukturen des Lesepublikums in verschiedenen Ländern nicht richtig eingeschätzt wurden. Auf diesem Markt ist der Abstand zwischen dem glänzenden

Erfolg und dem kostspieligen Mißerfolg – letzterer beruht meist auf einer von Anfang an falschen Konzeption – größer als bei anderen Formen verlegerischer Tätigkeit. Ich kann mich an weltweite Verkaufszahlen erinnern, die sich wie das Ergebnis einer Volksabstimmung in Indien lesen – hier eine halbe Million, dort eine Million. Doch häufiger kommt es vor, daß ein internationaler Flop Ähnlichkeit mit Leporellos berühmter Liste von *Don Giovannis* amourösen Eroberungen hat: Italien 640, Deutschland 231, Frankreich 100, Türkei 91 und selbst Amerika nur 1003.

Der Prix Formentor, der etwa ein Jahrzehnt lang vergeben wurde, ist ebenfalls ein Kind der Epoche des sorglos optimistischen Internationalismus. Die Idee entstand Ende der fünfziger Jahre bei einem Essen auf der Frankfurter Buchmesse. Eine Reihe von Verlegern, unter anderem Gallimard, Einaudi, Barney Rosset von Grove Press, der spanische Verlag Seix Barral, Rowohlt und ich, beschlossen, zwei neue Literaturpreise zu stiften. Der Prix Formentor wurde nach dem Hotel auf Mallorca benannt, in dem die Treffen stattfinden sollten, und der Preis sollte an einen Erstlingsroman aus einem der zwölf beteiligten Verlage gehen, die sich alle verpflichteten, das preisgekrönte Werk zu übersetzen und zu veröffentlichen. Der zweite Preis, der Prix International de Littérature, war eine Art alternativer Literaturnobelpreis, der das Gesamtwerk eines Autors würdigte. Während die Verleger den Gewinner des Prix Formentor selbst auswählten, wurde zur Verleihung des Prix International de Littérature eine Jury mit Delegierten aus allen teilnehmenden Ländern zusammengestellt. Zu den Preisträgern gehörten Jorge Luis Borges, Samuel Beckett, Carlo Emilio Gadda und Nathalie Sarraute. Vladimir Nabokov, den ich beim ersten Treffen in Formentor vorgeschlagen hatte, erhielt nicht genügend Stimmen.

Initiiert wurde das Projekt von den Spaniern. Durch das Franco-Regime von ausländischer Literatur isoliert, wollten sie den Prix Formentor nutzen, um mit internationaler Unterstützung die bedrückende Zensur abzuschütteln. Jeder Verleger brachte eine Delegation mit, und es wurde ein sorgfältig ausgearbeitetes Programm von Lesungen zusammengestellt, das mehrere Tage dauerte. Wir hatten vor, uns einmal jährlich in Formentor zu treffen. Der Besitzer des Hotels war selbst Amateurdichter und hatte eine Bar in seinem Gebäudekomplex, die *El Club de los Poetas* hieß; dort kamen wir immer zusammen. Doch der

Literaturpreis war der Polizei Francos ein Dorn im Auge, und wir durften uns schon bald nicht mehr in Spanien treffen. Zunächst gingen wir ins Exil nach Korfu; in dem Jahr, als ich Präsident war, tagten wir in Salzburg, doch die Stadt war für den Geschmack der Linken zu barock und katholisch.

Die letzte Begegnung, an der ich teilnahm, fand in einem Hotel in St.-Raphaël an der französischen Riviera statt, das der bekannten Kunstsammlerin Madame Florence Gould gehörte. Neben Mary McCarthy und Francis Wyndham saß auch John Gross in der Jury. Johns *Rise and Fall of the Man of Letters*, eine brillante Studie über das literarische Leben in England von 1800 bis in die dreißiger Jahre unseres Jahrhunderts, die wir 1969 herausbrachten, erntete hervorragende Kritiken und wurde mit großem Abstand zum Buch des Jahres gewählt.

Zur deutschen Delegation in St.-Raphaël gehörten der Literaturkritiker Hans Mayer und Gisela Elsner, deren grotesker Roman *Die Riesenzwerge* im Jahr zuvor ausgezeichnet worden war. Aus Italien kamen Italo Calvino und der Schriftsteller und Kritiker Giorgio Manganelli. Frankreich war durch Raymond Queneau vertreten, den Autor von *Zazie dans le Métro*, sowie durch Michel Butor, einen führenden Repräsentanten des *Nouveau Roman*, und Dominique Aury, die Verfasserin der *Histoire d'O*, die als zentrale Gestalt im Verlag Gallimard großen Einfluß auf die französische Literaturszene ausübt. Sämtliche Delegationen waren ziemlich nationalistisch, allen voran die Franzosen, die den Ablauf nach ihren Vorstellungen zu lenken versuchten. Entschlossen, daß ein Buch aus dem englischen Sprachraum gewinnen sollte, überwand Mary McCarthy ihre persönlichen Vorbehalte und warb erfolgreich für Saul Bellows *Herzog*.

Die Franzosen bastelten ständig an der Satzung herum, und das Projekt, das mir zu Anfang so wagemutig und gewitzt erschienen war, wurde durch die gemeinsamen Anstrengungen von Gallimard, Einaudi und Seix Barral in eine Plattform für den Kampf gegen Franco und für prokommunistische Aktivitäten umgewandelt. Die politischen Intrigen wirkten ernüchternd auf mich, und so zog ich mich zurück. Die anderen trafen sich noch einmal in Tunis, bevor alles im Sande verlief wie so viele großartige internationale Projekte. Dennoch gewannen wir alle durch den Prix Formentor wichtige Einsichten und konnten fruchtbare Verbindungen knüpfen. Zwanzig Jahre später dienten mir unsere Treffen als Vorbild für eine Reihe von Kongressen über Weltliteratur, die ich als Vorsitzender der von den Gettys finanzierten Wheatland Foundation veranstaltete.

Da in den sechziger Jahren europäische Autoren in unserem Programm einen bedeutenden Platz einnahmen, gehörte es zu meinen Aufgaben, freundschaftlichen Kontakt mit französischen Verlegern zu pflegen. Wie ihre Landsleute aus Politik und Diplomatie hatten sie ihre eigenen Vorstellungen und mußten mit Glacéhandschuhen angefaßt werden. Die Welt der französischen Verleger hatte etwas Romanhaftes an sich. Sie war voller Sapnnungen und erinnerte mich an die verschiedenen Milieus und gesellschaftlichen Nuancen in den Werken der großen Erzähler. Beziehungen zwischen Autoren und Verlegern erinnerten an Balzac, die Verlagsinhaber und ihre gesellschaftlichen Ambitionen paßten in die Welt von Marcel Proust, während Lektoren und andere Angestellte den düsteren Romanen von Zola zu entspringen schienen.

Eine besonders gute Beziehung baute ich zu Charles Orengo auf, dem Generaldirektor von Plon. Er hatte die Mentalität eines Staatsministers an einem italienischen Fürstenhof des achtzehnten Jahrhunderts. Sein Gesicht mit den markanten Wangenknochen wirkte südländisch, und über seinem Bürstenschnitt trug er eine Baskenmütze. Als monegassischer Katholik hatte Orengo der Résistance angehört und war von den menschlichen Schwächen der Mächtigen fasziniert. Er verstand es ausgezeichnet, ihre Machenschaften zu schildern, und seine Erzählungen wurden mit Pausen und Pointen dramatisiert. Orengo war eher ein Drahtzieher als ein Intellektueller. Obwohl er belesen war, standen Prestige, Politik, Diplomatie und Intrigen im Mittelpunkt seines Interesses. Im Gespräch gab er sich immer etwas verschwörerisch. Aus den banalsten Beförderungen im Verlag oder kleinen Reibereien zwischen Gallimard, Hachette und Plon, die um die führende Rolle im französischen Verlagswesen konkurrierten, konnte er eine fesselnde Geschichte machen. Orengo verfügte über die besten Beziehungen. Mit außerordentlichem Geschick knüpfte er Kontakte und schien stets darüber im Bilde zu sein, was in den unterschiedlichsten Kreisen ablief. Es sah fast so aus, als ob er sich verbeugte, wenn er große Namen nannte. Für wichtige Kunden gab er in seiner Wohnung neben Plon in der Rue Garancière erlesene, doch etwas asketisch anmutende Essen und Abendgesellschaften.

Der Verlag gehörte der Familie Bourdel. Der alte Monsieur Bourdel war Vorsitzender des französischen Verlegerverbandes. Er hatte zwei bezaubernde Töchter. Colette, die ältere, heiratete zuerst George Duhamel, der unter Pompidou Minister wurde und in jungen Jahren an Krebs starb; später wurde sie die Frau von Claude Gallimard. Die jüngere Tochter heiratete einen weißrussischen Prinzen. Maurice Bourdel war ein schweigsamer, vornehmer Mann und in seinem Metier ein geschickter Diplomat. Plon war ein prestigeträchtiger, konservativer Verlag, in dem seit über einem Jahrhundert die Werke großer und namhafter Autoren erschienen waren.

Orengo führte diese Tradition fort. Wir lernten uns Anfang der fünfziger Jahre kennen, als ich mich um die Kriegserinnerungen von General de Gaulle bemühte. Aus den Tagen ihres Londoner Exils kannte ich einige Leute aus dem Umfeld des Generals und – unterstützt von Orengo – machte mir diese Verbindungen zunutze. Durch den Gaullistischen Minister Olivier Guichard erneuerte ich meine Bekanntschaft mit dem General. Ich besuchte ihn im Hotel Matignon während der kurzen Periode im Jahr 1958, als er nach dem Zusammenbruch der Vierten Republik Premierminister wurde, bevor er noch im selben Jahr zum Präsidenten gewählt wurde. Das Büro war überfüllt. Georges Pompidou, der damals nebenberuflich Generaldirektor der Rothschild Bank war, saß an einem nierenförmigen Schreibtisch auf dem Korridor. Mit einer Zähigkeit, als ginge es um Auslandskredite, verhandelte er mit mir über einige Vertragsklauseln. Dann wurde ich in ein prächtiges Vorzimmer geführt, wo mich Kommandant Grandval, ein Marineadjutant, für zehn Minuten in ein höfliches Gespräch verwickelte, bis ich schließlich in das Büro des Generals gebeten wurde. Er stand auf, um mich zu begrüßen, und spielte huldvoll auf unsere Begegnung während des Krieges an.

Dann besprachen wir die Übersetzung, mit der Richard Howard, ein bekannter amerikanischer Übersetzer, betraut worden war. De Gaulle legte Wert darauf, daß der Text eher englisch als amerikanisch klang. Wir unterhielten uns auf französisch, doch er ließ immer wieder durchblicken, daß er gute Fremdsprachenkenntnisse besaß. Soeben hatte er die Fahnen der italienischen Ausgabe erhalten und fragte mich, ob ich mir je über die feinen Bedeutungsunterschiede zwischen dem französischen *considérer*, dem italienischen *considerare* und dem englischen *consider* gemacht hatte. Dann folgte eine ausführliche Erörterung semantischer Fragen, die ein wenig prahlerisch wirkte, aber auch echte Freude am Nachsinnen über diese Nuancen bewies. »*Écoutez*«, bemerkte er, »sidewalk *n'est pas Anglais, c'est Américain, vous dites* pavement, *n'est-ce pas?*« (»Hören Sie, *sidewalk* ist nicht englisch, sondern amerikanisch. Sie sagen *pavement*, nicht wahr?«)

Ich sagte, daß wir vorhatten, sein Buch zeitgleich mit seinem Staatsbesuch in England herauszubringen, und fragte vorsichtig, ob er sich vorstellen könne, ein Fernsehinterview zu geben. Ziemlich hochmütig erwiderte er: *»Le Général ne dit pas non.«* Während unserer gesamten Unterredung wechselte er je nach Kontext zwischen *moi* und *le Général*. Wenn er Staatsgeschäfte erwähnte, nannte er sich *le Général*, wenn es jedoch um Korrekturfahnen und andere sachbezogene Fragen ging, sprach er in der ersten Person von sich. Nachdem das Buch in England erschienen war, traf ich ihn bei einer Gala, die der französische Botschafter aus Anlaß von de Gaulles offiziellem Besuch bei der Queen gab. Er nahm meine Hand in beide Hände und sagte: *»Merci, merci beaucoup.«*

Durch de Gaulles Kriegsmemoiren, die wir 1959 veröffentlichten, kam ich zum erstenmal mit Plon ins Geschäft. Von da an arbeiteten Orengo und ich bei vielen Projekten Hand in Hand. Gemeinsam initiierten wir Bücher und Reihen, und wir arbeiteten bei der Jagd nach wichtigen Titeln zusammen. Auch eine Reihe israelischer Bücher brachten wir gemeinsam heraus. Am vierten Tag des Sechstagekriegs von 1967 übernachtete ich auf dem Weg nach Israel in Paris, um am nächsten Tag mein Flugzeug zu erreichen. Zu diesem Zeitpunkt war der Sieg Israels bereits abzusehen. Orengo gab ein kleines Dinner für den israelischen Botschafter Walter Eytan und dessen amerikanische Frau Beatie, die Tochter meiner guten Freundin Mrs. Rae Schuster von Simon & Schuster. Der berühmteste Gast war Kardinal Tisserand, Dekan des Kardinalskollegiums und, wie sich herausstellte, ein Freund Israels. Klein, rundlich, mit Bart und Glatze, das langstielige Weinglas in der Hand, sah er aus wie ein Silen beim Bacchanal. Er erzählte uns von seinen Jugendabenteuern als Missionar in der Levante und stieß mit uns auf den Triumph der israelischen Armee an.

Orengo war mit dem Schriftsteller Roger Peyrefitte befreundet. Wir verhandelten mehrmals über ein Buch, das er am Ende doch nicht schreiben wollte, aber er lud uns zum Essen in sein Haus ein und zeigte uns seine erotische Bibliothek und unterhielt uns mit amüsanten Klatschgeschichten über den französischen Zweig der Familie Rothschild. Außerdem machte mich Orengo mit Marguerite Yourcenar bekannt, deren Buch *L'œuvre au noir* (*Die schwarze Flamme*) wir 1976 herausbrachten. Ich lud sie und ihren ständigen Begleiter zum Essen ins Le Mediterrané ein, doch sie gab sich zurückhaltend und wortkarg.

Durch Orengo kam ich auch mit einem abenteuerlichen Herrn in Kontakt, der sich Marquis de Acevedo nannte. Er kam aus Ekuador und arbeitete freiberuflich als *Chef de Collection*, eine Funktion, die vor allem im europäischen Verlagswesen bekannt ist. Er dient als Vermittler zwischen Verleger und Autor, liefert Ideen für ganze Buchreihen, stöbert Autoren dafür auf, überwacht das Projekt und wird als Gegenleistung am Gewinn beteiligt. Manche *Chefs de Collection* wie Guy Schoeller, der frühere Mann von Françoise Sagan, fuhren recht gut, indem sie Enzyklopädien und andere Titel anregten, die sich zu Bestsellern entwickelten. Die Franzosen haben ein System des *vente à tempérament*. Das heißt, man verkauft an der Haustür die gesammelten Werke von Klassikern oder auch Reihen wie »Nobelpreise«, die je ein Werk von allen Literaturnobelpreisträgern enthalten.

Der Marquis de Acevedo schlug uns ein ambitioniertes Projekt mit dem Titel *L'histoire parallèle des Etats Unis et Russie* vor. André Maurois, der weltbekannte Verfasser großer Biographien, sollte die Geschichte der Vereinigten Staaten schreiben und Louis Aragon den entsprechenden Band über die Sowjetunion. Plon und Weidenfeld & Nicolson erwarben gemeinsam die Weltrechte und verkauften die Bücher weltweit für eine große Summe. Leider erfüllte keiner der Autoren unsere Erwartungen: Beide lieferten ziemlich schwache Manuskripte ab. Im Laufe der Verhandlungen gaben Acevedo, Orengo und ich ein Dinner für André Maurois und Louis Aragon mit ihren Frauen. Maurois war wegen Kollaboration etwas in Verruf geraten. Als Jude – in Wirklichkeit hieß er Émile Herzog – hatte er den Krieg in Amerika verbracht, aber eher mit Pétain sympathisiert als mit de Gaulle. Aragon hingegen, seit Ende der zwanziger Jahre Mitglied der Kommunistischen Partei, hatte der intellektuellen Résistance angehört.

Er war mit Elsa Triolet verheiratet, einer bekannten russisch-jüdischen Kommunistin und Autorin in Frankreich, deren Schwester die Geliebte des Dichters Majakowski gewesen war. Amüsiert beobachteten wir, wie Maurois und Aragon sich gegenseitig mit Höflichkeiten und Schmeicheleien zu überbieten versuchten.

Ich hatte noch öfter mit Aragon zu tun und lernte dabei die zwei Gesichter eines intellektuellen Handlangers der Sowjetunion kennen. Er hatte zwei Domizile. Auf dem Land besaß er ein wunderbares Haus mit Louis-XVI- und Régence-Möbeln. Die Wände waren mit surrealistischen und kubistischen Gemälden und Zeichnungen bedeckt, die ihm von Künstlern wie Picasso persönlich gewidmet worden waren. Zu Aragons Sammlung gehörten auch einige erstklassige Werke des russischen Konstruktivismus. Die Speisen und Getränke kamen ebenfalls aus Rußland. Es wurden armenischer Brandy und Kaviar serviert. Im Haus wimmelte es von Dienstboten: Es ging wirklich feudal zu. In Paris hingegen arbeitete Aragon im vierten Stock eines heruntergekommenen Mietshauses in einem Arbeiterviertel. Als ich ihn dort besuchte, musterte mich der mulattische Hausbesorger von oben bis unten, als hielte er mich für einen gedungenen Mörder. Im vierten Stock gab es drei Wohnungen. Links war eine Export-Import-Firma untergebracht, rechts war ebenfalls ein Büro. Ich läutete an der mittleren Wohnung, an der das Namensschild fehlte. Die Tür ging auf, und ich sah Aragon, der mir gegenüber in einem Vorzimmer saß; dort empfing er seine Parteigenossen, wenn er die Rolle des asketischen proletarischen Schriftstellers spielte. Als ich ihm erzählte, daß ich mit Moura Budberg, die er gut kannte, nach Moskau fahren wollte, sagte er: »Sie verschwenden Ihre Zeit. Sie werden dort keinen einzigen Schriftsteller finden, der irgendeine Sprache korrekt beherrscht, ganz zu schweigen von Russisch.«

Auch mit Gallimard, dem mächtigen Literaturverlag, arbeitete ich eng zusammen. Gallimard war ein Mikrokosmos der intellektuellen Szene Frankreichs. Jahrelang traf sich *le tout Paris* auf den Cocktailpartys des Verlags im Hof der Rue Sébastien-Bottin. Der Jour fixe am ersten Donnerstag im Monat war eine Institution, die über die Grenzen von Saint-Germain-des Près hinaus berühmt war. Gaston Gallimard, der das Unternehmen 1911 gegründet hatte, war zweifellos einer der größten Verleger dieses Jahrhunderts. Sein erster Schritt war die

Verbindung mit dem renommierten Literaturmagazin *Nouvelle Revue Française*, das 1909 von sechs jungen Schriftstellern – der älteste von ihnen war André Gide – gegründet worden war. Die *Nouvelle Revue Française* erschien fortan bei Gallimard und veröffentlichte im Lauf der Jahre viele der namhaftesten Autoren Frankreichs. Gallimard führte die Tradition des neunzehnten Jahrhunderts fort, Schriftsteller fest anzustellen. Statt des Vorschusses für ein Buch erhielten vielversprechende Autoren ein Gehalt, das von den Tantiemen finanziert wurde. Allerdings verdienten es die meisten von ihnen nie, da nur wenigen Erfolg beschieden war. Gallimard verfügte über umfangreiche Nebenrechte, die regelmäßige Einnahmen sicherten und dem Verlag erlaubten, Risiken einzugehen. Mit den Einkünften aus den Bühnen- und Filmrechten von Starautoren wie Proust, Saint-Exupéry, Sartre, Camus, Gide, Roger Martin du Gard und Éluard konnte Gallimard es sich leisten, vierzig bis fünfzig Erstlingsromane pro Jahr zu veröffentlichen.

Obwohl Gaston Gallimard fast bis an sein Ende aktiv blieb, hatte ich nur mit seinem einzigen Sohn Claude zu tun, der gemeinsam mit seinem Cousin Michel allmählich die Geschäftsführung übernahm. Claude und Michel waren erbitterte Rivalen. Durch ihren Zwist bildeten sich innerhalb des Verlags zwei Fraktionen – die Linken sammelten sich um Michel, der mehr Sinn für Literatur hatte als sein Cousin, während es die Rechten mit Claude hielten. Die inneren Kämpfe drohten das Unternehmen zu spalten, Doch als Michel im Januar 1960 infolge eines tragischen Autounfalls starb, bei dem auch Albert Camus ums Leben kam, wurde Claude Alleinherrscher. Leicht gebeugt, mit weißem Haar und roten Wangen, sah er aus wie ein etruskischer König. Er zeigte sich zurückhaltend, war aber ein gerissener Geschäftsmann, der das Unternehmen autokratisch regierte, auch wenn er sich stets den Anschein gab, Macht zu delegieren.

Im Haus Gallimard waren verschiedene politische Richtungen vertreten. Der harte Kern stand links von der Mitte und vertrat eindeutig prokommunistische Tendenzen. In dem berühmten *Comité de Lecture*, dem Beratergremium, das die Politik des Hauses maßgeblich beeinflußte, herrschten jedoch andere Strömungen vor. Das Gremium bestand aus festangestellten Lektoren, die nicht selten selbst literarischen Ruhm erworben hatten, und hervorragenden freien Mitarbeitern, die hauptsächlich zu Hause arbeiteten, aber dann und wann einen Tag im Büro verbrachten. Die Intrigen und Kabalen nahmen kein Ende. Claude Gallimard fiel die Rolle des Schlichters zu, der er gerecht zu werden versuchte, indem er eine Seite gegen die andere ausspielte.

Eine langjährige Freundschaft verband mich mit Pierre Nora, der bei Gallimard für die Bereiche Geschichte, Philosophie und Sozialwissenschaften zuständig war. Mit wachem Verstand und scharfem Urteilsvermögen erfaßte er die zeitgenössischen Strömungen in sämtlichen Geisteswissenschaften. Seine kosmopolitische Einstellung war äußerst erfrischend im Vergleich zum intellektuellen Isolationismus in Amerika und der Engstirnigkeit, die in gewissen britischen Kreisen herrscht. In der Regel sind die französischen Intellektuellen auf ihre eigene Kultur fixiert, aber wenn sie kosmopolitisch sind, so sind sie viel aufgeschlossener als alle anderen.

Pierre Nora, der aus einer alten jüdischen Familie Frankreichs stammt, zeichnet sich durch eine Mischung aus feinsinniger Ironie, Melancholie und einer gewissen Ambivalenz gegenüber der eleganten Gesellschaft aus, in der er lebt, der er aber auch immer wieder den Rücken kehrt. Seine Lebensgefährtin Gaby van Zuylen gehört zu meinen besten und treuesten Freundinnen in Paris. Fast dreißig Jahre lang verbrachte ich jeden Herbst ein Wochenende bei Gaby und ihrem damaligen Mann, Teddy van Zuylen, im Château de Haar in Haar Zuylen bei Amsterdam. Das Schloß, der neogotische Wiederaufbau eines niedergebrannten Schlosses der flämischen van Zuylens, wurde von einem französischen Rothschild finanziert, dessen Tochter einen Ahnen des gegenwärtigen Barons geheiratet hatte.

Jeden September öffnen sich die Tore des Schlosses einer außergewöhnlichen Gästeschar aus Frankreich, Großbritannien und Amerika; die hier Versammelten stammen aus den verschiedensten Bereichen und spiegeln die facettenreichen Interessen der van Zuylens wider. Schriftsteller, Filmregisseure, linke Politiker und konservative Bankiers vergnügen sich einträchtig mit Polospielern, Backgammonvirtuosen und Golfchampions.

Zu den regelmäßigen Gästen zählten Jean d'Ormesson, der mir vom Temperament her näher steht als jeder andere aus dem literarischen Leben von Paris, Jean-François Revel, Swifty Lazar, der legendäre Hollywood-Agent, der sich kleidete wie ein Dandy und fluchte wie ein Chicagoer Gangster, Alexis Gregory, ein weltgewandter Kunstbuchverleger aus New York, Grace Dudley und Yves Saint-Laurent mit seiner Muse Lulu de la Falaise. Teddys Schwester Marie-Hélène, die Frau von Guy de Rothschild, dem Familienoberhaupt der französischen Rothschilds, war, umgeben von ihren Lieblingen, stets dort anzutreffen.

Charles Orengo war mein Führer im Irrgarten des französischen Verlagswesens und machte mich mit einer Vielzahl einflußreicher Leute bekannt – sei es in der großen Politik der Faubourg St.-Germain oder in erzbischöflichen Residenzen. Durch Pierre Nora und Gaby van Zuylen hingegen lernte ich verschiedene Historiker und Schriftsteller kennen, wie etwa François Furet, den großen Historiker der Französischen Revolution, der an der Sorbonne und in Chicago lehrt, und Emmanuel le Roy Ladurie, genannt *le Roi*, den Direktor der Bibliothèque Nationale und Autor von *Montaillou*, der tiefgründigen, brillanten Darstellung des Lebens in einem mittelalterlichen Dorf. Mir kommt er vor wie der französische Doppelgänger von Hugh Trevor-Roper – gewandt, souverän und subtil ironisch. Wenn er sich wohl fühlt, kann er unglaublich witzig sein. Pierre und Gaby haben mich auch mit Jean-François Revel bekannt gemacht, der von der Linken als Weltuntergangsprophet und kalter Krieger gebrandmarkt wurde; in den achtziger Jahren erntete er Gelächter, weil er das Ende der westlichen Demokratien vorhersagte, während in Wirklichkeit der Kommunismus zusammenbrach. Das Gelächter ist inzwischen einem nervösen Kichern gewichen. Für mich ist er mit seinem unverwüstlichen Verstand und seinem globalen Wissen das französische Gegenstück zu Paul Johnsons. Wie dieser verfaßt er meisterhafte Werke über weltgeschichtliche Themen.

Ich war stolz darauf, die Studien einer Reihe von exzellenten französischen Historikern und Politikwissenschaftlern veröffentlichen zu können, von denen ich einige direkt beauftragte, wie etwa Raymond Aron, den ich noch aus den Tagen seines Londoner Exils kannte. Als ihm der Bentinck-Preis für seine bedeutenden Arbeiten über Europa verliehen wurde, mußte ich eine lange Rede zu seinen Ehren halten. Da ich französisch sprechen sollte, bat ich Marie-Cygne James (jetzt Lady Northbourne), die Enkelin von Paul Claudel, mir zu helfen. Bei Vorträgen in einer Fremdsprache ist es mir immer hilfreich erschienen, mich an ein bestimmtes rhetorisches Vorbild zu halten. In diesem Fall versuchte ich meine französische Ausdrucksweise glaubhaft zu machen, indem ich General de Gaulles Stil imitierte.

Außerdem veröffentlichten wir die Werke zweier großer Französinnen, die sich sowohl im literarischen wie im öffentlichen Leben einen Namen gemacht haben: Françoise Giroud und Edmonde Charles-Roux. Françoise Giroud, die Mitbegründerin und ehemalige Chefredakteurin des Nachrichtenmagazins *L'Express*, war eine hervorragende Journalistin und wurde unter Präsident Giscard d'Estaing Frauenministerin. Ich verbrachte angenehme Abende bei Madame Giroud und ihrem Lebensgefährten, dem liebenswerten anglophilen Verleger Alex Grall, mit dem ich bei mehreren Joint-ventures zusammenarbeitete. Girouds Memoiren kamen 1975 in England heraus. Edmonde Charles-Roux heiratete Gaston Defferre, den Bürgermeister von Marseilles. Sie bewies großes Verständnis für die Sache der jüdisch-katholischen Freundschaft. Ihr Roman *Oublier Palerme* (*Palermo vergessen*) gewann 1966 den Prix Goncourt und stieß sogar im Inselstaat England, wo er zwei Jahre später veröffentlicht wurde, auf Resonanz.

Einer der einflußreichsten Cheflektoren bei Gallimard war Dionys Mascolo, eine etwas mysteriöse Gestalt. Er kam mir vor wie eine Sphinx ohne Geheimnis. Mascolo hatte der Résistance angehört und bewahrte, wie sein Arbeitgeber wußte, einen Revolver in seinem Schreibtisch auf. Gaston Gallimard, der sich während der Besatzung auf einige faule Geschäfte mit den Deutschen eingelassen hatte, wurde nach der Befreiung wegen Kollaboration angeklagt; neben anderen nannte er Mascolo als Zeugen für seinen guten Leumund. Während Mascolo links stand, wurde die neue Rechte durch Roger Nimier repräsentiert, einen talentierten Romancier, den Gaston Gallimard besonders schätzte. Nimier wurde der Herausgeber von Céline, einem der wichtigsten Autoren Gallimards. François Erval betreute die deutsche und mitteleuropäische Literatur, und Michel Mohrt, ein guter Freund von mir, war der Experte für den englischsprachigen Raum. Er war ein Konservativer bretonischer Abstammung, sehr kultiviert und anglophil. Er hatte an einer amerikanischen Universität gelehrt; Englisch sprach er etwas gestelzt und höchst präzise. Mohrts attraktive Frau Françoise, die langjährige Chefredakteurin der französischen Zeitschrift *Vogue*, beurteilte Literatur ebenso kompetent wie Mode.

Dionys Mascolo war mit Marguerite Duras verheiratet, die später eine der erfolgreichsten französischen Autorinnen werden sollte. Beide waren mit Sonia Orwell befreundet, und ich lernte sie während des Sommerurlaubs in Lerici kennen, kurz bevor meine Ehe mit meiner ersten Frau Jane zerbrach. Die Mascolos wohnten an der ligurischen Küste in Bocca de Magra, wo eine Kolonie kommunistischer und linker Autoren und Verleger aus Frankreich und Italien den Sommer verbrachte. Einer der bedeutendsten italienischen Literaturpreise, der Premio Viareggio, wurde in dieser Gegend vergeben, und verschiedene Verleger besaßen dort Landhäuser. Graf Bompiani hatte eine luxuriöse Villa in Lerici, Alberto Mondadori lebte in Camaiore, Giulio Einaudi in Bocca di Magra, und die Frankfurter Verlegerdynastie Fischer residierte in einem Haus mit wunderbarem Blick auf die sanfthügelige Landschaft. Drei der größten Bildhauer unserer Zeit wohnten in der Nachbarschaft: Henry Moore, Marino Marini und Jacques Lipchitz. Ich begegnete ihnen allen und erinnere mich an die schönen Abende mit Marino Marini. Lipchitz lernte ich später durch meinen Freund, den Kunstsammler Herman Elkon, in New York näher kennen; er stand dem Künstler nahe und besaß einige seiner besten Werke. Die drei großen Künstler trafen einander kaum. Jeder hatte seinen Kreis von Bewunderern und Höflingen. Nur selten führte sie der Zufall in einer Taverne oder der gemeinsamen Gießerei zusammen.

Italien spielte bei meiner Strategie der Koproduktion eine bedeutende Rolle. Dank der Erkenntnis, daß ein italienisches Buch zunächst auf englisch erscheinen mußte, um international bekannt zu werden, sahen italienische Verleger ein Haus wie Weidenfeld & Nicolson als Fenster zur Welt. Aber sie hatten auch selbst vieles zu bieten. Sie hatten große Druckereien, besaßen Talent für graphische Gestaltung und verfügten über riesige Bildarchive, die sie gern für Editionen mit neuen Texten nutzten; daher waren sie empfänglich für Ideen aus dem angelsächsischen Raum. Mit Alberto Mondadori produzierten wir viele anspruchsvolle Kunstbücher.

Die Familiengeschichte der Mondadoris liest sich wie ein altgriechisches Epos – voller tragischer Intrigen und Verwicklungen. Alberto war einer von zwei Söhnen des alten Commendatore. Während er den Buchverlag leitete, kümmerte sich sein Bruder Giorgio um die Zeitungen, Zeitschriften und Druckereien. Die beiden überwarfen sich, Alberto gründete unter dem Namen Il Saggiatore seinen eigenen Verlag und baute ein schönes Kulturprogramm auf, das auch einige der großen Reihen umfaßte, an denen wir gemeinsam arbeiteten. Nicht selten wurden Projekte wie *The History of Civilization*, *The World University Library* und etliche archäologische, kunstgeschichtliche und wissenschaftliche Reihen, die wir zusammen mit anderen Verlagen planten, bei Mondadori gedruckt. Die beteiligten europäischen Verleger trafen sich in London, Paris, Madrid oder auch in Alberto Mondadoris Landhaus in Camaiore.

Alberto hatte mit großen Plänen und Ambitionen angefangen. Er selbst sammelte moderne Kunst und interessierte sich für Philosophie. Aber Alberto übernahm sich, und bald ging alles in die Brüche. Sein kränkelnder Verlag fraß Millionen, Alberto verließ wegen einer Verlagsassistentin seine Frau, eine üppige Blondine mit einer Vorliebe für Klatschgeschichten, er verfiel dem Alkohol und starb als kranker, melancholischer Mann.

Ehe dieser vorzeitige Verfall einsetzte, war ich jeden Sommer mindestens eine Woche oder zehn Tage bei Alberto in Camaiore zu Gast. Für gewöhnlich hielt ich mich im Vorfeld des Premio Viareggio dort auf, ein Literaturpreis, der heftige Emotionen weckte. Es herrschte ein reges Kommen und Gehen von Schriftstellern, Verlegern und Lektoren, und ich beobachtete gespannt, was hinter den Kulissen vor sich ging. Nach der Preisverleihung kam es stets zu hitzigen Diskussionen darüber, ob die Jury durch subtile Manipulationen beeinflußt worden war, was natürlich in der Regel zutraf. Der Preis beschäftigte nicht nur die Kulturszene Italiens, sondern wurde auch von gesellschaftlichen und politischen Kreisen sehr ernst genommen. Meist waren der Präsident der Republik und der Premierminister bei der Verleihung zugegen, und in den Dörfern der Umgebung fand der Klatsch um die Literaturgrößen und ihren Anhang großen Widerhall.

Eines Sommers starb der arme alte Goffredo Bellonci, der arg unter dem Pantoffel seiner Frau Maria gestanden hatte, während seines Aufenthalts im Haus Mondadoris. Das Ehepaar hatte Ende der vierziger Jahre den Premio Strega gestiftet, einen weiteren prestigeträchtigen Literaturpreis. Er war ein Gelehrter, während sie populäre Werke über die Renaissance schrieb. Wir alle mußten dem verschrumpelten Leichnam, der in einem Sarg aufgebahrt war, die letzte Ehre erweisen; zum

Begräbnis versammelte sich die gesamte literarische Welt. Die mitleiderregende Witwe sah aus wie Lucrezia Borgia nach dem blutigen Tod ihres zweiten Mannes.

Maria Bellonci gehörte zu unseren Autoren, und ich sah sie oft in Rom, wo sie einen Salon führte, in dem sich die intellektuelle Welt traf. Wir brachten ihre Lucrezia-Borgia-Biographie heraus. Kurz vor dem Erscheinen unserer Ausgabe veröffentlichte Simon Harcourt Smith, ein englischer Dilettant, unter dem Titel *A Marriage in Ferrara* ebenfalls ein Porträt von Lucrezia Borgia. Ein Rezensent, der den Index unter die Lupe nahm, stellte fest, daß die umfangreichste Eintragung auf einen Herrn namens V. Anche verwies. Der Autor hatte offensichtlich Maria Belloncis Buch zu Hilfe genommen und unter den Quellenangaben den italienischen Begriff *v. anche* gefunden, eine Abkürzung für *vedi anche*, die »siehe auch« bedeutet. Bei genauerem Hinsehen zeigte sich, daß Harcourt Smith mehrere Passagen aus Maria Belloncis Biographie »übernommen« und ziemlich fehlerhaft übersetzt hatte. Als beispielsweise von Cesare Borgias sexueller Attraktivität die Rede ist, schreibt Harcourt Smith, er habe Frauen angezogen so wie Eisen Kalamitäten heraufbeschwört. Offensichtlich wußte der Verfasser nicht, daß das italienische Wort *calamità* Magnet bedeutet.

Wie in Deutschland machten sich auch die jungen Nachkriegshistoriker Italiens allmählich einen Namen. Sie hatten unter den erdrükkenden Zwängen des Faschismus gelitten, aber auch unter dem beherrschenden Einfluß des Philosophen und Literaturkritikers Benedetto Croce, der die positivistische Historiographie ablehnte, sachliche Information und die Darstellung von Persönlichkeiten scheute und statt dessen Verallgemeinerungen und abstrakte Ideen bevorzugte. Nach dem Krieg entstand jedoch eine neue Schule, die sich gewissenhaft um die Aufdeckung der Wurzeln des Faschismus bemühte und die Tendenzen der modernen italienischen Geschichte unter einem ganz neuen Gesichtspunkt analysierte. Ich lernte Leo Valiani kennen und führte interessante Gespräche mit Franco Venturi, dem Sohn des berühmten Kunsthistorikers Lionello Venturi. Er schrieb eine Geschichte des russischen Populismus, trotz seiner marxistischen Ausrichtung ein Standardwerk, das wir veröffentlichten.

Durch mein lebhaftes Interesse an der Politik des Vatikans und an moderner Kirchengeschichte kam ich mit Carlo Falconi in Kontakt, einem Priester, dem das geistliche Amt entzogen worden war. Nun arbeitete er als Korrespondent für das Magazin *L'Espresso* und schrieb an einer Anekdotensammlung über den Vatikan. Die anregendsten Gespräche über das Thema führte ich mit Silvio Negro, dem Vatikankorrespondenten des *Corriere della Sera*. Er versuchte mir den komplizierten Charakter Eugenio Pacellis, Papst Pius XII., zu erklären. Rolf Hochhuth hat in seinem sensationellen Stück *Der Stellvertreter* das Verhalten dieses Papstes scharf kritisiert, weil er den Nationalsozialismus gegenüber der Sowjetunion favorisiert und es versäumt hatte, die Vernichtung der Juden zu verurteilen, obwohl der Vatikan über die Existenz der Gaskammern bestens informiert war. Negro sagte, Pius XII. habe an der Fähigkeit des Menschen gezweifelt, zwischen Gut und Böse zu unterscheiden; außerdem wollte er die Kirche nicht in einen tödlichen Zweifrontenkrieg verwickeln. Der Kommunismus mit seinem Programm der Schaffung eines neuen Menschen erschien ihm gefährlicher als der italienische Faschismus oder der deutsche Nationalsozialismus. Negro erklärte weiter, Pacelli habe an einem Minderwertigkeitskomplex gelitten, weil es ihm an seelsorgerischer Erfahrung fehlte. Den Großteil seiner Karriere hatte er als Diplomat mit weltlichen Fragen und politischen Führern zu tun gehabt, und als er schließlich zum Papst gewählt wurde, wies er dem Auswärtigen Amt des Vatikans einen niedrigeren Rang zu als üblich, und er zögerte lange, ehe er seinen beiden ehemaligen Assistenten, Tardini und Montini (dem späteren Paul VI.), die Kardinalswürde verlieh.

Mit dem Vatikan verhandelte ich auch bezüglich einer Kunstbuchreihe über die italienische Renaissance und traf unter anderem mit dem mysteriösen deutschen Prälaten Monsignore Kaas zusammen. Er war eine Schlüsselfigur in der katholischen Zentrumspartei der Weimarer Zeit gewesen, die von den Verteidigern der Demokratie heftig kritisiert wurde, weil sie der aufkommenden NS-Bewegung in der Weimarer Republik nicht entschieden genug entgegengetreten war. Wollte man dem Klatsch der Journalisten Glauben schenken, so war Kaas der Chef des vatikanischen Geheimdiensts gewesen, und das Amt für Gebäude- und Denkmalschutz, das er innehatte, war nur ein Deckmantel für ein Spionagenetz hinter dem Eisernen Vorhang gewesen. Es wurde auch von einem Collegium Russicum in Süditalien erzählt, in dem baltische Priester trainierten, um später mit dem Fallschirm hinter den kommunistischen Linien abzuspringen. Als ich Monsignore Fallani fragte, welche Aufgaben das Offizium für die Bewahrung der Bausubstanz von St. Peter habe, führte er mich ans Fenster mit Blick auf den Petersplatz, hob die Hand und deutete auf den Tiber in der Ferne. »Jahr für Jahr«, sagte er, »werden die Grundmauern dieser Basilika von den Fluten des Flusses unterhöhlt. Dieser Abteilung obliegt es, dafür zu sorgen, daß das Fundament unserer Kirche gestärkt wird. Das ist eine edle Aufgabe.«

In Rom verbrachte ich viele Abende mit dem Maler Renato Guttuso, der in seinem luxuriösen Haus gern Gäste bewirtete. Er war ein echter kommunistischer Idealist, warmherzig und gemäßigt in seinen Ansichten, legte jedoch auf seine Rolle in der Partei großen Wert. Meiner Meinung nach litt seine künstlerische Entwicklung unter seiner Bereitschaft, sich dem Kunstdiktat des sozialistischen Realismus anzupassen, obwohl er behauptete, sein Stil beruhe auf seinen tiefsten Überzeugungen und sei ihm nicht durch die Parteiideologie aufgezwungen worden. Unsere Beziehung kühlte nach dem Sechstagekrieg von 1967 ab, da sich die Kommunistische Partei von nun an erbittert gegen Israel stellte.

Auch Carlo Levi war ein kommunistischer Freund, den ich nach 1967 immer seltener sah. Als Angehöriger einer alten, in Rom ansässigen Sephardim-Familie war er aktiver Zionist gewesen und hatte sogar einige seiner Schriften dem Staat Israel gewidmet. Er war mit Enzo Sereni verwandt, einem Helden der Haganah, der bei einer Erkundungsmission während des Krieges von Palästina aus über Jugoslawien mit dem Fallschirm abgesprungen war. Er sollte über die Situation der Juden in Italien Bericht erstatten, wurde aber von den Deutschen gefangengenommen, gefoltert und getötet. Seine Witwe Ada gehörte zu Weizmanns engstem Kreis und wurde für mich in Jerusalem eine mütterliche Freundin.

Zur Mondadori-Clique gehörten auch die Romanautoren Guido Piovene und Giorgio Bassani, von denen ich einige Bücher veröffentlichte. Letzterer war mit Susanna (Suni) Agnelli befreundet, die sich als Bürgermeisterin von Argentario und republikanische Abgeordnete einen Namen machte. Auf meine Anregung schrieb sie ein köstliches Buch über ihre Jugend in Italiens einflußreichster Familie. Ihre Einleitung zu *We Always Wore Sailor Suits* beginnt mit der Bemerkung, als

»ein englischer Verleger« sie bat, ein Buch zu schreiben, sei ihr noch nicht klar gewesen, daß er an jede Frau, die er traf, dieselbe Bitte richtete. In diesem Fall kann mir niemand einen Vorwurf daraus machen. Die Memoiren wurden ein Bestseller.

Meine Freundschaft mit Sunis Schwägerin Marella Agnelli geht auf einen Abend Ende der fünfziger Jahre zurück, als Grace Radziwill und ich bei Daisy Fellowes in Roquebrune zu Gast waren. Wir waren zum Dinner in La Leopolda, der Villa Agnellis in Cap Ferrat, eingeladen, die von dem belgischen König Leopold I. erbaut worden war, daher der Name. Die lange Auffahrt vom äußeren Tor bis zum Haus war mit Sturmlampen prachtvoll erleuchtet. Es war eine schöne, sternlose Nacht. Oben in der Villa wurden wir von zwei atemberaubend schönen Frauen empfangen: Marella und der Pariser Gastgeberin Jacqueline de Ribes.

Marella und ich schlossen Freundschaft. Über die Jahre haben wir uns regelmäßig getroffen. Für gewöhnlich besuchte ich sie in St. Moritz, aber wir sahen uns auch in Rom, Turin und Villar Perosa, dem Landsitz der Agnellis. Marellas feingeschnittenes Gesicht ist oft geschildert worden. Ich denke noch heute, daß sie zu den schönsten Frauen gehört, die ich je gesehen habe. Obwohl sie einen festen Kreis glühender Verehrer um sich geschart hat, lernt sie gern neue Leute kennen. Dank der mütterlichen Seite ihrer Persönlichkeit wird sie oft ins Vertrauen gezogen und erteilt gute Ratschläge. Wäre sie gezwungen gewesen, sich ihren Lebensunterhalt zu verdienen, wäre sie als Designerin bestimmt sehr erfolgreich geworden, doch ihr Mann wollte nicht, daß sie sich den Turbulenzen des Geschäftslebens aussetzte. Trotz ihrer starken Persönlichkeit hat Marella ihr Leben den Launen und der Sprunghaftigkeit ihres brillanten Gatten untergeordnet.

Ein Förderer der schönen Künste, vollendeter Diplomat und Geschäftsmann, hat Gianni Agnelli, der legendäre Chef von Fiat, die Ausstrahlung eines Renaissanceprinzen. Es stimmt zwar, daß er erst spät das Ruder übernommen hat, doch als er es tat, drückte er dem Unternehmen, das er mit eiserner Hand regierte, seinen Stempel auf. Seine weitläufige Familie empfindet ehrfürchtige Bewunderung für ihn. Gianni ist ein exzellenter politischer Kopf. Auf dem Gipfel seiner Macht lenkte er aus dem Hintergrund jede Wendung der italienischen Politik: Der sogenannte historische Kompromiß zwischen Christdemokraten und Kommunisten in den siebziger Jahren war seine Idee. Wenn man ihm dafür Anerkennung ausspricht, ist er zwar geschmeichelt, vermeidet es aber tunlichst, sich zu seiner Leistung zu bekennen. Seine Konzentration läßt schnell nach, er hält gern Distanz und hüllt sich in eine Aura des Geheimnisvollen. Der Herzog von Beaufort, der Besitzer der Marlborough Gallery in London, ist einer von Giannis engsten Freunden. Sie weisen gewisse Ähnlichkeiten auf, zum Beispiel die Angewohnheit, die Armbanduhr über der Manschette zu tragen, und es ist schwer zu entscheiden, welcher von beiden den anderen unbewußt imitiert. Beide leiden unter Schlaflosigkeit und telefonieren in den frühen Morgenstunden miteinander, um die Börsenkurse und den neuesten Skandal zu besprechen. Jedes Domizil der Familie ist in einem anderen Stil gehalten. Die Kunst im Haus der Agnellis in St. Moritz stammt hauptsächlich aus dem frühen zwanzigsten Jahrhundert – Nolde, Kirchner, Klimt, Schiele. Zum Haus gelangt man durch einen unterirdischen, mit Bildern dekorierten Tunnel, der sich zu einem herrlichen Blick über das Tal öffnet. In der römischen Wohnung findet man Werke moderner Kunst: Bilder von Bacon, Botero und von amerikanischen Malern. In Turin besitzt die Familie ein gediegenes Patrizierhaus mit ziemlich wuchtigen Möbeln aus dem achtzehnten und neunzehnten Jahrhundert. Im Gegensatz dazu ist Villar Perosa leicht und elegant.

Nicht weit davon entfernt liegt das Landgut der Feltrinellis. Den Verleger Giangiacomo Feltrinelli lernte ich durch seine deutsche Frau Inge Schönthal kennen, die eine schillernde Gestalt in den literarischen Kreisen Europas ist. Sie begann ihre Laufbahn als Paparazza – Hemingway soll ganz begeistert von ihr gewesen sein, als sie zu ihm kam, um ihn zu fotografieren. In den frühen fünfziger Jahren besuchte sie mich mit einer Empfehlung unseres gemeinsamen Freunds Ledig-Rowohlt in meinem Haus am Chester Square. Dann verlor ich sie aus den Augen, bis sie einige Jahre später als Signora Feltrinelli wieder auftauchte.

Inge war die dritte der vier Frauen Giangiacomos, aber sie war es, die den Verlag nach seinem Tod im Jahre 1972 weiterführte. Giangiacomos Vater, den die Faschisten zum Marquis gemacht hatten, gehörte zu den reichsten Industriellen Italiens; seine Mutter war die Geliebte Curzio Malapartes gewesen. Giangiacomo hatte die Haltung eines

Sportsmanns; mit seinem verwegenen Schnurrbart sah er aus wie ein österreichischer Kavallerieoffizier. Auf mich wirkte er aber ernst und in sich gekehrt. Er war ein leidenschaftlicher Anhänger der radikalen Linken und finanzierte mit den schier unerschöpflichen Mitteln der Familie, die mit Nutzholz und Immobilien ein Vermögen gemacht hatte, seine Ambitionen, in intellektuellen Kreisen eine führende Rolle zu spielen. Ungeachtet seiner revolutionären Leidenschaft war er sehr geschäftstüchtig und versah sein Unternehmen mit den Attributen eines modernen Verlagshauses; unter anderem gründete er die Libreria Feltrinelli, eine Kette ausgezeichneter, moderner Buchhandlungen – eine Idee, die seither in ganz Europa kopiert worden ist.

Als Verleger brachte er seine Kollegen gegen sich auf, denn er nutzte sein Vermögen, um Autoren der etablierten Verlage abzuwerben. Sein neugegründetes Haus verbuchte zwei spektakuläre Erfolge. Es veröffentlichte Lampedusas *Il Gattopardo* (*Der Leopard*), den mehrere Verlage abgelehnt hatten, bis Giorgio Bassani, der Feltrinellis Reihe *Contemporanei* betreute, den Roman als Meisterwerk erkannte. Feltrinelli war auch der erste, der Boris Pasternaks *Doktor Schiwago* herausbrachte. Als dem Agenten Feltrinellis in Moskau zu Ohren kam, daß Pasternak den Roman vollendet hatte, besuchte er den Schriftsteller, sicherte sich die Rechte für Westeuropa und schmuggelte das Manuskript nach Italien. Doch Pasternak hatte Schwierigkeiten mit den Sowjetbehörden, die ihm nahelegten, den Text zu kürzen, und er bat Feltrinelli, die Publikation zu verschieben. Zu Feltrinellis Entsetzen bekam daraufhin Gallimard die revidierte Fassung in die Hände. Er erhielt das Manuskript durch eine Französin, die im Musée Tolstoi in Paris arbeitete und Pasternak auf seiner Datscha besucht hatte. Das Kopf-an-Kopf-Rennen, welcher Verlag seine Fassung zuerst auf den Markt bringen würde, gewann Feltrinelli um Haaresbreite.

Inge ist die letzte große Gastgeberin, die noch die Tradition des internationalen literarischen Salons fortführt. Ungeachtet ihres feinen Gespürs für Erfolg, vernachlässigt sie niemals alte Freunde und käme nicht auf die Idee, die Erfolglosen zu verstoßen. Ja, sie ist sogar der Inbegriff der Loyalität und Warmherzigkeit. Gesellschaftlich gesehen ergänzte sie ihren Mann perfekt. Nach wahrhaft italienischer Lebensart traf man in ihrem Kreis die kommunistische Elite ebenso wie die Aristokratie und die Boheme von Künstlern und Schriftstellern wie

Guttuso, Calvino und Bassani. Daß sich Giangiacomo revolutionär betätigte, wußten wir alle. Anfang der sechziger Jahre hatte er sich mit Fidel Castro angefreundet und träumte davon, Sardinien in ein zweites Kuba zu verwandeln. Nach der Niederschlagung des Ungarnaufstands durch sowjetische Panzer distanzierte sich Giangiacomo von der Kommunistischen Partei und schloß sich zunehmend links-anarchistischen Gruppen an, deren Untergrundaktivitäten er finanzierte. Mysteriös bleibt sein gewaltsames Ende. Er wurde von einer Bombe zerrissen, während er offenbar versuchte, in Segrate bei Mailand eine oberirdische Versorgungsleitung zu sprengen. Seine Anhänger bevorzugen die Theorie, er sei von rechtsgerichteten Extremisten ermordet worden. Es besteht jedoch kein Zweifel, daß Feltrinelli engen Kontakt zu subversiven Kreisen hatte. Als ich einmal mit Marella Agnelli in der niederländischen Botschaft in Paris dinierte, unterhielten wir uns mit Georges Pompidou, der während der Studentenrevolte von 1968 Premierminister gewesen war; er zeigte sich überrascht, daß wir nach wie vor mit Inge Feltrinelli befreundet waren. Zu Marella, die neben ihm saß, sagte er, die französische Regierung verfüge über stichhaltige Beweise, daß Giangiacomo der wichtigste Geldgeber der Pariser Unruhen von 1968 gewesen sei.

Seit Ende der sechziger Jahre hat sich im internationalen Verlagswesen ein radikaler Wandel vollzogen. Wenn man sich die Leserschaft als Pyramide vorstellt, so kann man sagen, daß vom Mittelalter bis in dieses Jahrhundert hinein die Intellektuellen an der Spitze eine eng verwobene internationale Gruppe bildeten, die über dasselbe Bildungsniveau verfügte und sich in derselben Sprache – Lateinisch und später Französisch – verständigte. Ein Student konnte an der Sorbonne anfangen und dann nach Salamanca, Prag, Heidelberg und Oxford wechseln oder umgekehrt. Die große Mehrheit der Analphabeten und Ungebildeten am Boden der Pyramide war hingegen isoliert. Heute steht die Pyramide auf dem Kopf. Fernsehen, Reisen und die Massenkultur haben breite Bevölkerungsschichten in engeren Kontakt gebracht, und paradoxerweise sind die Eliten gleichzeitig provinzieller geworden. Hätte man vor dreißig Jahren eine Gruppe von Studenten der unteren Semester in Cambridge, England, oder Cambridge, Massachusetts, gebeten, zehn moderne Schriftsteller aus Frankreich, Deutschland und Italien aufzuzählen, so hätten sie keine Schwierigkeiten gehabt, passende Beispiele zu nennen. Heute würden sie kaum auf ein oder zwei Namen kommen.

Wo sind die Gründe für diese geistige Verarmung zu suchen? Zweifellos haben die zunehmende Konzentration der Länder auf ihre eigene Situation und der wirtschaftliche Wandel dazu beigetragen, daß im oberen Bereich des Marktes ein neuer Kulturchauvinismus entstanden ist. Nach Vietnam neigt man in Amerika verstärkt zur Beschäftigung mit den inneren Problemen des Landes. Aber auch die wirtschaftliche Situation der Verlage spielte eine Rolle. Die Rezession nach der Ölkrise hat die meisten Verleger hart getroffen, so daß die Bereitschaft, über die eigenen Grenzen hinauszublicken, geschwunden ist. Besonders ausgeprägt war dieses Phänomen in der englischsprachigen Welt, wo der Verfall des Internationalismus zu einem drastischen Rückgang der Übersetzungen geführt hat. Verleger auf dem europäischen Kontinent sind nach wie vor wesentlich offener für die Außenwelt als ihre angelsächsischen Kollegen.

Nicht immer ist die literarische Qualität für den Erfolg ausschlaggebend. Die Neugier zählt oft mehr. Wenn ich jetzt in der Verlagswelt stillen Optimismus und eine neue Spielart des Internationalismus entdecke, so ist dies nach meinem Gefühl dadurch zu erklären, daß durch die jüngsten politischen Umwälzungen das Engagement und die Anteilnahme am Schicksal anderer Menschen gewachsen ist. Es gibt Hoffnung, aber es herrschen auch Furcht und Unsicherheit, und alle diese Gefühle fördern den Wissensdurst, der den Nährboden für unseren Beruf bildet.

KAPITEL XVII

Die Wilson-Jahre

Während des Krieges ging es in den Kantinen der BBC bis tief in die Nacht hoch her. Hier trafen sich Schriftsteller, Journalisten und Politiker, die sich vor oder nach den Rundfunk-Diskussionen erfrischen wollten, die über Kurzwelle zu jeder Tages- und Nachtzeit ins Empire ausgestrahlt wurden. Wegen der Zeitverschiebung zwischen England und beispielsweise dem Fernen Osten, Afrika oder Nordamerika waren Nachtschichten bei vielen der Überseesendungen an der Tagesordnung. Es war durchaus nicht ungewöhnlich, wenn man George Orwell, Peter Quennell, Edmund Blunden, William Empson, Norman Collins und Cecil Day Lewis, die alle zum BBC-Stab gehörten, zusammen mit distinguierten indischen oder afrikanischen Freiheitskämpfern, Heeresführern, Luftwaffenhelden oder auch jungen Ansagerinnen, die später im Fernsehen Karriere machten, im selben Raum antraf.

Unsere Arbeit brachte uns täglich in Kontakt mit den Exilregierungen, mit den Sprechern der Widerstandsbewegungen, mit britischen Politikern, mit Gurus und Außenseitern jeglicher Färbung, und alle zermarterten sich den Kopf über die Kriegsziele der Alliierten und das zukünftige Gesicht der Welt. In den hitzigen politischen Debatten der Emigrantenzirkel spiegelten sich die Spannungen innerhalb der Allianz. Die mehr Linksgerichteten hatten das Gefühl, die Russen würden von ihren Verbündeten nicht ernstgenommen, während die eingeschworenen Antikommunisten kein gutes Haar an der Sowjetunion ließen. Unsere politische Zugehörigkeit wurde von unserer Haltung zu weltpolitischen Themen bestimmt, und unser Interesse an innenpolitischen Fragen stand stets hinter den größeren Problemen in Europa oder im Nahen Osten zurück. Möglicherweise neigten wir im Eifer des Gefechts dazu, die Dinge zu vereinfachen. Das Arbeitsvolumen und der gedrängte Stundenplan trug das Seine zur allgemeinen Spannung bei – manchmal verfaßte ich zwei, drei oder noch mehr längere Kommentare am Tag.

Wie so viele Vertreter meiner Generation war auch ich ein eifriger Leser des *New Statesman*. Das Wochenmagazin unter der Leitung des brillanten Chefredakteurs Kingsley Martin warb in der ersten Hälfte mit geradezu puritanischem Eifer für politische Reformen; Experten stießen wahrhaft apokalyptische Drohungen aus, prophezeiten jedoch eine goldene Zukunft für den Fall, daß man auf ihre Mahnungen hörte. Gesteuert wurde ein radikaler Mittelkurs zwischen totalitärem Kommunismus und hartem Kapitalismus. Im wöchentlichen Leitartikel formulierte der Chefredakteur seine persönlichen Zweifel und die Fragen, die ihn bewegten, wobei er des öfteren reichlich absurde Schlüsse zog. Doch seine Leser verziehen ihm diese Eigentümlichkeiten, so leidenschaftlich und mitreißend war die Argumentation.

Der zweite Teil, der kulturellen Themen gewidmet war, bot ein vollkommen anderes Bild. Für ihn zeichnete Raymond Mortimer verantwortlich, ein anspruchsvoller Mensch und überzeugter Bewohner des Elfenbeinturms; demzufolge war die hier vertretene Sicht der schönen Künste recht elitär. G. W. Stonier und V. S. Pritchett waren für Literaturkritik zuständig, Edward Sackville-West und Desmond Shaw Taylor rezensierten Musik, T. S. Worley war Fachmann für Theater, und Ben Nicolson gehörte zu den Verfassern gut durchdachter Kunstkritiken. Keiner der Autoren machte Konzessionen intellektueller oder ästhetischer Art. Ähnlich wie Cyril Connollys *Horizon* waren auch Mortimers Kulturseiten unverkennbar frankophil. So kamen die Schriften der französischen Résistance wesentlich häufiger zum Zug als die Beiträge der deutschen Widerstandsbewegung, obgleich der homosexuelle Flügel der Literaten immer noch dem ausschweifenden Leben im Berlin der Zeit vor Hitler nachtrauerte. Doch den christlichen, konservativen Unterton der deutschen Oppositon gegen Hitler nahm man im *New Statesman* mit einer gewissen Zurückhaltung auf.

Als Sympathisant der gemäßigten Linken schloß ich mich dem Kreis um den *New Statesman* an. Wie die meisten europäischen Emigranten empfand ich einen tiefen Respekt vor dem britischen demokratischen Pragmatismus und war überzeugt, daß Großbritannien im zukünftigen Europa eine führende Rolle übernehmen konnte, falls der Wille dazu vorhanden war. Andererseits ging im linken Flügel der

Labour Party das Gespenst eines konservativ-reaktionären Europa um, eine Vision von der Herrschaft gefühlloser bürokratischer Faschisten, aufgehetzt von fanatischer antikommunistischer Ideologie. Das Außenministerium betrachtete man als Ansammlung reaktionärer Verschwörer, die die feudalen Monarchien in Europa wiederherstellen und jeden Fortschritt unterdrücken wollten. Innerhalb der Partei bestand außerdem eine starke sentimentale Bindung an das britische Commonwealth; man fühlte sich einem freien Indien und der Unabhängigkeit der Kolonien in Asien und Afrika verpflichtet, dem Bild eines wohlwollenden Großbritannien, das die Zügel lockerließ und die bewährte Weisheit der gemäßigten Denker der Fabien Society verströmte. In den Augen der Linken war diese Rolle für Großbritannien wünschenswerter als die Rückkehr zu einem Europa Karls des Großen. Die Anziehungskraft, die Indien für Politiker wie Attlee und Gaitskell besaß, spiegelte sich in der sagenhaften Arbeitsleistung des Colonial Bureau der Fabian Society wider. Doch sie paßte ganz und gar nicht in das Patentrezept für ein künftiges Europa, das die exilierten Franzosen, Belgier und Skandinavier mit soviel Leidenschaft propagierten.

Obwohl es in beiden Flügeln der Labour Party hinsichtlich Europas erhebliche Zweifel gab, konnte ich ihren Vorstellungen von einer politischen Neuordnung nach dem Krieg mehr oder weniger zustimmen. Jules Cambon, ein berühmter französischer Botschafter aus der Zeit vor dem Ersten Weltkrieg, sagte einmal: »In England ist die Politik eine Frage der Atmosphäre.« Wie recht er hatte! In einem Land, in dem der politische Konsens stärker ist, als die Politiker wahrhaben wollen, lassen sich die Menschen oft von subtilen Nuancen auf die eine oder andere Seite ziehen. Ein Ausländer, der damals nach England kam, gab beispielsweise immer eher der Labour Party den Vorzug als den Tories, denn ihr Programm und die Atmosphäre im linken Spektrum wirkten viel aufgeschlossener und fremdenfreundlicher. Die Labour Party hatte damals nicht nur wesentlich mehr jüdische Abgeordnete und Ratsmitglieder, sondern sie sprach sich auch dafür aus, die vor dem Faschismus Geflohenen aufzunehmen, sie bekämpfte den Antisemitismus viel beredter und nahm wiederholt prozionistische Resolutionen in ihr Wahlprogramm auf. Während man in der Labour-Bewegung eigentlich keinen offenen Antisemitismus fand, brachten viele Konservative Ausländern und Juden wenig Sympathie entgegen. Natürlich kommt bei dieser Verallgemeinerung die Linke zu gut und die Rechte zu schlecht weg. Nirgends war beispielweise die Atmosphäre so herzlich prozionistisch wie im Kreis um Winston Churchill. Und bei Labour-Führern wie Ernest Bevin war von Begeisterung für ein jüdisches Palästina nichts zu spüren; allerdings war in Bevins Fall der Mangel an Mitgefühl für die Juden hauptsächlich auf den Einfluß seiner proarabischen Berater im Außenministerium zurückzuführen.

Durch meine Beziehungen zum *New Statesman* und meine Freundschaft mit Woodrow Wyatt geriet ich in den Kreis der jungen Intellektuellen der Labour Party. Zwar wurde diese Verbindung nach dem Krieg, als ich mir mit Woodrow ein Haus teilte, noch stärker, aber bei der BBC knüpfte ich – vielfach durch die Vermittlung von Richard Crossman – Kontakte mit einer ganzen Anzahl von Labour-Politikern. Außerdem nahm ich an den Sommerseminaren und Konferenzen der Fabier teil.

Bei einer solchen Zusammenkunft, genauer gesagt an einem heißen Sommertag gegen Kriegsende, lernte ich Thomas Balogh kennen, den in Ungarn geborenen Ökonomen, der später ein enger Berater von Harold Wilson wurde.

Balogh war eine extravagante Erscheinung, gekleidet in eine Weste mit Tigermuster, ein gelbes Hemd und auf dem Kopf die russische Pelzmütze, auf die er trotz der Sommerhitze nicht verzichtete. Mit seinen wallenden weißen Haaren, dem jugendlichen Gesicht und den buschigen schwarzen Augenbrauen sah er aus wie ein gelehrter Schreiberling am Hof von Dschingis Khan. Wir wurden rasch gute Freunde, und während der Wilson-Jahre erfreute ich mich vor allem an seinen Kommentaren zu aktuellen Ereignissen. Obwohl er sich oft benahm wie ein Verschwörer und seine Weltsicht manchmal geradezu apokalyptisch war, besaß er einen scharfen Verstand und einen beißenden Humor, den er kräftig mit ungarischem Sarkasmus würzte. Zwanzig Jahre später, als er seine Jungfernrede vor dem Oberhaus halten sollte, rief er aus: »My Lords, diese Kammer hat im Lauf der Jahrhunderte schon viele Stimmen gehört, aber ich denke, noch nie eine mit einem echten ungarischen Akzent.« Balogh war erfüllt von tiefer Verachtung für Bürokraten, gegen die er Gift und Galle spuckte. Das bekam vor allem Sir Eric (inzwischen Lord) Roll zu spüren, ein wichtiger Mann mitteleuropäisch-jüdischer Abstammung, der im Finanzministerium eine wichtige Rolle spielte. »Haben Sie Eric Roll mal im *Who's who* nachgeschlagen?« fragte er mich einmal. »Die Mühe können Sie sich sparen. Da steht nämlich: ›Geboren nirgendwo. Ausbildung auf dem Kontinent.‹«

Nach der Veröffentlichung seines Buchs *New Deal on Coal* sah ich Harold Wilson eine Weile nur noch selten. Als er dann nicht ganz drei Jahre später Handelsminister wurde, kreuzten sich unsere Wege gelegentlich. Eine von Wilsons großen Leidenschaften galt der britischen Filmindustrie, und er verkehrte gern freundschaftlich mit schillernden Impresarios wie Del Giudice und Alexander Korda, besuchte die Empfänge von Nicholas Davenport und seiner Frau, der schönen Schauspielerin Olga, zu deren Gesellschaften die Filmwelt von London, Bloomsbury und die Salonlöwen aus Oxford erschienen.

Bei Partys versammelte Wilson lieber eine kleine Gruppe von interessierten Zuhörern in einer Ecke um sich, als sich quer durch den Saal von einem zum anderen durchzuarbeiten. Er hatte eine pädagogische Ader und verfiel gern in einen oberlehrerhaften Ton, wobei er das Gesagte mit seiner Pfeife untermalte – die genauso zu seinem Image gehörte wie Churchills Zigarre. Nur zu gern stellte er seine überlegenen Kenntnisse technischer Details in den verschiedensten Bereichen zur Schau; Filmmagnaten verblüffte er mit der Auflistung von Besucherzahlen, Produktionsbudgets und Marktanteilen; Staatsbeamte mußten erstaunt feststellen, daß er auf ihren jeweiligen Spezialgebieten mindestens ebenso bewandert war wie sie selbst. Wilson hatte etwas Patriarchalisches an sich und schwelgte gern in Erinnerungen. Wenn er gerade richtig in Fahrt war, streute er mit Vorliebe Anekdoten und Epigramme ein, bei denen jeder über sein glänzendes Gedächtnis staunen mußte. So wandte er sich an seinen Gesprächspartner – nehmen wir als Beispiel einen Industriellen – und konfrontierte ihn mit Feststellungen wie: »Nun, junger Mann, ich bin Ihnen am 22. Oktober 1949 bei der Außenhandelsausstellung in Huddersfield begegnet, wo Sie uns einen Vortrag über die Verdienste der Automatisierung gehalten haben. So haben wir's jedenfalls damals bezeichnet. Heute nennen wir es Computertechnologie.« Und so weiter. Um ein Stichwort zu geben, fragte dann jemand: »Wie können Sie sich daran nur so genau erinnern, Herr Premierminister?« – »Das will ich Ihnen gern sagen«, antwortete Wilson darauf. »Es war der Tag nach der Stichwahl, in der mein Freund John Parker den Sieg mit dreihundertundfünfzig Stimmen verfehlt hat.« In solchen Fällen verbesserte ihn seine heutige Assistentin Marcia Williams oft: »Harold, Sie irren sich, es waren sechshundertundachtzig«, und er brummte: »Ach, dieses Mädchen hat einfach ein viel besseres Gedächtnis als ich.« Freundschaftliches Geplänkel dieser Art machte Wilson einen Heidenspaß.

Er war weder ein Grandseigneur noch ein Plebejer. Er war vielmehr eine Mischung aus Provinzlehrer und Technokrat, im Innersten ein Kind Nordenglands, eher puritanisch als hedonistisch, überzeugter Pragmatiker, Patriot und Monarchist. Oxford hatte ihn geprägt – nicht das feudale und elitäre Oxford, über das man soviel liest, sondern das Oxford der Stipendiaten, die lieber bis spät in die Nacht arbeiteten, als mit der schönen Welt zu feiern.

Nachdem Wilson 1963 den Kampf um die Parteiführung für sich entschieden hatte, luden mich John Vaizey und der rechtsgerichtete Labour-Abgeordnete Desmond Donnelly zum Essen ein. Vaizey war das Enfant terrible des rechten Flügels der Labour Party gewesen, ein Verfechter der Universitätsreform und ein Pionier der Bildungspolitik. Als Kind hatte er an Knochenmarksentzündung gelitten, worüber er später eine meisterhafte Autobiographie schrieb: *Scenes from an Institutional Life.* Sein Reformdrang wurde höchstens von seiner Ungeduld in den Schatten gestellt. Als junger Universitätslehrer in Oxford hatte er die Aufmerksamkeit so bekannter Labour-Mitglieder wie Tony Crosland und Hugh Gaitskell auf sich gezogen; er wurde Parteigänger von George Brown, dessen erfolglose Kandidatur für den Parteivorsitz er aktiv unterstützte. Er war temperamentvoll und respektlos, und obwohl er ziemlich leichtsinnig sein konnte, war er ein brillanter Sozialwissenschaftler und eine der anregendsten Persönlichkeiten, die ich je kennengelernt habe.

Beim Essen erklärten mir Vaizey und Donnelly, daß die intellektuelle Diskussion innerhalb der Labour Party unbedingt belebt werden sollte. Da die beiden meine langjährige Verbindung zu Wilson kannten, waren sie auf die Idee gekommen, Weidenfeld & Nicolson könnte vielleicht eine Buchreihe mit Schriften von Labour-Intellektuellen herausbringen. George Brown hatte bereits ein Manuskript zugesagt, und ich schlug vor, man sollte auf jeden Fall auch Harold Wilson ansprechen. Leider lieferte George Brown nie etwas ab, doch Wilson steuerte 1964, im Jahr seiner Wahl zum Premierminister, gleich zwei Veröffentlichungen bei: *Purpose in Politics*, eine Sammlung alter und neuer Aufsätze, und *The Relevance of British Socialism (Unser Sozialismus)*, die erweiterte Version eines Aufsatzes, den er ursprünglich für die Jahrbücher der *Encyclopaedia Britannica* geschrieben hatte.

Seit 1945 hatte ich nun zum erstenmal wieder direkt mit Wilson zu tun. Während seiner Zeit als Oppositionsführer und auch zu Anfang seiner Amtsperiode in der Downing Street lief mein Kontakt zu ihm hauptsächlich über Richard Crossman. Crossman, der sich als Wilsons Ideenlieferant und Inspirator sah, war schon immer dafür eingetreten, die Labour Party sollte junge Talente mit erfahrenen Politikern und Staatsbeamten Hand in Hand zusammenarbeiten lassen. Er wollte einen Ring inoffizieller Berater aufbauen, die den Premierminister mit Ideen versorgen und seinen Horizont erweitern sollten. Aufgrund seiner zahlreichen Kontakte zum Ausland hielt Crossman, der damals Präsident des Geheimen Staatsrats war, meine Mitarbeit für sinnvoll. Als Wilson sein Amt antrat, gehörte es deshalb zu meinen Aufgaben, Arbeitsfrühstücke, Mittagessen und Dinners zu organisieren, bei denen es in erster Linie darum ging, Regierungsmitglieder über die neuesten Entwicklungen in Europa zu informieren. Als die Verhandlungen über den britischen Beitritt zur Europäischen Wirtschaftsgemeinschaft dann ernsthaft begannen, lud mich Crossman ein, den Vorsitz eines Komitees zu übernehmen, in dem darüber diskutiert werden sollte, wie man auf dem Kontinent einflußreiche Stimmen für den britischen Beitritt gewinnen konnte. Zu der Gruppe gehörten Hugh Thomas, John Vaizey, Mark Littman – ein internationaler Jurist, der später stellvertretender Vorsitzender des britischen Stahlverbands wurde –, Sir Leon Bagrit – ein Pionier der Computerrevolution in England – und Thomas Balogh. Gewöhnlich trafen wir uns im Präsidentenbüro des Geheimen Staatsrats, nur manchmal lud ich einen erweiterten Kreis zu mir nach Hause ein. Crossman schwankte zwischen einer neutralen und einer ablehnenden Haltung gegenüber Europa. Manchmal war er sehr zum Widerspruch aufgelegt und begann eine Sitzung beispielsweise mit den Worten: »Na, dann überzeugt mich doch noch einmal, weshalb ich Europa unterstützen sollte.«

Später fanden unsere Zusammenkünfte dann meist im Außenministerium bei dem jeweiligen Europaminister statt, der gerade für Europa zuständig war: zuerst Alun Chalfont, dann George Thomson und schließlich Roy Hattersley. Alun bewies sich als einer meiner zuverlässigsten Fürsprecher; er war ein Berufssoldat und ein ganz begabter Poet, und zu seinem keltischen Temperament gesellte sich ein scharfer Verstand sowie ein Sinn für Strategie, der ihn befähigte, mit allen möglichen bürokratischen Strömungen zurechtzukommen. Dank dieser Eigenschaften war er naturgemäß ein großartiger Verbündeter. Ihm oblag eine der gewagteren Neuerungen Wilsons: Die Labour Party hatte nämlich versprochen, einen Minister für Abrüstung zu nominieren – ein undankbarer Job, da die Russen sich nach wie vor in einer *Njet-Njet*-Stimmung befanden. Als der bekannte Wissenschaftler Solly Zuckerman ablehnte, kam der Premierminister mit seinem Angebot zu Alun Gwynn-Jones, dem Militärkorrespondenten der *Times*, der im Hinblick auf die Abrüstung ähnliche Ansichten vertrat wie er selbst. Über Nacht wurde aus Gwynn Jones Lord Chalfont, er wechselte von den Liberalen zur Labour Party und zog vom *Printing House Square*, dem Sitz der Times, nach Genf, dem Sitz der permanenten Abrüstungskonferenz.

Meine Mitarbeit in der europäischen Informationsgruppe empfahl mich schließlich Wilson persönlich. Aber es dauerte einige Zeit, bis ich in den engsten Beraterkreis aufgenommen wurde. Daraufhin wurde ich mit allen möglichen Aufträgen betraut, bei denen es hauptsächlich um Angelegenheiten des Nahen Ostens und Europa, aber auch um die Beziehungen zwischen England und den Vereinigten Staaten ging. In der Zeit, als sich Wilson in der Opposition gegen Heath befand, wurde meine Beziehung zu ihm wesentlich enger, doch in Wilsons erster Amtsperiode waren meine wichtigsten Verbindungsleute zur Partei George Brown – vor allem während seiner Zeit im Außenministerium –, Crossman und Chalfont. Brown war eifersüchtig auf Wilson, mißtraute seiner Umgebung und hegte Bedenken gegenüber Crossman, der ziemlich unverhohlen ein Auge auf das Außenministerium geworfen hatte. Was immer Crossman ansonsten von Brown gehalten haben mag, er hatte jedenfalls große Hochachtung vor dessen Intelligenz. Er sagte oft, hätte Brown ein Stipendium für Oxford bekommen, hätte er die höchsten Auszeichnungen errungen, denn er besaß eine schnellere und schärfere Auffassungsgabe als jeder andere. Aber

Brown reagierte empfindlich, wenn sein Mangel an schulischer Bildung angesprochen wurde, und obwohl er intellektuelle Herausforderungen liebte, behauptete er immer, er sei »ungebildet«. Auf seine Bitte hin arrangierte ich Treffen mit Schriftstellern und Akademikern, bei denen er sich jedoch vollkommen unberechenbar benahm. Er vermochte seine Gesprächspartner mit gekonnter Improvisation zu bezaubern, aber er brachte es auch fertig, einen nach dem anderen mit beißendem Sarkasmus zu beleidigen. Wenn sein aufbrausendes Temperament auch noch mit Alkohol angeheizt wurde, konnte er aggressiv, streitsüchtig und manchmal regelrecht unverschämt werden – wie ein plebejischer Doppelgänger von Randolph Churchill, dem bekannt cholerischen Sohn des großen Staatsmannes. Obgleich Brown der geistige Vater der Resolution 242 der Vereinten Nationen war, mit der die Basis für den Dialog zwischen Arabern und Juden im Nahen Osten geschaffen wurde, schlug er sich auf die Seite der Araber und versuchte, die Labour Party von ihrer prozionistischen Haltung abzubringen. Wir stritten uns oft endlos über Israel. Manchmal zitierte Brown mich in sein Büro, brüllte mich an und erklärte mir beispielsweise: »Sie müssen Ihren jüdischen Freunden sagen, daß sie sich sämtliche Sympathien und jegliche Unterstützung verscherzen, wenn sie so weitermachen. Mein Freund Gamal [Nasser] meint es gut, und wir könnten Frieden schließen, wenn ich nur ein bißchen Unterstützung von der anderen Seite bekäme.«

Wilson glaubte stets, von feindlichen Mächten umgeben zu sein, die sich gegen ihn verschworen hatten. Das politische Establishment, das Außenministerium und die Sicherheitsdienste – alle waren ihm suspekt. Deshalb war ihm die kleine Gruppe ergebener Anhänger besonders wichtig, die größtenteils weder aus dem Staatsdienst noch aus der Parteihierarchie stammten. Andererseits verließ er sich wahrscheinlich mehr auf sie, als gut war. Wilson war hochintelligent, scharfsichtig und gerissen, aber trotz allem konnte er auch sehr naiv sein und erwies sich deshalb durchaus nicht immer als guter Menschenkenner. Unter der Oberfläche seines manchmal fast skrupellosen Pragmatismus schlummerte eine freundliche, weiche Natur. Er haßte es, schwierige persönliche Entscheidungen treffen zu müssen, und wenn es sich irgendwie machen ließ, ging er Problemen lieber aus dem Weg, als sich ihnen zu stellen. Doch gerade dadurch bürdete er sich eine Menge

Schwierigkeiten auf. Ihm lag viel daran, daß die Menschen ihn mochten; stets versuchte er, aus denen, die ihm feindlich gesinnt waren, neutrale Beobachter zu machen und die Neutralen zu Verbündeten zu gewinnen, und zwar um jeden Preis. Als Premierminister kümmerte er sich mehr darum, seine Kritiker zu beschwichtigen und Breschen ins feindliche Lager zu schlagen, als darum, seinen eigenen besten Verbündeten den Rücken zu stärken. Wie Margaret Thatcher in ihren letzten Amtsjahren glaubte auch Wilson, seine Freunde und Verbündeten würden immer für ihn da sein, bereit, jeden Kampf für ihn auszufechten. Und genau wie Margaret Thatcher mußte auch Wilson enttäuscht erkennen, daß ihn die Zweifler, wenn es hart auf hart ging, doch im Stich ließen – obwohl er sie so hartnäckig umworben hatte und für sich gewonnen zu haben glaubte.

Die Wilsons führten ein äußerst bescheidenes Leben. Harolds Geschmack war schlicht, und er haßte den »Cocktail-Zirkus«, was ihn natürlich bei der Londoner Gesellschaft nicht gerade beliebt machte. Der Siegelring, den er am Ringfinger statt am kleinen Finger trug, war das Thema so manch spöttischer Bemerkung bei den Lunchpartys snobistischer Botschaftergattinnen oder auch in der Bar des feudalen Clubs Boodles. Abgesehen von offiziellen Anlässen veranstaltete man in Downing Street 10 keine größeren Gesellschaften; entweder handelte es sich um einen offiziellen Staatsakt, oder es gab Sandwiches. Mary Wilson empfing nur selten Gäste in der schlichten Wohnung im oberen Stock; sie las oder schrieb Gedichte, während sich ihr Mann in sein Arbeitszimmer zurückzog. Obwohl die Wilsons dort fast immer arbeitsame Wochenenden verbrachten, mochte Wilson sein offizielles Landhaus in Chequers und nahm seine Gäste gern auf Besichtigungstouren mit, um ihnen all die Erinnerungsstücke früherer Premierminister vorzuführen. An heißen Sommertagen versammelten wir uns oft am Swimmungpool, den der großzügige amerikanische Botschafter Walter Annenberg nach einem Besuch gestiftet hatte. Allerdings war Wilson kein guter Schwimmer – er stand lieber am flachen Ende und unterhielt sich. Auf einer Seite des Beckens befand sich die Inschrift: »Dieses Schwimmbecken verdanken wir einer großzügigen Spende des ehrenwerten Walter H. Annenberg an die Treuhänder von Chequers, zum Gedenken an den Besuch des ehrenwerten Richard M. Nixon, Präsident der Vereinigten Staaten von Amerika, am 24. Februar

1969 und an das Treffen mit Ihrer Majestät Queen Elizabeth II. am 3. Oktober 1970.« Einmal, als wir dort beieinanderstanden, deutete Wilson auf diese Inschrift und sagte: »Wissen Sie, diese Inschrift ist sehr nützlich für mich. Ich weiß nämlich immer, wo ich anhalten muß, denn das A von Annenberg zeigt genau die Stelle, an der Nichtschwimmer umkehren sollten.«

Meine Treffen mit Wilson fanden meist in einer ungezwungenen Atmosphäre statt. Wenn eine Unterhaussitzung wieder einmal die ganze Nacht gedauert hatte, besuchte ich ihn in seinem dortigen Arbeitszimmer, oder er lud mich noch in die Downing Street ein – häufig auch ohne besonderen Grund. Manchmal aßen wir nur rasch ein Sandwich, manchmal veranstalteten wir ein improvisiertes Dinner bei mir oder in einem Restaurant. Wilson wollte einfach wissen, was los war. Da er von Natur aus argwöhnisch war, sah er die Politik als einen Krieg, in dem man immer auf der Hut sein mußte; sein geradezu messianisches Selbstvertrauen wurde laufend von dem Verdacht unterminiert, daß jemand seinen Sturz plane. Unablässig war er dabei, neue Allianzen zu schmieden oder alte Bündnisse umzuformen. So ergab sich ein kompliziertes Netz aus miteinander verwobenen Gruppierungen, das selbst einem erfahrenen Choreographen den Schweiß auf die Stirn getrieben hätte. Einmal hegte Wilson den Verdacht, Jim Callaghan würde gegen ihn intrigieren, sofort wurden alle Freunde in Alarmbereitschaft versetzt. Jeder einzelne wurde eingehend verhört und befragt, wo und in wessen Gesellschaft er Jim gesehen hatte. Als Wilson dann hinterbracht wurde, Jim hätte am Sonntagvormittag im Haus einer musikliebenden Adligen mit engen Verbindungen zum Königshaus an einem Umtrunk teilgenommen, interpretierte Wilson das als Beweis einer Verschwörung: Mit stillschweigendem Einverständnis der Monarchie werde seine Entmachtung geplant. Trotzdem blieb Callaghan der Mann, den Wilson am liebsten als seinen Nachfolger gesehen hätte.

In dieser abgeschotteten Atmosphäre erwartete Wilson von seinen Freunden, daß sie als seine Augen und Ohren, als seine Verbindungsleute zur Außenwelt jenseits von Westminster und Whitehall fungierten. Obgleich er die Maxime geprägt hatte, im Lager des Premierministers solle eine kreative Spannung herrschen, hielt er sich selbst nicht an diesen Grundsatz. Wenn Rivalitäten auftraten, spürte er sie zwar, versuchte aber immer, der direkten Konfrontation auszuweichen, wodurch er sie nur noch mehr auf die Spitze trieb. Charakteristischerweise teilte er die Vertrauten, auf die er sich verließ, in säuberlich getrennte Schubladen ein, ja, er hielt sie voneinander fern, so daß viele, die gerechtfertigterweise behaupten konnten, zu seinem engsten Kreis zu gehören, einander gar nicht kannten.

Es war durchaus nichts Ungewöhnliches, daß Wilson sich mit inoffiziellen Beratern umgab. Die meisten Regierungschefs versuchen, sich gegen potentielle oder auch nur vermutete Bedrohungen aus der offiziellen Regierungsmaschinerie abzusichern, und lassen sich oft genug gerade dadurch von skrupellosen Schmeichlern manipulieren. Bei Wilson wurde diese Tendenz vielleicht noch von einem anderen Faktor verstärkt: In seiner Zeit litt die Labour Party noch unter einem Nachteil, den der soziale Wandel inzwischen größtenteils aus der Welt geschafft hat. Anders als bei den Tories, die meistens aus derselben Schicht stammten, fehlte der Labour Party aufgrund der vollkommen unterschiedlichen Herkunft ihrer Mitglieder ein gemeinsames gesellschaftliches Forum. Richard Crossman beklagte sich immer darüber, daß sich selbst die jüngeren Regierungsmitglieder der Tories mit dem Premierminister in seinem Club, bei Debütantinnenbällen, Hochzeiten oder zu einem Wochenende im Landhaus trafen und sich dort auch profilieren konnten, während die aufstrebenden Labour-Abgeordneten diese Möglichkeit nicht hatten. Ähnlich lag das Problem bei den arrivierten Tory-Ministern: Sie konnten sich in einer Ecke des Salons mit irgendeiner vornehmen Dame zusammensetzen oder sich in der Herrentoilette bei White's auf eine Strategie einigen, aber die Labour-Abgeordneten hatten eigentlich nur das Telefon, um sich rasch und inoffiziell miteinander zu verständigen. Während der Bürostunden bedeutete das, daß grundsätzlich irgendein Staatsbeamter mithörte und nur darauf wartete, mit einem »Entschuldigung, Herr Minister, da irren Sie sich aber!« dazwischenfunken zu können.

In meiner Beziehung zu Wilson übernahm Marcia Williams, mit der ich in fast täglichem Kontakt stand, die Rolle der Vermittlerin. Ihr teilte Wilson mit, wenn er mich sehen wollte, und umgekehrt bat ich sie, eine Nachricht an Wilson weiterzugeben oder ihm zu sagen, daß jemand in London war, mit dem er sich meiner Meinung nach treffen sollte. Näher lernte ich sie allerdings erst in der zweiten Hälfte von Wilsons erster Amtsperiode kennen. Wir begegneten einander ganz zufällig auf einer jüdischen Wohltätigkeitsveranstaltung im Hauptbüro von Marks & Spencer in der Baker Street. Sie war in Begleitung von Wilsons Pressesprecher gekommen – eine große attraktive Frau mit einem ebenmäßigen Gesicht, umrahmt von dichtem, aschblondem Haar. Sie war an allem interessiert. Ich sagte ihr kurz das Wesentliche über anwesende Gäste, und sie beobachtete die Szene mit leicht ironischer Miene. So begann unsere Freundschaft.

Marcia war klug und besaß einen unfehlbaren politischen Scharfblick. Sie spürte die Stimmung unter den Wählern, war stets über sämtliche Kandidaten bestens informiert und konnte die sozialen Probleme und demographischen Besonderheiten jedes Wahlkreises im Land analysieren. Außerdem war sie eine schlaue Taktikerin, die von ihrer intuitiven Fähigkeit profitierte, sich ganz in die Argumente eines Gegners hineinzuversetzen. Sie hatte als Sekretärin und Mädchen für alles angefangen, war dann zur politischen Beraterin aufgestiegen und inzwischen für Wilson unentbehrlich geworden. Sie war Wilson zutiefst ergeben und stets bereit, ihn zu schützen. Sie durfte ihm Dinge sagen, die sich sonst niemand erlauben konnte. Wenn er einen guten Rat brauchte, zählte er hundertprozentig auf Marcia, obwohl es auch Zeiten gab, in denen sie unter den gleichen Anfällen von Verfolgungswahn litt wie er und damit seine eigenen Ängste verstärkte sowie seine Sicht der Dinge trübte. Außerdem konnte Marcia sehr launisch sein und neigte zu heftigen Gefühlsausbrüchen. Im einen Moment war sie gelassen, kühl und analytisch, im nächsten heftig und scharf. Gewöhnlich bekamen die Menschen, denen sie am meisten vertraute, ihr Temperament am intensivsten zu spüren. Marcia stellte hohe Ansprüche an ihre Freunde; sie war warmherzig und großzügig, stets bereit, sich für die einzusetzen, die ihr am Herzen lagen, aber sie verlangte das gleiche Maß an Loyalität von der Gegenseite. Besonders wenn sie unter Streß stand, konnte sie sehr anstrengend sein – nur allzuoft mußte ich die ganze Wucht ihres impulsiven Naturells über mich ergehen lassen. Einmal, als ich eine Party für gut vierzig Freunde des Premierministers und ein paar amerikanische Gäste organisiert hatte, erhob sie plötzlich Einwände gegen einen Namen auf der Gästeliste. Wutentbrannt forderte sie von mir, den Betreffenden wieder auszuladen. Da ich mich nicht der Peinlichkeit aussetzen wollte, eine einzelne Einladung zurückzuziehen, sagte ich lieber die ganze Veranstaltung ab.

Die Tatsache, daß Marcia und Harold Wilson sich so nahe standen, seit sie sich ihm im Jahr 1956 angeschlossen hatte, gab natürlich Anlaß zu Spekulationen, ob sie auch ein Liebespaar waren. Tatsächlich jedoch könnte man ihre Beziehung als die eines väterlichen Freunds zu einem eigensinnigen jungen Mündel charakterisieren. Wilson übernahm die Rolle des Beichtvaters. Marcia weihte ihn in ihre Probleme und emotionalen Verstrickungen ein, und er kam oft zu Hilfe, um die Wogen zu glätten. Marcia ihrerseits nahm Teil an allen Problemen, die bei Harold und seiner Familie auftauchten, und war stets bereit, in die Bresche zu springen. Ebenso unerschütterlich stand er ihr in schwierigen Situationen zur Seite. Mary Wilson vertraute Marcia bedingungslos – ihr machte die Nähe der beiden kein Kopfzerbrechen. Ihre Sorgen lagen anderswo, denn sie haßte die Politik und betrachtete das Leben in Downing Street 10 als vorübergehenden Aufenthalt im Fegefeuer, den sie irgendwie überstehen mußte; sie sehnte sich nach einem ungestörten Privatleben. Marcias gesamte Familie wurde permanent in die Dienste der Wilsons eingespannt. Was ihre Familie mit Harold Wilson verband, war eher eine persönliche Loyalität als eine politische Gefolgschaft. Unter der Oberfläche dieser unerschütterlichen Loyalität gab es natürlich auch Spannungen und die übliche Unzufriedenheit und Nörgelei – nicht anders als in jeder Familienserie im Fernsehen.

Einerseits zog es Marcia gefühlsmäßig eher zum linken Flügel der Partei, andererseits war sie nicht weniger pragmatisch als ihr Chef. Sie kannte die Grenzen der Macht und die Vorteile von Kompromissen. Trotz ihrer radikalen Ideen, durch die sie als Schulmädchen zur Labour Party gekommen war, zollte sie all denen Respekt, die es ihrer Meinung nach verdienten. Sie war sich ihrer Stärke wohl bewußt, und obwohl sich Freund und Feind bei ihr einzuschmeicheln versuchten, überschätzte sie manchmal ihre eigene Wichtigkeit als Gönnerin. Sie spielte mit den niederen Gefühlen von Speichelleckern ähnlich virtuos wie ein Teufelsgeiger auf seiner Violine. Eine Weile klappte das ganz gut, aber irgendwann wandten sich die früheren Schmeichler gegen sie und rächten sich bitter: Sie vergaßen Marcias Gefälligkeiten, ihre Herzlichkeit und Großzügigkeit und erinnerten sich nur noch an die launische, unvernünftige und aufbrausende Seite ihrer Persönlichkeit. Als Staatsangestellte auf Zeit und Mitglied der Labour Party war Marcias Position nicht unkompliziert. Sie hatte in der Maschinerie von

Whitehall und im Parlament viele Kritiker, aber auch viele Bewunderer, die sie nach Kräften unterstützten.

Doch Marcias Rolle war wesentlich komplexer und weniger klar, als allgemein bekannt. Marcia zahlte einen hohen Preis für ihren Einfluß, denn sie rieb sich selbst im Dienste Wilsons und der Partei auf, und ihre Macht beruhte auf bedingungsloser Ergebenheit. Durch ihre scheinbar allmächtige Position war sie oft bösartigen Angriffen und harscher Kritik ausgesetzt. Die Presse schmeichelte ihr einerseits, andererseits war Marcia immer eine willkommene Zielscheibe für alle möglichen Anklagen. Man verlieh ihr einen Prominentenstatus, der ansonsten Filmstars oder den Mitgliedern des Königshauses zugebilligt wurde, aber genauso zog man sie auch mit Andeutungen oder direkten Verleumdungen durch den Schmutz. Das Scheitern ihrer Ehe, die Geburt der außerehelichen Zwillinge, die Gerüchte über ihre Beziehung zu Wilson und ihre angebliche Macht – all das war für die Presse ein gefundenes Fressen. Aber sie hatte auch Gegner in den eigenen Reihen, denn in der direkten Umgebung des Premierministers gab es Menschen, die ihr den engen Kontakt mit Wilson neideten. So hatte beispielsweise Joe Haines, der langjährige Pressesprecher und Redenschreiber des Premierministers, zunächst freundschaftlich mit Marcia zusammengearbeitet, doch dann verschlechterte sich ihr Verhältnis plötzlich. Haines' schlechte Meinung über Marcia sprach sich rasch herum, bis das Ganze in eine systematische Verunglimpfungskampagne ausartete, die nun in den Schriften über die Wilson-Ära dauerhaft für die Nachwelt festgehalten ist. Haines, der es vom Saint Just des radikalen Journalismus bis zur Chefetage der Mirror-Zeitungsgruppe brachte und der Hagiograph von Robert Maxwell wurde, fand einen starken Verbündeten in Bernard Donoughue, der dem Beraterstab des Premierministers vorstand.

Auch Arnold Goodman gehörte zu Marcias erbitterten Gegnern. Ursprünglich war er Gaitskells Anwalt, bis Wilson 1963, kurz nach seiner Wahl zum Parteiführer, auf ihn aufmerksam wurde. Schritt für Schritt übernahm Goodman die Rolle des Rechtsberaters, des Vertrauten und Friedensstifters, eine Funktion, in der er übrigens Wilsons Amtszeit und auch die seines Nachfolgers Jim Callaghan überdauerte; erst Margaret Thatcher ging auf Distanz zu ihm. Zwar erkannte auch sie Goodmans bemerkenswerte Talente als Vermittler, Blitzableiter und

Drahtzieher, aber für sie gehörte er zu jenem opportunistischen Establishment, das sie verachtete und für das sie selbst Zielscheibe des Spotts wurde. Für einen Menschen, der wie Wilson der Welt außerhalb seiner vertrauten Umgebung argwöhnisch gegenüberstand, schien der allgegenwärtige Goodman die ideale Unterstützung.

Wilsons mißtrauisches Naturell führte dazu, daß er den wenigen Menschen, deren Loyalität für ihn außer Frage stand, sehr viel – zuviel – Verantwortung aufbürdete. Goodman war einer derjenigen, die am meisten von dieser Tendenz profitierten. Wie ein türkischer Großwesir wurde er mit der Lösung aller möglichen Probleme betraut, und man schickte ihn mit besonders heiklen Missionen ins Ausland. Meiner Meinung nach war er denen, die er mochte, immer ein guter Freund, und für alle, die er nicht schätzte, ein gefährlicher Feind. Für seine Schützlinge versetzte er Berge, geichgültig, ob für Klienten oder persönliche Bekannte, und sein Einfluß war in jedem Winkel spürbar. Hinsichtlich seiner Abneigungen war er wesentlich diskreter, doch genauso effektiv, wenn es darum ging, den Betroffenen Steine in den Weg zu legen.

Goodman und ich hatten uns durch Flora Solomon kennengelernt; danach liefen wir uns recht häufig in der anglo-jüdischen Gesellschaft oder in Künstlerkreisen über den Weg und am Rande auch im Wilson-Zirkel. Obwohl wir nicht immer einer Meinung waren, gerieten wir nie öffentlich aneinander. Aber ich war als enger Freund von Marcia abgestempelt, und auch persönlich hatten Goodman und ich nie viel füreinander übrig. Marcia ärgerte sich, daß sie von den vertraulichen Unterredungen zwischen Wilson und Goodman ausgeschlossen war, und Goodman seinerseits vermied sorgfältig jeden Kontakt mit ihr. Ihm war Marcia ein Dorn im Auge, eine irrationale Kraft, die er nicht durchschaute. Doch trotz der unvermeidlichen Spannungen und Rivalitäten haben die Chronisten der Wilson-Ära die gespannte Atmosphäre im Parteibüro sicher übertrieben.

Meine bescheidene Rolle in der Umgebung von Wilson war die eines inoffiziellen Vermittlers und Netzwerk-Aufbauers. Ich arrangierte für Wilson Treffen mit deutschen, französischen, italienischen und amerikanischen Zeitungsherausgebern, Verlegern, Politikern und Geschäftsleuten. Wenn eins seiner Bücher in Deutschland erschien, gab Gabriele Henkel in Düsseldorf eine Dinnerparty für ihn. Dort mischten sich dann Berühmtheiten aus Bonn und Industrielle aus dem Ruhrgebiet mit Intellektuellen aus Hamburg, München und Berlin. Wilson gefiel die Vorstellung, daß er sozusagen über Abgesandte verfügte, die das britische Europa-Dilemma den einflußreichen Meinungsbildnern jenseits des Ärmelkanals verständlich machten. Außerdem genoß er es, ausländische Persönlichkeiten in inoffiziellem Rahmen kennenzulernen, wie es beispielsweise oft in meinem Haus geschah.

In seiner Zeit als Handelsminister und auch als Oppositionsführer und Berater des Bauholzunternehmens Montague L. Meyer hatte Wilson viel mit der Sowjetunion zu tun gehabt. Auch als Premierminister unterstützte er nun den anglo-sowjetischen Handel. Er war stolz auf seine guten persönlichen Beziehungen zu Anastas Mikojan, dem großen Überlebenden der Stalin-Ära, der Wirtschaftsunterhändler war, als Wilson ihn kennenlernte, und schließlich Staatsoberhaupt wurde. Obgleich Wilson seine Akten nie mit einer kommunistischen Vergangenheit besudelte, hatte er doch im linken Flügel der Labour Party angefangen und wurde auch stets mit der linken Opposition gegen die damalige Parteiführung identifiziert, denn er war ja einer von denen, die zusammen mit Aneurin Bevan und John Freeman 1951 aus Protest gegen die Kürzungen im Gesundheitsbudget von der Regierung zurücktraten. Als er an die Macht kam, rückte Wilson jedoch deutlich nach rechts und versuchte, die Partei mit einem komplizierten Balanceakt zwischen Links und Rechts zusammenzuhalten. Obwohl er sich unmißverständlich den Vereinigten Staaten zuwandte, blieb er weiterhin auf das Image des Linken festgelegt. Er unterstützte die Vereinigten Staaten in ihrer Vietnam-Politik, und im Vergleich zu allen anderen Labour-Premierministern vertrat er in der Frage der Sanktionen gegen Südafrika eine relativ gemäßigte Haltung.

Sowohl Lyndon Johnson als auch Hubert Humphrey, mit denen ich sehr interessante Gespräche über Wilson führte, zweifelten nie an seiner Loyalität gegenüber Amerika. Humphrey lernte ich durch Jacob Javits kennen, den mächtigen republikanischen Senator aus New York, der zu den einflußreichsten Mitgliedern des außenpolitischen Ausschusses im Senat gehörte und vielleicht überhaupt der maßgebende jüdische Wortführer der Vereinigten Staaten war. Nachdem Humphrey die Präsidentenwahl von 1968 verloren hatte, saßen wir beide im

Beratungsausschuß der *Encyclopaedia Britannica*, die eine Zeitlang ein Partner von Weidenfeld und Nicolson war. In den Augen der Labour Party war Humphrey der populärste Amerikaner.

Harold Wilson hatte großen Spaß daran, die amerikanischen Politiker zu charakterisieren, die er kennenlernte. Ich erinnere mich, wie er mit George Brown über die vier Präsidentschaftskandidaten von 1968 sprach, die alle im Rahmen ihrer Kampagne einen Europa-Besuch machten. Als erster erschien der Demokrat Hubert Humphrey in Downing Street 10 – begleitet von einem Berater. Wilson und Brown betrachteten ihn als einen Freund, der ähnliche politische Ansichten vertrat wie sie selbst. »Aber«, so Wilson, »er stellte ziemlich langweilige Fragen.« Dann kam Gouverneur Rockefeller – mit zwei Beratern. »Er war unpäßlich und machte sich nicht einmal die Mühe, uns überhaupt etwas zu fragen. Als er wieder weg war, konnten wir nur den Kopf schütteln.« Als dritter Besucher erschien Robert Kennedy. Wilsons Urteil: »Er brachte drei Berater mit, aber ich kann Ihnen nur sagen, daß meine Sekretärin nach dreieinhalb Stunden vor sich hin murmelte: ›Senator Kennedy ist um halb zehn eingetroffen und kurz vor dem Mittagessen wieder aufgebrochen. Das Treffen war gekennzeichnet von langen Pausen und albernen Fragen.‹« Zuletzt traf Richard Nixon ein. »Wir wußten ja schon, daß er vieles von dem repräsentierte, was wir nicht mochten«, fuhr Wilson fort. »Er kam allein, ohne Berater, klappte zwei dicke Aktentaschen auf und packte einen gelben Juristennotizblock und einen roten Stift aus. Dann bombardierte er uns mit Fragen, und er war so gut informiert, daß wir all unseren Verstand zusammennehmen mußten. Als er gegangen war, meinten George Brown und ich einhellig: ›Er ist kein angenehmer Mensch, aber er würde einen hervorragenden Präsidenten abgeben.‹«

Im März 1971, als Nixon sich bereits im Weißen Haus eingerichtet hatte und wir dabei waren, Lyndon Johnsons Memoiren zu veröffentlichen, besuchten meine damalige Ehefrau Sandra und ich die LBJ-Ranch in der Nähe von Dallas. Bei unserer Ankunft fiel Johnson sofort auf, wie ich die sechs riesigen Schaukelstühle auf der breiten Veranda etwas verwundert musterte. Das veranlaßte ihn zum ersten von vielen typischen Bonmots, die wir im Lauf der nächsten Tage zu hören bekommen sollten: »Die habe ich mir bauen lassen, als ich aus dem Weißen Haus ausgezogen bin. ›Ich werde mich jetzt zwei Jahre auf diese Veranda setzen‹, habe ich zu meiner Frau gesagt, ›werde dösen und nachdenken, und eines Tages werde ich aufstehen und Walter Lippmann* holen.‹« Am folgenden Wochenende sollten Harold und Mary Wilson ebenfalls zu Besuch kommen, und so ermunterte ich Johnson, über seine Erinnerungen an die Regierung Wilson zu sprechen. Wilson hatte sich stark in den englisch-russischen Vermittlungsbemühungen in Sachen Vietnam engagiert, deren Höhepunkt im Februar 1967 die berühmte Nacht im Claridge Hotel bildete. Damals trafen sich Kossygin, Wilson und George Brown, nachdem sie mit Hanoi beziehungsweise Washington Kontakt aufgenommen hatten. Johnson schmunzelte, als ich dieses Ereignis erwähnte. »Wir hätten auf diese Vermittlungsgespräche gut verzichten können«, gestand er. »Wir hatten andere Dinge im Kopf und – verdammt noch mal – Kossygin auch.« Offenbar sah man mir meine Überraschung an, denn Johnson fügte hinzu: »Fragen Sie doch mal Arthur Goldberg, wenn Sie wissen wollen, was damals passiert ist.«

Goldberg, der ehemalige Botschafter der Vereinten Nationen, war um die gleiche Zeit wie wir bei den Johnsons zu Gast. An diesem Abend gab es ein Essen, zu dem unter anderem Orville Freeman, Landwirtschaftsminister unter Kennedy und Johnson, und seine Frau eingeladen waren, außerdem Arthur Krim, Chef von United Artists und loyaler Johnson-Anhänger, Eppi Evron, Geschäftsträger an der israelischen Botschaft während Johnsons Präsidentschaft, sowie Eddie Marcus mit seiner Frau vom Kaufhaus Nieman Marcus in Dallas und Houston.

Als die Gäste eintrudelten, bekam man übrigens kein einziges Auto zu Gesicht, lediglich Hubschrauber und Privatjets. Nach dem Essen verzogen sich die Männer in die Bibliothek und setzten sich zum Plaudern um den Eichentisch, auf dem riesige Karaffen und massive Feuchthaltebehälter standen, letztere wohlgefüllt mit von kubanischen Emigranten in Handarbeit hergestellten Zigarren. Ich nutzte die Gelegenheit und bat Goldberg, mir seine Geschichte zu erzählen. Er berichtete, daß die Amerikaner ein Telefongespräch aufgezeichnet hatten, in dem sich Breschnew und Kossygin über Probleme im Politbüro

---

* Lippmann war einer der einflußreichsten Kolumnisten Amerikas und erklärter Gegner von Präsident Johnson. A. d. Ü.

und im Zentralkommitee unterhielten. Es ging um eine Drohung des Ersten Parteisekretärs der Moskauer KP, der einen Antrag einbringen wollte, Breschnew und Kossygin zu entmachten. »Am Ende warf man schließlich den betreffenden Parteisekretär hinaus«, sagte Goldberg, »aber egal, was passiert wäre, Sie können mir ruhig glauben, daß sie sich in dieser Nacht bestimmt keine Gedanken über Vietnam gemacht haben.«

Später verkündete Johnson, als führte er den Vorstand bei einer Kabinettssitzung: »Ein paar von uns haben sich nicht mehr gesehen, seit ich das Weiße Haus verlassen habe. Ich möchte jetzt gern alle fragen, was ihr seither gemacht habt, was ihr jetzt macht und wie ihr die Zukunft einschätzt. Fangen wir bei Ihnen an, Orville. Für unseren britischen Gast möchte ich noch erklären, daß Orville Freeman der verflucht beste Landwirtschaftsminister war, den wir in diesem Jahrhundert hatten«, fügte Johnson an mich gewandt hinzu.

»Nun, Mr. President …« begann Orville, während er sich unbewußt aufrichtete und die Stimme senkte – ganz der richtige Ton für einen führenden Staatsbeamten, der seinem Chef Bericht erstattet. So antwortete ein Gast nach dem anderen im gleichen Stil, doch dann erschien Lady Bird mit dem gebieterischen Aufruf, wir sollten uns den Damen wieder anschließen.

Am nächsten Tag, einem Sonntag, besuchten wir eine Fiesta in San Antonio; Johnson fuhr uns auf einer rasanten Besichtigungstour im Jeep über seine Ranch, jagte das Vieh herum und schwärmte von seiner Arbeit als Rancher und Grundstücksspekulant. Als wir schließlich wieder in der Bibliothek saßen, geriet er richtig ins Erzählen. Er sprang ohne Übergang oder Einleitung von einem Thema zum anderen und äußerte dabei seine Meinung über Personen wie Ereignisse knapp und präzise, ohne ein Blatt vor den Mund zu nehmen. Über den Kennedy-Mord meinte er: »Ich glaube, ich weiß, wer JFK umgebracht hat. Ich kann's noch nicht beweisen, aber eines Tages werde ich es tun. Verdammt, ich weiß es … Es war Castro. Wissen Sie, die Kennedy-Brüder haben gern Räuber und Gendarm gespielt, und als Bobby Justizminister wurde, war er für die CIA verantwortlich, und die haben Leute nach Kuba geschickt, um Castro zu kriegen, aber sie haben versagt, statt dessen hat Castro dann Kennedy gekriegt.« Und seine Theorie ging noch weiter: »Ich hab nie verstanden, weshalb Bobby versucht hat, CIA-Leute in die Warren-Kommission zu schleusen. Vor einer Weile war Dick Helms* hier, und ich hab ihn ganz direkt gefragt, aber er hat sich leider nichts aus der Nase ziehen lassen. Oswald war ein Agent der Kommunisten, er war in Kuba, er war in der Sowjetunion. Eines Tages werde ich's beweisen.« Ich stellte Johnson einige Fragen zum Sechstagekrieg, den er meiner Meinung nach in seinem Buch etwas zu kurz kommen ließ. »Tja«, lautete seine Antwort, »ich hätte gern mehr darüber geschrieben. Aber ich mußte eine ganze Menge rausstreichen. Der letzte Tag des Sechstagekriegs war der schlimmste meines Lebens.« Darauf gab mir Johnson einen minutiösen Bericht der Ereignisse. Etwa um drei Uhr morgens war er mit der Nachricht geweckt worden, der sowjetische Premierminister sei auf dem heißen Draht. Sofort ging er hinunter in sein Büro und versammelte dort seine Berater. McGeorge Bundy war anwesend, ebenso Dean Rusk und Robert McNamara. Während Kossygins Stimme durch die Leitung dröhnte, gab der Fernschreiber schon die Übersetzung durch. »Ich spürte, wie sich mir der Magen umdrehte«, meinte Johnson. Drei Sätze erweckten besondere Besorgnis: »Die Sowjetunion ist zu einer Entscheidung gelangt … es handelt sich um eine militärische Entscheidung … Sie wird katastrophale Folgen haben …«

»Es war ganz still im Zimmer«, fuhr Johnson fort. »McGeorge versuchte, das Beste aus der Situation zu machen. Er ist hochintelligent, verstehen Sie mich nicht falsch. In Detailfragen war er mir eine große Hilfe, aber nicht, wenn es um die korrekte Einschätzung einer Situation ging. Dean war immer zuverlässig und vernünftig.«

Dann beschrieb Johnson, wie er Bob McNamara in sein Zimmer schickte, um mit dem Stabschef zu telefonieren und nachzufragen, wo die Sechste Flotte sich aufhielt und wie schnell sie zur Stelle sein konnte. »Bob ging hinaus, und wir blieben schweigend sitzen; nach einer Weile kam meine Frau herunter und brachte uns Kaffee.« Zwanzig Minuten später berichtete McNamara, die Sechste Flotte befinde sich hundert Meilen vor der syrischen Küste und könne bei normaler Geschwindigkeit, plus/minus einer möglichen zehnprozentigen Abweichung, fünfundzwanzig Knoten in der Stunde machen. Johnson zitierte sich selbst, wie er zu McNamara sagte: »Gehen Sie gleich wieder

---

* Damaliger Chef der CIA. A. d. Ü.

ans Telefon, und sagen Sie der Flotte, sie soll direkt auf die Russen zusteuern, aber mit normaler Geschwindigkeit, hören Sie, mit normaler Geschwindigkeit.« Nach etwa zwei Stunden quälenden Wartens kam die Meldung durch, daß die Russen sich zurückgezogen hatten. Als Anmerkung fügte Johnson noch hinzu: »Und ich wette mit Ihnen, wenn Hubert Humphrey oder McGovern auf meinem Stuhl gesessen hätten, die hätten sich vor Angst in die Hose gepinkelt.«

Am Montag morgen um neun Uhr kam der Präsident in mein Zimmer, schwenkte eine Ausgabe der *New York Times* durch die Luft und platzte heraus: »Sie wollen doch bestimmt dieses verfluchte Ostküsten-Schmierblatt lesen. Für diese Leute konnte ich nie was richtig machen. Und die Kennedys konnten nichts falsch machen. Wenn Jackie einen Reporter vom Gehweg schubst, dann schreibt die *New York Times*: ›Reporter schubst Mrs. Kennedy.‹ Wenn ich aber einen Reporter schubse, dann wollen die mich dafür gleich ins Gefängnis stecken ...« Ohne weiteren Kommentar verließ Johnson mein Zimmer.

Seit Harold Wilson prominent geworden war, versuchten die unverschämteren seiner Gegner, Verleumdungen und Fehlinformationen über seine Verbindungen zu den Russen zu verbreiten und an seiner bedingungslosen Loyalität zum Westen zu zweifeln. Seine Unterstützung der Vereinigten Staaten, sein standhafter Monarchismus, sein beinahe sentimentaler Patriotismus – all das schreckte seine Kritiker nicht ab. So bildete sich eine absurde Allianz aus extremen Rechten im britischen Nachrichtendienst, der CIA, wo der nervöse James Angleton eine Verleumdungskampagne aus dem Untergrund steuerte, dem südafrikanischen Geheimdienst BOSS, der gern Jagd auf »Liberale« jedweder Färbung machte, und dem KGB, der ohnehin jeden wichtigen nichtkommunistischen Anführer der Linken ins Wanken bringen wollte. In der letzten Zeit der Regierung Wilson verpestete diese fast spürbare Wolke aus Gerüchten, Andeutungen, abgegriffenen Scherzen und düsteren Geschichten die Luft. Manche von Wilsons Gefolgsleuten waren mit ihren Verdächtigungen bezüglich der Verleumdungskampagne eindeutig zu weit gegangen, aber ich zweifelte keinen Moment daran, daß etwas im Busch war. Da waren die rätselhaften Einbrüche ins Privathaus der Wilsons in Buckinghamshire und ins Büro von Arnold Goodman; da wurden Geschichten von Agenten, Erpressung und kompromittierenden Fotos in Umlauf gebracht. Manche davon schienen aus dem Umfeld des Geheimdiensts zu stammen. Im Sommer 1975 ergötzten einige mit engen Verbindungen zum Geheimdienst bei einer Lunchparty auf dem Land die übrigen Gäste mit ihrem Gerede über Harold Wilson, Marcia Williams und ihre »Russian Connection«. Auch Martin Gilbert, Historiker und Schwiegersohn des Gastgebers Michael Sacher, war anwesend. Er fühlte sich Marcia verpflichtet, weil diese ihm bei seinen Churchill-Forschungen in den Archiven der Downing Street behilflich gewesen war. Gilbert machte sich unter dem Tisch Notizen über das Gespräch und rief dann Marcia in der Downing Street an. Von einer anderen Quelle erfuhr ich die Geschichte, und das brachte mir das Problem erst richtig ins Bewußtsein. Ich informierte sofort Marcia. Beim Lunch im Unterhaus am letzten Tag vor der parlamentarischen Sommerpause besprachen wir die Sache mit dem Premierminister. Die Parlamentsmitglieder benahmen sich ausgelassen wie Schulkinder vor den großen Ferien, und immer wieder blieb jemand an unserem Tisch stehen, um ein paar freundliche Worte zu wechseln. Aber Wilson war gedrückter Stimmung. Er beschloß, den Chef des MI 5, Sir Michael Hanley, zu sich zu rufen und ihn direkt mit den Behauptungen zu konfrontieren. Allerdings ohne großen Erfolg.

Eines Abends Anfang Februar 1976 bekam ich einen Telefonanruf aus der Downing Street. Im Unterhaus fand eine Nachtsitzung statt, und man bat mich, um 22.30 Uhr zum Premierminister zu kommen. Er hatte von Marcia erfahren, daß ich vorhatte, in Kürze nach New York und Washington zu fliegen, und jetzt sollte ich über unseren gemeinsamen Freund Hubert Humphrey herausfinden, ob es wirklich eine Geheimdienstverschwörung gab. »Aus meinen eigenen Leuten werde ich einfach nicht schlau«, sagte er. »Ich möchte wissen, ob die Amerikaner ihre Hände im Spiel haben.« Er diktierte mir fünf Fragen über mögliche CIA-Aktivitäten in Großbritannien, die ich Humphrey stellen sollte. Bis heute besitze ich das zerknitterte Downing-Street-Papier, das ich für meine Notizen verwendete.

Ich schlug noch zwei weitere Leute vor, die ich für Wilson aufsuchen konnte: Frank Church, Leiter des nachrichtendienstlichen Senatsunterausschusses, und George Bush, der gerade zum Chef der CIA ernannt worden war. George und Barbara Bush waren Freunde meiner Frau Sandra, die mit ihrem ersten Mann in Texas gelebt hatte, und wir hatten die Bushs besucht, als er Botschafter der Vereinten Nationen gewesen war. Ich erinnere mich an ein besonders gelungenes Souper zu viert in seinem Apartment in den Waldorf Towers, mit einer Sondervorführung von Coppolas *Der Pate*; Bush hatte eine Kopie des damals brandneuen Films zugeschickt bekommen. Wilson stimmte meinem Vorschlag zu, daß ich auch Church und Bush um Rat fragen sollte, vorausgesetzt, Humphrey hatte nichts dagegen.

Am nächsten Tag flog ich nach New York. Mit Senator Humphrey traf ich mich zweimal in Washington. Beim ersten Treffen übergab ich ihm eine handgeschriebene Kopie von Wilsons Fragen. Er versprach, mit den Senatoren Church und Mondale zu sprechen, und beauftragte außerdem zwei seiner Berater, verschiedenen anderen Quellen nachzugehen. Bei unserem zweiten Termin Ende Februar hatte Humphrey zu jeder Frage eine ausführliche Antwort vorbereitet. Ich sollte Wilson versichern, daß es keine offiziellen CIA-Maßnahmen gegen Mitglieder der gegenwärtigen englischen Regierung gab, und von oben waren auch keinerlei Aktionen dieser Art sanktioniert worden. Allerdings schloß Humphrey die Möglichkeit nicht aus, daß es von der Seite unautorisierter »angeheuerter Hilfskräfte« und unterer Chargen Aktionen gab, die möglicherweise mit rechtsextremen Elementen in Großbritannien oder mit südafrikanischen Agenten abgesprochen waren.

Bei einer privaten Dinnerparty, die Mildred Hillmann von den Vereinten Nationen zu Ehren von George Bush in ihrer großen Wohnung in den Waldorf Towers veranstaltete, konnte ich auch meine Mission bei Bush erledigen. Bush sprach ganz offen über die Probleme, mit denen er sich in seiner neuen Stellung konfrontiert sah, vor allem auch von der Notwendigkeit, das Image des Geheimdienstes zu erneuern. Als ich ihm mein Anliegen erklärt hatte, sagte mir Bush, ich solle ihn in ein paar Tagen in Washington anrufen; bis dahin wollte er Erkundigungen einziehen. Bei dem Telefongespräch bestätigte er mir dann das, was Humphrey gesagt hatte. Die Akten gaben keinen Hinweis auf den kleinsten Makel an Wilsons Ruf. Bush meinte, es sei ihm sehr wichtig, die Sache klarzustellen und Wilson auch seine persönliche Garantie für diese Information zu geben. Deshalb schlug er vor, auf dem Weg nach Pullach, wo er zum erstenmal das Hauptquartier des deutschen Geheimdiensts besichtigen wollte, einen privaten Zwischenstopp in London einzulegen. Ich erstattete Marcia telefonisch Bericht, benutzte aber Codenamen: Bush war »Gary Cooper«, Wilson der »Produzent«. Ich sagte ihr, ich käme gerade von einem Treffen mit Gary Cooper, der sich gern noch einmal mit dem Produzenten treffen wollte. Als ich Marcia den Termin mitteilte, den Bush vorgeschlagen hatte, schrie sie plötzlich ins Telefon: »Das ist zu spät!« Ich verstand nicht, was sie damit meinte. »Warum ist das zu spät?«

»Denken Sie doch nach, Mann, benutzen Sie Ihre grauen Zellen. Die Sache muß früher über die Bühne.«

Ich verstand immer noch nicht.

»Egal«, erwiderte sie. »Sagen Sie ihm, entweder klappt es früher oder überhaupt nicht. Mehr kann ich jetzt nicht erklären.«

Erst viel später wurde mir klar, daß sie Wilsons Rücktrittsdatum gemeint hatte. Nur eine Handvoll Leute wußte, daß es Wilsons sechzigster Geburtstag sein sollte. Er hatte das schon längst beschlossen, achtete aber sorgfältig darauf, daß die Entscheidung geheimgehalten wurde, nicht zuletzt, weil er Einfluß auf die Nachfolge nehmen wollte. Als er erfuhr, daß der Termin in aller Öffentlichkeit auf einer Londoner Dinnerparty diskutiert worden war, fragte er Lord Goodman, ob er eine Ahnung hätte, wie die Geschichte durchgesickert sei. Goodman hatte läuten hören, man wisse es aus New York, wo ich es überall herumerzählt hätte. Außer sich vor Wut, zitierte Wilson Marcia zu sich und machte ihr Vorwürfe wegen meiner angeblichen Indiskretion. Aber sie wies ihn darauf hin, daß ich unmöglich die gesuchte Quelle sein konnte; glücklicherweise hatte sie eine Notiz unseres transatlantischen Telefongesprächs aufbewahrt. Die Tatsache, daß ich nicht verstanden hatte, weshalb das von Bush vorgeschlagene Datum sich nicht eignete, war ein guter Beweis – ich konnte das Geheimnis gar nicht verraten haben.

Schon lange Zeit bevor Wilson seinen Rücktritt verkündete, waren Gerüchte im Umlauf gewesen, unter anderem auch, weil er oft gegenüber Kollegen und Freunden angedeutet hatte, daß er nicht die volle Zeit im Amt bleiben wollte. Doch seine Signale waren sehr widersprüchlich gewesen, und so ganz glaubte niemand daran, daß er wirklich gehen wollte. Dennoch herrschte dank all der Spekulationen schon bei der Weihnachtsparty in Downing Street 10 Abschiedsstimmung – drei Monate bevor Wilson seine Entscheidung öffentlich bekanntgab. Die Weihnachtsfeier war ein gemütliches Treffen des ganzen Wilson-Stabs und ein paar enger Freunde. Wir feierten nicht nur, sondern verabschiedeten uns auch von Robert Armstrong, der seinen Posten als Erster Privatsekretär des Premierministers aufgab. Armstrong war ein guter Pianist, und er hielt uns mit Weihnachtsliedern und Wilsons Lieblingsstücken von Gilbert und Sullivan bei Laune. Und die ganze Zeit über wisperten die Leute in den Ecken, es sei sicher Harolds letztes Weihnachten in Downing Street 10.

Obwohl ich das Datum nicht mehr genau im Kopf hatte, wußte ich schon einige Monate vorher, daß Wilson seinen Rücktritt vorbereitete. Ich erinnere mich noch an einen Herbstbesuch in Chequers und ein Essen mit Harold und Marcia. Es gab Moorhuhn, und ich genierte mich schrecklich, weil ich das nicht essen kann. Dabei wurde das Thema des Rücktritts ganz allgemein besprochen. Marcia war leidenschaftlich dagegen, und wir appellierten beide an Harold, er solle sich die Sache doch noch einmal durch den Kopf gehen lassen. Den ganzen Winter über brachten wir jedes erdenkliche Argument vor, um ihn von seinem Vorhaben abzubringen. Wilson, der immer gern etwas orakelhaft war, protestierte jedesmal, er habe doch sowieso noch keinen endgültigen Entschluß gefaßt.

Am 10. März 1976, dem Vorabend von Harold Wilsons sechzigstem Geburtstag, veranstaltete ich wie seit Jahren eine Party für ihn. Da Marcias und Wilsons Geburtstage nur einen Tag auseinanderliegen, gab es oft eine Doppelfeier im Kreis der Familie und der engsten Bekannten. George Thomas, der langjährige Unterhaussprecher (der spätere Lord Tonypandy), Peter Shore, Tommy Balogh und Gerald Kaufman zählten gewöhnlich zu den Gästen, und diesmal wurde auch James Callaghan, der damalige Außenminister, eingeladen – worüber er sich etwas wunderte. An diesem Abend war im Parlament eine Abstimmung, und als es Zeit war, bot Wilson Callaghan an, ihn in seinem Wagen mitzunehmen. Im Weggehen wandte sich Callaghan an mich und fragte: »Wer ist eigentlich auf die Idee gekommen, mich heute abend einzuladen?« Marcia stand hinter mir in der Tür. Wir tauschten einen kurzen Blick, dann antwortete sie mit absoluter Gelassenheit: »Wir alle wollten Sie hier haben.« Erst im Wagen auf dem Weg zum Unterhaus informierte Wilson Callaghan von seinem Entschluß zurückzutreten. Das Kabinett sollte es erst sechs Tage später erfahren, aber Wilson war es wichtig, daß der von ihm favorisierte Nachfolger beim Wettbewerb um die Parteiführung einen kleinen Vorsprung hatte.

Trotz aller Gerüchte traf die Nachricht von Wilsons Rücktritt London wie ein Blitz aus heiterem Himmel. Ich verbrachte in dieser Woche viel Zeit mit Marcia und dem Premierminister. Am 16. März, dem Tag, als Wilson im Parlament seine Erklärung abgab, merkten wir plötzlich, daß wir für den Abend nichts vorbereitet hatten; also bat ich meinen Koch, für uns drei rasch ein Essen zu zaubern. Marcia hatte sich bereit erklärt, im Fernsehen aufzutreten, und ich fuhr sie ins Studio. Danach trafen wir uns in meiner Wohnung. Die Atmosphäre war gespannt. Harold war sehr bedrückt und Marcia in düsterer Stimmung. Immer wieder machte sie Wilson Vorwürfe wegen des Rücktritts: Nichts würde so funktionieren, wie er es sich vorstellte. Hatte er denn gar nicht an die Leute gedacht, die für ihn arbeiteten? Da Wilson die Situation äußerst peinlich war, versuchte er, das Thema zu wechseln. Da sprang Marcia plötzlich auf, stürmte aus der Wohnung und knallte die Tür hinter sich zu. Wilsons Chauffeur Billy wurde losgeschickt, um sie zurückzuholen. Schließlich kam sie wieder, es gab eine nicht sehr überzeugende Versöhnungsszene, und kurz danach brach Marcia zusammen mit Harold auf.

Am nächsten Morgen klingelte kurz vor acht Uhr das Telefon. Es war Bill, der Chauffeur, der erklärte, Wilson habe seine Pfeife vergessen. Wie der kleine Mohr im *Rosenkavalier*, der das verlorene Taschentuch der Marschallin holen muß und dann zu den letzten Akkorden des Orchesters davonhastet, nahm Bill die Pfeife vom Tisch, wo sie unangetastet in der Asche der letzten Nacht lag. Dann senkte sich der Vorhang über die Wilson-Ära.

Ich konnte den wirklichen Grund für Wilsons vorzeitigen Rücktritt nie ganz begreifen, aber ich bin sicher, daß seine Entscheidung keinen in irgendeiner Weise dubiosen Hintergrund gehabt hat. Mit seiner typischen Koketterie erklärte er immer, jetzt sei ein junger Mann an der Reihe. Da er sich aber den um einige Jahre älteren Callaghan als Nachfolger aussuchte, kann das nicht der wahre Grund gewesen sein. Doch Wilson hatte viel von seiner ursprünglichen Spannkraft verloren, und vielleicht gab er auch dem Druck seiner Frau nach, die sich seit langem sehnlichst wünschte, daß er sein Amt niederlegte. Die internen Kämpfe der Labour Party haben ihn wohl ebenfalls kaum zum

Bleiben angeregt, genausowenig wie die meuternden Gewerkschaften und das allgemeine Wirtschaftsklima. Ich glaube nicht, daß Wilson mit seiner Amtsniederlegung einen dauerhaften Rückzug aus der Politik plante, sondern daß er davon ausging, man würde ihn zurückrufen, wie Gladstone oder de Gaulle. Man hatte das Gefühl, daß er es für klug hielt, sich vorübergehend zurückzuziehen, nur um später als gereifter Staatsmann wiederzukommen, vielleicht sogar als Führer einer Koalitionsregierung. Als ich mich bei ihm für meine Ernennung ins Oberhaus bedankte, sagte ich ihm, meine Freude sei nur dadurch gedämpft, daß ich nicht in der Lage sein würde, ihm weiterhin zu dienen. Da zwinkerte er mir zu und sagte: »Machen Sie sich keine Sorgen, ich komme zurück.«

Jetzt waren die Wilsons gezwungen, ein noch bescheideneres Leben zu führen. Sonderprivilegien für ehemalige Premiers, die ihnen Forschungsassistenten, Autos und Chauffeure zugestehen, wurden erst nach Wilsons Rücktritt eingeführt. Er selbst hatte sich nicht um seine Zukunft gekümmert. Während sein Vorgänger Edward Heath gut versorgt war und auch andere pensionierte Premierminister über beträchtliche private Mittel verfügten, war Wilson auf die Einnahmen aus seinen Büchern und seine Vortragshonorare angewiesen, wenn er seine bescheidene Pension aufbessern wollte. Wegen seines angegriffenen Gesundheitszustands konnte er diese Tätigkeiten jedoch nicht ausbauen. Eine Weile war die Rede von einer Stiftung, aber es ergab sich nie etwas Konkretes, sicher auch, weil manche in Wilsons Kreis sich offen gegen eine Beteiligung Marcias aussprachen. Vielleicht hätte Wilson gern das Rektorat des University College von Oxford übernommen, aber letzten Endes bekam Lord Goodman den Posten.

Selten mußte ein Premierminister eine so erbarmungslose Presse und ein so von Verleumdungen und Andeutungen verzerrtes öffentliches Image hinnehmen wie Harold Wilson nach seinem Rücktritt. Die meisten böswilligen Kommentare entbehrten einer stichhaltigen Grundlage, und seine Biographen waren alles andere als großmütig. Als ich Arnold Goodmans Memoiren las, war ich regelrecht vor den Kopf gestoßen von seiner kritischen Einschätzung. Manchmal ist er geradezu sarkastisch und herablassend einem Mann gegenüber, der ihm Vertrauen geschenkt und ihn mit Sonderaufträgen und allen möglichen Ehrungen geradezu überhäuft hat. Nur weil Wilson ihn so förderte, wurde aus Goodman überhaupt eine so einflußreiche Persönlichkeit. Seine Beschreibung Wilsons als halbgebildetem Spießer ist absolut unzutreffend und ungerecht. Mit seinen profunden Kenntnissen in Statistik, Ökonomie, Politik und Geschichte war Harold Wilson vielleicht eher ein Spezialist als ein umfassend gebildeter Mann, weshalb er vor Intellektuellen beinahe so etwas wie Ehrfurcht empfand. Doch wie man Wilsons Erbe auch betrachten mag, in jedem Fall hat er zwei wichtige Beiträge zur britischen Kultur geleistet. Er war immens stolz auf die Eröffnung der Fernsehhochschule, einem Meilenstein in der Domäne der höheren Bildung, die es Erwachsenen ohne formalen Schulabschluß endlich erlaubte, zu Hause zu studieren. Außerdem gab er Jennie Lee, seiner Ministerin für Kunst und Kultur, wesentlich freiere Hand und großzügigere Mittel als alle anderen britischen Regierungen vor oder nach ihm.

Lord Goodmans Angriff auf die bekannte »Lavendel Liste« klingt wie ein Echo auf die feindseligen Kommentare seitens der Presse und aus allen Reihen des politischen Spektrums. Wie immer griffen sich die Medien sofort Marcia heraus, die angeblich Wilsons ursprüngliche Vorschläge für diejenigen, die geehrt werden sollten, auf ihrem lavendelfarbenen Papier notiert hatte. Von den zweiundvierzig Personen auf der Liste hatten die meisten wichtige Beiträge zum öffentlichen Leben Großbritanniens geleistet; sie waren nicht weniger bemerkenswert als viele der vor oder nach ihnen mit Ehren überhäuften Persönlichkeiten. Unglücklicherweise gab es jedoch zwei Männer, die besonders umstritten waren: Sir Joseph Kagan, der in Litauen geborene Fabrikant, dessen Gannex-Regenmäntel Wilson immer trug, und Eric Miller, ein Häusermakler, der zur Finanzierung der Sozialistischen Internationale beigetragen hatte. Dieses Forum hatte dem Premierminister als willkommener Vorwand gedient, um sich inoffiziell mit ausländischen linken Parteiführern zu treffen. Dank dieser beiden Namen auf der Liste hat Wilsons Ruf schwer gelitten. Kagan mußte wegen Steuerhinterziehung ins Gefängnis, und Miller beging im September 1977 Selbstmord, nachdem Vorwürfe wegen Betrugs gegen ihn laut geworden waren. Auch sonst wurde vom einen oder anderen der Wilson-Günstlinge behauptet, sie seien Außenseiter, und manchem schien es seltsam, daß ein Labour-Politiker, der sich bei vielen Gelegenheiten gegen Nepotismus ausgesprochen hatte, schillernde Persönlichkeiten wie

James Goldsmith befördert hätte. Doch der unorthodoxe Charakter der Ehrungen in Wilsons Abschiedsliste erwuchs hauptsächlich aus dem Wunsch, alle jene anzuerkennen, denen er sonst in den verbleibenden zwei bis drei Amtsjahren Ehrungen hätte zuteil werden lassen. Er legte großen Wert darauf, bestimmte Leute zu belohnen, bei denen er es für unwahrscheinlich hielt, daß sie von seinem Nachfolger berücksichtigt wurden. Einmal, so erinnere ich mich, sagte er mir, er wolle unbedingt einen Akademiker auf seiner Liste haben. Als die Historiker J. H. Plumb und Asa Briggs vorgeschlagen wurden, meinte Wilson, diese beiden würden garantiert früher oder später sowieso geehrt, aber John Vaizey mit seinen unzweifelhaften Verdiensten hätte doch kaum eine Chance, von einem konventionelleren Premierminister ausgewählt zu werden. So wurde Vaizey Mitglied des Oberhauses, wo er sich als aktiver Peer hervortat.

Schon des öfteren wurden die Nörgeleien um die Ehrenliste zu Wilsons Rücktritt mit antisemitischen Regungen in Verbindung gebracht. Aber wie dem auch sei, die auffällige Häufung jüdischer Namen auf der Liste zeugt vor allem von Wilsons unbefangener Einstellung zur Rasse eines Menschen. Er war absolut frei von Rasse, Religion oder Klasse betreffenden Vorurteilen. Seine Vorbehalte richteten sich eher gegen das persönliche Niveau als gegen die Klasse eines Menschen. Es fiel ihm nicht einmal auf, daß er womöglich eine unverhältnismäßig hohe Anzahl von Juden oder Ausländern förderte. Wenn ihn jemand darauf hinwies, antwortete er: »Lieber Gott, ich zähle doch auch nicht nach, wie viele Leute in meiner Umgebung Zweireiher tragen oder rote Haare haben.« Und das meinte er vollkommen ehrlich. Mary Wilson und Marcia Williams vertraten dieselbe Auffassung. Ihre unbefangene Sympathie für Juden ist vielleicht teilweise mit ihrer eigenen Herkunft zu erklären, mit dem Bewußtsein, zu den Unterprivilegierten zu gehören und hart arbeiten zu müssen, um es in der Gesellschaft zu etwas zu bringen. Auch Wilson respektierte Menschen, die sich durch harte Arbeit und eigene Kraft nach oben durchkämpften.

Schon immer hatte Wilson enge Beziehungen zu den jüdischen Kreisen in Großbritannien gepflegt. Durch das Handelsministerium war er mit vielen Emigranten aus Mittel- und Osteuropa in Kontakt gekommen, deren Unternehmergeist ihn zutiefst beeindruckte. Erfolgreiche Geschäftsleute wie der Österreicher Rudy Sternberg, der in

Ungarn geborene Unternehmer Sigmund Sternberg und der ebenfalls aus Österreich stammende Chemie-Ingenieur Schon bildeten die industrielle Phalanx der Labour Party, auf die Wilson sich voll und ganz verließ. In ihrer Gesellschaft fühlte Wilson sich wohl, und manche von ihnen wurden seine persönlichen Freunde.

Meine Berufung ins Oberhaus wurde in manchen Kreisen ähnlich aufgenommen wie meine Erhebung in den Adelsstand sieben Jahre zuvor: Angeblich verschüttete der Leiter des Heinemann Verlages seinen Sherry, als ihm im Savile Club die Nachricht zu Ohren kam. Es war der Verlegergemeinschaft ein Dorn im Auge, daß man mich auf diese Art hervorhob. Mark Longman, der damalige Präsident des Verlegerverbandes, schickte mir einen Brief, so kurz angebunden, wie es nur ging. Er lautet folgendermaßen:

Lieber George,

als Präsident des Verlegerverbandes obliegt es mir, im Namen des Vorstands an ein Mitglied zu schreiben, das in der Ehrenliste erwähnt wird – deshalb heute dieser Brief. Ich bin sicher, daß alle Ihre Verlegerkollegen wissen, wie hart Sie für Ihre Ritterwürde gearbeitet haben, und so möchte ich Ihnen meine Anerkennung für Ihre Leistungen aussprechen.

Mit freundlichen Grüßen
Mark

Bei einer Party im Sommer 1969 sprach mich eine Dame aus den Midlands an. Ich war ihr nie zuvor begegnet, aber sie kam sofort zur Sache: »Warum haben ausgerechnet Sie die Ritterwürde bekommen und nicht Billy Collins?« erkundigte sie sich mit eindringlicher Stimme. »Er hätte sie wirklich mehr verdient.« Doch ich erhielt auch viele herzliche Glückwünsche, die mir wieder Mut machten. Einer kam von Richard Crossman, der mir einen handschriftlichen Brief schickte, auf dem er den Briefkopf des Ministeriums für Gesundheit und Soziale Sicherheit durchgestrichen hatte:

Lieber George,

herzlichen Glückwunsch – ich hab diesen Brief immer wieder verschoben, und das aus einem absurden Grund – ich wollte Dich nämlich als Mitglied des Oberhauses auf Lebenszeit sehen, und deshalb war die Nachricht für mich ein bißchen enttäuschend!

Trotzdem – wie John Foster gesagt hat, als er im Krieg mit dem Rang eines Brigadekommandeurs zur SHAEF* kam –, »irgendwo muß man ja anfangen«.

Also betrachte ich das Ereignis als den ersten Schritt zur Anerkennung. Hoffen wir, daß wir lange genug durchhalten, daß der Premierminister die Angelegenheit irgendwann zu Ende führen kann.

Liebe Grüße
Dick Crossman

Am Tag der Verleihung begleiteten mich meine Mutter und meine Frau Sandra zum Buckingham Palace, wo sich die anläßlich des Geburtstags der Queen Geehrten und ihre engsten Verwandten bereits versammelt hatten. Erstaunlicherweise paßte mir der Stresemann, den mir der tschechische Schneider vor zwanzig Jahren in Jerusalem gemacht hatte, noch immer. Sandra und meine Mutter mischten sich unter die Gäste im Ballsaal, wo eine Militärkapelle Melodien aus *South Pacific*, *Anatevka* und anderen bekannten Musicals spielte. Mich erstaunte, daß überhaupt nichts Klassisches zum besten gegeben wurde. Inzwischen brachte man die Geehrten in einen Nebenraum, und wir wurden von einem uniformierten Höfling instruiert, wie und wann wir uns zu verneigen hatten, wann wir rückwärts gehen und vor der Königin niederknien mußten. Sir Eric Penn, der als Haushofmeister für das Protokoll verantwortlich war, überwachte die Kostümprobe. Groß und gutaussehend, mit einem makellos gestutzten Schnurrbart, hätte er direkt dem Film *Der Gefangene von Zenda* entsprungen sein können. Dann wurden die Würdenempfänger einer nach dem anderen der Königin vorgeführt. Sie war über jeden einzelnen gut informiert und schenkte jedem etwa eine Minute ihrer kostbaren Zeit. Nachdem sie das Schwert auf meine beiden Schultern gelegt und mich zum Ritter geschlagen hatte, bemerkte sie: »Ich bewundere Cecil Beatons wunderschöne Fotobände«, womit sie mir zu verstehen gab, sie wisse, daß ich sein Verleger war. Ich murmelte ein paar verlegene Worte, ver-

---

* Supreme Headquarters Allied Expeditionary Forces, Expeditionsstreitkräfte der Alliierten. A. d. Ü.

beugte mich steif, zog mich rückwärts zurück und schloß mich wieder meiner Familie an, die am Fuß der Treppe auf mich wartete. Als wir den Palast verließen und in die warme Spätfrühlingssonne hinaustraten, war mein erstes Gefühl das Bedauern, daß mein Vater, der kurz zuvor verstorben war, nicht hatte dabeisein können.

Die Aufnahme ins Oberhaus ist wesentlich komplizierter als die Zeremonie bei der Verleihung der Ritterwürde. Wenn die Ehrung verkündet wird, müssen ein Antragsteller und ein Unterstützer des Antrags gefunden werden. Ich wählte den Earl of Longford und Lord Melchett, der vor kurzem die Nachfolge seines Vaters, meines Freunds Julian, angetreten hatte und ein fähiger Repräsentant der jungen Labour-Generation war. Die förmliche Einführung findet sofort nach dem Lunch statt, und die neuen Peers dürfen bis zu sechzehn Gäste zu ihrem Festessen einladen. Meine Mutter und Laura waren anwesend, außerdem die Longfords, Peter Melchett und seine Mutter Sonia, eine meiner ältesten Freundinnen. Zur Party kamen Nigel Nicolson, Diana Phipps, Evangeline Bruce, Fred Warner, Pamela Hartwell, mein lieber Freund Herman Elkon und der treue, großherzige Jan Mitchell; die beiden letzteren waren eigens aus New York gekommen. Während die anderen am Tisch sitzen blieben, geleitete der Oberste Dienstbeamte des Oberhauses (Black Rod) und Vorsitzender des Hosenbandordens (Garter King of Arms) im Waffenrock, den Stab unter dem Arm, mich und meine beiden Antragsteller zu einer Kostümprobe in den leeren Sitzungssaal. Und so durchliefen wir alle drei das Ritual: Wir lüfteten unseren Dreispitz vor dem Wollsack*, verlasen die Treueerklärung, schworen auf die Bibel (in meinem Fall das Alte Testament) und so weiter.

Bevor wir uns ins Ankleidezimmer zurückzogen, um auf den Lordkanzler und die offizielle Eröffnung der Zeremonie zu warten, gesellten wir uns auf eine schnelle Tasse Kaffee zur Lunchparty. Gerade als wir uns zum Sitzungssaal aufmachen wollten, gab es eine kleine Krise im Protokoll. Der Earl of Longford schickte sich an, die Führung zu übernehmen, ich die Mitte und Lord Melchett die Nachhut. Da wies uns der Garter King of Arms darauf hin, daß Longfords Adelstitel zwar eine lange Zeit zurückreichte, letztlich aber auf einer irischen Peers-

---

* Sitz des Lordkanzlers im Oberhaus. A. d. Ü.

würde beruhte, die im Vereinigten Königreich erst 1945 anerkannt worden war, während Melchetts Titel aus dem Jahr 1928 stammte. Also drehten wir die Marschordnung um. Nervös und tief bewegt vollführte ich meine zeremoniellen Pflichten und nahm meinen Platz auf einer Hinterbank der Kammer ein.

Jeder neu ernannte Peer wird ermuntert, den Garter King of Arms aufzusuchen, um den Titelnamen und das Wappen festzulegen. Da ich mich in solchen Sachen nicht auskannte, nahm ich Diana Phipps zum Wappenamt mit. Diana stammt aus einer alten böhmischen Aristokratenfamilie und war in den historischen und ästhetischen Aspekten von Wappenschilden gut bewandert. Weil ich in Chelsea wohnte, durfte ich meinem Namen ein »of Chelsea« hinzufügen. Der Garter King of Arms fragte mich, ob es in meiner Familiengeschichte oder meinem eigenen Leben irgend etwas gebe, was ich gern in mein Wappen einarbeiten wollte. Wir entschieden uns für eine Anzahl verschiedener Elemente: die Mauern von Jerusalem und ein Wolf mit einer Schriftrolle im Maul – als Anspielung auf das Symboltier, das das Familienwappen meiner Mutter seit dem Mittelalter ziert. Diese beiden Symbole sollten von zwei Figuren flankiert werden: auf der einen Seite ein Weiser mit langem Bart in einem fließenden Gewand, auf der anderen ein junger uniformierter Student mit einem Schwert in der Hand. Als Motto wählte ich dazu drei Worte aus einem Vers von Horaz: *Arma cedant togae.* Als ich meiner Freundin Valerie Wade erklärte, das dies bedeutet, die Waffen müßten der Versöhnung weichen, übersetzte sie das sofort auf ihre bodenständige Art in: »Man kann über alles verhandeln.«

KAPITEL XVIII

Manhattan-Mosaik

Während der vergangenen fünfundvierzig Jahre hat mich meine Arbeit so oft nach Amerika geführt, daß ich die Vereinigten Staaten inzwischen als meine zweite Heimat ansehe. Für einen Europäer ist Amerika und vor allem New York wie Europa im großen. In den Straßen von Manhattan finden sich Spuren von London, Paris und Berlin ebenso wie Anklänge an Italien und Griechenland.

Meine verlegerische Tätigkeit erforderte regelmäßige Besuche in New York und Boston, und meine politischen Interessen führten mich mindestens zweimal im Jahr auch nach Washington. In den siebziger Jahren hatte ich eine enge geschäftliche Beziehung mit der Encyclopaedia Britannica; ich mußte deshalb viermal jährlich nach Chicago reisen, und in den achtziger Jahren, während meiner Zusammenarbeit mit Ann Getty, kamen noch San Francisco und Los Angeles zu meiner amerikanischen Reiseroute hinzu. Da die Amerikaner sehr spontane und aufgeschlossene Menschen sind, ist der Übergang zwischen Arbeit und geselligem Leben fließend, und ich habe in Amerika fast so viele Freundschaften geschlossen wie diesseits des Atlantik, aus denen sich ein Netz beständiger Zusammenarbeit, gegenseitiger Gastfreundschaft und manchmal auch gefühlsmäßiger Verbundenheit ergab.

Bei meinen frühesten Begegnungen mit dem amerikanischen Verlagswesen erlebte ich noch das Ausklingen einer Ära großer Souveräne – Männer, die ihre häufig in Familienbesitz befindlichen Unternehmen wie absolute Monarchen leiteten. Ostküsten-Verleger ahmten gern das Ideal des englischen Gentleman nach. War die Arbeit erledigt, so luden sie ihre britischen Gäste zu zeremoniellen Restaurantbesuchen ein: Man speiste im Twenty-One, im Colony, im Pavilion oder im Brussels – allesamt Restaurants im französischen Stil, in denen der Oberkellner seine Gäste in endlose Diskussionen über den Wein und die Art der Essenszubereitung verwickelte, und das mit weit mehr

Liebe zum Detail als sein Pariser Vorbild. Manche Verleger führten ihre Gäste auch in den Century oder in den Yale Club. Wenn man sich näher kannte, wurde man manchmal nach dem Dinner noch ins Champagne Room oder ins El Morocco mitgenommen, das später zu meinem Stammlokal avancierte.

Als ich im Herbst 1950 Roger Straus besuchte, einen aufstrebenden und vielversprechenden Neuling in der Branche, der sich mit dem Verlag Farrar Straus bereits einen Namen gemacht hatte, betrat ich zum erstenmal ein amerikanisches Verlegerbüro. Rogers Image als leichtlebiger Bonvivant und Frauenheld war irreführend, denn er war ein leidenschaftlicher Literaturliebhaber und Kosmopolit mit einer Vorliebe für moderne europäische Schriftsteller. Ich hatte gerade meine Tätigkeit bei der israelischen Regierung aufgegeben, um zu Weidenfeld & Nicolson zurückzukehren, aber der israelische Außenminister Moshe Sharett hatte mich gebeten, zehn Tage zu opfern, um an den Vorgesprächen der israelischen Delegation mit den Vereinten Nationen über den Status von Jerusalem teilzunehmen. So verband ich diesen Auftrag mit einer ersten Kontaktaufnahme im amerikanischen Verlagsgeschäft. Dank Präsident Weizmann und Teddy Kollek verfügte ich bereits über Verbindungen zu prominenten Persönlichkeiten in New York, von denen einige während meines Aufenthalts in Israel dort zu Besuch gewesen waren. Dadurch wurde mir die Begegnung mit wichtigen Verlegern deutlich erleichtert, denn sonst schenkt man in den größeren Verlagshäusern einem ausländischen Anfänger kaum Beachtung.

Zwei der weniger zugänglichen und sehr anspruchsvollen »Verleger-Monarchen« waren Alfred und Blanche Knopf. Sie waren Geschäftspartner, führten aber ein getrenntes Leben und luden auch manchmal gemeinsam Gäste ein. Blanche Knopfs Revier war Europa, mit besonderem Schwergewicht auf Frankreich. Im Ritz in London und Paris hielt sie Hof und traf sich mit den großen Intellektuellen der Zeit, wie Sartre und Camus. In New York pflegte sie freundschaftlichen Verkehr mit Museumskuratoren, Kunstkritikern, Musikern und natürlich mit ihren Autoren. Alfred Knopf dagegen empfing Gäste am liebsten in seinem Landhaus. Da in jener Zeit die Devisenkontrolle sehr streng gehandhabt wurde und man einen britischen Verleger – und insbesondere einen Anfänger – von vorneherein für mittellos hielt, lag meiner Einladung stets eine Zugfahrkarte nach Purchase nördlich von New

York bei. Sehr häufig war ich dort sonntags zum Essen eingeladen. Knopf besaß eine besondere Ader für Historiker und hatte ein ausgezeichnetes Verlagsprogramm in diesem Bereich zusammengestellt. Manchmal war Knopf ausgesprochen mürrisch und arrogant, aber um so herzerfrischender war es deshalb, wenn man von ihm einmal ein Lob bekam.

Mein Vorbild und Mentor war Cass Canfield, der Chef von Harper. Er war ein begeisterter Englandliebhaber und ein großartiger amerikanischer Gentleman, der meine Ideen unterstützte und mir ein paar seiner besten Titel zukommen ließ, statt sie an die etablierten britischen Verleger zu verkaufen. Das Dinner in Canfields Sandsteinhaus war immer ein Höhepunkt meiner New-York-Aufenthalte. Dort traf man Meinungsbildner wie John Gunther und Walter Lippmann, den ich später durch Mary McCarthy besser kennenlernte, man begegnete hohen Tieren wie John McCloy, Dean Acheson und Archibald Mac Leish, dem Bibliothekar der Library of Congress. Beim Essen pflegte man eine eher allgemeine Konversation, und danach entführte uns die gebieterische Jane Canfield manchmal mit ein paar Limousinen in die Stadt, wo wir einen Vortragsclub in einem eleganten Haus besuchten, das eigens für solche Gelegenheiten angemietet wurde. Dort trafen sich Gäste von mehr als einem Dutzend Dinnerpartys, alle Männer trugen schwarze Krawatten. Dann lauschten die Versammelten - eine Mischung selbstbewußter Akademiker und Politiker, Sprößlinge alter Familien, ein paar *Grandes Dames* aus New York und dazu etliche elegante Debütantinnen - einem informellen Vortrag: Beispielsweise berichtete John Gunther über seine jüngste Reise nach Osteuropa, Luigi Barzini spekulierte über das postfaschistische Italien, oder es gab eine Diskussion darüber, wie sehr sich das ländliche Maine an der Atlantikküste verändert hatte. Ich erinnere mich daran, wie Alan Pryce-Jones einmal versuchte, seinem Publikum die Unterschiede der sozialen Sitten und Gebräuche von New York, Paris und London zu erklären. Er stellte einige recht phantasievolle Theorien auf, hielt sich aber etwas zu lange bei seinen Verbindungen zu den Rothschilds auf. Nach den Vorträgen und Diskussionen wurde getanzt, und gegen Mitternacht brach man auf. Es erinnerte alles sehr stark an die Romane von Edith Wharton.

Das Vermögen der Canfields stammte aus Chicago. Sie waren ein sehr eng verbundener Clan mit endlosen Verzweigungen, da viele der geschiedenen Mitglieder und ihre Sprößlinge weiterhin im Schoß der Familie blieben. Cass Canfields älterer Sohn Cass jr. ist seit Ende der fünfziger Jahre ein Mitarbeiter von Harper. Michael, sein jüngerer Bruder, war ein Adoptivkind, und es gab Gerüchte, er sei das Kind eines Angehörigen der englischen Königsfamilie. Nachdem ihn seine erste Frau, Lee Bouvier – Jackie Kennedys Schwester –, wegen Stas Radziwill verlassen hatte, heiratete er Laura Dudley, die geschiedene Herzogin von Marlborough.

Als Michael Canfield noch mit Lee verheiratet war und bei Harper in London arbeitete, waren die beiden gesellschaftlich sehr gefragt. Während ihre Eltern zur Generation von Truman und Roosevelt gehörten, lebten die jüngeren Canfields ganz in der Welt der Kennedys. Als John F. Kennedy Senator war, machten er und Jackie wieder einmal eine Ehekrise durch, und sie wohnte eine Weile bei ihrer Schwester in Belgravia. Die Canfields gaben für sie eine Cocktailparty, die aber unglücklicherweise mit dem alljährlichen Empfang bei Lady Hulton, der Frau des Zeitschriftenverlegers, zusammenfiel. Natürlich wollte keiner den Empfang verpassen, aber manche, die Senator Kennedy eine große politische Zukunft voraussagten, wollten sich unbedingt bei dessen Frau sehen lassen. Als Ergebnis bildete sich vor dem Haus der Canfields ein Verkehrsstau: Die Gäste erschienen nur zu einem kurzen Besuch bei den Canfields und ließen ihre Fahrer vor dem Haus warten, damit sie ohne Verzögerung zum noch grandioseren Hulton-Empfang aufbrechen konnten.

Während die Knopfs eher eine literarische Gesellschaft repräsentierten und die Canfields das Establishment der Ostküste, verkörperte Max Schuster, der Mitbegründer des Verlags Simon & Schuster, den Selfmademan und die liebenswürdige Krämerseele. Durch ihn hörte ich zum erstenmal vom Konzept des »Marketing« im Buchgeschäft. Schuster trat ans Licht der Öffentlichkeit, als er mit Dick Simon, einem Kommilitonen der Columbia University, ins Verlagsgeschäft einstieg. Der erste große Erfolg der beiden war eine Sammlung von Kreuzworträtseln aus der *New York Times*. Hinter seinem ruhigen und trügerisch naiven, fast weltfremden Auftreten verbarg sich ein weitblickender Mensch mit einer beeindruckenden Auffassungsgabe, die manchmal beinahe unheimlich war. Obgleich Welten zwischen ihnen liegen, erinnerte er mich manchmal an den exzentrischen Earl of Longford. Seine Frau Rae, eine *madame sans gêne* mit starkem Brooklyn-Akzent, bemutterte mich gern.

Die Schusters waren herzliche, gastfreundliche Menschen, und ich fand bei ihnen ein zweites Zuhause. Sie wohnten in einer Seitenstraße der Fifth Avenue, in einem verschnörkelten Gebäude aus der Zeit um die Jahrhundertwende, das den Pulitzers gehört hatte. Freunde blieben hier vom Lunch bis zum Tee oder kamen auf einen Drink und gingen erst nach Mitternacht wieder. Zu den Gästen gehörten Filmagenten, Broadway-Stars, Verwandte und literaturinteressierte Banker. Jeder hatte das Gefühl, zu einer großen Familie zu gehören. Das Essen war eine Mischung aus Schlichtheit und Eleganz; die Speisekarte umfaßte anspruchsvolle französische Cuisine, aber auch einfache Kost wie gehackte Leber mit Zwiebeln, nie jedoch kamen amerikanische Nationalgerichte wie Clam Chowder oder Virginia Ham auf den Tisch. Auf meine Anregung begannen sich die Schusters für die italienischen Manieristen zu interessieren, und als Rae nach London kam, stellte ich ihr meinen Freund, den österreichischen Kunsthändler Paul Wengraf vor. Von ihm erstand sie das Gemälde eines asketischen Mönchs, der frohlockend zu einer himmlischen Erscheinung aufblickt. Als sie es jedoch in ihrem Haus aufhängte, waren ihre jüdischen Freunde so schockiert, daß sie Zweifel an ihrer Neuerwerbung bekam.

Victor Weybright, der die amerikanische Taschenbuch-Revolution einläutete, gehörte ebenfalls zu meinen Freunden und Verbündeten. Ich lernte ihn durch Isaiah Berlin kennen, den Weybright sehr verehrte. Während seiner Londoner Zeit im Kriege schloß Allen Lane, der Gründer der Penguin Books, mit ihm Freundschaft und wurde nach dem Weltkrieg sein amerikanischer Agent. Schon bald trennten sich jedoch ihre Wege, und Viktor baute sich sein eigenes Paperback-Imperium auf: die New American Library. Er heiratete eine reiche Witwe und wurde Pferdezüchter in Maryland. Obwohl er ein leidenschaftlicher Englandliebhaber war, blieb er stets der Inbegriff des amerikanischen Abenteurers: klein, rotgesichtig, robust, beseelt von einer ansteckenden Begeisterung. Ohne ihn wären viele der ehrgeizigen Projekte, die ich in den sechziger Jahren aus der Taufe hob, nie richtig in Gang gekommen. Sein Vertrauen in mich ging so weit, daß wir viele unserer großen Transaktionen einfach am Telefon aushandelten. Beispielsweise rief ich ihn aus London an und erklärte: »Victor, ich komme gerade von einem Mittagessen mit Professor Zaehner in Oxford, und wir möchten, daß er eine zwanzigbändige Religionsgeschichte herausgibt.« Dann nannte ich ihm eine Liste von sechs oder sieben Autoren, die mir im Gedächtnis geblieben waren, und sagte ihm, daß wir zwanzig Vorauszahlungen von jeweils tausend Pfund brauchten, um mit der Reihe beginnen zu können. Victor fragte, was passieren würde, wenn ein paar von der Autorenliste nicht zur Mitarbeit bereit waren, und ich versicherte ihm, in diesem Fall würden wir einen angemessenen Ersatz finden. Ohne weitere Umstände besiegelte er daraufhin die Abmachung mit einem zuversichtlichen: »Topp und abgemacht!«

Jason Epstein trieb Victors Pionierarbeit im Bereich des Taschenbuchs noch einen Schritt weiter. Als junger Herausgeber bei Doubleday schuf er das Anchor-Verlagszeichen und bewies, daß es auch einen großen Absatzmarkt für spezialisierte Taschenbücher mit hohem akademischen Standard und esoterischem Inhalt gab. Als Hardcover hätte man die gleichen Bücher nur in einer sehr geringen Auflage drucken können. Epstein profitierte von der zunehmenden Verbreitung von Universitätsbuchhandlungen direkt auf dem Campus und von der Tatsache, daß es als kultiviert galt, möglichst viele anspruchsvolle Sachbücher im Bücherschrank stehen zu haben. Außerdem fielen diese Neuerungen zusammen mit den Grundsatzdiskussionen über Amerikas Rolle in der Welt nach dem Zweiten Weltkrieg. Allen Lane zeigte großes Interesse an Jason Epstein und machte ihm aus der Ferne den Hof, indem er ihm eine hervorragende Position versprach und ihm sogar in Aussicht stellte, er könne eventuell sein Nachfolger bei Penguin werden. Zu mehreren Verlagskonferenzen wurde Jason eigens eingeflogen, doch nach einer Weile beendete Allen Lane seine Werbung und sah sich nach einer konventionelleren Lösung um.

Also blieb Jason weiterhin Chef von Anchor Books, aber er war etwas unglücklich mit Doubledays ziemlich phantasielosem und unpersönlichem Ansatz. Schließlich wechselte er deshalb zu Random House, wo er seine kreativen Fähigkeiten unter Beweis stellte, indem er die Literaturwelt alle paar Jahre mit einer Neuerung überraschte. Er rief die Library of American Literatur ins Leben, inspiriert von der französischen Pléiade, den wundervollen ledergebundenen Klassikerausgaben. Aber sein wahrscheinlich wichtigstes Produkt war die *New York Review of Books*, die 1962, in einem der kältesten Winter des Jahrhunderts, zum erstenmal erschien. Damals streikten die New Yorker Zeitungen, und so hatten die Verlage weder Werbemöglichkeiten für das Weihnachtsgeschäft noch ein Forum für ihre Neuerscheinungen. Da hatten Jason Epstein und seine Frau Barbara die Idee, eine große Literaturzeitschrift zu gründen, und zwar mit Buchbesprechungen, die länger und anspruchsvoller waren als die in der Tages- und Wochenpresse. Sie suchten sich eine Reihe wohlhabender Sponsoren – unter ihnen Brooke Astor –, um das Projekt zu finanzieren: Endlich sollte die Lücke gefüllt werden zwischen der *New York Times*, deren Mängel im Buchbereich seit langem beklagt wurden, und regelmäßig erscheinenden Zeitschriften wie der *Partisan Review*. Bob Silvers gab seinen Posten als Redakteur bei *Harpers Magazine* auf, um zusammen mit Barbara Epstein Herausgeber zu werden. Von Anfang an konnte die *New York Review of Books* auf das Wohlwollen der hervorragendsten amerikanischen Schriftsteller und Intellektuellen im liberalen Lager zählen – zum Beispiel auf Mary McCarthy und Norman Mailer –, aber auch auf ein angesehenes britisches Kontingent, meist progressivere Universitätslehrer aus Oxford, Cambridge und London.

Bob Silvers war als Herausgeber eine Idealbesetzung. Nach seinem Studium an der University of Chicago und an der Sorbonne hatte er sich mit einer Gruppe begabter Amerikaner zusammengetan und die *Paris Review* gegründet. In Bobs Person verschmolz das Gespür des Redakteurs für ungewöhnliche Artikel und neue Talente mit einer unersättlichen sozialen Neugier und der Anpassungsfähigkeit eines Chamäleons. Zwar mochte er die Schickeria, aber sein Herz gehörte den Linken. Als Herausgeber der *New York Review of Books* umwarb er die Hochschullehrer von Oxford und Cambridge und blieb stets in Kontakt mit den neuesten Entwicklungen in der Intellektuellenszene anderer europäischer Länder. Für ihre Artikel bekamen übrigens auch europäische Autoren amerikanische Honorare, was sich äußerst positiv von den kärglichen Beträgen unterschied, die in den veralteten, ärmlichen Büros von Bloomsbury oder an der Rive Gauche gezahlt wurden. Seit ich Bob Silvers kenne, wechseln meine Gefühle für ihn ständig: Mal empfinde ich eine herzliche Freundschaft, mal ärgere ich mich über ihn. In politischen Fragen sind wir selten einer Meinung.

Zu Zeiten hielt ich ihn für einen unversöhnlichen Gegner des Kalten Kriegs, des Vietnam- und des Nahost-Kriegs, und doch habe ich seine technischen Fähigkeiten und sein leidenschaftliches Eintreten für höchste literarische Standards immer bewundert.

Jason Epstein ist ein noch komplexerer Charakter. Einerseits läuft er Sturm gegen Traditionen, andererseits ist er durchdrungen von dem Wunsch, Teil des amerikanischen Establishments zu sein, das er doch so hart kritisiert. Auch bei politischen Themen verteilt er seine Sympathien und Antipathien ganz eindeutig – letztere oft mit noch größerer Leidenschaft. Meine Freundschaft mit Norman Podhoretz, dem schärfsten Kritiker der amerikanischen Linken und einem der entschiedensten Befürworter Israels, war Epstein aus tiefstem Herzen suspekt. Jason, der mehr oder weniger mit Norman aufgewachsen war, verzieh diesem nie seinen Abfall von der Linken. Norman schrieb ein Buch mit dem Titel *Making It*, eine Art Erziehungsroman in Sachbuchform, in dem Jason Epstein als einer der Protagonisten auftritt. Aber im zweiten Band, *Breaking Ranks*, beschrieb er Jasons Unbeständigkeit recht kraß: seine Faszination für jede Form von Glamour, die so gar nicht zu seiner kritischen Haltung gegenüber der westlichen Gesellschaft passen wollte.

Jason war ein Bewunderer von Lally Weymouth, die eine so wichtige Rolle in meinem amerikanischen Leben spielte. Als ich sie kennenlernte, besuchte sie gerade Freunde in London; sie war eine hochgewachsene, auffallende Erscheinung. Ihr Vater, Philip Graham, war der hochgeachtete Herausgeber von *Newsweek* und der *Washington Post*, und ihre Mutter, Katharine (Kay) Graham, die Tochter von Eugene Mayer, ein internationaler Finanzier und Gründer der Weltbank, ehe er sich dem Zeitungsgeschäft zuwandte. Kay Grahams Mutter führte in Washington während der Ära des New Deal* ein großes Haus; sie empfing nicht nur Politiker, sondern auch intellektuelle Größen wie Thomas Mann und Walter Gropius, die vor dem Nationalsozialismus in die Vereinigten Staaten geflohen waren.

Da sie in einem politisch sehr engagierten Milieu aufgewachsen

---

* Weltwirtschaftliches und sozialpolitisches Reformprogramm F. D. Roosevelts, mit dem ab 1933 in den USA die Folgen der Wirtschaftskrise bekämpft wurden. A. d. Ü.

war, entwickelte Lally schon sehr früh ein umfassendes Interesse an Politik. Nicht lange nachdem ich sie kennengelernt hatte, heiratete sie einen attraktiven jungen Architekten, der später mit I. M. Pei zusammenarbeitete. Das Image des verwöhnten reichen Mädchens störte Lally, und sie sehnte sich nach einer intellektuellen und geistigen Herausforderung. Als ihre Ehe zerbrach, wurde dieser Wunsch nur noch stärker. Doch Katharine Graham, die nach dem frühen Tod ihres Ehemanns das Zeitungs-Imperium leitete, wollte auf keinen Fall in den Verdacht von Vetternwirtschaft geraten.

Lally war sehr klug und unersättlich, wenn es um Wissen und um lohnenswerte Verpflichtungen ging, aber es fehlte ihr an Selbstvertrauen. Mir fiel immer wieder auf, mit welcher Leichtigkeit Lally andere Menschen dazu brachte, genau das zu tun, was sie wollte – sei es im Zusammenhang mit wohltätigen Zwecken oder einem politischen Ziel. Ich versuchte, sie ins Buchgeschäft zu lotsen. Sie erinnert mich oft daran, wie ich ihr einen Termin bei Walter Minton, dem Chef von Putnam, besorgte, um eine Aufsatzsammlung zum Gedenken an den hundertfünfzigsten Todestag von Thomas Jefferson zu besprechen. Lally hatte eine Liste von möglichen Autoren zusammengestellt, die so berühmte Namen umfaßte wie Henry Commager und Arthur Schlesinger. Als ich sie abholte, fand ich, sie sei unpassend gekleidet, und ich riet ihr, »etwas Unauffälligeres, aber nicht zu Unauffälliges« zu wählen. Sie zog sich um und erschien in einem Chanelkostüm ohne jeden Schmuck. Als sie von der Besprechung zurückkehrte, hatte sie einen Vertrag über eine Vorauszahlung von 25 000 Dollar in der Tasche. Ich veröffentlichte das Buch gleichzeitig mit Putnam in England.

Danach arbeitete Lally weiter bei Putnam, als Talentsucherin und Lektorin, aber sie wollte höher hinaus. Ich ermutigte sie, ihr Interesse für die komplizierte politische Situation im Nahen Osten zu vertiefen, und so reisten wir zusammen nach Israel, wo wir uns mit Moshe Dayan, Teddy Kollek und anderen führenden Persönlichkeiten trafen. Sie schrieb ihre Eindrücke auf und begann so eine Karriere als Journalistin. Schon bald hatte sie sich einen Namen gemacht und wurde eine der bestinformierten Auslandskorrespondentinnen. Gleichzeitig leitete sie einen eindrucksvollen politischen Salon in New York. Sie veranstaltet heute Partys für Staatsbesuche oder Prominente aus dem In- und Ausland und bringt dadurch Leute zusammen, die sich unter normalen Umständen nie begegnen würden. In ihrem Haus haben sich viele interessante Szenen abgespielt, über die man später in den Nachrichten erfuhr. Yitzhak Rabin wäre dort beispielsweise um ein Haar wegen Nixons Vietnam-Politik mit Arthur Schlesinger aneinandergeraten.

Lally und Barbara Walters, eine weitere wichtige Freundin für mich in Amerika, richteten anläßlich meines siebzigsten Geburtstags bei Mortimers in New York eine Party aus, zu denen sie viele der Menschen einluden, die ich liebe und verehre. Ich war zutiefst gerührt. Ohne mein Wissen hatten sie Fotos aus verschiedenen Abschnitten meines Lebens ausgegraben, sie vergrößern lassen und die Wände des Restaurants damit geschmückt. Für Lally war Loyalität stets eine Überzeugungssache. Wenn sie zufällig hörte, wie jemand bei einem Essen vier Plätze von ihr entfernt eine abfällige Bemerkung über einen ihrer Freunde fallenließ, unterbrach sie sofort das Gespräch, und nahm den Übeltäter – ungeachtet seines Rangs und Namens – ins Gebet.

Als ich das amerikanische Verlagswesen kennenlernte, war es längst nicht so multikulturell wie heute. Damals gab es jüdische Unternehmen, in denen man kaum einen weißen angelsächsischen Protestanten – kurz »Wasp« – antraf, und es gab viele Wasp-Unternehmen, an denen man das Umgekehrte kritisierte. Dabei ging es nicht um Hausregeln im eigentlichen Sinn, sondern man neigte aus Gewohnheit und Tradition dazu, Personen aus den eigenen Kreisen einzustellen, die dieselben Schulen besucht hatten und denselben Clubs angehörten. Simon & Schuster, Knopf und Random House wurden vorwiegend von amerikanischen Juden geleitet, nur hie und da wurde auch einmal ein Wasp eingestellt. Harper, Norton, Doubleday sowie die beiden Bostoner Verlage Houghton Mifflin und Little Brown wurden im großen und ganzen von Wasps getragen, auch wenn Harper einen hochbegabten Lektor jüdischer Herkunft beschäftigte: Simon Michael Bessie, der übrigens mein lebenslanger Freund war. Ich hatte ihn im Krieg in London kennengelernt, wo er im Bereich der psychologischen Kriegsführung gearbeitet hatte, unter William Paley, dem Präsidenten der amerikanischen Sendeanstalt CBS, die ihrerseits den Weisungen Eisenhowers unterstand. Da Bessie fließend Französisch und Englisch sprach, verfügte er über sehr gute Beziehungen. Außerdem war er Mitglied in diversen Clubs der Elitehochschulen und gehörte zum Council for Foreign Relations, der schon immer ein guter Boden für politische Bücher und Memoiren war.

Bill Benton, ein früherer Senator der Demokraten und Eigentümer der Encyclopaedia Britannica, die er nach seiner einmalig erfolgreichen Karriere als Werbefachmann von der University of Chicago gekauft hatte, gehörte ebenfalls zu den großen Verleger-Monarchen jener Zeit. Trotz aller Widersprüche war er ein Liberaler, der an ein allgemein zugängliches Bildungssystem glaubte und dieses Ziel mit prophetischem Eifer verfolgte. Benton liebte den Glamour des öffentlichen Lebens, und nachdem er seinen Sitz im Senat verloren hatte, versuchte er die Atmosphäre einer Kabinettssitzung am Konferenztisch in Chicago wiederauferstehen zu lassen. Prominente Persönlichkeiten wie Hubert Humphrey, Clare Luce, Paul Hoffman, der für die Umsetzung des Marshall-Plans zuständig war, und seine Frau Anna Rosenberg, eine ehemalige Arbeitsministerin, beehrten seine Versammlungen mit ihrer Gegenwart. Mit Harold Wilson freundete er sich in dessen Zeit als Oppositionsführer ebenso an und ließ sich später auch des öfteren in der Downing Street blicken.

Ich lernte Benton durch Fred Praeger kennen, einen in Österreich geborenen amerikanischen Verleger, der Bücher zur Zeitgeschichte veröffentlichte und schließlich an die Encyclopaedia Britannica (EB) verkaufte. Auch machte ich die Bekanntschaft von Maurice Mitchell, dem damaligen Geschäftsführer von EB, ein hochkultivierter Mann, der sich als Philanthrop und Akademiker einen Namen gemacht hatte. Benton kaufte einen Anteil von Weidenfeld & Nicolson, mit der Option, nach meiner Pensionierung den Rest aufzukaufen. Mehrere Jahre lang war EB unser Partner, und ich saß im Beratungsausschuß und freute mich an der gepflegten Jovialität der Verhandlungen. Zu Bentons Lebzeiten waren die Beziehungen zu EB großartig, doch nach seinem Tod lockerte sich das Verhältnis, bis sich die Partnerschaft schließlich in gegenseitigem Einvernehmen auflöste.

Gegen Ende der fünfziger Jahre klang die Ära der großen Verleger-Monarchen aus. Sie waren müde geworden, hatten sich zurückgezogen oder waren gestorben. Als das Buchgeschäft im In- und Ausland immer stärker expandierte, erwachten das Interesse und die Gier von Konzernen, Bankern und Investment-Analytikern, und eine Welle von Zusammenschlüssen ergriff das Verlagsgeschäft. In den sechziger

Jahren erreichte sie ihren Höhepunkt in fast unablässigen Besitz- und Partnerwechseln. Das Codewort der nächsten Generation lautete Zusammenlegung, Hardware, Software und Rationalisierung. Mit zyklischen Veränderungen, gelegentlichen Zusammenbrüchen und Neuanfängen hat sich dieser Trend bis in die Gegenwart gehalten.

Meines Erachtens befinden wir uns heute in einem Zeitalter der *condottieri*. Damit meine ich ehrgeizige Geldjäger, die große Unternehmen für gesichtslose Aktionäre leiten. Wie die italienischen *condottieri* zur Zeit Machiavellis haben sie sich in »Löwen« und »Füchse« gespalten, wobei erstere sowohl Macht als auch das Scheinwerferlicht suchen, während letztere sich mit der Macht allein zufriedengeben und die Ehre den im Licht der Öffentlichkeit stehenden Lektoren oder Marketing-Genies überlassen, die ihre Namen gern in der Zeitung sehen – jedenfalls für eine gewisse Zeit. Doch aus so manchem Fuchs wurde ein Löwe, wenn er das Gefühl hatte, daß einer seiner Schützlinge ihm über den Kopf zu wachsen drohte.

Bob Bernstein von Random House war ein liebenswerter *condottiere*, der Talentesucher an der langen Leine hielt, beispielsweise Jason Epstein oder Joe Fox, Truman Capotes Lektor. Bernstein selbst hatte mehrere Vorgesetzte: den quecksilbrigen Bennett Cerf, die unpersönliche kollektive Leitung der NBC und schließlich den zurückhaltenden, aber unerbittlichen Si Newhouse. Letzterer betrat die Arena des Verlagswesens auf ähnliche Art, wie einst Frankreichs Charles VIII. ins Italien der Renaissance eingedrungen war. Jener hatte Festungen und Städte niedergemacht und eine Spur der Verwüstung hinterlassen, aber stets einen Kreis begabter Männer um sich geschart. Harry Evans und Sonny Mehta, ein undurchdringlicher Brahmane und Nachfolger des legendären Robert Gottlieb als Chef von Knopf, waren beide Importe aus England. Harry Evans war Chefredakteur der *Sunday Times* und der *Times* gewesen, hatte sich aber mit dem neuen Eigentümer Rupert Murdoch überworfen. Mit seinem ungestümen Temperament und seiner journalistischen Begabung verarbeitete er den Streit in dem autobiographischen Bestseller *Good Times Bad Times*.

Eine weitere wichtige Persönlichkeit in der Branche war William Jovanovich, Sohn eines Bergarbeiters aus Montenegro, der den aristokratischen Verlag Harcourt Brace in einen Mediengiganten verwandelte, indem er High-Tech-Labore, Zoos und Vergnügungsparks auf dessen literarisches und wissenschaftliches Programm aufpfropfte und dem Verlagszeichen seinen eigenen Namen hinzufügte. Jovanovich war ein großer, attraktiver Mann mit einer typisch europäischen Ehrfurcht vor hoher Literatur. Er umwarb Kurt und Helen Wolff, verehrungswürdige Überbleibsel des Weimarer Verlagswesens, und ermöglichte es ihnen, ihre anspruchsvolle Arbeit in seinem Imperium fortzuführen. Mein Verhältnis zu Jovanovich war nicht ganz ungetrübt, denn er erinnerte mich an einen illyrischen Wächter aus der Entourage eines entkräfteten römischen Kaisers: Er dürstet selbst nach Macht, gibt sich aber einer verzehrenden Melancholie hin, sobald er sie bekommt, und aalt sich in unerfüllten Sehnsüchten. Jovanovich kämpfte einen erbitterten Krieg mit dem skrupellosen Abenteurer Robert Maxwell und zerstörte dabei sein eigenes Imperium. Meine Beziehung mit ihm drehte sich vor allem um Mary McCarthy, um deren Werk er sich persönlich kümmerte und deren Freundschaft mit mir er etwas argwöhnisch beobachtete.

Als Max Schuster und seine Mitbegründer den Verlag Simon & Schuster verließen, ging dieser an Paramount und damit an Hollywood, aber von den Büros im Rockefeller Center aus wurde weiterhin hervorragende Arbeit geleistet. Die neue Geschäftsleitung unterstützte einen gewissen Dick Snyder, einen jungen, ungelenken und unsicheren Mitarbeiter von Simon & Schuster, der sich rasch in schwindelerregende Höhen emporarbeitete. Aber Snyder war klug genug, Michael Korda bei sich zu behalten, den Neffen von Sir Alexander Korda, der als ungarischer Regisseur für das kurze goldene Zeitalter des britischen Films gesorgt hatte. Michaels Vater Vincent war ein ideenreicher Artdirector.

Die Kordas waren Hedonisten, Träumer und Zyniker, und Michael bildete da keine Ausnahme. Nach dem Studium in Cambridge half er Dissidenten und Flüchtlingen aus Ungarn, als russische Panzer den Aufstand von 1956 niederwalzten. Er bat mich um professionellen Rat, und ich war tief beeindruckt von dem jungen Idealisten, der sein Glück in New York suchen wollte. Als er ein Jahr lang bei Simon & Schuster Mädchen für alles gespielt hatte, betraute ihn Max Schuster mit der Aufgabe, sich um einige wichtige Autoren zu kümmern. Ich erinnere mich, wie Max schwärmte: »Der Junge ist ein echtes Genie.« Ich beobachtete, wie Michael nach und nach seinen Idealismus abwarf und sich immer mehr der Verehrung des Goldenen Kalbs hingab, statt der literarischen Muse zu dienen. In der ganzen Branche waren niemandem so viele solide Bestseller zu verdanken wie Michael Korda, aber er bewahrte sich immer sein kritisches Urteilsvermögen und erlag auch nie dem Irrtum, die am meisten verkauften wären auch die besten Bücher. In seinen eigenen erfolgreichen Romanen spielt er mit großartiger Gebärde seine Erfahrungen in den verschiedenen Welten auf beiden Seiten des Atlantik aus. In manchen seiner Bücher komme auch ich vor, teils namentlich erwähnt, teils in der Beschreibung unverkennbar. Wir waren an zahlreichen Projekten gemeinsam beteiligt, unter anderem an den Memoiren von Laurence Olivier, der mit Michaels Onkel Alexander zusammengearbeitet hatte.

Dick Snyders zwanzigjährige Amtszeit bei Simon & Schuster fand im Juni 1994 ein abruptes Ende: Viacom machte dem Verlagshaus ein Übernahmeangebot in Milliardenhöhe. Snyder wurde von seinem neuen Boß zu einem Gespräch gerufen, das nach manchen Aussagen zwei, nach anderen fünf Minuten dauerte, in dem man ihm mitteilte, er solle sein Büro bis zwölf Uhr mittags am nächsten Tag räumen. Zufällig war ich gerade in New York und bekam mit, wie die ganze Verlagswelt förmlich nach Luft schnappte. Nicht bei allen war es das reine Entsetzen, denn der *condottiere* Dick Snyder war nicht gerade für seine Nachsicht bekannt.

Peter Mayer, eher ein robuster Vizekönig als ein machthungriger *condottiere*, ist der Chef von Viking Penguin, einem britischen Familien-Imperium, das auf beiden Seiten des Atlantik arbeitet. Als Amerikaner deutsch-jüdischer Abstammung hat Mayer sich eine Sehnsucht nach guter Literatur und hochfliegenden Ideen bewahrt; außerdem besitzt er einen Brechtschen Sinn für die Ironie – oder besser Absurdität – des hektischen Lebens als Geschäftsmann, der dauernd unterwegs sein muß. Zu den Kreuzen, die er tragen mußte – in diesem besonderen Fall wäre die Bezeichnung Halbmond vielleicht treffender –, zählte auch die schwere Entscheidung, Salman Rushdies *Satanic Verses (Die satanischen Verse)* zu veröffentlichen. Diese Erfahrung hat sicher zu den Sorgen seiner ohnehin gequälten Seele noch beigetragen.

Die großen Monarchen und die *condottieri* im Verlagsgeschäft waren Männer mit Charisma und Charakter gewesen, aber nun brachten die Verlagskonzerne eine neue Art von Führungspersönlichkeit hervor – graue Firmenkreaturen, die beinahe austauschbar wurden. Man könnte sie mit den Baumeistern der mittelalterlichen Kathedralen vergleichen – anonyme Kunsthandwerker, die bestimmte Aufgaben erledigten und dabei manchmal Hervorragendes leisteten. Diese Leute kamen aus Buchhaltung und Marketing, sie waren Banker oder ehemalige Staatsangestellte. Wie bei den Erbauern der Kathedralen hat man ihre Namen längst vergessen – wenn man sie überhaupt je gekannt hat. Sie leiteten McGraw-Hill und Macmillan, veröffentlichten Enzyklopädien und Bibelserien, managten riesige Schul- und Lehrbuchfabriken, und obgleich das Endprodukt sicher in den meisten Fällen durchaus lobenswert war, wird man ihre Namen in amerikanischen Geschichtsbüchern vergebens suchen.

Während die Verlage permanent ihre Form und ihr Konzept änderten und sich damit auch die enge Verpflichtung der Lektoren gegenüber den Verlagsinhabern löste, gewann der Literaturagent mehr und mehr Macht, bis schließlich in der Branchengleichung der Agent die Konstante und der Verleger die Variable wurde. Der Literaturagent entwickelte sich vom Unterhändler und Schuldeneintreiber zur Vaterfigur, zum Psychoanalytiker und Herausgeber. Manche Agenten spielten diese Rolle selbstlos und verantwortungsbewußt, andere verwandelten sich zu Manipulatoren im Machtkampf mit dem Verleger. Die Expansion des Markts, die Entfaltung multimedialer Aktivitäten und die enge Verknüpfung zwischen New York, Boston, Hollywood und später auch dem Silicon Valley spornte Agenten dazu an, sich immer mehr Kompetenzen und Kontake anzueignen. Mammut-Agenturen wie William Morris, MCA und später ICM begannen das Feld zu dominieren. Einer meiner besonderen Freunde in der Welt der Agenturen ist Marvin Josephson, Chef von ICM, ein hervorragender Geschäftsmann mit durchdringender politischer Urteilskraft. Er ist mit Kissingers Memoiren ebensogut zurechtgekommen wie mit dem Werk führender israelischer Politiker. Obwohl er eiskalt wirken kann, setzt er sich leidenschaftlich für die politischen Ziele ein, die ihm am Herzen liegen, und er hat für die israelischen Wohltätigkeitsfonds eine Menge geleistet.

Die Ära der großen Agenten und Unternehmer endete mit dem Tod von Irving »Swifty« Lazar, der 1993 in Hollywood verstarb. Er war schon zu Lebzeiten eine Legende: klein, kahlköpfig und stets makellos gekleidet, sog er das Leben und vor allem das Highlife förmlich in sich ein, mit ungezügelter Leidenschaft und absoluter Zielstrebigkeit. Er kaufte den Markt der Autobiographien von Hollywood-Stars auf und verkaufte ein Projekt häufig schon, bevor der oder die Betreffende überhaupt daran dachte, etwas zu schreiben. Wenn er den Autor oder die Autorin dann mit einer siebenstelligen Vertragssumme von Verlegern konfrontierte, die natürlich alle fest davon ausgingen, die Arbeit wäre bereits in vollem Gang, wurden die meisten von ihnen schwach und machten sich wirklich ans Schreiben. Manchmal scheiterten Swiftys Überredungsversuche allerdings doch, aber dann vergaß er, dies dem bedauernswerten Verleger gegenüber zu erwähnen, der bereits die erste Rate der Vorauszahlung geleistet und das Projekt in seinen Finanzplan einbezogen hatte.

Trotz seiner Erfahrungen als Geschäftsmann kümmerte sich Swifty nie um das Kleingedruckte. Irwin Shaw, ein temperamentvoller Klient, dem Swifty aber sehr viel Vertrauen schenkte, hatte bei ihm einen Vertrag für seinen Roman *Rich Man, Poor Man (Aller Reichtum dieser Welt)* unterschrieben, den wir in Großbritannien herausbrachten. Swifty schloß einen spektakulären Deal mit der amerikanischen Fernsehanstalt ABC ab, aber weder er noch Irwin Shaw merkten, daß sie der ABC damit auch das Recht einräumten, die Charaktere des Buchs in einer Fortsetzung zu benutzen, die nicht von Shaw selbst verfaßt sein mußte. Als Shaw gerade den nächsten Band, *Beggarman, Thief* (*Ende in Antibes*), fertigstellte, in dem viele Personen aus dem ersten Band vorkommen, entdeckte er eines Abends, als er den Fernseher einschaltete, zu seinem Schrecken, wie das Schicksal der von ihm geschaffenen Figuren vollkommen anders verlief – in der ABC-Produktion *Rich Man, Poor Man*, Teil II.

Zweimal im Jahr, in der Sommer- und in der Wintersaison, stattete Swifty Europa einen Besuch ab. In Hollywood war er ein großzügiger Gastgeber, und seine Partys in der Nacht nach der Oscar-Verleihung waren eine beliebte Tradition. Ich begegnete ihm oft und bei den verschiedensten Anlässen; jeden September verbrachten wir außerdem ein Wochenende im Château der van Zuylens.

Ein sehr eindrucksvoller Geschäftsmann auf dem Literaturagenturen-Bazar von heute ist Morton Janklow. Neben seiner Tätigkeit als Multimedia-Virtuose praktiziert er immer noch als Anwalt. Er ist ein liebenswürdiger, gewissenhafter und ehrlicher Mann, sammelt Gemälde von Jean Dubuffet und hat eine Vorliebe für Politik. Er war für die Memoiren von Nancy Reagan zuständig, die wir mit großem Eklat in Großbritannien herausbrachten, wie wir es auch mit den Memoiren von Lady Bird Johnson ein Jahrzehnt früher getan hatten. Es ist kein Wunder, daß die naiveren und manchmal unbewußt indiskreten Erinnerungen von Präsidentengattinnen meist interessanter sind und sich besser verkaufen lassen als die faden Enthüllungen ihrer Ehegatten. Lyndon Johnsons Memoiren waren hierfür ein gutes Beispiel: Ihr Inhalt war so mager, daß sie beim Leser durchfielen.

Mort Janklow hat eine große Hilfe in seiner talentierten und weltklugen Frau Linda, einer echten Hollywood-Prinzessin. Sowohl ihr Vater als auch ihr Stiefvater waren Filmmoguln. In Lynn Nesbit hat Mort eine hervorragende Mitarbeiterin, die in der besten Tradition weiblicher Literaturagentinnen zu gleichen Teilen Weiblichkeit und eiserne Durchsetzungskraft in sich vereint.

Eine Weile betreute Mort Arianna Stassinopoulos, die erste Frau – und dazu noch Ausländerin –, die Präsidentin der Cambridge Union wurde. Als ich sie kennenlernte, hatte sie gerade eine umstrittene Abhandlung herausgebracht, in der sie den Feminismus heftig attackierte. Jetzt sah sie sich nach einer neuen zündenden Idee um, denn ihr letztes Buch war weit weniger erfolgreich gewesen, so daß ihre Popularität deutlich nachgelassen hatte. Wir verabredeten uns zum Lunch, um über mögliche Themen für ein neues Projekt zu sprechen. Am Abend vor dem Termin traf ich Arianna in der Oper. Sie trug ein langes weißes Kleid, zu dem ihre langen dunklen Locken einen auffallenden Kontrast bildeten, und eine goldene Halskette. Von weitem sah sie aus wie Maria Callas. »Sie müssen eine Biographie über die Callas schreiben: Sie lieben die Oper, Sie sehen der Callas ähnlich, und Sie sind Griechin«, riet ich ihr, als sie zum Lunch Platz nahm. Ich wußte, daß sie sich mit ihrem brennenden Ehrgeiz auf Gebiete vorwagen würde, die anderen viel zu gefährlich waren, und Arianna bestätigte meine Ahnung, indem sie einen internationalen Bestseller über die Callas verfaßte. Als das Buch herauskam, begleitete ich sie nach New York, stellte sie meinen dortigen Freunden vor und spürte dabei bereits, daß sie nicht nach Europa zurückkehren würde.

Arianna erzählt gern von einem guten Rat, den ich ihr gegeben habe und den sie gewissenhaft befolgt hat. Ich sagte ihr, sie solle den Frauen von New York den Hof machen und auf die Annäherungsversuche ihrer Ehemänner kühl reagieren. Dies ist eine Grundregel für alle Ausländerinnen, die es in Manhattan zu etwas bringen wollen, denn Amerika ist ein Matriarchat. So sammelte Arianna Pluspunkte in der New Yorker Gesellschaft und ließ schon bald der Callas-Biographie ein erfolgreiches Buch über Picasso folgen. Dann ging sie nach Kalifornien, wo Ann Getty sie mit Michael Huffington bekannt machte, dem Sproß einer Öldynastie mit politischen Ambitionen. Später heirateten die beiden in New York in ganz großem Stil. Arianna besitzt einen prophetischen Eifer, wenn es darum geht, soziale und spirituelle Botschaften zu verbreiten, und sie wurde rasch zur treibenden Kraft hinter den hochfliegenden politischen Karriereplänen ihres Mannes. Doch trotz ihres ausgeprägten Ehrgeizes meint sie es gut mit ihren Mitmenschen. Zu Beginn ihrer Karriere beschrieb sie ein Kommilitone in Cambridge als Weltraumrakete mit eingebautem Herz aus Gold.

Ich hatte immer das Glück, Freunde zu finden, die sich als hervorragende Katalysatoren erwiesen, wenn es darum ging, verschiedene Strömungen des politischen, literarischen und sozialen Lebens in Amerika miteinander zu verbinden. Jean Stein begann eine solche Karriere schon als Teenager. Ihr Vater Jules Stein war ein Augenarzt aus Mitteleuropa, der aber umsattelte, Jazzband-Manager wurde und zu einem der mächtigsten internationalen Agenten aufstieg, zum Chef von MCA, von Universal Pictures – und fast zum Milliardär. Er sagte immer wieder zu seiner Tochter, sie wäre der beste Agent der Welt geworden, wenn sie als Mann zur Welt gekommen wäre.

Jules und Doris Stein pendelten zwischen Mayfair, Beverly Hills und Paris. Sie gehörten zur Clique der Marks und der Sieffs. Wir schlossen Freundschaft in der Zeit, als ich noch mit Jane verheiratet war. Doris liebte kosmopolitische Gesellschaften und hoffte immer, Jean und ihre Schwester Susan mit einem französischen Grafen oder einem Nachfahren der Mayflower-Pilgerväter zu verheiraten. Jean rebellierte gegen dieses Ansinnen, indem sie sich mit einem lebhaften Kreis von Literaten und talentierten Künstlern umgab, Umgang mit allerlei modischen Berühmtheiten pflegte und sich leidenschaftlich um die Stars von morgen bemühte. Sie hatte eine Liebesaffäre mit Michael Hastings, dem jüngsten der »zornigen jungen Männer« Großbritanniens; außerdem war sie eng mit Leonard und Felicia Bernstein befreundet. Durch ihre Eltern kannte sie die Elite Hollywoods, und ihre Freundschaft mit William Faulkner fand viel Beachtung in den Medien.

Schon als Heranwachsende zeigte Jean das Einfühlungsvermögen einer erfahrenen erwachsenen Frau; sie war ein großer Trost für mich, als meine erste Ehe in die Brüche ging und ich um Barbara Skelton warb. Immer wieder schickte Jean Freunde zu mir, die auf der Durchreise in London waren. Zu ihnen gehörten beispielsweise George Plimpton und James Jones, der junge Tony Newley, die aufstrebende Joan Collins, Gloria Steinem, die gerade ihre feministische Kampagne begann, und Mike Nichols, der die Gastfreundschaft, mit der man mich überschüttete, einmal folgendermaßen darstellte: »Jede Minute gibt irgend jemand eine Party für George Weidenfeld.«

Jean wurde oft vorgeworfen, sie sei die typische Gastgeberin der »radikalen Schickeria«. Als sie William Vandenheuvel heiratete, einen jungen Anwalt und aktives Mitglied der Demokratischen Partei, wurde sie zum Epizentrum der Kennedy-Welt und eine der frühesten Sponsorinnen von Amanda und Carter Burdon, den ersten »Beautiful People«. Durch Jean und noch einige andere Freunde lernte ich den größten Teil des Kennedy-Clans kennen. Einmal ging ich mit Patricia Lawford, einer der zahlreichen Kennedy-Schwestern, in die Oper. Man gab Verdis selten aufgeführte *Sizilianische Vesper*. Nachdem Patricia die Inhaltsangabe gelesen und den ersten Akt überstanden hatte, wandte sie sich mir zu und sagte: »Jetzt, wo wir wissen, wie es ausgeht, brauchen wir eigentlich nicht mehr hierzubleiben.«

Jackie Kennedy wurde eine tüchtige Lektorin, als sie nach dem Tod von Onassis bei Doubleday anfing. Sie hatte ein gutes Auge für Kunstbände und kam häufig nach London auf der Suche nach neuen Autoren, da sie immer nach europäischen Themen Ausschau hielt. Zuletzt sah ich sie ein paar Wochen vor ihrem Tod; wir trafen uns zum Lunch, um über eine umfassende Napoleon-Biographie des Ehepaar-Teams Artemis Cooper und Anthony Beevor zu diskutieren.

Ein weiterer Katalysator für junge Schriftsteller und Künstler war Marguerite Lamkin, die gleichermaßen in New York und an der Westküste zu Hause war und später den britischen Anwalt Mark Littman heiratete. Sie war eine echte Südstaatenschönheit aus Louisiana, die sich ihren klassischen Südstaatenakzent zunutze machte und Frauen aus dem Norden, die Südstaaten-Rollen spielen sollten, darin unterrichtete. Auch Elizabeth Taylor zählte zu ihren Schülerinnen. Marguerite war eng mit Tennessee Williams befreundet, der von ihrem schauspielerischen Talent so beeindruckt war, daß er versprach, eigens für sie eine Rolle zu schreiben, wenn sie die Schauspielerei beruflich betriebe.

Marguerite war berühmt für ihre Einladungen, zu denen sie Kultfiguren aus den Südstaaten, Neuankömmlinge aus England, Hollywood-Stars und schüchterne junge Anfängerinnen versammelte. Besonders geschätzt waren dabei ihre Geschichten, die sie mit ihrem charakteristischen Akzent auf ihre ganz eigene, leicht surreale Art zum besten gab. Einmal, als ich eine Wohnung von Afdera Fonda, Henry Fondas dritter Frau, gemietet hatte, lud ich Marguerite zu einer ziemlich seriösen Cocktailparty zu Ehren eines jesuitischen Autors ein. Der Hausmeister des höchst respektablen Apartmenthauses rief an, um mir mitzuteilen, eine Miss Lamkin sei eingetroffen, und zwar mit einem halben Dutzend »recht ungewöhnlich gekleideter Gentlemen«. Sollte er sie heraufschicken? Eine bunte Truppe in Jeans und T-Shirts erschien. Wie sich herausstellte, waren es Andy Warhol und ein paar Künstlerkollegen, angeführt von Henry Geldzaehler, dem Mentor der New Yorker Kunstakademie, der sich obendrein als Cousin von mir entpuppte. Man schrieb das Jahr 1962, und die Namen meiner unerwarteten Besucher waren mir allesamt unbekannt.

Es gab wenige Orte, an denen man den Herzschlag von New York besser fühlen konnte als in Benjamin Sonnenbergs Haus im Gramercy Park. Das Gebäude war ganz im viktorianischen Stil gehalten, mit eingesprenkelten Verzierungen im Stil Edwards VII. Porträts von Künstlern, Schriftstellern und gesellschaftlichen Berühmtheiten zierten die Wände, so daß man sich beinahe vorkam wie im Londoner Garrick Club, überall glitzerte poliertes Messing und funkelndes Silber. Sonnenberg ließ uns alle in dem Glauben, er würde sein museales Haus der Stadt New York hinterlassen, aber am Ende wurde alles bei einer Auktion versteigert. Ich lernte Sonnenberg durch Eileen Adler kennen, Larry Adlers Exfrau, zu der ich mich vor meiner Heirat mit Jane Sieff sehr hingezogen gefühlt hatte. Dank ihrer früheren Ehe mit dem erfolgreichen Meister der Mundharmonika war sie in der Welt des

Showbusineß und der amerikanischen Boheme zu Hause. Im Lauf der Jahre begegnete ich bei ganz unterschiedlichen Anlässen immer wieder Menschen, mit denen sie mich einmal bekannt gemacht hatte.

In Ben Sonnenbergs Persönlichkeit verschmolzen Hunderte kleiner Affektiertheiten zu einem homogenen Ganzen. Als gebürtiger Russe war er in ärmlichen Verhältnissen auf der East Side aufgewachsen. Schließlich wurde Albert D. Lasker, der Begründer der modernen Werbung, auf Sonnenberg aufmerksam und gab ihm einen Job. Später machte sich Sonnenberg selbständig und arbeitete sich vom bescheidenen Presseagenten zum Meister im Geschäftemachen empor. Er nahm für sich in Anspruch, den Ausdruck »Public Relations« erfunden zu haben, war stets umsichtig, kümmerte sich um das Image wichtiger Kunden, brachte ihre Namen in die Zeitungen, falls es günstig für sie war, oder sorgte umgekehrt dafür, daß selbst ihre berüchtigtsten Kavaliersdelikte nie von den Klatschkolumnisten erwähnt wurden.

Sonnenberg sprach langsam und etwas schleppend, und nur selten konnte man noch die Spur eines Brooklyn-Akzents heraushören. Er trug ein Schnurrbärtchen, hatte einen Bierbauch und sah aus wie eine Karikatur von Beerbohm. Zu seinen gestreiften Hemden mit steifem weißem Kragen band er sich eine Fliege oder eine altmodische schmale Krawatte mit Krawattennadel um. Er muß Dutzende von identischen Anzügen im Stil Edwards VII. besessen haben, allesamt von den eleganten Herrenschneidern der Savile Row. Seine Frau Hilda lebte zurückgezogen und erschien zu den Partys ihres Mannes nur, wenn enge Freunde oder Familienangehörige zugegen waren. Einmal verlief ich mich im Labyrinth der endlosen Korridore und stolperte aus Versehen in ihr Zimmer, wo sie auf dem Bett lag und Zeitschriften las.

Sonnenberg sagte gern, wenn er jemals seine Autobiographie schriebe, wollte er sie *Große Bühnen für kleine Figuren* nennen. Er verteilte mit Begeisterung Karriereratschläge an vielversprechende junge Protegés, nicht zuletzt, weil er dadurch die Gelegenheit bekam, sich selbst reden zu hören. Aber vor allem hatte er eine wunderbar methodische Art, Zukunftspläne für andere zu entwerfen, und man hatte dabei das Gefühl, es gäbe nichts, was ihn brennender interessierte. Mit seinem unermüdlichen Humor schalt er mich immer: »Das Problem mit Ihnen ist, George, daß Sie sich viel zu sehr um die Qualität des Produkts kümmern und viel zuwenig um den Profit.« Er machte sich große Sorgen um meine Zukunft, weil er einmal gehört hatte, ich sei talentiert. »Das ist ein sehr schlechtes Zeichen«, meinte er. »Bobby Lehman (der Gründer von Lehman Brothers) sagte immer: ›Wenn ich höre, daß jemand talentiert ist, dann schließe ich sofort sein Konto, weil es gewöhnlich bedeutet, daß er keine Bilanzen lesen kann.‹«

Um Ben Sonnenberg ranken sich viele Legenden, und die meisten davon sind sogar wahr. Nachdem er jahrelang von der Hand in den Mund gelebt hatte, machte er spät noch ein Vermögen. Die Geschichte, die ich aus seinem Mund kenne, lautet folgendermaßen: Auf einer Reise mit seinem Freund und wichtigen Klienten Robert Lehman machten die beiden in einem Landgasthaus halt, das von zwei älteren Damen geleitet wurde, die selbstgebackenes Brot servierten. Sie machten ihnen Komplimente über ihre Backkunst und schlugen vor, die beiden Damen sollten doch ein Geschäft aufmachen. Aus dieser Begegnung entwickelte sich ein Unternehmen namens Pepperidge Farm. Statt einer Gebühr nahm Sonnenberg Anteile der neuen Firma und wurde so ein steinreicher Mann.

Bei Ben konnte man nie sicher sein, ob er freundschaftlichen Umgang mit Leuten pflegte, weil er selbst Wert darauf legte, oder ob er damit irgendeine mysteriöse Public-Relations-Kampagne verfolgte. Eine meiner liebsten Sonnenberg-Geschichten dreht sich um Lady Mary Dunn, die Mutter von Lord Jacob Rothschilds Frau Serena. Als junges Mädchen war Mary Dunn in New York gewesen und hatte dort viele Freunde gefunden. Jahre später, als Mary bereits eine reife ältere Dame war, sprach sie einmal mit Sonnenberg darüber, wie leid es ihr tat, daß sie nicht nach New York zurückkehren konnte. Sofort organisierte dieser alles für einen Besuch, buchte für Mary eine Suite im Waldorf Astoria und arrangierte buchstäblich ein Karussell sozialer Ereignisse: Fast täglich traf man sich zu großartigen Lunches, Cocktailpartys und Dinners. An dem Tag, als Mary wieder aufbrechen sollte, fühlte sie sich nicht wohl und mußte die Abreise um einen Tag verschieben. Eine Stunde nach dem geplanten Abreisetermin trafen die Rechnungen für Marys Aufenthalt im Hotel ein – samt und sonders zu Lasten von Canada Dry. Ohne Marys Wissen hatte Sonnenberg sie als Teil einer Werbekampagne benutzt.

Die Wohnung des republikanischen Senators Jack Javits und seiner Frau Marion war für mich ebenfalls eine zweite Heimat. Jack Javits verfügte über eine beinahe unheimliche Energie und stand mehr als ein Vierteljahrhundert im Rampenlicht der amerikanischen Politik. Als hochrangiges Mitglied des Außenpolitischen Senatsausschusses wußte er bestens Bescheid über Europa, war ein kluger Fürsprecher des Staates Israel und dennoch dessen unerbittlicher Kritiker bei manchen politischen Maßnahmen des Landes.

Die Javits' waren ein großzügiges Paar mit einem weitläufigen Freundeskreis. Marion liebte große Einladungen und brachte Berühmtheiten von Film und Bühne mit ausländischen Staatsmännern oder fürstlichen Persönlichkeiten der Vereinten Nationen zusammen. Bei ihr konnte man gleichzeitig mit Prinz Sadruddin Khan, Shirley MacLaine, Gregory Peck und einem Nobelpreisträger für Astrophysik speisen. Wenn ihr Mann auf Wahlkampfreise ging, begleitete ich Marion oft zu Partys. Wegen seines gedrängten Stundenplans trug Jack Javits gewöhnlich einen dunkelgrauen Anzug, zu dem er sich je nach Anlaß verschiedene Krawatten umband, die er stets bei der Hand hatte – eine grüne für eine irische Taufe, eine schwarze für ein Wohltätigkeitsdinner, eine blaue für eine Bar-Mizwa-Feier und auch ein etwas farbenfroheres Exemplar für eine Cocktailparty der Boheme in Greenwich Village oder Little Italy.

Ein New Yorker Freund, auf den ich mich immer verlassen konnte, war Jan Mitchell, ein interessanter, warmherziger und selbstloser Kumpel, gebürtiger Balte, aufgewachsen in der Schweiz. Wenn ich eine persönliche Krise durchzustehen hatte oder eine wichtige Entscheidung treffen mußte, wandte ich mich an Jan um Rat und Unterstützung. Als ich ihn vor über dreißig Jahren kennenlernte, besaß er eine Restaurantkette; sein Aushängeschild war Luchows, das berühmt war für seine deutsche Küche, längst eine New Yorker Institution. Im großen Speisesaal des Restaurants gab es eine Nische, in der bis zu dreißig Leute Platz fanden. Samstag abends lud Jan hier immer Gäste ein, und bei diesen Soirees bekam man Schauspieler, Journalisten, Schriftsteller, Politiker und wunderschöne Frauen zu Gesicht. Außerdem gab es im Obergeschoß einen Raum für private Zusammenkünfte, den Jan mir bei meinen Aufenthalten in New York zur Verfügung stellte, damit ich mich mit Autoren und Verlagskollegen treffen konnte.

Nachdem er Luchows verkauft hatte, wandte sich Jan anderen

Projekten zu, mit denen er eine Menge Geld verdiente und die es ihm ermöglichten, einer der großzügigsten Philanthropen zu werden. Ich machte ihn mit Teddy Kollek bekannt, der ihm half, zum Judentum zurückzufinden. Als Gegenleistung entstand der Mitchell Park in Jerusalem, direkt zwischen dem alten und dem neuen Teil der Stadt. Außerdem schenkte Jan dem Metropolitan Museum eine exquisite Sammlung präkolumbianischer Goldarbeiten, und auf mein Drängen stiftete er den Mitchell-Preis, der jedes Jahr abwechselnd in New York oder London an den Autor des besten kunsthistorischen Werks verliehen wird. Ein zusätzlicher Preis sollte junge emporstrebende Kunstgeschichtler unterstützen. Auf der Liste der Jury und der Preisträger stehen Namen wie John Pope-Hennessy, Mayer Shapiro, Francis Haskell und Michael Jaffé, und das Ganze liest sich wie eine Liste der Elite zeitgenössischer Kunsthistoriker.

Ende der fünfziger Jahre lernte ich in London Henry Kissinger kennen; er war damals ein junger Harvard-Dozent, hatte sich allerdings als Spezialist auf dem neuen Gebiet der Nuklearpolitik bereits einen Namen gemacht. Er suchte Unterstützung für seine Harvard Summer School, wo sich bald der Nachwuchs der europäischen und amerikanischen Politik und Meinungsbildung versammeln sollte. Tangye Lean von der BBC brachte uns zusammen, und Kissinger besuchte mich in meinem Haus am Chester Square. Gerade hatte er sein Buch *A World Restored – The Congress of Vienna 1815* (*Das Gleichgewicht der Großmächte; Metternich und Castlereagh und die Neuordnung Europas 1812–1822*) vollendet, seine früheste und in mancher Hinsicht programmatischste Abhandlung über die Weltpolitik. Es sollte der erste Teil einer Trilogie werden, die davon handeln sollte, wie der hundertjährige Frieden in Europa mit Hilfe eines Bündnissystems erhalten wurde, das dem Gleichgewicht der Kräfte diente. Der zweite Band sollte sich mit Bismarck und dem Berliner Kongreß von 1878 befassen, bei dem sich die führenden Politiker Europas und der Türkei versammelt hatten, um über die russische Vorherrschaft auf dem Balkan zu verhandeln. Im letzten Band sollte es darum gehen, wie die Schüsse vom August 1914 das von Metternich, Talleyrand und Castlereagh so mühsam ausgeklügelte Friedenssystem zerschmetterten. 1957 veröffentlichten wir den ersten Band. Leider verkaufte sich das Buch schlecht, obwohl es gute Besprechungen erhielt.

Danach verlor ich Henry Kissinger eine Weile aus den Augen und begegnete ihm erst wieder, als er 1969 ins Weiße Haus kam und Nixons Sicherheitsberater wurde. Sein amerikanischer Verleger hatte mir zu verstehen gegeben, daß Kissinger vielleicht bald mit dem Bismarck-Band fertig sein würde. Aber als wir uns darüber unterhielten, meinte Kissinger: »Ich verbrenne das Manuskript. Schon nach ein paar Wochen in der direkten Umgebung des Zentrums der Macht habe ich begriffen, daß ich noch viel lernen muß, um zu wissen, wie Politik eigentlich gemacht wird.« Möglicherweise war dies nur eine elegante Ausrede dafür, das Buch nicht fertigzustellen, aber er untermauerte seine Argumentation sehr deutlich. In den kommenden Jahren sah ich ihn recht häufig in verschiedenen Salons von Washington und New York – vor allem bei David und Evangeline Bruce. Aber erst nachdem er sich 1976 aus dem Amt zurückgezogen hatte, lernte ich ihn besser kennen. Bei zwei Bänden seiner bei uns veröffentlichten *White House Years* (*Memoiren 1968–1973*) arbeiteten wir eng zusammen. Er kam oft zum Essen zu mir. Wenn er da war, zog es meine englischen Freunde magnetisch zu mir, ebenso wie Besucher vom Kontinent, die nur zu gern die Reise von Paris, Rom, München oder Bonn auf sich nahmen, um Kissinger zu begegnen. Schon immer hegte ich eine besondere Zuneigung für seine Frau Nancy, die ich vor ihrer Heirat kennengelernt hatte, als sie noch für Gouverneur Rockefeller gearbeitet hatte. Sie war ein sehr attraktiver Blaustrumpf, zurückhaltend elegant, stets gut informiert, mit einem besonderen Interesse für die Zeit der Vichy-Regierung in Frankreich während des Zweiten Weltkriegs.

Macht und Ruhm haben ihre Spuren bei den Kissingers hinterlassen. Obwohl Henry es nach ganz oben geschafft hat, besitzt er einen romantischen, fast naiven Hang zum Mondänen und zum Glamour; sein Wechsel aus der akademischen Welt in den Staatsdienst und von dort in die Stratosphäre der großen Politik förderte mit Sicherheit auch seine hedonistische Lebensweise. Doch das unglaubliche Talent, mit dem er politische Ideen in Begriffe faßt, und seine skeptische, manchmal zynische und immer scharf analytische Erfassung von großen politischen Themen machen ihn zu dem besten Diskussionspartner, den ich kenne. Zwar kann er zuweilen schroff und intolerant sein, aber ich habe noch nie einen Autor gesehen, der sich eine schlechte Besprechung, eine persönliche Kritik oder auch nur eine Äußerung des

Zweifels so zu Herzen genommen hat wie er. Natürlich gab es viele, die ihn verunglimpften, vor allem in der akademischen Welt, wo seine ehemaligen Kollegen ihm seinen Erfolg neideten und seine Autorität als Gelehrter in Frage stellten. Vor allem bei der Veröffentlichung von *Diplomacy* (*Die Vernunft der Nationen*) – für mich persönlich ein Meisterwerk – im Jahr 1993 war dies der Fall. Aber am besten sind vielleicht immer noch die Beschreibungen, die er in *The White House Years* gibt, sei es vom großherrschaftlichen Chou En-lai oder der verdrießlich-mütterlichen Golda Meir.

Einmal erzählte mir Henry Kissinger in allen Einzelheiten von seiner ersten Begegnung mit Richard Nixon. Dem Zeitplan zufolge sollte der Gesprächstermin vierzig Minuten dauern, aber die beiden trennten sich erst nach mehreren Stunden. Nach dieser Unterredung hatte Kissinger eine Stellung, die mehrere Stufen höher lag, als er es je erwartet hätte. Sein Bericht erinnert mich immer an eine Episode aus der Übergangszeit zwischen der Wahl Ronald Reagans im November 1980 und seiner Amtseinsetzung im darauffolgenden Januar. Bei einer von Brooke Astor ausgerichteten Dinnerparty sollte Reagan New Yorker Prominenten vorgestellt werden. Sir Fitzroy Maclean, der zufällig in der Stadt war, wurde zusammen mit mir zu einem Treffen eingeladen, bei dem es von Bankiers, Museumsdirektoren und großen Tieren aus gesellschaftlichen und literarischen Kreisen nur so wimmelte. Vor dem Dinner wurden alle gebeten, sich dem zukünftigen Präsidenten vorzustellen. Der Korridor zur Bibliothek, wo Reagan stand, war so voll, daß wir zusammengepfercht waren wie Ölsardinen in der Dose. Vor mir stand Walter Wriston, Vorsitzender von Citicorp, der bei der Presse als Favorit für den Posten des Finanzministers gehandelt wurde. Als er an der Reihe war, nahm Ronald Reagan seine Hand und sagte herzlich: »Walter, ich bin so froh, Sie endlich persönlich kennenzulernen. Wir haben eine Menge zu besprechen.« Letzlich übernahm Wriston den Posten dann gar nicht, aber ich fand es äußerst seltsam, daß der Präsident der Vereinigten Staaten den Mann nicht kannte, dem er möglichweise die Aufgabe übertragen wollte, die finanziellen Geschicke seiner Nation zu lenken. Wieder einmal trat mir deutlich vor Augen, wie unterschiedlich die Politik in Großbritannien gehandhabt wird, wo ein Premierminister bei der Kabinettsbildung seinen Finanzminister bestens kennt.

Henry Kissinger hat den Verlust der mit einem Amtstitel verbundenen Macht besser überstanden als alle Politiker, an die ich mich erinnere. Er blieb eine Autorität, ein Orakel in Fragen der internationalen Politik und schuf sich eine beeindruckende öffentliche Plattform. Seinen geheimnisvollen Nimbus hat er sich stets bewahrt. 1983 war ich Gast bei der Party anläßlich seines sechzigsten Geburtstags im Pierre Hotel von New York, ausgerichtet von Kissingers ehemaligem Studenten Guido Goldman, der es inzwischen zum Harvard-Professor und Investmentmanager gebracht hatte. Wie beim Wiener Kongreß kamen zuerst die Reden, und danach wurde getanzt. Überall in Manhattan fanden gleichzeitig noch andere Feiern zu Kissingers Ehren statt. Zum Beispiel veranstaltete das Bankierspaar John und Susan Gutfreund ein festliches Mittagessen; ihr Name war damals in aller Munde, im guten wie im schlechten Sinne.

Susan Gutfreunds Einladungen standen stets im Zeichen des Perfektionismus. Ich erinnere mich besonders an ein Dinner nach einer Privatvorführung eines Films über das Leben von Marcel Proust, zu dem sie vierundzwanzig Gäste einlud: Susan hatte den ganzen Speisesaal in einen exotischen Garten verwandelt. Die Blumengestecke ließen den Eßtisch winzig erscheinen, und als die Gäste sich gesetzt hatten, konnten sie kaum sehen, wer ihnen gegenübersaß. Selbst John Gutfreund war in diesem Fall überwältigt von der Kreativität seiner Frau – er ging im Raum umher wie in Trance. Außerdem liebte Susan die Improvisation. Einmal lud sie etwa zwanzig Gäste zu einer Überraschungsparty zum Geburtstag ihres Mannes nach Vaux-le-Viscomte ein, einer echten Perle unter den französischen Schlössern an der Loire. Bis zur letzten Sekunde war John Gutfreund, der seine alte Mutter aus New York mitgebracht hatte, fest überzeugt, es handle sich um ein intimes Familiendinner. Statt dessen hatte Susan jedoch ein aufwendiges Programm vorbereitet, das nur durch ein kleines Mißgeschick zu Anfang etwas getrübt wurde. An diesem Tag gab es in Paris nämlich einen Transportstreik, und die Lieferanten für Speisen und Getränke, denen man den Hausschlüssel überlassen hatte, trafen erst ein, nachdem die ersten Gäste schon da waren. Die Gastgeberin mußte ihre Toilette in einem improvisierten Boudoir vollenden. Dennoch war der Abend ein großer Erfolg; er gipfelte in einem Feuerwerk, das ähnlichen Darbietungen in Venedig oder Monte Carlo alle Ehre gemacht hätte.

Da sie unbedingt die komplexe gesellschaftliche Szene kennenlernen wollte, bat mich die britische Journalistin Tina Brown, ob ich sie zu der Feier mitnehmen könnte, die die Gutfreunds an jenem Abend für Kissinger veranstalteten. Tina Brown stand noch ganz am Anfang ihrer strahlenden Karriere in Amerika, wo sie es schließlich zur Chefredakteurin von *Vanity Fair* und dem *New Yorker* brachte. Nach Rücksprache mit unserer Gastgeberin begleitete ich Tina also zu den Gutfreunds. Als ein satirischer Artikel über diese private Party in der Presse erschien, gab man natürlich mir die Schuld daran. Erst die diplomatische Intervention von Jayne Wrightsman stellte den Frieden wieder her.

Auch Kissingers siebzigster Geburtstag war Anlaß für zahlreiche Feiern in New York und in Europa. Gabriele Henkel stellte ihr großes Haus am Rande Düsseldorfs für eine Party zur Verfügung, auf deren Gästeliste auch Richard von Weizsäcker stand, und in London gestalteten Jacob Rothschild und Gianni Agnelli im Spencer House eine Feier für Henry Kissinger. Am nächsten Tag gaben meine Frau Annabelle und ich einen kleinen Lunch, bei dem die Ehegatten ihre Ehrenplätze ihren Frauen Nancy Kissinger und Marella Agnelli überlassen mußten.

Das Geheimnis einer erfolgreichen Freundschaft liegt oft in einer Mischung von gemeinsamen Interessen, sich ergänzenden Temperamenten und dem Fehlen romantischer Verstrickungen. Aus eben diesen Gründen ist Diana Phipps bis heute meine enge Freundin und Vertraute. Als wir uns Anfang der sechziger Jahre in New York kennenlernten, war sie bereits Witwe von Harry Phipps, dem Abkömmling einer bekannten amerikanischen Familie. Diana ist eine geborene Gräfin Sternberg und stammt aus einer der ältesten tschechischen Adelsfamilien. Als die Kommunisten nach dem Krieg an die Macht kamen, flohen ihre Eltern aus der Tschechoslowakei und ließen sich in Amerika nieder, wo Diana eine bescheidene Kindheit durchlebte. Als sie später einmal bei Verwandten zu Besuch war, war sie sehr erstaunt über die stickige Atmosphäre und die stockkonservative Einstellung der mitteleuropäischen Aristokraten, die nur der Vergangenheit nachhingen. So wurde Diana zur Rebellin; sie entwickelte eine Liebe zum Unkonventionellen und schätzte Exzentriker. Obwohl sie immer noch ganz die österreichisch-tschechische Aristokratin im Stil der Zeit vor dem Ersten Weltkrieg ist, genießt sie die Gesellschaft von Künstlern und Schriftstellern am meisten. Sie hat ihre treuen Anhänger in New York, Wien, London und seit neuestem auch in Prag und Castalovice, dem wunderschönen Palast ihrer Vorfahren, den sie nach dem Zusammenbruch des Kommunismus wieder in Besitz genommen hat.

Für die verhaltene Eleganz ihrer äußeren Erscheinung wird Diana ebenso bewundert wie für die Art, wie sie Gäste empfängt, und für ihren Geschmack, den sie einmal mehr unter Beweis stellte, als sie und Evangeline Bruce in ihrem Londoner Haus eine Dinnerparty zu meinem siebzigsten Geburtstag gaben. Sie bemühten sich nicht nur, die Leute einzuladen, die mir besonders am Herzen lagen, sie engagierten auch noch Nigel Douglas, einen der wenigen britischen Tenöre, der in der klassischen Wiener Operette versiert ist. Nach dem Essen trug er etwas aus seinem gefühlvollen Repertoire vor, und es wurde ein wunderbarer Abend voller Nostalgie und Herzenswärme. In Erinnerung bleiben wird Diana vor allem auch wegen des Opern-Kostümballs, den sie auf dem Land abhielt und auf dem sich ihre britischen Freunde unter ihre weitläufige Verwandtschaft mischten, die vom Kontinent angereist war. Damals war ich Mitglied im Royal Opera House Trust und fand zu meiner großen Freude im Kostümfundus die goldene Uniform von Baron Scarpia, dem niederträchtigen Polizisten aus Puccinis *Tosca*. Zuletzt hatte sie Tito Gobbi getragen.

In ihren Häusern in der Stadt und auf dem Land hat Diana eine Atmosphäre von erschwinglichem Luxus geschaffen, eine Kunst, über die sie eigens ein Buch für uns geschrieben hat.

Auf einer von Dianas Dinnerpartys Anfang 1966 lernte ich Sandra Payson kennen. Unter den Gästen war an jenem Februarabend in Dianas Haus in Bayswater eine große, majestätische Blondine mit ausgeprägten Backenknochen. Sie wurde mir als Mrs. Meyer vorgestellt, vor kurzem geschieden. Mit ihren beiden Töchtern, die im Teenageralter waren, hatte sie sich in London niedergelassen, in einem möblierten Haus am Durham Place in Chelsea. Sandra war anders als die amerikanischen Frauen, die ich kannte. Sie wirkte gelassen und doch unsicher. Sie brannte darauf, ein neues Leben zu beginnen, wußte aber nicht, welche Richtung sie einschlagen wollte. Sandra lebte bescheiden und nahm lieber den Bus als ein Taxi.

Erst nachdem wir schon eine ganze Weile miteinander ausgegangen waren, erfuhr ich, daß Sandra die Nichte von John Hay Whitney war, eines ehemaligen Botschafters am Königshof. Die Whitneys waren eine der wohlhabendsten und vornehmsten Familien Amerikas. Wenn Sandra über ihr bis dahin geführtes Leben sprach, vermittelte sie den Eindruck, daß man sie in einem goldenen Käfig gefangengehalten hatte. Sie fühlte sich erdrückt von ihrer Familie, vor allem von ihrer dominanten Mutter; nur ihren etwas leichtlebigen Vater liebte sie abgöttisch. Charles Payson stammte aus einer alten Familie in Maine. Man hatte ihm den Spitznamen »Charlie the Red Raper« gegeben – wegen seiner amourösen Abenteuer und seines etwas schwammigen roten Gesichts, das noch röter wurde, wenn er sich ärgerte – was ziemlich oft passierte. Als Mitglied des America First Committee, das rechtsextreme, wenn nicht sogar nazistische Tendenzen aufwies, war er im Zweiten Weltkrieg unter Beobachtung gestellt worden. Wie der Duke of Buccleuch in England entging Charlie Payson dem Gefängnis nur durch seine Beziehungen. In der New Yorker Gesellschaft gab es jedoch viele, die ihn entschieden ablehnten, unter anderem auch Angehörige der Familie seiner Frau.

Sandras Mutter Joan Whitney Payson hatte einen enormen Körperumfang und war eine eindrucksvolle Persönlichkeit. Sie trug eine Brille und sprach mit nervöser, manchmal ziemlich schriller Stimme. Trotz seiner Seitensprünge liebte sie ihren Mann und blieb ihm treu. Ihre große Leidenschaft galt den Mets, dem New Yorker Baseball-Team, das von ihr finanziert wurde. Zusammen mit ihrem Bruder Jock Whitney half sie aus einer Laune heraus bei der Finanzierung von *Vom Winde verweht*, in der Erwartung, die Investition zu verlieren. Statt dessen brach der Film alle Besucherrekorde. Soviel ich weiß, spendete Joan ihren Profit für wohltätige Zwecke.

Joan hatte ihrem Bruder Jock, dem Botschafter und Besitzer der *New York Herald Tribune*, immer sehr nahegestanden, doch ihr Mann und die Frau ihres Bruders belasteten die Beziehung. Jock war verheiratet mit Betsy, einer der drei Cushing-Schwestern und Exfrau eines der Roosevelt-Söhne. Finster und besitzergreifend wie sie war, hätte Betsy aus einem Roman von Theodore Dreiser stammen können. Ihre Schwester Babe Cushing hatte William Paley geheiratet, einen Juden, und Charles Paysons Antisemitismus führte zu Spannungen in der Beziehung zu ihr. Deshalb sah man die Paysons nie bei den Paleys und nur selten bei den Whitneys. Anders als beim Marks- und beim Sieff-Clan, wo die jüngere Generation ehrfürchtig zu den Patriarchen aufblickte und ins Familiengeschäft eingebunden war, hielten sich die Whitneys voneinander fern. Zwar spähten sie gern hin und wieder über die Hecke, um zu sehen, was ihre Verwandten so anstellten, aber sie arbeiteten kaum einmal zusammen. Sie waren argwöhnisch und behielten die meisten Dinge lieber für sich.

Joan Payson war eine großzügige Frau und eine leidenschaftliche Sammlerin, aber trotz ihrer Qualitäten ermutigte sie ihre Kinder nur wenig, ihren eigenen Weg einzuschlagen. Ihr ältester Sohn, der Liebling aller, die ihn kannten, war in der letzten Woche des Zweiten Weltkriegs an der Westfront gefallen. Diana Vreeland, eine von Joans ältesten Freundinnen, hat mir einmal erzählt, daß Joan, als sie vom Tod ihres Sohnes erfuhr, an den Bridgetisch zurückkehrte, das Spiel beendete, ohne jemandem etwas zu sagen, und sich dann in ihr Zimmer zurückzog. Sie kam den größten Teil des Jahres nicht mehr heraus. Sie erholte sich nie ganz von diesem psychischen Schock, aber sie zeigte ihre Gefühle nie. Der Kummer machte sie noch barscher, als sie zuvor schon gewesen war.

Sandra war die älteste ihrer drei Töchter. Ihre jüngere Schwester heiratete Vincent de Roulay, bekannt als Page, einen etwas großsprecherischen jungen Geschäftsmann, der aktiv in der Republikanischen Partei mitarbeitete und unter Nixon als amerikanischer Botschafter nach Jamaika geschickt wurde. Die mittlere Tochter Payney heiratete einen charmanten Südstaatler, der von einer alten italienischen Adelsfamilie abstammte, gern jagte und auf Reisen ging.

Sandras erster Ehemann kam aus Long Island und arbeitete im Immobilienbetrieb der Familie. Über zehn Jahre lang wohnten sie in Texas zwischen den großen Ranchern und den Ölclans. Aus dieser Zeit datiert auch Sandras Freundschaft mit George und Barbara Bush.

Ich liebte Sandras Herzlichkeit und ihren recht trockenen Humor, und ich war beeindruckt von ihrem Bedürfnis, aus der beengenden Umgebung auszubrechen, in der sie aufgewachsen war. Unsere Beziehung wurde rasch intensiver. Zusammen reisten wir nach Paris, Wien und Rom. Um Ostern herum war uns beiden klar, daß wir heiraten wollten, aber das war nur der Anfang einer langen Odyssee: Wir wußten ja, daß es nicht leicht sein würde, die Paysons dafür zu gewinnen.

Um uns für die bevorstehende Konfrontation mit Sandras Familie zu wappnen, verbrachten wir die Osterferien in der Montego Bay auf Jamaika, wo ich ein abgelegenes Haus gemietet hatte. Es war ziemlich heruntergekommen, aber bezaubernd. In New York beschlossen wir dann, die Nachricht zuerst ein paar Freunden und Sandras Schwestern zu überbringen, bevor wir Joan Whitney Payson gegenübertraten. Als eine der ersten wurde Brooke Astor eingeweiht; sie war sehr hilfreich und unterstützte uns in unserem Vorhaben. Die Neuigkeit sprach sich rasch herum. Man war erstaunt und teilweise auch vor den Kopf gestoßen. Schließlich begannen sich auch die Klatschkolumnisten über die Geschichte herzumachen. In der *New York Post* stellte Leonard Lyons als erster die Frage: »Wie wird Charlie Payson auf einen jüdischen Schwiegersohn reagieren?« Offenbar war Payson einem Wutanfall nahe, als er hörte, daß Sandra einen Juden heiraten wollte.

Nachdem Sandra ihrer Mutter von unseren Plänen erzählt hatte, vereinbarten wir ein Treffen zum Tee im St. Regis Hotel. Ich kam eine halbe Stunde früher und ließ mir die Haare schneiden. Später erfuhr ich, daß auch Joan Payson zu früh erschienen war, um mich zu beobachten. Als wir entdeckten, daß wir in Douglas Cooper einen gemeinsamen Freund hatten, war das Eis gebrochen. Wir unterhielten uns über moderne Kunst, über das Leben in London, die Freunde in New York und pirschten uns so an das Thema heran, das uns beide am meisten beschäftigte. Schließlich meinte Mrs. Payson: »Sie müssen bald einmal kommen und mich besuchen. Ich denke, Charlie würde Sie auch gern kennenlernen.« Als sie nach Hause kam, sagte sie zu Sandra: »Weißt du, eigentlich ist er viel eher mein Typ als deiner.«

In der darauffolgenden Woche traf ich mich mit Mr. und Mrs. Payson zum Lunch im Town House, einem finsteren Restaurant in Downtown, das vorwiegend von Angehörigen der Wasp-Gesellschaft aufgesucht wird. Ich hatte gehört, daß Charlie Payson finanzielles Interesse an einem Rüstungsgeschäft geäußert hatte, und da ich vor kurzem an einer Konferenz über moderne Raketen und Verteidigungskonzepte teilgenommen hatte, konnte ich ihn in ein angeregtes Gespräch über dieses Thema verwickeln. Während des Essens war er sehr höflich und interessiert, und schließlich beendete er unser Treffen mit einem Vorschlag: Sandra und ich sollten uns für eine sechsmonatige Zeit des Nachdenkens trennen, und wenn wir danach immer noch heiraten wollten, hätte er nichts dagegen einzuwenden. Obwohl Sandra achtunddreißig Jahre alt und Mutter dreier Töchter war und ich mit meinen sechsundvierzig auch nicht mehr der Jüngste, stimmten wir dem Vorschlag zu, in der Hoffnung, daß es niemand an die große Glocke hängen würde und wir nach Ablauf der Frist sofort heiraten konnten. Einmal fragte Sandra ihre Mutter, warum sie eigentlich immer noch nicht mit der Verbindung einverstanden war. Mit keinem Wort ging sie darauf ein, daß ich Jude bin, sondern sagte nur: »Wir haben gehört, er sei ein Schürzenjäger.«

Der erzwungene Aufschub erwies sich als eine harte Nervenprobe. In der Zwischenzeit versuchten wir, wenigstens eine Lobby für uns in der Umgebung der Paysons aufzubauen. Manche befürworteten die Heirat, andere machten unmißverständlich klar, daß sie unsere Verbindung für äußerst unpassend hielten. Gerüchte wurden in Umlauf gebracht und eine Menge Unsinn verbreitet: Man grub meine alten Affären aus und verwendete sie gegen mich. Überall herrschte Hochspannung. Doch Irene Selznick und Diana Vreeland, die beide der Familie Payson sehr nahestanden, unterstützten unsere Heiratspläne, denn sie hatten eine gute Meinung von mir und glaubten, daß Sandra ihr neues Leben genießen würde. Ich hatte schon mit beiden Frauen geschäftlich zu tun gehabt und mich mit Diana Vreeland, die immer Ausschau nach interessanten Menschen hielt, gleich bei meinem ersten Besuch in New York angefreundet; in Cecil Beaton hatten wir außerdem einen gemeinsamen Freund. Irene Selznick, die von der Wasp-Gesellschaft rückhaltlos akzeptiert wurde, war auf ähnliche Weise wie ich gleichzeitig ein Insider und ein Outsider. Oft lachten wir gemeinsam über einen jüdischen Witz und tauschten unsere Erfahrungen aus.

Sandra jedoch geriet angesichts der Schwierigkeiten ziemlich aus der Fassung. Aber ihre Schwestern stärkten ihr den Rücken, allen voran Payney und ihr italo-amerikanischer Ehemann, der Sandra und mir viel Sympathie entgegenbrachte und ihr das Gefühl einer europäischen Solidarität vermittelte. Wenn alle drei Schwestern zusammen waren, konzentrierte sich das Gespräch unvermeidlich auf die neuesten Familienintrigen und auf die Vermögensverwalter der Familie, die ihrer Ansicht nach viel zu geizig waren. Dies war meine erste nähere Bekanntschaft mit dem amerikanischen Treuhänder-Konzept, und ich war erschüttert von der Engstirnigkeit dieser Finanzberater und mürrischen Juristen. Der Mann, der sich um Sandras Geld kümmerte, war fast sechzig und hatte die Vereinigten Staaten noch nie verlassen. Als er zu unserer Hochzeit nach London reisen wollte, mußte ich meine Botschaftskontakte spielen lassen, um ihm in letzter Sekunde noch einen Paß zu verschaffen.

Schließlich konnte Sandra ihre Mutter tatsächlich zu einer vorzeitigen Aufhebung des Heiratsembargos bewegen. Mrs. Payson gab eine Verlobungsparty in New York, zu der der gesamte Whitney-Clan erschien; sogar Sandras Vater tauchte auf. Am 31. Juli, sechs Monate nachdem wir uns kennengelernt hatten, fand in London die Hochzeit statt. Diesmal fehlte Charlie Payson. Tatsächlich wechselte er in unserer ganzen Ehe kaum ein Wort mit mir, und er begleitete seine Frau auch kein einziges Mal, wenn sie uns besuchte. Wenn wir zu Gast im Haus der Paysons in Manhasset auf Long Island waren, benahm er sich eisig korrekt. Einmal kam meine Schwiegermutter auf Besuch in meine Londoner Wohnung und nahm Anstoß an einem italienischen manieristischen Gemälde, auf dem ein Satyr den Venushügel einer nackten Frau streichelt. Sie bat mich, das Bild zu verkaufen, und ich tat ihr den Gefallen.

In der amerikanischen Botschaft veranstalteten Evangeline und David Bruce eine Hochzeitsparty für uns. Als führende Vertreter der amerikanischen Gemeinde in London waren die Bruces für die anderen tonangebend, und indem sie nun ihre Freundschaft zu mir ganz offen zeigten und sie mit dem Ausrichten des Hochzeitsempfangs auch auf meine Frau ausdehnten, glätteten sie die Wogen. Später am Abend waren wir bei Sir Leon und Lady Bagrit zum Dinner in ihrem Haus in Hampstead eingeladen, wo früher der Kunsthistoriker Kenneth Clark gewohnt hatte. Es war eine Fundgrube wunderschöner Gemälde und frühitalienischer Bronzen.

Unter den Gästen, die aus dem Ausland eingeflogen waren, befand sich auch Afdera Fonda, die dritte Frau von Henry Fonda. Sie war eine extravagante venezianische Gräfin, die berühmt wurde, als Hemingway sie und ihre Schwester in dem Roman *Across the River and into the Trees* (*Über den Fluß und in die Wälder*) porträtierte. In den sechziger Jahren heiratete sie Henry Fonda, und ganz New York lag ihr zu Füßen. Doch Afdera hatte einen Drang zur Selbstzerstörung, wodurch sie oft gerade die Menschen verletzte, die sie am meisten liebten.

Henry Fonda wünschte sich ein ruhiges Leben, aber jeden Abend, wenn er müde aus dem Theater heimkehrte, fand er in seinem Haus ein Dutzend oder mehr junger Italiener vor, die auf der Treppe saßen und Spaghetti aßen, sich in seinem Wohnzimmer herumflätzten oder zu den neuesten brasilianischen Samba-Rhythmen tanzten. Einmal nahm Afdera Peter Quennell und mich mit ins Theater und danach ins Twenty-One-Restaurant. Dort gesellte sich Henry Fonda, der in dem Stück mitgespielt hatte, später zu uns. Er war vollkommen erschöpft und gereizt. Als seine Frau ihm zu erklären versuchte, wer Peter war und was er geschrieben hatte, ging Fonda sofort in die Luft. »Halt mich bitte raus aus dem Gespräch«, zischte er. »Laß mich um Himmels willen wenigstens in Ruhe essen!« Aber Afdera hatte ein Herz aus Gold und war ziemlich naiv. In London bat eine Kunsthändlerin sie, ein Päckchen mit nach Italien zu nehmen; es sei für ihren Geliebten, einen italienischen Maler. Sandra und ich nahmen am Tag nach unserer Hochzeit denselben Flug nach Rom wie Afdera. Am Flughafen wurde das Päckchen durchsucht – es enthielt Kokain. Die arme Afdera wurde festgenommen und eine Weile ins Gefängnis gesteckt.

Im ersten Jahr unserer Ehe wohnten Sandra und ich ziemlich beengt in meiner Junggesellenwohnung am Eaton Square. Dann zogen wir ins Cleve Lodge, ein geräumiges, vom großen Architekten Lutyens gebautes Haus am Hyde Park Gate, umgeben von einem großen Garten mit Tennisplatz. Dort hatten vor uns schon die Marks und auch die Hultons gewohnt. Sandra gab sich große Mühe, sich an ihr neues Leben anzupassen. Ihr mangelte es an Selbstbewußtsein, und sie konnte sich nicht recht entscheiden, welche Rolle sie spielen wollte. Aber sie hatte einen sehr liebenswerten Charakter, war direkt und ehrlich, herzlich und fast rührend darauf bedacht, zu gefallen.

Die meisten meiner Freunde erwiderten Sandras Freundlichkeit und taten ihr Bestes, damit sie sich in London zu Hause fühlte. Rückblickend scheint mir, daß ich sie mit sozialen Verpflichtungen und den vielen Reisen überfordert habe. Es war bestimmt nicht leicht für sie. Meine Unfähigkeit, ihr genügend Aufmerksamkeit zu schenken und ihr Nuancen zu vermitteln, die sie aufgrund ihrer Herkunft unmöglich kennen konnte, kamen grell ans Tageslicht bei einer Dinnerparty, die wir zu Beginn unserer Ehe anläßlich einer jüdischen Wohltätigkeitsveranstaltung ausrichteten. Die Wolfsons, die Marks, die Sieffs und die

Levers waren unter den Gästen. Ich vergaß vollkommen, die Speisenfolge vorher mit Sandra durchzusprechen. Zu meinem grenzenlosen Entsetzen sah ich dann, daß das Dinner aus Coquilles Saint-Jacques, gefolgt von Virginia Ham und einem Pudding mit Creme Chantilly bestand – ein Verstoß gegen die drei wichtigsten Grundsätze der koscheren Ernährung: keine Schalentiere, kein Schweinefleisch und keine Milchprodukte nach Fleisch. Ein paar Gäste ließen ihre Teller unberührt, andere fragten schüchtern nach einem hartgekochten Ei.

Es gab verschiedene Versuche, mich in Sandras Familie zu integrieren. Alle zwei bis drei Monate flogen wir nach New York und verbrachten manchmal ein Wochenende im Haus der Paysons in Manhasset. Herrliche Gemälde von Manet, Monet, Corot und Picasso schmückten die Wände, dazu van Goghs berühmte *Schwertlilien*, die Mrs. Payson 1947 gekauft hatte und ihr Sohn 1987 bei Sotheby's für den Rekordpreis von fast vierundfünfzig Millionen Dollar wieder verkaufte. Aber das Haus war nicht nur beeindruckend, sondern auch gemütlich, ausgestattet mit einem außerordentlichen Mischmasch von allem, was Mrs. Payson besonders am Herzen lag. Ein Renoir und ein Degas hingen einträchtig neben Familienfotos und anderen persönlichen Erinnerungsstücken. Es gab Gemälde von Pferden und Hunden, Baseball-Pokale und Oscars von *Vom Winde verweht*.

Die Sonntage waren dem Baseball vorbehalten. Einmal ging ich mit Mrs. Payson ins Shea Stadium, wo die Mets spielten. Die Mannschaft war den New Yorkern ans Herz gewachsen, weil sie stets verlor; es war das einzige mir bekannte Team, dem auch dann Applaus gespendet wurde, wenn es verlor. So saß ich neben Mrs. Payson und verstand überhaupt nicht, worum es in dem Spiel eigentlich ging. Die Zuschauer waren hingerissen, manche schrien vor Begeisterung, und ein paarmal hielten alle den Atem an und stießen dann einen lauten Seufzer der Enttäuschung aus. Zwar war alles sehr verwirrend, aber mein anthropologisches Interesse machte die Veranstaltung dennoch zu einem faszinierenden Erlebnis für mich.

Am Heiligabend versammelte sich die ganze Familie in Manhasset. Kaum einmal ging das Gespräch über Small talk hinaus. Ich erinnere mich an keine ernsthafte Konversation über ein Thema von allgemeinem Interesse oder eine Diskussion über aktuelle Ereignisse. Wenn einer der Gäste einen Versuch in diese Richtung unternahm,

nahm man ihm höflich, aber bestimmt den Wind aus den Segeln. Die ältere Generation zeigte kein Interesse für das, was ihre Kinder und Enkelkinder beschäftigte. Ich hatte Sandras Sohn Blair, einen hübschen und intelligenten jungen Mann, sehr ins Herz geschlossen und wunderte mich darüber, daß seine Großmutter mit ihm nie über seine Zukunft sprach. Statt dessen plauderte man über schnelle Wagen, Pferde, Tennisturniere, und hin und wieder lachte man über einen Scherz. Allem Anschein nach hegte niemand in der Familie ehrgeizige Pläne für die Kinder, eine Eigenart, die mir in Amerika übrigens bei mehreren alteingesessenen, wohlhabenden Familien auffiel. Ob an der Ostküste oder in Texas – man hatte wenig Vertrauen in die Sprößlinge und stellte sich deshalb auf den Standpunkt, es müsse alles getan werden, um sie vor sich selbst zu beschützen.

Diese Einstellung war ganz anders als meine Erfahrungen in jüdischen Familien, wo man die Söhne anspornte, es ihren Vätern gleichzutun oder sie möglichst sogar zu überflügeln. Die Legende erzählt von einem großen anglo-jüdischen Geschäftsmann, der seinen achtzehnjährigen Sohn zu sich gerufen und ihm gesagt haben soll: »Du warst ein kränkliches Kind, du hattest keine ordentliche Ausbildung, aber du bist klug. Hier hast du eine Million Pfund. Wenn du in drei Jahren zu mir zurückkommst und die Million verpraßt hast, kriegst du nie wieder auch nur einen Penny von mir. Aber wenn du dich bewährst, übernimmst du mein Geschäft.« Der Sohn kam mit drei Millionen zurück und wurde Chef des Unternehmens. Als ich den Vater fragte, warum er einem Achtzehnjährigen eine Million Pfund anvertraut hatte, antwortete er: »Damit wäre ich in jedem Fall billig davongekommen. Hätte sich nämlich herausgestellt, daß er ein Dummkopf oder ein Schweinehund ist, hat mir das ein paar hundert Millionen erspart.« In der Whitney-Familie war eine solche Einstellung undenkbar. Aber ich hatte den Eindruck, daß diese Lässigkeit auch jede Eigeninitiative im Keim erstickte und der jüngeren Generation jegliches Verantwortungsgefühl raubte.

Der Weihnachtsmorgen in Manhasset ist mir lebendig im Gedächtnis geblieben. Die Familie versammelte sich in den Salons, wo für jeden ein regelrechter Gabenberg aufgebaut war. Alle verschwanden hinter ihren Geschenken, und während man erforschte, was sich hinter der Verpackung verbarg, war es im Zimmer so still wie in einer

Kirche. Nur gelegentlich hörte man ein gedämpftes Kichern oder einen unterdrückten Freudenschrei. Gelegentlich erhaschte man durch eine Lücke zwischen den Geschenken einen Blick auf eine blonde Locke oder ein stahlblaues Auge. Es erinnerte mich an die Schlußszene von Wagners *Rheingold*, in der sich die Riesen bereit erklären, den Schatz anzunehmen und dafür Freia herzugeben, die Göttin von Jugend und Schönheit, die ihnen Wotan als Belohnung für den Bau von Walhalla versprochen hat. Die Riesen fordern einen Berg von Gold, der so groß ist, daß er den gleichen Platz beansprucht wie Freia, und kontrollieren genau, wie der Schatz angehäuft wird. Aber als der Goldberg endlich hoch und breit genug ist, behauptet einer der Riesen, der sich in Freia verliebt hat, er könne ihre Augen noch durch einen Spalt im Wall aus Gold glitzern sehen. Zu Wotans Entsetzen verlangen die anderen Riesen daraufhin, Wotan solle die Lücke stopfen, und zwar mit dem Ring, den der Gott am Finger trägt.

Die Wasp-Aristokratie von Long Island, zu der die Paysons gehörten, sprachen eine ganz eigene Sprache – gespickt mit Ausdrücken, die entlehnt waren aus Baseball, American Football, Golf und Angeln. Für jemanden, der mit den Regeln dieser Sportarten nicht vertraut ist, hört sich das an wie aus *Beowulf*. In diesen Kreisen wurde alles, was intellektuell klang, mit tiefem Argwohn betrachtet, mit der bemerkenswerten Ausnahme einiger weniger weitgereister und belesener alter Damen. Die Häuser der Wasp-Aristokratie reflektierten den Optimismus und den Ehrgeiz des amerikanischen Jahrhunderts, Europa bot lediglich die Inspiration zu Verzierungen und kunsthandwerklichen Besonderheiten an den Renaissance-Palästen, barocken Schlössern und gotischen Türmchen in Palm Beach und an den Residenzen der zwanziger und dreißiger Jahre auf Long Island.

Sandra und ich reisten viel und besuchten ihre Freunde in Spanien und Mexiko, Florida und Texas und auch im Staat New York. Auch den Fernen Osten ließen wir nicht aus und erlebten eine hochinteressante Zeit in Indien, wo wir ein Wochende beim Maharadscha und der Maharani von Jaipur verbrachten. Gesprächsthemen waren in erster Linie Erinnerungen an die britische Herrschaft und die ethischen Werte des Empire. Kurz bevor der Krieg in Südostasien auf Kambodscha übergriff, besichtigten wir Angkor Vat.

In Tokio genossen wir einen exzentrischen Abend mit Yukio

Mishima, dem japanischen Romanschriftsteller, der als Samurai lebte und starb und sich eine Truppe privater Bodyguards hielt. Wir waren seine Gäste in einem Haus, das wir für sein eigenes hielten, das aber – wie wir später erfuhren – nur für uns und diesen Abend gemietet worden war. Mishima unterhielt sich mit uns auf französisch, und wir plauderten den ganzen Abend über ein Stück, das er geschrieben hatte. Es ging darin um zwei von Hitlers frühen Kampfgefährten: Ernst Röhm, den Anführer der Braunhemden, und den weltgewandten, pragmatischen Gregor Strasser. Beide wurden am 30. Juni 1934 im Zuge der berüchtigten Mordaktionen Hitlers liquidiert. Mishima gab uns einen kurzen Abriß der Handlung: Röhm und Strasser diskutieren über ihren Fall. Etwas abseits, am anderen Ende der Bühne, sitzt der finstere Industrielle und Politiker Alfred Hugenberg, Repräsentant der Hochfinanz. Hitler steht bis fast zum Schluß gleichgültig im Hintergrund, dann erschießt er Röhm und Strasser plötzlich ohne jede Vorwarnung. Hugenberg applaudiert und sagt: »So ist's recht, mein Junge.«

Mishima erklärte uns ausführlich das Dilemma, in dem er sich befand: Er mußte eine Wahl treffen zwischen revolutionären modernen Ideen und alten Traditionen. Ihm ging es darum, seine Gefühle über Japan auszudrücken, aber er ließ das Stück in Deutschland spielen.

Letztlich erwiesen sich die geographischen Gegebenheiten als größtes Problem in meiner Ehe mit Sandra. Sie glaubte, daß ihre Kinder in Amerika sie brauchten, und wollte mehr Zeit mit ihnen verbringen. Zwar wohnte ihre jüngere Tochter eine Weile bei uns, aber obwohl sie Freundschaften schloß, blieb sie im Grunde doch ein amerikanisches Schulmädchen, und sie vermißte die Umgebung, in der sie aufgewachsen war. Sandra und ich gaben uns große Mühe, das Problem der einander widersprechenden Bedürfnisse zu überwinden, aber rückblickend muß ich einmal mehr erkennen, daß ich viel zu sehr in meine Arbeit vertieft war, um Sandra die Aufmerksamkeit zu schenken, die sie brauchte. So entfremdeten wir uns zunehmend voneinander. Nie herrschte zwischen uns ein Mangel an Respekt oder Zuneigung, aber das Schweigen wurde länger und die Distanz zwischen uns größer. Nach etwa fünf Jahren Ehe experimentierten wir mit zwei getrennten Haushalten in London und New York und verbrachten nur noch einen Teil unserer Zeit gemeinsam. Tatsächlich waren wir mehr getrennt als zusammen. In Cleve Lodge fühlte ich mich einsam und verlassen, denn das Haus war einfach zu groß für einen Alleinstehenden. Schließlich verkauften wir es, und ich erwarb eine Wohnung am Chelsea Embankment. Zwar hatte Sandra die feste Absicht, die Wohnung als zweiten Wohnsitz zu benutzen, aber statt dessen lebten wir uns nur noch mehr auseinander. Nach sechs Jahren Ehe trennten wir uns und ließen uns vier Jahre später, 1976, in gegenseitigem Einverständnis scheiden, sind aber Freunde geblieben.

In glücklicheren Tagen besuchten wir Charles und Jayne Wrightsman regelmäßig in ihrem Haus in Palm Beach oder im Sommer auf ihrem Boot. Es gab noch andere Stammgäste, zu denen unter anderem Brooke Astor, Cecil Beaton und Peter Wilson – der Leiter von Sotheby's – gehörten. Charles Wrightsman, eine mächtige Persönlichkeit im Ölgeschäft, war ein sehr anspruchsvoller Gastgeber. Obwohl es sich bei all seinen Gästen um hochgebildete, kultivierte Menschen handelte, mußten sie sich an strikte ungeschriebene Gesetze halten. Eines davon war, mit niemandem aus der Nachbarschaft gesellschaftlichen Umgang zu pflegen, den Wrightsman nicht schätzte. Es gab die »annehmbaren Personen« und eine schwarze Liste von solchen, die er ablehnte.

Auch nach meiner Scheidung von Sandra hielt ich den Kontakt mit den Wrightsmans aufrecht. Einmal flog ich zusammen mit Lally Weymouth nach Palm Beach. Auch Brooke Astor und Cecil Beaton waren eingeladen, und auf dem Flughafen trafen wir Mary McFadden, eine brillante Modeschöpferin. Damals war sie mit einem wohlhabenden Finanzier liiert, der in Palm Beach ein Haus besaß, von unseren Gastgebern aber gemieden wurde, weil er, wesentlich älter als Mary, einen etwas anrüchigen geschäftlichen Ruf hatte. Doch er war ein leidenschaftlicher Kunstsammler, und Mary MacFadden drängte uns, seine Sammlung anzusehen. Zu Charles Wrightsmans großem Mißfallen besuchten wir ihn tatsächlich am nächsten Tag zum Tee und besichtigten voll Bewunderung seine Skulpturen und Gemälde des zwanzigsten Jahrhunderts. Als wir dann auf der Veranda beisammensaßen, sagte Cecil plötzlich: »Mary, ich habe gehört, daß dein Freund ein besonderes Interesse an erotischen Objekten hat.« Mary tauschte einen raschen Blick mit ihrem Freund, und ohne weitere Umstände bat er uns daraufhin, mit ins Untergeschoß zu kommen, wo ein dunkler Korridor in einen großen, unheimlichen Raum mit schummriger Beleuchtung führte. Als wir näherkamen, hörten wir Schmerzensschreie und dachten schon, es wäre etwas Schreckliches passiert. Wie sich herausstellte, gehörten die Schreie jedoch zur Sammlung: Es handelte sich um eine Tonbandaufnahme von Eingeborenen beim Liebesakt. Zu den weiteren dunklen Nischen wurde nur noch Cecil Beaton vorgelassen.

Charles Wrightsman starb nach langer Krankheit, während der ihn seine Frau hingebungsvoll pflegte. Nach seinem Tod führte Jayne ein aktives, unabhängiges Leben. Sie wurde Kunstsammlerin und eine großzügige Wohltäterin, deren scharfes Auge auf dem internationalen Kunstmarkt berühmt ist. Sie gilt als eine der einflußreichsten Treuhänderinnen des Metropolitan Museums.

Doch meine längste Freundschaft mit einer amerikanischen *Grande Dame* ist die mit Drue Heinz. Ihr verstorbener Ehemann Jack Heinz vom gleichnamigen Lebensmittelimperium war ein sehr beliebter Mensch. Er konnte vor Begeisterung regelrecht sprühen, wenn ihm eine neue Idee einfiel oder er eine interessante Bekanntschaft geschlossen hatte. In Fragen des Geschäfts und der internationalen Politik zeigte er sich stets klug und umsichtig. Er war ein Freund von Prinz Bernhard aus den Niederlanden und eines der ersten Mitglieder der Bilderberg-Gruppe, die alles, was Rang und Namen hatte, zu ihren jährlichen Treffen an verschiedenen Orten zusammenführte. Drue teilte Jacks Lebenslust, und mit ihrem irischen Temperament, ihrer Energie und ihrer Neugier waren sie ein eindrucksvolles Paar.

Es ist selten, daß eine Freundschaft, die mehr als zwei Jahrzehnte besteht, nicht von wechselnden Launen oder kleinen Verstimmungen getrübt wird. Doch eine solche Verbindung genieße ich mit Barbara Walters, meiner bezaubernden und zuverlässigen Freundin. Wir lernten uns kennen, als es mit ihrer Karriere als Fernsehjournalistin bereits steil bergauf ging, und zwar begegneten wir uns auf einer Dinnerparty, die Joan Whitney Payson vor einer großen Gala im Metropolitan Museum gab, das direkt gegenüber des Apartments der Paysons liegt. Zufällig saß ich neben Barbara. Ohne die üblichen Höflichkeitsfloskeln wandte sie sich an mich – ganz die professionelle Interviewerin: »Warum hat man Sie eigentlich zum Ritter geschlagen?« wollte sie wissen, und ich murmelte irgendeine verlegene, betont bescheidene Antwort. Aber sie brachte mich rasch dazu, weitere Fragen über mein

Leben zu beantworten; wir verstanden uns gut und trafen uns in Zukunft öfter. Ich fühlte mich zu Barbara hingezogen, denn sie verbindet auf stilvolle Weise eine mädchenhafte Naivität mit fast großmütterlicher Weisheit und Spontaneität mit kalkulierter Berechnung. Sie ist nicht nur eine Virtuosin auf dem Gebiet, das sie berühmt gemacht hat, sie ist die unbestrittene Meisterin des amerikanischen Fernsehinterviews. Sie ist auch in privater Gesellschaft eine gute Erzählerin, sie kann singen und tanzen und ist ein Naturtalent als Schauspielerin.

Im Jahre 1973 unternahm Barbara eine Reise nach Israel. Barbara interviewte Golda Meir und Moshe Dayan und schloß eine lebenslange Freundschaft mit dessen zweiter Frau. Eine wichtige Erinnerung an jenen Herbst in Israel ist ein großartiges Konzert von Pablo Casals im Gästehaus, das von der Jerusalem Foundation Teddy Kolleks erbaut wurde und über den Toren der Altstadt liegt. Wir alle sahen voll Vertrauen in die Zukunft: Der Tourismus blühte, und niemand hatte eine Ahnung von den schrecklichen Ereignissen, die bald hereinbrechen sollten. Shimon Peres, der Verkehrsminister unter Golda Meir, sagte bei einem Essen zu mir: »Ist Ihnen klar, daß wir jetzt eine Industriemacht sind? Unser Energieverbrauch macht dem von China Konkurrenz, wir haben die effektivste Armee und Luftwaffe zwischen der Straße von Messina und dem Japanischen Meer.«

Barbara und ich besuchten Rom und Venedig, ehe wir am Versöhnungstag nach London zurückkehrten. Ich werde nie vergessen, wie ich sie an diesem Oktoberabend vom Connaught Hotel abholte. Als wir ins Freie traten, sahen wir die Schlagzeile des *Evening Standard*: »Krieg im Nahen Osten«.

KAPITEL XIX

Leitmotiv Israel

ICH WAR IMMER der Überzeugung, daß ein bewußter Jude drei Aufgaben zu erfüllen hat: Er muß über die Sicherheit Israels wachen, den Wohlstand Israels fördern und die Errungenschaften Israels vor der übrigen Welt deutlich erklären. Diese drei Funktionen – und vor allem die ständige Notwendigkeit, Israels Probleme zu erläutern – haben mein Leben mehr als vierzig Jahre lang bestimmt. Wenn ich als Verleger, Beobachter und gelegentlicher Vertrauter einiger führender israelischer Staatsmänner zurückblicke, dann weiß ich Henri Bergsons kluge Warnung vor der »Illusion eines retrospektiven Determinismus« sehr zu schätzen. Es ist zwar vielleicht beruhigend, wenn man wichtige Wendepunkte des Schicksals oder auch Katastrophen mit den unerbittlichen Gesetzen der Logik erklärt, aber dies kann nicht nur falsch, sondern oft sogar gefährlich sein. Auch die gegenläufige Tendenz, Ansichten und Entscheidungen der Vergangenheit zu bagatellisieren, ist keinen Deut besser.

Mein Engagement für Israel nahm mich überall auf der Welt vollkommen in Anspruch. Bei meinen zahlreichen Besuchen in Israel bin ich nicht nur Juden und Nichtjuden aus aller Herren Länder begegnet und habe Freundschaften mit bewundernswerten Menschen geschlossen – mit selbstlosen Idealisten und Charismatikern –, sondern ich habe allenthalben Gleichgesinnte kennengelernt, ganz einerlei, wohin meine Reisen mich auch führten. Ich entdeckte eine weltweite Familie engagierter Aktivisten, die dafür sorgte, daß ich mich selbst an noch so unvertrauten Orten zu Hause fühlte.

Als Verleger habe ich versucht, mehr Verständnis für Israel zu wecken, indem ich Bücher über biblische, archäologische, historische und moderne israelische Themen herausgab. Ich veröffentlichte die Memoiren von Ben Gurion, Golda Meir, Yigal Allon, Abba Eban,

Moshe Dayan, Shimon Peres, Teddy Kollek, Yitzhak Shamir und Yitzhak Rabin sowie zahlreiche Biographien international führender jüdischer Persönlichkeiten. Mit Yigael Yadins *Masada*, einer wichtigen, aufwendig mit Originalfotos illustrierten Abhandlung über die Ausgrabung der letzten jüdischen Festung, die im Jahr 73 n. Chr. vor den Römern kapitulieren mußte, leistete Weidenfeld & Nicolson Pionierarbeit in einer Buchgattung, die seither in großem Rahmen produziert und weiterentwickelt wird. Ein anderes erfolgreiches Werk dieser Art war eine Geschichte Jerusalems von Teddy Kollek in Zusammenarbeit mit dem unermüdlichen Moshe Pearlman.

In den Wochen nach dem Sechstagekrieg, als wir alle wie berauscht waren, eröffnete ich in Jerusalem eine Filiale von Weidenfeld & Nicolson, die englische und hebräische Bücher herausgab. Das Büro wurde geleitet von einem jungen, in England geborenen Enthusiasten namens Asher Weill; Chaim Herzog fungierte als Vorstandsvorsitzender. Unser Hauptziel war es, neue einheimische Talente für die Illustrationen von archäologischen, historischen und biblischen Büchern zu finden. Nach fünf Jahren zwangen uns die beträchtlich ansteigenden Kosten, das Projekt fallenzulassen. Unser Programm, in dem wir Titel über Israel und den Nahen Osten verlegten, wurde jedoch von London aus fortgesetzt. Ich beauftragte Wissenschaftler der Hebräischen Universität von Jerusalem und der Universität von Tel Aviv, nicht nur über jüdische Themen oder den Nahen Osten zu schreiben, sondern auch über andere Gebiete, für die ihnen meiner Meinung nach weltweite Anerkennung gebührt. Zu unseren Autoren gehörten damals Joshua Prawer, eine Autorität auf dem Gebiet der Kreuzzüge, Walter Laqueur, Historiker mit dem Fachgebiet Deutschland und Osteuropa, Shlomo Avineri, Philosoph mit dem Schwerpunkt Aufklärung, und Zvi Yavetz, Schüler von Ronald Syme, Historiker und Spezialist für das antike Rom.

Meiner Ansicht nach läßt sich die israelische Geschichte in verschiedene Phasen unterteilen, die nicht nur die bestimmenden Ereignisse, sondern auch gesellschaftliche Veränderungen und öffentliche Stimmungen widerspiegeln. Eine solche Phase bilden die ersten acht Jahre von der Staatsgründung bis zu den »Hundert Stunden Suez-Feldzug«. Belebend und gefährlich, hart und doch moralisch befriedigend, ist diese Zeit unauslöschlich mit der Persönlichkeit von David Ben

Gurion verknüpft, der den Ethos der Pioniertage verkörperte. In Ben Gurions »harten Zeiten«, einer Epoche, die als *Zena* bekannt geworden ist, stellten Staatsbeamte, Soldaten, politische und gewerkschaftliche Anführer die Elite. Wohlhabende aus Handel, Industrie und Finanz teilten diesen Status nur, wenn sie politisch aktiv waren und die von der Arbeiterpartei dominierte Koalition unterstützten. Ben Gurion war Gesetzgeber und oberster Kriegsherr, aber auch Mentor einer Generation »junger Löwen«, die noch lange nach seinem Tod unter seinem Einfluß standen. Moshe Dayan, Shimon Peres und Teddy Kollek waren drei seiner hervorragendsten Schüler.

Ben Gurion verlangte absolute, manchmal beinahe unterwürfige Loyalität. Ich war mit seinem engsten Mitarbeiter Nehemia Argov befreundet, der sein persönliches Glück auf dem Altar harter Pflichterfüllung opferte. Kurz nach einem mißglückten Attentat auf Ben Gurion im Oktober 1957 beging er Selbstmord, teilweise weil er das Gefühl hatte, den großen alten Mann im Stich gelassen zu haben. Ich hatte während meiner Zeit bei Weizman nur selten direkt etwas mit Ben Gurion zu tun, aber nachdem er sich zurückgezogen hatte, war ich mehrmals bei ihm zu Gast. Das letztemal sah ich ihn, als ich mit Evangeline Bruce eine Reise in die Wüste Negev unternahm. Ben Gurion wohnte in Sdeh Boker, einem Kibbuz mitten in der Wüste, und dort statteten wir ihm einen Besuch ab. Er war nicht in bester Verfassung, zeichnete ein ziemlich düsteres Bild von der Zukunft des Nahen Ostens.

In früheren Jahren spielten einflußreiche und wohlhabende britische Juden eine wichtige Rolle in Israel, da England im Nahen Osten immer noch am meisten zu sagen hatte. Wenn es um Kontakte mit Westminster, Whitehall und mit der Presse ging, verließ man sich auf die Marks' und auf die Sieffs. Marcus Sieff blieb der angesehenste und einflußreichste Vertreter der anglo-israelischen Gemeinde bis weit in die siebziger Jahre hinein. Als Menachem Begin 1977 Premierminister wurde, schwand sein Einfluß, nicht zuletzt, weil Marcus ein Mann der Kompromisse war und die Ansiedlung von Juden auf der Westbank verurteilte. Inzwischen war eine neue Generation anglo-jüdischer Aktivisten herangewachsen.

Heute ist für uns die Unterstützung Israels durch die Vereinigten Staaten ganz selbstverständlich, und wir haben schon fast vergessen, daß dies durchaus nicht immer so war. In den ersten fünfzehn Jahren zeigten das State Department und das Weiße Haus dem jüdischen Staat gegenüber bestenfalls eine neutrale, öfter jedoch eine kritische Haltung. Als der Einfluß Großbritanniens nach der Suezkrise dramatisch zurückging, stand Israel beinahe isoliert da. Aber Nassers Engagement in der algerischen Rebellion gegen Frankreich erweckte das französische Interesse an Israel, das durch die französisch-israelische Waffenbruderschaft in Suez und die gemeinsamen Geheimdienstoperationen gegen Nassers subversive Aktivitäten überall in der arabischen Welt noch verstärkt wurde. So konnte Ben Gurion ausrufen: »Wenigstens einen Freund haben wir – Frankreich!« Die Regierung Eisenhower konnte die Kollusion zwischen England, Frankreich und Israel nicht verzeihen.

Trotz der offiziell ambivalenten Haltung Washingtons gab es seitens der amerikanischen Juden jedoch immer mehr Unterstützung für Israel, sowohl finanzieller und moralischer Art als auch durch den wachsenden Massentourismus. Amerikanische Juden leisteten einen enormen Beitrag zum Aufbau von Schulen und Universitäten, vor allem des Weizman-Instituts, der Hebräischen Universität und der neuen, sich rasch ausdehnenden Universität von Tel Aviv.

In den fünfziger und sechziger Jahren widmete auch ich viel Zeit und Energie der Förderung von Universitäten und des Kulturlebens im allgemeinen. Ich wurde in den Vorstand des Weizman-Instituts gewählt und arbeitete eng mit Meyer Weisgal zusammen. Zu meinen Aufgaben gehörte es auch, Meyer Weisgal und seine Mitarbeiter in Europa mit Geldgebern bekannt zu machen. Wir hatten viele gemeinsame Freunde, unter ihnen Charles Clore und die Familie Wolfson. Sir Isaac Wolfson, der Begründer des Familienvermögens und einer der brillantesten Geschäftsmänner des Jahrhunderts, lud mich in London oft zu sich ein, und auch in seinem im kalifornischen Stil auf dem Grundstück des Weizmann-Instituts erbauten Haus war ich häufig zu Gast. Sein Sohn Leonard, der spätere Lord Wolfson, war bei unserer ersten Begegnung noch ein junger Mann. Er behauptete sich gegen seinen übermächtigen Vater, dessen Genie er geerbt hatte – allerdings verbunden mit einem gänzlich anderen Temperament. Doch Leonards Zurückhaltung täuschte. Er war zwar vorsichtig, aber konnte auch entschlußfreudig sein.

Mein Lieblingsprojekt war die Ben-Gurion-Universität von Beer Sheba in der Wüste Negev, Israels dritte Universität. Ben Gurion war immer davon überzeugt, daß Israels Schicksal eng mit der Besiedlung der Wüste Negev verknüpft war. Sie nimmt vierzig Prozent des israelischen Territoriums ein, aber nur zehn Prozent der Bevölkerung leben dort. Ben Gurions Motto lautete: »Entweder wir besiegen die Wüste – oder die Wüste besiegt uns.« In seinen Augen bedeutete der Süden für Israel das, was der Westen für die Vereinigten Staaten war – ein Land der Zukunft. Er bewies seine Überzeugung, indem er sich im Kibbuz Sdeh Boker ein Haus baute. Dorthin zog er sich zurück, nachdem er in den Ruhestand getreten war, und dort starb er auch. Er wurde in Sdeh Boker neben seiner Frau begraben.

In früheren Zeiten, eigentlich bis in die byzantinische Periode, war die Wüste Negev eine Kornkammer, aber die islamischen Kriege und Eroberungen zerstörten das Land, bis schließlich die Wüste davon Besitz ergriff. 1947 wurde das Gebiet dem neuen Staat Israel angegliedert, vor allem auf Drängen Weizmanns, der Truman dazu überreden konnte, Israels Anspruch zu unterstützen. Seither zieht der Negev viele Juden aus arabischen Ländern und aus der Sowjetunion an. Der Negev ist als Verbindung zwischen Ägypten und dem Herzen Israels strategisch bedeutsam. In einem friedlichen Nahen Osten könnte die Region eine der großen Verkehrsadern zwischen den nördlichen und südlichen Gebieten der arabischen Welt sein. Das biblische Beer Sheba, das schon dem Patriarchen Abraham als Zufluchtsort gedient hatte, liegt fünf Kilometer östlich der heutigen Stadt. Als ich zum erstenmal nach Israel kam, war Beer Sheva ein Rastplatz der Beduinen, ein Marktflecken und Wohnort von ein paar hundert idealistischen jüdischen Siedlern. Heute leben dort 115.000 Menschen, und Beer Sheba gilt als seltenes Beispiel gelungener Stadtplanung. Es gibt viele eindrucksvolle moderne Gebäude, ein Theater und ein exzellentes Symphonieorchester, letzteres ist vor allem ein Verdienst der sowjet-russischen Einwanderer. Aber der ganze Stolz der Stadt ist ihre Universität, die sich aus einem Zentrum für Wüstenforschung entwickelt hat und danach strebt, ein »kleines Oxford, Cambridge oder Heidelberg in der Wüste Negev« zu werden. 1965 legte Ben Gurion den Grundstein. Neben Technik und jüdischen Studien war der anfängliche Schwerpunkt der Hochschule die Tropenmedizin. Durch die Nähe von Dimona, dem Standort des israelischen

Atomreaktors, gelangten noch zusätzlich berühmte Wissenschaftler in den Dunstkreis der Universität.

Pinhas Sapir, Golda Meirs Finanzminister, der im Ruf stand, die gesamte Wirtschaft lediglich mit Hilfe eines kleinen schwarzen Notizbuchs zu lenken, und Shimon Peres, der ebenfalls zum Kabinett gehörte, besuchten mich in London und baten mich, den Vorsitz in einer neuen Gruppe von Freunden der Ben-Gurion-Universität zu übernehmen. Ich freute mich sehr, nicht zuletzt aufgrund einer gewissen sentimentalen Verbundenheit, die bis in meine erste Zeit als Flüchtling in England zurückgeht: Damals freundete sich Theodore Zissiu mit mir an, der sein ganzes Leben mit romantischer Besessenheit das Ziel verfolgte, die Wüste Negev urbar zu machen. Also stellte ich ein Komitee und eine Gruppe von Helfern zusammen. Der Philanthrop Abraham-Curiel und seine Frau, deren Tochter an der Universität lehrte, unterstützten uns sehr großzügig. Meine Freundin Clarissa, Gräfin von Avon, Anthony Edens Witwe, die eine standhafte Fürsprecherin Israels geworden war und ihre Solidarität zeigte, wo immer sie konnte, schloß sich dem Komitee an. Es war vor allem ihre tiefe innere Überzeugung, die sie zur Mitarbeit bewegte, aber eine gewisse Pietät spielte sicherlich auch eine Rolle: Anthony Eden hatte aus dem Suez-Konflikt die Lehre gezogen, daß Israel der stabilste Faktor im Nahen Osten war und alle Hilfe benötigte, die es bekommen konnte. Es war nicht ganz leicht, die Geldmittel für ein neues Projekt dieser Größenordnung aufzubringen, aber ich hatte das große Glück, Hyman Kreitman zu begegnen. Er war mit einer Tochter von Sir John Cohen verheiratet, dem Gründer der riesigen britischen Lebensmittelkette Tesco. Ein Führungswechsel bei Tesco kam mir zu Hilfe, und so konnte ich Hyman überreden, Beer Sheba einen Besuch abzustatten und sich den Campus anzusehen. Voll Begeisterung kehrte er zurück und ist seither der großzügigste Sponsor der Universität.

Nachdem ich schon mit verschiedenen bedeutenden Präsidenten und Rektoren der Universität zusammengearbeitet hatte, war ich auch an der Berufung ihres jetzigen Leiters Avishai Bravermann nicht ganz unbeteiligt. Er ist ein in Israel geborener Wissenschaftler, der für die Weltbank in Washington über die Probleme der Wasserressourcen im Nahen Osten gearbeitet hat. Zum erstenmal begegnete ich ihm 1989 bei einer Konferenz, die ich in Lausanne einberufen hatte und die sich mit den wirtschaftlichen Möglichkeiten nach einer Beilegung des Konflikts zwischen Juden und Arabern beschäftigen sollte – ein hypothetisches Thema, aus dem sich aber überraschend fruchtbare Diskussionen ergaben. Der Grundton der Gespräche war bei weitem nicht so schrill und verbissen, wie frühere Treffen ähnlicher Art es hatten befürchten lassen. Die Konferenz fand im Beau-Rivage statt, dem altmodischen Grandhotel, in dem 1923 der Lausanner Friedensvertrag unterschrieben worden war, und sie war eine Art Kostümprobe für die multilateralen Nahost-Friedensverhandlungen, die seither in Washington, Kairo, Rom und anderswo stattgefunden haben. Unter den Teilnehmern befand sich auch Feisal Husseini, damals kaum bekannt, heute eine wichtige Stimme der Palästinenserbewegung.

Der Suez-Krieg von 1956 war ein einschneidendes Ereignis, nicht nur in der Geschichte Israels, sondern für die gesamte Welt. Für Großbritannien erwies sich der Krieg als weiterer Meilenstein auf dem Weg der Dekolonialisierung, und in Frankreich traf er mit der Ausweitung der Algerien-Krise zusammen. In Israel führte die hervorragende Leistung der Streitkräfte, die in die Militärgeschichte einging, zu einer deutlichen Stärkung der Moral. Außerdem begründete der Krieg den Ruf mehrerer Kommandeure: Wieder strahlte der Name Dayan, und auch Ariel Sharon und Yitzhak Rabin wurden ein Begriff für jedermann.

Als Verleger war auch ich stark in diesem Krieg engagiert. Durch Pamela Berry, die mit Michael Berry, dem Besitzer des *Daily Telegraph*, verheiratet war, hatte ich eine besondere Verbindung zu dem neu gegründeten *Sunday Telegraph* aufgebaut. Anfang der fünfziger Jahre war ich Pamela schon einmal kurz mit Loelia Westminster begegnet, aber wir schlossen erst später Freundschaft. Eigentlich entsprang unsere Beziehung sogar einem Streit. Im Dezember 1961 veröffentlichte ich nämlich ein Buch über den sowjetischen Spion Guy Burgess. Verfaßt hatte es Tom Driberg, der im Sommer jenes Jahres mehrere Wochen in Moskau verbracht und seinen alten Freund dort interviewt hatte. *Guy Burgess: A Portrait with a Background* verursachte einen ziemlichen Wirbel. Unter anderem enthielt es eine Passage, in der behauptet wurde, Michael Berry, der Eigentümer des Londoner *Daily Telegraph*, der zur gleichen Zeit wie Burgess Student in Eton gewesen war, hätte diesem nur wenige Tage, bevor dieser nach

Moskau überlief, einen Job als Korrespondent für den *Daily Telegraph* angeboten. Wahrscheinlich war bei Burgess der Wunsch der Vater des Gedankens gewesen. Jedenfalls bestritt Michael Berry den Vorwurf entschieden und war so erzürnt, daß er jede geschäftliche Verbindung zu uns abbrach. Ungefähr ein Jahr lang wurde keines unserer Bücher im *Daily Telegraph* besprochen. So ging es eine Weile weiter, bis schließlich dank der Herzogin von Westminster wieder Frieden einkehrte: Zufälligerweise hielten wir uns alle gleichzeitig in Südfrankreich auf, und sie brachte die Berrys und mich bei einer Dinnerparty zusammen. Dies war kurz nach der Gründung des *Sunday Telegraph.* Als Teil der Werbestrategie für das neue Blatt bat Michael Berry mich, wichtige politische Biographien vorzuschlagen, die sich als Vorabdruck veröffentlichen ließen. Das war eine spannende Aufgabe, nicht zuletzt, weil es mir eine gute Grundlage gab, mit finanzieller Rückendeckung durch eine nationale Tageszeitung wichtige Bücher zu erwerben. Außerdem ermunterte mich Michael, neue potentielle Autoren zu suchen und Buchprojekte zu entwerfen, und von da an gab es viele Gemeinschaftsunternehmen von *Telegraph*, Weidenfeld & Nicolson sowie verschiedener ausländischer Buch- und Zeitungsverleger.

Für diese Projekte engagierte sich auch Lady Pamela Berry, die sich als hervorragende Kundschafterin erwies. Im Dienst unserer vielfältigen Vorhaben reisten wir viel zusammen, und dank unserer gemeinsamen Bemühungen entstanden etwa ein Dutzend bemerkenswerter Bücher von Zeitzeugen der neueren Geschichte.

Als Tochter des konservativen Lordkanzlers F. E. Smith hatte die Politik für Pamela von Kindesbeinen an eine wichtige Rolle gespielt. Sie führte den letzten echten politischen Salon in London. Obwohl sie eine überzeugte Konservative war, hatte sie eine besondere Vorliebe für Labour-Intellektuelle. Sie mochte Hochschullehrer und erfolgreiche Künstler, unternahm auch hie und da Ausflüge in die Welt der Mode, aber ihr Herz gehörte der Politik und dem seriösen Journalismus. Anders als die Frauen vieler anderer Zeitungsbesitzer, die selbst die höheren Angestellten ihres Unternehmens wie bessere Laufburschen behandelten, hatte Pamela Berry einen gesunden Respekt vor talentierten Journalisten, und sie fand Gefallen daran, ihre Karriere zu fördern. Bei Pamelas Lunchpartys, zu denen die Gäste nach ihrem Esprit, ihrer Redegewandtheit oder ihrem Insiderwissen ausgesucht wurden, plazierte sie gern einen jungen Kolumnisten oder einen neuen Leitartikler neben einem Kabinettsminister. Ich erinnere mich, wie sie einmal, statt einem ihrer Schützlinge zu erklären, daß sie ihn an einen privilegierten Platz gesetzt hatte, zu dem neben ihm sitzenden Schatzkanzler R. A. Butler meinte: »Hören Sie, Rab, ich habe Ihnen heute den Ehrenplatz gegeben. Ich habe Sie nämlich neben Perry Worthorne gesetzt, einen unserer brillantesten jungen Journalisten.«

Die Berrys hatten sich leidenschaftlich für Suez eingesetzt und sahen die Schuld an dem Fiasko in der Tatsache, daß Eden die Nerven verloren hatte. Die Berrys und die Edens hatten ohnehin nicht viel füreinander übrig. Damals waren viele Details der Absprache zwischen Großbritannien, Frankreich und Israel noch nicht ans Tageslicht gekommen. Es gab ein Schweigeabkommen unter den überlebenden Teilnehmern des Geheimtreffens in Sèvres vom 22. bis 24. Oktober 1956, bei dem ein gemeinsamer Aktionsplan ausgearbeitet worden war. Die Berrys brannten jedoch darauf, der Geschichte auf den Grund zu gehen, angespornt von der Aussicht auf einen journalistischen Exklusivbericht. So zogen Pamela und ich los, um möglichst viele der Protagonisten des Treffens zu interviewen und zur Veröffentlichung ihrer Memoiren zu bewegen. Wir besuchten Guy Mollet, den damaligen Premierminister Frankreichs. Bei einem riesigen Kotelett erklärte er uns, er habe sein Wort gegeben, nichts über das Treffen in Sèvres zu verraten. Zu unserem Trost berichtete er uns aber von einem Gespräch, das er mit General de Gaulle geführt hatte, als er ihn kurz nach dem Suez-Konflikt in seinem Landhaus Colombey-les-deux-Églises besuchte. Die beiden Männer spazierten im Garten herum, und Mollet fragte de Gaulle rundheraus, was er von seiner eigenen Rolle in der Krise hielte. De Gaulle blieb mitten zwischen seinen Rosenbüschen stehen und antwortete: »Mollet, Sie waren ein guter Patriot und ein vernünftiger Politiker, aber Sie haben einen Kardinalfehler begangen: Sie hätten sich nie und nimmer einem britischen Befehl unterstellen dürfen.« Außerdem machte uns Mollet mit seinem Verteidigungsminister Bourgès-Manoury bekannt, der jedoch ebensowenig mitteilsam war, und wir suchten auch den Geheimdienstchef Abel Thomas auf. Der britische Außenminister Selwyn Lloyd ließ sich keinerlei Informationen entlocken – ganz der diskrete Politiker des Establishments.

In Israel führten uns unsere Nachforschungen zu Ben Gurion, der nur sagte: »Die Briten, die Briten, was kann man von denen schon erwarten?« und dann das Thema wechselte. Shimon Peres, der Generaldirektor im Verteidigungsministerium gewesen war, erwies sich als etwas zugänglicher. In seinem ersten autobiographischen Werk schrieb er ziemlich freimütig über das Treffen in Sèvres; allerdings war zu dieser Zeit bereits ziemlich viel an die Öffentlichkeit durchgedrungen. Der vollständigste Bericht erschien noch später, nämlich 1976, in Moshe Dayans Buch *The Story of my Life* (*Die Geschichte meines Lebens*). Als Pamela und ich uns Jahre zuvor bei ihm nach Sèvres erkundigt hatten, hatte er uns eine sehr anschauliche Beschreibung der Konferenz gegeben. Über die heuchlerische Atmosphäre der Versammlung äußerte er sich uns gegenüber noch wesentlich geringschätziger als später in seinem Buch. Seine Charakterisierung von Selwyn Lloyd, der die Absprache mit Israel unmißverständlich ablehnte, werde ich nie vergessen. Dayan meinte, er habe ihn an einen brummigen Landanwalt erinnert, der, als ihm sein Klient einen amateurhaften Plan zur Steuerhinterziehung unterbreitet, seine Brille abnimmt, sie mit dem Taschentuch putzt, seine Hände faltet und erklärt: »Mit diesem Steuerbetrug kommen Sie garantiert nicht durch, aber wenn Sie darauf bestehen, zeige ich Ihnen, wie Sie ungeschoren davonkommen.«

Meine Freundschaft mit Dayan geht zurück auf die Zeit zwischen der Suez-Krise und dem Jom-Kippur-Krieg 1973. Eingeleitet wurde alles von Dayans Tochter Yael, mit der mich eine große Zuneigung und ein ebenso großer Respekt verbindet. Ich begegnete ihr auf den Stufen des Dan Hotels in Tel Aviv an einem drückend heißen Tag kurz nach der Suez-Krise. Sie befand sich in Begleitung ihrer Mutter Ruth, einer engagierten Sozialarbeiterin mit starken Sympathien für ihre arabischen Nachbarn. Nachdem wir vorgestellt worden waren, nickte Yael kurz und meinte spöttisch: »Wissen Sie, Sie sollten keine Shorts tragen, die sind sehr unvorteilhaft.« Sie war noch keine Zwanzig und hatte gerade ihren Militärdienst hinter sich. Bevor ich nach London zurückreiste, gab sie mir das Manuskript ihres ersten Romans – ein flotter, doch auch sensibler Bericht über das Militärleben aus der Sicht eines wehrdienstpflichtigen jungen Mädchens. *New Face in the Mirror* (*Ich schlafe mit meinem Gewehr*) erschien 1959 in England, den Vereinigten Staaten und vielen europäischen Ländern und wurde ein Bestseller. Man feierte Yael als die Françoise Sagan Israels.

Yaels Beziehung zu ihrem Vater war kompliziert; ihr ganzes Leben wurde davon beherrscht, und sie unternahm zahlreiche Fluchtversuche, die sie oft auf seltsame Irrwege führten. Doch mit der Zeit entwickelte Yael eine eigene Persönlichkeit und wurde eine sehr erfolgreiche Sprecherin Israels in den Vereinigten Staaten und in Europa. Yael heiratete einen hochrangigen Armeeoffizier und wurde als Abgeordnete der Arbeiterpartei in die Knesset gewählt. Dort trat sie für zahlreiche unpopuläre Ziele ein, so zum Beispiel für die Rechte der Homosexuellen und Lesbierinnen. Als Kämpferin für die Anerkennung der PLO war sie als eine der ersten israelischen Politikerinnen bei Arafat in Tunis zu Gast.

Ich kannte Dayan als Verteidigungsminister und Stabschef, aber auch als Privatmann. Manchmal aßen wir zusammen in einem ruhigen Restaurant in einem Vorort von Tel Aviv. Dayan kam stets mit bewaffneter Eskorte. Der Oberkellner kannte seine Bestellung, und wir stürzten uns sogleich auf die zwei Punkte unserer Tagesordnung: zuerst Verlagsthemen, danach Israels geopolitische Situation. Bei diesen Treffen war Dayan in seinen Ausführungen stets knapp und sachlich. Im Zusammenhang mit den Büchern, die er für mich schrieb, sprach er nie über Geld; das erledigte Moshe Pearlman, sein Mitarbeiter und Übersetzer. Ich erinnere mich noch an einen Kinobesuch; Dayan war so erschöpft, daß er während des Westerns einschlief. Außerdem besuchte ich ihn häufig in seinem Haus in Zahallah, dieser abgelegenen Siedlung in der Nähe von Tel Aviv, wo hauptsächlich ehemalige Offiziere und Staatsbedienstete wohnen. Das Haus ähnelte einem archäologischen Museum: Schon im Hof gab es viele kanaanäische Statuen und Gefäße zu bewundern. Archäologie war Dayans Leidenschaft. Schon sehr früh hatte er begonnen, Antiquitäten zu sammeln, die aus den vielen verschiedenen Schichten des israelischen Bodens ausgegraben worden waren. Er war ein Fachmann im Zusammensetzen von Scherben und Bruchstücken.

Dayans Charisma zu beschreiben ist schwierig. Er besaß einen natürlichen Charme, und sogar seine Reserviertheit war seltsam sympathisch. Er zog die Loyalität anderer Menschen an wie ein Magnet und stand bei Meinungsumfragen immer an erster Stelle. Doch das höchste Staatsamt blieb ihm vorenthalten, weil er mit dem Alltagsgeschehen der Politik nichts zu tun haben wollte. Konversation lag ihm nicht, und er zeigte seine Langeweile gelegentlich ziemlich unverhohlen. Wenn ein Thema ihn jedoch interessierte, wurde er lebhaft, ja sogar redselig. In Gesellschaft von Frauen konnte sich Dayan entspannen, was ihm den Ruf einbrachte, ein Don Juan zu sein. Aber die Geschichten über seine Eskapaden sind sicherlich übertrieben. Er hatte eine langjährige Beziehung mit einer verheirateten Frau, die schließlich seine zweite Ehefrau wurde und ihn sehr glücklich machte. Rachel Dayan war eine heitere, elegante Blondine, die einen besänftigenden Einfluß auf ihren Mann ausübte; sie und die temperamentvolle, zielstrebig unabhängige Ruth hätten kaum verschiedener sein können.

Dayan ist im Nahen Osten geboren und aufgewachsen, und er hegt eine tiefe Zuneigung für sein Land und seine Bewohner. Für seine Anhänger war er von allen israelischen Politikern am ehesten dazu fähig, den »Frieden der Tapferen« zu schließen, von dem viele Zionisten und auch manche Araber träumten. Dayan respektierte die Araber und verstand ihre Psyche. Schon vor 1967, als man ihm den Oberbefehl über die besetzten Gebiete übertrug, pflegte er freundschaftliche Beziehungen zu arabischen Bürgermeistern und anderen wichtigen Personen des öffentlichen Lebens. In seinem Haus lernte ich Mitglieder der arabischen Gemeinde kennen, und Ruth Dayan nahm mich nach Gaza mit, wo wir uns zu einem Essen mit mehreren arabischen Familien trafen. Es waren ehemalige Freunde ihrer Eltern, ein gebildetes Akademikerpaar aus der Pioniergeneration. Man darf nicht vergessen, daß Dayan neben Begin die maßgebliche Persönlichkeit beim Abkommen von Camp David war, das 1979 unterzeichnet wurde.

Es ist eine unter Fachleuten weitverbreitete Überzeugung, daß die Zionisten die Probleme unterschätzten, die die jüdische Einwanderung für die Araber in Palästina mit sich brachte. Dieser Vorwurf ist generell richtig, denn weder Theodor Herzl noch Weizmann noch Ben Gurion begriffen die Tragweite der arabischen Gefühle. Lange Zeit war das Wort »Palästinenser« mit der Bedeutung »Einwohner des arabischen Palästina« im jüdischen Vokabular unbekannt, obgleich Juden wie Araber unter dem britischen Mandat palästinensische Pässe besaßen. In den sechziger Jahren gab es für Golda Meir keine palästinensische Nation, und noch 1977 unterbrach Begin einen Redner, der ihn fragte, wie er mit den Palästinensern zurechtkam, mit der Gegenfrage: »Was meinen Sie damit? Ich bin Palästinenser – ein palästinensischer Jude.

Unsere Nachbarn sind palästinensische Araber.« Hinter diesem terminologischen Mißverständnis steckt ein viel tiefer liegender Streit, zu dem die Araber ohne ihr Wissen beitrugen.

Die traditionelle zionistische Argumentation lautet folgendermaßen: Der größte Teil der arabischen Welt von Nordafrika bis zum Indischen Ozean, vom Nil bis zum Tigris und zur persischen Grenze, stand direkt oder indirekt unter der Herrschaft des osmanischen Reichs. Das Land wurde von türkischen Beamten regiert und oft willkürlich in Provinzen oder Distrikte, sogenannte *vilayets*, unterteilt, denen ein *vali* oder Gouverneur vorstand. Vor dem Zusammenbruch des osmanischen Reichs gab es kaum arabische Selbstbestimmung und so gut wie gar kein arabisches Nationalbewußtsein. Die arabische Revolution war ein Mythos, der Mythos von T. E. Lawrence, denn es waren die Briten, die Arabien befreiten. Als nach den Weltkriegen die Landkarten neu gezeichnet wurden, entstanden ungefähr zwanzig Staaten auf einem Gebiet, das unsagbar reich an Bodenschätzen war und etwa so groß wie Europa vom Atlantik zum Ural. Im Gegensatz dazu erhielten die Juden, denen eine Heimat in dem vom britischen Mandat begrenzten Territorium auf beiden Seiten des Jordans versprochen worden war, letztlich einen Staat in der Größe von Wales – selbst in den Jahren zwischen 1967 und 1979, als Israel die Halbinsel Sinai besetzt hielt, war er nicht größer als Schottland.

Im zwanzigsten Jahrhundert entwickelte sich der arabische Nationalismus ganz allmählich; man war nicht nur stolz auf die gemeinsamen Ziele, man betrachtete sich selbst als eine Nation. Gamal Nasser predigte die arabische Einheit nicht nur, sondern praktizierte sie: Unter seiner Präsidentschaft schlossen sich 1958 Ägypten und Syrien zur Vereinigten Arabischen Republik zusammen. Zwar hielt sie nur einige Jahre, aber es gab zahlreiche Verträge zur Einheit, und es wurde viel über eine zeitweilige Verschmelzung von Staaten in der arabischen Region geredet. Die heftige Propaganda führte bei den Israelis zu dem Eindruck, man habe es mit einer riesigen Macht zu tun. Die arabische Bevölkerung auf der Westbank und im Gazastreifen entwickelte eine eigene Identität und bildete eine Widerstandsbewegung – die Palestine Liberation Organization, PLO. Gewalt und Terror verliehen der palästinensischen Identität nach und nach eine feste Form und etablierten sie in den Köpfen der Araber wie auch in denen der Juden.

Im Jahrzehnt zwischen der Suez-Krise und dem Sechstagekrieg baute Israel viele ökonomische und soziale Errungenschaften der frühen Jahre weiter aus. Die ältere Generation – Ben Gurion, Levy Eshkol und Pinhas Sapir – war noch am Ruder, doch neue Männer wie Dayan, Allon und Shimon Peres traten immer mehr in den Vordergrund. Für mich war 1965 die Wahl von Teddy Kollek zum Bürgermeister von Jerusalem ein Ereignis mit Signalwirkung. Teddy ist mein engster Freund in Israel und einer der Menschen, die ich am meisten bewundere; er verkörpert die besten Seiten des Wiener Temperaments. Seine Flexibilität und sein Charme haben ihn für Nichtjuden zu einem der größten Apostel des Judentums gemacht. Seine Willenskraft, seine Aufrichtigkeit und sein Sinn für Gerechtigkeit sind beeindruckend, und seiner subtilen Überzeugungskraft kann man sich nicht entziehen. Wenn ein Mensch beispielhaft den Mut zur Improvisation personifiziert, der meiner Ansicht nach zu den großartigsten Qualitäten Israels zählt, so ist es Teddy Kollek.

Als Teddy die Nachfolge von Mordechai Ish-Shalom antrat, umfaßte das jüdische Jerusalem nur den neuen Teil der Stadt; die früheren Vororte im Norden und Westen waren von der Altstadt durch Stacheldraht und ein Niemandsland voller Unkraut und Schmutz getrennt. Selbst dieses kleinere Jerusalem war multikulturell: Die verschiedenen Spielarten religösen Judentums existierten neben Kopten, Melchiten, Griechisch-Orthodoxen und Protestanten. Trotz großzügiger ausländischer Spender war Jerusalem eine arme Stadt. Die Wohnverhältnisse der wachsenden Bevölkerung waren in jeder Hinsischt sehr bescheiden, die Amtsgebäude provinziell.

Mit unbändiger Energie machte sich Teddy daran, Jerusalem in eine Metropole zu verwandeln. Er bildete ein Komitee aus Israelis sowie jüdischen und nichtjüdischen Gönnern aus aller Welt, die ihm bei der Neuplanung der Stadt mit Rat und Tat zur Seite standen. Als Mitglied des International Jerusalem Committee und der Jerusalem Foundation konnte ich aus nächster Nähe beobachten, wie Teddy seine ehrgeizigen Projekte durchführte. Die Komitees trafen sich in regelmäßigen Abständen; als Jerusalem nach dem Sechstagekrieg dann unter einer einzigen Verwaltung vereinigt wurde, erweiterte sich natürlich auch unser Aufgabenbereich. Architekten von Rang und Namen, wie zum Beispiel der Amerikaner Louis Kahn oder der Italiener Bruno Zevi, dazu Politikwissenschaftler und Städteplaner aus Südamerika, Deutschland, Frankreich, der Schweiz und Großbritannien trafen sich mit ihren israelischen Kollegen, um die Probleme einer expandierenden modernen Stadt zu besprechen und darüber zu diskutieren, wie man die Ausgrabungsarbeiten sowie die Erhaltung von Jerusalems großem kulturellen Erbe am besten anging. Die Jerusalem Foundation war an einer Vielzahl von Projekten beteiligt: von der Restaurierung der alten jüdischen Stadtteile, der ehrwürdigen Stadttore und der mittelalterlichen Zitadelle bis zum Aufbau von Tagesstätten und Spielplätzen für arabische Kinder oder einem Fußballstadium. Die Gegend, die zuvor ein verwahrlostes Niemandsland gewesen war, wurde in einen von meinem Freund Jan Mitchell gestifteten Park verwandelt.

Eines der Wunderwerke des neuen Jerusalem ist das Jerusalem Museum, das Teddy aufgebaut und für das er mit unermüdlichem Eifer Spenden eingetrieben hat. Ein großer Teil der Arbeitslast lag auf den Schultern von Ruth Cheshin, die aus einer alten Jerusalemer Familie stammte. Ihr herber Charme und ihr gesunder Menschenverstand verbanden sich hervorragend mit Teddys gewinnender Art, die nur ganz selten von explosiven Wutanfällen beeinträchtigt wurde. Das Museum, das neben jüdischen Antiquitäten und Alten Meistern auch europäische Möbelstücke und Schätze des altertümlichen Nahen Ostens beherbergt, gewann aufgrund der am Ufer des Toten Meers entdeckten Qumran-Texte weltweite Anerkennung. Der Fund war Yigael Yadin und seinem Vater, Professor Sukenik, zu verdanken, und die Schriftrollen trugen viel zum besseren Verständnis des Übergangs zwischen dem Judaismus und dem frühen Christentum bei.

Teddy war eine große Inspiration für die Familie Rothschild. Als Gründer einer der ersten jüdischen Siedlungen in Palästina waren die Rothschilds von Anfang an eng in das zionistische Abenteuer eingebunden. Mit ihren diversen Talenten standen die komplexen Charaktere der weitläufigen Familie stets im Dienst der Sache Israels. Obgleich viele von ihnen zu den politischen Zielen eine eher ambivalente Haltung einnahmen, waren sie kulturellen und wohltätigen Projekten gegenüber stets aufgeschlossen. Diesen außergewöhnlichen Clan mit seiner langen philanthropischen Tradition einmal durch das Prisma seines Engagements für Israel zu betrachten ist hochinteressant. In Frankreich wurde der große Baron Edmond von Theodor Herzl mit allerlei Anliegen bestürmt, war aber gleichzeitig Zielscheibe sarkastischer Kommentare. Während Herzl den Baron als reichen Mann von Welt betrachtete, sah Weizmann ihn als »weisen alten Mann, aber auch als furchtbar meschugge« an, dennoch gewann er dessen Unterstützung für die Hebräische Universität.

In England verhielten sich die Rothschilds zunächst sehr zurückhaltend und teilten die Skepsis – wenn nicht sogar Feindseligkeit –, mit der alteingesessene anglo-jüdische Familien einer Bewegung gegenüberstanden, die ihnen politisch explosiv und utopisch erschien. Sie identifizierten sich eher mit der schrittweisen Vorgehensweise der gemäßigten Zionisten, denn diese begnügten sich offenbar damit, Farmkolonien aufzubauen und das Land »Acker um Acker, Ochse um Ochse« zu bestellen, wie Chaim Weizmann es einmal ausdrückte. Aber als Weizmann 1917 der britischen Regierung das Versprechen abrang, in Palästina eine nationale Heimat für die Juden zu schaffen, erfolgte diese berühmte Erklärung in Form eines Briefes, den Balfour, der damalige Außenminister, an Lord Walter Rothschild richtete.

Der leidenschaftlichste Zionisten-Sympathisant in der Familie war um diese Zeit James (»Jimmy«) de Rothschild, Baron Edmunds Sohn. Nachdem er in der britischen Armee gedient und in eine anglo-jüdische Familie sephardischen Ursprungs eingeheiratet hatte, ließ sich James in England nieder und wurde Abgeordneter der Liberalen. Er lebte in palastartigem Prunk im St. James's Place und im Waddesdon Manor in Buckinghamshire, das von seinem Großonkel, Baron Ferdinand, im Stil eines Loire-Schlosses erbaut und mit großartigen Kunstschätzen ausgestattet worden war. James und seine junge Frau Dorothy (»Dollie«) Pinto waren glühende Zionisten und stifteten etliche der wichtigsten Kultur- und Bildungsinstitutionen im britisch verwalteten Palästina. Ich lernte James de Rothschild während meiner Arbeit mit Präsident Weizmann kennen. Er war ein schlanker, hochaufgeschossener Mann, der ein Monokel trug, leicht schwerhörig war und sich wie ein Grandseigneur verhielt; gleichzeitig konnte er schroff, aber auch freundlich sein. Er hörte gern Klatsch aus Weizmanns Umgebung und interessierte sich vor allem für jede Nuance der politischen Differenzen zwischen Israels Präsidenten, dem Premierminister und dem Außenminister.

Im Jahr 1957 starb James de Rothschild. Seine Witwe Dollie, die ich nach seinem Tod besser kennenlernte, war die stärkste Persönlichkeit unter den Rothschilds. Weizmann hatte ihre Qualitäten schon erkannt, als sie eine junge Frau von kaum zwanzig Jahren war; er wurde ihr Mentor, sie seine Vertraute. Sie war klein und resolut, eine robuste *Grande Dame*, die den anglo-jüdischen Landadel verkörperte und alles, was sie anfaßte, fest im Griff hatte. Pamela Hartwell, die zu ihren Bewunderinnen gehörte, nannte Dollie immer den »König der Juden«, weil sie nicht nur in ihrer Familie großen Respekt genoß, sondern überall, wo sie auftrat. An der ausgedehnten Wohltätigkeitsarbeit der Rothschild-Stiftung in Israel nahm sie regen Anteil und unterstützte viele jüdische Projekte in Großbritannien. Mit besonderer Aufmerksamkeit verfolgte sie die Veränderungen von Israels Image in der englischen Presse und die immer wiederkehrenden Wellen des Antisemitismus in seinen unterschiedlichen Erscheinungsformen, vor allem nach 1967, als sich so viele, besonders aus dem linken Lager, von Israel distanzierten.

Im Zusammenhang mit ihren Bemühungen, die Beziehungen zwischen England und Israel zu verbessern, veranstaltete Dollie Rothschild regelmäßige »Tea Parties« mit Juden und Nichtjuden in ihrem Londoner Haus. Dabei wurden dann die aktuellen Ereignisse und deren mögliche Folgen in beiden Ländern diskutiert, und es wurde nach Wegen gesucht, wie man Differenzen beilegen und Unannehmlichkeiten vermeiden konnte. Terence Prittie, der Autor und langjährige Auslandskorrespondent des *Manchester Guardian*, fungierte als erster Sekretär der Gruppe, zu der über die Jahre Marcus Sieff, Leon Bagrit, Sigmund Warburg, Lord Goodman, Isaiah Berlin, die Historiker Martin Gilbert und Hugh Thomas sowie der Schriftsteller David Pryce-Jones gehörten. Die jüngere Rothschild-Generation wurde von Evelyn und Jacob vertreten.

Obwohl es durchaus eine gewisse Familienähnlichkeit zwischen den beiden gab, hätte man sich kaum zwei unterschiedlichere Temperamente vorstellen können als diese beiden Vettern, denen die Aufgabe zufiel, die Wohltätigkeitsprojekte der Rothschilds weiterzuführen. Evelyn, der ältere der beiden, war Hauptaktionär der N. M. Rothschild Bank, in der sein Vater Anthony Seniorpartner gewesen war. Als Sohn und Erbe von Lord (Victor) Rothschild hatte Jacob darunter zu leiden, daß sein Vater nicht Banker geworden war, sondern Wissenschaftler.

Die Elternhäuser der beiden Cousins waren sehr verschieden. Evelyn hatte eine konventionelle Erziehung und Bildung durchlaufen – er hatte Harrow und Cambridge besucht, war Sportler und Landedelmann. Obwohl Jacob eine ähnliche Ausbildung genossen hatte (Eton und Oxford), waren seine Eltern weit weniger konventionell: Sein Vater hatte in Cambridge in den Kreisen verkehrt, zu denen auch Anthony Blunt und andere linksgerichtete Intellektuelle gehörten, seine Mutter stammte aus einer Familie, die im Epizentrum der Bloomsbury-Gruppe stand.

Ein grundlegend ehrgeiziger Zug seiner Persönlichkeit spornte Jacob dazu an, sich auf intellektueller Ebene genauso zu profilieren wie als Geschäftsmann. Ich lernte ihn kennen, als er noch Studienanfänger war. Im Lauf der Zeit merkte ich immer mehr, wie sehr dieser faszinierende, komplexe Charakter zwischen Konformismus und Nonkonformismus hin- und hergerissen ist. Sein Wunsch, sowohl in der Geschäftswelt, als auch bei der Boheme, bei den oberen Schichten der Aristokratie, bei Hof und bei den draufgängerischen neuen Milliardären diesseits und jenseits des Atlantik anerkannt zu werden, zeugt von seiner grenzenlosen Wißbegier und seinem unstillbaren Ehrgeiz. Er begeistert sich sowohl für traditionelle als auch für moderne Kunst, und er hat das Rothschildsche Auge für schöne Dinge geerbt.

Jacobs Interesse für jüdische Angelegenheiten verstärkte sich, als ihn 1989 Dollie Rothschild in ihrem Testament zum Haupterben machte und er die Verwaltung der Rothschild Foundation in Israel übernahm. Kurz nach dem Tod seines Vaters wurde Jacob der Vierte Lord Rothschild und übernahm damit die Rolle, die unter britischen Juden allgemein als die erstrebenswerteste gilt. Er setzte die Tradition von Dollies Teepartys fort und stellte Spencer House, den Palast in St. James's, den er von der Familie der Prinzessin von Wales gepachtet hatte und in seiner ganzen Pracht restaurieren ließ, für zahlreiche jüdische Wohltätigkeitsveranstaltungen zur Verfügung. In Jacob vereinigte sich die melancholische, skeptische Veranlagung der Rothschilds mit einer ausgeprägten Lebenslust. Dank seines Erfolgs als Vorsitzender der National Gallery und seines persönlichen Kunstinteresses gilt er als einer der wichtigsten Schirmherren der Künste.

Als Jacob das Familienunternehmen verließ, blühte Evelyn als Banker erst richtig auf. Sicherlich ist er introvertierter und verschlossener als sein jüngerer Cousin, aber wenn er sich einer Sache annimmt, tut er das zielbewußt und mit großer Beharrlichkeit, was man am Beispiel des Haifa Technion, Israels Zentrum technologischen Fortschritts, deutlich sieht. Meist jedoch verbirgt er seine freundliche Natur, seine Sensibilität und Einfühlsamkeit unter einem Panzer von Distanziertheit und teilweise sogar Arroganz.

Zu den Sternstunden von Teddy Kolleks Amtszeit in Jerusalem gehört die Eröffnung des neuen Gerichtsgebäudes, das von der Rothschild Foundation finanziert worden ist. Jacob Rothschild führte den Vorsitz einer illustren internationalen Versammlung, deren Teilnehmer eigens zu diesem Anlaß eingeflogen wurden. Weil ihn sowohl die Juden als auch die Araber verehrten, wurde Teddy Kollek immer wieder ins Bürgermeisteramt gewählt, gleichgültig, ob im Land gerade die Rechte oder die Linke tonangebend war. Sein achtzigster Geburtstag im Mai 1991, zu dem Gratulanten aus aller Welt eintrafen, war Anlaß zu einem bewegenden Tribut an seine Leistungen. Auch für mich war dieser Tag ein einschneidendes Erlebnis, denn dort, auf der Terrasse des Mishkenot Sha'ananim, dem Gästehaus der Jerusalem Foundation mit seinem herrlichen Blick über die Altstadt, begegnete ich Annabelle Whitestone. Sie lächelte mir vom Büffet aus zu, und ich konnte die Augen nicht mehr von dieser schlanken, schönen blauäugigen Frau mit der leuchtenden blonden Haarmähne abwenden.

Annabelle Whitestone stammt aus einer britischen Marinefamilie und hat eine Klosterschule besucht. Im Alter von knapp zwanzig Jahren verließ sie England, um in Madrid als Konzertagentin zu arbeiten, wo sie eine Reihe exzellenter Musiker betreute; mit manchen von ihnen ist sie bis heute befreundet. Vor allem der Pole Arthur Rubinstein hatte es ihr angetan; die beiden verliebten sich, er verließ seine Frau, und Annabelle lebte mehrere Jahre lang glücklich mit ihm zusammen, bis zu seinem Tod im Jahr 1982. Rubinstein kam oft nach Jerusalem, wo er Meisterkurse gab und der Musikschule großzügige Spenden zukommen ließ. Etwa zwölf Jahre früher war ich Annabelle schon einmal in Begleitung Rubinsteins begegnet; damals hatte Teddy Kollek uns zum Dinner ausgeführt.

Beim Lunch auf der Terrasse des Mishkenot Sah'ananim unterhielten wir uns angeregt – über Musik, Jerusalem, über unsere jeweilige Vergangenheit und unsere gemeinsamen Freunde. Annabelles Humor und ihr Talent, andere zu imitieren, beeindruckten mich vom ersten Moment an. Genaugenommen gefiel mir alles an ihr, und ich hatte das Gefühl, sie schon lange zu kennen. Eine Zeile aus einem Essay von Lewis Namier kam mir in den Sinn: »In einem Tautropfen kann man die Farbe der Sonne sehen.« Ich bat Annabelle, mich zum Dinner zu begleiten, zusammen mit einem weiteren Gast Teddy Kolleks, meinem Freund Hubert Burda, dem deutschen Zeitungs- und Zeitschriftenverleger und freundlichen Gönner vieler israelischer Kulturprojekte. Annabelle und ich unterhielten uns noch lange an der Bar des King David Hotels und lauschten dabei den melancholischen Melodien eines Pianisten, der offensichtlich ein russischer Einwanderer war. Am nächsten Morgen mußte ich zurück nach London, aber Annabelle ging mir nicht mehr aus dem Kopf. Am folgenden Wochenende besuchte ich sie in ihrer zauberhaften Wohnung in Lutry bei Lausanne. Dann nahm ich Annabelle mit nach Wien – auf den Spuren meiner Kindheit. Schließlich besuchte sie mich in London, wir reisten zusammen nach Salzburg und Bayreuth, und danach sahen wir uns regelmäßig. Trotz meiner Fehlschläge hatte ich nie die Hoffnung aufgegeben, daß ich eines Tages doch noch die ideale Frau finden würde, und gegen Ende des Jahres hielt ich die Zeit für gekommen, Annabelle einen Heiratsantrag zu machen. Ohne daß ich sie im geringsten dazu drängte, beschloß sie, zum jüdischen Glauben überzutreten. Und selbst die kritischsten der unzähligen Menschen, denen ich Annabelle während unserer ersten gemeinsamen Zeit vorstellte, streckten die Waffen vor ihrem Charme.

Am Vorabend unserer Hochzeit gab ich im Garrick Club einen Herrenabend, zu dem auch ein paar ganz besondere Gäste aus dem Ausland eintrafen: Teddy Kollek, der die Braut zum Altar führen sollte, und Kardinal König aus Wien symbolisierten den ökumenischen Geist; Karl Schwarzenberg kam aus Prag; Krzystof Michalski aus Wien, Hubert Burda und Stefan Sattler aus München und Joachim Fest aus Frankfurt.

Am 14. Juli 1992, als wir im Standesamt von Chelsea getraut wurden, waren nur Familienangehörige und ein paar sehr enge Freunde anwesend. Anschließend gab Drue Heinz an diesem strahlenden französischen Nationalfeiertag eine großartige Lunchparty in ihrem Haus in Mayfair. Einen größeren Kreis von Freunden, Kollegen und Autoren luden Annabelle und ich danach noch zu einem Umtrunk in die National Portrait Gallery ein, und zum Abschluß der Feier veranstalteten Gert-Rudolf und Donatella Flick, mit denen wir seit einiger Zeit sehr gut befreundet waren, ein intimes Diner.

General Smuts, der große südafrikanische Soldat und Politiker, definierte einmal die beste Art der Propaganda so: Sie soll ein Bild einer Sache, eines Landes oder einer Bewegung zeigen, und zwar so, daß es Bewunderung erweckt und zugleich der Wahrheit entspricht. Nach diesem Motto habe ich mich dem israelischen Staat gegenüber immer verhalten. Ich habe stets versucht, meine eigenen Ansichten mit dem demokratischen Konsens zu vereinbaren, der, wie ich glaube, das gesamte Spektrum der israelischen Politik bestimmt, abgesehen vom rechten und linken Extrem. Diese Einstellung hat immer auch meine Beziehungen zu den israelischen Regierungen bestimmt, mit denen ich allesamt zu tun hatte.

1950 fand meine erste kurze Begegnung mit Golda Meir statt. Sie war damals Ministerin für Arbeit und Soziale Sicherheit im Kabinett Ben Gurion, und es gehörte zu ihren Aufgaben, die ersten Einwanderungswellen aufzufangen, die aus Europa nach Israel strömten. Man brachte die Menschen in provisorischen Barackenlagern unter, die so primitiv und überfüllt waren, daß manche der Neuankömmlinge sie mit den Flüchtlingslagern in Europa nach der Befreiung verglichen. Flora Solomon, die dabei half, die Bedingungen in diesen Lagern zu verbessern, begleitete Golda Meir zu einem Treffen mit Ben Gurion und einer kleinen Gruppe von Vertretern anderer Ressorts. Ich war als Repräsentant des Präsidentenbüros ebenfalls anwesend. Unterstützt von Golda, ersuchte Flora den Premierminister dringend, die Einwanderungsquote zu senken und sich darauf zu konzentrieren, dauerhafte Wohnmöglichkeiten für die bereits Angekommenen zu schaffen. »B. G., haben Sie überhaupt gesehen, wie schlimm es da draußen aussieht?« Ben Gurion schüttelte entschieden den Kopf. »Ich weiß ja, worauf Sie hinauswollen: mich zu erweichen. Ich werde nicht hingehen und es mir ansehen, denn ich kann es mir nicht leisten, daß meine Entschlüsse ins Wanken geraten. Wir müssen so viele heimatlose Juden aufnehmen wie nur möglich – beziehungsweise auch unmöglich ist. Das hat absolute Priorität. Alles andere wird sich dann von selbst ergeben, Sie werden schon sehen.« Natürlich gab ihm die weitere Entwicklung recht.

Als Golda Außenministerin und 1969 dann Israels erste Premierministerin wurde, traf ich sie häufiger. Sie war eine seltsame Charaktermischung. In gewisser Hinsicht entsprach sie dem Archetypus des Gewerkschaftsführers im Sinn eines Ernest Bevin, und sie vereinte die nüchterne Zielstrebigkeit Margaret Thatchers und einen bissigen Humor mit einer bodenständigen russisch-jüdischen Volkstümlichkeit. Trotz eines großmütterlichen Zugs war sie eine stahlharte Frau mit einem unzähmbaren Willen, rührte jedoch immer auch an die kindlichen Sehnsüchte ihrer männlichen Gesprächspartner. Sie zögerte lange, ihre Autobiographie zu schreiben, aber ihre Familie bedrängte sie so sehr, daß sie schließlich nachgab. Im Lauf unserer Bekanntschaft bekam ich ein breites Spektrum ihrer Stimmungen zu spüren: Arroganz, Selbstzweifel – die nie ganz überzeugend wirkten – und große Freundlichkeit.

Rinna Samuel, zuständig für die Öffentlichkeitsarbeit am Weizmann-Institut und damals mit einem hervorragenden Biochemiker, dem Enkel von Herbert Samuel, verheiratet, erklärte sich bereit, Golda beim Schreiben ihrer Autobiographie zu beraten. Doch die Zusammenarbeit erwies sich als schwierig: So manche Verabredung wurde nicht eingehalten, und die Aufnahmetermine begannen oft mit einem heftigen Wutausbruch von Golda, die schimpfte: »Dieses Buch kann ich so sehr brauchen wie ein Loch im Kopf. Ich hasse Indiskretionen, ich hasse Memoiren.« Und damit war Rinna dann entlassen. Aber dank einer außerordentlichen Kombination von sorgfältiger Recherche und Intuition produzierte sie schließlich ein Manuskript, das so authentisch und anrührend war, daß es ein internationaler Bestseller wurde. Das Buch kam nach Goldas Rücktritt heraus. Man feierte sie in Paris, London und New York; später wurde ihre Lebensgeschichte für das Fernsehen gefilmt und als Musical verarbeitet.

Meist besuchte ich Golda in ihrem kleinen Haus in Tel Aviv. Dann goß sie mir erst einmal eine Tasse Tee ein, bevor sie einen ihrer faszinierenden Monologe über die allerorten lauernden Feinde und die wankelmütigen Freunde Israels startete. Während sie redete, steckte sie sich eine Zigarette nach der anderen an. Sie hatte eine sehr humoristische Ader. Gelegentlich ahmte sie andere Staatsoberhäupter nach, denen sie begegnet war; dabei ließ sie ihrem Sarkasmus freien Lauf und nahm sich in ihrer Kritik kein Blatt vor den Mund. Ihre Geschichten über den Jom-Kippur-Krieg enthielten immer eine Lobeshymne auf Richard Nixon. »Er war der beste Freund, den wir je hatten«, sagte sie. »Auf sein Wort konnte man sich immer verlassen.« Wenn es um Henry Kissinger ging, war sie behutsamer und ein wenig herablassend; für die »Europäer« hatte sie hauptsächlich Verachtung übrig, obgleich sie Harold Wilsons Freundschaft mit Israel durchaus zu schätzen wußte. Einmal – es muß kurz vor ihrem Rücktritt 1974 gewesen sein – stattete ich ihr im neu erbauten Büro des Premierministers einen Besuch ab. Dabei merkte Golda, daß ich etwas beäugte, was eher ins Büro eines britischen Kolonialgouverneurs gepaßt hätte: einen großen ausgestopften Tiger, der aussah, als würde er gleich losspringen. »Das ist ein Geschenk des Kurdenführers Barzani«, erklärte sie halb ironisch, halb stolz. Dann hob sie die Stimme, drohte mir mit dem Finger und begann folgende Tirade: »Richten Sie Ihrem Freund Harold Wilson aus, wenn er so besorgt ist wegen der Einhaltung der Menschenrechte, soll er sich mehr für die armen Kurden im Irak einsetzen.« Die israelische Regierung belieferte die Kurden in Nachtaktionen mit Waffen, und Golda war entrüstet über die mangelnde Unterstützung aus dem Westen. Eine Reliefkarte des Nahen Ostens, auf der man deutlich sah, wie das winzige Israel von feindlichen Staaten umringt war, hatte einen Ehrenplatz an der Wand. Kopfschüttelnd deutete Golda auf die Karte, richtete die Augen zur Decke und brummte: »Schöne Nachbarschaft, in der wir da leben.«

Golda konnte barsch sein und manchmal ausgesprochen nachtragend. Als loyale Anhängerin der Arbeiterpartei vergab sie keinem, der sich von der Partei lossagte, und sie hegte stets einen Groll gegen Dayan, Peres und Teddy Kollek, weil sie sich mit Ben Gurion zusammengetan und die Rafi-Partei gegründet hatten. Obwohl sie in unterschiedlichen Konstellationen mit einigen von ihnen zusammenarbeitete und ihre Qualitäten durchaus zu schätzen wußte, verzieh sie ihnen nie, denn in ihren Augen hatten sie einen Verrat begangen. Unter ihren Kollegen war Yigal Allon der, dem sie das größte Vertrauen entgegenbrachte. Allon, ein freundlicher, kluger Träumer, war damals stellvertretender Premier und Außenminister. Seit den frühen Tagen Israels, als ich ihn kennenlernte, hatte er viel an Format gewonnen. Während der ersten Welle russischer Einwanderung fuhr er mich einmal zum Flughafen, wo ich eine Gruppe georgischer Juden begrüßen sollte. Es war ein berauschender Moment: Wir schüttelten die Hände bärtiger Großväter in farbenfrohen orientalischen Gewändern und stämmiger junger Kerle mit rotem Schnauzbart. Vor allem aber erinnere ich mich an ein hübsches, dunkelhaariges Mädchen mit einem Cellokasten und an ihren kleinen Bruder, der sich an ihren Rock klammerte.

Der dreiwöchige Krieg begann im Oktober 1973, am Nachmittag des Versöhnungstages – dem heiligsten Tag der Juden – mit einem Überraschungsangriff der Araber. Zweifellos war dies für Golda Meir die traumatischste Erfahrung ihrer beruflichen Laufbahn. War der Sechstagekrieg ein militärischer Triumph gewesen, so erreichte das nationale Selbstverständnis mit dem Jom-Kippur-Krieg sechs Jahre später einen Tiefpunkt. Der Krieg stärkte den palästinensischen Widerstand und erhöhte den Druck der öffentlichen Meinung im Ausland, einen Kompromißfrieden zu schließen. In Israel, das bis dahin durchgehend von der Arbeiterpartei dominierte Regierungen gehabt hatte, häuften sich die Zweifel an ihrer Führungsqualität. Weshalb war das Land so ungenügend auf den syrisch-ägyptischen Angriff vorbereitet gewesen? Zu den Zweifeln der Nation kam auch noch eine Abfolge von Skandalen, und man spürte überall den Wunsch nach Veränderung. Dayan büßte viel von seiner Aura der Unbesiegbarkeit ein, und obwohl Golda Meir sich zum »stärksten Mann Israels« entwickelt hatte, litt auch ihre Reputation. Nicht lange danach zog sie sich zurück, und ihr Nachfolger wurde Yitzhak Rabin, der erste *Sabre* als Premierminister. Während des Oktoberkriegs war er als Botschafter in Washington gewesen, deshalb konnte man ihm für das militärische Desaster keine Schuld geben. Doch seine Regierung hatte einen schweren Stand; sie ging in die Geschichte ein als eine Zeit der Auseinandersetzungen zwischen dem Premierminister und seinem Verteidigungsminister Shimon Peres, der Rabins Rivale als Parteiführer war. Im Grunde war es eine Tragödie, daß das Schicksal diese beiden Politiker zu Gegnern bestimmt hatte.

Rabins analytischen Verstand und seine Integrität hatte ich immer bewundert. Ich lernte ihn in Washington kennen, wo man auch seine Frau Leah sehr schätzte, eine lebhafte, hochintelligente und humorvolle Frau. Besonders erfolgreich waren die Rabins beim republikanischen Establishment. Während eines Abendessens im Haus von Lally Weymouth in New York wurde der Botschafter von Arthur Schlesinger heftig attackiert, der als intellektueller Bannerträger des Liberalismus à la Roosevelt eine kontroverse politische Meinung vertrat. Es ging darum, daß Rabin Nixons Vietnampolitik verteidigt hatte. »Sie sind ja noch republikanischer als der Präsident!« rief der empörte Historiker. Darauf folgte eine hitzige Debatte, während der die anderen Gäste gespannt die Luft anhielten. Rabin ist dafür berühmt, daß er sich nicht mit leeren Höflichkeitsfloskeln abgibt. Als Präsident Carter seinen Gast einmal nach einer langen und ermüdenden Sitzung im Weißen Haus vorschlug, noch kurz seiner Tochter Amy gute Nacht zu sagen, lehnte Rabin angeblich schroff ab: »Ich will Amy nicht sehen. Ich muß morgen früh raus.« Ob die Geschichte nun wahr ist oder nicht – auf alle Fälle steht sie in krassem Widerspruch zu einer ähnlichen Situation, über die mir Lady Bird Johnson einmal berichtet hat. Nach den ernsten und gelegentlich sogar spannungsgeladenen Gesprächen, die Lyndon Johnson mit dem jovialen israelischen Premier Levy Eshkol zu führen hatte, erschien manchmal der Enkel der Johnsons im Oval Office. Dann nahm Eshkol das Kind in den Arm, kniff es in die Nase und flüsterte ihm jiddische Koseworte ins Ohr.

Rabin ist der ideale Stabsoffizier, der von seinen Fachkollegen im In- und Ausland hoch geschätzt wird. Im Lauf der Jahre habe ich Experten aus mehreren Ländern um ihre Einschätzung der verschiedenen Militärführer Israels gebeten. Feldmarschall Carver, der ehemalige Chef der britischen Armee, räumte Dayan einen besonderen Platz unter den »Aposteln der Mobilität« ein. Zwei Generale aus West Point schwärmten von Ariel Sharon und führten die Überquerung des Suezkanals im Jom-Kippur-Krieg an, durch die sich die anfängliche Niederlage Israels in einen Sieg gewandelt hatte. Aber nach dem Meinungsbild, das sich unter den israelischen Kritikern ergibt, gebürt Yitzhak Rabin das höchste Lob. Im Unabhängigkeitskrieg focht ein bunt gemischter Haufen aus schlecht ausgebildeten und schlecht ausgerüsteten Truppen, unterstützt von ein paar Abenteurern aus verschiedenen Alliiertenarmeen und Untergrundzellen, einen Existenzkampf mit dem Rücken zum Meer – und siegte. Während der Suez-Krise 1956, dem sogenannten Hundert-Stunden-Krieg, gab es wesentlich mehr Zusammenhalt und Sachverstand, aber wieder wurde der Sieg letztlich durch die wagemutigen Aktionen von einzelnen Panzerkommandeuren und Piloten errungen. Ich erinnere mich an ein Essen mit einem britischen General, der nebenbei auch für eine Sonntagszeitung über Verteidigungsfragen schrieb. Er sagte zu mir: »Wissen Sie, diese israelischen Panzerkommendeure sind wirklich gut, aber sie gehen entsetzliche Risiken ein. Sie brechen aus der Formation aus und rasen in die feindlichen Linien, ohne Deckung durch die Artillerie – von der Infanterie ganz zu schweigen. Ziemlich waghalsig.« Ich entgegnete, daß ich erst vor einer Woche mit einem dieser Panzerführer gesprochen und die gleichen Bedenken geäußert hatte. Ganz ruhig hatte mir dieser Mann erwidert: »Aber ich war nicht allein. Hinter mir stand in eng geschlossenen Reihen die Armee der Nacht aus Auschwitz, Treblinka und Buchenwald.«

In den elf Jahren zwischen 1956 und 1967 entwickelte sich die israelische Verteidigungsmacht zu dem schlagkräftigen Präzisionsinstrument, das sie heute ist. Dafür ist ein ganzes Team von militärischen Führungspersönlichkeiten verantwortlich: Ezer Weizman, der Begründer der israelischen Luftwaffe, Moshe Dayan und sein pragmatisches Genie, eine Anzahl von Panzerführern und begabten Ausbildern, die eine kulturell völlig unterschiedliche Mischung von Rekruten zu einer vereinten Kampfkraft zusammenschmiedeten. Aber die herausragende Gestalt ist Rabin, der seine Aufgaben als Einsatzchef und Stabschef systematisch und mit unnachgiebiger Entschlußkraft erfüllt und keinen geschont hat, am allerwenigsten sich selbst.

Der Gegensatz zwischen Yitzhak Rabin und Shimon Peres ist groß, doch ihre Begabungen ergänzen einander. Trotz der unversöhnlichen Bitterkeit zwischen den beiden konnten sie, wenn es die Situation verlangte, ihre Differenzen auch hintanstellen. Peres unterliegt starken Stimmungsschwankungen, doch letztlich überwiegt sein Optimismus. Er ist ein hinreißender Redner und in seine eigenen Worte so verliebt, daß er sich gelegentlich an einer intellektuellen Phrase berauscht oder die Wirklichkeit im Dienst einer besonders gelungenen Redewendung verzerrt. Während Rabin taktische Allianzen eingeht und mit einem durchstrukturierten Team arbeitet, bevorzugt Peres eine eng zusammenhängende Gruppe vertrauter Mitarbeiter. Rabin hat Assistenten, Peres hat Jünger – ähnlich wie Ben Gurions »junge Löwen«.

Peres war Außenminister in den Jahren des langwierigen Friedensprozesses, der seinen Höhepunkt fand, als sich PLO-Chef Arafat und Rabin auf dem Rasen vor dem Weißen Haus im September 1993 die Hand schüttelten. Er profitierte in all den Jahren sehr von seinen beiden hochtalentierten engen Beratern, dem stellvertretenden Außenminister Jossi Beilin und dem Generaldirektor des Außenministeriums Uri Savir. Beide lieben das politische Risiko und haben viele Neider. Beilin wurde mir als einer der besten Köpfe der Arbeiterpartei vorgestellt, die damals in der Opposition war; er arbeitete zu dieser Zeit als Dozent an der Hebräischen Universität von Jerusalem. Er schrieb für uns ein Buch mit dem Titel *Government in Israel* über die Entwicklung der Regierungsstrukturen in dem neuen Staat. Auf seine ruhige, etwas schrullige Art strahlt er Mut und Originalität aus. Vor einer kleinen Gruppe intellektueller und politisch gebildeter Zuhörer fühlt er sich wohler als bei öffentlichen Reden. Seine Persönlichkeit zeugt von einer Menge unterdrückter Energie, dennoch ist die logische Argumentation eindeutig seine Stärke. Im arabisch-israelischen Konflikt hatte er schon immer den Kurs der Versöhnung eingeschlagen. Ihm ist der Kontakt zu Norwegen zu verdanken, der letztlich zum historischen Händedruck in Washington führte. Beilin läßt sozusagen für seinen Chef die Versuchsballons steigen, indem er stets gewagte Ideen ins Spiel bringt. »Was Beilin heute denkt, wird die Regierung morgen denken und die Öffentlichkeit übermorgen«, hat mir einer seiner Kritiker einmal gesagt. Der verbindliche, charmante Uri Savir, der seine Karriere im New Yorker Generalkonsulat begann, hat sich zu einem von Israels vollendetsten Diplomaten entwickelt. In schwindelerregendem Tempo wurde aus dem vom Rampenlicht der Weltbühne geblendeten jungen Mann ein routinierter Hauptdarsteller, der die Geschehnisse kritisch, wenn nicht sogar zynisch analysiert. Mit Beilin und Savir habe ich an einem Problem gearbeitet, das für Israel zunehmend wichtig wird: die Annäherung an Europa und die Versöhnung mit dem neuen Deutschland. Wenn Shimon und seine beiden Berater in London waren, arrangierte ich private Informationsfrühstücke oder -mittagessen, bei denen sich die drei mit führenden Journalisten, Politikern, Akademikern oder Geschäftsleuten unterhalten konnten – offiziell oder auch ganz privat. Die Arbeit des Trios war immer ein Erfolg, und jeder der drei beeindruckte auf seine Art selbst die eingeschworensten Zweifler.

Der Sieg der Likud-Partei unter Menachem Begin bei der Wahl von 1977 verbreitete eine Schockwelle in ganz Israel. Schon immer hatte es eine starke konservative und nationalistische Opposition gegeben: den Likud-Block, dessen Zentrum die Herut (Freiheits-) Partei um die Nachfolger von Jabotinsky bildete. Doch diese Gruppen galten als gegnerisches Establishment zum zionistischen Establishment der Arbeiterpartei, die von Anfang an bestimmend gewesen war. Die Aktivisten der Opposition blieben streng unter sich, genau wie ihre Anhänger in einer eigenen Welt der Diaspora arbeiteten. Während der Zeit, als ich in Israel lebte, wäre es undenkbar gewesen, mit einem Anhänger dieser Gruppierungen ein Essen zu veranstalten – so groß war die Kluft zwischen beiden Establishments. Die militantere Haltung der Regierung Begin, die entschlossene Ausdehnung der jüdischen Siedlungen auf der Westbank und im Gazastreifen befremdete einen großen Teil der Weltöffentlichkeit. In England zum Beispiel trat der Banker Sir Sigmund Warburg unter Protest aus dem Vorstand mehrerer israelischer Kulturorganisationen zurück, und selbst Loyalisten wie Marcus Sieff und Evelyn Rothschild brachten ihr Unbehagen deutlich zum Ausdruck. Allmählich jedoch wurden Begins Integrität und sein Format als Staatschef anerkannt, obwohl viele Kritiker seine Politik nicht guthießen. Mich akzeptierte Begin trotz meiner Verbindungen zu Weizmann und meiner Freundschaft mit dem alten israelischen Establishment. Als wir uns zum erstenmal begegneten, meinte er: »Ihre politische Einstellung ist mir gleichgültig, solange Sie stolz darauf sind, Jude zu sein.« Meine früheren Beziehungen zu Brit Trumpeldor und unsere gemeinsamen Wiener Bekanntschaften trugen das Ihre zu unserem guten Verhältnis bei.

Ganz zu Anfang seiner Zeit als Premier rief mich Begin in London an. Er hatte sich mit Professor Nethanyahu getroffen, dem Vater von Yoni Nethanyahu, der im Juli 1976 als Held von Entebbe bekannt geworden war. Er suchte einen Verfasser für die authorisierte Biographie seines Sohnes und wollte wissen, ob ich vielleicht helfen könne. Der Professor, ein Fachmann für mittelalterliche spanische Geschichte, der früher Politsekretär von Vladimir Jabotinsky gewesen war, rief mich später persönlich in London an und bat mich, ihn mit möglichen Biographen bekannt zu machen. Am liebsten wollte er einen Nichtjuden für das Projekt gewinnen, denn er glaubte, daß die Geschichte seines

Sohnes, der die Befreiungsaktion von Entebbe geleitet hatte und dabei ums Leben gekommen war, eine symbolische Botschaft für die ganze Menschheit beinhaltete. Ich schlug unter anderem Max Hastings vor, der hervorragende Berichte über den Jom-Kippur-Krieg für den *Evening Standard* verfaßt und dabei den Heldenmut der Israelis sehr gelobt hatte. Er machte sich schon bald an die Arbeit und begann, die Lebensgeschichte des Helden von Entebbe aufzuschreiben. Aber nach einem recht freundlichen Anfang verschlechterte sich das Verhältnis zwischen Hastings und der Familie Nethanyahu, vor allem zu Yonis Bruder Benjamin (Bibi), dem jetzigen Vorsitzenden der Likud-Opposition. Für Hastings verlor das Thema immer mehr von seiner anfänglichen Faszination, und der willensstarke Bibi wurde argwöhnisch und feindselig. So fühlte sich Hastings auf der einen und die Familie Nethanyahu auf der anderen Seite im Stich gelassen, und jeder beklagte sich über den anderen. Das Ergebnis war ein Buch, das keinem gefiel. Auch meine Position war wenig beneidenswert, denn mich beschuldigten beide Parteien. Zwar hinderte mich die Geschichte nicht daran, Bibi Nethanyahus Freund zu werden, aber sie führte dazu, daß die Beziehungen zwischen mir und Hastings deutlich abkühlten. Wenig später wurde Hastings Chefredakteur des *Daily Telegraph*.

Obwohl die meisten meiner Freunde aus der israelischen Politik der Arbeiterpartei und damit der Opposition angehörten, bereitete es mir keine Schwierigkeiten, den Regierungen Begin und Shamir unter die Arme zu greifen, wo ich nur konnte. Schließlich habe ich schon immer die Meinung vertreten, daß wir auf breiter Front zusammenhalten müssen und daß in unserer Ehrenhalle Platz sein muß für Weizmann und Jabotinsky, für Ben Gurion und Begin, für Dayan und Sharon. Die harte und unflexible Haltung der Regierung machte es um so notwendiger, denjenigen, die in anderen Ländern die Entscheidungen fällten und die Meinungen bildeten, Israels untergründige Ängste deutlich zu machen. In den Salons von New York war es wenig populär, etwas zugunsten der Likud-Politik zu sagen, und in London verabschiedeten die Labour Party und die Gewerkschaften eine antiisraelische Resolution nach der anderen. Im Oberhaus sprach ich regelmäßig über den Nahen Osten, allerdings mit wenig Erfolg, da kaum einer der Peers meine Ansichten teilte. Margaret Thatcher und ihr außenpolitischer Berater Charles Powell zeigten eindeutig ihre Sympathien für Israel. In

Whitehall dagegen, wo das »Kamel-Corps« des proarabisch eingestellten Außenministeriums den Ton angab, gab es nach wie vor eine starke Opposition. Zwar hatte inzwischen eine gewisse Desillusionierung eingesetzt, die zu der Haltung »der Teufel soll sie doch beide holen« gegenüber dem arabisch-israelischen Konflikt führte, aber auch die nicht mehr ganz so dicht geschlossenen Reihen des »Kamel-Corps« bildeten noch eine schlagkräftige Phalanx. In ihren Memoiren schreibt Margaret Thatcher, man habe Israel im britischen Außenministerium als eine Paria-Nation angesehen. Trotzdem hatte der jüdische Staat auch dort seine Freunde, von denen manche sogar ihre Beförderungschancen aufs Spiel setzten, indem sie ihre Unterstützung unmißverständlich zeigten. Zwischen diesen beiden Polen gab es zwei Schichten außenpolitischer Funktionäre: diejenigen, die sich aufrichtig neutral verhielten, weil sie in ihren Anfangsjahren nie Dienst in einem arabischen Land getan hatten, und diejenigen, die gern flüchtige Gefälligkeiten verteilten und anderen ermutigende Worte einflüsterten, während sie nach außen eine unbeteiligte Fassade bewahrten. Sie erinnerten mich an Heinrich Heines Vers über den Berliner Bürger, der seine gesellschaftlich inakzeptable Mätresse anfleht, ihn nicht zu erkennen, falls sie sich einmal auf der elegantesten Straße der Stadt begegnen würden: »Grüß mich nicht Unter den Linden!«

In seiner Zeit als Außenminister und Vorsitzender des Oberhauses Anfang der achtziger Jahre nahm Lord Carrington natürlich an allen außenpolitischen Debatten teil. Man warf ihm oft vor, er sei gegen Israel negativ eingestellt – so wie man ihn stets als den typischen Tory-Aristokraten abstempelte. Ich habe ihn jedoch immer als aufgeschlossenen Beobachter der Sitten und Gebräuche anderer Länder erlebt. Allein die Tatsache, daß er sich auf einem Besuch in Israel befand, als am 31. März 1982 in London die Nachricht einging, die argentinische Flotte sei zu den Falkland-Inseln unterwegs, zeugt von seinem Engagement. Alle politischen Meinungsverschiedenheiten beiseite lassend, knüpfte er auf diesem Blitzbesuch eine Verbindung zu Ariel Sharon, einem Militärkollegen und begeisterten Farmer. Ich verbrachte ein sehr angenehmes Wochenende mit Peter und Iona Carrington in Brüssel, als er Nato-Vorsitzender war, und ich bewunderte seine selbstverständliche und lockere Art im Umgang sowohl mit hochgestellten Militärs der Verbündeten als auch mit prominenten Zivilisten.

Auch Yitzhak Shamir lernte ich – wie Begin – über Yehuda Avner kennen, den in Manchester geborenen, äußerst zuvorkommenden israelischen Botschafter, der 1983 in London postiert war und sich als sehr wirkungsvoller Vermittler erwies. Avner war ein besonderer Liebling von Premierminister Begin, obwohl er über keinerlei rechtsgerichtete Referenzen verfügte. Begin und vor allem Shamir steuerten bei ihren Verhandlungen mit den Palästinensern einen sehr behutsamen Kurs, aber beide erkannten, daß sie früher oder später eine Friedensinitiative in die Wege leiten mußten. Ihre Haltung erinnerte mich an einen Atheisten, der sich zu einer Wallfahrt nach Lourdes aufmacht, obwohl er weiß, daß die erhoffte Wunderheilung seiner Krebserkrankung mit einer statistischen Wahrscheinlichkeit von eins zu einer Million eintritt.

Shamir wuchs in sein Amt hinein. Mit der Zeit verhielt er sich weniger distanziert und argwöhnisch. Als Autor war er ein sehr geduldiger Klient, und seine Integrität hat mich schon immer tief beeindruckt. Meine Geschäftsbeziehungen zu ihm liefen über seinen Anwalt Dan Meridor, der zum Justizminister ernannt wurde, als Shamir seine Amtszeit als Premier antrat; Meridor gilt allgemein als einer der klügsten Köpfe der Likud-Partei. Es ist ein offenes Geheimnis, daß Shamir mit seinen amerikanischen und britischen Gesprächspartnern nicht besonders gut zurechtkam. Mit den Russen harmonierte er besser und hatte das Gefühl, mit ihnen ganz offen sprechen zu können. Als wir einmal über den Aufstand gegen Boris Jelzin im August 1991 sprachen, überraschte Shamir mich sehr: Er fand plötzlich warme Worte für Rutskoi, den Anführer der Verschwörung. Shamir glaubte, daß der Westen die Sache zu sehr simplifizierte und die politisch Gemäßigten, die an Jelzins sprunghafter Politik verzweifelt waren, ungerechtfertigterweise verteufelte.

Die großen Veränderungen in Europa während der Jahre unter Gorbatschow waren auch für das jüdische Volk zukunftsweisend. Mit dem Fall der Berliner Mauer erwachte die Idee des europäischen Judentums nach fünf Jahrzehnten der Unterdrückung zu neuem Leben. Obwohl noch geschwächt und ängstlich nach den im Untergrund verbrachten Jahren, gewannen mehrere Millionen Juden aus der ehemaligen Sowjetunion und deren Einflußgebieten wieder Zugang zur jüdischen Gemeinschaft in Westeuropa. Es gab wieder eine Familie jüdischer Gemeinden von Manchester bis Murmansk und von Berlin bis Baku.

Der Zusammenbruch des Sowjetreiches brachte auch das Abflauen feindseliger Einflüsse im Nahen Osten mit sich. Syrien und der Irak verloren ihren Hauptverbündeten und bedeutendsten Waffenlieferanten. Dies half bei der Öffnung einer »Straße nach Damaskus« – im buchstäblichen Sinn – und führte zur Übereinkunft von Washington im Jahr 1993, die, so riskant ihre Umsetzung in die Praxis auch sein mag, doch historische Bedeutung besitzt: Zum erstenmal haben Israels unmittelbare Nachbarn sein Existenzrecht anerkannt. All diese Erfolge wurden noch gekrönt, als der Heilige Stuhl das Recht des »wandernden, Ewigen Juden« auf selbstbestimmte Regierungsgewalt in einem Teil des Heiligen Lands anerkannte. Mitte der sechziger Jahre war das vatikanische Konzil zusammengetreten und hatte in der Doktrin-Debatte große Fortschritte erzielt, und nun setzte die diplomatische Anerkennung Israels einer erbitterten Fehde endlich ein feierliches Ende. Der einstige »perfide Jude« wurde jetzt – in den eigenen Worten des Papstes – zum »älteren Bruder der Kirche«.

Für mich ist die Entstehung des jüdischen Staates eines der großen Wunder des zwanzigsten Jahrhunderts, wenn nicht der Menschheitsgeschichte. Es ist das »Wunder der zwölfhundert Tage«, denn soviel Zeit lag zwischen dem Tag, als Auschwitz die letzten tödlichen Rauchschwaden ausstieß, und dem Tag, als Yigael Allon im Unabhängigkeitskrieg den Suezkanal erreichte und Ben Gurion fragte: »Was soll ich jetzt tun?« Der Weg von absoluter Erniedrigung und fast völliger Ausrottung bis zur triumphalen Wiederherstellung von Stärke und Patriotismus verkörpert für mich die Erfüllung eines lang gehegten Traums, und ich bin stolz, Zeuge dieses Vorgangs gewesen zu sein.

KAPITEL XX

Brückenschlag

EINE JUNGFERNREDE, so sagte man mir, als ich im zweiten Halbjahr 1976 meinen Sitz auf den Bänken der Labour Party des Oberhauses einnahm, darf nicht länger sein als dreizehn Minuten und nicht allzu kontrovers. Nachdem ich mich entschieden hatte, über Außenpolitik zu sprechen, mit den Schwerpunkten Nahost und Europa, nahm ich mir das relativ neutrale Thema freiwilliger Jugenddienste in Europa und die Notwendigkeit einer national übergreifenden Erziehung vor. Man belohnte mich mit dem üblichen »Hört, hört«, mit dem der Jungfernredner von den Lords anerkannt wird. Ein Neuling wird generell sehr höflich behandelt: Es kann vorkommen, daß ein Lord, der vor ihm spricht, aufsteht und sich entschuldigt, wenn er der Jungfernrede nicht beiwohnen kann, und dabei ausdrücklich versichert, daß sein neuer Peer gewiß einen »sehr bemerkenswerten und beeindruckenden Beitrag leisten und in der Zukunft oft von sich hören lassen wird«. Von Kollegen und auch von Fremden erhielt ich Glückwunschschreiben, unter anderem freundliche Zeilen von Roy Jenkins. Ihm war aufgefallen, daß ich ein Wagner-Thema angesprochen hatte, als ich die Bundesbank mit den Nibelungen verglich, die auf ihrem Rheingold sitzen. Das Oberhaus war ein durch und durch angenehmer Ort, an dem ich mich stets willkommen fühlte. Lady Llewellyn Davies, die wichtigste Einpeitscherin der Regierung, ähnelte einer wohlmeinenden Schuldirektorin, und Lord Goronwy Roberts, der gleichfalls sehr liebenswerte walisische außenpolitische Sprecher der Vorderbänkler, war immer ansprechbar, wenn man einen väterlichen Rat brauchte. Auch Grey Gowrie, der Wirtschaftssprecher der Opposition, ein flexibler Politiker, Literaturkritiker und Kunstkenner, wies mich mit unendlicher Geduld ins Labyrinth des Oberhauses ein.

Mit zwei längeren Reden von jeweils etwa einer halben Stunde gab ich mir unendliche Mühe. Die erste behandelte die Ost-West-Beziehungen und ihre Auswirkungen auf den Nahen Osten, die zweite war ein Beitrag zur Debatte über die Reform des Außenministeriums, die aufgrund des umstrittenen Berrill-Berichts stattfand. Er war nach einer Anfrage in Downing Street 10 in Auftrag gegeben worden. Der Bericht geißelte den Auswärtigen Dienst dafür, in welchem Stil die Botschaften betrieben würden, und warf jenem seltsamerweise vor, er sei zu sehr von der Mittelklasse beherrscht. Man argumentierte, es würde viel zuviel für offizielle gesellschaftliche Anlässe verschwendet, und die Botschaften selbst – vor allem die in Paris – seien viel zu protzig. Da sich ohnehin Premierminister und Außenminister um alle diplomatischen Fragen kümmern mußten, sollten sich unsere Auslandsmissionen auf die britischen Handelsinteressen konzentrieren. Wie viele andere stand auch ich diesem Bericht höchst kritisch gegenüber, weil ich der Ansicht bin, daß das intellektuelle Niveau und die Integrität der britischen Auslandsvertretungen unübertroffen sind. Meiner Ansicht nach sind unsere Botschaften eher mit zu wenig als mit zu viel Budget ausgestattet; außerdem sind sie allzuhäufig schutzlos den Angriffen der demagogischen Presse ausgeliefert. Da mich die Charakterisierung »von der Mittelklasse beherrscht« sehr verwunderte, fragte ich: »Bedeutet der Ausdruck ›Mittelklasse‹ eine Art Schimpfwort? Und handelt es sich dabei eher um eine patrizische Ohrfeige von oben oder um einen plebejischen Fußtritt von unten?« Im Anschluß an meinen Beitrag zu den Ost-West-Beziehungen in der außenpolitischen Debatte nach der Thronrede der Königin fuhr mich George Brown – der in den Adelsstand erhobene ehemalige Außenminister – an: »Die erste Hälfte Ihrer Rede über Rußland war erstklassig, die zweite über die verdammten Juden und Araber absoluter Unsinn.«

Meine Treue zur Labour Party wurde schwer erschüttert durch die internen Turbulenzen, den wachsenden Einfluß des linken Flügels, die antieuropäische Politik und einen deutlichen Ruck in Richtung einer zunehmend kritischen, wenn nicht sogar offen feindseligen Haltung gegenüber Israel sowohl in der Parlamentsfraktion als auch in der Gewerkschaftsbewegung. Diese Tendenz verstärkte sich nach der Wahl von Begins Likud-Partei, die es schwieriger machte, Sympathisanten der Linken zu gewinnen. Als 1979 Margaret Thatcher Premierministerin wurde, deutete sie an, daß sie Israel freundschaftlich gesinnt war und für dessen Lage und Bedürfnisse Verständnis hatte.

Solange Harold Wilson die Labour Party anführte, hatte ich mich durch meine Loyalitat an sie gebunden gefühlt. Als die »Viererbande« Roy Jenkins, Shirley Williams, David Owen und William Rodgers, die ich alle kannte und respektierte, Anfang 1981 die Labour Party verließen und die Sozialdemokratische Partei gründeten, schloß ich mich ihnen an. Es war eine Zeit, in der wir dachten, wir könnten die politische Landschaft Großbritanniens verändern. Da es nur sehr wenige von uns auf den sozialdemokratischen Bänken gab, übernahm ich als zusätzliches Spezialgebiet für die Rednerliste noch Funk, Fernsehen und Kunst, sprach aber weiterhin hauptsächlich zu außenpolitischen Themen. Ich nahm an Parteikonferenzen in Derby und Buxton teil und gründete die Social Democrat Friends of Israel. Der Herzog von Devonshire, der sich von den Bänken der Tories verabschiedet hatte und den Sozialdemokraten beitrat, wurde Präsident der Vereinigung.

Mein Verhältnis zu Andrew Devonshire wurde nicht von den Unstimmigkeiten zwischen mir und der Familie seiner Frau – einer geborenen Mitford – beeinflußt, die auf David Pryce-Jones' Biographie über deren Schwester Unity Mitford beruhten. Der Mitford-Clan war bekannt für die Sympathien, die manche seiner Mitglieder für die Nazis hegten, und die von amüsiertem Wohlwollen – seitens Lord und Lady Redesdales – bis zum begeisterten Parteigängertum ihrer Tochter Diana und deren Ehemann Oswald Mosley reichten. Im Fall von Unity handelte es sich sogar um eine fanatische Ergebenheit gegenüber Hitler. David Pryce-Jones sprach Deutsch und kannte sich in den mit den Nazis sympathisierenden Kreisen der britischen Oberschicht gut aus, also schien er der richtige Autor für Unity Mitfords Biographie zu sein. Doch als bekannt wurde, daß er an dem Buch arbeitete, setzten uns Freunde der Mitford-Schwestern unter Druck, wir sollten das Projekt fallenlassen. Es begann alles ganz harmlos, doch schließlich kam es zu lautstarken Drohungen und Beschuldigungen. David wurde vorgehalten, er verriete seine gesellschaftliche Klasse, und mich beschuldigte man, meine Wahlheimat zu verunglimpfen. Lord Lambton, dessen Gastfreundschaft ich oft genossen hatte, formulierte seine Warnungen eher in traurigem als in zornigem Ton, während Ann Fleming mich bedrängte, ich solle keine alten Wunden aufreißen, und andeutete, ich setzte meine gesellschaftliche Position aufs Spiel. Die Vorstellung, daß ich aus derlei Gründen die Veröffentlichung einer wichtigen Biographie und einen Beitrag zur Zeitgeschichte verhindern sollte, verärgerte mich wohl sehr. Dieses Buch befaßte sich mit einer unglückseligen Periode der jüngeren Geschichte; es zeigte, daß es in Großbritannien nicht nur solche gab, die den Nationalsozialismus in Deutschland bagatellisierten, sondern auch solche, die ihn mit offenen Armen willkommen hießen. Nachzugeben kam für mich überhaupt nicht in Frage. Als das Buch erschien, bekamen David und ich viele Haßbriefe und widerliche Telefonanrufe. Anthony Lambton feuerte in einem Artikel, den er für den *Spectator* verfaßte, schlechtgelaunt seine Beleidigungen auf mich ab. Außerdem brachte er Manuskriptkopien eines Romans in Umlauf, den er verfaßt hatte: Der Bösewicht in diesem Machwerk ist ein junger deutscher Jude, der während des Nazi-Regimes bei einem bayerischen Prinzen als Hauslehrer arbeitet. Sein Schüler verachtet ihn zutiefst, aber der Lehrer erschleicht sich die Sympathie der Dame des Hauses. Sie beschützt ihn vor Goebbels, der den Juden bei einem Familienessen kennengelernt hat und ihn verabscheut. Die Dame ermöglicht ihm die Emigration nach England, wo er Karriere macht und heiratet. Das Buch endet damit, daß das Paar bei einem Bombenattentat palästinensischer Terroristen ums Leben kommt. Der Lehrer und seine Frau sind leicht durchschaubare Parodien von Grace Dudley und mir; allerdings wurde der Roman nie veröffentlicht.

Welches Schicksal den Versuch ereilte, die britische Politik mit der Gründung einer dritten Partei zu verändern, ist wohlbekannt. Der Zwist zwischen David Owen auf der einen und Roy Jenkins und David Steel auf der anderen Seite spaltete die Bewegung. Als wir uns entscheiden mußten, entweder mit David Steels Liberalen zusammenzuarbeiten oder unter dem SDP-Banner weiterzumachen, stimmte ich für die SDP und David Owen. Es war keine leichte Wahl, denn ich kannte Roy Jenkins viel besser als den kampflustigen Dr. Owen. Doch ich hatte gegenüber den Sozialdemokraten ein starkes Loyalitätsgefühl entwickelt, das noch auf meine Jugend in Wien zurückging. Außerdem waren mir die Vorderbänkler der Liberalen nicht geheuer, genausowenig wie die Atmosphäre an der liberalen Basis. Ihr außen- und verteidigungspolitischer Sprecher Christopher Mayhew war ein hervorragender Redner und personifizierte für mich die proarabische Lobby.

Obwohl wir bei den Nahost-Debatten oft aneinandergerieten, war unser persönliches Verhältnis nie unfreundlich. Kurz nach dem historischen Händedruck zwischen Rabin und Arafat auf dem Rasen des Weißen Hauses debattierten wir am Winchester College in einer sehr versöhnlichen Atmosphäre über dieses Thema.

Die beidseitige Antipathie zwischen Jenkins und Owen ist in meinen Augen einer der tragischsten Faktoren im Großbritannien der Nachkriegszeit; beide sind herausragende Vertreter der »militanten Mitte«. Was immer ich mit Jenkins zu tun hatte, ich fand ihn stets freundlich, wenn auch distanziert, gleichzeitig hilfsbereit und etwas argwöhnisch. Unsere Wege haben sich an den unterschiedlichsten Orten gekreuzt, nicht zuletzt, weil wir viele gemeinsame Freunde hatten. Mit David Owen dagegen gab es auf persönlicher Ebene wenige Berührungspunkte, aber seine Aufrichtigkeit und Integrität zogen mich an. Er erschien oft allein zum Frühstück oder auf einen Drink bei mir und sprach dann ganz offen über seine Hoffnungen und Ängste. Rückblickend denke ich, er hätte die Streitigkeiten schlichten und Anführer eines mächtigen Zentrumsblocks in der britischen Politik werden können, wäre er nicht so mit sich selbst beschäftigt gewesen.

Als die SDP sich auflöste, zog ich im Oberhaus auf die Bänke der Parteilosen, und ich habe diese Entscheidung nie bereut, denn sie gab mir die Freiheit, die Politik sowohl der Regierung als auch der Opposition zu unterstützen oder anzugreifen und unabhängig für meine eigene Sache einzutreten. Ich arbeitete weiterhin für die anglo-israelische Freundschaft und führte den Vorsitz einer parteiübergreifenden Gruppe von Freunden Israels im Oberhaus.

Ich arbeitete eng mit der israelischen Botschaft zusammen. Die Missionschefs der Thatcher- und Post-Thatcher-Ära verkörperten beispielhaft das hohe Niveau von Israels Auswärtigem Dienst. Shlomo Argov etwa war ein hervorragender Kontaktmann. Der Anschlag auf sein Leben vor dem Dorchester Hotel im Juni 1982 war der Auslöser für Begins Militäraktion im Libanon. Noch am Morgen vor der Schießerei war ich bei Argov, und ein paar Wochen später saß ich an seinem Bett im Hadassah Hospital von Jerusalem. Für seinen Nachfolger Yehuda Avner hatte Begin stets ein offenes Ohr, und er hat mir sehr dabei geholfen, trotz der politischen Differenzen mit der Likud-Regierung auf freundlichem Fuß zu bleiben. Auf Avner folgte Yoav Biran, ein etwas zurückhaltender Mann, aber ein gewissenhafter Berichterstatter, der sich in Whitehall großen Respekt verschaffte. Da Moshe Raviv schon länger in London tätig gewesen war, bevor er 1993 Botschafter wurde, hatte ich zu ihm die engste Beziehung. Raviv arbeitet professionell, ohne sich je in den Vordergrund zu spielen, und er ist ein leidenschaftlicher Fürsprecher des Friedensprozesses. 1994 organisierte er eine Gruppe von Oberhausmitgliedern, die unter meiner Leitung nach Israel reiste. Wir trafen nicht nur führende Israelis wie Rabin, Peres und Teddy Kollek, sondern auch die PLO-Sprecherin Hanan Ashrawi und drei andere palästinensische Prominente. Die Gruppe erstattete einen positiven Bericht, äußerte aber auch Enttäuschung über die recht einseitig proarabische Haltung des britischen Generalkonsuls in Ost-Jerusalem, der mit Sicherheit einen der heikelsten diplomatischen Posten bekleidet.

Als Parteiloser in Großbritannien unter Margaret Thatcher war es leicht für mich, manche politischen Entscheidungen gutzuheißen und mich von anderen entschieden zu distanzieren. Ich bewunderte den dynamischen Reformwillen der Premierministerin, ihren unerschütterlichen Glauben an das westliche Bündnis und ihre resolute Haltung gegenüber dem Kommunismus; ich war gerührt von ihrer Sympathie für die Juden und den Staat Israel. Sie hatte eine tiefe emotionale Bindung zu den russischen Juden und sprach mit großer innerer Bewegung über die Memoiren von Anatolij Scharanski, die wir veröffentlicht hatten. Sie hatte Scharanski persönlich kennengelernt. Aber was Europa betraf oder ihre engstirnige Haltung, wenn es um Kunst, Mäzenatentum und Bildung ging – vor allem im Hochschulbereich –, befand ich mich entschieden in der Opposition. Obwohl ich Margaret Thatcher sehr oft begegnete, dauerten unsere Gespräche nie länger als ein paar Minuten. Doch ich kannte viele aus ihrer unmittelbaren Umgebung, vor allem Charles Powell, ihren einflußreichen außenpolitischen Berater. Er ist ein kluger Mann und brillanter Debattierer, was man in zahlreichen von mir organisierten Konferenzen zu spüren bekam. Unbeirrbar, selbst wenn er mit seiner Haltung über ein europäisches Thema ganz allein dasteht, setzt er sich redegewandter für seine Meinung ein als alle anderen in seinem Lager.

Während der ganzen Amtszeit von Margaret Thatcher war Edward Heath wie besessen von der Persönlichkeit und der Politik dieser Frau, die ihn aus dem Parteivorsitz vertrieben hatte. Dieses wahrhaftige *odium theologicum* beherrschte jedes seiner Gespräche. Einst verbrachte ich die Ferien bei dem Filmproduzenten Sam Spiegel auf Barbados, und wir entdeckten Heath, der allein im nahegelegenen Sandy Lane Hotel überwinterte. Wir luden ihn ein, sich uns anzuschließen, und er blieb den Rest seines Urlaubs bei uns. Kein Stichwort war ihm zu weit hergeholt, um das Gespräch auf Margaret Thatcher zu lenken. Als unser Gastgeber sich beispielsweise über die schlecht funktionierende Post in der Karibik beschwerte, rief Heath sofort: »Warten Sie nur ab, unter *ihrer* Regierung wird es in England bestimmt noch schlimmer!« Als Marietta Tree, die ebenfalls zu Gast war, ans Telefon gerufen wurde und mit der Nachricht zurückkehrte, Roy Jenkins werde am nächsten Wochenende nach New York kommen, fauchte Heath: »Er sollte lieber zu Hause bleiben, statt Margaret Thatcher ohne Opposition regieren zu lassen.«

Sam Spiegel war eine vielschichtige Persönlichkeit, die ein Dutzend verschiedener Welten in sich vereinte. In ihm verbanden sich der sentimentale polnische Jude Habsburger Prägung mit dem verhinderten Intellektuellen und Künstler, dem eiskalten Geschäftemacher, dem begnadeten Regisseur und Kinomogul. Er war für jeden der gute Onkel. Zu Land und zu See ließ er Freunden und auch flüchtigen Bekannten oft und gern seine verschwenderische Gastfreundschaft angedeihen. Wenn er auf seiner Yacht unterwegs war, blieb er manchmal lange Zeit in einem Hafen, wo er die abstrusesten Kontakte knüpfte: beispielsweise mit einem Barbesitzer aus Saint Tropez, der mit halsbrecherischem Einsatz Gin Rummy spielte und überall nur »der Japaner« hieß, weil er den ganzen Tag im Kimono herumlief. In Monte Carlo oder Palma de Mallorca kam dann vielleicht ein hoffnungsvolles Starlet in Begleitung einer älteren Dame an Bord, um ihm vorzusprechen. Denn trotz seiner Lebemann-Manieren und trotz seines ausgeprägten Hedonismus behandelte Sam Spiegel junge Talente äußerst großzügig und spendete freigebig für wohltätige Zwecke. Seine wertvolle Sammlung von Impressionisten und Meistern des zwanzigsten Jahrhunderts hinterließ er dem Israel-Museum in Jerusalem, zur Erinnerung an die Mitglieder seiner Familie, die im Holocaust ums Leben gekommen waren.

Die Frage der Versöhnung zwischen Juden und Christen, vor allem der römisch-katholischen Kirche, und die Frage der Versöhnung zwischen Juden und Deutschen waren zwei Themen, die mich jahrelang beschäftigten. Mein Interesse wurde noch verstärkt durch meine Reisen in Europa während des ersten Jahrzehnts nach dem Krieg. In den Gesprächen, die ich während dieser Zeit führte, versuchte ich, die vielen widersprüchlichen Erfahrungen und Gefühle aus der Nazi-Zeit aufzuarbeiten. Die bitteren Erinnerungen an meine Kindheit, die erzwungene Emigration, die Zurückweisungen, die Trauer und der Schrecken über den Holocaust ließen sich nicht so rasch überwinden, und es fiel mir schwer, die katholische Kirche und Deutschland – in meinen Augen die beiden Hauptquellen des Antisemitismus – nicht in Bausch und Bogen zu verdammen. Doch sowohl mein wachsendes Verständnis für die Menschen, die tagtäglich unter der Tyrannei und Intoleranz eines totalitären Regimes gelitten hatten, als auch meine Kontakte mit Katholiken und Deutschen, die darauf brannten, die Freundschaft mit den Juden zu fördern, ließen mein Urteil ins Wanken geraten. Außerdem führte die Entstehung des israelischen Staats, die dem »Ewigen Juden« eine Heimat schenkte, zu einer grundlegenden psychologischen Veränderung, wodurch eine solide Basis für neue Beziehungen entstand. In Wien machten mich der Historiker Friedrich Heer und der Verleger Fritz Molden mit katholischen Autoren und Journalisten bekannt, die im Widerstand gegen Hitler gearbeitet hatten, und auch mit Vertretern der jüngeren Generation, die sich für religionsübergreifende Freundschaft und einen neuen Anfang einsetzten. Unter Papst Johannes XXIII. wurden die kirchlichen Strömungen, die theologischen und politischen Wandel guthießen und ihren Ausdruck im vatikanischen Konzil fanden, von Kardinal König verkörpert, dem Erzbischof von Wien, einem klugen und mitreißenden Brückenbauer.

Bei der Waldheim-Affäre in den achtziger Jahren zeigte sich damit auch Österreichs Versagen. Man hatte nie eingestanden, in welchem Ausmaß sich das österreichische Volk Hitler unterworfen hatte, und man hatte sich auch nie um eine angemessene Entschädigung der Nazi-Opfer bemüht. Ich führte mehrere Diskussionen mit dem österreichischen Bundeskanzler Franz Vranitzky, mit dem Außenminister Alois Mock und mit dem Wissenschaftsminister Erhard Busek, einem gebildeten und humanen Katholiken mit progressiven Ansichten; letzterem lag eine Wiedergutmachung ganz besonders am Herzen. Eine meiner Anregungen war es, führende christliche und jüdische Denker zusammenzubringen, sowohl Laien als auch Kirchenmänner, damit sie gemeinsam überlegten, wie die öffentliche Meinung besser auf die Veränderungen aufmerksam gemacht werden konnte, die das Zweite Vatikanische Konzil in den sechziger Jahren initiiert hatte. Wie konnte man bewerkstelligen, daß die Neuerungen auch den Dorfpfarrer in Tirol erreichten, den irischen Schullehrer und den spanischen Lokaljournalisten? Die österreichische Regierung erklärte sich bereit, mich in der Wiener Hofburg gemeinsam mit Kardinal König eine Konferenz organisieren zu lassen, und zwar zum Thema »Juden und Christen in einer pluralistischen Welt«. Ich traf die Vorbereitungen in enger Zusammenarbeit mit Sir Sigmund Sternberg, einem anglo-jüdischen Geschäftsmann. Er hat als Vorsitzender des International Council of Christians and Jews sein Leben mit zielstrebiger Entschlossenheit in den Dienst der Ökumene gestellt. Er gewann die Hilfe einer ganzen Anzahl amerikanischer und europäischer Kirchenmänner, unter ihnen Lord Coggan, der frühere Erzbischof von Canterbury. Ich lud den britischen Islamexperten Bernard Lewis ein und Conor Cruise O'Brien, den brillanten irischen Schriftsteller und politischen Kommentator.

Kardinal König empfahl mich weiter an Krzystof Michalski, den Direktor des Instituts für die Wissenschaften vom Menschen in Wien, das die Organisation der Konferenz übernommen hatte. Michalski war früher Professor an der Universität von Warschau gewesen; er hatte einige Texte von Martin Heidegger ins Polnische übersetzt und damit die Aufmerksamkeit seines philosophischen Kollegen Karol Wojtyla, dem späteren Papst Johannes Paul II., auf sich gezogen. Anfang der achtziger Jahre nutzte Michalski seine hervorragenden Kontakte zu Intellektuellen aus Zentral- und Osteuropa, um ein Wiener Institut für höhere Studien zu gründen, ermutigt vom Papst und mit der Unterstützung von Monsignore Jozef Tischner, einem katholischen Priester und Philosophieprofessor aus Krakau, der außerdem über die Geschichte des Theaters und die enge Verflechtung von Religion und Theater arbeitete. In einem von doktrinären und politischen Fehden zerrissenen Klerus blieb Tischner – ein alter Freund des Papstes – stets einer unabhängigen und überzeugten ökumenischen Linie treu. Der Zweck von Michalskis Institut war, Philosophen, Politikwissenschaftlern und Historikern aus Osteuropa – zum größten Teil Dissidenten – die Möglichkeit zu bieten, sich mit westlichen Kollegen zu treffen, zu forschen und Konferenzen oder Seminare abzuhalten. Einige seiner frühen Mitarbeiter, wie beispielsweise Bronislav Gerenek und Adam Michnik, wurden führende Persönlichkeiten im polnischen Kampf gegen den Kommunismus.

Eine der interessantesten Aktivitäten des Instituts waren die Seminare in der Sommerresidenz des Papstes in Castel Gandolfo bei Rom. Im August 1990 wurde ich erstmals zur Teilnahme an einer solchen Konferenz eingeladen; es ging um politische und philosophische Fragen zu wichtigen Strömungen unserer Zeit; vier Jahre später war ich wieder dort. Die Gruppe von etwa zwei Dutzend Teilnehmern versammelte sich um einen Tisch in einem ziemlich kargen Raum, der nur mit einer Terracotta-Büste von Johannes XXIII. und ein paar religiösen Gemälden geschmückt ist. Oft wird der Kreis noch erweitert durch Gäste aus dem Vatikan oder hie und da ein Mitglied der »schwarzen Aristokratie« Roms, die einfach vorbeischauen und nur still zuhören. Die Atmosphäre war ruhig und ernst. In einer weißen Soutane mit einem goldenen Kruzifix um den Hals saß der Papst allein an einem Tisch, etwas abseits von den anderen. Aber wenn er sich in den Kaffeepausen dann unter die Gäste mischte, zeigten seine treffenden Kommentare, daß er den Gesprächsverlauf genauestens verfolgt hatte. Die Teilnehmer wurden in Gruppen von sechs bis acht Personen vom Papst zum Mittag- oder Abendessen eingeladen. Als ich beim Treffen 1990 an die Reihe kam, war ich in einer Gruppe mit dem lebhaften, geistreichen Kardinal von Toulouse, dessen Aufgaben in der Kurie auf dem Gebiet der Kommunikation liegen. Wir bekamen einfache, gute mitteleuropäische Kost, und vor dem Essen boten die Nonnen, die den Papst versorgten, Wodka und Salzbrezeln an. Der erste Gang war eine Wurstplatte, darauf folgte ein deftiges Wiener Schnitzel und eine Käseplatte, aber kein Kaffee. Mein Tischnachbar, ein hoher kirchlicher Würdenträger, dem dieser Mangel wohl aufgefallen war, flüsterte mir zu: »Unser Papst hat uns Wodka und Salzbrezeln angeboten, aber keinen Kaffee. Paul VI. hätte uns Kaffee angeboten, aber keine Salzbrezeln und keinen Wodka.«

Im Sommer 1990 herrschte in Polen Hochspannung. Die Solidarnosć-Bewegung mußte sich entscheiden, ob sie in die Regierung eintreten wollte, und war über diese Frage gespalten. Geremek und Michnik, zwei der bedeutendsten Angehörigen der Bewegung, waren ebenfalls in Castel Gandolfo und hatten den Papst offenbar diskret um Rat gebeten. Ebenfalls in diesem Sommer flammte der Streit wieder auf, ob auf dem Grund des ehemaligen Vernichtungslagers Auschwitz ein temporäres Kloster für die Karmeliternonnen gebaut werden sollte, und es kam zu heftigen Auseinandersetzungen zwischen der katholischen Kirche in Polen und jüdischen Stimmen aus aller Welt, so daß viele Fortschritte der Verständigung zwischen Juden und Christen auf dem Spiel zu stehen schienen. Die polnische Kirche unter Primas Kardinal Glemp duldete keine Einmischung aus dem Ausland. Die Gemüter erhitzten sich, und schließlich demonstrierten amerikanisch-jüdische Aktivisten, die sich als Lagerhäftlinge verkleidet hatten, vor dem Gelände des ehemaligen Konzentrationslagers. Fürst Karl von Schwarzenberg, ein enger Mitarbeiter von Václav Havel, Bernard Lewis, mit dem ich seit langen Jahren befreundet bin, und weitere Teilnehmer der Konferenz in Castel Gandolfo drängten ihre polnischen Kollegen, ihren ganzen Einfluß geltend zu machen, um den Disput zu schlichten. Tatsächlich wurde später eine Lösung gefunden: Die Karmeliterinnen sollten sich außerhalb des Lagergrundstücks niederlassen, das die Juden als ewige Gedenkstätte an den Holocaust unberührt lassen wollten, und deutsche Bischöfe versprachen, in respektvoller Entfernung von diesem Ort des Schreckens ein Mahnmal für die Toten zu errichten. Da erhob sich die Frage, wer aus den jüdischen Reihen als Adressat dieser Botschaft der polnischen Kirche in Frage kam, denn der Vatikan hatte den Staat Israel noch nicht anerkannt. Nach längerer Diskussion entschied man sich dann in London, der Brief solle an den International Council of Christians and Jews gesandt werden, und zwar als Antwort auf eine offene, aber höfliche Anfrage seines Vorsitzenden Sir Sigmund Sternberg bei Kardinal Glemp, in der er die grundlegenden Einwände der Juden gegen den Klosterbau vorbrachte und sowohl theologisch als auch psychologisch begründete.

Die geduldige Arbeit derer, die versuchten, engere Beziehungen zwischen den beiden Religionen herzustellen, wurde oft von Gleichgültigkeit, Intoleranz oder direkter Anfeindung behindert. Dennoch trug sie im Dezember 1993 Früchte: Der Vatikan und Israel tauschten Botschafter aus. Die Normalisierung der Beziehungen zwischen dem

Heiligen Stuhl und dem jüdischen Staat, die im Juni 1994 durch eine schriftliche Übereinkunft festgehalten wurde, war im säkularen Bereich ebenso wichtig wie die positiven theologischen Veränderungen in den Jahren von Johannes XXIII. und Paul VI. Bei meinem zweiten Aufenthalt in Castel Gandolfo im August 1994 würdigte der Papst sehr zufrieden die Verbesserung der jüdisch-katholischen Beziehungen und fand warme Worte für das kollektive Gedächtnis der Juden, das die ganze lange Geschichte dieses Volkes begleitet hatte. Obwohl man dem Papst noch die Strapazen seiner Krankheit ansah, sprach er von den Reisen, die er plante, und gab der Hoffnung Ausdruck, eines Tages auch einmal nach Jerusalem kommen zu können.

Das Tauwetter in den jüdisch-christlichen Beziehungen machte sich auch in anderen Bereichen bemerkbar. Die Machtergreifung Gorbatschows und die Auswirkungen von Glasnost und Perestroika auf Völker und Regierungen im kommunistischen Europa, das Wiederauftauchen alter politischer Strukturen und Ideen bewegten mich tief und regten mich an, Reisen in diese Länder zu unternehmen. Während des Zusammenbruchs des alten Regimes war ich mehrmals in Rußland. Meine Freundschaft mit Krzystof Michalski bot mir Kontakte zu den wichtigsten Führern des polnischen Widerstands, und in Prag machten mich Karl Schwarzenberg und Diana Phipps mit dem Kreis um den Schriftsteller-Präsidenten Václav Havel bekannt. Im September 1991 begleitete ich Olga Havel und Diana nach Jerusalem, denn die Frau des Präsidenten wollte Israels soziale Einrichtungen studieren, vor allem im Gesundheitsbereich. Karl Schwarzenberg, der von Österreich wieder in sein böhmisches Geburtsland gezogen war, hatte jahrelang tschechische Dissidenten aktiv unterstützt. Einmal besuchte ich ihn im fränkischen Schloß seiner Ahnen; ein ganzer Flügel war in ein Redaktionsbüro und eine Druckerei für den tschechischen Untergrund umgebaut worden. Als Havel nach einundvierzig Jahren kommunistischer Herrschaft zum ersten demokratischen Präsidenten der Tschechoslowakei gewählt wurde, fungierte Fürst Schwarzenberg als sein »Kanzler«. Dies war der alte böhmische Titel für den Stabschef des Staatsoberhaupts.

Der »Prager Frühling« war in vollem Gang, als ich mit Diana Phipps und einigen führenden Köpfen des neuen Regimes in einem traditionellen Lokal am Fuß des Hradschin-Hügels speiste. Der Rausch der Befreiung wurde von einer Wolke der Unsicherheit getrübt, und es herrschte eine seltsame Stimmung zwischen Euphorie und Besorgnis. Ein junger Minister erklärte mir wehmütig: »Ich habe in meinem Ressort hundertfünfzig Angestellte, und ich weiß, daß etwa die Hälfte von ihnen für den KGB gearbeitet hat und es wahrscheinlich immer noch tut. Aber ich habe keine Ahnung welche.« Nach einer Weile fuhr er fort: »Es sind alles gut eingearbeitete Leute. Wenn ich noch einmal ganz von vorn anfangen muß, woher soll ich denn die ganzen neuen Leute nehmen?« Er sprach mit großer Bitterkeit über den erbärmlichen Zustand der Universitäten, denn viele der Besten waren entlassen worden; sie hatten als Fensterputzer gearbeitet, als Aushilfen in Autowerkstätten oder als Verkäufer. In den geisteswissenschaftlichen Fakultäten, die von der marxistisch-leninistischen Lehre durchsetzt waren, gab es niemanden, der fähig gewesen wäre, eine neue Generation von Staatsangestellten und Geschäftsleuten auszubilden. In Warschau und Budapest hörte ich ähnliche, wenn auch nicht ganz so extreme Beschwerden. Mitten in der leidenschaftlichen Kontroverse um den Einfluß der Geheimpolizei innnerhalb der Universitäten wurden auch die Humboldt-Universität in Ostberlin und viele andere altehrwürdige Hochschulen in der ehemaligen DDR mit der schwierigen Entscheidung konfrontiert, wie weit die Säuberungsmaßnahmen gehen sollten. Ich hörte viele Geschichten von Hochschullehrern und Studenten, und sie alle warfen ein grelles Licht auf die unbefriedigende akademische und intellektuelle Situation.

In London besprach ich meine Erfahrungen mit Sir Ronald Grierson, einem Freund und Vertrauten mit unschätzbaren Kontakten in der Welt der Philanthropen, der mehr als fünfundzwanzig Jahre im Vorstand von Weidenfeld & Nicolson tätig war. Vor kurzem hatte Ronnie Gierson angefangen, sich für die Kampagne für Oxford zu engagieren, eine Initiaitve, die die finanzielle Zukunft der Universität sichern sollte. Wir entwickelten gemeinsam ein Projekt und trugen es Lord Jenkins, dem Kanzler der Universität, vor. Uns schwebte ein Europa-Institut in Oxford vor, wo graduierte Studenten aus Ost- und Westeuropa in einem europäischen Geist für führende Stellungen im Bereich der Rechtswissenschaften, der Politik, Diplomatie, der öffentlichen Verwaltung und im Geschäftswesen ausgebildet werden sollten. Das

Institut sollte das erste eines Netzwerks ähnlicher Lehranstalten in anderen europäischen Ländern werden, mit dem Ziel, den Übergang von einer autoritären zu einer demokratischen Gesellschaft in den ehemaligen kommunistischen Staaten zu erleichtern. Als Namen für dieses Netzwerk schlug ich »Europaeum« vor.

Oxford akzeptierte unsere Idee und begann unerwartet rasch und engagiert den Aufbau des Instituts. Unter der Führung des neuen Rektors Sir Richard Southwood, einem hervorragenden Wissenschaftler und geschickten Universitätsdiplomaten, wurde in Oxford ein Rahmen für das Projekt geschaffen, mit einem Verwaltungsausschuß, der teils aus Akademikern, teils aus Gönnern und Schutzherren bestand und von Fürst Hans-Adam, dem regierenden Fürsten von Liechtenstein, geleitet wurde. Der Kanzler und der Rektor repräsentierten die Spitze der Universität, die akademische Komponente vertrat unter anderem Sir Claus Moser, der damalige Leiter des Wadham College, ein in Berlin geborener, dynamischer Mann, der in seiner Person die Bereiche Statistik, Pädagogik und Musik vereinte. Dazu kamen noch der aus Österreich stammende Politologe Peter Pulzer und John Woodhouse, der den Lehrstuhl für italienische Literatur innehatte. Auch Ronald Grierson und ich wurden hinzugewählt, ebenso mein Freund Gert-Rudolf Flick, einer der ersten Wohltäter des Projekts. Er richtete einen Lehrstuhl ein, dessen Lehrplan Philosophie, Politik und Kultur von der Zeit der Aufklärung bis heute betreut – etwas ganz Neues in Oxford. John Burrow, Mitherausgeber der *Yale History of Europe*, erhielt die erste Professur in diesem Fach. Von unschätzbarem Wert bei der Besetzung des Postens und überhaupt richtungweisend für das ganze Europaeum war der Rat von Isaiah Berlin.

Das Oxford Institute of European Studies empfing seine ersten Studenten im Jahr 1992. Es gibt zwei verschiedene Studiengänge: einen juristischen Zweig, der auf das Recht in der Europäischen Gemeinschaft spezialisiert ist, und einen multidisziplinären Zweig für Sozialwissenschaften, Geschichte, Umwelt und Politik. Zwei neue akademische Grade wurden eingerichtet, der Magister juris und der Magister philosophiae, außerdem natürlich auch die notwendigen Professorenstellen. Jack Hayward, der Dekan der Hull University und Angehöriger der Britischen Akademie, wurde der erste Direktor und kümmerte sich besonders um die Kurse mit dem Abschluß des M. phil., des

Magister philosophiae. Mir machte es große Freude, eine Gastprofessur für vergleichende europäische Literatur einzurichten, mit der man George Steiner betraute, dessen Wissenssphäre Literatur, Geschichte und Philosophie umfaßt. Steiner entstammte einer österreichisch-tschechischen Familie, war in Frankreich, England und den Vereinigten Staaten zur Schule gegangen und schien damit der ideale Mann für den Posten zu sein. Ich habe ihn schon in vier Sprachen brillante Reden halten hören, und soviel ich weiß, liest er problemlos vier weitere. Die Weidenfeld-Gastprofessur ist im St. Anne's College verankert, dessen Direktorin Ruth Deech ebenfalls aus Österreich kommt. In meiner Studentenzeit in Wien hatte ich sogar ihren Vater gekannt, der später eine sehr anspruchsvolle Biographie über Theodor Herzl, den Begründer des Zionismus, schrieb. Wegen Hitlers »Anschluß« von Österreich hatte ich mein Studium nie beenden können; deshalb bedeuteten mir das Master's Degree von Oxford und die Ehrenmitgliedschaft im St. Peter's und St. Anne's College wahrscheinlich mehr als alle anderen Ehrungen, die ich im Lauf meines Lebens erhalten habe.

Unser nächster Schritt beim Europaeum war der Aufbau des Netzwerks. Die Universität von Leiden, die schon lange eine enge Verbindung zu Oxford pflegte, meldete sich als erste. Der unmittelbaren Reaktion des Lehrkörpers von Leiden ebenbürtig war der Enthusiasmus der Studentenschaft. Einer davon, Prinz Konstantin, zweiter Sohn der Königin der Niederlande – für seine Kommilitonen einfach Mr. van Orange –, spielte eine tragende Rolle bei der Organisation der ersten Studentenversammlung des Europaeum im Sommer 1994. Als zweiter Partner schloß sich die Universität von Bonn an, die einen besonders guten Ruf in den Bereichen Politikwissenschaft und Moderne Geschichte genießt. Der Rektor Max Huber, ein Physiker, setzte sich mit enormer Energie und Zielstrebigkeit für die Festigung der Verbindung zu Oxford ein. Die Deutschen standen der Idee des Europaeum überhaupt besonders aufgeschlossen gegenüber und halfen uns, viele Türen zu öffnen. Inzwischen haben sich auch die Universitäten von Bologna und Genf angeschlossen, und andere werden folgen. Wenn ein intensiverer Austausch, mehr Seminare und ein immer engerer persönlicher Kontakt einen *esprit de corps* bei denen hervorruft, die in den verschiedenen beteiligten Ländern möglicherweise einmal Führungspositionen einnehmen, dann hat das Europaeum seinen Beitrag zur »Vertiefung«

und »Erweiterung« Europas geleistet. Von Jean Monnet erzählt man, er habe kurz vor seinem Tod gesagt, wenn er sich noch einmal an das Wagnis Europa machen könnte, würde er lieber mit Kultur und Bildung beginnen als mit Kohle und Stahl. Ob dieser Ausspruch wahr ist oder nicht, so ist doch gewiß die Entwicklung einer neuen Generation in Europa, die durch Wissen und Bildung ein größeres Verständnis und Einfühlungsvermögen erreicht, ein wahrhaft hohes Ideal.

In gewisser Hinsicht ist mein Engagement für Oxford und das Europaeum eine Fortführung dessen, was ich vor langer Zeit mit der Zeitschrift *Contact* anstrebte, denn schon immer ging es mir darum, die kulturellen Verbindungen in Europa zu stärken. Im Strudel der Ereignisse nach dem Zusammenbruch des Kommunismus, durch den sich so viele neue Möglichkeiten eröffneten, stand Deutschland immer wieder im Zentrum der Überlegungen. Wie paßten die beiden wiedervereinigten deutschen Staaten in ein sich veränderndes Europa? Bei zahlreichen Besuchen in Dresden, Leipzig, Weimar und Berlin – ganz zu schweigen von den Städten des früheren Westens – lauschte ich aufmerksam den scheinbar endlosen öffentlichen Diskussionen über Deutschlands Identität und seine Rolle in Europa. Der erste Versuch, deutsche und nichtdeutsche Akademiker und Publizisten zusammenzubringen, war die Konferenz über den Historikerstreit, den die Wheatland Foundation im September 1987 im Leeds Castle abhielt; man wollte sich bei diesem Anlaß besonders auf Deutschland konzentrieren. Die Konferenz verlief so erfolgreich, daß ich beschloß, sie zu wiederholen. Seither rufe ich jährlich das Berlin-Kolloquium zusammen, unter der Schirmherrschaft von Hubert Burda, der Axel-Springer-Stiftung von Martin Landau, einem britischen Geschäftsmann, der seit über dreißig Jahren zu meinen Freunden zählt.

Als Jude, britischer Staatsbürger und Europäer gelangte ich zu der Überzeugung, daß die Freundschaft mit dem neuen Deutschland und eine faire Beurteilung der Leistung, nach dem Trauma der Hitler-Jahre eine voll funktionsfähige Demokratie aufzubauen, ein zentrales Thema war. Anfangs teilte ich das unangenehme Gefühl vieler anderer Flüchtlinge des Nazi-Regimes, die zum erstenmal wieder einen Fuß auf den Boden ihres Geburtslandes setzten. Viele Reisen und so manche eingehende Gewissensprüfung im Gespräch mit anderen wie auch allein waren nötig, um mit meinen Gefühlen ins reine zu kommen. Aber ich war zunehmend beeindruckt von den tiefgreifenden Veränderungen, vor allem in der jüngeren Generation. Als ich anläßlich meines siebzigsten Geburtstages mit dem deutschen Verdienstorden ausgezeichnet werden sollte, nahm ich meinen ältesten Enkelsohn Benjamin, der damals zehn Jahre alt war, mit zu der Verleihung in der deutschen Botschaft. Ich wollte, daß er hörte, wie der Botschafter Baron Herman von Richthofen den Willen seines Landes bekundete, die Verbindungen neu zu knüpfen, die Hitler so grausam zerschnitten hatte.

Am 28. November 1989 hielt Helmut Kohl eine Rede, in der er ein Zehn-Punkte-Programm zur deutschen Wiedervereinigung aufstellte. Im Ausland reagierten manche verblüfft und ungläubig, andere direkt feindselig. Weil ich glaubte, daß ein vereintes Deutschland eine wichtige Rolle beim Brückenschlag zwischen Ost und West spielen würde, veröffentlichte ich einige Wochen später in der *Times* einen Artikel, der die Rede des Kanzlers befürwortete und in der deutschen Sonntagszeitung *Welt am Sonntag* abgedruckt wurde. Im ersten und letzten Abschnitt bringe ich meine Gefühle zum Ausdruck:

»Premierministerin Thatcher und Präsident Mitterrand, ebenso andere europäische Politiker möchten den Moment der Entscheidung über die deutsche Einheit am liebsten hinauszögern – in der vagen Hoffnung, daß sich irgend etwas ereignen möge, was den Willen des deutschen Volkes zur Einigung nachhaltig schwächt. Diese Verzögerungstaktiken könnten einen irreparablen politischen Schaden anrichten.

Hätten Großbritannien und Frankreich nach dem Ersten Weltkrieg den gemäßigten Staatsmännern Rathenau, Stresemann und Brüning nur einen Bruchteil jenes mitfühlenden Verständnisses zuteil werden lassen, mit dem sie später Männer wie Papen, Ribbentrop und Hitler überschütteten, dann wären uns vielleicht das Dritte Reich und der Zweite Weltkrieg erspart geblieben.

Jene Menschen, die immer noch von alptraumhaften Visionen von einem Vierten Reich geplagt werden, sollten ihre Ängste überwinden und darauf vertrauen, daß die Deutschen an den moralischen und politischen Richtlinien festhalten, die von Politikern wie Adenauer und Heuss, Brandt und von Weizsäcker und auch von Männern der jüngeren Generation der Deutschen guten Willens gesetzt worden sind.«

Kurz darauf erhielt ich einen Brief von Bundeskanzler Kohl, in dem er sich bei mir bedankte. Durch Herman von Richthofen, einen unermüdlichen »Brückenbauer«, wurde ich im Juli 1990 zu einem Essen mit Kohl im sogenannten Kanzlerbungalow eingeladen, dem Bonner Äquivalent zu Downing Street 10. Im März dieses Jahres war ich Kohl bei der Königswinter-Konferenz in Cambridge begegnet. Dort fungierte Sir Oliver Wright, ein ehemaliger Botschafter in Bonn, beim formellen Abendessen zur Feier des vierzigsten Jahrestags der englisch-deutschen Treffen als Puffer zwischen Kohl und Margaret Thatcher. Natürlich entging es niemandem, daß die britische Premierministerin und der deutsche Bundeskanzler während des ganzen Essens kaum ein Wort wechselten. Die Beziehung der beiden war nie einfach gewesen. Auf Thatchers Seite war sie gekennzeichnet von einer Mischung aus Argwohn, Feindseligkeit und Vorurteilen, während Kohl immer etwas irritiert wirkte. Sicher war das teilweise darauf zurückzuführen, daß die Premierministerin auf seine entgegenkommende Art recht kühl reagierte. Ganz deutlich zeigten sich diese Eigenheiten in dem Geplänkel vor den Reden der beiden in Cambridge. Als Mrs. Thatcher bemerkte, daß der Kanzler sich seine weiße Serviette immer quer über die Taille breitete, meinte er, das sei doch eine weiße Fahne – ein Symbol seiner Unterwerfung.

Helmut Kohl empfing mich mit ausgestreckten Händen in dem kleinen Vorzimmer. Dort plauderten wir eine Weile, ehe wir uns zu einem schlichten Essen niederließen. Kohl schuf eine ganz entspannte, bescheidene und informelle Atmosphäre und fragte mich nach meiner Schulzeit in Österreich. Dann streiften wir kurz die Waldheim-Affäre und sprachen über gemeinsame Bekannte. Kohl war ein jovialer Gastgeber, einerseits locker, andererseits interessiert und konzentriert. Aus dem, was er sagte, ging klar hervor, daß er ein begeisterter Leser ist, der sich mit Büchern, vor allem mit politischen Biographien und zeitgeschichtlichen Werken, immer auf dem laufenden hält. Er ist stolz auf sein Studium der Geschichte und zieht sehr gern Parallelen zu Ereignissen aus der europäischen Historie. Rasch stießen wir zu dem Kernpunkt unseres Gesprächs vor: der Beziehung zwischen Deutschland und den europäischen Juden. Kohl berichtete über mehrere Initiativen, die unter seiner Ägide stehen: das Jüdische Museum in Berlin, das Martin-Buber-Haus bei Frankfurt, die wachsende Anzahl akademischer

Lehrstühle für jüdische Studiengänge an deutschen Universitäten und die Wiedergutmachungen, die das wiedervereinigte Land für die frühere DDR leistete, die sich stur geweigert hatte, die Judenverfolgung unter Hitler einzugestehen. Mit großer emotionaler Beteiligung sprach er über die Notwendigkeit, die Verbindungen zwischen den beiden Völkern zu stärken, und bezog sich dabei besonders auf den Beitrag, den die Juden zur deutschen Kultur, Wissenschaft und Kunst geleistet haben. Ich war zutiefst beeindruckt, daß Kohl unabhängig von jedem Gefühl kollektiver Schuld an Deutschlands Nazi-Vergangenheit offenbar den ehrlichen Wunsch hatte, etwas von der kreativen Energie des jüdischen Bildungsbürgertums wiederzubeleben – diesen Ausdruck benutzte er übrigens mehrmals. Kritische Kommentare, vor allem von führenden jüdischen Persönlichkeiten in Amerika, trafen ihn sehr. Meine Idee, Diskussionen zwischen unabhängigen jüdischen Persönlichkeiten zu organisieren, vor allem solchen aus europäischen Staaten, fand sofort seinen Beifall. Am besten, so meinte er, sollten sie unter seinem Vorsitz oder dem anderer führender Politiker des neuen Deutschland stattfinden. Ich legte ihm meine Überzeugung dar, daß zwischen dem deutschen und dem jüdischen Schicksal nun wieder eine enge Verknüpfung bestand. Der Fall der Berliner Mauer und die Wiedervereinigung Deutschlands hatten für eine Neuordnung gesorgt und die Spaltung zwischen Ost und West beseitigt. Jetzt konnten die Juden Osteuropas auch die dritte der drei Säulen wiederaufrichten, von denen das jüdische Volk gestützt wird: Israel, die Juden Amerikas und die Juden Europas. Außerdem, fuhr ich fort, war Deutschland dazu ausersehen, eine konstruktive Rolle zu spielen, indem es für die Aufrechterhaltung der Menschenrechte sorgte und den Kampf gegen den Antisemitismus in Osteuropa anführte, wo noch zwei bis drei Millionen Juden leben. Kohl pflichtete mir von ganzem Herzen bei. Besonders lebhaft ist mir im Gedächtnis geblieben, wie Kohl seine Haltung zu Frankreich erläuterte und betonte, welchen Wert er darauf legt, daß das neue Deutschland fest in der Europäischen Gemeinschaft verankert und eng mit Frankreich verbunden war. Um diesen Punkt zu veranschaulichen, stand er auf und zog mit einer fast theatralischen Geste die Vorhänge zurück. Dann deutete er hinaus auf den einige hundert Meter entfernten Rhein und sagte: »Was auch passiert, gleichgültig, ob wir von Bonn nach Berlin ziehen oder hier bleiben, der Rhein ist der größte

Fluß Deutschlands, nicht seine Grenze, und so wird es auch bleiben. Der Rhein fließt zwischen Frankreich und uns.« Fasziniert lauschte ich den Ausführungen des Kanzlers; er erklärte, wie man die Franzosen seiner Meinung nach behandeln müsse. »Wenn ich mit einem anderen Regierungschef spreche, dann wie mit einem Gleichgestellten«, erklärte er, »aber wenn ich mit Mitterrand spreche, lasse ich nie einen Zweifel daran aufkommen, daß ich, der ich bloß deutscher Bundeskanzler bin, mit dem Präsidenten der französischen Republik spreche.«

Als Ergebnis unseres Essens bat er Hans Teltschik, den deutsch-jüdischen Dialog, über den wir gesprochen hatten, in die Wege zu leiten. Teltschik war früher Kohls Berater für Sicherheitsfragen gewesen und hatte an allen wichtigen Treffen im Verlauf der Wiedervereinigung teilgenommen: mit Gorbatschow und Bush, Mitterrand und Thatcher. Vor kurzem war er aus dem Regierungsdienst ausgeschieden, um die Leitung der Bertelsmann-Stiftung zu übernehmen. Das erste deutsch-jüdische Treffen fand in der Woche nach dem Golfkrieg unter Kohls Vorsitz im Kanzleramt statt. Teltschik hatte die deutschen Teilnehmer ausgewählt, ich hatte eine Handvoll Vertreter des europäischen Judentums zusammengestellt, von Lord Rothschild bis zu dem Pariser Anwalt und Auschwitz-Überlebenden Samuel Pisar. Das Abendessen dauerte viereinhalb Stunden.

Ich berichtete der israelischen Botschaft über die Gespräche und unterhielt mich auch mit Shamir darüber; vor allem betonte ich, daß Kohls Zehn-Punkte-Plan zur deutschen Wiedervereinigung keinerlei Anlaß zur Sorge gab. Man lud mich ein, meinen Standpunkt auf einer Konferenz israelischer Botschafter und Nachrichtenoffiziere in Genf vorzutragen. An der Versammlung nahmen vor allem auch diejenigen teil, die einen Posten in den neu eröffneten Botschaften in Zentral- und Osteuropa antreten sollten. Dank der Zusammenarbeit beider Seiten gab es einen bemerkenswerten Aufschwung in den Beziehungen zwischen Deutschland und Israel.

Die erste Diskussionsgruppe unter der Leitung von Helmut Kohl hatte Beispielfunktion für die künftigen Treffen: Man beginnt mit einem zwanglosen Abendessen, worauf das Tagesgespräch folgt. Dabei diskutieren Mitglieder der deutschen Bundesregierung, beispielsweise der Innenminister, der Justizminister, Minister einzelner Länder und Repräsentanten aller politischer Parteien, ganz offen über alle möglichen Themen: vom Problem der Neonazis über Fremdenhaß und Einwanderungsgesetze bis zum arabisch-israelischen Konflikt. Bei einem Treffen in Berlin führte Richard von Weizsäcker den Vorsitz, und weitere Treffen fanden statt unter der Leitung seines Nachfolgers Roman Herzog, damals Präsident des Bundesverfassungsgerichts, und Rita Süssmuth, der Bundestagspräsidentin. Zu den jüdischen Konferenzbesuchern, die als Vertreter ihrer jeweiligen Funktion teilnahmen, zählten Sir Leon Brittan, Lord Justice Woolf, Peter Pulzer, Sir Claus Moser und Lord Mishcon aus Großbritannien; Ernst Kramer von der Axel-Springer-Stiftung – ein leidenschaftlicher Verfechter der deutsch-jüdischen Verständigung; der Soziologe Dominique Schnapper, der Chirurg Adolphe Steg und Baron Eric de Rothschild aus Paris; der Präsident des dänischen Obersten Gerichtshofes; der Journalist Arrigo Levi aus Rom; der israelische Schriftsteller Amos Oz und der frühere Leiter des israelischen Auswärtigen Amts David Kimche; aus den Vereinigten Staaten die Historiker Richard Pipes und Fritz Stern, Lloyd Cutler, der einer von Präsident Clintons wichtigsten Beratern wurde, und Martin Peretz, Herausgeber der in Washington erscheinenden Wochenzeitschrift *New Republic*. Die kleine, aber sehr wichtige deutsch-jüdische Nachkriegsgemeinde wurde von ihrem Vorsitzenden Ignaz Bubis vertreten, der sich durch ein furchtloses und doch vernünftiges Auftreten den Respekt der breiten deutschen Öffentlichkeit verschafft hat. Stefan Sattler, der sich so sehr für einen Neubeginn der Freundschaft zwischen Juden und Deutschen eingesetzt hat, und Josef Joffe, einer von Deutschlands führenden politischen Journalisten, haben mir bei der Organisation der Konferenzen sehr geholfen. Liz Mohn, deren Ehemann den Bertelsmann-Konzern leitet, nimmt ebenso aktiv teil wie der Politikprofessor Werner Weidenfeld – ein Namensvetter, aber nicht mit mir verwandt –, Teltschiks Nachfolger bei der Bertelsmann-Stiftung und Berater der deutschen Bundesregierung. Russische, lettische, tschechische und bulgarische Sprecher rundeten mit ihren ganz neuen Perspektiven die wahrhaft kosmopolitischen Versammlungen ab. Und immer trennte man sich mit dem Eindruck, daß die Deutschen das breite Spektrum jüdischer Probleme anerkennen; jedesmal waren die jüdischen Teilnehmer beeindruckt, wie wichtig es den Deutschen ist, die Beziehungen noch zu vertiefen. Der Dialog geht weiter.

Einmal mehr zeigte Helmut Kohl sein Engagement, als er im Februar 1994 an einer bewegenden Feier im Jüdischen Museum in Frankfurt teilnahm. Dieses Museum ist in einem Haus untergebracht, das früher der Rothschild-Familie gehört hat. Man beging den hundertfünfzigsten Geburtstag von Meyer Amschel, dem Begründer der Dynastie. Vor einer großen Versammlung von Angehörigen der Rothschilds aus London, Paris und New York, von denen viele zum erstenmal seit dem Holocaust wieder deutschen Boden betreten hatten, brachte der Bundeskanzler die Dankbarkeit zum Ausdruck, die Deutschland dem Unternehmungsgeist und der kulturellen Leistung der Juden schuldet. Im Lauf des Abends sang Charlotte de Rothschild vom englischen Zweig der Familie einige der Lieder, die für verschiedene Rothschild-Damen im neunzehnten Jahrhundert von Rossini, Chopin, Liszt und Meyerbeer komponiert worden waren.

Natürlich liefen all diese Tätigkeiten parallel zu meinen verlegerischen Aufgaben, bei denen sich Ende der siebziger Jahre so manche Veränderung einstellte. Es begann im Frühling 1978, als ich nach San Francisco reiste und dort zu einem Abendessen bei Gordon Getty eingeladen wurde. Ich hatte Gordons Vater, den Ölmagnaten John Paul Getty, gut gekannt; auf seine Anregung veröffentlichte ich den ersten großen Katalog des Museums, das er in Malibu in Kalifornien gegründet hatte. Das Haus der Gettys in den Hügeln von Pacific Heights in San Francisco ist ein stattliches Gebäude im italienischen Stil, mit exquisiten Möbeln aus dem achtzehnten Jahrhundert und einem atemberaubenden Blick über die Bucht. Zum Essen an jenem Abend waren achtzig bis hundert Gäste geladen: musikalische Berühmtheiten, europäischer Adel, gesellschaftliche Größen aus San Francisco. Es gab Musik, man tanzte, alles in einer Atmosphäre festlicher Eleganz. Beim Essen saß ich neben der Gastgeberin Ann Getty, und bald entdeckten wir unser gemeinsames Interesse für die Oper. Musik ist der Mittelpunkt im Leben der Gettys. Gordon wäre als Komponist sicher noch bekannter ohne seinen Namen, der ihm eher ein Hindernis als eine Hilfe zu sein scheint. Er besitzt ein enzyklopädisches Wissen über Musikaufnahmen, und seine Plattensammlung ist sensationell. Die Gettys sind Gönner der Oper von San Francisco und der Metropolitan Opera in New York, sie unterstützen Orchester und junge Sänger; man sieht sie auf Musikfestspielen überall in Amerika und Europa.

An diesem ersten Abend schloß ich sofort Freundschaft mit Gordon und Ann, die beiden wurden rasch ein Teil meines Lebens. Ich erinnerte mich noch dunkel daran, ihnen im Haus von Gordons Vater in London schon einmal begegnet zu sein; damals waren die beiden ein junges Paar. John Paul Getty hatte sich seinen Söhnen entfremdet, und Gordon mußte sich seinen Weg selbst suchen. Anns Charme, ihre Bescheidenheit und ihr Taktgefühl haben wesentlich dazu beigetragen, daß es schließlich doch wieder zu einer Annäherung mit dem recht tyrannischen Patriarchen kam. Nachdem Ann und Gordon lange Jahre in relativ bescheidenen Verhältnissen gelebt hatten, nahmen sie ihre neue Position in der Getty-Familie und den ganzen Reichtum mit dem nötigen Augenmaß und einer großen Nüchternheit auf. Mit seinem Lockenkopf und seiner Brille erinnert mich Gordon immer ein wenig an Franz Schubert.

Ann ist sehr wißbegierig, sie umgibt sich gern mit Menschen, von denen sie etwas lernen kann. Die Gettys haben es geschafft, Höflinge und Schmeichler von sich fernzuhalten, eine Gefahr, der sehr viele Reiche unterliegen. Statt dessen hat Ann eine Schar von Freundinnen unterschiedlichen Alters und unterschiedlicher Herkunft, größtenteils aus San Francisco, mit denen sie alles mögliche unternimmt. Auf der Suche nach einer Lebensaufgabe wollte sie unbedingt an den Projekten mitarbeiten, die sie unterstützte. Ganz zu Beginn unserer Freundschaft entwickelten wir die Idee einer Stiftung, die es Künstlern und Schriftstellern ermöglichen sollte, ihre Gedanken auszutauschen. Daraus entstand die Wheatland Foundation, benannt nach Anns Geburtsort in Kalifornien.

Unser erstes Projekt war ein Symposion in Venedig über die Zukunft der Oper; dort debattierte man leidenschaftlich über »Produzenten-Macht«. Danach folgte eine ähnliche Veranstaltung in Jerusalem über die Zukunft des Orchesters. In der relativ kurzen Zeit ihres Bestehens hat die Wheatland Foundation außerdem Übersetzungen zeitgenössischer Belletristik und Lyrik ins Englische finanziert und ein ehrgeiziges Programm von Konferenzen zur Weltliteratur unterstützt, das sich an ähnlichen Grundsätzen orientiert wie etwa ein Vierteljahrhundert zuvor der Formentor-Preis. Wir versammelten Romanschriftsteller, Dichter, Kritiker und Verleger aus allen Teilen der Welt, um über den aktuellen Literaturmarkt zu diskutieren; außerdem wollten wir feststellen, welche Stimmung unter den Schriftstellern herrscht und was sie am meisten beschäftigt. Genau wie bei den Formentor-Treffen waren die Unterschiede in der Einschätzung dessen, was für verschiedene Nationen intellektuell und emotional bedeutsam war, oft sehr überraschend. Wir hatten das Glück, in Rose Marie Morse eine fähige Kraft zu finden. Sie ist eine in Amerika aufgewachsene Kroatin, die viele Sprachen beherrscht und von einem fast missionarischen Eifer für die Sache beseelt ist. Ich kannte sie schon seit 1965, als sie bei McGraw Hill gearbeitet hatte. Von den Stammgästen war vor allem Roberto Calasso eine große Hilfe, der italienische Verleger, Kritiker und Autor des hochkarätigen Bestseller-Romans *The Marriage of Cadmus and Harmony* (*Die Hochzeit von Kadmus und Harmonie*).

Die erste dieser Literaturkonferenzen, die im April 1987 in der Kongreßbibliothek in Washington stattfand, war insofern bemerkenswert, als zum erstenmal russische Autoren aus dem Exil mit Kollegen aus der Sowjetunion an einem Tisch saßen. Zwar war Gorbatschow bereits an der Macht, aber Glasnost steckte noch in den Kinderschuhen; Rose Marie mußte ihre ganze Überzeugungskraft einsetzen, bis die sowjetische Botschaft in Washington dem Treffen zustimmte. Es war bewegend, wie die Emigranten Joseph Brodsky und Andrei Sinjawskij den Schriftsteller Andrej Bitow und den Dichter Oleg Tschuknosew umarmten, die gerade aus Moskau gekommen waren. Im folgenden Jahr hielten wir unsere Konferenz im portugiesischen Versailles ab, in dem wunderschönen Palast von Queluz. Dies verdankten wir Präsident Soares, den ich seit meiner Zeit bei Wilson kannte; er war ein häufiger Besucher bei den Treffen sozialdemokratischer Parteiführer gewesen. Wieder lieferten die Ereignisse in Osteuropa einen Hintergrund für unsere Diskussionen. Die Schriftstellerin Tatiana Tolstoja, die einen milden russischen Nationalismus mit kosmopolitischem Charme verband, löste eine hitzige Debatte aus zwischen Russen und Osteuropäern über ihre jeweiligen Prioritäten im Kampf um die Freiheit. Ein wenig herablassend schienen die Russen davon auszugehen, daß die Tschechen und Polen, die Ungarn und die Balten in ihren eigenen Ländern keine größeren Probleme zu bewältigen hätten, sobald in der Sowjetunion wieder eine bürgerliche Gesellschaft hergestellt wäre. Salman Rushdie, der gerade einen Vertrag über einen siebenstelligen Dollarbetrag für die noch unveröffentlichten *Satanic Verses* (*Die satanischen Verse*) abgeschlossen hatte, attackierte Margaret Thatchers »Polizeistaat« aufs heftigste. Das war natürlich vor dem sinistren Todesurteil, das sein Leben so radikal verändern sollte.

In der neubarocken Kongreßhalle der Ungarischen Akademie der Wissenschaften in Budapest, wo die dritte Literaturkonferenz stattfand, wurden wir auf traurige, aber heilsame Weise daran erinnert, wie groß die Kluft zwischen arabischen Intellektuellen und selbst den israelischen Friedensbotschaftern immer noch ist. Nach einem Appell des israelischen Autors Amos Elon an seine arabischen und israelischen Kollegen, die Initiative zur Versöhnung zu ergreifen, meldete sich der israelische Schriftsteller Yoram Kaniuk zu Wort. Er vertrat eine noch radikalere Position und hatte sich beim Shamir-Regime sehr unbeliebt gemacht. Jetzt begann er mit entsprechend großer Leidenschaft das Thema seines Vorgängers zu vertiefen, doch kaum hatte er angefangen zu sprechen, als arabische Autoren aus Ägypten, Katar und Marokko demonstrativ den Konferenzsaal verließen.

Vier Teilnehmer der Wheatland-Konferenz, nämlich Octavio Paz, Joseph Brodsky, Derek Walcott und Nadine Gordimer, erhielten später den Nobelpreis für Literatur. Ich möchte gern glauben, daß diese Zusammenkünfte einen kleinen Beitrag zum internationalen Literaturaustausch leisteten und manchen Schriftstellern halfen, einen Absatzmarkt für ihre Werke zu finden – vor allem denen, die aus Ländern stammen, die weit von den Zentren des Verlagswesens entfernt sind.

Ann Getty hatte schon immer ein besonderes Interesse für Literatur und das Verlagswesen gezeigt. Dabei ging es ihr nicht nur um eine Tätigkeit für sich selbst, sondern auch um eine mögliche Karriere für ihren ältesten Sohn Peter, der sehr viel Phantasie besaß und ein unersättlicher Leser war. Ich war inzwischen in den Sechzigern und überlegte mir schon eine ganze Weile, wer mein Nachfolger bei Weidenfeld & Nicolson werden sollte. Ich wollte die Zukunft unseres Verlags sichern und wenn irgend möglich seine Unabhängigkeit bewahren, statt ihn in irgendeinem großen Konzern aufgehen zu lassen. Die Idee einer Partnerschaft mit Ann Getty, in deren Fußstapfen dann ihr Sohn treten würde, war sehr verlockend, vor allem weil diese Lösung auch die Möglichkeit eröffnete, in New York zu veröffentlichen. Mehrere

Jahre hindurch erörterten wir diese Frage in aller Ruhe, und 1985 kamen wir schließlich zu einer Einigung: Ann sollte einen großen Minoritätsanteil von Weidenfeld & Nicolson London erwerben, mit der Perspektive, meinen Anteil aufzukaufen, sobald ich in den Ruhestand trat. In der Zwischenzeit konnte ich weiterhin die britische Niederlassung führen und dabei helfen, einen amerikanischen Verlag aufzubauen. Also sahen wir uns nach einer passenden kleinen Firma mit literarischer Tradition um und fanden sie in Grove Press, einem Pionier der Avantgarde-Literatur in Amerika. Der Verlag wurde von Barney Rosset geleitet, dem Herausgeber von Henry Miller, William Burroughs, Bertolt Brecht, Jean Genet, Samuel Beckett und Harold Pinter. Ich hatte des öfteren mit Barney geschäftlich zu tun und war ihm auch freundschaftlich verbunden. Er gehört zu den legendären Figuren der Kulturszene der Nachkriegszeit. Mit dem Film *I am Curious, Yellow* (*Ich bin neugierig*) unternahm er einen Ausflug in die experimentelle Filmszene und brach so manche Lanze gegen die Zensur. Er ist ein kompromißloser Kämpfer für seine Überzeugungen und besitzt auch eine ruppige, anarchische Seite; wenn er sich aufregt, kann er ziemlich heftig werden. Barney also erklärte sich bereit, sein Geschäft an Ann zu verkaufen, wollte aber noch ein paar Jahre als Chef fungieren. Wir erstellten ein eigenes New Yorker Verlagsprogramm, das die Londoner Veröffentlichungsliste mit ihrer Mischung aus Biographien, Memoiren und der Grauzone zwischen dem akademischen und allgemeinen Markt in etwa widerspiegelte. Wir stellten Dan Green ein, einen früheren leitenden Angestellten bei Simon & Schuster, dazu John Herman, einen Lektor derselben Firma, Aaron Asher, einen erfahrenen Lektor von Harper, Connie Sayre, eine Marketingexpertin, und Juliet Nicolson, Nigels Tochter, die sich im britischen Verlagswesen als Nebenrechtsexpertin einen Namen gemacht hatte. Grove Press wurde weitergeführt und blieb zunächst unabhängig von dem Weidenfeld-Verlag in New York.

Es wäre sicher sinnvoll gewesen, die beiden Verlage miteinander zu verschmelzen, aber es gab einige heikle Gründe, die dies unmöglich machten: Es hätte einen Zusammenstoß von »Verlagskulturen« bedeutet, und wahrscheinlich hätten weder Barney Rosset noch seine leitenden Angestellten zugestimmt. Außerdem reagierte Ann sehr empfindlich auf Verdächtigungen, man habe einschneidende Veränderungen vor, und wollte um keinen Preis Proteste von Groves literarischer Kundschaft provozieren. Obwohl wir die beiden Firmen unter getrenntem Namen in getrennten Häusern betrieben, verschlechterten sich die Beziehungen mit Barney, und schließlich trennten sich unsere Wege. Die New Yorker Literaturszene war in hellem Aufruhr; man demonstrierte vor den Verlagsbüros und schrieb Protestbriefe an die *New York Times*, in denen man andeutete, die Öl-Lobby sei dabei, die letzte Bastion der literarischen Avantgarde zu zerstören. Im Endeffekt konnte Grove Press größtenteils selbständig weitermachen; die Leitung übernahm Fred Jordan, ein gebürtiger Österreicher mit vielfältigen literarischen Kontakten in Europa und einem besonderen Gespür für hoffnungsvolle neue Talente.

Zwar war ich Leiter der New Yorker Niederlassung, aber London blieb mein wichtigstes Standbein. Da ich die Schwierigkeiten unterschätzt hatte, die das Arbeiten auf beiden Seiten des Atlantik mit sich brachte, drängte ich Ann, einen amerikanischen Verleger mit viel Erfahrung und gesunder finanzieller Urteilskraft zu suchen. Statt dessen entschied sie sich jedoch, die geschäftliche Verantwortung einem Rechtsanwalt und Finanzberater in Washington zu übertragen, der bereits für die Familie Getty arbeitete. Er fungierte auch als Verbindungsmann zwischen den Geschäftsleitungen von London und New York und Ann selbst, die nicht ihre ganze Zeit der Verlagsarbeit widmen konnte. Schließlich war sie in San Francisco zu Hause, und sie hatte außer ihren familiären Pflichten auch immer mehr kommunale Aufgaben übernommen. Dennoch half sie uns sehr bei der Suche nach neuen Autoren.

In der Zeit der großen Wende in Europa unternahmen Ann und ich mehrere Reisen nach Moskau, und in Begleitung von Rose Marie Morse besuchten wir auch Prag und Warschau. Mit Entsetzen stellten wir fest, daß sich der ganze Horror des Stalinismus bestätigte und daß nicht einmal die strengsten Kritiker der Sowjetunion das Ausmaß des materiellen und geistigen Elends ganz ausgelotet hatten. Besonders klar vor Augen führte mir dies eine Begegnung mit Generaloberst Wolgokonow, dem Chef des Militärgeschichtlichen Archivs im sowjetischen Verteidigungsministerium und Verfasser einer Stalin-Biographie, für die wir die Rechte erwarben. Da saß also Wolgokonow in seiner Uniform, umgeben von seinen Beratern, das Inbild eines sowjetischen Generals. Noch war die Kommunistische Partei intakt, und er trug die Abzeichen des Staates. Er erzählte uns ausführlich über Stalin, und ich fragte ihn vorsichtig, ob Robert Conquest, der hervorragende britische Sowjetologe, der bei uns ebenfalls ein Buch über Stalin veröffentlicht hatte, die Anzahl der Terroropfer wohl übertrieben hätte. »Übertrieben? Er hat sie grob unterschätzt!« Aus der untersten Schreibtischschublade zog Wolgokonow die Kopie eines schmuddeligen handgeschriebenen Briefs. Es war das Gnadengesuch eines von Stalins Kameraden im Bürgerkrieg, der ihm während der großen Säuberungsaktionen aus dem Gefängnis geschrieben und gemeinsame Erinnerungen heraufbeschworen hatte. Quer über das Blatt war in Stalins Handschrift gekritzelt: »Erschießt den Hund«.

Zu den Neuzugängen in unserem Programm gehörte auch Arkadi Waksberg, der mir die direkteste Einsicht in die schwierige Situation eines russischen Intellektuellen und Juden vermittelte. Er beschrieb seine Beziehungen zur sowjetischen Oberschicht ohne falsche Heroisierung oder unbeherrschte Denunziationen. Als studierter Jurist verfaßte er Artikel für die *Literaturnaja Gazeta* und produzierte zwei Bücher für uns. Eins war das Porträt des finsteren Andrei Wyschinski, einem abtrünnigen Mitglied der *petite noblesse*, der als Hauptankläger der Schauprozesse Stalins schlimmster Handlanger wurde. Das andere Buch war eine Abhandlung über die russische Mafia, ein Werk, in dem Neuland erschlossen wurde. Der Dichter Andrei Wosnessenski, dessen amouröse Abenteuer beinahe so berühmt waren wie sein lyrisches Werk, nahm uns unter seine Fittiche, arrangierte Treffen bei der Schriftstellergewerkschaft, in Moskauer Wohnungen oder ländlichen Datschas. Im Juli 1988 nahmen wir an der ersten internationalen Kunstauktion in Moskau teil. In einem riesigen Raum im Sovincentr bot Sotheby's, der größte Auktionär der kapitalistischen Welt, unter den gleißenden Scheinwerfern der internationalen Fernsehsender einer Schar von Sammlern und Händlern aus dem Westen die Werke avantgardistischer und zeitgenössischer sowjetischer Künstler an. Es war der Höhepunkt des Booms auf dem weltweiten Kunstmarkt und einer der Tiefpunkte für die sowjetische Wirtschaft. Hunderte von Russen standen mit offenem Mund daneben und beobachteten das Schauspiel, überwältigt von den fünf- und sechsstelligen Dollargeboten.

Meine Reisen mit Ann führten mich auch in den Fernen Osten und nach Südamerika. Unter der Ägide von Henry Keswick, dem Leiter des internationalen Handelsgiganten Jardine Matheson, trafen wir in Hongkong, einem der Hauptstandorte des Konzerns, mit wichtigen Politikern und Geschäftsleuten zusammen. Henrys Frau Tessa, eine Schönheit mit viel politischem Verstand, begleitete uns ebenso wie der hervorragende Innenarchitekt John Stefanides, einer meiner Autoren und Freunde. Der Höhepunkt der Reise war ein Ausflug nach Burma, das ich ebenso schön wie schaurig fremdartig fand. Wir waren zu Gast bei dem britischen Botschafter Martin Morland, einem Cousin von Henry. Er wollte uns mit Aung San Suu Kyi bekannt machen, der Symbolfigur des demokratischen Widerstands gegen das Militärregime. Kurz danach wurde sie unter Hausarrest gestellt und erhielt später den Nobelpreis. In ihrer Begleitung befand sich auch ihr Mann, der Oxforder Tibetologe Michael Aris. Auf einem Ausflug in den Nordwesten des Landes trafen wir Saw Sai Mong, einen weiteren Oppositionsführer, dessen Onkel eine der größten burmesischen Provinzen regiert. Durch ein unerklärliches Versehen landeten wir in einem Haus, dessen Eigentümer uns offenbar nicht erwartet hatte. Er ließ sich seine Überraschung nicht anmerken, begrüßte uns in perfektem Englisch und war äußerst zuvorkommend und gastfreundlich. Nach einer halben Stunde, in der wir die üblichen Höflichkeiten ausgetauscht hatten und mit allgemeinen Themen am Ende waren, wurde uns allmählich klar, daß unser Gastgeber nicht nur nicht der Mann war, den wir gesucht hatten, sondern sein erbittertster politischer Gegner. Obwohl die beiden Männer verwandt waren, hatten sie seit vielen Jahren keinerlei Kontakt mehr zueinander gehabt. Mit enormer Selbstbeherrschung begab sich unser Gastgeber ans Telefon, rief seinen Gegner an und vereinbarte mit ihm, daß wir abgeholt werden sollten. Saw Sai Mong lebte etwa eine Fahrtstunde entfernt, und unser Fahrer war inzwischen ebenfalls verschwunden. Als wir schließlich aufbrechen konnten, nahm Henry Keswick kurz entschlossen die Flasche Whiskey, die wir als Gastgeschenk mitgebracht hatten, wieder an sich und überreichte sie dem echten Saw Sai Mong.

In Argentinien besuchten Ann und ich Präsident Alfonsin; außerdem wollten wir auch hier neue Autoren und Kritiker für die Wheatland-Konferenzen auftreiben. Zu diesem Zweck fuhr ich auch nach

Brasilien, wo meine Freundin Ira von Fürstenberg, Gianni Agnellis Nichte, mich mit vielen ihrer Bekannten aus der Zeit zusammenbrachte, in der sie noch dort gewohnt hatte. Ira ist eine temperamentvolle, wunderschöne Frau. Sie spricht sechs Sprachen fließend, und sie kann sich mit einem spießigen Banker oder Abgänger der Grundschule ebenso angeregt unterhalten wie mit einem Polo-Champion oder einem Discjockey. Einen Tag verbrachten wir mit Jorge Amado, dem brasilianischen Schriftsteller, dem ich zum erstenmal auf dem Breslauer Kongreß begegnet war und dessen *Dona Flor* (*Dona Flor und ihre Ehemänner*) meiner Meinung nach einer der überragendsten Romane ist, die wir je veröffentlicht haben.

Obwohl Weidenfeld & Nicolson und Grove Press mehrere vorzügliche Bücher herausbrachten – unter anderem Arthur Millers *Timebends* (*Zeitkurven*), Harold Pinters Roman *The Dwarfs* (*Die Zwerge*) und neue Werke von Robert Ford und Milan Kundera –, wollte das Unternehmen nicht blühen. Nach vier Jahren wurde Grove Press, die sich inzwischen mit Weidenfeld & Nicolson Inc. zusammengeschlossen hatte, zum Verkauf angeboten. Am Ende übernahm Atlantic Monthly Press das Unternehmen, ebenfalls ein kleiner, angesehener Literaturverlag; der Zusammenschluß nannte sich Atlantic Grove. Ann stürzte sich in prähistorische und anthropologische Studien an der Berkeley University, wo sie einen neuen sympathischen Freundeskreis fand. Sie hielt den Kontakt mit Weidenfeld & Nicolson in England aufrecht und brach ihn erst ab, als ich an Anthony Cheetham und seine Partner verkaufte. Meine Freundschaft mit Gordon und Ann überlebte jedoch. Als Annabelle und ich im Sommer 1992 heirateten, verbrachten wir einen Teil unserer Flitterwochen auf einem Boot, das die Gettys gechartert hatten; im Hafen von Barcelona gingen wir vor Anker und verbrachten eine Weile an Land, um uns die Olympischen Spiele anzusehen. Zu unserem ersten Hochzeitstag unternahmen wir eine weitere Schiffsreise mit den Gettys, diesmal entlang der anatolischen Küste. Der Philosoph John Searle aus Berkeley und mehrere andere herausragende Akademiker dieser Universität begleiteten uns.

Am 23. Oktober 1991 erfuhr ich durch die Buschtrommeln der Verleger, daß Anthony Cheetham an diesem Morgen beim Frühstück im Connaught Hotel gebeten worden war, als Leiter von Random Century, dem britischen Zweig des mächtigen amerikanischen Random House, zurückzutreten. Er hatte Century gegründet, Hutchinson übernommen und sein Unternehmen dann für eine riesige Summe an Random House verkauft. Random House hatte unterdessen Jonathan Cape und Chatto aufgekauft. So stand Cheetham an der Spitze einer der größten Verlagsgruppen von Großbritannien. Doch dank unterschiedlicher Temperamente kam es zwischen ihm und seinen amerikanischen Vorgesetzten zu heftigen Zusammenstößen, die zu einer unvermittelten und scharfen Trennung führten. Ich kannte Cheetham seit seinen Anfangstagen in der Branche; einmal arbeiteten wir sogar an einem gemeinsamen Paperbackprojekt, das wir in Erinnerung an unsere Pioniertage *Contact* nannten. Außerdem hatte Weidenfeld & Nicolson Cheethams *Life and Times of Richard III.* als Teil der Reihe über englische Königinnen und Könige veröffentlicht. Cheetham war ein willensstarker Mann, stets bereit, für seine Meinung einzutreten, doch mir kam es vor, als wäre er unter seiner gewandten und charmanten Oberfläche recht introvertiert. Ich bewunderte seinen Geschäftssinn und die Art, wie er kommerzielles Gespür, Freude an Neuerungen und Ehrfurcht vor guter Literatur in sich verband. Als ich von seiner Entlassung hörte, kam mir plötzlich der Gedanke, daß er es als Mittvierziger vielleicht gern noch einmal mit einem eigenen Unternehmen versuchen wollte. Also rief ich ihn an, sprach ihm mein Mitgefühl aus und lud ihn am nächsten Morgen zum Frühstück ein. Nach zwei Stunden schüttelten wir uns zur Bekräftigung unserer Abmachung die Hand. Innerhalb weniger Wochen erstellte Cheetham einen beeindruckenden Geschäftsplan für ein vergrößertes Unternehmen. Er schlug vor, Weidenfeld & Nicolson zu kaufen, und zwar in Partnerschaft mit seiner Frau Rosie, einer hochbegabten Belletristik-Lektorin, und Peter Roche, seinem finanziellen und geschäftsmäßigen Alter ego. Ich sollte mit einem kleinen Anteil Vorstandsvorsitzender von Weidenfeld & Nicolson bleiben, außerdem Direktor einer vergrößerten Verlagsgruppe, die von Cheetham geleitet und von einigen Londoner Investoren finanziert werden sollte.

Im Juni 1992 wurde die Orion Group gegründet, mit Weidenfeld & Nicolson als Herausgeber für Sachbücher und einem Programm literarischer Romane. Die Gruppe umfaßte außerdem noch Dent und die Everyman Library, die wir in den achtziger Jahren aufgekauft hatten. Eine alte Verlagsbezeichnung, Phoenix House, wurde für neue Autoren wieder aufgenommen und brachte beinahe sofort einen Bestseller heraus: Vikram Seths Monumentalwerk *A Suitable Boy*. Außerdem schufen wir Orion Books, unter diesem Namen veröffentlichten wir Populärliteratur im Hardcover und Taschenbücher in hohen Auflagen. Diese Ressource war ein zentraler Punkt unseres Konzepts, denn das Fehlen eines Taschenbuchbereichs kann sich heutzutage leicht als Handicap für ein großes Verlagsunternehmen erweisen. Meinem Gefühl nach war dies die beste Lösung für die Zukunft der Firma und dem Verkauf an einen riesigen Konzern bei weitem vorzuziehen, wo unser Verlagszeichen nur als eines von vielen fungiert hätte und einschneidende Kürzungen an der Tagesordnung gewesen wären. Außerdem ermutigte mich die Aussicht, daß ich endlich mehr Zeit für meine Aktivitäten außerhalb des Verlagswesens haben würde, dabei aber – jedenfalls solange meine Energie dafür ausreicht – dennoch mit der Tätigkeit fortfahren könnte, die mich am glücklichsten macht: Autoren und Ideen zusammenzubringen. Ich habe meine Büros im Orion House im Herzen von London. Das Bewußtsein, daß der Verlag, den Nigel Nicolson und ich geschaffen haben, unter einer neuen Truppe von Enthusiasten weitergeführt wird, erfüllt mich mit Zufriedenheit.

Wenn ich auf die Jahre zurückblicke, die mich hierher gebracht haben, denke ich oft an die Tausenden von Büchern, die ich veröffentlicht habe. Natürlich wäre es unmöglich, ja sogar unfair, aus dieser Masse von Büchern, die auf ihre unterschiedliche Art für unser Unternehmen und deshalb auch für mich wichtig waren, bestimmte Titel hervorzuheben.

Wenn ich ein Buch nennen soll, das ein unerwarteter Welterfolg wurde, fällt mir immer J. D. Watsons *Double Helix* (*Die Doppel-Helix*) ein, das über die Entschlüsselung des genetischen Codes berichtet. 1962 bekam Watson aufgrund seiner Entdeckungen den Nobelpreis für Medizin. Seine Leistungen und auch die von Francis Crick, dessen Buch wir später ebenfalls veröffentlichten, sind wohlbekannt, aber die Geschichte, wie dieses Buch entstanden ist, sollte man sich noch einmal ins Gedächtnis rufen. Es begann Ende der sechziger Jahre, als ich einen Anruf von Thomas Wilson bekam, dem Chef von Harvard University Press. Er redete nie lange herum. »Ich habe etwas Wichtiges für

Sie. Bitte stellen Sie jetzt keine Fragen, sondern kommen Sie einfach her.« Am nächsten Morgen flog ich nach Boston und begab mich sofort zu Wilson. Er schloß die Tür hinter mir und verkündete in eindringlichem, beinahe theatralischem Flüsterton: »Die Bevollmächtigten der Harvard Press haben es für richtig befunden, ein Manuskript von epochaler Bedeutung abzulehnen.« Er gab mir einen kurzen Abriß davon, worum es in Jim Watsons Buch ging, und schärfte mir ein, daß es unbedingt international von einem Kreis wichtiger Verlage herausgebracht werden müsse. »Ich möchte, daß Sie es bekommen und weltweit vertreiben.« Mit Wilsons Zustimmung überschrieben wir die amerikanischen Rechte dem neuen Verlag Athenaeum, der von meinem Freund Mike Bessie mitgegründet worden war. Das Buch wurde 1968 veröffentlicht; es kam in zwanzig Sprachen heraus und wurde von der *Sunday Times* und anderen großen Zeitungen auf der ganzen Welt in Fortsetzungen abgedruckt. Inzwischen gilt das Buch als Klassiker.

Auf meiner Suche nach Memoiren, Biographien und Abhandlungen über zeitgenössische Geschichte war eine enge Beziehung zur Presse wichtig. Die britischen Sonntagszeitungen hatten schon immer großes Interesse an Vorabdrucken noch nicht veröffentlichter Bücher und zahlten dafür oft hohe Summen, in der Hoffnung, ihre Auflagenzahlen so in die Höhe zu treiben. Da ich gern selbst die Initiative ergreife und meine Autoren lieber persönlich kennenlerne, als darauf zu warten, daß ich irgendwann über einen Agenten ein Manuskript zugeschickt bekomme, vertraute ich auf die Unterstützung von Zeitungsbesitzern und -herausgebern. In vielen Fällen zeigten sich die Agenten sehr kooperativ, ließen sich ein kombiniertes Angebot für Vorabdruck und Buchveröffentlichung machen und überließen mir die Verhandlungen mit den Zeitungen. In anderen Fällen jedoch bestanden sie darauf, die Sache selbst in die Hand zu nehmen. Solche Verhandlungen nehmen heutzutage immer mehr die Form einer Auktion an, aber ich habe es stets vorgezogen, mit jedem potentiellen Käufer einzeln zu sprechen. Diese Erfahrung schenkte mir eine gewisse Einsicht in das Verhalten und den Charakter der Sultane und Großwesire der britischen Presse.

Manche solcher Beziehungen begannen unfreundlich und endeten harmonisch. Tom Driberg, der umstrittene linke Labour-Abgeordnete, berüchtigter Freigeist und Verdächtiger in nie aufgeklärten Geheimdienstskandalen, war der Grund für einen Vorfall zwischen mir und

Lord Beaverbrook, dem legendären Eigentümer des *Express*. Driberg verband eine Haßliebe mit Beaverbrook, der ihn bekanntlich wegen seiner politischen Ansichten gefeuert hatte. Zum Erstaunen aller bat man ihn trotzdem, Beaverbrooks autorisierte Biographie zu schreiben. Wir nahmen Driberg unter Vertrag, und *Express Newspapers* gab seine Zustimmung. Zunächst lief auch alles gut. Driberg besuchte den alten Mann in seinem Landhaus und auf Jamaika, aber ungefähr nach der Hälfte der Recherchen kam Beaverbrook das Gerücht zu Ohren, sein Biograph hätte von seinem Thema genug und bereite ein feindseliges Buch vor. Da schlug der Beaver, wie man ihn nannte, erst leise und dann immer lauter einen anderen Ton an. Statt Driberg wie bisher großzügig in der Karibik standesgemäß zu bewirten, hielt er ihn sich vom Leib und unterwarf ihn gemeinen sozialen Schikanen, die mir Daisy Fellowes, die häufig bei Beaverbrook zu Gast war, einmal ausführlich beschrieb. Beispielsweise wurde Tom in einem zweitklassigen Hotel untergebracht statt in Beaverbrooks Haus, oder man bestellte ihn um die Mittagszeit und ließ ihn dann in der glühenden Sonne auf der Terrasse auf seine Lordschaft warten. Manchmal wurde ihm bei einem endlosen Gespräch ein Drink angeboten, manchmal aber auch nicht. Es kam vor, daß der Butler seinen Herrn fragte: »Haben wir heute zehn Gäste zum Lunch, Sir?«, worauf Beaverbrook erwiderte: »Nein, es bleibt bei neun«, womit er klarstellte, daß Driberg seinen Hunger anderswo stillen mußte.

Als sie das Manuskript dann schließlich in Händen hielten, waren die Beaverbrooks sehr erstaunt. Nach einer kleinen Kontroverse mit uns hatte Beaverbrook durchgesetzt, daß man ihm die Druckfahnen schickte, und sie mit einer Unzahl von Anmerkungen an uns zurückgesandt. Für mich war es faszinierend zu sehen, wo seine wunden Punkte lagen. Vollkommen gleichgültig schien es ihm etwa zu sein, wenn man ihn unfairer Geschäftspraktiken oder politischer Intrigen bezichtigte, dagegen hatte er an jeder noch so harmlosen Erwähnung von Frauen wie Lady Jean Norton etwas auszusetzen und versuchte mit allen Mitteln zu erreichen, daß sie gestrichen wurden. Am Telefon explodierte er wegen Dribergs Darstellung von Beaverbrooks Beziehungen zu Lord Mountbatten und seiner Rolle beim mißglückten Angriff auf Dieppe im Zweiten Weltkrieg. Beaverbrooks Sohn Max Aitken bat um ein klärendes Gespräch. Wir trafen uns im Reform Club und gingen dann auf Pall Mall spazieren. Er bedrängte mich, ich solle das Buch nicht veröffentlichen, weil es »sowohl schlecht als auch verunglimpfend« sei, und er bot mir eine entsprechende finanzielle Entschädigung an. Natürlich lehnte ich ab, und nach einer langwierigen Verhandlung zwischen den Anwälten wurden vor der Veröffentlichung in gegenseitigem Einvernehmen einige Änderungen vorgenommen. Außerdem erschien das Buch in Fortsetzungen im *Daily Express*, mit einer Präambel, in der die Zeitung sich rühmte, Auszüge aus einem Buch zu veröffentlichen, in dem es zwar von Vorurteilen und unfairen Anwürfen nur so wimmle, das dem Leser aber nicht vorenthalten werden dürfe. Damit sollte von vornherein klargestellt werden, daß das Buch ein Vertrauensbruch war, den ein Schreiberling an einer prominenten öffentlichen Person begangen hatte.

Zum Glück konnte ich die Beziehungen zur Familie Aitken wieder bereinigen, genauso wie die zu den Berrys, nachdem Driberg mich mit seinem Buch über Guy Burgess so in Schwierigkeiten gebracht hatte. Michael Berry war einer der rechtschaffensten Männer, die ich je gekannt habe. Er war ein schweigsamer, melancholischer Mensch, der forsch und abgehackt redete und sehr entscheidungsfreudig war. Die Freundschaft zu ihm und seiner Frau Pamela war für mich sehr wertvoll, und es bedeutete mir viel, als man mich später bat, für den *Sunday Telegraph* ihren Nachruf zu schreiben. Als einen der letzten Beweise ihrer Freundschaft machte mich Pamela mit John Mills und Laurence Olivier bekannt, deren Memoiren ich in den achtziger Jahren veröffentlichte. Laurence Olivier war faszinierend, aber kompliziert; er schwankte zwischen Anfällen von Selbstzweifeln und einer wahrhaft olympischen Überzeugung, was seine Fähigkeit als Schriftsteller anging. In einem der Momente, in denen er sich weniger selbstbewußt fühlte, äußerte er den Wunsch nach einem Mitarbeiter, und so heuerten wir Mark Amory an. Amory ist einer der wenigen letzten Vertreter eines britischen Literaten im Stil der Vorkriegszeit und ein blendender Theaterkenner. Er nahm Oliviers Berichte auf Tonband auf, aber dann beschloß der große Schauspieler doch, das Buch selbst zu schreiben, und zwar ohne Marks Hilfe. Aber auf seine Gesellschaft wollte er nicht verzichten, er behielt ihn stets in seiner Nähe.

Es ist eine bekannte Tatsache, daß der berüchtigte Robert Maxwell im Leben vieler Menschen ein großes Chaos angerichtet hat; ich war da keine Ausnahme. Als ich ihn in meinen Anfangsjahren als Verlagsleiter kennenlernte, war er Chef von Simpkin Marshall, einem der größten Buchsortimente. Dieses Geschäft ging in Konkurs. Maxwell blieb uns zwanzigtausend Pfund schuldig, was wir uns damals überhaupt nicht leisten konnten. In den Wochen und Monaten vor Maxwells Bankrotterklärung sondierte er ganz diskret die Stimmung bei seinen Gläubigern, denn er wollte sich vergewissern, daß keiner von ihnen einen öffentlichen Skandal beabsichtigte. Ich wäre nicht im Traum auf den wahren Grund für sein plötzliches Interesse an unseren Geschäftsbeziehungen gekommen und traf mich deshalb ganz arglos zum Mittagessen mit ihm in einem tschechischen Restaurant in der Nähe des Marble Arch. Dort versuchte ich, ihm noch mehr Bücher zu verkaufen. Er ließ sich seine Erleichterung über meine Naivität nicht anmerken und sagte: »George, ich werde dich zu einem großen Verleger aufbauen und dir mehr Arbeit besorgen, als du bewältigen kannst.« Zufrieden, daß er mich von der Gefahrenliste streichen konnte, stand er mitten im Essen auf und ging, allerdings nicht ohne zuvor dem Kellner zuzurufen, er solle mir Nachtisch und Kaffee bringen und alles auf seine Rechnung setzen. So verloren wir unser Geld. Während Maxwells Zeit als Labour-Abgeordneter begegneten wir uns hin und wieder. Erst viel später, nachdem er, der sein Judentum jahrelang verleugnet hatte, sich plötzlich zum wortreichen Schutzherrn jüdischer Projekte in Israel aufschwang, sah ich ihn häufiger. Im Dienste der Sache begegnete ich ihm und seiner französischen Frau stets freundlich; sie ist zwar keine Jüdin, setzt sich aber leidenschaftlich für das Gedenken an den Holocaust ein. Als ich einmal zu Gast bei einer Geburtstagsparty in Headington Hall war, dem Haus, das Maxwell vom Oxford County Council gepachtet hatte, beobachtete ich voll Staunen sein wohlinszeniertes Kommen und Gehen per Hubschrauber. Mehrmals wurde ich Zeuge peinlicher Situationen in seinem Penthouse-Büro in Holborn, wo die Gäste auf unbequem niedrigen Sofas sitzen mußten, während er auf einem hohen Hocker thronte. Alle paar Minuten klingelte das Telefon, und nach einem gedämpften Wortwechsel entschuldigte sich Maxwell dann, er müsse sich mit dem russischen Premierminister oder einem anderen östlichen Machthaber treffen. Einmal wartete das halbe bulgarische Kabinett in seinem Vorzimmer. Aber am schmerzlichsten war der Anblick von Peter Jay, dem ehemaligen Botschafter der englischen Königin in Washington und jetzigen Sekretär Maxwells, wenn er mit fahlem Gesicht hereinschlich und seine Anweisungen entgegennahm.

Lord Thomson of Fleet, der stämmige Kanadier, der die *Sunday Times* und 1966 auch die *Times* kaufte, war vielleicht der erste Zeitungseigentümer, der, ohne sich zu schämen, zugab, daß es ihm hauptsächlich ums Geld ging. Meiner Ansicht nach war er es, der den Trend ins Rollen brachte, die Zeitungen den Bedürfnissen des Markts und dem Trend der Leserinteressen anzupassen, statt selbst die Themen zu bestimmen. Wenn man ein Projekt mit ihm besprechen wollte, hatte er stets eine Rechenmaschine zur Hand. Denis Hamilton, sein treuer Assistent, unterstützte mich bei einer gnadenlosen Auktion von Kissingers Memoiren aus dem Weißen Haus.

Am kreativsten arbeiteten wir mit der *Sunday Times* zusammen, solange Harold Evans dort Chefredakteur war und die Zeitung bereits Rupert Murdoch gehörte. Harry war eine sympathische Mischung aus einem blauäugigen Jungen aus Nordengland, einem Missionar und einem professionellen Perfektionisten. Er vollbrachte wahre Wunder mit Manuskripten und konnte schwülstige Entwürfe in mitreißende Prosa verwandeln. Nach einem der spektakulärsten Duelle zwischen Chefredakteur und Zeitungsbesitzer, das die Fleet Street je gesehen hat, verließ er Rupert Murdoch.

In meinen Augen war Rupert Murdoch nie der nachtragende Autokrat, als den manche ihn beschreiben. Ihm schien es nie etwas auszumachen, daß wir *Good Times, Bad Times*, in dem Harold Evans hart mit ihm ins Gericht geht, immer wieder neu auflegten. Meiner Meinung nach besitzt er genau die Mischung aus geschäftlicher Skrupellosigkeit und sentimentaler Anhänglichkeit an alte Freunde, die viele absolute Herrscher kennzeichnet. Einmal hätte ich ihn beinahe dazu überredet, seine Memoiren zu veröffentlichen. Damals waren Ann Getty und ich zufällig Gast bei einem kleinen Abendessen in Sydney, das von Neville Wran, einem ehemaligen Premierminister von New South Wales, für Rupert und seine Frau gegeben wurde. Die Murdochs trafen mit einer Stunde Verspätung ein, aufgeregt und erhitzt. »Das war ein wichtiger Tag in meinem Leben«, verkündete Rupert. »Ich habe das Zeitungsunternehmen zurückgekauft, das mein Vater in Australien gegründet hat; ich habe die *South China Morning Post* in

Hongkong gekauft, und gerade habe ich am Telefon erfahren, daß ich die englischen Gewerkschaften geschlagen habe.« Ich drängte ihn, er solle diesen Tag zum Anfangskapitel seiner Memoiren machen. Er dachte einen Moment darüber nach und meinte dann: »Sprechen Sie mich in ein paar Monaten noch einmal darauf an.« Als ich ihn ein halbes Jahr später bei Kay Graham in Washington wiedersah, rief ich ihm unser Gespräch wieder ins Gedächtnis. Kurze Zeit später trafen wir uns zum Essen in London, und er unterschrieb einen Vertrag über seine Memoiren. Random House in New York bot eine Million Dollar für die Rechte, und wir hatten außerdem die Unterstützung von *Sunday Telegraph.* Doch Murdochs anfänglicher Enthusiasmus schwand, als er plötzlich inmitten einer schweren wirtschaftlichen Krise steckte. Ich erhielt ein lapidares Telegramm, in dem er das ganze Projekt absagte.

Der neueste internationale Pressemagnat in Großbritannien ist der kanadische Katholik Conrad Black, der einen spektakulären Einstand gab, indem er Lord Hartwell den *Daily Telegraph* und den *Sunday Telegraph* abkaufte. Damit provozierte er nicht nur in Pressekreisen bittere Reaktionen, sondern in der ganzen britischen Gesellschaft. Wer war dieser Eindringling aus den Kolonien, dieser Pionier, der, bevor er in einen Raum voller Menschen eintrat, zögernd, wenn nicht sogar argwöhnisch seine Blicke schweifen ließ? Zum erstenmal begegnete ich ihm in Jayne Wrightsmans Salon in New York, darauf gefaßt, mir meine Vorurteile bestätigen zu lassen. Aber zu meiner freudigen Überraschung zog mich Black in eine Ecke und begann eine angeregte Unterhaltung über de Gaulles literarischen Stil, bei der er Passagen aus seinen Memoiren und auch aus einem seiner Frühwerke, *Le Fil de l'Épée*, zitierte. So erfuhr ich, daß Black eine maßgebliche Biographie über den französisch-kanadischen Premier Duplessis verfaßt hatte und über eine ansehnliche Bibliothek historischer und politischer Biographien verfügte. Überhaupt war er der gebildetste Pressekönig, den ich je erlebt habe, obwohl er immer noch gewisse Spuren des Abenteurers und Geschäftemachers erkennen ließ. Conrad heiratete die kanadische Journalistin Barbara Amiel, eine gute Freundin von mir, die mit ihren polemischen Kolumnen eine kometenhafte Karriere machte. Abgesehen von ihrem scharfen Verstand und ihrer flotten Feder sah sie umwerfend gut aus und war von einer selbstironischen Bescheidenheit, die ihr sehr gut stand. Die beiden verliebten sich Hals über Kopf und heirateten kurz nach Annabelle und mir. Wir nahmen an ihrem Hochzeitsessen teil, das im engsten Freundeskreis stattfand und zu dem unter anderem auch die Thatchers, die Duchess of York, Miriam Gross, die Metcalfes, Jacob Rothschild und David Frost eingeladen waren. Als ich dem Vorstand von Hollinger Inc. beitrat, der in Toronto sitzenden Muttergesellschaft von Conrad Blacks britischen Firmen, wurde mir seine Stärke bewußt. Er hatte ein Team dynamischer Partner zusammengestellt, die dem ganzen Unternehmen einen hervorragenden *esprit de corps* verliehen. Conrad und Barbara Black, die sich beide leidenschaftlich für Politik interessieren, könnten gut das dynamischste Pressepaar seit Henry und Clare Luce, den berühmten Gründern der *Time Life*-Gruppe, werden.

Ein halbes Jahrhundert habe ich im Buchgeschäft verbracht, und nun spüre ich, daß wir am Ende einer Ära angekommen sind. Noch vor der Jahrhundertwende sind im Kommunikationsbereich Veränderungen eingetreten, die mindestens so tiefgreifend sind wie Gutenbergs Revolution. Diese Veränderungen werden Produktionsmittel und Distributionskanäle ebenso umgestalten wie die Rolle des Schriftstellers, des Lektors und des Verlegers. Doch Werke literarischer Vorstellungskraft, Dichtung und Drama, Werke, die auf kreativem Denken beruhen, auf interpretierender Einsicht oder originärer Bildung, werden ebenso lebenswichtig bleiben wie eh und je, denn sie sind unerläßlich als Matrix für die multimediale Welt. Schon heute werden neue Nachschlagewerke vom Buch auf die Diskette verlagert. Wie Schauspieler in einem ewig jungen Klassiker werden Autor und Verleger ihr Kostüm und die Szenerie den Ansprüchen eines sich permanent verändernden Zeitgeistes anpassen. Sie werden kreativ bleiben und einer sich öffnenden Welt ohne Grenzen dienen.

Nigel Nicolson hat mir einmal gesagt, für seinen Vater sei ein Jahr, in dem er keinen neuen Freund gefunden habe, ein verlorenes Jahr gewesen. Ich hatte das große Glück, mein Leben lang Freundschaften zu schließen, und die letzten Jahre waren dabei keine Ausnahme. Aber vor allem haben sie mir Annabelle gebracht. Ich liebe mein Leben als verheirateter Mann und die Gesellschaft eines Menschen, der meine Interessen teilt. Annabelles Liebe zur Musik und ihre Kenntnisse in diesem Bereich, die meine eigenen weit überflügeln, machen unsere

Pilgerfahrten nach Salzburg, Bayreuth oder Pesaro – Rossinis Geburtsstadt – um so anregender. In einem weiterhin aktiven Leben gibt es immer neue Herausforderungen und viel Arbeit, die erledigt werden muß, aber ich fühle, daß ich vertrauensvoll ans Werk gehen kann, denn jetzt, am Abend eines Lebens, das Zufriedenheit, Besessenheit und den Schmerz der Trennung kannte, habe ich endlich das Glück gefunden.

ABBILDUNGSVERZEICHNIS

Präsident Lyndon B. Johnson erinnert sich an den Sechstagekrieg; auf seiner texanischen Ranch, 1969.

Von der Queen zum Ritter geschlagen. Zusammen mit Sandra und meiner Mutter vor dem Buckingham Palace, 1969.

Aus einem Buch anläßlich meines 50. Geburtstags: Zeichnung von Nabokov; Gedicht und Zeichnung von Paul Johnson; unveröffentlichte Geburtstagsskizze von Cecil Beaton.

Zusammen mit Moshe Dayan in den siebziger Jahren.

Zusammen mit Teddy Kollek (© *Zev. Radovan*).

Zusammen mit Shimon Peres (© *Ita Kaufmann*).

George und Barbara Bush im Dezember 1993 mit Annabelle und mir.

Salzburger Festspiele 1985: Mit Ann und Gordon Getty, Sir Isaiah Berlin und Lady Berlin.

Zusammen mit Papst Johannes Paul II. und Professor Bernard Lewis in Castel Gandolfo, 1990 (© *Servizio Fotografico*).

Gründergremium des Europaeum in Oxford, 1992 (© *Rob Judges / University of Oxford*).

Hochzeit in Jerusalem, November 1992: Annabelle und ich.

Zusammen mit Helmut Kohl und Edmond de Rothschild in Frankfurt, 1994 (© *Deutsche Presseagentur GMP*).

Beim Wiener Opernball mit Annabelle.

Scrabblespiel in den Flitterwochen, 1992.

Die nächste Generation: meine Tochter Laura und ihr Mann Dr. Christopher Barnett mit meinen Enkeln (© *Times Newspapers Ltd*).

Soweit nicht anders vermerkt, stammen alle Fotos aus dem Besitz von Lord Weidenfeld.

REGISTER